【传世经典 文白对照】

通鉴纪事本末

二

〔宋〕袁枢 撰

杨寄林 主编

中华书局

通鉴纪事本末

卷第五

丁傅用事

　　汉成帝元延四年春正月,中山王兴、定陶王欣皆来朝。中山王独从傅,定陶王尽从傅、相、中尉。上怪之,以问定陶王,对曰:"令,诸侯王朝,得从其国二千石。傅、相、中尉皆国二千石,故尽从之。"上令诵《诗》,通习,能说。他日,问中山王:"独从傅,在何法令?"不能对;令诵《尚书》,又废;及赐食于前,后饱;起下,袜系解。帝由此以为不能,而贤定陶王,数称其材。是时,诸侯王唯二人于帝为至亲。定陶王祖母傅太后随王来朝,私赂遗赵皇后、昭仪及票骑将军王根。后、昭仪、根见上无子,亦欲豫自结,为长久计,皆更称定陶王,劝帝以为嗣。帝亦自美其材,为加元服而遣之。时年十七矣。

　　绥和元年春正月,上召丞相翟方进、御史大夫孔光、

丁傅用事

　　汉成帝元延四年(前9)春季正月,中山王刘兴、定陶王刘欣都来京城朝觐。中山王的随从只有太傅一人,而定陶王的太傅、国相、中尉都随同来到了京城。成帝觉得奇怪,就以此事去问定陶王,定陶王回答说:"根据国家的法令,诸侯王来京朝觐,可以带上他国中二千石以上的官吏。太傅、国相、中尉都是二千石的官员,所以我把他们全都带来了。"成帝让定陶王背诵《诗经》,定陶王对《诗经》精通熟悉,而且能加以解说。过了不久,成帝又问中山王:"你来京朝觐,只带了太傅一人做随从,是根据什么法令?"中山王不能回答;成帝让他背诵《尚书》,他又支支吾吾;成帝又在殿前赐给中山王宴席,他最后吃饱;站起下殿的时候,连袜子的系带都松解了。成帝由此认为中山王无能,而觉得定陶王很贤能,多次称赞他的才华。在这时,所有分封的诸侯王中,只有这两个人是成帝最近的亲属。定陶王的祖母傅太后当时也随同定陶王一同来京朝觐,她就私下里贿赂赵皇后、昭仪和骠骑将军王根。赵皇后、昭仪、王根见皇上没有儿子,也想预先结交她,以便为自己做长远的打算。他们都更相称颂定陶王,劝导成帝立定陶王为皇位继承人。成帝也很赞美定陶王的才华,为他举行了加冠礼而将他送回他的封国。当时,定陶王已经十七岁了。

　　绥和元年(前8)春季正月,成帝将丞相翟方进、御史大夫孔光、

右将军廉褒、后将军朱博入禁中，议中山、定陶王谁宜为嗣者。方进、根、褒、博皆以为："定陶王，帝弟之子。《礼》曰：'昆弟之子，犹子也。为其后者，为之子也。'定陶王宜为嗣。"光独以为："礼，立嗣以亲。以《尚书·盘庚》殷之及王为比，兄终弟及。中山王，先帝之子，帝亲弟，宜为嗣。"上以"中山王不材；又礼，兄弟不得相入庙"，不从光议。二月癸丑，诏立定陶王欣为皇太子，封中山王舅谏大夫冯参为宜乡侯，益中山国三万户，以慰其意。使执金吾任宏守大鸿胪，持节征定陶王。定陶王谢曰："臣材质不足以假充太子之宫。臣愿且得留国邸，旦夕奉问起居，俟有圣嗣，归国守藩。"书奏，天子报"闻"。戊午，孔光以议不合意，左迁廷尉，何武为御史大夫。

秋八月，中山孝王兴薨。

冬十月，上以太子既奉大宗后，不得顾私亲。十一月，立楚孝王孙景为定陶王，以奉恭王后。初，太子之幼也，王祖母傅太后躬自养视。及为太子，诏傅太后与太子母丁姬自居定陶国邸，不得相见。顷之，王太后欲令傅太后、丁姬十日一至太子家，帝曰："太子承正统，当共养陛下，不得复顾私亲。"王太后曰："太子小而傅太后抱养之，今至太子家，以乳母恩耳，不足有所妨。"于是令傅太后得至太子家，丁姬以不养太子，独不得。

右将军廉褒、后将军朱博召入宫中，商议中山王和定陶王谁更适合立为太子的事情。翟方进、王根、廉褒、朱博都以为："定陶王是皇上亲弟弟的儿子，《周礼》中说：'兄弟的儿子就像是自己的亲生儿子。以弟弟的儿子作为兄长的后人，那么他就是兄长的儿子了。'定陶王应该立为太子。"只有孔光认为："按礼制，立太子应以亲近关系为标准。以《尚书·盘庚》篇中商王朝的王位继承为参照，应该兄终弟及。中山王是先帝的儿子，皇上的亲弟弟，应该立为太子。"成帝以为"中山王没有才能；又根据礼制，兄弟不能同时列入太庙中"，不听从孔光的意见。二月癸丑（初九）这一天，成帝下诏书立定陶王刘欣为皇太子，分封中山王的舅舅谏大夫冯参为宜乡侯。增加中山国食邑三万户，以表示对他的安慰。派遣执金吾任宏代理大鸿胪的官职，带上皇帝的符节去征召定陶王。定陶王辞谢说："我的才能和品德都不足以暂时居住在太子的宫中。我希望能暂住在定陶国的邸舍，每天早晚能侍奉皇上的起居，等到有了更贤能的太子，我就返回封国，守卫边境。"定陶王的上书奏到后，成帝回答已经知道了。戊午（十四日），孔光因为议事不合成帝的旨意，被贬官为廷尉，何武做了御史大夫。

秋季八月，中山孝王刘兴去世。

冬季十月，成帝以为，太子既然已经成了国家的继承人，就不能再顾念自己的私亲。十一月，立楚孝王的孙子刘景为定陶王，以此来优待恭王的后代。起初，在太子年幼的时候，太子的祖母傅太后亲自抚养、看视他。等到他做了太子，成帝下诏说傅太后和太子的母亲丁姬应该居住在定陶国的邸舍，不能与太子相见。不久，王太后想让傅太后、丁姬每十天到太子家探视一次，成帝说："太子继承国家的大统，就应当供养皇太后陛下，不能再顾念私亲。"王太后说："太子年幼的时候，傅太后抚养了他，现在她到太子的家中，只不过是作为一个乳母的恩情罢了，不会有什么妨碍。"于是成帝下令，傅太后可以到太子家中，丁姬因为没有养护太子，只有她未能获得允许。

二年三月丙戌,帝崩于未央宫。

夏四月丙午,太子即皇帝位,尊皇太后曰太皇太后。太皇太后令傅太后、丁姬十日一至未央宫。

有诏问丞相、大司空:"定陶共王太后宜当何居?"丞相孔光素闻傅太后为人刚暴,长于权谋,自帝在襁褓,而养长教道至于成人,帝之立又有力。光心恐傅太后与政事,不欲与帝旦夕相近,即议以为:"定陶太后宜改筑宫。"大司空何武曰:"可居北宫。"上从武言。北宫有紫房复道通未央宫,傅太后果从复道朝夕至帝所,求欲称尊号,贵宠其亲属,使上不得由直道行。高昌侯董宏希指,上书言:"秦庄襄王,母本夏氏,而为华阳夫人所子,及即位后,俱称太后。宜立定陶共王后为帝太后。"事下有司,大司马王莽,左将军、关内侯、领尚书事师丹劾奏宏:"知皇太后至尊之号,天下一统,而称引亡秦以为比谕,诖误圣朝,非所宜言,大不道!"上新立,谦让,纳用莽、丹言,免宏为庶人。傅太后大怒,要上,欲必称尊号。上乃白太皇太后,令下诏尊定陶恭王为恭皇。

五月丙戌,立皇后傅氏,傅太后从弟晏之子也。诏曰:"《春秋》,母以子贵。宜尊定陶太后曰恭皇太后,丁姬曰恭皇后,各置左右詹事,食邑如长信宫、中宫。"追尊傅父为崇祖侯,丁父为褒德侯;封舅丁明为阳安侯,舅子满为平周侯,皇后父晏为孔乡侯,皇太后弟侍中、光禄大夫赵钦为新城侯。

二年(前7)三月丙戌(十八日),汉成帝在未央宫中驾崩。

夏季四月丙午(初八),太子即位为皇帝,上皇太后尊号为太皇太后。太皇太后下令傅太后、丁姬可以每隔十天去一次未央宫。

朝廷下诏询问丞相、大司空:"定陶共王太后应该居住在何处为好?"丞相孔光素来就听说傅太后为人刚愎暴戾,很善于玩弄权谋,从皇帝还在襁褓之中,就把他抚养长大,教育成人,皇帝的即位,她又出了力。孔光心里害怕傅太后参预政事,不想让她跟皇帝日夜接近,当即就提议认为:"定陶太后的居处应该改筑新的宫殿。"大司空何武说:"可以居住在北宫。"汉哀帝听从了何武的意见。北宫有紫房和庭阁相连的道路通向未央宫。傅太后果然就通过这条路早晚前往哀帝住所,向哀帝要求称尊号,提拔、宠信她的亲属,使哀帝不能够按正常途径办事。高昌侯董宏迎合哀帝的旨意,上书说:"秦庄襄王的母亲本来是夏氏,而庄襄王被华阳夫人认作儿子,庄襄王即位以后,夏氏、华阳夫人都称为太后。应该立定陶共王后为帝太后。"哀帝就把这件事下达到主管部门讨论,大司马王莽,左将军、关内侯、领尚书事师丹上奏弹劾董宏说:"应该知道皇太后是最尊贵的名号,现在天下一统,而征引亡秦的事迹来做比喻,牵累贻误当朝,这属于不该说的话,大逆不道!"哀帝刚刚即位不久,很谦让,就采纳了王莽、师丹的意见,将董宏罢免为平民。傅太后大怒,要挟哀帝,务必要想称尊号。哀帝于是把这件事告知太皇太后,太皇太后同意让下诏尊定陶恭王为恭皇。

五月丙戌(十九日),哀帝立傅氏为皇后,傅氏是傅太后的堂弟傅晏的女儿。哀帝下诏书说:"《春秋》的大义,母亲因儿子而尊贵,应该尊定陶太后为恭皇太后,丁姬为恭皇后,并且为她们各自设置左右詹事官,她们的食邑分别与长信宫太后、中宫皇后相等。"又追尊傅太后的父亲为崇祖侯,丁姬的父亲为褒德侯;封皇帝的舅舅丁明为阳安侯,舅舅的儿子丁满为平周侯。皇后的父亲傅晏为孔乡侯,又封皇太后赵飞燕的弟弟侍中、光禄大夫赵钦为新城侯。

　　傅太后从弟右将军喜，好学问，有志行，众庶归望于喜。初，上之官爵外亲也，喜独执谦称疾。傅太后始与政事，数谏之，由是傅太后不欲令喜辅政。庚午，赐喜黄金百斤，上右将军印绶，以光禄大夫养病。大司空何武、尚书令唐林皆上书言："喜行义修洁，忠诚忧国，内辅之臣也。今以寝病一旦遣归，众庶失望，皆曰：'傅氏贤子，以论议不合于定陶太后，故退。'百寮莫不为国恨之。忠臣，社稷之卫。鲁以季友治乱，楚以子玉轻重，魏以无忌折冲，项以范增存亡。百万之众，不如一贤，故秦行千金以间廉颇，汉散万金以疏亚父。喜立于朝，陛下之光辉，傅氏之废兴也。"上亦自重之，故寻复进用焉。

　　九月庚申，地震，自京师到北边郡国三十馀处，坏城郭，凡压杀四百馀人。上以灾异问待诏李寻，对曰："夫日者，众阳之长，人君之表也。君不修道，则日失其度，暗昧无光。间者日尤不精，光明侵夺失色，邪气珥、蜕数作。小臣不知内事，窃以日视陛下，志操衰于始初多矣。唯陛下执乾刚之德，强志守度，毋听女谒、邪臣之态，诸保阿、乳母甘言悲辞之托，断而勿听。勉强大谊，绝小不忍。良有不得已，可赐以货财，不可私以官位，诚皇天之禁也！臣闻月者，众阴之长，妃后、大臣、诸侯之象也。间者月数为变，

傅太后的堂弟右将军傅喜,爱好钻研学问,具有高雅的志趣和品德,人们都归附于他的威望。起初,哀帝给自己的外亲加官进爵的时候,唯有傅喜谦逊称病不接受。傅太后刚开始参预政事,傅喜屡次谏止她,因此傅太后不想让傅喜辅佐政事。庚午(初四),赐给傅喜黄金一百斤,让傅喜上交右将军的印章和绶带,以光禄大夫的职衔回家养病。大司空何武、尚书令唐林都上书说:"傅喜行事仁义、品德高尚廉洁,忠诚忧国,可以做内朝的辅弼大臣。现在因为他养病而一旦将其遣送回家,使得众人失望,都说:'傅氏中贤能的君子,因为议论与定陶太后不相合,所以被黜退。'官府的官吏们没有不为国家遗憾的。忠臣是国家的卫士,鲁国因季友而兴衰,楚国因子玉的生死影响国势的轻重,魏国因公子无忌而强大御侮,项羽因范增而存亡。百万的军队不如一位贤人,所以秦国用千金来离间廉颇与赵王之间的关系,汉高祖散尽万金以使项羽疏远亚父。傅喜能担当朝廷大任,这是陛下的光辉,也是决定傅氏的废止和兴盛的关键。"哀帝也很看重他,所以很快重新提拔任用他。

九月庚申(二十五日),发生了地震,受灾地区从京城直到北部边境的郡国三十多处,城郭遭到损坏,被压死的人总共有四百多人。哀帝因灾异发生而询问待诏李寻,李寻回答说:"太阳,是各种阳气的尊长,君主的象征。如果君主不修善治道,那么太阳就会失去它的常态,变得暗淡无光。前些日子太阳尤其没有精气,光明被掩盖剥夺,而失去了色泽,邪恶霓虹之气数度出现。小臣我不懂得宫中的事情,私下里以太阳来比照陛下,您的志行较以前要衰退多了。希望陛下能执守为君刚毅的品德,增强意志坚守法度,不要听从女人的进谒、邪臣的摆布。那些保育之官、乳母们的甜言蜜语和悲凄的言辞请托,也绝对不要听从,要努力地遵循国家大义,杜绝小不忍的事情发生。实在到不得已的时候,可以赏赐一些财物给他们,千万不能私自授予官位,这确实是上天的禁忌啊!我听说,月亮是各种阴气的主宰,是皇妃、皇后、大臣和诸侯们的象征。前些日子月亮几度变化,

此为母后与政乱朝,阴阳俱伤,两不相便。外臣不知朝事,窃信天文,即如此,近臣已不足仗矣。唯陛下亲求贤士,无强所恶,以崇社稷,尊强本朝!臣闻五行以水为本,水为准平。王道公正修明,则百川理,落脉通;偏党失纲,则涌溢为败。今汝、颍漂涌,与雨水并为民害,此《诗》所谓'百川沸腾',咎在皇甫卿士之属。唯陛下少抑外亲大臣。臣闻地道柔静,阴之常义也。间者关东地数震,宜务崇阳抑阴以救其咎,固志建威,闭绝私路,拔进英隽,退不任职,以强本朝!夫本强则精神折冲;本弱则招殃致凶,为邪谋所陵。闻往者淮南王作谋之时,其所难者独有汲黯,以为公孙弘等不足言也。弘,汉之名相,于今无比,而尚见轻,何况无弘之属乎!故曰朝廷无人,则为贼乱所轻,其道自然也。"

冬十月癸酉,以师丹为大司空。丹见上多所匡改成帝之政,乃上书言:"古者,谅暗不言,听于冢宰;三年无改于父之道。前大行尸柩在堂,而官爵臣等以及亲属,赫然皆贵宠,封舅为阳安侯,皇后尊号未定,豫封父为孔乡侯。出侍中王邑、射声校尉王邯等,诏书比下,变动政事,卒暴无渐。臣纵不能明陈大义,复曾不能牢让爵位,相随空受封侯,增益陛下之过。闻者郡国多地动水出,流杀人民,日月

这是母后参预政事扰乱朝纲的表现，使得阴阳二气都受到损伤，对两者都没有好处。外戚大臣不能参知朝政，我相信天文之象，依照这种情况，近亲大臣已不足以依赖了。陛下只有亲自寻求贤能之士，不要勉强任用那些邪恶的人，以便尊崇社稷，使本朝地位加强！我听说五行中以水为本，水是公平的尺度。如果治世之道公正美好，那么百川就会理顺，水的脉络就会通畅；如果治世之道偏私，失去治国的纲纪，那么河流就会汹涌决堤造成危害。现在汝水、颍水漂涨涌荡，再加上雨水连绵，一起给人民造成了危害，这就是《诗经》中所说的'百川沸腾'，祸根在于周室女宠之族皇甫卿士一类的事情了。希望陛下能逐渐抑制外戚大臣。我听说地的本性是温柔、娴静的，这是阴的常理。前些日子关东屡次发生地震，应该努力发扬阳刚、抑制阴柔，以挽救因此发生的错误。坚守自己的志行，建立威信，闭绝私自请托之路，提拔擢用英才，屏退不称职的官员，以使我朝强大起来！人的根基坚强了就会精神振奋，百害不侵；本质薄弱了就会招来祸乱和凶事，被那些有邪恶企图的人所侵凌。听说以前淮南王阴谋叛乱的时候，他觉得难以对付的人只有汲黯，认为公孙弘等人是不在话下的。公孙弘是汉朝的名相，现在还没有人能跟他相比，而当时却还被淮南王看轻，更何况现在还没有公孙弘这样的人呢？所以说，朝廷中没有能人，就会被盗贼、叛乱的人所看轻，这是自然的道理。"

冬季十月癸酉（初九），任命师丹为大司空。师丹见哀帝在许多地方都改变了成帝时的政策，就上书说："古时候，帝王居丧时，不发表言论，政事听从于冢宰；三年不改变父亲推行的治国政策。现在逝去的皇帝尸枢还停在堂屋里，陛下就对我等大臣及您的亲属加官晋爵，让我们赫然成了贵戚宠臣，又封您的舅舅为阳安侯，皇后的尊号还没确定，就预先封她的父亲为孔乡侯。罢黜了侍中王邑、射声校尉王邯等人，诏书接连不断地下达，政事变动，仓促剧烈而没有循序渐进。我既不能公开表明大义，又不能坚决辞让爵位，相随大家凭空接受封侯，增加陛下的过失。听说不久前各郡国多次发生地震，洪水横溢，淹死人民，日月

不明，五星失行，此皆举错失中，号令不定，法度失理，阴阳溷浊之应也。臣伏惟人情无子，年虽六七十，犹博取而广求。孝成皇帝深见天命，烛知至德，以壮年克己，立陛下为嗣。先帝暴弃天下，而陛下继体，四海安宁，百姓不惧，此先帝圣德，当合天人之功也。臣闻'天威不违颜咫尺'，愿陛下深思先帝所以建立陛下之意，且克己躬行，以观群下之从化。天下者，陛下之家也，肺附何患不富贵，不宜仓卒若是，其不久长矣。"丹书数十上，多切直之言。

傅太后从弟子迁在左右，尤倾邪，上恶之，免官，遣归故郡。傅太后怒，上不得已，复留迁。丞相光与大司空丹奏言："诏书前后相反，天下疑惑，无所取信。臣请归迁故郡，以销奸党。"卒不得遣，复为侍中。其逼于傅太后，皆此类也。

哀帝建平元年正月丁酉，光禄大夫傅喜为大司马，封高武侯。

秋九月，郎中令冷褒、黄门郎段犹等复奏言："定陶共皇太后、共皇后皆不宜复引定陶藩国之名，以冠大号；车马、衣服宜皆称皇之意，置吏二千石以下，各供厥职；又宜为共皇立庙京师。"上复下其议，群下多顺指，言"母以子贵，宜立尊号以厚孝道"。唯丞相光、大司马喜、大司空丹以为不可。丹曰："圣王制礼，取法于天地。尊卑者，所以

失去了光泽，五星失去了运行规则，这些都是举措失当，国家号令不定，法令尺度失去常理，阴阳浑浊不清的反映。我想，按人之常情，如果自己没有儿子，即使年纪到了六、七十岁，还要多方去求取。孝成皇帝深深地洞知天命，以明耀的智慧照知陛下，在壮年时就克制自己，立陛下为太子。先帝突然抛弃了天下，而陛下继承国家大统，国内安宁，老百姓没有担忧，这就是先帝的圣贤品德，应该是与天人感应成就的功业相符。我听说'即使贵为天子也要时刻保持戒惧之心'，愿陛下仔细地想想先帝之所以让您继位的本意，而且身体力行地克制自己的私欲，以便看到群臣们随后得到驯化。天下是陛下的家，自己的至亲好友还担心不能富贵吗？只是不应该如此匆忙，这样的话，他们的富贵是不会长久的。"师丹几十次上书，大多是切中时弊、坦直的言论。

傅太后的堂弟傅迁在哀帝的身边做官，尤其倾轧邪恶，哀帝非常讨厌他，罢免了他的官职，要把他遣送回老家。傅太后知道后大怒，哀帝不得已，只好又把傅迁留了下来。丞相孔光和大司空师丹上奏说："皇上的诏书内容前后相反，使天下人都感到疑惑，没有可以取信的地方。我们请求将傅迁遣送回家，以此消除奸党。"但最终还是不能遣归，又让傅迁做了侍中。哀帝被傅太后逼迫的例子，大多都像这样。

汉哀帝建平元年（前6）正月丁酉（初四），晋升光禄大夫傅喜为大司马，封为高武侯。

秋季九月，郎中令冷褒、黄门郎段犹等人再次上奏说："定陶共皇太后、共皇后都不应该再引用定陶藩国的名号来放在称号之前；她们所使用的车马、衣服应该都与皇太后、皇后的身份相适应，要为她们设置二千石以下的官吏，各自供守他们的职责；还应该在京师为共皇设立庙堂。"哀帝又把他们的这些建议交给群臣们讨论，群臣们大多数都顺从哀帝的旨意，说"母以子贵，应该建立尊号以便敦厚孝道"。只有丞相孔光、大司马傅喜、大司空师丹认为不能这样做。师丹说："古代的圣王制定礼制的时候，是撷取天地的法则为凭据的。确立上尊下卑的原则，是使

正天地之位，不可乱也。今定陶共皇太后、共皇后以'定陶共'为号者，母从子，妻从夫之义也。欲立官置吏，车服与太皇太后并，非所以明'尊无二上'之义也。定陶共皇号谥已前定，义不得复改。《礼》'父为士，子为天子，祭以天子，其尸服以士服'。子无爵父之义，尊父母也。为人后者为之子，故为所后服斩衰三年，而降其父母期，明尊本祖而重正统也。孝成皇帝圣恩深远，故为共王立后，奉承祭祀，令共皇长为一国太祖，万世不毁，恩义已备。陛下既继体先帝，持重大宗，承宗庙、天地、社稷之祀，义不可复奉定陶共皇，祭入其庙。今欲立庙于京师，而使臣下祭之，是无主也。又，亲尽当毁，空去一国太祖不堕之祀，而就无主当毁不正之礼，非所以尊厚共皇也！"丹由是浸不合上意。

会有上书言："古者以龟、贝为货，今以钱易之，民以故贫，宜可改币。"上以问丹，丹对言可改。章下有司议，皆以为"行钱以来久，卒难变易"。丹老人，忘其前语，复从公卿议。又丹使吏书奏，吏私写其草。丁、傅子弟闻之，使人上书告"丹上封事，行道人遍持其书"。上以问将军、中朝臣，皆对曰："忠臣不显谏。大臣奏事，不宜漏泄，宜下廷尉

天地的尊卑地位得以确定，不能混乱。现在定陶共皇太后、共皇后以'定陶共'为称号，正是母亲顺从儿子，妻子顺从丈夫的大义所在。想要设置官吏，让她们使用的车马、衣服制度跟太皇太后相同，不是明扬'尊无二上'大义的做法。定陶共皇的谥号在以前已经确定，按道理不能再更改。《礼记》说'父亲做士，儿子为天子，在儿子祭祀父亲的时候，要用天子的礼节，但他的神像上穿的服饰应是士的服饰'。做儿子的没有给父亲加封爵位的道理，这是为了尊重父母。作为他人的继承者，也就是他人的儿子，所以要为所继承的人穿三年斩衰孝服，而把自己亲生父母的服丧时间减少，这是为了表明尊重自己的本祖而重视国家的正统。孝成皇帝的圣恩深厚广远，所以为共皇立后，供奉他的祭祀，让共皇长久成为一国的太祖，万世不受毁灭，这种恩情和大义已经完备。陛下既然已经继承了先帝的大位，持守一国的大宗，承奉着宗庙、天地、社稷的祭祀，按礼义已不能再奉祀定陶共皇，前往共皇的庙寺祭祀。现在陛下又想在京师为共皇立庙，让臣下去祭祀他，这是没有君主的表现。而且，按礼义承祀帝位的亲情已尽，共皇的庙就要毁去。让共皇空自抛弃一国太祖、享有永不坠灭的祭祀地位，而去屈就一种祭祀无主、亲属疏远就要毁去的不正当的礼仪，不是尊崇厚待共皇的做法。"师丹从此渐渐地不合皇帝的心意。

恰巧有人上书说："古代的时候，用龟甲和贝壳当作货币，现在用钱代替它，老百姓因此而贫困，应该改变币制。"哀帝用这件事问师丹，师丹回答说可以改。哀帝又把奏章下达到主管部门议论，官员们都以为"推行钱币以来已经很久了，很难突然改变"。师丹已是老人，忘却了他以前说过的话，又听从了公卿们的意见。又有一次，师丹让属吏抄写奏章，属吏私自抄写了一份草稿。丁家、傅家的子弟们听到这件事，就派人上书告发"师丹上奏的密封奏章，过路人都拿有那份文稿"。哀帝以此事询问将军以及内朝的大臣们的看法，他们都回答说："忠臣不应显露自己的劝谏。大臣上奏议事，不应该泄露到外面，应该把他交给廷尉

治。"事下廷尉，劾丹大不敬。事未决，给事中、博士申咸、
炔钦上书言："丹经、行无比，自近世大臣能若丹者少。发
愤懑，奏封事，不及深思远虑，使主簿书，漏泄之过不在丹，
以此贬黜，恐不厌众心。"上贬咸、钦秩各二等，遂策免丹
曰："朕惟君位尊任重，怀谖迷国，进退违命，反覆异言，甚
为君耻之！以君尝托傅位，未忍考于理，其上大司空、高乐
侯印绶，罢归！"

　　尚书令唐林上疏曰："窃见免大司空丹策书，泰深痛
切。君子作文，为贤者讳。丹，经为世儒宗，德为国黄耇，
亲傅圣躬，位在三公，所坐者微，海内未见其大过。事既以
往，免爵太重。京师识者咸以为宜复丹爵邑，使奉朝请。
唯陛下裁览众心，有以尉复师傅之臣！"上从林言，下诏赐
丹爵关内侯。

　　二年，丁、傅宗族骄奢，皆嫉傅喜之恭俭。又，傅太后
欲求称尊号，与成帝母齐尊。喜与孔光、师丹共执以为不
可。上重违大臣正议，又内迫傅太后，依违者连岁。傅太
后大怒，上不得已，先免师丹以感动喜，喜终不顺。朱博与
孔乡侯傅晏连结，共谋成尊号事，数燕见，奏封事，毁短喜
及孔光。丁丑，上遂策免喜，以侯就第。

问治。"此事交付廷尉审理,廷尉弹劾师丹犯有大不敬之罪。在还没有做出最后决定的时候,给事中、博士申咸、炔钦上书说:"师丹的经学、品行没人赶得上,自近世以来能像师丹这样的大臣很少。抒发自己心中的愤懑,呈递密封奏章,还来不及深思远虑,让主簿书写,泄露的过错不在师丹,因为这件事贬黜他,恐怕难以服众人之心。"哀帝贬谪了申咸、炔钦的秩位各二等,于是发布策书罢免师丹说:"朕只盼你地位尊崇,责任重大,而你却心怀欺诈,迷乱误国,举止进退,违背上命,言论反复无常,很是为你感到羞耻! 只因为你曾经做过我的太傅,所以我不忍心让你经受法律的考问,应马上交还大司空、高乐侯的印信和绶带,罢官免爵回家。"

尚书令唐林上疏说:"我私下见到罢免大司空师丹的策书,深感痛切。君子写作文章,要替贤能的人隐讳过失。师丹的经学为现世学者们的宗师,品德是国中的泰斗,又亲自做过皇上的师傅,处在三公的地位,所犯的错误很轻微,天下的人们都没有见到他有什么大的过失。事情都已经过去了,罢免他爵位的处罚太重。京城中的有识之士都认为应该为师丹恢复爵位和封邑,使他有奉朝请的资格。只希望陛下理解众人之心,做出合理裁决,以便抚慰和报答当过师傅的大臣。"哀帝听从唐林的建议,下诏书封赐师丹关内侯的爵位。

二年(前5),丁氏、傅氏的宗族们骄横奢侈,都嫉恨傅喜的谦恭、节俭。再者,傅太后想求取尊号,与汉成帝的母亲同样尊贵。傅喜和孔光、师丹共执一辞,认为不能这样做。哀帝难以违背大臣们的正直意见,又在内部受到傅太后的逼迫,就这样在依从还是违背的问题上过了一年。傅太后大怒,哀帝不得已,先免去了师丹的官爵以便让傅喜有所感触而动摇,但傅喜始终不顺服。朱博和孔乡侯傅晏互相勾结,共同谋划促成傅太后称尊号的大事,多次在平常接见时,上奏密封奏章,诋毁傅喜和孔光。丁丑(二十日),哀帝于是下策书罢免了傅喜,令其以侯爵的身份返回府第。

夏四月,傅太后又自诏丞相、御史大夫曰:"高武侯喜附下罔上,与故大司空丹同心背畔,放命圯族,不宜奉朝请,其遣就国!"

丞相孔光自先帝时议继嗣,有持异之隙,又重忤傅太后指,由是傅氏在位者与朱博为表里,共毁谮光。乙亥,策免光为庶人。以御史大夫朱博为丞相,封阳乡侯。

朱博既为丞相,上遂用其议,下诏曰:"定陶共皇之号,不宜复称定陶。尊共皇太后曰帝太太后,称永信宫;共皇后曰帝太后,称中安宫;为共皇立寝庙于京师,比宣帝父悼皇考制度。"于是四太后各置少府、太仆,秩皆中二千石。傅太后既尊后,尤骄,与太皇太后语,至谓之"妪"。时丁、傅以一二年间暴兴尤盛,为公卿列侯者甚众。然帝不甚假以权,势不如王氏在成帝世也。

丞相博、御史大夫玄奏言:"前高昌侯宏,首建尊号之议,而为关内侯师丹所劾奏,免为庶人。时天下衰粗,委政于丹,丹不深惟褒广尊号之义,而妄称说,抑贬尊号,亏损孝道,不忠莫大焉!陛下仁圣,昭然定尊号,宏以忠孝复封高昌侯。丹恶逆暴著,虽蒙赦令,不宜有爵邑,请免为庶人。"奏可。

谏大夫杨宣上封事言:"孝成皇帝深惟宗庙之重,称述陛下至德以承天序,圣策深远,恩德至厚。惟念先帝之意,

夏季四月，傅太后又亲自对丞相、御史大夫下诏书说："高武侯傅喜附和众人，欺骗皇上，跟原大司空师丹同心背叛，搁置皇上的命令，毁坏自己的宗族，不宜享有奉朝请的待遇，应该将他遣归他的封邑！"

丞相孔光从先帝时讨论立太子的问题，就因持有异议而与傅太后和哀帝有嫌隙，又多次违逆傅太后的旨意，因此，傅氏家族中有官位的人跟朱博内外勾结，共同诋毁和诬陷孔光。乙亥（十九日），皇帝下策书罢免孔光为平民。任命御史大夫朱博为丞相，加封阳乡侯。

朱博做了丞相之后，皇帝于是就采纳他的建议，下诏书说："定陶共皇的名号，不应再称定陶。尊共皇太后的称号为帝太太后，称永信宫；共皇后为帝太后，称中安宫；为共皇在京师中建立寝庙，仿效宣帝的父亲悼皇考的制度。"于是，四个太后都各自设置少府、太仆，品秩都是中二千石。傅太后尊显之后，就更加骄横，与太皇太后讲话，甚至称她为"老太太"。当时，丁氏、傅氏家族在一二年间突然发迹的人尤其多，做公卿列侯的人也很多。但是，哀帝不把权力过多地交给他们，他们的势力就比不上王氏在成帝的时候。

丞相朱博、御史大夫赵玄上奏说："前高昌侯董宏最先提出为皇太后、定陶共皇建立尊号的建议，而被关内侯师丹所弹劾，被罢免为平民。当时天下正为先帝守丧，皇上还服重孝不能亲政，政事委托给师丹，师丹不仅不深思褒扬尊号的道理，却妄自宣称自己的主张，压抑和贬斥尊号，亏损国家提倡的孝道，没有比这更不忠的了！陛下仁慈圣明，公开下诏确定了尊号，董宏因忠孝又被封为高昌侯。师丹邪恶背逆，暴露无遗，尽管蒙受了皇上的赦令，也不应该再有爵位和封邑，请罢免他为平民。"哀帝批准了他们的奏章。

谏大夫杨宣呈递密封奏章说："孝成皇帝深深地思虑宗庙的祭祀的重要性，称赞陛下有高尚的品德，而让您继承皇位，圣明的决策深沉长远，对陛下的恩德也最为深厚。追想先帝的本意，

岂不欲以陛下自代,奉承东宫哉！太皇太后春秋七十,数更忧伤,敕令亲属引领以避丁、傅,行道之人为之陨涕,况于陛下时登高远望,独不惭于延陵乎！"帝深感其言,复封成都侯商中子邑为成都侯。

六月庚申,帝太后丁氏崩。诏归葬定陶共皇之园。

秋七月,傅太后怨傅喜不已,使孔乡侯晏风丞相朱博令奏免喜侯。博与御史大夫赵玄议之,玄言:"事已前决,得无不宜?"博曰:"已许孔乡侯矣。匹夫相要,尚相得死,何况至尊！博唯有死耳！"玄即许可。博恶独斥奏喜,以故大司空氾乡侯何武前亦坐过免就国,事与喜相似,即并奏:"喜、武前在位,皆无益于治,虽已退免,爵土之封,非所当也,皆请免为庶人。"上知傅太后素常怨喜,疑博、玄承指,即召玄诣尚书问状,玄辞服。有诏:"左将军彭宣与中朝者杂问。"宣等奏劾"博、玄、晏皆不道,不敬,请召诣廷尉诏狱"。上减玄死罪三等,削晏户四分之一,假谒者节召丞相诣廷尉。博自杀,国除。

冬十月,上欲令丁、傅处爪牙官,以光禄勋丁望为左将军。

四年春正月,上欲封傅太后从父弟侍中、光禄大夫商,尚书仆射平陵郑崇谏曰:"孝成皇帝封亲舅五侯,天为赤黄,昼昏,日中有黑气。孔乡侯,皇后父,高武侯以三公封,

难道不是想让陛下代他而立，奉承东宫之位侍奉太后吗！太皇太后年纪已七十岁，屡屡遭受忧伤，甚至下令让自己的亲属引退，以避开丁、傅两家人，路上的行人没有不为她伤心落泪的，更何况陛下您经常登高远望，看到延陵心中就不惭愧吗？"哀帝被他的言论深深感动，又加封成都侯王商的二儿子王邑为成都侯。

六月庚申（初五），帝太后丁氏去世。皇帝下诏归葬定陶共皇的陵园中。

秋季七月，傅太后怨恨傅喜不已，就派遣孔乡侯傅晏暗示丞相朱博让他上奏罢免傅喜的侯爵。朱博与御史大夫赵玄讨论这件事，赵玄说："这件事以前已有决断，恐怕有些不合适吧？"朱博说："我已经答应孔乡侯了。即使是普通百姓定下信约，还要拼死去做，更何况是皇太后呢？我只有以死相报了！"赵玄于是答应了朱博。朱博不愿独自上奏斥退傅喜，就借用前大司空氾乡侯何武也曾经因为过失而被免官遣归其封国，这件事与傅喜很相似，就同时上奏说："傅喜、何武过去在位的时候，都对治理国家没什么益处，虽然现在已罢免了他们的职务，斥退回家，但保留了他们的爵位和封邑，也是不恰当的，请将他们都罢免为平民。"哀帝知道傅太后一向怨恨傅喜，怀疑朱博、赵玄是秉承太后的旨意，就把赵玄召到尚书台，查问情况，赵玄承认了事实。哀帝下诏："左将军彭宣和中朝官员共同审问此事。"彭宣等人上奏弹劾"朱博、赵玄、傅晏都犯了'不道''不敬'之罪，请召他们到廷尉，关入牢狱查究"。哀帝减免赵玄死罪三等，削去了傅晏的食邑户数四分之一，让谒者执持朝廷符节去征召丞相到廷尉。朱博自杀，他的封国也被废除。

冬季十月，哀帝想让丁氏、傅氏家族中的人担任倚为爪牙的重要官职，任命光禄勋丁望为左将军。

四年（前3）春季正月，哀帝想封傅太后的堂弟侍中、光禄大夫傅商为侯，尚书仆射平陵人郑崇进谏说："孝成皇帝分封亲舅舅五人为侯爵，天色因此变成了赤黄色，白天昏暗，太阳里面出现黑气。孔乡侯，是皇后的父亲；高武侯是因三公之位加封，

尚有因缘。今无故欲复封商,坏乱制度,逆天人之心,非傅氏之福也。臣愿以身命当国咎。"崇因持诏书案起。傅太后大怒,曰:"何有为天子乃反为一臣所颛制邪!"二月癸卯,上遂下诏封商为汝昌侯。夏六月,尊帝太太后为皇太太后。

　　元寿元年春正月辛丑朔,诏将军、中二千石举明习兵法者各一人,因就拜孔乡侯傅晏为大司马、卫将军,阳安侯丁明为大司马、票骑将军。

　　是日,日有食之。上诏公卿大夫悉心陈过失;又令举贤良、方正、能直言者各一人。前凉州刺史杜邺以方正对策曰:"臣闻阳尊阴卑,天之道也。是以男虽贱,各为其家阳;女虽贵,犹为其国阴。故礼明三从之义,虽有文母之德,必系于子。昔郑伯随姜氏之欲,终有叔段篡国之祸;周襄王内迫惠后之难,而遭居郑之危。汉兴,吕太后权私亲属,几危社稷。窃见陛下约俭正身,欲与天下更始,然嘉瑞未应,而日食、地震。案《春秋》灾异,以指象为言语。日食,明阳为阴所临。坤以法地,为土,为母,以安静为德。震,不阴之效也。占象甚明,臣敢不直言其事。昔曾子问从令之义,孔子曰:'是何言与!'善闵子骞守礼不苟从亲,所行无非理者,故无可间也。今诸外家昆弟,无贤不肖,并侍帷幄,布在列位,或典兵卫,或将军屯,宠意并于一家,

还有根据。现在无故又想封傅商,破坏紊乱国家的制度,背逆上天和国人的心意,这不是傅氏家族的福分。我愿用我的生命来抵上天对国家的谴责。"郑崇趁势拿起诏书抚案而起。傅太后大怒,说:"哪里有做天子的反倒被一个臣子控制的呢!"二月癸卯(二十八日),哀帝于是下诏封傅商为汝昌侯。夏季六月,又尊崇帝太太后为皇太太后。

元寿元年(前2)春季正月辛丑,这天是初一,哀帝下诏书命令将军、中二千石官员各自推举一名明习兵法的人,接着又拜孔乡侯傅晏为大司马、卫将军,阳安侯丁明为大司马、骠骑将军。

这一天,发生了日食。哀帝下诏让公卿大夫们尽心地指出政事的过失;又下令推举贤良、方正、能直言进谏者各一名。前凉州刺史杜邺以方正身份对答策问说:"我听说阳为尊贵,阴为卑贱,这是上天的法度。所以,男人虽然身份低贱,也各自为他们家庭的阳主;女人即使高贵,也是其国家的阴附。所以礼制中明确规定'三从'的大义,即使有周文王之母的德行,也要依从于儿子。从前郑伯随顺姜氏的欲望,最终导致了叔段篡国的大祸;周襄王在宫内被惠后引起的国难所逼迫而遭受居留郑国的危机;汉朝建立的时候,吕太后将大权私自授予她的亲属,几乎使国家覆亡。我私下见陛下勤俭节约、修正自身,想跟天下百姓从头开始,但是美好的征兆却没有回应,反而发生日食、地震。考察《春秋》中记载的灾异现象,以它具有特定含义的征兆来代替上天说话。日食,表明是阳气被阴气所侵凌。坤是用来效法大地的,代表土,代表母,以安宁、娴静为美德。地震,就是地不遵循阴的品德的效验。占卜的卦象已非常明了,我哪里敢不直言这件事呢? 从前曾子询问如何听从父命的道理,孔子说:'这是什么话呀?'而非常赞赏闵子骞遵循礼制不随便顺从亲属,自己的行为没有不符合礼义的,所以没有可让他人离间亲属关系的口实。现在各个外戚家族的兄弟们,不论是贤能的,还是无能的,全部侍奉在陛下的周围,布列在各个官位上。有的人手握兵权,掌管宿卫的军队,有的人统帅屯田的兵士,宠幸之意集中于一家,

积贵之势,世所希见、所希闻也。至乃并置大司马、将军之官。皇甫虽盛,三桓虽隆,鲁为作三军,无以甚此。当拜之日,晻然日食。不在前后,临事而发者,明陛下谦逊无专,承指非一,所言辄听,所欲辄随,有罪恶者不坐辜罚,无功能者毕受官爵。流渐积猥,过在于是,欲令昭昭以觉圣朝。昔诗人所刺,《春秋》所讥,指象如此,殆不在他。由后视前,忿邑非之;逮身所行,不自镜见,则以为可,计之过者。愿陛下加致精诚,思承始初,事稽诸古,以厌下心,则黎庶群生无不说喜。上帝百神收还威怒,祯祥福禄,何嫌不报!"

丁巳,皇太太后傅氏崩,合葬渭陵,称孝元傅皇后。

二年六月戊午,帝崩于未央宫。大司马王莽白太皇太后,以定陶共王太后与孔乡侯晏同心合谋,背恩忘本,专恣不轨,徙孝哀皇后退就桂宫,傅氏、丁氏皆免官爵归故郡,傅晏将妻子徙合浦。独下诏褒扬傅喜曰:"高武侯喜姿性端悫,论议忠直。虽与故定陶太后有属,终不顺指从邪,介然守节,以故斥逐就国。《传》不云乎:'岁寒然后知松柏之后凋也。'其还喜长安,位特进,奉朝请。"喜虽外见褒赏,孤立忧惧,后复遣就国,以寿终。莽又贬傅太后号为定陶共王母,丁太后号曰丁姬。

渐渐地形成了尊贵的势力。这是世间很少看到、也很少听到的事情。甚至同时设置大司马、将军的官职。古时皇甫虽然强盛，三桓在鲁国兴隆，鲁国虽设置三军，也比不上当今这种局面。当要封拜的时候，突然出现了日食。不在这件事之前，也不在这件事之后，就在此事将实行的时候发生，这说明陛下您过于谦逊而不能专断，承受别人的意旨不是一桩，所说的话就听从，他人所想的就给，有罪恶的人不能治罪处罚，没有功绩和才能的人都得到了官爵。这类弊端越积越多，陛下的过失正在于此，我想让这种过失昭然若揭，来使圣明的天子警觉。从前诗人所刺喻的，《春秋》中所讥讽的，正是这类现象，大概不会指别的。从后世看前代，会愤慨忧郁地批评它，等到了自身做事时，又不引以为明镜自鉴，就认为可以推行，这是在谋略上的过失。希望陛下更加致力于诚实恭敬，想想继承大统开始时的情形，办事都查考古代的经验教训，以便让天下的人心都得到满足，那么黎民百姓们就再也没有不欢喜的了。上帝和众神们就会收回震怒，到那时，祯祥福禄，有什么可以怀疑它不来到的呢。”

丁巳（十七日），皇太太后傅氏驾崩，与她的丈夫合葬在渭陵，称为孝元傅皇后。

二年（前1）六月戊午（二十六日），哀帝在未央宫驾崩。大司马王莽禀告太皇太后，因为定陶共王太后跟孔乡侯傅晏同心合谋，背恩忘本，恣意专权，图谋不轨，把孝哀皇后迁出正宫，退居桂宫。傅氏、丁氏家族的人都免去官爵，遣回从前居住的郡邑，傅晏带领妻子儿女迁徙合浦。唯独下诏书褒扬傅喜说：“高武侯傅喜，天性端正诚实，持论议事忠正坦直，虽然与原定陶太后有亲属关系，始终不顺从她的指令而去做坏事，耿直而持守气节，所以才被斥逐回到封国。经传中不是说吗：‘天气寒冷后才会晓得松柏最后凋落。’应该让傅喜回到长安，给予特进的职位，享有奉朝请的资格。”傅喜虽然表面上受到褒扬和奖赏，但因孤立无援，心中忧虑惧怕，后来又被遣回封国，以寿终而死。王莽又贬降傅太后的位号为定陶共王母，贬丁太后为丁姬。

平帝元始五年，莽奏言："共王母、丁姬，前不臣妾，冢高与元帝山齐，怀帝太后、皇太后玺绶以葬。请发共王母及丁姬冢，取其玺绶。徙共王母归定陶，葬共王冢次。"太后以为既已之事，不须复发。莽固争之，太后诏因故棺改葬之。莽奏："共王母及丁姬棺皆名梓宫，珠玉之衣，非藩妾服。请更以木棺代，去珠玉衣，葬丁姬媵妾之次。"奏可。公卿在位皆阿莽指，入钱帛，遣子弟及诸生、四夷凡十馀万人，操持作具，助将作掘平共王母、丁姬故冢，周棘其处，以为世戒云。

汉平帝元始五年(5),王莽上奏章说:"共王母、丁姬从前不遵守臣妾的本分,她们的墓冢与元帝的皇陵一样高,而且又挟有帝太后、皇太后的印玺和绶带下葬。请挖掘共王母、丁姬的墓冢,取出她们的印玺和绶带。将共王母改葬到定陶,葬到共王墓冢的旁边。"太皇太后以为事情已经过去了,不必再去挖掘她们的墓冢。王莽坚持力争,太后便下诏书说使用原来的棺材改葬。王莽又上奏说:"共王母及丁姬的棺材都是帝后使用的名贵的梓木棺材,还穿着珠玉制成的殓服,这不是一个藩国的姬妾所能享受的礼服。请改用木制棺材来代替,撤去珠玉殓服,将丁姬按姬妾的顺序改葬。"这道奏章得到批准。当时在位的公卿们都仰承王莽的旨意,交纳金钱布帛,派遣子弟以及学生和四方少数民族,共十馀万人,带上了各种工具,帮助将作大臣掘平了共王母、丁姬原来的墓冢,又在墓冢周围布满了荆棘,以此来作为世人的鉴戒。

董贤嬖倖

汉哀帝建平四年二月，驸马都尉、侍中云阳董贤得幸于上，出则参乘，入御左右，赏赐累巨万，贵震朝廷。常与上卧起，尝昼寝，偏藉上袖，上欲起，贤未觉，不欲动贤，乃断袖而起。又诏贤妻得通引籍殿中，止贤庐。又召贤女弟以为昭仪，位次皇后。昭仪及贤与妻旦夕上下，并侍左右。以贤父恭为少府，赐爵关内侯。诏将作大匠为贤起大第北阙下，重殿，洞门，土木之功，穷极技巧。赐武库禁兵、上方珍宝。其选物上弟尽在董氏，而乘舆所服乃其副也。及至东园秘器、珠襦、玉柙，豫以赐贤，无不备具。又令将作为贤起冢茔义陵旁，内为便房，刚柏题凑；外为徼道，周垣数里，门阙罘罳甚盛。郑崇以贤贵宠过度谏上，由是重得罪。

董贤嬖倖

汉哀帝建平四年(前3)二月,驸马都尉、侍中云阳人董贤得到哀帝的宠幸,外出时随同在车上一起坐,回宫时便侍奉在左右,他受到的赏赐以巨万计算,富贵震动整个朝廷。他常与哀帝同睡同起。曾经有一次午间休息,他的身体压在哀帝的衣袖上,哀帝想起床,董贤还没有睡醒,哀帝不想惊动董贤,就把自己的袖子割断再起身。又下诏书,让董贤的妻子可以通报和登记姓名,进入宫中,在董贤的殿内住处留宿。又征召董贤的妹妹进宫,封为昭仪,地位仅次于皇后。董昭仪以及董贤和他的妻子早晚和上朝前、下朝后都侍奉在哀帝的左右。哀帝任命董贤的父亲董恭当少府,赐给关内侯的爵位。又下诏书给将作大匠,在皇宫北门外替董贤建造豪华府第。府第中有前殿、后殿,洞门,建造的土木工程,用尽了各种技巧。赐给董贤武器库中一般人不许使用的兵器以及宫廷中的珍奇宝物。在物品中能挑选出来最上等的东西都到了董氏家中,而皇上所使用的反而是次一等的。甚至连东园所制造的梓木棺材、装殓用的珍珠短衣、金缕玉衣,都预先赐给了董贤,没有不具备的。又下令让将作大匠,替董贤在义陵的旁边建造墓园,墓园内部又建造诸侯才能享用的墓室,外面用坚固的柏木垒在棺外;外面修造围绕陵园而行的道路,周围环绕数里,大门和门外的屏障都十分可观。郑崇认为董贤的贵宠已超过了限度而向哀帝进谏,因此深深地得罪了哀帝。

三月，上欲侯董贤而未有缘，侍中傅嘉劝上定息夫躬、孙宠告东平本章，去宋弘，更言因董贤以闻，欲以其功侯之，皆先赐爵关内侯。顷之，上欲封贤等而心惮王嘉，乃先使孔乡侯晏持诏书示丞相、御史。于是嘉与御史大夫贾延上封事言：“窃见董贤等三人始赐爵，众庶匈匈，咸曰贤贵，其馀并蒙恩。至今流言未解。陛下仁恩于贤等不已，宜暴贤等本奏语言，延问公卿、大夫、博士、议郎，考合古今，明正其义，然后乃加爵土。不然，恐大失众心，海内引领而议。暴评其事，必有言当封者，在陛下所从；天下虽不说，咎有所分，不独在陛下。”上不得已，且为之止。

秋八月辛卯，上下诏切责公卿曰：“昔楚有子玉得臣，晋文为之侧席而坐；近事，汲黯折淮南之谋。今东平王云等至有图弑天子逆乱之谋者，是公卿股肱莫能悉心、务聪明以销厌未萌故也。赖宗庙之灵，侍中、驸马都尉贤等发觉以闻，咸伏厥辜。《书》不云乎：‘用德章厥善。’其封贤为高安侯。”

上使中黄门发武库兵，前后十辈，送董贤及上乳母王阿舍。执金吾毌将隆奏言：“武库兵器，天下公用。国家武备，缮治造作，皆度大司农钱。大司农钱，自乘舆不以给共养。共养劳赐，一出少府。盖不以本藏给末用，不以民力

三月,哀帝想加封董贤为侯而又没有理由,侍中傅嘉劝哀帝改定息夫躬、孙宠告发东平王刘云的原始奏章,去掉宋弘的名字,改为通过董贤才知道这件事,想用这一功劳来封他为侯,就都先赐给了关内侯的爵位。过了不久,哀帝想加封董贤等人而心中又顾忌王嘉,就先派遣孔乡侯傅晏带上诏书先向丞相、御史展示。于是王嘉和御史大夫贾延就上密封奏书说:"我们私下发现董贤等三人被赐关内侯爵位的时候,已经是人心沸扬,都说是因为董贤的贵宠,其他人一起蒙受到了好处。直到现在,流言蜚语还没有停息。陛下对董贤等人的仁恩没有止境,应该把董贤等人原来奏章中的话披露出来,去邀请公卿、大夫、博士、议郎们询问,考查古往今来的例证,辨明加封的道理,然后才可以封给爵位和食邑。不是这样的话,恐怕会大失众心,让天下的人都伸长脖子来议论。披露和评论这件事,肯定会有主张应该加封的人,就在陛下所听从的了;天下的人虽然有些不高兴,但是责任已有分担,不只是陛下您一人承担了。"哀帝不得已,暂且停止这样做。

秋季八月辛卯(十九日),哀帝下诏书严厉地责怪公卿们说:"从前楚国有个子玉成得臣,晋文公为此感到忧虑而侧席就座;近世,也有汲黯挫败了淮南王的阴谋。现在东平王刘云等人甚至有企图杀死天子叛逆作乱的阴谋,这就是公卿股肱大臣没有能尽心尽力、扩大自己的视听,以便将事故消除在萌发状态的缘故了。依赖祖宗的英灵保佑,侍中、驸马都尉董贤等人发觉了此事而上报朝廷,使他们都受到了处罚。《尚书》中不是说吗:'用恩德来表彰他的善行。'应该封董贤为高安侯。"

哀帝派遣中黄门调发武库的兵器前后十批,送到董贤以及哀帝的乳母王阿的住所。执金吾毋将隆上奏说:"武库中的兵器,是天下共同使用的。国家武器装备的冶炼、制造、修缮费用,都是由大司农府开支。大司农府的钱财,原本不用来供养天子;天子的供养和慰劳赏赐财物,都是从少府支出。这是为了不把国家用在根本上的贮藏去供给一般的开支,不以百姓的钱财和人力

共浮费，别公私，示正路也。古者诸侯、方伯得颛征伐，乃赐斧钺。汉家边吏职任距寇，亦赐武库兵，皆任事然后蒙之。《春秋》之谊，家不臧甲，所以抑臣威，损私力也。今贤等便僻弄臣，私恩微妾，而以天下公用给其私门，契国威器，共其家备，民力分于弄臣，武兵设于微妾，建立非宜，以广骄僭，非所以示四方也。孔子曰：'奚取于三家之堂！'臣请收还武库。"上不说。

谏大夫渤海鲍宣上书曰："窃见孝成皇帝时，外亲持权，人人牵引所私以充塞朝廷，妨贤人路，浊乱天下，奢泰无度，穷困百姓，是以日食且十，彗星四起。危亡之征，陛下所亲见也。今奈何反覆剧于前乎！今民有七亡：阴阳不和，水旱为灾，一亡也；县官重责更赋租税，二亡也；贪吏并公，受取不已，三亡也；豪强大姓，蚕食亡厌，四亡也；苛吏繇役，失农桑时，五亡也；部落鼓鸣，男女遮列，六亡也；盗贼劫略，取民财物，七亡也。七亡尚可，又有七死：酷吏殴杀，一死也；治狱深刻，二死也；冤陷无辜，三死也；盗贼横发，四死也；怨仇相残，五死也；岁恶饥饿，六死也；时气疾疫，七死也。民有七亡而无一得，欲望国安，诚难；民有七死而无一生，欲望刑措，诚难。此非公卿、守相贪残成化

供给虚浮的杂费,区别官府和私藏,以表明国家的正路。古代的诸侯和方伯可以专权征伐,于是由天子赐给斧钺。我朝驻守边关的官吏承担抗御外寇的职责,也赐给武库的兵器,都是担职受责才蒙受的。按照《春秋》的大义,诸侯家中不能收藏兵甲,这是为了抑制臣下的威势而减弱私家的实力。现在董贤等是善于逢迎谄媚陛下的狎玩之臣、蒙有私恩的低微臣妾,却把天下公用的物品供给他们的私门,使关系国家命运的威猛兵器减缺,供给他们私家备用,百姓的劳力所得被分配给弄臣,武器兵备设置在低微的臣妾家里,所做很不妥当,扩大他们的骄横僭越之心,不是向四周边国显示威力的好做法。孔子说:'雍乐怎会出现在三家之堂?'我请陛下收回兵器归还武库。"哀帝不高兴。

谏大夫渤海人鲍宣上书说:"我私下看到孝成皇帝的时候,外戚亲属把持国家大权,人人都把自己要好的人牵引进朝廷,妨害使用贤人的道路,将天下扰得混乱不堪,奢侈腐化而没有限度,使百姓穷困,所以日食就发生了十次,彗星四处出现。危难败亡的征兆,是陛下您所亲眼见到的。现在为什么反倒比从前更加剧烈了呢?现在百姓们有七个方面难以生存:阴气和阳气不相调和,水旱成灾,这是一亡;官府向百姓征取沉重的徭役和租税,这是二亡;贪官污吏损公肥私,受取没有限度,这是三亡;地方的豪强大姓,蚕食百姓,永不满足,这是四亡;严苛的官吏催征徭役,耽误了农桑业生产的季节,这是五亡;部落中鼓声响起,男女村民都要列队捕盗,这是六亡;盗贼抢劫,掠取百姓财物,这是七亡。有这七个方面让百姓难以生存下去的问题还勉强说得过去,还有七种情况要百姓死亡:被酷吏殴打屠杀,这是一死;官府审理案件轻罪重罚,这是二死;冤枉陷害无辜,这是三死;盗贼四处出现,这是四死;有怨有仇的人互相残杀,这是五死;收成不好,遭受饥饿,这是六死;气候反常,发生疾疫灾殃,这是七死。老百姓有这七条死路而没有一点好处,想盼望国家安定,实在太难了;老百姓有七条死路而没有一条生路,希望用刑法来处置,实在也太难了。这难道不是公卿、郡守、国相贪婪残暴成风

之所致邪！群臣幸得居尊官，食重禄，岂有肯加恻隐于细民，助陛下流教化者邪！志但在营私家，称宾客，为奸利而已。以苟容曲从为贤，以拱默尸禄为智，谓如臣宣等为愚。陛下擢臣岩穴，诚冀有益毫毛，岂徒欲使臣美食大官、重高门之地哉！天下，乃皇天之天下也。陛下上为皇天子，下为黎庶父母，奈何独私养外亲与幸臣董贤，多赏赐，以大万数，使奴从、宾客，浆酒藿肉，苍头庐儿，皆用致富，非天意也！"宣语虽刻切，上以宣名儒，优容之。

　　元寿元年春正月，丞相嘉奏封事曰："陛下在国之时，好《诗》《书》，上俭节，征来，所过道上称诵德美，此天下所以回心也。初即位，易帷帐，去锦绣，乘舆席缘绨缯而已。共皇寝庙比当作，忧闵元元，惟用度不足，以义割恩，辄且止息，今始作治。而驸马都尉董贤亦起官寺上林中，又为贤治大第，开门乡北阙，引王渠灌园池，使者护作，赏赐吏卒，甚于治宗庙。贤母病，长安厨给祠具，道中过者皆饮食。为贤治器，器成，奏御乃行，或物好，特赐其工。自贡献宗庙、三宫，犹不至此。贤家有宾婚及见亲，诸官并共，赐及仓头、奴婢人十万钱。使者护视、发取市物，百贾震动，

所导致的结果吗？群臣们幸运地得以处在尊贵的官位上，拿着丰厚的俸禄，哪有肯对小民百姓施以恻隐之心，辅助陛下传播教化的人呢？他们的志趣仅仅在于营造自己的私家，满足宾客的要求，谋取不正当的利益而已。把苟安取容、曲意顺从当作贤能，把拱手作揖、默然无语、只拿俸禄当作智慧，却说像我这样的人是愚蠢的。陛下提拔我这种身处岩穴之中的隐士，肯定是希望我能做出一点点有益的事情，哪里能够让我只是吃着美食、做着大官，处在朝廷之中而徒显尊贵呢？天下是皇天的天下。陛下您上为皇天的儿子，下为黎民百姓的父母，怎么能只是供养外戚亲属和宠幸之臣董贤，多多地赏赐他们，数目大至以亿计算，让奴仆随从、家中宾客把酒看成水浆，把肉看成藿草一般，让那些做奴隶侍从的人，都因此阔绰起来，这不是上天的意旨。"鲍宣虽然言语刻削切直，哀帝因为他是名儒，还是以良好的态度对待他。

元寿元年（前2）春季正月，丞相王嘉呈递密封奏章说："陛下在封国的时候，喜好《诗经》《尚书》，崇尚节俭，应征召来京城，所经过的道路上的百姓都称颂您的美德，这就是天下人心之所以把希望寄托在陛下身上的缘故。刚即位的时候，改换宫中的帷帐，撤去锦绣的装饰，所乘的车马和床席仅仅是镶上厚缯布外边而已。共皇的寝庙近时应该修建，但陛下思虑到体恤百姓，想到用度还不足，就因大义割舍了自己的私恩，也就暂时停止了修建，直到现在才开始建造。而驸马都尉董贤也在上林苑中兴建官署，陛下又替他建造豪华府第，开门面向皇宫北门，引用皇家专用的水渠为他灌溉园池，派遣使者为他监督建造，赏赐吏卒的钱物，比建造宗庙的还多。董贤的母亲病了，要由长安的厨官供给祈祷用品，道上过路的人都供给饮食。又为董贤制作器具，器具制成后，奏请陛下过目才能送去，有时器具很精巧，就特地赏赐制作的工匠，即使是宗庙祭祀时的供品，天子、太后、皇后三宫的献纳物，也比不上这样。董贤家中如果有宾客婚礼以及亲戚相见，百官一齐供奉，赐给随从的奴隶和家中的奴婢每人十万钱。使者随护他转市场、选购市场中的物品，所有商人都为之震动，

道路谨哗,群臣惶惑。诏书罢苑,而以赐贤二千馀顷,均田之制从此堕坏。奢僭放纵,变乱阴阳,灾异众多,百姓讹言,持筹相惊,天惑其意,不能自止。陛下素仁智慎事,今而有此大讹。孔子曰:'危而不持,颠而不扶,则将安用彼相矣!'臣嘉幸得备位,窃内悲伤不能通愚忠之信。身死有益于国,不敢自惜。唯陛下慎己之所独乡,察众人之所共疑!往者宠臣邓通、韩嫣,骄贵失度,逸豫无厌,小人不胜情欲,卒陷罪辜,乱国亡躯,不终其禄,所谓'爱之适足以害之'者也!宜深览前世,以节贤宠,全安其命。"上由是于嘉浸不说。

鲍宣上书曰:"陛下父事天,母事地,子养黎民;即位已来,父亏明,母震动,子讹言相惊恐。今日食于三始,诚可畏惧。小民正朔日尚恐毁败器物,何况于日亏乎!陛下深内自责,避正殿,举直言,求过失,罢退外亲及旁仄素餐之人,征拜孔光为光禄大夫,发觉孙宠、息夫躬过恶,免官遣就国,众庶歙然,莫不说喜。天人同心,人心说则天意解矣。乃二月丙戌,白虹干日,连阴不雨,此天下忧结未解,民有怨望未塞者也。侍中、驸马都尉董贤,本无葭莩之亲,

道路上的行人,喧哗躁动,群臣们惶恐而迷惑。陛下下诏书罢去皇室园林,却又以此赐给董贤二千多顷的土地,均田的制度由此而遭到毁坏。他们奢侈僭越,放纵无度,使阴阳变乱,灾害异事层出不穷,百姓们相互传递凶险的谣言,手持占卜的用具而互相惊扰,老天爷也对百姓的举动很迷惑,不能够让他们平息下来。陛下素来仁厚明智而办事谨慎,而现在却出现这样大的讥讽。孔子说过:'危险的时候不能持护,颠簸的时候不能扶正,那么用他做辅助又有什么用呢?'我王嘉幸运地得以充任丞相的官位,内心私下感到悲伤,不能够将自己愚忠的诚意通达皇上。倘若我身死而对国家有益的话,我绝不敢怜惜自己。希望陛下慎重处理自己一个人所想做的事,而体察众人所共有的疑惑。从前宠幸的大臣邓通、韩嫣,由于骄横贵宠失去限度,极尽享乐没有满足的时候,小人永远不能填满自己的情欲,最终陷入罪罚,扰乱国家,自身灭亡,不能始终维持他们的官禄,这就是所说的'溺爱他却恰恰足以害了他'!应该深深地披览前世可借鉴的事例,以此来节制对董贤的宠幸,保全他的性命。"哀帝因此渐渐不喜欢王嘉了。

鲍宣上书说:"陛下像事奉父亲那样事奉上天,像事奉母亲那样事奉大地,像养育儿子一样养育黎民百姓;从即位以来,父道亏损了贤明,母道也不静默而震动,儿子们谣言四起而惊恐不安。现在正月初一就发生日食,实在是值得畏惧啊!小民们在正月初一尚且害怕毁坏自己家中的器物,更何况是日食呢?陛下内心深深地自责,回避正殿理政,荐举直言之士,寻求自己的过失,罢退了外戚亲属以及身边左右尸位素餐的人。征召封拜孔光为光禄大夫,又觉察出了孙宠、息夫躬的过失和罪恶,免除了他们的官职,将他们送归各自的侯国,百姓们齐心和睦,没有不欢喜的。天和人同一条心,人心喜悦,那么天之怒就可以化解。但是才到二月丙戌(十六日),白色的虹霓就凌犯太阳,连连天阴下不下雨,这说明天下的忧结还没有解开,老百姓还有怨恨没能平息。侍中、驸马都尉董贤,本来与陛下无丝毫亲属关系,

但以令色、谀言自进，赏赐无度，竭尽府藏，并合三第，尚以为小，复坏暴室。贤父、子坐使天子使者，将作治第，行夜吏卒皆得赏赐。上冢有会，辄太官为供。海内贡献，当养一君，今反尽之贤家，岂天意与民意邪！天不可久负，厚之如此，反所以害之也！诚欲哀贤，宜为谢过天地，解仇海内，免遣就国，收乘舆器物还之县官，如此，可以父子终其性命。不者，海内之所仇，未有得久安者也。孙宠、息夫躬不宜居国，可皆免，以视天下。复征何武、师丹、彭宣、傅喜，旷然使民易视，以应天心，建立大政，兴太平之端。"上感大异，纳宣言，征何武、彭宣，拜鲍宣为司隶。

上托傅太后遗诏，令太皇太后下丞相、御史，益封董贤二千户，及赐孔乡侯、汝昌侯、阳新侯国。王嘉封还诏书，因奏封事谏曰："臣闻爵禄、土地，天之有也。《书》云：'天命有德，五服五章哉！'王者代天爵人，尤宜慎之。裂地而封，不得其宜，则众庶不服，感动阴阳，其害疾自深。今圣体久不平，此臣嘉所内惧也。高安侯贤，佞幸之臣，陛下倾爵位以贵之，单货财以富之，损至尊以宠之，主威已黜，府藏已竭，唯恐不足。财皆民力所为，孝文皇帝欲起露台，重百金之费，克己不作。今贤散公赋以施私惠，一家至受千

只是靠善于察言观色、虚言诌媚来往上爬。陛下对他的赏赐没有限度，用尽了府库的储藏，把三座宅第合为一座赏赐给他，还以为太小，又拆宫中的暴室来扩大它。董贤的父亲、儿子坐着指使天子的使者，将作大匠为他修建府第，连巡夜的吏卒都得到赏赐。他上祖坟祭奠，每次都由皇家太官提供用品。天下的贡品，本该供养君主一人，现在反倒全都到了董贤家中，这难道是天意如此，民意如此吗？皇天不能长久地违背，这样地优待董贤，反倒是害了他！您实在想哀怜董贤，就应该替他向天地谢罪，让天下人解除对他的怨仇，罢免他的官职，将他遣送回侯国，将赐给他的车马器物收还朝廷。这样的话，还可以让他们父子平安度过一生。不然，被天下所仇视的人，是没有可以长期获得安宁的。孙宠、息夫躬不应享受封侯的待遇，可以全都斥免，拿这来给天下百姓看。再重新征召何武、师丹、彭宣、傅喜，使百姓们看到一个明朗的局面，以应合天心，建立起大政朝纲，兴造太平之世的良好开端。"哀帝十分感动又大为惊异，采纳了鲍宣的建议，征用何武、彭宣，又封拜鲍宣为司隶校尉。

哀帝托名傅太后的遗诏，令太皇太后下令给丞相、御史大夫，加封董贤二千户，同时赐给孔乡侯、汝昌侯、阳新侯采邑。王嘉将诏书封还之后，趁势呈递密封奏章进谏说："我听说爵位和俸禄、土地，是皇天所拥有的。《尚书》中说：'上天命有德行的人居于各个爵位，按天子、诸侯、卿、大夫、士尊卑亲疏关系的不同而处于不同的位置。'君主代替上天赐人封爵，尤其应该谨慎。割地分封，如果不合理，那么百姓们就会不服，并因此撼动阴阳二气，它所造成的危害和疾病自然就深。现在皇上的身体很久都不能平和，这是我王嘉内心所恐惧的。高安侯董贤，是靠巧言诌媚而得宠幸的臣子，陛下用尽爵位使他尊贵，耗尽钱财让他富有，降低至尊的地位去宠幸他，君主的威严已减损，国府的储藏已枯竭，还唯恐不足。财物都是民力所创造的，孝文皇帝想建筑一座露台，看重百金的费用，而克制自己停止了修筑。现在董贤乱用国家的赋税收入去施布私人的恩惠，一家甚至有领受千

金,往古以来,贵臣未尝有此。流闻四方,皆同怨之。里谚曰:'千人所指,无病而死。'臣常为之寒心。今太皇太后以永信太后遗诏诏丞相、御史,益贤户,赐三侯国,臣嘉窃惑。山崩、地动、日食于三朝,皆阴侵阳之戒也。前贤已再封,晏、商再易邑,业缘私横求,恩已过厚,求索自恣,不知厌足,甚伤尊尊之义,不可以示天下,为害痛矣!臣骄侵罔,阴阳失节,气感相动,害及身体。陛下寝疾久不平,继嗣未立,宜思正万事,顺天人之心,以求福祐,奈何轻身肆意,不念高祖之勤苦,垂立制度,欲传之于无穷哉!臣谨封上诏书,不敢露见。非爱死而不自法,恐天下闻之,故不敢自劾。”

初,廷尉梁相治东平王云狱时,冬月未尽二旬,而相心疑云冤狱,有饰辞,奏欲传之长安,更下公卿覆治。尚书令鞫谭、仆射宗伯凤以为可许。天子以为相等皆见上体不平,外内顾望,操持两心,幸云逾冬,无讨贼疾恶主仇之意,免相等皆为庶人。后数月,大赦,嘉荐“相等皆有材行,圣王有计功除过,臣窃为朝廷惜此三人”。书奏,上不能平。后二十馀日,嘉封还益董贤户事,上乃发怒,召嘉诣尚书,责问以“相等前坐不忠,罪恶著闻,君时辄已自劾。今又称

金的，自古以来，尊贵的大臣都没有能像这样的，这些事情四处传播，人们都很怨恨。乡间民谚说：'受到千人的指责，没有病也要死去。'我常常为此而寒心。现在太皇太后用永信太后的遗诏命令丞相、御史大夫，增加董贤的封邑户数，赐给三个侯的采邑，我私下感到疑惑。山崩、地震、日食发生在正月初一日，都是阴气侵凌阳气的警戒。过去董贤已经接受两次加封，傅晏、傅商已经两次变更封邑，傅业凭借私情横加求索，皇上对他的恩宠已经过分优厚，而他的求索却越来越放纵，不知道满足，严重地损伤了尊崇尊长的大义，不可以用来示谕天下，为害已经很深了！臣下骄横、侵凌、虚妄，阴阳就要失去节度；二气相感而震动，就会伤害到陛下的身体。陛下疾病缠身，很久不痊愈，而继承人又未确立，应该考虑匡正全部政事，顺应天心民心，以此求得福佑。怎么能看轻自己的身体，放纵自己的意志，不念及高祖皇帝的辛勤劳苦，建立和垂示各项制度，想传授子孙到无穷无尽呢？我谨慎地把诏书封好退回，不敢把它暴露出来。并非因怜惜一死而不自己检讨违拒诏书的罪责，我只是害怕天下人都知道这件事，所以不敢自我弹劾。"

当初，廷尉梁相在处理东平王刘云案件的时候，冬月还剩下二十天，而梁相心里已经怀疑刘云一案属于冤案，供状中有增饰夸大的词语，就上奏想把这一案件移送到长安来，改交公卿大臣重新审理判决。尚书令鞫谭、仆射宗伯凤认为可以这样做。天子认为梁相等人看到皇帝身体不适，内外观望，怀有二心，想让刘云的案件侥幸地拖过冬季得到减刑免死，没有痛恨奸恶为主上讨贼报仇的决心，便罢免梁相等人的官职，使他们成为老百姓。过了几个月，遇上大赦，王嘉推荐"梁相等人都有品德和才能，圣明的君主以臣下的功绩抵销他们的过失，我私下里实在为朝廷惋惜这三个人"。王嘉的荐书奏上后，哀帝很是气愤。又过了二十几天，王嘉又封还了增加董贤封户的诏书，哀帝于是发怒，宣召王嘉到尚书台，责问他"梁相等人之前犯了对天子不忠之罪，罪恶已明显公开，你当时就已经自己检讨了。现在又称

誉，云‘为朝廷惜之’，何也”，嘉免冠谢罪。

事下将军朝者，光禄大夫孔光等劾“嘉迷国罔上，不道，请谒者召嘉诣廷尉诏狱”。议郎龚等以为：“嘉言事前后相违，宜夺爵土，免为庶人。”永信少府猛等以为：“嘉罪名虽应法，大臣括发关械，裸躬就笞，非所以重国，褒宗庙也。”上不听。

三月，诏假谒者节，召丞相诣廷尉诏狱。使者既到，府掾、史涕泣，共和药进嘉，嘉不肯服。主簿曰：“将相不对理陈冤，相踵以为故事，君侯宜引决！”使者危坐府门上，主簿复前进药。嘉引药杯以击地，谓官属曰：“丞相幸得备位三公，奉职负国，当伏刑都市，以示万众。丞相岂儿女子邪！何谓咀药而死！”嘉遂装，出见使者，再拜受诏；乘吏小车，去盖，不冠，随使者诣廷尉。廷尉收嘉丞相、新甫侯印绶，缚嘉载致都船诏狱。上闻嘉生自诣吏，大怒，使将军以下与五二千石杂治。吏诘问嘉，对曰：“案事者思得实。窃见相等前治东平王狱，不以云为不当死，欲关公卿，示重慎。诚不见其外内顾望、阿附为云验，复幸得蒙大赦。相等皆良善吏，臣窃为国惜贤，不私此三人。”狱吏曰：“苟如此，则君何以为罪，犹当有以负国，不空入狱矣？”吏稍侵辱嘉，嘉喟然仰天叹曰：“幸得充备宰相，不能进贤、退不肖，以是负

赞他们，还说'为朝廷惋惜他们'，这是为什么"，王嘉脱下官帽向皇上谢罪。

哀帝把这件事交付给上朝的将军们议论，光禄大夫孔光等人弹劾"王嘉迷乱国家，欺侮皇上，大逆不道，请派谒者召王嘉到廷尉府，关入牢狱治理"。议郎龚等人认为："王嘉议论政事前后相违背，应该削夺他的爵位和封邑，罢免为平民。"永信宫少府猛等人认为："王嘉的罪名虽然应该绳之以法，但是让大臣挽结起头发、带上刑具，裸露身体而受鞭笞，这不是重国家、褒扬祖宗宗庙的做法。"哀帝拒不听从。

三月，哀帝下诏让谒者手持符节，征召丞相到廷尉府，关入牢狱审理。使者抵达后，丞相府的掾、史等官吏都流泪哭泣，一起调制毒药进奉给王嘉，王嘉不肯服用。丞相府主簿说："将相不面对审问而陈述冤屈，古今相沿，成为惯例，君侯您应该自行了决。"使者严肃地坐在府门上，主簿又向前奉上毒药。王嘉接过药杯摔在地上，对他的官属们说："丞相幸运地处在三公的行列，履行职责辜负了国家，就应该在都市中受到刑罚，来给万众看。丞相难道是小儿、女子吗？为什么要吞毒药而死！"王嘉于是穿上朝服，出去见使者，接连下拜接受诏书，乘坐吏员的小车、去掉车的盖顶，不戴帽子，跟随使者来到廷尉府。廷尉收取了王嘉丞相、新甫侯的印章和绶带，绑上王嘉把他载送到都船诏狱。哀帝听说王嘉活着亲自去见狱吏，大怒，派遣将军以下和五位二千石官共同审理。狱官诘问王嘉，王嘉回答说："审理案件的应该想获得实情。我见梁相等人从前审理东平王的案件，并不是认为刘云不应该处死，是想禀知公卿审理，为了表示朝廷谨慎用刑。实在没发现他内外观望、对刘云献媚依附的证据，又希望他们能遇上朝廷大赦。梁相等人都是良善官吏，我私下替国家惋惜贤才，对这三个人并没有什么私情。"狱吏说："如果是这样，那用什么给你定罪呢？还是犯了负国之罪，不然，不会凭空入狱。"狱吏逐渐对王嘉施加侮辱，王嘉便喟然仰望天空长叹说："侥幸充当了宰相，而不能够引进贤能的人、屏退不肖之徒，因此辜负了

国,死有馀责。"吏问贤、不肖主名。嘉曰:"贤故丞相孔光、故大司空何武,不能进;恶高安侯董贤父子,佞邪乱朝,而不能退。罪当死,死无所恨!"嘉系狱二十馀日,不食,欧血而死。

十二月庚子,以侍中、驸马都尉董贤为大司马、卫将军,册曰:"建尔于公,以为汉辅。往悉尔心,匡正庶事,允执其中!"是时贤年二十二,虽为三公,常给事中,领尚书事,百官因贤奏事。以父卫尉恭不宜在卿位,徙为光禄大夫、秩中二千石;弟宽信代贤为驸马都尉。董氏亲属皆侍中、诸曹、奉朝请,宠在丁、傅之右矣。

初,丞相孔光为御史大夫,贤父恭为御史,事光。及贤为大司马,与光并为三公。上故令贤私过光。光雅恭谨,知上欲尊宠贤。及闻贤当来也,光警戒衣冠出门待,望见贤车乃却入,贤至中门,光入阁,既下车,乃出,拜谒、送迎甚谨,不敢以宾客钧敌之礼。上闻之,喜,立拜光两兄子为谏大夫、常侍。贤由是权与人主侔矣。

是时,成帝外家王氏衰废,唯平阿侯谭子去疾为侍中,弟闳为中常侍。闳妻父中郎将萧咸,前将军望之子也,贤父恭慕之,欲为子宽信求咸女为妇,使闳言之。咸惶恐不敢当,私谓闳曰:"董公为大司马,册文言'允执其中',此乃尧禅舜之文,非三公故事,长老见者莫不心惧。此岂家人

国家,死有馀辜。"狱吏问贤能和不肖的人的姓名,王嘉说:"贤能的人,是指原丞相孔光、原大司空何武,而我不能举荐他们;邪恶的人,是指高安侯董贤父子,他们谄媚邪僻,扰乱朝纲,而我却不能屏退他们。我的罪责理应处死,死了也不会有什么遗恨!"王嘉被关押在狱二十多天,不吃食物,吐血而死。

十二月庚子(初六),任命侍中、驸马都尉董贤为大司马、卫将军,封授的诏书说:"把你列在三公的位置,作为汉室的辅臣。希望你全心全意,来匡正各种政事,忠诚坚守公正的原则。"这时董贤年龄是二十二岁,虽然已经是三公,但常常在宫中供事,兼任尚书台的事务,朝廷的百官都要通过董贤上奏政事。又因为董贤的父亲董恭不应处在卿的位置,改官为光禄大夫、品秩中二千石;董贤的弟弟董宽信代替董贤充任驸马都尉。董氏的亲属都官任侍中、各曹和奉朝请之类,其宠幸的程度,已超过了丁氏、傅氏家族。

当初,丞相孔光做御史大夫,董贤的父亲董恭做御史,在孔光手下做事。等到董贤当上大司马,跟孔光并为三公。哀帝特意叫董贤私下去见孔光。孔光素来办事恭敬谨慎,知道皇上想让董贤受到尊宠。听说董贤要来时,孔光派出警卫、整理衣冠出门等候,望见董贤的车马就退入府中,董贤到了府第中门,孔光退入小门。董贤下车后,孔光才从小门出来,拜见,送往迎来的礼节非常恭谨,不敢用宾客的礼节与董贤相匹敌。哀帝听到这件事,很高兴,马上封拜孔光两位兄长的儿子为谏大夫、常侍。董贤从此权力能跟君主相等了。

这时,成帝的外戚亲属王氏已经衰微,只有平阿侯王谭的儿子王去疾为侍中,弟弟王闳为中常侍。王闳妻子的父亲中郎将萧咸,是前将军萧望之的儿子。董贤的父亲董恭很仰慕他,想为儿子宽信去求萧咸的女儿做妻室,让王闳去跟萧咸说。萧咸诚惶诚恐,不敢答应,私下对王闳说:"董公做大司马,册文中说'允执其中',这是唐尧把帝位禅让给虞舜的册文,不是册封三公的惯例,年老的人见到后没有心中不害怕的。这哪里是寻常人家的

子所能堪邪！"闳性有知略，闻咸言，心亦悟。乃还报恭，深达咸自谦薄之意。恭叹曰："我家何用负天下，而为人所畏如是！"意不说。后上置酒麒麟殿，贤父子、亲属宴饮，侍中、中常侍皆在侧。上在酒所，从容视贤笑曰："吾欲法尧禅舜，何如？"王闳进曰："天下乃高皇帝天下，非陛下之有也！陛下承宗庙，当传子孙于无穷。统业至重，天子无戏言！"上默然不说，左右皆恐。于是遣闳出归郎署。

久之，太皇太后为闳谢，复召闳还。闳遂上书谏曰："臣闻王者立三公，法三光，居之者当得贤人。《易》曰：'鼎折足，覆公𫗧。'喻三公非其人也。昔孝文皇帝幸邓通，不过中大夫，武皇帝幸韩嫣，赏赐而已，皆不在大位。今大司马、卫将军董贤，无功于汉朝，又无肺腑之连，复无名迹高行以矫世，升擢数年，列备鼎足，典卫禁兵，无功封爵，父子、兄弟横蒙拔擢，赏赐空竭帑藏，万民喧哗，偶言道路，诚不当天心也！昔褒神蚖变化为人，实生褒姒，乱周国。恐陛下有过失之讥，贤有小人不知进退之祸，非所以垂法后世也！"上虽不从闳言，多其年少志强，亦不罪也。

二年春正月，匈奴单于及乌孙来朝。单于宴见，群臣在前，单于怪董贤年少，以问译。上令译报曰："大司马年少，以大贤居位。"单于乃起，拜贺汉得贤臣。

儿子所能消受得了的呢?"王闳天性机智有谋略,听到萧咸的话,心里也醒悟了。于是回去告诉董恭,深切地表达了萧咸谦恭自薄的意思。董恭叹息说:"我家有什么地方得罪了天下,而被人畏惧成这样!"心中很不高兴。后来哀帝在麒麟殿设置宴席,董贤父子、亲属都参加宴会,侍中、中常侍都侍奉在一边。哀帝几杯酒下肚后,悠闲地看着董贤,笑着对他说:"我想效法唐尧将帝位禅让给虞舜,你看怎么样?"王闳进言说:"天下乃是高皇帝的天下,并不是陛下所有!陛下既然已经继承宗庙社稷,应该传授子孙到无穷无尽。传位继统天下至关重要,天子没有戏耍之言!"哀帝听后默然不语,很不高兴,左右的人都惊恐不安。于是就将王闳遣出宫中,回到郎署为官。

很久以后,太皇太后替王闳谢罪,又召回了王闳。王闳于是上书进谏说:"我听说君主设立三公是效仿日、月、星三光,身居这个职位的应该是贤能的人。《周易》中说:'鼎折断了脚柱,就会倒泻出圣公的美食。'这是比喻三公用的人不恰当。过去孝文皇帝宠幸邓通,只不过给他中大夫的官职;武皇帝宠幸韩嫣,只是赏赐他而已,都没有占据高位。现在大司马、卫将军董贤,对汉朝没有任何功绩,又没有亲属关系相连,更没有声名事迹、高尚品德来纠正颓风陋俗,被提拔了数年,已经处在三公的位置,掌管守卫宫殿的兵马,没有功绩而加封爵位,董贤的父子、兄弟无故蒙受提拔擢用,给他们的赏赐用尽了国家的储藏。万民议论喧哗,在道路中窃窃私语,实在是不符合天心!从前褒国的神蛇变化为人,生下了褒姒,扰乱了周国。我恐怕陛下会因过失受到讥讽,董贤会因小人不懂得进退而遭横祸,这不是为后世立下法规的做法。"哀帝虽然没有听从王闳的意见,但赞赏他年轻气盛,也不降罪于他。

二年(前1)春季正月,匈奴单于及乌孙国王前来朝觐。单于在宴会上拜见哀帝,大臣们都在场,单于奇怪董贤年轻,就问翻译。哀帝让翻译回答说:"大司马年轻,因为贤能才居三公高位。"单于于是起身,拜贺汉室朝廷得到贤臣。

夏五月甲子,正三公官分职。大司马、卫将军董贤为大司马。

六月戊午,帝崩于未央宫。太皇太后闻帝崩,召大司马贤,引见东箱,问以丧事调度。贤内忧,不能对,免冠谢。太后曰:"新都侯莽,前以大司马奉送先帝大行,晓习故事,吾令莽佐君。"贤顿首:"幸甚!"太后遣使者驰召莽,诏尚书,诸发兵符节、百官奏事、中黄门、期门兵皆属莽。莽以太后指,使尚书劾贤,帝病不亲医药,禁止贤不得入宫殿司马中。贤不知所为,诣阙免冠徒跣谢。己未,莽使谒者以太后诏即阙下册贤曰:"贤年少,未更事理,为大司马,不合众心。其收大司马印绶,罢归第!"即日,贤与妻皆自杀,家惶恐,夜葬。莽疑其诈死,有司奏请发贤棺,至狱诊视,因埋狱中。莽又奏董贤父子骄恣奢僭,请收没入财物县官,诸以贤为官者皆免;父恭、弟宽信与家属徙合浦,母别归故郡钜鹿。长安中小民谨哗,乡其第哭,几获盗之。县官斥卖董氏财,凡四十三万万。贤所厚吏沛朱诩自劾去大司马府,买棺衣,收贤尸葬之。莽闻之,以他罪击杀诩。

夏季五月甲子(初二),厘正三公官位和各自职权。任命大司马、卫将军董贤为大司马。

　　六月戊午(二十六日),哀帝在未央宫中驾崩。太皇太后听说哀帝驾崩,召见大司马董贤,在东厢引见,询问他丧事的调度处理。董贤内心忧虑,不能回答,脱帽向太后谢罪。太后说:"新都侯王莽,过去曾经以大司马的身份处理过先帝的丧事,通晓惯例成事,我让王莽来辅助你。"董贤行顿首礼说:"太好了!"太后派遣使者飞速征召王莽,又下诏给尚书台,各种发兵的符节、百官的奏事、中黄门、期门军都归王莽掌管。王莽秉承太后的旨意,指使尚书弹劾董贤,皇上病重时不亲自侍奉医药,因而禁止董贤进入宫殿司马门中。董贤不知道怎么办才好,就到皇宫正门脱帽光脚谢罪。己未(二十七日),王莽派遣谒者拿太后的诏书到门口,向董贤颁布说:"董贤年纪尚轻,未能经历和懂得事理,担任大司马一职不符合众人的心愿。应该收回大司马的印章和绶带,罢免回家。"就在这一天,董贤和他的妻子都自杀了,家里的人诚惶诚恐,连夜将他们埋葬。王莽怀疑他是诈死,主管部门奏请挖出董贤的棺材,送到牢狱中验视,趁势埋在了狱中。王莽又上奏董贤父子骄横放纵、奢侈过度,请求没收他们的财物归入朝廷;那些因为董贤而做官的,都免去官职;董贤的父亲董恭、弟弟董宽信与家属一起迁徙到合浦,董贤的母亲单独回到她的故郡钜鹿。长安城中的百姓吵嚷喧哗,面对董贤的府第哭泣,实际想趁机盗取些东西。官府变卖了董氏的财产,共得钱四十三万万。董贤所厚待的官吏沛郡人朱诩自我弹劾离开大司马府,买了棺材和寿衣,收殓了董贤的尸体而将他埋葬。王莽听说这件事,就借其他的罪名杀害了朱诩。

王莽篡汉

汉宣帝甘露三年，太子所幸司马良娣死，太子悲恚不乐。帝乃命皇后择后宫家人子可以娱侍太子者，得元城王政君，送太子宫。政君，故绣衣御史贺之孙女也。是岁，生成帝于甲馆画堂，为世適皇孙。帝爱之，自名曰骜，字大孙。

元帝初元二年夏四月丁巳，立子骜为皇太子。

竟宁元年。初，太子少好经书，宽博谨慎；其后幸酒，乐燕乐，上不以为能。而山阳王康有材艺，母昭仪又爱幸，上以故常有意欲以山阳为嗣。及上寝疾，傅昭仪、山阳王康常在左右，而皇后、太子希得进见。上数问尚书以景帝时立胶东王故事。是时太子长舅阳平侯凤为卫尉、侍中，与皇后、太子皆忧，不知所出。史丹以亲密臣得侍疾，候上间独寝时，丹直入卧内，顿首伏青蒲上，涕泣而言曰："皇太子以適长立，积十馀年，名号系于百姓，天下莫不归心。今者

王莽篡汉

汉宣帝甘露三年(前51),太子所宠幸的司马良娣死了,太子很悲伤,成天忧闷不乐。宣帝于是让皇后挑选后宫嫔妃家族里可以侍奉太子的女子,得到了元城人王政君,送往太子宫中。王政君是原绣衣御史王贺的孙女。这一年,在甲馆画堂生下了成帝,是世袭的嫡系皇孙,宣帝很疼爱他,亲自为他取名为骜,字大孙。

汉元帝初元二年(前47)夏季四月丁巳(二十八日),册立儿子刘骜为皇太子。

竟宁元年(前33)。起初,太子年幼时就喜好经书,为人宽宏、博学、谨慎;可是后来却爱喝酒,喜欢私宴享乐,元帝不认为他能承继大业。而山阳王刘康有才能技艺,他的母亲傅昭仪又深受宠爱,元帝因此常常有意改立山阳王为太子。到元帝病重的时候,傅昭仪、山阳王刘康常常侍奉在左右,而皇后、太子却很少得以觐见。元帝多次询问尚书汉景帝废掉太子刘荣,改立胶东王刘彻为太子的先例。这时,太子的大舅阳平侯王凤在朝做卫尉、侍中,跟皇后、太子都很忧虑,不知道用什么计谋才能挽救局面。史丹以亲密大臣的身份得以直接进入寝殿探病,等到元帝偶尔独自卧床时,史丹就直接闯入寝殿,行顿首礼趴伏在青蒲垫上,流泪哭泣说:"皇太子以嫡长子的身份被册立,已经长达十多年,他的名号已经跟百姓们联系在一起,天下人没有不归心于他的。现在

道路流言，为国生意，以为太子有动摇之议。审若此，公卿以下必以死争，不奉诏。臣愿先赐死以示群臣！"上意大感寤，太子由是遂定。

五月壬辰，帝崩于未央宫。六月己未，太子即皇帝位，以元舅侍中、卫尉、阳平侯王凤为大司马、大将军、领尚书事。

成帝建始元年春正月壬子，封舅诸吏、光禄大夫、关内侯王崇为安成侯；赐舅谭、商、立、根、逢时爵关内侯。夏四月，黄雾四塞，诏博问公卿大夫，无有所讳。谏大夫杨兴、博士驷胜等对，皆以为"阴盛侵阳之气也。高祖之约，非功臣不侯。今太后诸弟皆以无功为侯，外戚未曾有也，故天为见异"。于是大将军凤惧，上书乞骸骨，辞职。上优诏不许。

三年，上专欲委任王凤。八月，策免车骑将军许嘉，以特进侯就朝位。

四年夏，上悉召前所举直言之士，诣白虎殿对策。是时上委政王凤，议者多归咎焉。谷永知凤方见柄用，阴欲自托，乃曰："方今四夷宾服，皆为臣妾，北无薰粥、冒顿之患，南无赵佗、吕嘉之难，三垂晏然，靡有兵革之警。诸侯大者乃食数县，汉吏制其权柄，不得有为，无吴、楚、燕、梁之势。百官盘互，亲疏相错，骨肉大臣有申伯之忠，洞洞属属，小心畏忌，无重合、安阳、博陆之乱。三者无毛发之辜，窃恐陛下舍昭昭之白过，忽天地之明戒，听晻昧之瞽说，归

道路上传布流言蜚语,对国家命运产生猜测,认为太子地位有可能动摇。如果真的是这样,公卿以下的官吏必定会拼死力争,不接受诏书。我希望先赐我死刑以便警戒群臣。"元帝心中大为感动而觉悟,太子的地位于是就确定了。

五月壬辰(二十四日),汉元帝在未央宫驾崩。六月己未(二十二日),太子即皇帝位,任命大舅侍中、卫尉、阳平侯王凤为大司马、大将军,领任尚书事。

汉成帝建始元年(前32)春正月壬子,加封舅舅中做官的人、光禄大夫、关内侯王崇为安成侯;赐给舅舅王谭、王商、王立、王根、王逢时关内侯的爵位。夏季四月,四处出现黄色大雾,成帝下诏书询问公卿大夫,让他们上言不要有忌讳。谏大夫杨兴、博士驷胜等人对答,都认为是"阴气过盛侵凌阳气所造成的结果。汉高祖留下的誓约,不是功臣不能封侯,现在太后的弟弟们都以没有功绩而封侯,外戚中从来没有过,所以上天为此显示出灾异"。于是,大将军王凤惧怕起来,就上书乞求回家养病,辞去职务。成帝下达言辞温和的诏书,不予批准。

三年(前30),成帝一心想将政事委任王凤处理。八月,下策书免除了车骑将军许嘉的职务,命他以特进侯的身份参加朝见。

四年(前29)夏季,成帝将以前所推举的直言之士全部召集到白虎殿对策。这时,成帝已把政事委托给王凤,提出意见的人都把过失归在王凤身上。谷永了解王凤正被皇上重用,握有权柄,想暗中投靠,就说:"现在四周夷族服从我朝,都是臣妾之国,北边没有薰粥、冒顿那样的祸患,南边没有赵佗、吕嘉那样的灾难。国家边境安宁,没有战争的警报。大的诸侯就以几个县为食邑,朝廷派去的官吏掌握权力,让他们不能有所背逆,没有像吴、楚、燕、梁那样的王国的势力。朝廷百官相互结交而和睦,亲近和疏远的人相互间杂。亲戚大臣中有像申伯那样的忠臣,他们恭敬谨慎,小心畏忌,没有像重合侯、安阳侯、博陆侯那样的叛乱。这三个方面都没有丝毫过失,我私下里害怕陛下留恋于公开地检讨过失,而忽略了天地明晰的训诫,听从愚昧之言,而归

咎乎无辜，倚异乎政事，重失天心，不可之大者也。"上擢永为光禄大夫。

河平二年六月，上悉封诸舅：王谭为平阿侯，商为成都侯，立为红阳侯，根为曲阳侯，逢时为高平侯。五人同日封，故世谓之"五侯"。

三年，刘向以王氏权位太盛，而上方向《诗》《书》古文，向乃因《尚书·洪范》，集合上古以来，历春秋、六国至秦、汉符瑞、灾异之记，推迹行事，连傅祸福，著其占验，比类相从，各有条目，凡十一篇，号曰《洪范五行传论》，奏之。天子心知向忠精，故为凤兄弟起此论也；然终不能夺王氏权。

四年三月，琅邪太守杨肜与王凤连昏，其郡有灾害，丞相王商按问之。凤以为请，商不听，竟奏免肜，奏果寝不下。凤以是怨商，阴求其短，使频阳耿定上书，言"商与父傅婢通；及女弟淫乱，奴杀其私夫，疑商教使。"天子以为暗昧之过，不足以伤大臣。凤固争，下其事司隶。太中大夫蜀郡张匡，素佞巧，复上书极言诋毁商。有司奏请召商诣诏狱。上素重商，知匡言多险，制曰："勿治！"凤固争之。

夏四月壬寅，诏收商丞相印绶。商免相三日，发病，欧血薨，谥曰戾侯。而商子弟亲属为驸马都尉、侍中、中常侍、诸曹、大夫、郎吏者，皆出补吏，莫得留给事、宿卫者。有司奏请除国邑，有诏："长子安嗣爵为乐昌侯。"

罪于无辜的人。并依靠这些异说来处理政事，重新失去天心，这是最不能做的了。"成帝擢升谷永为光禄大夫。

河平二年(前27)六月，成帝给他的舅父们全部封侯：王谭为平阿侯，王商为成都侯，王立为红阳侯，王根为曲阳侯，王逢时为高平侯。五人同一天加封，所以世人称他们为"五侯"。

三年(前26)，刘向鉴于王氏的权力和地位大盛，而成帝又正心向《诗经》《尚书》等古文，就根据《尚书·洪范》，集中汇合远古以来，经过春秋战国直到秦、汉发生的符瑞、灾异的记载，推究寻绎各种事件，联系比附祸福情况，显示它们的占卜和应验的定律，按类型划分排列，各类中都列有条目，共计十一篇，起名叫《洪范五行传论》，上奏成帝。成帝心里知道刘向忠心精诚，因王凤兄弟权势过盛，特意发出这些评论，但他始终不能剥夺王氏的权力。

四年(前25)三月，琅邪太守杨肜跟王凤联姻，他治理的郡发生了灾害，丞相王商调查审问他。王凤向王商求情，王商不答应，最后上奏罢免杨肜，奏章最终被搁置而没有结果。王凤因此怨恨王商，私下里搜罗他的过错，指使频阳人耿定上书，说"王商与他父亲的贴身奴婢私通，以及他妹妹淫乱，家奴杀死妹妹的奸夫，我怀疑也是王商教唆派遣的"。天子认为，这种没有证据的过失，不足以损害大臣。王凤坚持力争，成帝把这件事交给司隶校尉处理。太中大夫蜀郡人张匡，一贯诡媚奸诈，又上书极力诋毁王商。主管部门上奏请求召王商到牢狱审问。成帝一贯倚重王商，知道张匡的话多有险恶，就下达制书说："不要追究!"王凤还固执地争辩下去。

夏季四月壬寅(二十日)，成帝下诏书收回王商的丞相印章和绶带。王商被免去相位后三天，就染上了疾病，吐血而死，谥号为戾侯。而王商的子弟亲属中做驸马都尉、侍中、中常侍、诸曹官员、大夫、郎吏的，都被赶出京城，到地方为吏，没有能留下供奉皇帝、做宫廷守卫的。主管部门又上奏请求废除他的国邑。成帝有诏书说："王商的长子王安继承爵位为乐昌侯。"

阳朔元年冬，京兆尹泰山王章下狱，死。时大将军凤用事，上谦让无所颛。左右尝荐光禄大夫刘向少子歆通达有异材，上召见，歆诵读诗赋，甚说之，欲以为中常侍；召取衣冠，临当拜，左右皆曰："未晓大将军。"上曰："此小事，何须关大将军！"左右叩头争之，上于是语凤，凤以为不可，乃止。

王氏子弟皆卿、大夫、侍中、诸曹，分据势官，满朝廷。杜钦见凤专政泰重，戒之曰："愿将军由周公之谦惧，损穰侯之威，放武安之欲，毋使范雎之徒得间其说！"凤不听。

时上无继嗣，体常不平。定陶共王来朝，太后与上承先帝意，遇共王甚厚，赏赐十倍于他王，不以往事为纤介；留之京师，不遣归国。上谓共王："我未有子，人命不讳，一朝有他，且不复相见，尔长留侍我矣！"其后天子疾益有瘳，共王因留国邸，旦夕侍上，上甚亲重之。大将军凤心不便共王在京师，会日食，凤因言："日食，阴盛之象。定陶王虽亲，于礼当奉藩在国；今留侍京师，诡正非常，故天见戒，宜遣王之国！"上不得已于凤而许之。共王辞去，上与相对涕泣而决。

王章素刚直敢言，虽为凤所举，非凤专权，不亲附凤，乃奏封事，言："日食之咎，皆凤专权蔽主之过。"上召见章，延问以事。章对曰："天道聪明，佑善而灾恶，以瑞异为符效。今陛下以未有继嗣，引近定陶王，所以承宗庙，重社

阳朔元年(前24)冬季,京兆尹泰山人王章被捕入狱,处死。当时大将军王凤掌管政事,成帝谦让而不专断。身边的侍从曾经推荐光禄大夫刘向的小儿子刘歆明白事理,有奇才,成帝召见刘歆,刘歆诵读诗赋,成帝很喜欢他,想任用他为中常侍。命侍从取来中常侍的衣冠,到了要封拜的时候,左右侍从都说:"还没有告诉大将军。"成帝说:"这是小事,何须再告诉大将军?"左右都叩头争辩,成帝于是跟王凤说了这件事,王凤认为不行,就作罢了。

王氏的子弟都做了公卿、大夫、侍中、诸曹官员,分别占据了有权势的职位,充斥朝廷。杜钦见王凤专权程度太深,就告诫他说:"希望将军像周公一样谦逊小心,减损穰侯那样的威势,放弃武安侯那样的权欲,不要让范雎那样的人得以用诡言邪说来离间。"王凤不听。

当时成帝还没有继嗣人,身体常常患病。定陶共王来京朝觐,太后和皇上秉承先帝的意志,待他很优厚,给他的赏赐是其他诸侯王的十倍,也不把过去谁当太子的事情作为嫌隙,留他在京城,不遣归封国。成帝对共王说:"我还没有儿子,人命无常,不用避讳,一旦有了意外,我们将不能再见面,你长期留在京城侍奉我吧!"此后成帝的病渐渐好转,共王随后就留住在封国驻京府邸,早晚侍奉成帝,成帝很亲近倚重他。大将军王凤心中觉得共王留在京师对自己不便,恰巧碰上日食,王凤趁机说:"日食是阴气兴盛的征兆。定陶王虽然是皇室亲属,按礼制应该在藩国供职。现在留他在京城,违背正理,很不正常,所以上天显示警戒,应该遣送共王回归封国。"成帝对王凤没有办法,就答应了他。共王辞别而去,成帝与他相对流泪诀别。

王章素来刚直敢言,虽然他是由王凤举荐的,却认为王凤专权违背常理,不亲近归附他。于是就上奏密封奏章说:"日食灾害的出现,都是王凤专权、蒙蔽君主的过错。"成帝于是召见王章,接见后进一步询问他一些事理。王章回答说:"天道聪敏明察,保佑善者而惩罚恶者,用祥瑞和灾异作为符象和效验。现在陛下因为没有继承人,而招引亲近定陶王,是为了继承宗庙,尊崇社

稷，上顺天心，下安百姓，此正议善事，当有祥瑞，何故致灾异！灾异之发，为大臣颛政者也。今闻大将军猥归日食之咎于定陶王，建遣之国，苟欲使天子孤立于上，颛擅朝事以便其私，非忠臣也。且日食，阴侵阳，臣颛君之咎。今政事大小皆自凤出，天子曾不壹举手，凤不内省责，反归咎善人，推远定陶王。且凤诬罔不忠，非一事也。前丞相乐昌侯商，本以先帝外属，内行笃，有威重，位历将相，国家柱石臣也。其人守正，不肯屈节随凤委曲，卒用闺门之事为凤所罢，身以忧死，众庶愍之。又凤知其小妇弟张美人已尝适人，于礼不宜配御至尊，托以为宜子，内之后宫，苟以私其妻弟；闻张美人未尝任身就馆也。且羌、胡尚杀首子以荡肠正世，况于天子，而近已出之女也！此三者皆大事，陛下所自见，足以知其馀及他所不见者。凤不可令久典事，宜退使就第，选忠贤以代之！"

自凤之白罢商，后遣定陶王也，上不能平。及闻章言，天子感寤，纳之，谓章曰："微京兆尹直言，吾不闻社稷计。且唯贤知贤，君试为朕求可以自辅者。"于是章奏封事，荐信都王舅琅邪太守冯野王，忠信质直，智谋有馀。上自为太子时，数闻野王名，方倚欲以代凤。章每召见，上辄辟左右。时太后从弟子侍中音独侧听，具知章言，以语凤。凤

稷,对上顺应天心,对下安抚百姓,这是正确的决定和善事,应该有祥瑞的征兆出现,什么缘故招致了灾异呢!灾异的发生,是大臣专政的结果。现在听说大将军错将日食出现的罪责归于定陶王,建议把他遣送回封国,如果是想使天子在上面孤立,来方便自己私下专擅朝政,就不是忠臣。况且日食是阴气侵凌阳气,臣下专制君主的灾祸。现在政事不论大小都由王凤一人决定,天子连举一次手都不用,王凤不内心自省自责,反而归罪于好人,因此排斥疏远定陶王。而且,王凤诬陷欺诈,不忠于国,这样的事不止一件。前丞相乐昌侯王商,本来是先帝的亲戚,言行踏实,有很高的威望,职位做到了将相,是国家的柱石般的大臣。他为人执守正道,不肯屈辱自己的气节而跟着王凤委曲求全,终于因为闺门一类的事情而被王凤罢免,他本人也因忧愤而死去,人们都怜悯他。还有,王凤知道他姬妾的妹妹张美人曾经嫁过人,按礼制不应该再配给皇上,但王凤假托她会生男孩,把她纳入后宫,用此苟且之事为他小妾的妹妹谋取私利;然而听说张美人未曾怀孕而出居其他馆舍。而且就是羌胡人还要杀掉他的第一个孩子来洗涤心肠正告世人,更何况是天子,怎能接近已经出嫁的女子呢!这三件都是大事,陛下所亲眼见到的,已经足以知晓其他和那些所没有见到的事情。不能让王凤长期掌管政事,应该罢退他,让他回归府第,另外选择忠诚贤能的人来代替他!"

从王凤禀请罢免王商开始,后来又将定陶王遣送回封国,成帝心里很气愤。到听到王章的话,他内心有感触而觉悟,就采纳了他的建议,对王章说:"如果不是京兆尹的直言,我不能听到治理国家的大计。而且只有贤能的人才了解贤能的人,你试着替我寻求可以辅佐我的人。"于是王章上奏密封奏章,推荐信都王的舅舅琅邪太守冯野王忠诚正直,又富于谋略。成帝从做太子时,就多次听说冯野王的名字,正想依靠他来代替王凤。王章每次被召见,成帝都让左右的人退避。当时太后堂弟的儿子侍中王音独自在旁窃听,全都知道王章说的话,将其告诉王凤。王凤

闻之,甚忧惧。杜钦令凤称病出就第,上疏乞骸骨,其辞指甚哀。太后闻之,为垂涕,不御食。上少而亲倚凤,弗忍废,乃优诏报凤,强起之,于是凤起视事。

上使尚书劾奏章:"知野王前以王舅出补吏,而私荐之,欲令在朝,阿附诸侯。又知张美人体御至尊,而妄称引羌胡杀子荡肠,非所宜言。"下章吏。廷尉致其大逆罪,以为:"比上夷狄,欲绝继嗣之端;背畔天子,私为定陶王。"章竟死狱中,妻子徙合浦。自是公卿见凤,侧目而视。

冯野王惧不自安,遂病,满三月,赐告,与妻子归杜陵就医药。大将军凤风御史中丞劾奏:"野王赐告养病而私自便,持虎符出界归家,奉诏不敬。"杜钦奏记于凤曰:"二千石病,赐告得归,有故事;不得去郡,无著令。《传》曰'赏疑从予',所以广恩劝功也;'罚疑从去',所以慎刑,阙难知也。今释令与故事而假不敬之法,甚违'阙疑从去'之意。即以二千石守千里之地,任兵马之重,不宜去郡,将以制刑为后法者,则野王之罪在未制令前也。刑赏大信,不可不慎!"凤不听,竟免野王官。

时众庶多冤王章讥朝廷者,钦欲救其过,复说凤曰:"京兆尹章,所坐事密,自京师不晓,况于远方! 恐天下不知

听到后，非常忧虑恐惧。杜钦让王凤称病回原来的府第疗养，上疏请求辞职退休，奏疏中措辞十分哀痛。太后听到这件事，为他流下了眼泪，吃不下饭。成帝年少时就亲近、依靠王凤，不忍心废掉他，就下优恤他的诏书回答王凤，强求他供职，于是王凤又上朝处理政事。

成帝让尚书弹劾王章："明知道冯野王从前以王舅身份出京为官而又私自推荐他，这是想让他在朝中任职，奉承和依附诸侯。又明知道张美人已侍奉皇上，而妄自援引羌胡杀子洗荡心肠的例子，这不是臣子所该讲的话。"把王章交付司法官吏处理。廷尉定他大逆不道罪，认为："把皇上比作夷狄，是想断绝国家继承人的端绪；背叛天子，私心帮助定陶王。"王章最后死在狱中，妻子儿女被迁徙到合浦。从此以后，朝廷中的公卿见到王凤，都不敢正眼看他。

冯野王恐惧而不能自安，于是得了重病，三个月假满后，成帝赐予续假，准许他带职跟妻子儿女回杜陵去医治。大将军王凤暗示御史中丞上奏弹劾："冯野王蒙受赐予续假养病之恩却私下自行其便，拿着虎符越出郡界回家，这是奉受诏书不恭之罪。"杜钦针对王凤上奏说："二千石官员有疾病，得到皇上赐予续假可以回家，是有先例的；不能离开他的治理的郡，没有明确写在法令上。经传上说'赏赐时有疑点，就按赏赐办理'，这是为了推广恩德而勉励立功；'在惩罚时有疑点，就按赦免办理'，这是为了谨慎用刑，对疑点弄不清先放起来。现在要抛弃法令和成例而扣上一个不敬的罪名，完全违背了'疑难案件按赦免办理'的意旨。即使因为二千石官守护千里地方，担有统帅兵马的重任，不应该离开治郡，将要以此制定刑罚为后人立法，那么冯野王的罪名也在没有制定法令之前。刑罚和赏赐是国家最大的信誉，不能不慎重。"王凤不听从，最后罢免了冯野王的官职。

当时百姓们大多替王章感到冤枉而讽刺朝廷，杜钦想补救这一过失，又劝王凤说："京兆尹王章被指控的罪状很隐秘，在京城的百姓都不知晓，更何况是远方的人呢！恐怕天下人都不了解

章实有罪，而以为坐言事。如是，塞争引之原，损宽明之德。钦愚以为宜因章事举直言极谏，并见郎从官，展尽其意，加于往前，以明示四方，使天下咸知主上圣明，不以言罪下也。若此，则流言消释，疑惑著明。"凤白行其策焉。

　　二年夏四月丁卯，以侍中、太仆王音为御史大夫。于是王氏愈盛，郡国守相、刺史皆出其门下。五侯群弟争为奢侈，赂遗珍宝，四面而至，皆通敏人事，好士养贤，倾财施予以相高尚。宾客满门，竞为之声誉。刘向谓陈汤曰："今灾异如此，而外家日盛，其渐必危刘氏。吾幸得以同姓末属，累世蒙汉厚恩，身为宗室遗老，历事三主。上以我先帝旧臣，每进见，常加优礼。吾而不言，孰当言者！"遂上封事极谏曰："臣闻人君莫不欲安，然而常危；莫不欲存，然而常亡，失御臣之术也。夫大臣操权柄，持国政，未有不为害者也。故《书》曰：'臣之有作威作福，害于而家，凶于而国。'孔子曰：'禄去公室，政逮大夫。'危亡之兆也。今王氏一姓，乘朱轮华毂者二十三人，青、紫、貂、蝉充盈幄内，鱼鳞左右。大将军秉事用权，五侯骄奢僭盛，并作威福，击断自恣，行污而寄治，身私而托公，依东宫之尊，假甥舅之亲，以

王章确实有罪,而是认为王章因议论政事而获罪。如果这样,就堵塞了引事谏诤的源头,损坏了宽大光明的美德。我愚钝地认为应该趁着王章的事件推举直言极力进谏的人,并且会见从官郎吏,让他们把看法都讲出来,比从前更加切直,以此来明示四方,使天下人都知道皇上圣明,不因直言而罪罚臣下。如果这样,那么流言蜚语就会消失,百姓们的疑惑就会明朗起来。"王凤将杜钦的建议禀告给成帝,并施行了他的计策。

二年(前23)夏季四月丁卯(二十七日),任命侍中、太仆王音为御史大夫。从此王氏的势力更加强盛,各郡国的太守、国相、刺史都出自王氏门下。五侯众兄弟竞相奢侈,贿赂和赠送的珍奇宝物,从四面八方而来。他们都通晓明了交际应酬之事,爱好士人,供养贤才,用尽钱财施予,来相互标榜。宾客充满门庭,都竞相为他们制造名声美誉。刘向对陈汤说:"现在灾异这样严重,而外戚家族又一天比一天强盛,这种局面发展下去必定要危害刘氏皇朝。我侥幸得以身居刘氏的同姓远亲,祖祖辈辈蒙受汉室的厚恩,身为宗室的遗老,已经事奉了三位君主。皇上因为我是先帝时的旧臣,每次进见的时候,都常常加以优厚的礼遇。我不说话,还有谁该说话!"于是,刘向上奏密封奏章,极力劝谏成帝说:"我听说君主没有不希望国家安定的,然而却常常处在危难的境地;君主没有不希望国家长存的,然而却常常亡国,这是因为他失去了控制臣下的手段。大臣操持着权柄,掌握国家政务,没有不对君主造成危害的。所以《尚书》中说:'臣下有作威作福的,就会危害你的家室,凶残你的国家。'孔子说:'官禄不由公室掌握,政权归并到了大夫手中。'就是国家危难覆亡的征兆。现在王氏一姓中,乘坐朱红华丽马车的人就有二十三人,青、紫绶带,帽上有银珰左貂、金附蝉的人充斥宫廷,鱼鳞一样散布在皇上的左右。大将军掌管政事,行使威权;五侯骄横奢侈,僭越礼制,十分强盛;他们一起作威作福,按照自己的意志打击异己,决断事务,行为污浊而寄托治国之名,一心为私却伪托公事之实,依仗太后的至尊权位,借助与皇上的甥舅亲戚关系,来

为威重。尚书、九卿、州牧、郡守皆出其门,管执枢机,朋党比周。称誉者登进,忤恨者诛伤;游谈者助之说,执政者为之言。排摈宗室,孤弱公族,其有智能者,尤非毁而不进,远绝宗室之任,不令得给事朝省,恐其与己分权。数称燕王、盖主以疑上心,避讳吕、霍而弗肯称。内有管、蔡之萌,外假周公之论。兄弟据重,宗族盘互,历上古至秦、汉,外戚僭贵未有如王氏者也。物盛必有非常之变先见,为其人微象。孝昭帝时,冠石立于泰山,仆柳起于上林,而孝宣帝即位。今王氏先祖坟墓在济南者,其梓柱生枝叶,扶疏上出屋,根盘地中,虽立石起柳,无以过此之明也。事势不两大,王氏与刘氏亦且不并立,如下有泰山之安,则上有累卵之危。陛下为人子孙,守持宗庙,而令国祚移于外亲,降为皂隶,纵不为身,奈宗庙何! 妇人内夫家而外父母家,此亦非皇太后之福也。孝宣皇帝不与舅平昌侯权,所以全安之也。夫明者起福于无形,销患于未然,宜发明诏,吐德音,援近宗室,亲而纳信,黜远外戚,毋授以政,皆罢令就弟,以则效先帝之所行,厚安外戚,全其宗族,诚东宫之意,外家之福也。王氏永存,保其爵禄,刘氏长安,不失社稷,所以襃睦外内之姓,子子孙孙无疆之计也。如不行此策,田氏

加重自己的威势。尚书、九卿、州牧、郡守都出自他们的门下,掌握着国家的机密中枢,结成党羽。称颂赞誉他们的人得到提拔进用,违忤痛恨他们的人遭到杀害和毁伤;游说、清谈的人都助他们鼓吹,掌管政权的人替他们讲话。排斥和摈弃宗室,使得皇族孤立微弱,其中那些有智慧才能的人,尤其遭到诽谤和打击而不进用。疏远和杜绝宗室任职,不让他们得以在朝廷宫中供事,害怕他们与自己分权。多次称说燕王、盖主之乱来让皇上对宗室存有疑心,却避讳吕氏、霍氏等外戚擅权的事不去谈说。心中有像管叔、蔡叔那样的谋反心思萌生,外表却假借着周公的言论。兄弟们占据重要的职位,宗族盘根错节。自上古到秦汉,外戚超越制度的贵宠也没有像王氏这样的。事物兴盛就一定会有不寻常的灾变预先显现出来,构成其人的征兆迹象。孝昭帝时,忽然有大石耸立泰山之上,仆地的柳树在上林苑中复苏而起,而孝宣帝即位。现在王氏在济南的祖坟墓地,梓木立柱上已长出枝叶,茂盛得伸出了屋外,根须扎在土中,即使是大石矗立,仆倒的杨柳竖起,也比不上这种征兆鲜明了。根据事物的发展规律,势必不能两者同样强大,王氏和刘氏也不能并立,如果在下的人有泰山般的安稳,在上的人就会有蛋卵堆起的危险。陛下作为先人的子孙,守持着宗庙,而让国家的命运转移到外戚手中,反使自己的地位下降为卑贱的奴隶,纵使不为自身着想,对祖宗又如何交代呢?妇人本应以夫家为亲而以父母家为疏远,这也不是皇太后的福分。孝宣皇帝不把权力交给舅舅平昌侯,目的是为了保全他。明智的人在无形之中兴起福分,在没有发生的时候消除祸患。陛下应该发布英明的诏书,做出有德于祖宗天下的决定,援引靠近宗室,亲近他们,采纳他们的意见,信任他们;罢黜和疏远外戚,不要把政事交给他们,罢免他们的官职,让他们归回府第,以此来效仿先帝的行事,优厚地安抚外戚,保全他们的宗族,这实在也是皇太后的意旨,外戚的福分啊!这样,王氏永远存在,保住了他们的爵禄;刘氏长久安定,不失去社稷,这就是褒扬和睦内外两家,子子孙孙永远传续的大计。如果不推行这一大计,取代齐国的田氏

复见于今，六卿必起于汉，为后嗣忧，昭昭甚明。唯陛下深留圣思！"书奏，天子召见向，叹息悲伤其意，谓曰："君且休矣，吾将思之！"然终不能用其言。

三年秋，王凤疾，天子数自临问，亲执其手涕泣曰："将军病，如有不可言，平阿侯谭次将军矣！"凤顿首泣曰："谭等虽与臣至亲，行皆奢僭，无以率导百姓，不如御史大夫音谨敕，臣敢以死保之！"及凤且死，上疏谢上，复固荐音自代，言谭等五人必不可用。天子然之。初，谭倨，不肯事凤，而音敬凤，卑恭如子，故凤荐之。八月丁巳，凤薨。九月甲子，以王音为大司马、车骑将军，而王谭位特进，领城门兵。安定太守谷永以谭失职，劝谭辞让，不受城门职。由是谭、音相与不平。

鸿嘉元年，王音既以从舅越亲用事，小心亲职。上以音自御史大夫入为将军，不获宰相之封，六月乙巳，封音为安阳侯。

三年，王氏五侯争以奢侈相尚。成都侯商尝病，欲避暑，从上借明光宫。后又穿长安城，引内沣水，注第中大陂以行船，立羽盖，张周帷，楫棹越歌。上幸商第，见穿城引水，意恨，内衔之，未言。后微行出，过曲阳侯第，又见园中土山、渐台，象白虎殿，于是上怒，以让车骑将军音。商、根兄弟欲自黥、劓以谢太后。上闻之，大怒，乃使尚书责问司

又要出现在当今,晋国六卿必定兴起在汉室,给后世子孙带来祸患,事情已经十分明晰。希望陛下深深留意,仔细考虑。"谏书奏上后,成帝召见刘向,为刘向的心意悲伤叹息,对他说:"你暂时不用再说,我会考虑这件事的!"但是最终仍不能采用刘向的建议。

三年(前22)秋季,王凤得了疾病,天子多次亲自前往看望,拉着他的手流泪说:"将军病重,如果有意外出现,按次序让平阿侯王谭接替你。"王凤行顿首礼哭泣说:"王谭等人虽然与我最亲近,行为都奢侈僭越制度,不能做表率引导百姓,比不上御史大夫王音谨慎严整,我敢用生命保荐他。"等到王凤快死的时候,他上疏向成帝谢罪,又坚决地推荐王音代替自己,说王谭等五人一定不能重用。天子同意。当初,王谭傲慢,不肯事奉王凤,而王音敬服王凤,卑贱恭谨就像做儿子的一样,所以王凤推荐他。八月丁巳(二十四日),王凤去世。九月甲子(初二),成帝任命王音为大司马、车骑将军,而给予王谭特进职位,兼管城门兵。安定太守谷永鉴于王谭没得到大司马的职位,劝王谭辞让,不接受兼管城门兵的职务。从此王谭、王音之间互相不满,结下怨恨。

鸿嘉元年(前20),王音已经以堂舅的身份超越其他亲舅执掌政事,就小心谨慎地履行职责。成帝因王音从御史大夫直接升为将军,没有获得宰相封侯的待遇,六月乙巳(十七日),封拜王音为安阳侯。

三年(前18),王氏兄弟五侯争着以奢侈互相标榜。成都侯王商曾患病,想去避暑,就从成帝那里借用明光宫。后来又凿穿长安城,引沣水入内,注入府第中的大水池以便行船,船上树立羽毛编成的顶盖,四周张满帷布,执掌桡桨的人唱着越歌。成帝到王商的府第,看到池水是穿城挖渠引来的,很是恼怒,藏在内心中,没有说出来。后来又微服出行,经过曲阳侯的府地,又看见园中的土山、渐台,房屋模仿宫中的白虎殿,于是成帝大怒,用这些事情责备车骑将军王音。王商、王根兄弟想自己在脸上刺字、割去鼻子向太后谢罪。成帝听到后,大怒,就派遣尚书责问司

隶校尉、京兆尹，知成都侯商等奢僭不轨，藏匿奸猾，皆阿纵，不举奏正法。二人顿首省户下。又赐车骑将军音策书曰："外家何甘乐祸败！而欲自黥、劓，相戮辱于太后前，伤慈母之心，以危乱国家！外家宗族强，上一身浸弱日久，今将一施之，君其召诸侯，令待府舍！"是日，诏尚书奏文帝时诛将军薄昭故事。车骑将军音籍稿请罪，商、立、根皆负斧质谢，良久乃已。上特欲恐之，实无意诛也。

　　四年，平阿安侯王谭薨。上悔废谭使不辅政而薨也，乃复成都侯商，以特进领城门兵，置幕府，得举吏如将军。魏郡杜邺时为郎，素善车骑将军音，见音前与平阿侯有隙，即说音曰："夫戚而不见殊，孰能无怨？昔秦伯有千乘之国而不能容其母弟，《春秋》讥焉。周、召则不然，忠以相辅，义以相匡，同己之亲，等己之尊，不以圣德独兼国宠，又不为长专受荣任；分职于陕，并为弼疑，故内无感恨之隙，外无侵侮之羞，俱享天祐，两荷高名者，盖以此也。窃见成都侯以特进领城门兵，复有诏得举吏如五府，此明诏所欲宠也。将军宜承顺圣意，加异往时，每事凡议，必与及之。发于至诚，则孰不说谕！"音甚嘉其言，由是与成都侯商亲密。二人皆重邺。

隶校尉、京兆尹，明明知道成都侯王商等人奢侈越制、心怀不轨、藏匿坏人，却都阿附纵容，不上奏举报予以正法。司隶校尉、京兆尹在禁宫门下叩头称罪。成帝又赐给车骑将军王音策书说："外家亲戚为什么甘心把祸害和败落当成快乐？竟然想自己面上刺字、割去鼻子，在太后面前显露羞辱的模样，刺伤慈母的心，以此危害、扰乱国家！外家亲戚宗族势力太强大，朕一人积弱已经很久，现在将要一律施加刑罚。你去召集诸侯，让他们在你的府第中等待处理。"这一天，成帝下诏给尚书，奏上汉文帝诛杀将军薄昭的先例。车骑将军王音坐在草垫上请罪，王商、王立、王根都光着身子背上刀斧和砧板谢罪，过了很久，不了了之。成帝只是想恐吓他们，实际上无意诛杀他们。

四年（前17），平阿安侯王谭去世。成帝后悔废置王谭，使他没能辅政就去世了，于是重新起用提拔成都侯王商，让他以特进身份兼管城门兵，设置幕府，有权像将军那样举用吏员。魏郡人杜邺当时在做郎官，素来跟车骑将军王音友好，见王音过去与平阿侯有矛盾，就劝说王音说："近亲之间却显不出同别人不一样，谁能没有怨恨！从前秦伯拥有千辆战车的国家而不能容下同母的弟弟，《春秋》讥讽他。周公和召公就不是这样，他们用忠诚来互相辅助，用大义来互相匡正，像自己一样的亲近，像尊重自己一样尊重对方，不靠自己圣明的品德独自享受国家的荣宠，又不进行长期专权承受荣耀的职位，以陕州为界分区治理，共同成为周王室的左辅右弼，所以，他们内心没有遗憾和嫉恨的裂痕，表面没有侵凌污辱的羞耻举动，都享受了上天的福佑，两人都获得了崇高的声誉，就是这个缘故。我私下见成都侯以特进的身份兼管城门兵，又有诏书让他像丞相、御史、车骑将军、左将军、右将军一样可以举用吏员，诏书的意思十分明显，是皇上要宠信他了。将军应该顺承皇上的意旨，改变过去的做法，每件事凡是需要计议，一定让他参与。从自身的至诚出发待人，那还有谁会不高兴呢？"王音很赞赏杜邺的建议，从此就跟成都侯王商亲密起来。王音和王商都很器重杜邺。

永始元年。初，太后兄弟八人，独弟曼早死，不侯，太后怜之。曼寡妇渠供养东宫，子莽幼孤，不及等比。其群兄弟皆将军、五侯子，乘时侈靡，以舆马声色佚游相高。莽因折节为恭俭，勤身博学，被服如儒生；事母及寡嫂，养孤兄子，行甚敕备；又外交英俊，内事诸父，曲有礼意。大将军凤病，莽侍疾，亲尝药，乱首垢面，不解衣带连月。凤且死，以托太后及帝，拜为黄门郎，迁射声校尉。久之，叔父成都侯商上书，愿分户邑以封莽。长乐少府戴崇、侍中金涉、中郎陈汤等皆当世名士，咸为莽言。上由是贤莽，太后又数以为言。

五月乙未，封莽为新都侯，迁骑都尉、光禄大夫、侍中。宿卫谨敕，爵位益尊，节操愈谦，散舆马、衣裘振施宾客，家无所馀；收赡名士，交结将、相、卿、大夫甚众。故在位更推荐之，游者为之谈说，虚誉隆洽，倾其诸父矣。敢为激发之行，处之不惭恶。尝私买侍婢，昆弟或颇闻知，莽因曰："后将军朱子元无子，莽闻此儿种宜子，为买之。"即日以婢奉朱博。其匿情求名如此。

二年春正月己丑，安阳敬侯王音薨。王氏唯音为修整，数谏正，有忠直节。

三月丁酉，以成都侯王商为大司马、卫将军；红阳侯王立位特进，领城门兵。

冬十一月，卫将军王商恶陈汤，奏："汤妄言昌陵且复发徙；又言黑龙冬出，微行数出之应。"廷尉奏："汤非所宜言，大不敬。"诏以汤有功，免为庶人，徙边。

永始元年（前16）。当初，太后的兄弟共八人，只有弟弟王曼死得早，没有封侯，太后很怜悯他。王曼的遗孀渠在东宫供奉太后，儿子王莽年幼孤独，没条件跟其他兄弟相比。其他兄弟们都是将军、五侯的儿子，都趁富贵的时候极尽奢侈，以车马声色、安逸游玩相标榜。王莽因此屈己人下而恭行节俭，勤恳博学，穿着像普通的儒生。事奉母亲及寡嫂，养育兄长的孤子，行为很谨严周到。又在外交结英才俊杰，在内事奉父辈们，委屈迁就而有礼节。大将军王凤病重，王莽侍奉他养病，亲自品尝药物，蓬头垢面，连续一个月不解衣带。王凤将死时，把他托付给太后及成帝，被授予黄门郎的官职，升任射声校尉。过了很久，王莽的叔父成都侯王商上书，愿意把自己的封邑分一些来封赐王莽。长乐少府戴崇、侍中金涉、中郎陈汤等人都是当世的名士，全都为王莽进言。成帝由此认为王莽贤能，太后又多次为他说话。

五月乙未（初六），封授王莽为新都侯，升任骑都尉、光禄大夫、侍中。王莽值宿、守卫皇宫谨慎严密，爵位越尊高，节操就越谦恭，散尽车马、衣服貂裘施舍宾客，家无余财。他收留、厚待名士，交结将、相、卿大夫很多。所以在位的官员轮番推荐他，游说的人为他宣传，虚名兴盛周边各地，都超过了他的叔父们。他敢于做违俗立异的事情，处置起来不感到惭愧。他曾经私下买了一个侍婢，兄弟们中有的知道得很详细，王莽随后就说："后将军朱子元没有儿子，我听说这个侍婢能生男孩，替他买下的。"当天就把侍婢献给了朱博。他隐匿自己的真情求取名声就是这样。

二年（前15）春季正月己丑（初三），安阳敬侯王音去世。王氏中只有王音修身整肃，屡次劝谏成帝改正错误，有忠直的节操。

三月丁酉（十二日），成帝任命成都侯王商为大司马、卫将军；红阳侯王立位至特进，兼领城门兵。

冬季十一月，卫将军王商因憎恶陈汤，劾奏："陈汤妄自奏请兴建昌陵邑又再次迁徙；又妄言黑龙冬季出现，是皇上多次便装出游的应验。"廷尉上奏："陈汤不应说这种话，犯有大不敬的罪过。"成帝下诏因陈汤有功，贬他为平民，迁徙到边境。

初,少府陈咸、卫尉逢信,官簿皆在翟方进之右。方进晚进,为京兆尹,与咸厚善。及御史大夫缺,三人皆名卿,俱在选中,而方进得之。会丞相薛宣得罪,与方进相连,上使五二千石杂问丞相、御史,咸诘责方进,冀得其处,方进心恨。陈汤素以材能得幸于王凤及王音,咸、信皆与汤善,汤数称之于凤、音所,以此得为九卿。及王商黜逐汤,方进因奏:"咸、信附会汤以求荐举,苟得无耻。"皆免官。

三年十二月,故南昌尉九江梅福上书曰:"昔高祖纳善若不及,从谏若转圜,听言不求其能,举功不考其素。陈平起于亡命而为谋主,韩信拔于行陈而建上将,故天下之士云合归汉,争进奇异,知者竭其策,愚者尽其虑,勇士极其节,怯夫勉其死。合天下之知,并天下之威,是以举秦如鸿毛,取楚若拾遗,此高祖所以无敌于天下也。孝武皇帝好忠谏,说至言,出爵不待廉、茂,庆赐不须显功,是以天下布衣各厉志竭精以赴阙廷,自衒鬻者不可胜数,汉家得贤,于此为盛。使孝武皇帝听用其计,升平可致,于是积尸暴骨,快心胡、越,故淮南王安缘间而起。所以计虑不成而谋议泄者,以众贤聚于本朝,故其大臣势陵,不敢和从也。方今布衣乃窥国家之隙,见间而起者,蜀郡是也。及山阳亡徒苏

当初，少府陈咸、卫尉逢信，官位、资历都在翟方进之上。翟方进较晚才进朝做官，在担任京兆尹时，与陈咸非常友好。到御史大夫官位空缺的时候，三个人都是名卿，都在候选人之列，而翟方进得到了这一官位。碰巧丞相薛宣获罪，与翟方进有牵连，成帝派遣五名二千石官员一齐审问丞相、御史大夫。陈咸追究责问翟方进，希望得到他的官位，翟方进心中十分愤恨。陈汤素来靠才能在王凤和王音那里得到宠信，陈咸、逢信都跟陈汤友好，陈汤多次在王凤、王音那里称赞他们，由此得以官任九卿。等到王商罢黜斥逐陈汤的时候，翟方进趁机上奏："陈咸、逢信附会陈汤来谋求举荐，苟且求职，很无耻。"陈咸、逢信二人都被罢了官。

三年（前14）十二月，原南昌尉九江人梅福上书说："从前高祖采纳善言唯恐来不及，听从进谏就像转环，听取建议不求他有才能，举荐功臣不追究他过去的行为，陈平从亡命徒中被起用而成为重要谋士，韩信从士卒中被提拔而变成上将。所以天下的士人云集归附汉朝，争着献上奇才异能，有智慧的人尽献他们的计策，愚钝的人竭尽他们的思虑。勇士极力报效他们的气节，胆怯的人也自勉以死相报。汇集天下的智慧，合并天下的威势，所以推翻秦朝就像举鸿毛一样轻，攻取楚国就像捡东西一样容易，这就是高祖无敌于天下的原因。孝武皇帝喜好忠言进谏，喜欢听人讲至深的道理，赐予爵位不必等待举荐孝廉、茂才，奖赏恩赐不须有显赫的功绩。所以天下的布衣之士都磨砺志行、竭尽精力去奔赴皇廷，自我推荐贡献自己才能的人数不胜数。汉室得到贤才，在这时最旺盛。假使孝武皇帝听从、采用他们的计谋，那么国家的升平景象就可以实现。武帝却在此时堆积尸首、暴露白骨于原野，快心于与匈奴、南越的战争中，所以淮南王刘安就在这个空隙中抓住时机起兵。刘安之所以出现计虑不成功而密谋泄露的情况，是因为众多贤人聚集在汉朝廷中，所以刘安的大臣势力孤弱，不敢附和、依从他。现在百姓们窥探着国家的内部矛盾，见机而起兵的，蜀郡就是一例。等到山阳逃亡罪徒苏

令之群，蹈藉名都、大郡，求党与，索随和，而无逃匿之意，此皆轻量大臣，无所畏忌。国家之权轻，故匹夫欲与上争衡也。

　　"士者，国之重器。得士则重，失士则轻。《诗》云：'济济多士，文王以宁。'庙堂之议，非草茅所言也。臣诚恐身涂野草，尸并卒伍，故数上书求见，辄报罢。臣闻齐桓之时，有以九九见者，桓公不逆，欲以致大也。今臣所言，非特九九也，陛下距臣者三矣，此天下士所以不至也。昔秦武王好力，任鄙叩关自鬻；缪公行伯，由余归德。今欲致天下之士，民有上书求见者，辄使诣尚书问其所言，言可采取者，秩以升斗之禄，赐以一束之帛。若此，则天下之士，发愤懑，吐忠言，嘉谋日闻于上，天下条贯，国家表里，烂然可睹矣。

　　"夫以四海之广，士民之数，能言之类至众多也。然其隽桀指世陈政，言成文章，质之先圣而不缪，施之当世合时务，若此者亦无几人。故爵禄束帛者，天下之砥石，高祖所以厉世摩钝也。孔子曰：'工欲善其事，必先利其器。'至秦则不然，张诽谤之罔以为汉驱除，倒持泰阿，授楚其柄。故诚能勿失其柄，天下虽有不顺，莫敢触其锋，此孝武皇帝所以辟地建功，为汉世宗也。

　　"今陛下既不纳天下之言，又加戮焉。夫鸢鹊遭害，则仁鸟增逝；愚者蒙戮，则智士深退。间者愚民上疏，多触不

令聚众造反，践踏名城、毁坏大郡，寻求党羽，索访随同附会的人，而没有逃跑躲藏起来的意思。这都是因为他们轻视朝中大臣，无所畏惧和顾忌。国家的权威减轻，所以匹夫也想跟朝廷相抗衡。

"士是国家最重要的宝器。得士国家就威重，失士国家就权轻。《诗经》说：'士人济济一堂，周文王得以安宁。'这是国家大事的议论，并不是我一个像茅草一样轻微的人该讲的。我实在害怕身处在野草中，尸体与士卒并在一起，所以多次上书求见，常常被回答免了。我听说齐桓公的时候，士人有用九九表求见的，桓公不拒绝，是想由此引来大的谋略。现在我所说的，不只是九九表这样的小事，陛下已经拒绝我多次了，这就是天下士人所以不来的缘故。从前秦武王好勇力，任鄙叩击函谷关关门自我推荐；秦穆公开创霸业，由余前去归顺。现在想招揽天下之士，百姓有上书求见的，就让他们到尚书台问明他们的主张，如果他们的建议有可以采纳的，就给他们升斗俸禄的小官做，赐给一束布帛。如果这样，那么天下的士人就会抒发心中积虑，吐出忠言，皇上可以天天听到好的计谋，天下的事情条理一贯，国家内内外外，就可以看到光明灿烂的景象了。

"凭借全国土地的宽阔，士民数量众多，能进言的人是很多的。然而他们中的俊杰，能指出世间的不足，提出政见，出口成章，对照前代圣人的论断而不荒谬，在现实中推行又符合时务的，像这样的也没有几个人。所以爵位、俸禄、布帛是国家的砥石，不过是高祖用来鼓励世人、磨砺世人的工具而已。孔子说：'工匠想把活计做好，一定要先磨利他们的工具。'到了秦朝就不是这样了，它大开诽谤的法网来替汉室扫清障碍，倒持泰阿宝剑，把剑柄授与楚国。所以如果不失去权柄，天下人即使有不顺从的，也不敢触及它的锋芒，这就是孝武皇帝之所以开辟疆土、建立功业，成为汉王朝世宗的缘故。

"现在陛下既不接纳天下人的建言，反而对进言之人加以杀戮。即使鸢鹊受到伤害，也会使飞走的仁鸟增多；愚钝的人蒙受杀戮，那么有智慧的人就要远退。近来愚民上疏，大多触犯了不

急之法，或下廷尉而死者众。自阳朔以来，天下以言为讳，朝廷尤甚，群臣皆承顺上指，莫有执正。何以明其然也？取民所上书，陛下之所善，试下之廷尉，廷尉必曰：'非所宜言，大不敬。'以此卜之，一矣。故京兆尹王章，资质忠直，敢面引廷争，孝元皇帝擢之，以厉具臣而矫曲朝。及至陛下，戮及妻子。且恶恶止其身，王章非有反畔之辜而殃及室家，折直士之节，结谏臣之舌。群臣皆知其非，然不敢争，天下以言为戒，最国家之大患也！

"陛下循高祖之轨，杜亡秦之路，除不急之法，下无讳之诏，博览兼听，谋及疏贱，令深者不隐，远者不塞，所谓'辟四门，明四目'也。往者不可及，来者犹可追。方今君命犯而主威夺，外戚之权，日以益隆。陛下不见其形，愿察其景！建始以来，日食、地震，以率言之，三倍春秋，水灾亡与比数。阴盛阳微，金铁为飞，此何景也？汉兴以来，社稷三危：吕、霍、上官，皆母后之家也。亲亲之道，全之为右，当与之贤师良傅，教以忠孝之道。今乃尊宠其位，授以魁柄，使之骄逆，至于夷灭，此失亲亲之大者也。自霍光之贤，不能为子孙虑，故权臣易世则危。《书》曰：'毋若火，始

重要的法令，有被交付廷尉而死去的人非常多。从阳朔年间以来，天下人把上书言事看作忌讳，朝廷中尤其严重。大臣们都顺承皇上的旨意，没有坚持正义的人。用什么来证明是这样呢？取来百姓的上书，把陛下认为好的挑出来，试着交给廷尉那里，廷尉一定会说：'这不是应该说的话，罪当大不敬。'用这种方式去占验，可知一般。所以京兆尹王章资质忠诚正直，敢于当着皇上的面在朝廷中引事力争，孝元皇帝提拔他，用来鞭策那些只居官位而无益于事的大臣，矫正朝廷中曲意逢迎的风气。等到陛下的时候，连王章的妻子儿女都受到牵累。况且，惩治罪恶仅限于罪人本身，王章没有反叛的罪行，而家室却要一起遭殃，就挫退了直言之士的气节，冻结了谏臣们的喉舌。大臣们都知道这件事不合理，但又不敢争辩，天下人都以进忠言为警戒，这是国家最大的祸患！

"陛下沿袭高祖的成规，杜绝秦朝灭亡道路，废除不重要的法令，向天下颁发不必忌讳的诏书。广泛地披览书奏，全面地听取意见，商议范围扩及远亲和地位低下的人，让深藏不露的人不再隐居，远方的人不再堵塞，这就是所说的'打开通往四方的门，心明眼亮地看到四方'。过去的事情已经无法挽回，将来的事情还可以追补。现在君主的命令受到违抗，权威受到侵夺，外戚的权力，一天比一天隆盛。陛下如果看不见它的形状，但请考察一下它的兆象。从建始年间以来，日食、地震，按大致的情况来讲，是《春秋》记载的三倍，水灾的数字更是无从相比。阴气兴盛，阳气衰微，连铸钱的铜铁都自动飞起来，这是什么样的兆象呢？从汉朝建立以来，社稷发生了三次危险：吕氏、霍氏、上官氏，都是皇太后的家属。亲近亲属的办法，以保全他们为上策，应该为他们配置贤良的师傅，教给他们忠孝之道。现在居然给予他们尊宠的地位，授予他们最高的权柄，让他们骄横违逆，以致被满门诛灭，这属于丧失亲近亲属最坏的做法。即使以霍光那样的贤才，也不能替子孙后代考虑，所以位高权重的大臣，到新皇帝即位后，便会面临危难。《尚书》中说：'炽盛的火最开始都是

庸庸。'势陵于君,权隆于主,然后防之,亦无及已!"上不纳。

四年冬十一月庚申,卫将军王商病免。

元延元年春正月壬戌,王商复为大司马、卫将军。

秋七月,红阳侯立举陈咸方正,对策,拜为光禄大夫、给事中。丞相方进复奏"咸前为九卿,坐为贪邪免,不当蒙方正举,备内朝臣",并劾"红阳侯立选举故不以实"。有诏免咸,勿劾立。

十二月乙未,王商为大将军。辛亥,商薨,其弟红阳侯立次当辅政。先是立使客因南郡太守李尚占垦草田数百顷,上书以入县官,贵取其直一万万以上。丞相司直孙宝发之,上由是废立,而用其弟光禄勋曲阳侯根。庚申,以根为大司马、骠骑将军。

特进、安昌侯张禹请平陵肥牛亭地。曲阳侯根争,以为此地当平陵寝庙,衣冠所出游道,宜更赐禹他地。上不从,卒以赐禹。根由是害禹宠,数毁恶之。天子愈益敬厚禹,每病,辄以起居闻,车驾自临问之。上亲拜禹床下,禹顿首谢恩。禹小子未有官,禹数视其小子,上即禹床下拜为黄门郎、给事中。禹虽家居,以特进为天子师,国家每有大政,必与定议。

时吏民多上书言灾异之应,讥切王氏专政所致。上意颇然之,未有以明见。乃车驾至禹第,辟左右,亲问禹以天

星星之火。'等到势力凌驾于君主之上，权威超过了帝王，然后再提防他，也就来不及了！"成帝不予采纳。

四年(前13)冬季十一月庚申(二十一日)，卫将军王商因病免职。

元延元年(前12)春季正月壬戌(二十四日)，王商又担任大司马、卫将军。

秋季七月，红阳侯王立举荐陈咸为方正，通过御前殿试，被封拜为光禄大夫、给事中。丞相翟方进又上奏"陈咸以前官任九卿时，因贪婪邪恶获罪被罢免，不应该再以方正的资格推举，并担任朝廷侍从大臣"，并弹劾"红阳侯王立举荐人才，故意不据实行事"。成帝下诏罢免陈咸，但不许弹劾王立。

十二月乙未(初二)，王商担任大将军。辛亥(十八日)，王商去世，他的弟弟红阳侯王立按照次序应该辅政。在此之前，王立派遣客卿通过南郡太守李尚夺占开垦的荒田数百顷，然后上书把它归入朝廷，往高要价在一万万钱以上。丞相司直孙宝告发了这件事，成帝因此废黜了王立，而重用他的弟弟光禄勋曲阳侯王根。庚申(二十七日)，任命王根为大司马、骠骑将军。

特进、安昌侯张禹请求得到平陵肥牛亭的田地。曲阳侯王根对此争辩，认为这块田地正对平陵寝庙，是官员出游的必经之路，应改赐张禹别处的田地。成帝不听从王根的意见，最终把地赐给了张禹。王根因此嫉恨张禹在皇上那里得宠，屡次诋毁、攻击张禹。成帝却越发敬重厚待张禹，每次张禹生病，成帝都要过问他的饮食、睡眠情况，并且乘车亲自前去慰问他。成帝在张禹的床下拜见他，张禹行顿首礼感谢皇恩。张禹的小儿子还没有官位，张禹多次目光注视他的小儿子，成帝当即就在张禹床前封拜他为黄门郎、给事中。张禹虽然居住在家里，以特进的身份充任天子的师傅，国家每次有大政方针，成帝一定同张禹计议后决定。

当时吏民纷纷上书言说灾异的应验情形，都讥讽、切责是王氏专擅朝政所招致的。成帝心里很赞同，但没有明确的主见。于是就乘车到张禹的府第，屏退左右侍从，亲自询问张禹上天的

变,因用吏民所言王氏事示禹。禹自见年老,子孙弱,又与曲阳侯不平,恐为所怨,则谓上曰:"《春秋》日食、地震,或为诸侯相杀,夷狄侵中国。灾变之意,深远难见,故圣人罕言命,不语怪神。性与天道,自子贡之属不得闻,何况浅见鄙儒之所言?陛下宜修政事,以善应之,与下同其福喜,此经义也。新学小生,乱道误人,宜无信用,以经术断之。"上雅信爱禹,由此不疑王氏。后曲阳侯根及诸王子弟闻知禹言,皆喜说,遂亲就禹。

故槐里令朱云上书求见,公卿在前,云曰:"今朝廷大臣,上不能匡主,下无以益民,皆尸位素餐,孔子所谓'鄙夫不可与事君,苟患失之,无所不至'者也。臣愿赐尚方斩马剑,断佞臣一人头以厉其馀!"上问:"谁也?"对曰:"安昌侯张禹!"上大怒曰:"小臣居下讪上,廷辱师傅,罪死不赦!"御史将云下,云攀殿槛,槛折。云呼曰:"臣得下从龙逢、比干游于地下,足矣!未知圣朝何如耳!"御史遂将云去。于是左将军辛庆忌免冠,解印绶,叩头殿下曰:"此臣素著狂直于世,使其言是,不可诛;其言非,固当容之。臣敢以死争!"庆忌叩头流血。上意解,然后得已。及后当治槛,上曰:"勿易,因而辑之,以旌直臣!"

变异，趁此把吏民上书所谈到的王氏的事情给张禹看。张禹清楚自己已经年老，子孙们还孤弱，又跟曲阳侯王根不和，担心被他怨恨，就对成帝说："《春秋》中记载的日食、地震，有的是表明诸侯互相残杀，有的是表明周边夷族侵犯中原。灾害变异的含义，广深辽远，难于了解，所以孔子很少谈论天命，也不说怪异、鬼神之事。关于人性和天道，连子贡这些弟子都没听过孔子的教诲，更何况那些见识浅薄鄙陋的儒生所说的话呢？陛下应该修正和改善政事，用好的举措来应对上天的警戒，跟臣下们共同享用福禄和喜悦，这才是经义的宗旨所在。那些学得一点皮毛的小生，扰乱治道，贻误他人，不要相信和任用他们，一切要按照经术来裁断。"成帝一向信任和敬爱张禹，从此不再怀疑王氏。后来曲阳侯王根以及王家的子弟们听到张禹所说的话，都大为欢喜，于是就亲近张禹。

　　原槐里令朱云上书求见，当时公卿们都在殿前，朱云说："现在朝廷中的大臣对上不能辅助君主，对下也没有能使百姓受益，都是白占着职位、空吃俸禄，像孔子所说的'鄙夫不可以让他事奉君主，他们害怕失去自己的官位，就什么事情都能做得出来'。我希望陛下赐给我尚方斩马剑，斩断一名奸佞大臣的头颅，来激励他人！"成帝问："是谁？"朱云回答说："安昌侯张禹！"成帝大怒说："小臣居于下位却诽谤上级，在朝廷上侮辱皇帝的师傅，罪该处死，不能赦免！"御史挟携朱云下殿，朱云攀住殿前的栏杆，栏杆被折断。朱云大叫说："我能够与龙逄、比干在地下同游，已经满足了！不知朝廷将会变成什么样罢了！"御史立即把朱云挟携离去。在这时，左将军辛庆忌脱下官帽，解下印章和绶带，在殿下叩头说："这个臣子一贯以狂妄正直著称于世，如果他说得对，不能杀他；如果他说得不对，原本也应当容忍他。我敢以死为他争辩！"辛庆忌叩头流出了鲜血。成帝的怒气化解，诛杀朱云之事才就此作罢。等到后来要修理栏杆的时候，成帝说："不要更换栏杆，就照原样接上它，以此来表彰直言的臣子！"

三年春正月丙寅，蜀郡岷山崩，壅江三日，江水竭。刘
向大恶之，曰："昔周岐山崩，三川竭，而幽王亡。岐山者，
周所兴也。汉家本起于蜀、汉，今所起之地，山崩川竭，星
孛又及摄提、大角，从参至辰，殆必亡矣！"

绥和元年冬十月甲寅，王根病免。

十一月，卫尉、侍中淳于长有宠于上，大见信用，贵倾
公卿。外交诸侯、牧、守，赂遗、赏赐累巨万，淫于声色。许
后姊嬺为龙额思侯夫人，寡居。长与嬺私通，因取为小妻。
许后时居长定宫，因嬺赂遗长，欲求复为婕妤。长受许后
金钱乘舆、服御物前后千馀万，诈许为白上，立以为左皇
后。嬺每入长定宫，辄与嬺书，戏侮许后，嫚易无不言。交
通书记，赂遗连年。

时曲阳侯根辅政，久病，数乞骸骨。长以外亲居九卿
位，次第当代根。侍中、骑都尉、光禄大夫王莽心害长宠，
私闻其事。莽侍曲阳侯病，因言："长见将军久病意喜，自
以当代辅政，至对衣冠议语署置。"具言其罪过。根怒曰：
"即如是，何不白也！"莽曰："未知将军意，故未敢言！"根曰：
"趣白东宫！"莽求见太后，具言长骄佚，欲代曲阳侯，私与长
定贵人姊通，受取其衣物。太后亦怒曰："儿至如此！往，白
之帝！"莽白上；上以太后故，免长官，勿治罪，遣就国。

初，红阳侯立不得辅政，疑为长毁谮，常怨毒长，上知
之。及长当就国，立嗣子融从长请车骑，长以珍宝因融重遗

三年(前10)春季正月丙寅(初十)，蜀郡的岷山发生了山崩，堵塞了长江三天，江水枯竭。刘向对这一灾异十分厌恶，说："从前周朝岐山崩塌，三川枯竭，而周幽王灭亡。岐山，是周朝兴起的地方。汉室原本在蜀、汉崛起，现在崛起的地方，山崩水竭，彗星尾长触及摄提、大角，从参宿直到辰宿，大概一定要亡国了！"

　　绥和元年(前8)冬季十月甲寅(十四日)，王根因病免官。

　　十一月，卫尉、侍中淳于长被成帝宠爱，很受信用，权贵压倒公卿，在外交结诸侯、州牧、郡守，接受贿赂馈赠、赏赐的钱财多达巨万，沉溺于声色之中。许后的姐姐许嬷是龙额思侯夫人，正在守寡。淳于长与她私通，并娶她为小妻。许后当时居住在长定宫，通过许嬷贿赂淳于长，想再求得婕妤之位。淳于长收取许后的金钱车马、服饰前后价值一千多万，假装答应替她向皇上讲情，立为左皇后。许嬷每次到长定宫，淳于长让许嬷捎给许后书信，调戏侮辱她，亵渎轻佻的话无所不说。书信往来和贿赂，持续了很多年。

　　当时曲阳侯王根辅政，长期有病，多次上书请求退休。淳于长凭借外家亲戚身份占据九卿高位，按顺序应该代替王根辅政。侍中、骑都尉、光禄大夫王莽心中嫉恨淳于长受宠，私下里探听到他的丑事。王莽侍奉曲阳侯王根养病，趁机说："淳于长见将军长期生病，心中喜悦，自以为应该代您辅政，以至于对士大夫们谈及授予他们官职的事情。"把他的罪过和盘托出。王根发怒说："既然是这样，为什么不告发呢？"王莽说："不知道将军的意向，所以还不敢讲。"王根说："马上去告知太后！"王莽求见太后，把淳于长骄横放逸，想代替曲阳侯辅政，私自与长定贵人的姐姐偷情，受取许后的衣饰财物等事全都说出来。太后也大怒说："这个孩子到了这种地步，快去禀告皇帝！"王莽向成帝禀告了这些事，成帝因为淳于长是太后亲属的缘故，罢免了淳于长的官职，不惩治他的罪过，将他遣送回封国。

　　当初，红阳侯王立没能辅政，怀疑是被淳于长诋毁诬陷，常常怨恨淳于长，成帝了解这种情况。等到淳于长回封国，王立的长子王融从淳于长那里请求把车马留下，淳于长趁机通过王融用珍宝重赂

立。立因上封事,为长求留曰:"陛下既托文以皇太后故,诚不可更有他计。"于是天子疑焉,下有司按验。吏捕融,立令融自杀以灭口。上愈疑其有大奸,遂逮长系洛阳诏狱,穷治。长具服戏侮长定宫,谋立左皇后,罪至大逆,死狱中。妻子当坐者徙合浦,母若归故郡。上使廷尉孔光持节赐废后药,自杀。

上以王莽首发大奸,称其忠直。王根因荐莽自代。丙寅,以莽为大司马,时年三十八。莽既拔出同列,继四父而辅政,欲令名誉过前人,遂克己不倦。聘诸贤良以为掾、史,赏赐、邑钱悉以享士,愈为俭约。母病,公卿列侯遣夫人问疾,莽妻迎之,衣不曳地,布蔽膝,见之者以为僮,使问知其夫人,皆惊。其饰名如此。

二年三月丙戌,帝崩于未央宫。

夏四月丙午,哀帝即位。

五月,太皇太后诏大司马莽就第,避帝外家。莽上疏乞骸骨。帝遣尚书令诏起莽,又遣丞相孔光、大司空何武、左将军师丹、卫尉傅喜白太皇太后曰:"皇帝闻太后诏,甚悲!大司马即不起,皇帝即不敢听政!"太后乃复令莽视事。

六月,上置酒未央宫,内者令为傅太后张幄,坐于太皇太后坐旁。大司马莽按行,责内者令曰:"定陶太后,藩妾,何以得与至尊并!"彻去,更设坐。傅太后闻之,大怒,莽复

王立。王立因此上奏密封奏章，替淳于长请求留京说："陛下的诏书既然托词因为皇太后的缘故，不惩治淳于长，实在不能再有其他的惩罚。"于是成帝产生了怀疑，把这件事交给有关部门审核查实。狱吏逮捕了王融，王立让王融自杀来灭口。成帝更加怀疑他们有大的奸谋，于是逮捕淳于长，关押在洛阳狱中，彻底查办。淳于长全部承认了戏侮长定宫许后，承诺立她为左皇后的事实，罪行严重到大逆不道，死在狱中。妻子儿女应受牵连的，迁徙到合浦，母亲王若回到故郡。成帝派遣廷尉孔光带上朝廷符节赐给被废黜的许后毒药，许后自杀。

成帝因为王莽首先告发了大奸臣，称赞他忠诚正直。王根随后推荐王莽代替自己辅政。丙寅（二十六日），成帝任命王莽为大司马，当时王莽三十八岁。王莽既已在同辈中跃升出来，继承四位叔父而辅助政事，就想让自己的名誉超过前人，于是就不断地克制自己，不知疲倦。聘请贤良的士人们做掾、史，受到的赏赐、封邑和得到的钱物，全都用来供养士人，自己越来越勤俭节约。他的母亲生病，公卿列侯们派遣夫人前去探问，王莽的妻子迎接她们，穿的衣服长不拖地，布料仅仅遮住膝盖，见到她的人都认为是婢女，一问才知道是王莽的夫人，众人都惊诧不已。他粉饰虚名就是这样。

二年（前7）三月丙戌（十八日），成帝在未央宫驾崩。

夏季四月丙午（初八），哀帝继承皇位。

五月，太皇太后下诏大司马王莽归就府第，回避哀帝的外家亲戚。王莽上书请求退休。哀帝派遣尚书令持诏书起用王莽，又派遣丞相孔光、大司空何武、左将军师丹、卫尉傅喜禀告太皇太后说："皇帝闻听太后的诏书，很悲伤！大司马不继续供职，皇帝就不敢处理朝政。"太后于是命令王莽处理政事。

六月，哀帝在未央宫设置酒宴。内者令替傅太后布置帷幄，坐在太皇太后座位旁边。大司马王莽审查座次，责备内者令说："定陶太后，是藩王姬妾，怎么能跟最尊贵的人并坐！"撤去傅太后的座位，另外为她设座。傅太后听说这件事，勃然大怒，王莽又

乞骸骨。

秋七月丁卯，上赐莽黄金五百斤、安车驷马，罢就第。公卿大夫多称之者，上乃加恩宠，置中黄门，为莽家给使，十日一赐餐。又下诏益封莽邑户，以为特进、给事中，朝朔望，见礼如三公。

哀帝建平二年，丞相博、御史大夫玄奏言："新都侯王莽前为大司马，不广尊尊之义，抑贬尊号，亏损孝道，当伏显戮。幸蒙赦令，不宜有爵土，请免为庶人。"上曰："以莽与太皇太后有属，勿免，遣就国。"天下多冤王氏者。事见《丁傅用事》。

元寿元年。初，王莽既就国，杜门自守。其中子获杀奴，莽切责获，令自杀。在国三岁，吏民上书冤讼莽者百数。至是，贤良周护、宋崇等对策，复深讼莽功德。上于是征莽及平阿侯仁还京师，侍太后。

二年六月戊午，帝崩。太皇太后闻帝崩，即日驾之未央宫，收取玺绶。太皇太后诏公卿举可大司马者。莽故大司马，辞位，避丁、傅，众庶称以为贤，又太皇太后近亲，自大司徒孔光以下，举朝皆举莽。独前将军何武、左将军公孙禄二人相与谋，以为："往时惠、昭之世，外戚吕、霍、上官持权，几危社稷；今孝成、孝哀比世无嗣，方当选立近亲幼主，不宜令外戚大臣持权。亲疏相错，为国计便。"于是武举公孙禄可大司马，而禄亦举武。庚申，太皇太后自用莽为大司马、领尚书事。

上书请求退休。

秋季七月丁卯（初一），哀帝赐给王莽黄金五百斤、四匹马拉的安车，让他辞官回归府第。公卿大夫们称赞王莽的人很多，哀帝于是增加对他的恩宠，设置中黄门，充当王莽家中的差遣人员，十天赐给饮食一次。又下诏书增加王莽封邑的户数，给予他特进、给事中的名位，每月初一、十五朝见皇上，享受三公的礼遇。

哀帝建平二年（前5），丞相朱博、御史大夫赵玄上奏说："新都侯王莽过去做大司马，不宣扬尊崇尊长的大义，压制和贬损傅太后的尊号，亏负和损坏孝道，应该受到斩首示众的惩罚。他侥幸蒙受了赦令得免死罪，但不该让他拥有爵位和封邑，请求将他贬为平民。"哀帝说："因为王莽跟太皇太后有亲属关系，不应罢免为平民，将他遣送回封国。"天下替王氏感到冤枉的人很多。事见《丁傅用事》。

元寿元年（前2）。起初，王莽已经回到封国，便闭门自守。他的二儿子王获杀了奴仆，王莽严厉地责罚他，命他自杀。王莽在封国三年，官员百姓上书为王莽申诉冤屈的数以百计。到这时，贤良周护、宋崇回答皇上问题的时候，又深切地称颂王莽的功德。哀帝于是征召王莽和平阿侯王仁回到京城，侍奉太后。

二年（前1）六月戊午（二十六日），哀帝驾崩。太皇太后听说哀帝驾崩，当天就起驾到未央宫，收取皇帝的印玺和绶带。太皇太后下诏给公卿，让他们推举可以做大司马的人。王莽是原大司马，辞去职位回避丁氏、傅氏，众人都称赞他，以为他贤能，又是太皇太后的近亲，从大司徒孔光以下，满朝文武都举荐王莽。只有前将军何武、左将军公孙禄二人互相密谋，认为："在过去汉惠帝、汉昭帝的时候，外戚吕氏、霍氏、上官氏掌握政权，几乎危及了国家；现在孝成帝、孝哀帝接连两代没有继承人，现今正应当选择扶立近亲幼主，不应让外戚大臣握有大权，应该让外戚与普通官员互相掺杂，对国家来说更好一些。"于是何武举荐公孙禄可以做大司马，而公孙禄也举荐何武。庚申（二十八日），太皇太后自己任用王莽为大司马，兼管尚书事。

秋七月,莽以大司徒孔光名儒,相三主,太后所敬,天下信之,于是盛尊事光,引光女婿甄邯为侍中、奉车都尉。诸素所不说者,莽皆傅致其罪,为请奏草,令邯持与光,以太后指风光。光素畏慎,不敢不上之。莽白太后,辄可其奏。于是劾奏何武、公孙禄互相称举,皆免官,武就国。又奏董宏子高昌侯武父为佞邪,夺爵。又奏南郡太守毋将隆前为冀州牧,治中山冯太后狱,冤陷无辜,关内侯张由诬告骨肉,中太仆史立、泰山太守丁玄陷人入大辟,河内太守赵昌谮害郑崇,幸逢赦令,皆不宜处位在中土,免为庶人,徙合浦。中山之狱,本立、玄自典考之,但与隆连名奏事。莽少时慕与隆交,隆不甚附,故因事挤之。

红阳侯立,太后亲弟,虽不居位,莽以诸父内敬惮之,畏立从容言太后,令己不得肆意,复令光奏立罪恶:"前知定陵侯淳于长犯大逆罪,多受其赂,为言误朝。后白以官婢杨寄私子为皇子,众言曰:'吕氏少帝复出。'纷纷为天下所疑,难以示来世,成襁褓之功。请遣立就国。"太后不听。莽曰:"今汉家衰,比世无嗣,太后独代幼主统政,诚可畏惧。力用公正先天下,尚恐不从。今以私恩逆大臣议,如此,群下倾邪,乱从此起。宜可且遣就国,安后复征召之。"太后不得已,遣立就国。莽之所以胁持上下,皆此类也。

秋季七月，王莽鉴于大司徒孔光是当时有名的儒者，做过三任皇帝的丞相，是太皇太后敬重的人，天下人也都信任他，于是对他毕恭毕敬，引荐孔光的女婿甄邯担任侍中、奉车都尉。王莽对自己平素不喜欢的人，都罗织罪名，并为此上奏弹劾奏章，让甄邯拿着交与孔光，并用太后的意旨来暗示孔光。孔光一贯胆小怕事，很谨慎，不敢不向上呈递。王莽又启禀太后，就批准了他的奏章。于是弹劾奏告何武、公孙禄互相吹捧、举荐，都罢免了官职，何武回到封国。又奏告董宏的儿子高昌侯董武，因为父亲奸佞邪恶，剥夺他的爵位。又奏告南郡太守毋将隆从前做冀州牧，审理中山冯太后一案，冤枉、陷害无辜；关内侯张由诬告骨肉亲属；中太仆史立、泰山太守丁玄陷害他人到处死罪的地步；河内太守赵昌谗毁陷害郑崇，幸好碰上赦令，这些人都不应该在中原地区做官，应罢免为平民，迁徙到合浦。中山王一案，本来是王立和赵玄亲自刑讯处理的，只是跟毋将隆连名奏事罢了。王莽年轻时仰慕毋将隆，想与他交往，毋将隆不太依从他，所以王莽找借口排挤他。
　　红阳侯王立，是太后的亲弟弟，虽然不居朝位，王莽因他是自己的叔父而内心敬畏他，害怕王立在太后面前从容谈论政事，使自己不能按自己的意志行事。又让孔光上奏王立的罪恶："过去，王立知道定陵侯淳于长犯有大逆之罪，却接受他的很多贿赂，替他辩护求情，贻误朝纲。后来又提出把官婢杨寄的私生子作为皇子，大家都说：'吕氏的少帝又出现了。'天下人都对他的动机有所怀疑而议论纷纷，使他难以成就辅立幼主的功业。请求遣送王立回封国。"太后不听从。王莽说："现在汉室衰微，好几代没有继承人，太后独自代替幼主统管政事，实在让人畏惧。把天下放在首位，大力任用公正的人，还恐怕人们不服从。现在因为私恩违背大臣的公议，这样的话，群臣就会倾轧邪僻，祸乱就要由此开始。应该暂时把王立遣送回封国，等到安定后再把他征召回来。"太后不得已，遣送王立回封国。王莽挟持上下的办法，都像这样。

于是附顺莽者拔擢，忤恨者诛灭。以王舜、王邑为腹心，甄丰、甄邯主击断，平晏领机事，刘秀典文章，孙建为爪牙。丰子寻、秀子棻、涿郡崔发、南阳陈崇皆以材能幸于莽。莽色厉而言方，欲有所为，微见风采，党与承其指意而显奏之。莽稽首涕泣，固推让，上以惑太后，下用示信于众庶焉。

八月，莽复白太皇太后，废孝成皇后、孝哀皇后为庶人，就其园。是日，皆自杀。

大司空彭宣以王莽专权，乃上书言："三公鼎足承君，一足不任，则覆乱美实。臣资性浅薄，年齿老眊，数伏疾病，昏乱遗忘，愿上大司空、长平侯印绶，乞骸骨归乡里，俟黉沟壑。"莽白太后策免宣，使就国。莽恨宣求退，故不赐黄金、安车驷马。宣居国数年，薨。

九月辛酉，中山王即皇帝位，大赦天下。平帝年九岁，太皇太后临朝，大司马莽秉政，百官总己以听于莽。莽权日盛，孔光忧惧，不知所出，上书乞骸骨。莽白太后，帝幼少，宜置师傅，徙光为帝太傅，位四辅，给事中，领宿卫、供养，行内署门户，省服御食物。

平帝元始元年春正月，王莽风益州，令塞外蛮夷自称越裳氏重译献白雉一、黑雉二。莽白太后下诏，以白雉荐宗庙。于是群臣盛陈莽功德，"致周成白雉之瑞；周公及身在而托号于周，莽宜赐号曰安汉公，益户畴爵邑"。太后诏尚书具其事。莽上书言："臣与孔光、王舜、甄丰、甄邯共定策，今愿独条光等功赏，寝置臣莽，勿随辈列。"甄邯白太后

于是附和、顺从王莽的人受到提拔，违背、被王莽忌恨的人就遭到诛灭。王莽任用王舜、王邑倚为自己的心腹，甄丰、甄邯主管刑法断案；平晏掌领机要事务；刘秀负责典章制度；孙建担任卫士首领。甄丰的儿子甄寻、刘秀的儿子刘棻、涿郡人崔发、南阳人陈崇都因才能受到王莽的器重。王莽外表严肃而言语方直，想要做一件事，稍微露出表情和神色，他的党羽就按照他的旨意而明确地上奏。王莽行稽首礼流泪哭泣，坚决地推让，对上用来迷惑太后，对下表现他的谦恭，来使众人信服他。

八月，王莽又启奏太皇太后，废黜孝成皇后、孝哀皇后，贬为平民，遣送到孝成帝、哀帝的陵园中去。这一天，二人都自杀了。

大司空彭宣认为王莽专权，就上书说："三公像鼎的三足一样承侍君主，有一足不能胜任，就会使鼎中的美食翻倒出来。我天生资质浅薄，年纪老迈，多次卧病在床，昏聩迷乱，很健忘，愿意交上大司空、长平侯的印章和绶带，请求退休回乡，等待辞世。"王莽报告太后下策书罢免了彭宣，让他回封国。王莽嫉恨他要求退位，所以不赐给黄金、安车驷马。彭宣在封国居住数年后去世。

九月辛酉（初一），中山王即皇帝位，大赦天下。平帝年仅九岁，太皇太后临朝称制，大司马王莽掌管政务，文武百官各自行守本职，听命于王莽。王莽的权势日益强盛，孔光忧虑恐惧不知如何是好，就上书请求退休。王莽启奏太后，皇帝还年幼，应该为他设置师傅。把孔光改任为皇帝太傅，位居四辅，兼给事中，并兼管宿卫、供养，巡视宫中官署的门户，审视皇上的服饰和食物。

汉平帝元始元年（1）春季正月，王莽暗示益州地方官，让塞外的蛮族自称是越裳氏，通过辗转传述献上一只白野鸡，两只黑野鸡。王莽奏请太后颁发诏书，用白野鸡祭享宗庙。于是，群臣都盛称王莽的功德，"招致周成王时白雉来献的祥瑞；周公生在周时就依托周的美号，对王莽应赐称号为安汉公，增加户数和爵号封邑"。太后下诏给尚书，详尽考察这件事。王莽上书说："我跟孔光、王舜、甄丰、甄邯共同制定国策，现在希望只让孔光等人论功封赏，把我舍弃不论，不要与他们并列。"甄邯向太后报告，

下诏曰："'无偏无党，王道荡荡。'君有安宗庙之功，不可以骨肉故蔽隐不扬，君其勿辞！"莽复上书固让数四，称疾不起。左右白太后："宜勿夺莽意，但条孔光等。"莽乃肯起。

二月丙辰，太后下诏："以太傅、博山侯光为太师，车骑将军、安阳侯舜为太保，皆益封万户；左将军、光禄勋丰为少傅，封广阳侯，皆授四辅之职。侍中、奉车都尉邯封承阳侯。"四人既受赏，莽尚未起，群臣复上言："莽虽克让，朝所宜章，以时加赏，明重元功，无使百僚元元失望！"太后乃下诏："以大司马、新都侯莽为太傅，干四辅之事，号曰安汉公，益封二万八千户。"于是莽为惶恐，不得已而起，受太傅、安汉公号，让还益封事，云："愿须百姓家给，然后加赏。"群臣复争，太后诏曰："公自期百姓家给，是以听之，其令公奉赐皆倍故。百姓家给人足，大司徒、大司空以闻。"莽复让不受，而建言褒赏宗室群臣。立故东平王云太子开明为王；又以故东平思王孙成都为中山王，奉孝王后；封宣帝耳孙信等三十六人皆为列侯；太仆王恽等二十五人皆赐爵关内侯。又令诸侯王公、列侯、关内侯无子而有孙若同产子者，皆得以为嗣；宗室属未尽而以罪绝者，复其属；天下吏比二千石以上年老致仕者，参分故禄，以一与之，终其身。下及庶民鳏寡，恩泽之政，无所不施。

莽既媚说吏民，又欲专断，知太后老，厌政，乃风公卿奏言："往者吏以功次迁至二千石，及州部所举茂材异等

太后下诏书说："《尚书》说:'没有偏失,没有袒护,治国之道才广大坦平。'你有安定宗庙的功绩,不能因为是亲戚关系的缘故而隐蔽不加褒扬,你不要推辞了!"王莽又数次上书坚决推辞,称病不上朝。左右侍从劝太后说:"应该不违背王莽的意愿,只管排定孔光等人的功绩。"王莽这才肯上朝理事。

二月丙辰(二十八日),太后下诏书:"任命太傅、博山侯孔光为太师;车骑将军、安阳侯王舜为太保,都增封食邑一万户。左将军、光禄勋甄丰为少傅,封为广阳侯,都授予四辅的职位。侍中、奉车都尉甄邯封为承阳侯。"四人已经接受封赏,王莽还没有上朝,大臣们又上奏说:"王莽虽然克制自己而辞让封赏,朝廷应该表彰,及时加以封赏,表明尊重首要功臣,不让百官和百姓们失望!"太后于是下诏书说:"任命大司马、新都侯王莽为太傅,主持四辅的事务,封号为安汉公,增加封邑食户二万八千户。"于是王莽为之诚惶诚恐,不得已而起身上朝,接受太傅、安汉公的封号,辞退增加封户一事,说:"但愿等到百姓家家丰衣足食时,然后再加封赏。"大臣们又争辩,太后下诏书说:"安汉公自己期待着百姓家家丰衣足食,那就尊重他的意见,但应让他的官俸和赏赐,要比过去都增加一倍。到百姓家家丰衣足食时,大司徒、大司空把它报告上来。"王莽又推辞不接受,而建议褒扬奖赏宗室和群臣。封立原东平王刘云的太子刘开明为王;又封原东平思王刘宇的孙子刘成都为中山王,奉持孝王的后嗣;封宣帝的曾孙刘信等三十六人都为列侯;太仆王恽等二十五人都赐予关内侯的爵位。又让诸侯王公、列侯、关内侯没有儿子而有孙子却像本家嫡传一样的,都可以做继承人;宗室属籍没有完全撤销而因罪断绝了属籍的,恢复他的属籍。天下二千石官以上的官吏,年老而退休的,把他原来的俸禄分为三份,把一份付给他,终生享有。下到庶民百姓、鳏夫寡妇,恩惠的政策,无所不施。

王莽已经取悦讨好官吏百姓,又想独断专行,他知道太后年纪老了,厌恶政事,就暗示公卿上奏说:"过去官吏按功绩和资历,按顺序逐渐升迁到二千石,以及各州、部所举荐的茂材、异能等

吏，率多不称，宜皆见安汉公。又，太后春秋高，不宜亲省小事。"令太后下诏曰："自今以来，唯封爵乃以闻，他事安汉公、四辅平决。州牧、二千石及茂材吏初除奏事者，辄引入，至近署对安汉公，考故官，问新职，以知其称否。"于是莽人人延问，密致恩意，厚加赠送，其不合指，显奏免之，权与人主侔矣。

王莽恐帝外家卫氏夺其权，白太后："前哀帝立，背恩义，自贵外家丁、傅，挠乱国家，几危社稷。今帝以幼年复奉大宗为成帝后，宜明一统之义，以戒前事，为后代法。"六月，遣甄丰奉玺绶，即拜帝母卫姬为中山孝王后；赐帝舅卫宝、宝弟玄爵关内侯；赐帝女弟三人号曰君，皆留中山，不得至京师。

扶风功曹申屠刚以直言对策曰："臣闻成王幼少，周公摄政，听言下贤，均权布宠，动顺天地，举措不失。然近则召公不悦，远则四国流言。今圣主始免襁褓，即位以来，至亲分离，外戚杜隔，恩不得通。且汉家之制，虽任英贤，犹援姻戚，亲疏相错，杜塞间隙，诚所以安宗庙，重社稷也。宜亟遣使者征中山太后，置之别宫，令时朝见。又召冯、卫二族，裁与冗职，使得执戟亲奉宿卫，以抑患祸之端，上安社稷，下全保傅。"莽令太后下诏曰："刚所言僻经妄说，违背大义！"罢归田里。

官吏，大多不称职，应该都拜见安汉公。而且太后年事已高，不适宜再亲自审查这些小事。"让太后下诏书说："从今以后，只有封爵的事才禀告我，其他的事情都由安汉公和四辅公正决断。州牧、二千石以及茂材等官吏新任职、奏报事宜的，就引入相见，到近署回答安汉公的提问，考察他们过去的功过，询问新任职后打算如何施政，来确认他们是否能称职。"于是王莽把人人都请来询问，暗中表达他的恩宠之意，赠送丰厚的礼品，那些不合他心意的人，就公开上奏罢免他，此时王莽的权力已经与君主相等了。

王莽害怕平帝的外家卫氏夺取他的权力，就禀告太后说："从前哀帝在位时，违背恩情大义，只使外家丁氏、傅氏显贵，扰乱国家，几乎危害社稷。现在皇上又以年幼奉祀汉朝的大宗成为成帝的继位人，应该彰明一统的大义，来警戒过去的事情，为后世设立法度。"六月，派遣甄丰奉持印玺绶带，当场封拜平帝的母亲卫姬为中山孝王后；赐给平帝的舅舅卫宝、卫宝的弟弟卫玄关内侯的爵位；赐给平帝的三个妹妹封号为君，都留在中山国，不许到京城。

扶风功曹申屠刚以直言的身份对答朝廷的提问说："我听说周成王幼小，周公摄理政事，听从进言，礼贤下士，平分权力，广布恩宠，行动顺从天地，各项举措没有失误。但是近臣召公还不高兴，远方的四周诸侯也传布流言蜚语。现在皇上刚刚脱离襁褓，从即位以来，跟最亲近的人分离，外戚也被隔绝，恩情不能相通。而且汉家的制度，虽然任用英杰贤才，还要援用皇亲国戚，让亲属外族相互交错，杜绝和堵塞细小的裂缝出现，这确实是安定宗庙、重视社稷的办法。应该立即派遣使者征召中山太后，安置在别宫中，使母子能定期相见。还应召用冯氏、卫氏两个家族，斟酌授予散官之职，让他们能够手握武器，充当侍奉皇上的宿卫，以抑制祸患的出现，对上安定社稷，对下保全四辅。"王莽让太后下诏书说："申屠刚所说的话是邪经妄说，违背了经书的大义。"将他罢官回归故里。

二年春，黄支国献犀牛。黄支在南海中，去京师三万里。王莽欲耀威德，故厚遗其王，令遣使贡献。

越巂郡上黄龙游江中，太师光、大司徒宫等咸称："莽功德比周公，宜告祠宗庙。"大司农孙宝曰："周公上圣，召公大贤，尚犹有不相说，著于经典，两不相损。今风雨未时，百姓不足，每有一事，群臣同声，得无非其美者？"时大臣皆失色。甄邯即时承制罢议者。会宝遣吏迎母，母道病，留弟家，独遣妻子。司直陈崇劾奏宝，事下三公即讯。宝对曰："年七十，悖眊，恩衰共养，营妻子，如章。"宝坐免，终于家。

三月癸酉，大司空王崇谢病免，以避王莽。

夏四月丁酉，左将军甄丰为大司空，右将军孙建为左将军，光禄勋甄邯为右将军。

郡国大旱、蝗，青州尤甚，民流亡。王莽白太后：宜衣缯练，颇损膳，以示天下。莽因上书愿出钱百万，献田三十顷，付大司农助给贫民。于是公卿皆慕效焉，凡献田宅者二百三十人，以口赋贫民。又起五里于长安城中，宅二百区，以居贫民。莽帅群臣奏太后言："幸赖陛下德泽，间者风雨时，甘露降，神芝生，蓂荚、朱草、嘉禾，休征同时并至。愿陛下遵帝王之常服，复太官之法膳，使臣子各得尽欢心，备共养！"莽又令太后下诏，不许。每有水旱，莽辄素食。左右以白太后，太后遣使者诏莽曰："闻公菜食，忧民深矣。今秋幸熟，公以时食肉，爱身为国！"

二年(2)春季,黄支国贡献犀牛。黄支国位于南海中,距离京城三万里。王莽想炫耀自己的威权恩德,所以丰厚馈赠黄支国国王,让他派遣使者进贡。

越巂郡上奏黄龙出游在长江中,太师孔光、大司徒马宫等人都称颂:"王莽的功德能与周公相比,应敬告、祭祀宗庙。"大司农孙宝说:"周公是最伟大的圣人,召公是最贤能的人,但仍有不喜欢他们的人,这都明确写在经典中,两者不互相贬斥。现在风雨不调,百姓衣食不足,每有一件事,大臣们都异口同声,难道就没有不赞美的人吗?"当时大臣都大惊失色。甄邯当场就按照旧有制度的规定,停止讨论。恰逢此时,孙宝派人去接母亲,母亲在路上病了,留居弟弟家中,只把妻子儿女送来。司直陈崇上奏弹劾孙宝,这件事交付三公马上审问。孙宝回答说:"我年纪已七十,迷乱老迈,供养母亲的恩义已衰减,只知照顾妻子儿女,正如奏章中所说的那样。"孙宝由此获罪免官,死于家中。

三月癸酉(二十一日),大司空王崇上书称病辞职,来回避王莽。

夏季四月丁酉(十六日),左将军甄丰继任大司空,右将军孙建继任左将军,光禄勋甄邯继任右将军。

各郡国发生大旱、蝗灾,青州尤其严重,百姓们到处流亡。王莽启奏太后:应穿素帛制成的衣服,大量减少御膳数量,来让天下人看。王莽随后上书愿意拿出百万钱,献出三十顷田地,交给大司农救助贫民。于是公卿们都钦慕、效仿他,总计献出田宅的有二百三十人,按照人口赋予贫民。又在长安城中设立五个里巷,住宅二百所,用来安置贫民。王莽率领群臣上奏太后,说:"全仗着陛下的仁德恩泽,近来风调雨顺,天降甘露,灵芝出现,蕈英、朱草、嘉禾等美好的征兆同时来到。希望陛下仍穿帝王的服饰,恢复太官规定的各种膳食,使臣子们各自尽自己的欢心,充实皇家供养。"王莽又让太后下诏书,表示不同意。每当逢有水灾、旱灾,王莽就吃素食。左右的人把这件事告诉太后,太后派遣使者诏令王莽说:"听说你吃素食,真是忧民至深。今年秋天幸好收成不错,你按时要吃些肉,为国家爱惜身体!"

六月，光禄大夫楚国龚胜、太中大夫琅邪邴汉以王莽专政，皆乞骸骨。莽令太后策诏之曰："朕愍以官职之事烦大夫，大夫其修身守道，以终高年。"皆加优礼而遣之。梅福知王莽必篡汉祚，一朝弃妻子去，不知所之。其后，人有见福于会稽者，变名姓为吴市门卒云。

秋九月，王莽欲悦太后以威德至盛，异于前，乃风单于令遣王昭君女须卜居次云入侍太后，所以赏赐之甚厚。

莽奏令中国不得有二名，因使使者以风单于，宜上书慕化，为一名，汉必加厚赏。单于从之，上书言："幸得备藩臣，窃乐太平圣制。臣故名囊知牙斯，今谨更名曰知。"莽大说，白太后，遣使者答谕，厚赏赐焉。

莽欲以女配帝为皇后以固其权，奏言："皇帝即位三年，长秋宫未建，掖廷媵未充。乃者国家之难，本从无嗣，配取不正。请考论五经，定取后礼，正十二女之义，以广继嗣。博采二王后及周公、孔子世、列侯在长安者适子女。"事下有司，上众女名，王氏女多在选中者。莽恐其与己女争，即上言："身无德，子材下，不宜与众女并采。"太后以为至诚，乃下诏曰："王氏女，朕之外家，其勿采。"庶民、诸生、郎吏以上守阙上书者日千馀人，公卿大夫或诣廷中，或伏省户下，咸言："安汉公盛勋堂堂若此，今当立后，独奈何废公女，天下安所归命！愿得公女为天下母！"莽遣长史

六月，光禄大夫楚国人龚胜、太中大夫琅邪人郇汉因王莽专权，都请求退休。王莽让太后下策书对他们说："朕很痛心用官职的事务麻烦你们，你们应修正自身，执守正道，直到年高而终。"都加以优厚的待遇而遣送他们。梅福知道王莽一定会夺取汉室江山，一天早上离开妻子儿女出走，不知道去哪里了。到后来，有人见到梅福在会稽，他已改换姓名做了吴地集市的门卒。

秋季九月，王莽想表现太后的威望及恩德已达至盛，以此来取悦太后，就暗示匈奴单于让他派遣王昭君的女儿须卜居次云公主进宫侍奉太后，因此而给单于的赏赐非常丰厚。

王莽上奏，命令中原的人不能取两个字作名字，因而派遣使者去劝告单于，应该上书仰慕服化，起一个字的名，汉室一定会给予优厚的赏赐。单于听从了，上书说："我幸运地得以成为藩国臣属，心中喜爱太平治世的美好制度。我原名叫囊知牙斯，现在恭谨地改名为知。"王莽十分高兴，转告太后，派遣使者去答复，优厚地赏赐他。

王莽想让自己的女儿嫁给平帝做皇后，以便巩固自己的权势，上奏说："皇帝即位已经三年，长秋宫还没有皇后，后宫的嫔妃也还没有充备。过去国家的危难，根本原因在于没有继承人，婚配嫁娶不合礼仪。我请求考察取证五经，制定迎娶皇后的礼仪，确立十二女的制度，以便增加继承人。应该广泛地征集殷周二代的后裔以及周公、孔子的传人以及在长安的列侯们家中挑选合适的女子。"此事交付主管部门办理，上报众女子的名字，王氏的女子多在候选人中。王莽恐怕其他人与自己的女儿竞争，就上书说："我自身无德，女儿资质才能低下，不应该跟众女们一起被选。"太后以为他是出自至诚，就下诏说："王氏的女儿们，是我的外家，就不要挑选了。"平民百姓、太学生们、郎官以上的官员守在宫门外上书的每天多达一千馀人，公卿大夫有的进入朝廷中，有的俯伏在省门下，都说："安汉公的盛大功勋，如此显著，现在应立皇后，为什么偏偏只除去他的女儿，天下人将归命于何处呢？但愿能让安汉公的女儿成为天下之母！"王莽派遣长史

以下分部晓止公卿及诸生,而上书者愈甚。太后不得已,听公卿采莽女。莽复自白:"宜博选众女。"公卿争曰:"不宜采诸女以贰正统。"莽乃曰:"愿见女。"

三年春,太后遣长乐少府夏侯藩、宗正刘宏、尚书令平晏采见女。还,奏言:"公女渐渍德化,有窈窕之容,宜承天序,奉祭祀。"太师光、大司徒宫、大司空丰、左将军孙建、执金吾尹赏、行太常事、太中大夫刘秀及太卜、太史令服皮弁、素积,以礼杂卜筮,皆曰:"兆遇金水王相,卦遇父母得位。所谓康强之占,逢吉之符也。"又以太牢策告宗庙。有司奏:"故事:聘皇后,黄金二万斤,为钱二万万。"莽深辞让,受六千三百万,而以其四千三百万分予十一媵家及九族贫者。

夏,大司徒司直陈崇使张敞孙竦草奏,盛称安汉公功德,以为:"宜恢公国令如周公,建立公子令如伯禽,所赐之品亦皆如之,诸子之封皆如六子。"太后以示群公,群公方议其事,会吕宽事起。

初,莽长子宇非莽隔绝卫氏,恐久后受祸,即私与卫宝通书,教卫后上书谢恩,因陈丁、傅旧恶,冀得至京师。莽白太皇太后,诏有司褒赏中山孝王后,益汤沐邑七千户。卫后日夜啼泣,思见帝面,而但益户邑。宇复教令上书求至京师,莽不听。宇与师吴章及妇兄吕宽议其故,章以为莽不可谏而好鬼神,可为变怪以惊惧之,章因推类说令归政

以下吏员分别部署去劝说公卿和太学生们，让他们停止活动，但上书的人却越来越多。太后不得已，听从公卿们的意见，挑选了王莽的女儿。王莽又自己解释说："应该从众女之中广泛挑选。"公卿们又争辩说："再选取其他女子，就会出现两个正统，是不合适的。"王莽就说："请考察我女儿吧。"

三年(3)春季，太后派遣长乐少府夏侯藩、宗正刘宏、尚书令平晏去见王莽的女儿。回宫后，奏说："安汉公的女儿蒙受德化，具有美丽的容貌，应该承继上天的序位，供奉皇家的祭祀。"太师孔光、大司徒马宫、大司空甄丰、左将军孙建、执金吾尹赏、行太常事、太中大夫刘秀以及太卜、太史令，戴上鹿皮帽，身穿素色衣裳，按礼制一起进行卜筮，都说："卜兆碰上金行为王，水行为相，算封遇到父母得位，这是自身健康强大的占验，子孙吉祥的符应。"又按照太牢的礼仪上策书敬告宗庙。主管部门奏请说："按过去的惯例：迎聘皇后，要用黄金二万斤，钱二万万。"王莽深深地辞让，接受了六千三百万钱，而把其中四千三百万钱分给十一个从嫁女子的娘家和王姓家族中九族以内的贫困家属。

夏季，大司徒司直陈崇派张敞的孙子张竦起草奏章，盛称安汉公的功德，认为："应该扩大安汉公的封国，让他像周公一样；赐封安汉公长子，让他像伯禽那样；所赐的品秩也都像周公、伯禽一样，儿子们的加封都跟周公的六个儿子一样。"太后把奏章拿给群臣看，群臣正议论这件事，恰巧赶上吕宽的事件发生了。

起初，王莽的长子王宇不同意王莽隔绝卫氏，害怕以后遭受祸害，就私下跟卫宝通信，教导卫后上书谢恩，并借机陈述丁氏族家和傅氏家族过去的罪恶，希望被召到京城长安。王莽禀告太皇太后，下诏给主管部门，褒扬和奖赏中山孝王后，增加汤沐邑七千户人家。卫后日夜啼哭，想见成帝一面，而得到的却仅仅是增加封邑的食户。王宇再次教她上书要求到京城探望，王莽不同意。王宇跟师傅吴章以及妻子的兄长吕宽商讨其中的缘由，吴章认为王莽不可能进谏，但他喜好鬼神，可以制造怪异灾变来恐吓他，吴章随后推论相类的怪事劝说王莽，让他把朝政交还给

卫氏。宇即使宽夜持血洒莽第，门吏发觉之。莽执宇送狱，饮药死。宇妻焉怀子，系狱，须产子已，杀之。甄邯等白太后，下诏曰："公居周公之位，辅成王之主，而行管、蔡之诛，不以亲亲害尊尊，朕甚嘉之！"莽尽灭卫氏支属，唯卫后在。吴章要斩，磔尸东市门。

初，章为当世名儒，教授尤盛，弟子千馀人。莽以为恶人党，皆当禁锢不得仕宦，门人尽更名他师。平陵云敞时为大司徒掾，自劾吴章弟子，收抱章尸归，棺敛葬之，京师称焉。

莽于是因吕宽之狱，遂穷治党与，连引素所恶者悉诛之。元帝女弟敬武长公主素附丁、傅，及莽专政，复非议莽。红阳侯王立，莽之尊属，平阿侯王仁素刚直，莽皆以太皇太后诏，遣使者迫守，令自杀。莽白太后，主暴病薨，太后欲临其丧，莽固争而止。甄丰遣使者乘传案治卫氏党与，郡国豪桀及汉忠直臣不附莽者，皆诬以罪法而杀之。何武、鲍宣及王商子乐昌侯安、辛庆忌三子护羌校尉通、函谷都尉遵、水衡都尉茂、南郡太守辛伯等皆坐死。凡死者数百人，海内震焉。北海逢萌谓友人曰："三纲绝矣，不去，祸将及人！"即解冠挂东都城门，归，将家属浮海，客于辽东。

莽召明礼少府宗伯凤入说为人后之谊，白令公卿、将军、侍中、朝臣并听，欲以内厉天子而外塞百姓之议。

卫氏。王宇也立即派吕宽晚上用血洒在王莽的府第上。看守门户的小吏发现了吕宽。王莽抓起王宇将他送到狱中，令其服毒药而死。王宇的妻子吕焉怀有身孕，也被关押在狱中，等到生下孩子后，再杀掉她。甄邯等人禀告太后，下诏书说："安汉公身居周公一样的地位，辅助成王一样的君主，而施行像周公诛杀管叔、蔡叔一样的诛伐，不以骨肉亲情伤害君臣之间的大义，我很赞赏！"王莽灭尽了卫氏的旁系亲属，只留下卫后一人。吴章被处以腰斩，在东市门被施以分裂尸体的酷刑。

以前，吴章是当世的名儒，教授门徒尤其兴盛，弟子有一千多人。王莽把他们看成是恶人的党羽，都该禁锢终身，不得做官，吴章的门人都改变姓名，跟从其他师傅。平陵人云敞当时是大司徒掾属，自行劾奏是吴章的弟子，将吴章的尸体领回，买棺材装敛埋葬了他，京城的人都称赞云敞。

王莽在这时借用吕宽一案，随即穷究整治党羽，牵连到自己一向所嫉恨的人，便将他们全部诛杀掉。元帝的妹妹敬武长公主一向附依丁氏、傅氏。到王莽专擅朝政时，又非议王莽。红阳侯王立，是王莽的亲叔父，平阿侯王仁一向刚毅正直，王莽都用太皇太后的诏令，派遣使者守卫逼迫，让他们自杀。王莽告诉太后，公主突然发病去世，太后想亲自前去吊丧，王莽坚持争辩，只好作罢。甄丰派遣使者坐着驿车去审查、惩治卫氏党羽，各个郡国的豪杰以及汉室忠直臣僚不依附王莽的，全都诬造罪名，依法处决。何武、鲍宣以及王商的儿子乐昌侯王安、辛庆忌的三个儿子护羌校尉辛通、函谷都尉辛遵、水衡都尉辛茂、南郡太守辛伯等人都获罪处死。总共死了几百人，天下震动。北海人逢萌对友人说："君臣、父子、夫妇之道都废绝了，再不离去，大祸将要临头！"就解下官帽挂在东都城门上，回到故乡，带领家属渡过渤海，寄居在辽东。

王莽宣召明礼少府宗伯凤进宫讲述充任继承人的大义，告请平帝让公卿、将军、侍中、朝臣们一齐听讲，想在内廷来威慑天子，在朝外堵塞住百姓们的议论。

四年二月丁未,遣大司徒宫、大司空丰等奉乘舆法驾迎皇后于安汉公第,授皇后玺绂,入未央宫。大赦天下。

夏,太保舜等及吏民上书者八千馀人,咸请:“如陈崇言,加赏于安汉公。”章下有司,有司请“益封公以新息、召陵二县及黄邮聚、新野田。采伊尹、周公称号,加公为宰衡,位上公,三公言事称‘敢言之’。赐公太夫人号曰功显君,封公子男二人安为褒新侯,临为赏都侯。加后聘三千七百万,合为一万万,以明大礼。太后临前殿亲封拜,安汉公拜前,二子拜后,如周公故事。”莽稽首辞让,出奏封事:“愿独受母号,还安、临印韨及号位户邑。”事下,太师光等皆曰:“赏未足以直功,谦约退让,公之常节,终不可听。忠臣之节亦宜自屈,而伸主上之义。宜遣大司徒、大司空持节承制诏公呕入视事,诏尚书勿复受公之让奏。”奏可。莽乃起视事,止减召陵、黄邮、新野之田而已。

莽复以所益纳征钱千万遗太后左右奉共养者。莽虽专权,然所以逛耀媚事太后,下至旁侧长御,方故万端,赂遗以千万数。白尊太后姊、妹号皆为君,食汤沐邑。以故左右日夜共誉莽。莽又知太后妇人,厌居深宫中,莽欲虞乐以市其权,乃令太后四时车驾巡狩四郊,存见孤、寡、贞妇。所至属县,辄施恩惠,赐民钱帛、牛酒,岁以为常。太后旁弄儿病,在外舍,莽自亲候之。其欲得太后意如此。

四年(4)二月丁未(初七),派遣大司徒马宫、大司空甄丰等人侍奉天子的车驾到安汉公府第迎娶皇后,授与皇后印玺和绶带,迎回未央宫。大赦天下。

　　夏季,太保王舜等人以及官吏百姓八千多人上书,都请求:"像陈崇的建议那样,对安汉公增加赏赐。"奏章下到主管部门,主管部门请求"把新息、召陵两个县以及黄邮聚、新野的田地增封给安汉公。采用伊尹、周公的称号,加封安汉公为宰衡,位居上公,三公向他禀报政事称'敢言之'。赐予安汉公的母亲封号为功显君;分封他的两个儿子王安为褒新侯,王临为赏都侯;追加皇后的聘礼三千七百万钱,合计为一万万,以扬明大礼。太后到前殿亲自封拜,安汉公拜受于前,两个儿子拜受于后,像周公过去的先例。"王莽行稽首礼辞让,出奏密封章奏:"我愿接受母亲的封号,退回王安、王临的印章和绶带以及位号、封邑食户。"事情交给大臣讨论,太师孔光等人都说:"所给予的赏赐还不能与功绩相当,安汉公谦逊辞让,这是他一贯的节操,到底不能听从他的。忠臣的节操也应自受委屈,以伸张朝廷的大义。应该派遣大司徒、大司空拿上符节,带上诏书去命令安汉公马上入朝主持政事,下诏尚书台不再接受安汉公辞让的奏章。"奏章被批准。王莽于是上朝处理朝政,只减少了召陵、黄邮、新野的田地而已。

　　王莽又把增加封邑征收到的一千万钱赠送给侍奉太后左右的人。王莽虽然专权,但他却狡诈、炫耀、谄媚地侍奉太后,下至太后身旁的官长、侍从,手段多种多样,用来贿赂的钱物用千万来计算。又奏请封太后的姐姐、妹妹的名号都为君,封给汤沐邑。因此,太后左右的人日夜共同赞誉王莽。王莽又知道太后一个妇人家,厌恶居住在深宫中,王莽打算用娱乐来换取她手中的权力。于是就让太后一年四季乘车到四郊去巡游视察,存恤慰问孤儿、寡妇、守贞操的妇女。所到达的县邑,就施与恩惠,赐给百姓钱币、布帛、牛、酒,每年作为常例。太后身旁的侍从男童病了,住在宫外的房舍,王莽亲自去问候。王莽就是这样地想讨太后的欢心。

　　太保舜奏言："天下闻公不受千乘之土,辞万金之币,莫不乡化。蜀郡男子路建等辍讼,惭怍而退,虽文王却虞、芮何以加! 宜报告天下。"奏可。

　　群臣奏言："昔周公摄政七年,制度乃定。今安汉公辅政四年,营作二旬,大功毕成,宜升宰衡位在诸侯王上。"诏曰:"可。"仍令议九锡之法。

　　莽自以北化匈奴,东致海外,南怀黄支,唯西方未有加,乃遣中郎将平宪等多持金币诱塞外羌,使献地愿内属。宪等奏言："羌豪良愿等种可万二千人,愿为内臣,献鲜水海、允谷、盐池,平地美草,皆予汉民;自居险阻处为藩蔽。问良愿降意,对曰:'太皇太后圣明,安汉公至仁,天下太平,五谷成熟,或禾长丈馀,或一粟三米,或不种自生,或茧不蚕自成;甘露从天下,醴泉自地出,凤皇来仪,神爵降集。从四岁以来,羌人无所疾苦,故思乐内属。'宜以时处业,置属国领护。"事下莽,莽复奏:"今已有东海、南海、北海郡,请受良愿等所献地为西海郡。分天下为十二州,应古制。"奏可。冬,置西海郡。又增法五十条,犯者徙之西海。徙者以千万数,民始怨矣。

　　分京师置前辉光、后丞烈二郡。更公卿、大夫八十一元士官名、位次及十二州名。分界郡国所属,罢置改易,天

太保王舜上奏说:"天下人闻知安汉公不接受能出千辆战车的国家一样的封土,辞让万两黄金的彩礼,没有不向慕顺化的。蜀郡男子路建等人停止了诉讼,惭愧地退出公堂。即使是周文王解决虞、芮二国纷争的事,又哪里比这件事强?应该向天下人宣告这件事。"这道奏章被批准。

大臣们上奏说:"过去周公摄理政事七年,国家的制度才确定。现在安汉公辅政四年,经营运作二十天,大功就全部告成,应将宰衡的地位上升到诸侯王之上。"平帝下诏书说:"照办。"同时下令讨论赐予九锡特殊礼仪的办法。

王莽自以为在北部感化了匈奴,在东部招来了海外的小国称臣,在南部感化了黄支国,只有西部还没有施加威德,就派遣中郎将平宪等人携带大量金币去诱惑塞外的羌人,让他们献出土地,愿意归附汉朝。平宪等人上奏说:"羌人头领良愿等部族一万二千人,愿意成为汉朝的臣子,献上鲜水海、允谷、盐池,这些地平草美的地方,都给汉朝的百姓,自己居住在险要的地方,做汉朝的屏障。我们询问良愿归降的想法,良愿回答说:'太皇太后圣智英明,安汉公最仁义,天下太平,五谷丰登,有的禾苗长达一丈多,有的一颗粟生出三粒米,有的不耕种就自然生长,有的蚕茧不吐丝就自动形成;甘露从天而降,醴泉自地下冒出;凤凰双双飞来,神雀降集宫廷。从安汉公辅政的四年以来,羌人没有疾苦,所以盼望归附汉室。'这就应该及时安排他们的生计,设置附属国,派官员辖领保护。"事情交付王莽裁断,王莽又上奏说:"现在已经有东海、南海、北海郡,请接受良愿等所进献的地区设置西海郡。把天下分为十二个州,以符合古代地理区划。"奏章被批准。冬季,设置西海郡。又增加法律五十条,违犯之人被迁徙到西海郡。被流放的人成千上万,老百姓开始怨恨了。

京师长安被划分开,并设置前辉光、后丞烈两个郡。更定公卿、大夫八十一元士的官称、位次以及十二州的名称。划分各郡、各国管辖的界区,有取消的,有新设置的,有变更的,天

下多事,吏不能纪矣。

五年夏四月,吏民以莽不受新野田而上书者前后四十八万七千五百七十二人,及诸侯王公、列侯、宗室见者皆叩头言:"宜亟加赏于安汉公。"于是莽上书言:"诸臣民所上章下议者,愿皆寝勿上,使臣莽得尽力毕制礼作乐事。事成,愿赐骸骨归家,避贤者路。"甄邯等白太后,诏曰:"公每见辄流涕叩头言,愿不受赏。赏即加,不敢当位。方制作未定,事须公而决,故且听公制作。毕成,群公以闻,究于前议。其九锡礼仪亟奏!"

五月,策命安汉公莽以九锡,莽稽首再拜,受绿韨、衮冕、衣裳、玚瑑、玚玜、句履、鸾路、乘马、龙旂九旒、皮弁、素积、戎路、乘马、彤弓矢、卢弓矢、左建朱钺、右建金戚、甲、胄一具,秬鬯二卣,圭瓒二,九命青玉珪二,朱户,纳陛,署宗官、祝官、卜官、史官,虎贲三百人。

莽以皇后有子孙瑞,通子午道,从杜陵直绝南山,径汉中。

泉陵侯刘庆上书言:"周成王幼小,称孺子,周公居摄。今帝富于春秋,宜令安汉公行天子事,如周公。"群臣皆曰:"宜如庆言。"

时帝春秋益壮,以卫后故,怨不悦。冬十二月,莽因腊日上椒酒,置毒酒中。帝有疾,莽作策,请命于泰畤,愿以身代,藏策金縢,置于前殿,敕诸公勿敢言。丙午,帝崩于未央宫。大赦天下。莽令天下吏六百石以上皆服丧三年。奏尊

下事端徒然增多,官吏们都理不出头绪来。

五年(5)夏季四月,官吏百姓因王莽不接受新野田地的封赏而上书的前后有四十八万七千五百七十二人,以及诸侯、王公、列侯、宗室,被召见的,都叩头说:"应该马上对安汉公增加赏赐。"于是王莽上书说:"臣民们所上的这方面奏章,希望都搁置起来不要再上奏,让我能够尽全力完成制定礼乐制度的大事。大事完成之后,希望恩准我退休回家,给贤能的人让开道路。"甄邯等人禀告太后,下诏书说:"安汉公每次进见就流着眼泪叩头上言,希望不受赏赐。赏赐一增加,就不敢担任大位。现在制定礼乐制度还没有完成,事情都需要安汉公决断,所以暂时听任安汉公制定礼乐制度。完成后,群公奏闻,再按上次的议论办,赶快把赐给九锡礼仪这件事奏上。"

五月,把九锡殊礼颁赐给安汉公王莽,王莽行稽首礼两次拜谢,接受了绿色的蔽膝、礼冠、礼服、玉饰佩刀、鼻头突出的鞋子、铃车和套马、九条垂丝的龙旗、皮帽、白下衣、军车和套马、红色弓箭、黑色弓箭,左面竖着朱红钺斧,右面竖着金黄戚斧,铠甲、头盔各一副,香酒二卤、玉勺子两个,九级青玉珪两套,住宅可用红漆大门、修建檐内台阶,府中设立宗官、祝官、卜官、史官,守卫勇士三百人。

王莽认为皇后具有子孙繁衍的祥兆,就凿通子午道,从杜陵直接穿过终南山,直达汉中郡。

泉陵侯刘庆上书说:"周成王幼小,称为孺子,周公居位摄理政事。现在皇上还很年轻,应该让安汉公执掌天子的事务,像周公一样。"大臣们都说:"应该按刘庆说的那样办。"

当时平帝的年纪越来越大,因为母亲卫后的缘故,心中怨恨而不高兴。冬季十二月,王莽趁腊日敬上椒酒,在酒中下毒。平帝中毒生病,王莽写了策书,在泰畤祭请在天之灵,赐还平帝性命,愿意以自身代替平帝去死,把策书藏在用金绳捆束的匣子里,放置在前殿,严令公卿们不许泄露。丙午,平帝在未央宫驾崩。大赦天下。王莽命令天下六百石以上的官吏都服丧三年。上奏尊

孝成庙曰统宗;孝平庙曰元宗。敛孝平,加元服,葬康陵。

> 班固赞曰:孝平之世,政自莽出,褒善显功,以自尊盛。观其文辞,方外百蛮,无思不服。休征嘉应,颂声并作。至乎变异见于上,民怨于下,莽亦不能文也。

太后与群臣议立嗣。时元帝世绝,而宣帝曾孙有见王五人,列侯四十八人。莽恶其长大,曰:"兄弟不得相为后。"乃悉征宣帝玄孙,选立之。是月,前辉光谢嚣奏武功长孟通浚井得白石,上圆下方,有丹书著石,文曰"告安汉公莽为皇帝"。符命之起自此始矣。莽使群公以白太后,太后曰:"此诬罔天下,不可施行!"太保舜谓太后:"事已如此,无可奈何。沮之,力不能止。又莽非敢有他,但欲称摄以重其权,填服天下耳!"太后心不以为可,然力不能制,乃听许。舜等即共令太后下诏曰:"孝平皇帝短命而崩,已使有司征孝宣皇帝玄孙二十三人,差度宜者,以嗣孝平皇帝之后。玄孙年在襁褓,不得至德君子,孰能安之!安汉公莽辅政三世,与周公异世同符。今前辉光嚣、武功长通上言丹石之符,朕深思厥意,云'为皇帝'者,乃摄行皇帝之事也。其令安汉公居摄践祚,如周公故事,具礼仪奏!"于是群臣奏言:"太后圣德昭然,深见天意,诏令安汉公居摄。臣请安汉公践祚,服天子韨冕,背斧依于户牖之间,南面朝群臣,听政事。车服出入警跸,民臣称臣妾,皆如天子之制。

孝成庙号为统宗;孝平庙号叫元宗。收敛孝平帝,戴上成年人的冠帽,安葬在康陵。

　　东汉史臣班固评论说:孝平帝在位期间,政令由王莽自行发布,褒奖善行,显扬功德,用来显示自己尊贵威严。看到他的文辞,中原之外的各种夷族,没有不想服从的。美好的征兆显现,称颂的声音同时响起。以至于天上出现的变异,下民中人们的怨恨,王莽也掩饰不了。

　　太后跟大臣们商议册立继位人的问题。当时元帝的子孙已断绝,而宣帝的曾孙中现有五人为诸侯王,四十八人为列侯。王莽憎恶他们已经长成,便说:"兄弟不能成为兄弟的后继者。"于是征召宣帝的所有玄孙,从中择立。这个月,前辉光郡守谢嚣上奏武功县长孟通修治水井得到一块白石,上面是圆形,下面是方形,有红色字迹写在石头上,字迹是"宣告安汉公王莽做皇帝"。符命的兴起,从这时便开始了。王莽派遣群公们禀告太后,太后说:"这是欺骗天下,不能施行。"太保王舜对太后说:"事情已经到了这个地步,无可奈何,现在没有力量能阻止他。而且王莽不敢有其他奢望,只是宣称摄政来加强他的权力,好去镇服天下罢了。"太后心里认为不可以这样做,但是无力制止,只好答应了。王舜等人就一起让太后下诏书说:"孝平皇帝短命而死,已经派遣主管部门征召孝宣皇帝的玄孙二十三人,选择适合的来继承孝平皇帝的帝位。孝宣皇帝的玄孙还都在襁褓之中,没有德行崇高的君子辅助,又有谁能维护他呢?安汉公王莽辅政已历经三朝,与周公处于不同时代而符命相同。现今前辉光郡守谢嚣、武功县长孟通上奏陈述白石上丹书的符命,我仔细考虑它的含义,说'做皇帝'就是代行皇帝的职权。应该让安汉公居皇帝位,代理政务,像周公的先例一样,详尽议定礼仪奏上!"于是,群臣们上奏说:"太后英明贤德,深知上天意旨,下诏让安汉公居位摄政。我们请求让安汉公登位,穿戴天子的衣帽,在身后的门窗之间设立斧形图案屏风,面向南接受群臣朝见,处理政事。车马出入都要开路警戒,臣民们向他自称臣妾,都按天子的礼制办。

郊祀天地,宗祀明堂,共祀宗庙,享祭群神,赞曰'假皇帝',民臣谓之'摄皇帝',自称曰'予'。平决朝事,常以皇帝之诏称'制',以奉顺皇天之心,辅翼汉室,保安孝平皇帝之幼嗣,遂寄托之义,隆治平之化。其朝见太皇太后、帝皇后皆复臣节。自施政教于其宫家国采,如诸侯礼仪故事。"太后诏曰:"可。"

王莽居摄元年春正月,王莽祀上帝于南郊,又行迎春、大射、养老之礼。

三月己丑,立宣帝玄孙婴为皇太子,号曰孺子。婴,广戚侯显之子也,年二岁,托以为卜相最吉,立之。尊皇后曰皇太后。以王舜为太傅、左辅,甄丰为太阿、右拂,甄邯为太保、后承。又置四少,秩皆二千石。

四月,安众侯刘崇与相张绍谋曰:"安汉公莽必危刘氏,天下非之,莫敢先举,此乃宗室之耻也。吾帅宗族为先,海内必和。"绍等从者百馀人遂进攻宛,不得入而败。绍从弟竦与崇族父嘉诣阙自归,莽赦弗罪。竦因为嘉作奏,称莽德美,罪状刘崇:"愿为宗室倡始,父子兄弟负笼荷锸,驰之南阳,猪崇宫室,令如古制。及崇社宜如亳社,以赐诸侯,用永监戒!"于是莽大说,封嘉为率礼侯,嘉子七人皆赐爵关内侯。后又封竦为淑德侯。长安为之语曰:"欲求封,过张伯松。力战斗,不如巧为奏。"自后谋反皆污池云。群臣复白:"刘崇等谋逆者,以莽权轻也。宜尊重以填海内。"

在郊外祭祀天地、在明堂祭祀祖先，在宗庙供祭，祭享众神灵，在祭祀辞中称为'假皇帝'，臣民们称他为'摄皇帝'，他自称为'予'。平断和议决朝事，平常用皇帝诏书的形式称为'制'。来敬奉和顺应皇天之心，辅助和护卫汉室，保护安稳住孝平皇帝幼小的继承者，实现托付孤幼的大义，兴隆太平治世的教化。他朝见太皇太后、帝皇后，都还用臣子的礼节。自己在他的宫中、家中、封国、采邑中施行政教，按照过去诸侯的礼仪成例办。"太后下诏书说："照此执行。"

王莽居摄元年(6)春季正月，王莽在南郊祭祀上帝，又实行迎春、大射、养老的礼仪。

三月己丑(初一)，扶立宣帝的玄孙刘婴为皇太子，称号为孺子。刘婴是广戚侯刘显的儿子，年龄只有两岁，假托占卜的兆象最吉利，而立他为皇太子。尊崇皇后为皇太后。任命王舜为太傅、左辅，甄丰为太阿、右拂，甄邯为太保、后承。又设置四少官职，品秩都是二千石。

四月，安众侯刘崇与他的国相张绍谋议说："安汉公王莽肯定要危害刘氏，天下人都反对他，没有谁敢于率先举事，这是宗室的耻辱啊。我率领宗族倡首，全国上下一定会响应。"张绍等随从的一百多人于是进攻宛城，不能攻入而失败。张绍的堂弟张竦和刘崇的族父刘嘉到朝廷投案自首，王莽赦免了他们，没有治罪。张竦因此替刘嘉写奏章，称颂王莽的美德，列举刘崇的罪状，并表示："愿为宗室的倡始人，让父子兄弟背上笼筐、带上锄头，马上赶往南阳，灌水把刘崇的宫室变为污池，按照古代的制度一样处理。还有刘崇的社庙也应像亳社一样，用来赐予诸侯，作为永远的鉴戒！"于是王莽十分高兴，封刘嘉为率礼侯，刘嘉的七个儿子都赐予关内侯的爵位。后来又封张竦为淑德侯。长安人为他作歌谣说："要想求封，去探问张伯松。拼力搏斗，不如巧妙地写章奏。"从此以后谋反的人，都把他们的屋室掘毁成污池。群臣们又禀告："刘崇等人谋划叛逆，是因为王莽的权力还太小。应该尊崇和加重他的权力，来镇服天下人。"

五月甲辰,太后诏莽朝见太后,称"假皇帝"。

十二月,群臣奏"请以安汉公庐为摄省,府为摄殿,第为摄宫"。奏可。

二年五月,东郡太守翟义,方进之子也,与姊子上蔡陈丰谋曰:"新都侯摄天子位,号令天下,故择宗室幼稚者以为孺子,依托周公辅成王之义,且以观望,必代汉家,其渐可见。方今宗室衰弱,外无强蕃,天下倾首服从,莫能亢扞国难。吾幸得备宰相子,身守大郡,父子受汉厚恩,义当为国讨贼,以安社稷。欲举兵西,诛不当摄者,选宗室子孙辅而立之。设令时命不成,死国埋名,犹可以不惭于先帝。今欲发之,汝肯从我乎?"丰年十八,勇壮,许诺。义遂与东郡都尉刘宇、严乡侯刘信、信弟武平侯刘璜结谋,以九月都试日斩观令,因勒其车骑、材官士,募郡中勇敢,部署将帅。信子匡时为东平王,乃并东平兵,立信为天子。义自号大司马、柱天大将军;移檄郡国,言"莽鸩杀孝平皇帝,摄天子位,欲绝汉室。今天子已立,共行天罚!"郡国皆震。比至山阳,众十馀万。

莽闻之,惶惧不能食。太皇太后谓左右曰:"人心不相远也。我虽妇人,亦知莽必以是自危。"莽乃拜其党、亲轻车将军、成武侯孙建为奋武将军,光禄勋、成都侯王邑为虎牙将军,明义侯王骏为强弩将军,春王城门校尉王况为震威将军,宗伯、忠孝侯刘宏为奋冲将军,中少府、建威侯王昌为中坚将军,中郎将、震羌侯窦况为奋威将军,凡七人,自择除关西人为校尉、军吏,将关东甲卒,发奔命以击义焉。复以太仆武让为积弩将军,屯函谷关;将作大匠、蒙乡侯逯并为

五月甲辰(十七日),太后下诏王莽朝见她时,自称"假皇帝"。

十二月,大臣们上奏"请求把安汉公的殿中住处称为摄省,官府称为摄殿,府第称为摄宫"。奏章被批准。

二年(7)五月,东郡太守翟义,是翟方进的儿子,跟姐姐的儿子上蔡人陈丰谋议说:"新都侯摄行天子的尊位,向天下发号施令,所以才选择宗室中年幼的人作为孺子,依托周公辅佐成王的名义,暂时持观望态度,将来肯定会取代汉室,这种苗头已经趋于明显。如今宗族衰弱,朝外没有强大的藩国辅助,天下的人都俯首服从,没有谁能挽救国难。我有幸作为宰相的儿子,自身又统辖大郡,父子蒙受汉室的厚恩,理所当然要为国家讨伐奸贼,来安定社稷。我想起兵向西,诛灭不应该摄政的人,另行选择宗室的子孙立为皇帝,辅助他。假设时运不济,为国而死,埋灭姓名,还可以不愧对先帝。我现在想发难,你肯跟从我吗?"陈丰才十八岁,勇敢豪壮,答应下来。翟义于是跟东郡都尉刘宇、严乡侯刘信、刘信的弟弟武平侯刘璜结伙密谋,在九月都试那一天斩杀观县县令,趁势统领他的车骑、材官军队,招募郡中勇敢的人,设置将帅。刘信的儿子刘匡当时是东平王,于是合并东平的军队,拥立刘信为天子。翟义自称大司马、柱天大将军。将檄文传递到各郡国,说"王莽毒杀孝平皇帝,摄行天子职位,是想断绝汉室。现在天子已经即位,将共同代天行罚!"各郡国都为之震动。等到了山阳时,已有部众十多万人。

王莽听说后,惶恐惧怕得吃不下饭。太皇太后对左右侍从说:"人心是相差不多的。我虽是个妇人,也清楚王莽一定会因这件事而陷入危难。"王莽于是封拜他的党羽、亲信轻车将军、成武侯孙建为奋武将军,光禄勋、成都侯王邑为虎牙将军,明义侯王骏为强弩将军,春王城门校尉王况为震威将军,宗伯、忠孝侯刘宏为奋冲将军,中少府、建威侯王昌为中坚将军,中郎将、震羌侯窦况为奋威将军,共计七人,授权他们可以自行挑选、任命关西人为校尉、军吏,率领关东的士兵,调发临时召集的军队去进攻翟义。又任命太仆武让为积弩将军,屯驻函谷关;将作大匠、蒙乡侯逯并为

横野将军,屯武关;羲和、红休侯刘秀为扬武将军,屯宛。

三辅闻翟义起,自茂陵以西至汧二十三县,盗贼并发。槐里男子赵朋、霍鸿等自称将军,攻烧官寺,杀右辅都尉及斄令,相与谋曰:"诸将精兵悉东,京师空,可攻长安!"众稍多至十馀万,火见未央宫前殿。莽复拜卫尉王级为虎贲将军,大鸿胪、望乡侯阎迁为折冲将军,西击朋等。以常乡侯王恽为车骑将军,屯平乐馆;骑都尉王晏为建威将军,屯城北;城门校尉赵恢为城门将军。皆勒兵自备。以太保、后承、承阳侯甄邯为大将军,受钺高庙,领天下兵,左杖节,右把钺,屯城外。王舜、甄丰昼夜循行殿中。

莽日抱孺子祷郊庙,会群臣,而称曰:"昔成王幼,周公摄政,而管、蔡挟禄父以畔。今翟义亦挟刘信而作乱。自古大圣犹惧此,况臣莽之斗筲!"群臣皆曰:"不遭此变,不章圣德!"

冬十月甲子,莽依《周书》作《大诰》曰:"粤其闻日,宗室之俊有四百人,民献仪九万夫,予敬以终于此谋继嗣图功。"遣大夫桓谭等班行谕告天下,以当反位孺子之意。诸将东至陈留淄,与翟义会战,破之,斩刘璜首。莽大喜,复下诏先封车骑都尉孙贤等五十五人皆为列侯,即军中拜授。因大赦天下。于是吏士精锐遂攻围义于圉城,十二月,大破之。义与刘信弃军亡,至固始界中,捕得义,尸磔陈都市。卒不得信。

初始元年春,王邑等还京师,西与王级等合击赵朋、霍鸿。二月,朋等殄灭,诸县息平。还师振旅,莽乃置酒白虎殿,

横野将军,屯驻武关;羲和、红休侯刘秀为扬武将军,屯驻宛城。

京师三辅地区听到翟义起兵的消息,从茂陵以西到汧县的二十三个县,盗贼同时而起。槐里男子赵朋、霍鸿等自称将军,进攻和焚烧官府,杀死右辅都尉以及鄠县县令,互相谋议说:"王莽的将军们率领精兵全部东征,京城空虚,可以进攻长安!"他们的军队逐渐增多到十多万人,火光在未央宫的前殿就可以看到。王莽又封拜卫尉王级为虎贲将军,大鸿胪、望乡侯阎迁为折冲将军,向西攻击赵朋等人。任命常乡侯王恽为车骑将军,屯驻平乐馆;骑都尉王晏为建威将军,屯驻长安城北;城门校尉赵恢为城门将军。都率兵进入防备状态。任命太保、后承、承阳侯甄邯为大将军,在高帝庙中授以斧钺,统领天下军队,左手持符节,右手握斧钺,屯驻城外。王舜、甄丰昼夜在殿中巡行。

王莽每天抱着孺子到郊庙祈祷,召集大臣们,对他们宣称:"过去周成王年幼,周公摄理政事,而管叔、蔡叔挟持禄父进行叛乱。现在翟义也挟持刘信而作乱。自古大圣人还对此惧怕,更何况像我这样的才识短浅之人呢?"大臣们都说:"不遭受这场变故,不足以彰明您的圣智明德。"

冬季十月甲子(十五日),王莽依照《周书》作《大诰》说:"听到翟义反叛那天,宗室中的俊才有四百人,百姓中自告奋勇的贤人有九万多,我要任用这些俊才、贤人,保卫皇家继承人,建立大功。"派遣大夫桓谭等人分赴各地,把自己要归还皇位给孺子的意图告谕天下。诸将向东到达陈留郡的淄县,跟翟义会战,打败了翟军,斩下了刘璜的头颅。王莽很高兴,又下诏先封车骑都尉孙贤等五十五人都为列侯,就在军中拜授。随后大赦天下。于是精锐的官兵就在围城围攻翟义,十二月,大败翟义。翟义和刘信丢下军队逃走,到固始县境内,翟义被逮捕,在陈县的集市被施以分肢的酷刑,在市上示众。但始终没有抓到刘信。

初始元年(8)春季,王邑等人回到京师,向西与王级等人联合进攻赵朋、霍鸿。二月,赵朋等人被彻底消灭,各县的秩序也都恢复了。班师回朝,整顿军队,王莽于是在白虎殿摆下酒宴,

劳飨将帅。诏陈崇治校军功,第其高下,依周制爵五等,以封功臣为侯、伯、子、男,凡三百九十五人,曰"皆以奋怒,东指西击,羌寇、蛮盗,反虏、逆贼,不得旋踵,应时殄灭,天下咸服"之功封云。其当赐爵关内侯者,更名曰附城,又数百人。莽发翟义父方进及先祖冢在汝南者,烧其棺椁,夷灭三族,诛及种嗣,至皆同坑,以棘五毒并葬之。又取义及赵朋、霍鸿党众之尸,聚之通路之旁,濮阳、无盐、圉、槐里、鳌屋凡五所,建表木于其上,书曰:"反虏逆贼鲸鲵。"义等既败,莽于是自谓威德日盛,大获天人之助,遂谋即真之事矣。

群臣复奏:进摄皇帝子安、临爵为公;封兄子光为衍功侯。是时莽还归新都国,群臣复白以封莽孙宗为新都侯。

九月,莽母功显君死。莽自以居摄践祚,奉汉大宗之后,为功显君缌缞弁而加麻环经,如天子吊诸侯服。凡壹吊再会,而令新都侯宗为主,服丧三年云。

司威陈崇奏:"莽兄子衍功侯光私报执金吾窦况,令杀人。况为收系,致其法。"莽大怒,切责光。光母曰:"汝自视孰与长孙、中孙!"长孙、中孙者,宇及获之字也。遂母子自杀,及况皆死。初,莽以事母、养嫂、抚兄子为名,及后悖虐,复以示公义焉。令光子嘉嗣爵为侯。

是岁,广饶侯刘京言齐郡新井,车骑将军千人扈云言巴郡石牛,太保属臧鸿言扶风雍石,莽皆迎受。

慰劳和犒赏将帅们。下诏让陈崇核定军功的大小，排定等级的高低，按周朝五等爵制，封赏功臣为侯、伯、子、男，共三百九十五人。说他们"都怀着愤怒的心情，东征西击，使得羌寇、蛮盗、叛臣、盗贼，还没有抬脚跟，当即就被彻底消灭，天下都敬服"的功绩加封。那些应该赐给关内侯爵位的人，改名叫附城，又有几百人。王莽命令挖掘翟义父亲翟方进及其祖先在汝南的坟墓，烧毁了他们的棺柩，夷灭三族，诛杀范围扩及幼儿，直至把他们都放进同一个坑中，用五毒荆棘一齐埋葬。又收取翟义和赵朋、霍鸿党羽们的尸体，堆集到道路旁边，分布在濮阳、无盐、圉县、槐里、盩厔共五个地方，在上面树立木牌，书写着："反虏、逆贼、鲸鲵。"翟义等人举兵失败后，王莽从此自认为威势和恩德一天比一天盛大，获得了天命人心的极大扶助，于是开始考虑正式登上皇位之事。

大臣们又上奏：晋升摄皇帝的儿子王安、王临的爵位为公爵；封摄皇帝的侄子王光为衍功侯。这时，王莽回到新都国，大臣们又启奏加封王莽的孙子王宗为新都侯。

九月，王莽的母亲功显君去世。王莽自认为登帝位而摄政，承奉汉室大宗的后裔，替功显君守缌麻服，帽子再加上麻织环形孝带，如同天子吊唁诸侯的丧服。一次吊唁，再次会祭，都让新都侯王宗当主丧人，守丧三年。

司威陈崇上奏："王莽侄子衍功侯王光私自嘱托执金吾窦况，让他去杀人。窦况替王光关押了那个人，将他处死。"王莽大怒，严厉责备王光。王光的母亲说："你自己照照自己，看比长孙、中孙又怎么样！"长孙、中孙是王宇和王获的表字。于是王光母子一齐自杀，连窦况也都死了。当初，王莽靠事奉母亲、养护孤嫂、抚育侄子而著名，到后来悖乱暴虐，又这样来显示自己的公正大义。王莽让王光的儿子王嘉承袭爵位做衍功侯。

这一年，广饶侯刘京上言齐郡冒出一口新井，车骑将军千人扈云上言巴郡发现石牛，太保属臧鸿上言扶风雍县有怪石，王莽都高兴地接受了。

十一月甲子，莽奏太后曰："陛下遇汉十二世三七之厄，承天威命，诏臣莽居摄。广饶侯刘京上书言：'七月中，齐郡临淄县昌兴亭长辛当一暮数梦，曰："吾，天公使也。天公使我告亭长曰：'摄皇帝当为真。'即不信我，此亭中当有新井。"亭长晨起视亭中，诚有新井，入地且百尺。'十一月壬子，直建冬至，巴郡石牛。戊午，雍石文，皆到于未央宫之前殿。臣与太保安阳侯舜等视，天风起，尘冥，风止，得铜符帛图于石前，文曰：'天告帝符，献者封侯。'骑都尉崔发等视说。孔子曰：'畏天命，畏大人，畏圣人之言。'臣莽敢不承用，臣请共事神祇、宗庙，奏言太皇太后、孝平皇后，皆称'假皇帝'。其号令天下，天下奏言事，毋言'摄'。以居摄三年为始初元年；漏刻以百二十为度，用应天命。臣莽夙夜养育隆就孺子，令与周之成王比德，宣明太皇太后威德于万方，期于富而教之。孺子加元服，复子明辟，如周公故事。"奏可。众庶知其奉符命，指意群臣博议别奏，以示即真之渐矣。

期门郎张充等六人谋共劫莽，立楚王。发觉，诛死。

梓潼人哀章学问长安，素无行，好为大言。见莽居摄，即作铜匮，为两检，署其一曰"天帝行玺金匮图"，其一署曰"赤帝玺某传予皇帝金策书"。某者，高皇帝名也。书言王莽为真天子，皇太后如天命。图书皆书莽大臣八人，又取令名王兴、王盛，章因自审姓名，凡十一人，皆署官爵，为辅佐。章闻齐井、石牛事下，即日昏时，衣黄衣，持匮至高庙，

十一月甲子(二十一日)，王莽上奏太后说："陛下碰上汉王朝十二代三七二百一十年的厄运，仰承上天的威命，下诏让我居帝位摄政。广饶侯刘京上书说：'七月中，齐郡临淄县昌兴亭亭长辛当一夜做了几个梦，梦中有神，说："我是天公的使者，天公派我告诉亭长说：'摄皇帝应该做真皇帝。'如果不相信我，这个亭里应该有一口新井。"亭长早起察看亭中，确实有新井，而且深入地下百尺深。'十一月壬子(初九)，恰巧是冬至，巴郡出现石牛。戊午(十五日)，雍地出现石文，都运到了未央宫的前殿。我跟太保安阳侯王舜等人去察看，天空刮起大风，尘沙昏暗，风停后，在石前拾得铜符和帛图，上面的文字说：'上天敬告帝符，奉献的人封侯。'骑都尉崔发等人看到并解释它的含义。孔子说：'惧怕天命，惧怕大人，惧怕圣人的话。'我哪里敢不尊奉执行！我请求恭敬地服事神祇、宗庙，上奏太皇太后、孝平皇后，都称'假皇帝'。向天下发号施令，天下人上奏言事，不说'摄'。把居摄三年改为始初元年；计时的漏刻以一百二十刻为标准，用来回应天命。我日夜培养教育孺子，让他能跟周成王的仁德相比拟，向天下各地宣扬阐明太皇太后的威德，期待富庶后教化他们。孺子加冠成年时，我就还政于明君而退避，像周公过去的成例一样。"奏章被批准。大家都知道王莽奉持符命，示意大臣们广泛讨论另外上奏，以显示登上真天子宝座的迹象了。

　　期门郎张充等六人谋划共同劫持王莽，另立楚王。事情被发现，六人被诛杀。

　　梓潼县人哀章在长安求学，一贯品行不端，喜欢说大话。他见王莽居位摄政，就制造了一个铜箱子，封题为两道，其中一道署名为"天帝行玺金匮图"，另一道署名为"赤帝玺某传于皇帝金策书"。某，就是高皇帝的名字。金策书中说王莽做真天子，皇太后要顺应天命。金匮图、金策书中都写有王莽的大臣八人，又取美名叫王兴、王盛，哀章于是塞进自己的姓名，共十一人，都署明官爵，为辅佐大臣。哀章听到齐郡新井、巴郡石牛的事情下达了，当天黄昏时，就穿上黄色衣服，带上金匮到高帝庙，

以付仆射。仆射以闻。戊辰，莽至高庙拜受金匮神禅，御王冠，谒太后，还坐未央宫前殿，下书曰："予以不德，托于皇初祖考黄帝之后，皇始祖考虞帝之苗裔，而太皇太后之末属。皇天上帝隆显大佑，成命统序，符契、图文、金匮策书，神明诏告，属予以天下兆民。赤帝汉氏高皇帝之灵，承天命，传国金策之书，予甚祗畏，敢不钦受！以戊辰直定，御王冠，即真天子位，定有天下之号曰新。其改正朔，易服色，变牺牲，殊徽帜，异器制。以十二月朔癸酉为始建国元年正月之朔；以鸡鸣为时。服色配德上黄，牺牲应正用白，使节之旄幡皆纯黄，其署曰'新使五威节'，以承皇天上帝威命也。"

莽将即真，先奉诸符瑞以白太后，太后大惊。是时以孺子未立，玺藏长乐宫。及莽即位，请玺，太后不肯授莽。莽使安阳侯舜谕指。舜素谨敕，太后雅爱信之。舜既见太后，太后知其为莽求玺，怒骂之曰："而属父子宗族，蒙汉家力，富贵累世，既无以报，受人孤寄，乘便利时夺取其国，不复顾恩义。人如此者，狗猪不食其馀，天下岂有而兄弟邪！且若自以金匮符命为新皇帝，变更正朔、服制，亦当自更作玺，传之万世，何用此亡国不祥玺为，而欲求之！我汉家老寡妇，旦暮且死，欲与此玺俱葬，终不可得！"太后因涕泣而言，旁侧长御以下皆垂涕。舜亦悲不能自止，良久，乃仰谓太后："臣等已无可言者。莽必欲得传国玺，太后宁能

把它交给了仆射。仆射把这件事上奏给朝廷。戊辰（二十五日），王莽到高庙拜受金匮这个神灵命令禅位的证物，戴上王冠，拜见太后。回到未央宫前殿就坐，下达文告说："我德行不好，依托在皇初祖考黄帝的后代中，皇始祖考虞帝的子孙行列里，成为太皇太后的亲属。皇天上帝隆盛显示福佑，赋予天命的统系次序，用符契、图文、金匮策书，神明告知，把天下万民嘱托给我。赤帝汉王朝高皇帝的英灵，顺承天命，传授国家的金策书，我非常敬服和畏惧，哪里敢不接受！根据占卜，戊辰（二十五日）恰巧是吉日，戴上皇冠，登上真天子尊位，确定拥有天下的国号为'新'。还要改变历法，变更服饰颜色，更换祭祀的供品，使用不同的徽章和旗帜，变更用器制度。以十二月癸酉初一作为始建国元年正月的初一，把鸡鸣作为一天的开始。服饰的颜色与五行土德相配崇尚黄色，祭祀的供品适应正月建丑使用白色，使者旌节上的旄头、旗幡都用纯黄色，上面写'新使五威节'，表明是顺承皇天上帝的威命。"

王莽将要登上真皇帝宝座，先奉上各种符瑞去告知太后，太后大惊。这时，因为孺子没有即位，印玺藏在长乐宫。等到王莽即位后，去请太后交出印玺，太后不肯把它给王莽。王莽派遣安阳侯王舜说明旨意。王舜一贯恭谨严整，太后非常喜欢和信任他。王舜见到太后，太后知道他是为王莽来索求印玺的，愤怒地骂他说："你们父子宗族，承蒙汉王室的力量，累世获取富贵，不但没有报答，反而利用人家托付孤主的机会，夺取他的国家，不再顾念恩情大义。像这样的人，连猪狗都不肯吃你们吃剩下的东西，天下怎么会有你们这样的兄弟呢？况且如果是自己借用金匮符命做新皇帝，变更历法、服制，也该自己去另作印玺，传续到万世，为什么要用这颗亡国不吉利的印玺，而想索求它呢？我是汉王室的老寡妇，早晚会死，想带着这颗印玺一起下葬，你始终是得不到的！"太后边流泪边说，站在旁边侍奉的人也都跟着哭泣。王舜也悲伤得不能自己，过了很久，才仰望太后，请求说："臣等已无话可说。王莽一定想要得到传国印玺，太后难道能

终不与邪!"太后闻舜语切,恐莽欲胁之,乃出汉传国玺投之地,以授舜曰:"我老已死,如而兄弟今族灭也!"舜既得传国玺,奏之。莽大说,乃为太后置酒未央宫渐台,大纵众乐。

莽又欲改太后汉家旧号,易其玺绶,恐不见听。而莽疏属王谏欲谄莽,上书言:"皇天废去汉而命立新室,太皇太后不宜称尊号,当随汉废,以奉天命。"莽以其书白太后,太后曰:"此言是也!"莽因曰:"此悖德之臣也,罪当诛!"于是冠军张永献符命铜璧文,言太皇太后当为新室文母太皇太后,莽乃下诏从之。于是鸩杀王谏,而封张永为贡符子。

　　　　班彪赞曰:三代以来,王公失世,稀不以女宠。及王莽之兴,由孝元后历汉四世为天下母,飨国六十馀载。群弟世权,更持国柄;五将、十侯,卒成新都。位号已移于天下,而元后卷卷犹握一玺,不欲以授莽,妇人之仁,悲夫!

始建国元年春正月朔,莽帅公侯卿士奉皇太后玺韨上太皇太后,顺符命,去汉号焉。

初,莽娶故丞相王䜣孙宜春侯咸女为妻,立以为皇后。生四男,宇、获前诛死,安颇荒忽,乃以临为皇太子,安为新嘉辟。封宇子六人皆为公。大赦天下。莽乃策命孺子为定安公,封以万户,地方百里;立汉祖宗之庙于其国,与周后并行其正朔、服色;以孝平皇后为定安太后。读策毕,莽亲执孺子手,流涕歔欷曰:"昔周公摄位,终得复子明辟;今予独迫皇天威命,不得如意!"哀叹良久。中傅将孺子下

一直不给他吗?"太后听王舜的语气恳切,害怕王莽会胁迫她,就拿出汉朝的传国印玺丢在地下,把它授给王舜说:"我年老将死,你们兄弟们是要灭族的!"王舜得到传国印玺后,上奏王莽。王莽十分高兴,就在未央宫渐台上为太后设宴,让大家放纵行乐。

王莽又想改变太后在汉室的旧称号,更换她的印玺和绶带,恐怕不被听从。而王莽的远亲王谏想谄媚王莽,上书说:"皇天废去了汉朝而命令建立了新室,太皇太后不应该称尊号,应当随着汉朝的废止而免去,以便敬奉天命。"王莽用他的奏书告知太后,太后说:"这话说得对!"王莽趁机说:"这是背离道义的臣子,罪该诛杀!"这时候冠军张永献上符命铜璧文,说太皇太后应该做新室文母太皇太后,王莽随即下诏书听从他的建议。于是毒杀了王谏,而封张永为贡符子。

> 东汉史臣班彪评论说:三代以来,王公失去天下的,很少不是因为宠幸女家的缘故。等到王莽兴起,由孝元皇后经历汉朝四代为天下的国母,享受朝廷奉养六十多年。她的众弟兄世代掌权,轮流把持国柄;有五将、十侯,最终由新都侯篡位。君王的名义和宝座已完全丧失,而孝元后还恋恋不舍地握住一颗印玺不放手,不想把它授给王莽,这种妇人之仁,可悲啊!

始建国元年(8)春季正月初一,王莽率领公侯卿士捧着皇太后的印玺和韨带,启禀太皇太后,顺应符命,废除汉这个国号。

起初,王莽娶了原丞相王䜣的孙子宜春侯王咸的女儿为妻子,把她立为皇后,生有四个男孩,王宇、王获此前已被诛杀,王安又糊里糊涂的样子,就把王临立为皇太子,王安为新嘉辟。加封王宇的六个儿子都为公爵。大赦天下。王莽于是下达策书命孺子为定安公,封给食邑万户,地方方圆百里;在国中建立汉室祖宗的庙宇,跟周朝后代一样,可以使用汉朝的历法、服色;把孝平皇后立为定安太后。读完策书,王莽亲自握着孺子的手,流泪抽泣道:"过去周公摄居帝位,终于能够还政于明君;我现在只是迫于皇天的威命,不能够如愿!"哀叹了很久。中傅带孺子走下

殿，北面而称臣。百僚陪位，莫不感动。

又按金匮封拜辅臣：以太傅、左辅王舜为太师，封安新公；大司徒平晏为太傅，就新公；少阿、羲和刘秀为国师，嘉新公；广汉梓潼哀章为国将，美新公；是为四辅，位上公。太保、后承甄邯为大司马，承新公；丕进侯王寻为大司徒，章新公；步兵将军王邑为大司空，隆新公；是为三公。太阿、右拂、大司空甄丰为更始将军，广新公；京兆王兴为卫将军，奉新公；轻车将军孙建为立国将军，成新公；京兆王盛为前将军，崇新公；是为四将。凡十一公。王兴者，故城门令史；王盛者，卖饼；莽按符命求得此姓名十馀人，两人容貌应卜相，径从布衣登用，以示神焉。

是日，封拜卿大夫、侍中、尚书官凡数百人，诸刘为郡守者皆徙为谏大夫。改明光宫为定安馆，定安太后居之；以大鸿胪府为定安公第，皆置门卫使者监领。敕阿乳母不得与婴语，常在四壁中，至于长大，不能名六畜，后莽以女孙宇子妻之。

莽策命群司各以其职，如典诰之文。置大司马司允、大司徒司直、大司空司若，位皆孤卿。更名大司农曰羲和，后更为纳言；大理曰作士；太常曰秩宗；大鸿胪曰典乐；少府曰共工；水衡都尉曰予虞，与三公司卿分属三公。置二十七大夫，八十一元士，分主中都官诸职。又更光禄勋等名为六监，皆上卿。改郡太守曰大尹，都尉曰大尉，县令、长曰宰；长乐宫曰常乐室，长安曰常安；其馀百官、宫室、郡县尽易其名，不可胜纪。封王氏齐缞之属为侯，大功为伯，小功为子，缌麻为男；其女皆为任。男以"睦"，女以"隆"为号焉。

殿堂，面向北面自称臣下。文武百官在殿中陪同站列的，没有谁不受到感动。

王莽又按照金匮来封拜辅臣：任命太傅、左辅王舜为太师，封安新公；大司徒平晏为太傅，封就新公；少阿、羲和刘秀为国师，封嘉新公；广汉梓潼人哀章为国将，封美新公；这就是四辅，居上公的地位。又任命太保、后承甄邯为大司马，封承新公；丕进侯王寻为大司徒，封章新公；步兵将军王邑为大司空，封隆新公；这是三公。任命太阿、右拂、大司空甄丰为更始将军，封广新公；京兆人王兴为卫将军，封奉新公；轻车将军孙建为立国将军，封成新公；京兆人王盛为前将军，封崇新公；这就是四将。共有十一公。王兴是原来的城门令史，王盛是卖饼的人。王莽按照符命寻求到叫这姓名的十多个人，这两人的容貌跟占卜的征兆符合，就直接从平民进用，来表示对神的尊敬。

这一天，封拜了卿大夫、侍中、尚书等官员共计几百人，刘氏做郡守的都降任为谏大夫。改明光宫为定安馆，由定安太后居住；把大鸿胪府作为定安公的宅第，都设置门卫、使者监视统领。严令保育人员不能与刘婴说话，让他长久居住在只有四壁的房屋中，以致长大后，不能叫出六畜的名称。后来王莽把孙女也就是王宇的女儿嫁给他做妻子。

王莽下策命规定各个部门的职责，策文就像典谟训诰的文章一样。设置大司马司允、大司徒司直、大司空司若，地位都属于孤卿。改称大司农为羲和，后又改称纳言；大理叫作士；太常叫秩宗；大鸿胪叫典乐；少府叫共工；水衡都尉叫予虞，与三公的司卿分别隶属于三公。设置二十七大夫、八十一元士，分别主管中都官各种职责。又改光禄勋等官名为六监，都是上卿。改郡太守叫大尹，都尉叫大尉；县令、县长叫宰；长乐宫叫常乐室；长安叫常安；其馀的百官、宫室、郡县全都改变名称，不能一一记下来。封赐王氏丧服为齐缞的亲属为侯爵，丧服为大功的亲属为伯爵，丧服为小功的亲属为子爵，丧服为缌麻的亲属为男爵；家族的女子都是任爵。男子用"睦"，女子用"隆"作称号。

又曰："汉氏诸侯或称王,至于四夷亦如之,违于古典,缪于一统。其定诸侯王之号皆称公,及四夷僭号称王者皆更为侯。"于是汉诸侯王二十二人皆降为公,王子侯者百八十一人皆降为子,其后皆夺爵焉。

莽因汉承平之业,府库百官之富,百蛮宾服,天下晏然。莽一朝有之,其心意未满,狭小汉家制度,欲更为疏阔。乃自谓黄帝、虞舜之后,至齐王建孙济北王安失国,齐人谓之王家,因以为氏。故以黄帝为初祖,虞帝为始祖。追尊陈胡公曰陈胡王,田敬仲曰齐敬王,济北王安曰济北愍王。立祖庙五,亲庙四。天下姚、妫、陈、田、王五姓皆为宗室,世世复,无有所与。封陈崇、田丰为侯,以奉胡王、敬王后。天下牧、守皆以前有翟义、赵朋等作乱,领州郡,怀忠孝。封牧为男,守为附城。以汉高庙为文祖庙。汉氏园寝庙在京师者,勿罢,祠荐如故。诸刘勿解其复,各终厥身,州牧数存问,勿令有侵冤。

莽以刘之为字"卯、金、刀"也,诏正月刚卯、金刀之利皆不得行。乃罢错刀、契刀及五铢钱。

秋,遣五威将王奇等十二人班符命四十二篇于天下:德祥五事,符命二十五,福应十二。五威将奉符命,赍印绶,王侯以下及吏官名更者,外及匈奴、西域、徼外蛮夷,皆即授新室印绶,因收故汉印绶。大赦天下。改汉印文,去玺曰章。

二年春二月,五威将帅七十二人还奏事,汉诸侯王为公者悉上玺绶为民,无违命者。独故广阳王嘉以献符命,鲁王闵以献神书,中山王成都以献书言莽德,皆封列侯。

王莽又说:"汉朝的诸侯有的称为王,以至于四夷也是这样,违背了古制,与大一统不一致。应该确定诸侯王的称号都为公,四夷僭越称号为王的都改为侯。"于是汉室的诸侯王二十二人都降为公爵,王子是侯爵的一百八十一人都降为子爵,后来又都剥夺了他们的爵位。

王莽沿袭汉朝承平的大业,官府仓库以及文武百官都很富有,四周少数民族臣服,天下太平。王莽一朝占有它,他的心意仍不满足,认为汉王朝制度狭小,想变得更加恢宏开阔。就自称是黄帝、虞舜的后代,一直传到齐王田建的孙子济北王田安失去封国,齐人称他为王家,因而就把王作为姓氏。所以他以黄帝为初祖,虞帝为始祖。追尊陈胡公为陈胡王,田敬仲叫齐敬王,济北王田安为济北愍王。建立祖庙五座,近亲庙四座。天下姚、妫、陈、田、王五姓都是宗室,世代免除赋税徭役,没有任何负担。封陈崇、田丰为侯,以奉祀胡王、敬王的香火。鉴于全国的州牧、郡守在翟义、赵朋等人起兵叛乱时,治理州郡,心怀忠孝大义,故而加封州牧为男爵,郡守为附城。把汉朝的高祖庙称为文祖庙。汉朝在京城的坟墓陵园、庙宇不予拆除,祭祀同从前一样。刘氏家族继续免缴赋税,免除徭役,直到去世,州牧要多加存恤慰问,不要让他们蒙受侵凌和冤屈。

王莽因为刘字是用"卯、金、刀"组成的,下诏在正月卯日打造的刚卯、金刀钱都不能通行,于是废除错刀、契刀以及五铢钱。

秋季,王莽派遣五威将王奇等十二人向天下颁布四十二篇符命:仁德的祥兆五件,符命二十五件,福应十二件。五威将奉持符命,携带印绶,对王侯以下以及官吏更改官名的,以及匈奴、西域和更远的部族,都当即授予新朝的印绶,并收回原来汉朝的印绶。大赦天下。改变汉朝官印的印文,废去玺的名称改叫章。

二年(9)春季二月,五威将率领七十二人回京城奏报,汉朝的诸侯王降为公爵的,全部都上缴了印玺和绶带作平民,没有违抗命令的。只有原广阳王刘嘉因曾敬献符命,鲁王刘闵因曾敬献神书,中山王刘成都因曾献书称颂王莽的恩德,都封为列侯。

班固论曰:昔周封国八百,同姓五十有馀,所以亲亲贤贤,关诸盛衰,深根固本,为不可拔者也。故盛则周、召相其治,致刑错;衰则五伯扶其弱,与共守;天下谓之共主,强大弗之敢倾。历载八百馀年,数极德尽,降为庶人,用天年终。秦刬笑三代,窃自号为皇帝,而子弟为匹夫,内无骨肉本根之辅,外无尺土藩翼之卫,陈、吴奋其白挺,刘、项随而毙之。故曰,周过其历,秦不及期,国势然也。

汉兴之初,惩戒亡秦孤立之败,于是尊王子弟,大启九国。自雁门以东尽辽阳,为燕、代;常山以南,太行左转,渡河、济,渐于海,为齐、赵;谷、泗以往,奄有龟、蒙,为梁、楚;东带江、湖,薄会稽,为荆、吴;北界淮濒,略庐、衡,为淮南;湘、汉之阳,亘九嶷,为长沙。诸侯比境,周匝三垂,外接胡、越。天子自有三河、东郡、颍川、南阳。自江陵以西至巴、蜀,北自云中至陇西,与京师、内史,凡十五郡;公主、列侯颇邑其中。而藩国大者夸州兼郡,连城数十,宫室、百官同制京师,可谓矫枉过其正矣。虽然,高祖创业,日不暇给,孝惠享国又浅,高后女主摄位,而海内晏如,亡狂狡之忧。卒折诸吕之难,成太宗之业者,亦赖之于诸侯也。

东汉史臣班固评论说：从前周王朝分封诸侯国八百个，同姓诸侯五十多个，这是为了亲近亲属，器重贤能的人，关系到国家的盛衰，深深扎根、巩固本基，建立不可动摇的基业。所以在强盛时，就有周公、召公共同治理，以致刑罚都搁置起来用不上了；衰弱时就有五霸扶持它，共同守护社会秩序；天下称以周公为共同的君主，强大的势力也不敢倾覆。经历八百多年，到气数绝、仁德尽时，被降为平民，因享尽上天给予的统治年限而灭亡。秦朝贬斥、嘲笑三代，私自号称皇帝，而其子弟为平民百姓。朝内没有至亲骨肉组成的重臣来辅助，朝外也没有一尺土地的藩卫封国来保护。陈涉、吴广揭竿而起，刘邦、项羽接着便灭了它。所以说周朝的国运超过了预测的年限，秦朝却未能达到它所设想的期数，这是国势不同的结果。

汉朝建立初期，把秦朝因势力孤单而失败作为惩戒，于是推尊分封同姓子弟，大范围创建诸侯国。从雁门关以东直到辽阳，是燕国、代国；从常山以南，沿太行山向左转，渡过黄河、济水，一直到海滨，是齐国、赵国；谷水、泗水以上，包括整个龟山、蒙山地区，是梁国、楚国；向东连带起长江、洞庭湖直至会稽郡，是荆国、吴国；北面以淮河为界，包括庐山、衡山地区，是淮南国；经过湘江、汉水的北面，横贯九嶷山区，是长沙国。诸侯国的边境相接，围绕着京城的东、南、北三面，对外跟北方胡族、南方越族相连。天子自己拥有三河、东郡、颍川、南阳，从江陵以西到巴、蜀，北面从云中到陇西，和京师、内史，共十五个郡；公主、列侯的许多食邑都设在这十五郡内。而诸侯王国大的跨州连郡，城池数十座相连，所建宫室、所设百官同京师制度一样，可以说是矫枉过正了。即使这样，汉高祖创立基业，政务繁多，没有空闲，孝惠帝在位的时间又很短，高后又以女主身份代理皇位，而天下太平无事，没有狂暴、狡诈的臣子出现的忧虑，最终挫败了诸吕的祸难，出现太宗的盛世，也是依赖于诸侯啊。

　　然诸侯原本以大,末流滥以致溢。小者淫荒越法,大者暌孤横逆以害身丧国,故文帝分齐、赵,景帝削吴、楚,武帝下推恩之令而藩国自析。自此而来,齐分为七,赵分为六,梁分为五,淮南分为三。皇子始立者,大国不过十馀城。长沙、燕、代虽有旧名,皆无南北边矣。景遭七国之难,抑损诸侯,减黜其官。武有衡山、淮南之谋,作左官之律,设附益之法;诸侯惟得衣食租税,不与政事。至于哀、平之际,皆继体苗裔,亲属疏远,生于帷墙之中,不为士民所尊,势与富室无异。而本朝短世,国统三绝。是故王莽知汉中外殚微,本末俱弱,无所忌惮,生其奸心,因母后之权,假伊、周之称,颛作威福庙堂之上,不降阶序而运天下。诈谋既成,遂据南面之尊,分遣五威之吏,驰传天下,班行符命。汉诸侯王厥角稽首,奉上玺韨,惟恐在后,或乃称美颂德以求容媚,岂不哀哉!

　　冬十一月,立国将军孙建奏:"九月辛巳,陈良、终带自称废汉大将军,亡入匈奴。又今月癸酉,不知何一男子遮臣建车前,自称'汉氏刘子舆,成帝下妻子也。刘氏当复,趣空宫!'收系男子,即常安姓武字仲。皆逆天违命,大逆

然而,诸侯原本是皇族末流,末流泛滥便会导致溢出,小封国荒淫得超越法度,大封国窥伺帝位,横暴作乱,以致害了自己,丧失了封国。所以汉文帝分解齐国、赵国;汉景帝削减吴国、楚国;汉武帝实行推恩令而藩国自行分解。从此以后,齐国一分为七,赵国一分为六,梁国一分为五,淮南国一分为三。皇子从开始封立时,大的封国不超过十馀座城池。长沙国、燕国、代国虽然保留原来的封号,但都已不再紧邻南北边境。景帝遭受七国叛乱的祸难,抑制和削弱诸侯,减少和罢去了王国中的官吏。武帝时有衡山王、淮南王的谋反,制定了左官律,设置了附益法,诸侯只能获得封国的租税作衣食来源,不再参与政事。到了哀帝、平帝的时候,诸侯王都是继承祖先香火的后代,与天子的亲属关系越来越疏远。他们都生长在帷帐深墙之中,不被官吏百姓所尊崇,家势跟富贵人家没有什么不同。尤其是君王在位时间短,一连三代没有后嗣。所以王莽知道汉王室朝中、朝外的力量都很衰微,国家的根基和枝干都很脆弱,就肆无忌惮,生出篡逆的奸心。利用母后的权势,假称伊尹、周公的名义,在朝廷上作威作福,安坐不动就支配天下。等到他奸诈的阴谋实现,于是占据南面为君的尊位,分路派遣五威将,飞速传告天下,颁行他的符命。汉王室的诸侯王顿额至地行稽首礼,奉上自己的印章和绶带,唯恐落在他人后面,有的竟然称颂王莽的美德来讨好王莽以求取容身之地,这岂不是太可悲了吗!

　　冬季十一月,立国将军孙建上奏说:"九月辛巳这天,陈良、终带自称是废去的汉朝大将军,逃到了匈奴。还有,在本月癸酉(十二日),不知道从什么地方闯出一个男子,拦在臣下我孙建的车前,自己说'我是汉王朝皇族刘子舆,是成帝小妻的儿子。刘氏就要复国,你赶快去腾空宫殿'。当时我就收押了这个男子,讯明是常安人,姓武字仲。这些人都违背皇天,抗拒天命,大逆

无道。汉氏宗庙不当在常安城中，及诸刘当与汉俱废。陛下至仁，久未定。前故安众侯刘崇等更聚众谋反，令狂狡之虏复依托亡汉，至犯夷灭连未止者，此圣恩不蚤绝其萌牙故也。臣请汉氏诸庙在京师者皆罢；诸刘为吏者皆罢待除于家。"莽曰："可。嘉新公、国师以符命为予四辅，明德侯刘龚、率礼侯刘嘉等凡三十二人，皆知天命，或献天符，或贡昌言，或捕告反虏，厥功茂焉。诸刘与三十二人同宗共祖者，勿罢，赐姓曰王。"唯国师以女配莽子，故不赐姓。

定安公太后自刘氏之废，常称疾不朝会。时年未二十，莽敬惮伤哀，欲嫁之，乃更号为黄皇室主，欲绝之于汉。令孙建世子盛饰，将医往问疾。后大怒，笞鞭其傍侍御，因发病，不肯起。莽遂不复强也。

莽之谋篡也，吏民争为符命，皆得封侯。其不为者相戏曰："独无天帝除书乎？"司命陈崇白莽曰："此开奸臣作福之路而乱天命，宜绝其原。"莽亦厌之，遂使尚书大夫赵并验治，非五威将率所班，皆下狱。

初，甄丰、刘秀、王舜为莽腹心，唱导在位，褒扬功德。安汉、宰衡之号及封莽母、两子、兄子，皆丰等所共谋，而丰、舜、秀亦受其赐，并富贵矣，非复欲令莽居摄也。居摄之萌，出于泉陵侯刘庆、前辉光谢嚣、长安令田终术。莽羽翼已成，意欲称摄，丰等承顺其意，莽辄复封舜、秀、丰等子

不道。汉室的宗庙不应在常安城中，而汉室的刘氏子弟也应该与汉王室一起废弃。陛下万分仁慈，一直不忍早下决定。前不久原安众侯刘崇等人又聚集部众谋反，让欺诈奸狡的叛臣又依托于灭亡的汉王朝，以至于犯罪诛灭宗族受牵连的事不断发生，这是因为皇上圣恩，没有及早断绝它的萌芽的缘故。我请求把汉王室在京师的宗庙都废掉，刘氏子弟做官的都罢免回家等待另用。"王莽说："可以。但嘉新公、国师刘秀因符命担任我的四辅，明德侯刘龚、率礼侯刘嘉等一共三十二人，都知晓天命，有的奉献天符，有的进上昌兴的美言，有的抓捕和告发反叛的逆贼，他们的功劳很大。刘氏中与这三十二人是同宗共祖的，不要罢免，都赐姓为王。"只有国师公刘秀因把女儿嫁给了王莽的儿子，所以不赐姓。

定安公太后从刘氏被废后，就常常称病不参加朝会。当时她还没到二十岁，王莽对她敬畏哀怜，想让她改嫁，就改变她的名号为黄皇室主，打算让她与汉室断绝关系。于是就命令孙建的世子刻意装扮，带领医生前去探问她的病情。定安公太后大怒，鞭打她旁边的侍从，随后真的生病，不肯起身。王莽于是不再勉强她。

王莽在谋划篡位的时候，官吏百姓争着为他制造符命，都被封侯。那些没有制造符命的人互相耍笑说："难道天帝偏偏没有给你授予天书吗？"司命陈崇奏禀王莽说："这是开启奸臣作福的道路而扰乱天命，应该断绝他的根源。"王莽也很厌恶，于是派尚书大夫赵并查究处理，凡是不属五威将帅颁赐爵位的人，一律逮捕下狱。

起初，甄丰、刘秀、王舜是王莽的心腹，倡导王莽应居高位，褒奖和宣扬王莽的功德，制定"安汉""宰衡"的名号以及封授王莽的母亲、两个儿子和侄子，都是甄丰等人共同策划的，而甄丰、王舜、刘秀也得到了王莽的回报，共同富贵了，就没有再想让王莽居位摄政。居位摄政的发端，出自泉陵侯刘庆、前辉光郡守谢嚣、长安县令田终术。王莽的羽翼已经形成，就想居帝位摄政，甄丰等人承顺他的旨意，王莽就又封赏王舜、刘秀、甄丰等人的子

孙以报之。丰等爵位已盛，心意既满，又实畏汉宗室、天下豪桀。而疏远欲进者并作符命，莽遂据以即真，舜、秀内惧而已。丰素刚强，莽觉其不说，故托符命文，徙丰为更始将军，与卖饼儿王盛同列，丰父子默默。时子寻为侍中、京兆大尹、茂德侯，即作符命：新室当分陕，立二伯，以丰为右伯，太傅平晏为左伯，如周、召故事。莽即从之，拜丰为右伯。当述职西出，未行，寻复作符命，言故汉氏平帝后黄皇室主为寻之妻。莽以诈立，心疑大臣怨谤，欲震威以惧下，因是发怒曰："黄皇室主天下母，此何谓也！"收捕寻。寻亡，丰自杀。寻随方士入华山，岁馀，捕得，辞连国师公秀子侍中隆威侯棻、棻弟右曹、长水校尉、伐虏侯泳、大司空邑弟左关将军、掌威侯奇及秀门人侍中、骑都尉丁隆等，牵引公卿党、亲、列侯以下，死者数百人。乃流棻于幽州，放寻于三危，殛隆于羽山，皆驿车载其尸传致云。

三年，莽为太子置师、友各四人，秩以大夫。以故大司徒马宫等为师疑、傅丞、阿辅、保拂，是为四师；故尚书令唐林等为胥附、奔走、先后、御侮，是为四友。又置师友、侍中、谏议、六经祭酒各一人，凡九祭酒，秩皆上卿。

遣使者奉玺书、印绶、安车、驷马迎龚胜，即拜为师友祭酒。使者与郡太守、县长吏、三老、官属、行义、诸生千人以上入胜里致诏。使者欲令胜起迎，久立门外。胜称病笃，为床室中户西、南牖下，东首加朝服拖绅。使者付玺书，

孙来报答他们。甄丰等人的封爵地位已经很高,心意已满足,又实在害怕汉朝的宗室和天下的豪杰。而那些关系疏远又想升官的人一起制造符命,王莽于是根据这些符命做了真皇帝,王舜、刘秀只能内心恐惧而已。甄丰素来刚强,王莽发觉他不高兴,故意假托符命的文字改任甄丰为更始将军,跟卖饼的小儿王盛处在同一个等级,甄丰父子默不作声。当时甄丰的儿子甄寻担任侍中、京兆大尹、茂德侯,也立即制造符命,说新室应该以陕州为界分开治理,设立二伯,以甄丰为右伯,太傅平晏为左伯,像周公、召公过去的成例一样。王莽就照这样施行了,封拜甄丰为右伯。按规定应该出京到西部供职,还没有动身,甄寻又制造符命,说原汉王室平帝的皇后黄皇室主该做甄寻的妻子。王莽是靠欺诈当上皇帝的,心里怀疑大臣们怨恨、诽谤,想显示威势来震慑臣僚,借此发怒说:"黄皇室主是国母,这是什么话!"下令逮捕收押甄寻。甄寻逃走了,甄丰自杀。甄寻跟着方士遁入华山,一年多后被捕获,他的供词牵连到国师公刘秀的儿子侍中、隆威侯刘棻,刘棻的弟弟右曹、长水校尉、伐虏侯刘泳,大司空王邑的弟弟左关将军、掌威侯王奇,还有刘秀的门人侍中、骑都尉丁隆等人,株连的公卿党羽和亲属、列侯以下的官员,被处死的有数百人。最后把刘棻流放到幽州,把甄寻发配到三危,在羽山诛杀了丁隆,他们的尸体都是用驿站的车辆装载递送的。

三年(11),王莽替太子设置师、友各四人,给予大夫的品秩。任命原大司徒马宫等人为师疑、傅丞、阿辅、保拂,这就是四师;任命原尚书令唐林等人为胥附、奔走、先后、御侮,这就是四友。又设置师友、侍中、谏议、六经祭酒各一人,共计九位祭酒,品秩都为上卿。

王莽派遣使者带上诏书、印绶、安车、驷马去迎接龚胜,当场封拜他为师友祭酒。使者跟郡太守、县长吏、三老、官属、行义、众门生一千多人到龚胜的住处传达诏书。使者想让龚胜起身迎拜,长久站在门外。龚胜自称病重,把床摆在房中门的西面、南边窗户下,头朝东穿上朝服,扎上绶带。使者向龚胜交付玺书,

奉印绶,内安车、驷马,进谓胜曰:"圣朝未尝忘君,制作未定,待君为政;思闻所欲施行,以安海内。"胜对曰:"素愚,加以年老被病,命在朝夕,随使君上道,必死道路,无益万分!"使者要说,至以印绶就加胜身,胜辄推不受。使者即上言:"方盛夏暑热,胜病少气,可须秋凉乃发。"有诏许之。使者五日壹与太守俱问起居,为胜两子及门人高晖等言:"朝廷虚心待君以茅土之封,虽疾病,宜动移至传舍,示有行意;必为子孙遗大业。"晖等白使者语,胜自知不见听,即谓晖等:"吾受汉家厚恩,无以报;今年老矣,旦暮入地,谊岂以一身事二姓,下见故主哉!"胜因敕以棺敛丧事:"衣周于身,棺周于衣。勿随俗动吾冢、种柏、作祠堂!"语毕,遂不复开口饮食。积十四日死。死时,七十九矣。

　　是时清名之士,又有琅邪纪逡、齐薛方、太原郇越、郇相、沛唐林、唐尊,皆以明经饬行显名于世。纪逡、两唐皆仕莽,封侯,贵重,历公卿位。唐林数上疏谏正,有忠直节。唐尊衣敝、履空,被虚伪名。郇相为莽太子四友,病死,莽太子遣使祱以衣衾,其子攀棺不听,曰:"死父遗言:'师友之送,勿有所受!'今于皇太子得托友官,故不受也。"京师称之。莽以安车迎薛方,方因使者辞谢曰:"尧、舜在上,下有巢、由。今明主方隆唐、虞之德,小臣欲守箕山之节。"使

奉上印绶，将四匹马驾的车拉到院子里，走上前对龚胜说："圣朝没有忘记您，各种制度、措施还没确定，等着您去从政。想听到您打算推行的主张，安定天下。"龚胜回答说："我一向愚钝，再加上年老又患病，已经命在旦夕，要是跟使君您上路，一定会死在路上，对国家没有一点益处！"使者要挟警告，甚至把印绶直接挂到龚胜身上，龚胜坚决推脱不接受。使者便上奏说："现在正值盛夏暑热的时候，龚胜病重，气血不足，可以等到秋天凉爽时再征用他。"王莽下诏予以批准。使者每隔五天就跟太守一起去探问龚胜的日常起居，并让龚胜的两个儿子以及门人高晖等人转告说："朝廷虚心地用封爵食邑等待您，尽管患病，也应该移住在驿站馆舍，表示出发之意，这必定会为子孙后代留下一大产业。"高晖等人把使者的话禀告给龚胜，龚胜心里明白逃不过去，就对高晖等人说："我蒙受汉王室的厚恩，没有可以报答的。现在年纪老了，早晚就要入土，按大义怎么能一身事奉两姓君主，下入黄泉如何去见原来的君主呢？"龚胜随后吩咐他们准备后事："寿衣裹住身体就行，用的棺材包住寿衣就行。不要随顺世俗下葬，以免别人挖掘我的坟墓，也不要种柏树、建造祠堂。"说完后，就不再吃饭喝水，过了十四天就死了。终年七十九岁。

这时，负有清廉名声的人还有琅邪人纪逡、齐人薛方、太原人郇越、郇相、沛人唐林、唐尊，他们都凭借明晓经典，自觉端正行止而著称于世。纪逡、唐林、唐尊都在新朝做官，封为侯爵，地位尊贵，历任公卿显职。唐林屡次上疏进谏，纠正过失，具有忠诚正直的节操。唐尊穿着破烂的衣裳、脚底磨破的鞋子，获得虚伪的名声。郇相充任王莽太子的四友，病死后，王莽的太子派遣使者赠送丧服，郇相的儿子手攀棺木不接受，说："病故的父亲留下遗言：'凡是师友所送的东西，一律不能接受。'现在他由于皇太子的缘故得以托身四友官位，因而不能接受！"从而受的京师的人的称赞。王莽用安车去迎接薛方，薛方通过使者辞谢说："尧、舜做天子时，下民中有巢父、许由。现在英明的君主正发扬光大唐、虞的功德，小臣我愿持守许由隐居箕山的那种气节。"使

者以闻，莽说其言，不强致。

初，隃麋郭钦为南郡太守，杜陵蒋诩为兖州刺史，亦以廉直为名。莽居摄，钦、诩皆以病免官，归乡里，卧不出户，卒于家。哀、平之际，沛国陈咸以律令为尚书。莽辅政，多改汉制，咸心非之；及何武、鲍宣死，咸叹曰："《易》称'见几而作，不俟终日。'吾可以逝矣！"即乞骸骨去职。及莽篡位，召咸为掌寇大夫，咸谢病不肯应。时三子参、丰、钦皆在位，咸悉令解官归乡里，闭门不出入，犹用汉家祖腊。人问其故，咸曰："我先人岂知王氏腊乎！"悉收敛其家律令、书文，壁藏之。又，齐栗融、北海禽庆、苏章、山阳曹竟，皆儒生，去官，不仕于莽。

班固赞曰：春秋列国卿大夫及至汉兴将相名臣，怀禄耽宠，以失其世者多矣，是故清节之士，于是为贵，然大率多能自治而不能治人。王、贡之材，优于龚、鲍。守死善道，胜实蹈焉。贞而不谅，薛方近之。郭钦、蒋诩，好遁不污，绝纪、唐矣。

四年。初，莽为安汉公时，欲谄太皇太后，以斩郅支功奏尊元帝庙为高宗，太后晏驾后，当以礼配食云。及莽改号太后为新室文母，绝之于汉，不令得体元帝，堕坏孝元庙，更为文母太后起庙；独置孝元庙故殿以为文母篡食堂，

者把他的话转达王莽，王莽为他的话感到高兴，不再强迫他做官。

　　起初，陆浑人郭钦担任南郡太守，杜陵人蒋诩担任兖州刺史，也是靠清廉正直而闻名的。王莽居帝位摄政时，郭钦、蒋诩都因病而免官，回到故乡，卧床不出家门，死在家中。汉哀帝、平帝在位的时候，沛国人陈咸凭借精通法律担任尚书。王莽辅政，多方改变汉朝的制度，陈咸心中反对他。到何武、鲍宣被处死时，陈咸感叹地说：“《周易》中说‘看到预兆就行动，不要等到天晚。看来我可以离去了。”就请求退休，辞去官职。等到王莽篡位，又征召他出任掌寇大夫，陈咸称病辞谢不肯应征。这时他的三个儿子陈参、陈丰、陈钦都在朝做官，陈咸命令他们全都解卸官职，回到故乡里，闭门不出，不与外界来往，还使用汉王朝在伏日和年终祭祀路神和众神的制度。有人问他为什么这样做，陈咸说：“我的先人哪里知道王氏的祭祀日期呢？”他又把家里的律令书籍全部收敛好，藏在墙壁中。又有齐人栗融、北海人禽庆、苏章、山阳人曹竟，他们都是儒生，辞去官职，不在王莽朝中任职。

　　　　东汉史臣班固评论说：从春秋列国的卿大夫到汉朝建立时的将相名臣，迷恋官禄，沉溺宠幸，因此而失去他们家族传续的人太多了。所以清正有气节的人在此之际就很难能可贵，但大多数是只能约束自己而不能影响别人。王商、禹贡的才能比龚胜、鲍宣强得多。但用死执守善道，龚胜确实是身体力行了。至于用诡诈之言达到忠贞的目的，薛方与此相近。郭钦、蒋诩，喜好隐遁而不玷污名节，这跟纪逡、唐林、唐尊就截然不同了。

　　四年(12)。起初，在王莽做安汉公时，想要讨好太皇太后，就借斩杀郅支单于的功绩，上奏尊崇汉元帝的庙号为高宗，太后去世后，也应当按礼制上配高宗，享受祭祀香火等等。等到王莽改变太后的尊号为新室文母，断绝她与汉朝之间的关系，为了不让她配享元帝，毁坏了元帝庙，而另外替文母太后建造祭庙，只留下元帝祭庙的一个殿作为文母太后供设饮食的地方。

既成，名曰长寿宫，以太后在，故未谓之庙。莽置酒长寿宫，请太后。既至，见孝元庙废彻涂地，太后惊泣曰："此汉家宗庙，皆有神灵，与何治而坏之！且使鬼神无知，又何用庙为！如令有知，我乃人之妃妾，岂宜辱帝之堂以陈馈食哉！"私谓左右曰："此人慢神多矣，能久得祐乎！"饮酒不乐而罢。自莽篡位后，知太后怨恨，求所以媚太后无不为，然愈不说。莽更汉家黑貂著黄貂；又改汉正朔、伏腊日。太后令其官属黑貂；至汉家正、腊日，独与其左右相对饮食。

五年春二月，文母皇太后崩，年八十四。葬渭陵，与元帝合，而沟绝之。新室世世献祭其庙；元帝配食，坐于床下。莽为太后服丧三年。

天凤二年春二月，民讹言黄龙堕死黄山宫中，百姓奔走往观者有万数。莽恶之，捕系，问语所从起，不能得。

莽意以为制定则天下自平，故锐思于地理，制礼，作乐，讲合《六经》之说。公卿旦入暮出，论议连年不决，不暇省狱讼冤结，民之急务。县宰缺者数年守兼，一切贪残日甚。中郎将、绣衣执法在郡国者，并乘权势，传相举奏。又十一公士分布，劝农桑，班时令，按诸章，冠盖相望，交错道路，召会吏民，逮捕证左，郡县赋敛，递相赇赂，白黑纷然，

庙建成后，起名叫长寿宫，因为太后还健在，所以没有称它为庙。王莽在长寿宫摆设酒宴，请太后赴宴。太后到了之后，见孝元庙满地废砖烂瓦，惊愕地哭泣说："这是汉室的宗庙，都是有神灵的，它何处得罪了你，你却把它毁坏？况且鬼神假若无知的话，又要庙做什么用？如果鬼神有知，我身为人家的妃子姬妾，怎么可以侮辱先帝的庙堂而在这里摆上酒食呢！"太后私下又对左右的人说："王莽这个人侮辱神灵的地方太多了，能得到长久的保佑吗？"这次饮酒在不愉快的气氛中半途作罢。王莽自从篡位以后，知道太后怨恨他，能够求得太后欢心的事情无所不做，但太后却越来越不高兴。王莽改变汉朝侍中冠饰上的黑貂为黄貂，又改变汉朝的历法和夏季的伏日、冬季的腊日。太后命令她的属官们仍饰黑貂，到汉历的正月初一和腊祭之日，独自跟她左右的人对坐饮食。

五年（13）春季二月，文母皇太后驾崩，享年八十四岁。葬在渭陵，与汉元帝合葬，而用一条沟隔开。王莽新王室也规定世世代代对她的庙宇进献和祭祀，汉元帝配享，神主牌位放在文母牌位的龛架下面。王莽为太后服丧三年。

天凤二年（15）春季二月，民间谣传有一条黄龙坠死在黄山宫中，百姓们奔跑着去看的有一万多人。王莽憎恶这件事，就拘捕了一些百姓，审问谣言是从哪里传出来的，没有得到结果。

王莽认为制度一经确定下来，那么天下自然就太平了，所以急切思虑地域的划分、礼制的制定、音乐的创设，都讲求符合《六经》中的说法。公卿们天亮时进宫，日落时出宫，连年讨论也没有决定下来，顾不上审理诉讼案件和排解冤仇，处理百姓们最紧急的事务。县宰空缺的往往好几年都是派人试任或代理，各种贪婪残暴的行径一天比一天厉害。派驻郡国的中郎将、绣衣执法，纷纷利用他们的权势，递相检举奏告。又有十一公士分布天下，劝导农耕桑植，颁布时令，考查各种规章制度的施行情况，他们车马一辆接一辆，在道路上交错来往，召集官吏百姓，逮捕取证，郡县官府横征暴敛，递相贿赂物品，天下黑白难分，混浊不清，

守阙告诉者多。莽自见前颛权以得汉政，故务自览众事，有司受成苟免。诸宝物名、帑藏、钱谷官皆宦者领之；吏民上封事，宦官、左右开发，尚书不得知，其畏备臣下如此。又好变改制度，政令烦多，当奉行者，辄质问乃以从事，前后相乘，愦眊不渫。莽常御灯火至明，犹不能胜。尚书因是为奸，寝事，上书待报者连年不得去，拘系郡县者逢赦而后出，卫卒不交代者至三岁。谷籴常贵，边兵二十馀万人，仰衣食县官；五原、代郡尤被其毒，起为盗贼，数千人为辈，转入旁郡。莽遣捕盗将军孔仁将兵与郡县合击，岁馀乃定。

四年秋八月，临淮瓜田仪等依阻会稽长州；琅邪吕母聚党数千人，杀海曲宰，入海中为盗，其众浸多，至万数。荆州饥馑，民众入野泽，掘凫茈而食之，更相侵夺。新市人王匡、王凤为平理诤讼，遂推为渠帅，众数百人。于是诸亡命者南阳马武、颍川王常、成丹等，皆往从之；共攻离乡聚，藏于绿林山中，数月间至七八千人。又有南郡张霸、江夏羊牧等与王匡俱起，众皆万人。莽遣使者即赦盗贼，还言："盗贼解辄复合。问其故，皆曰：'愁法禁烦苛，不得举手，力作所得，不足以给贡税；闭门自守，又坐邻伍铸钱挟铜，奸吏因以愁民。'民穷，悉起为盗贼。"莽大怒，免之。其或顺指言"民骄黠当诛"及言"时运适然，且灭不久"，莽说，辄迁官。

守在宫门外告状的人很多。王莽看到自己过去因专权得到汉朝的政权，所以务必把所有事务揽归自己决定，主管的衙门只是接受他的决断，苟且免除自己的罪责罢了。各个机要部门、国库、钱粮官都由宦官来兼任；官吏百姓上奏密封奏章，由宦官和左右侍从拆开，尚书台都无从知道，他畏惧和防备臣下到了这种地步。又喜好改变制度，政令繁多，官吏本应执行的，总要经过询问才去办理，各种事务前后交叉，混乱不清。王莽常常在灯火下彻夜办公，还是不能处理完毕。尚书台趁着这个机会舞弊，扣压许多事情不上报，那些上书等待回批的人连年无法离开，拘留和关押在郡县监狱的人只有逢上大赦才能出狱，卫戍士卒未交接的长达三年。粮食的出售常常价格昂贵，驻守边境的士兵二十多万人，都仰仗朝廷提供衣食。五原、代郡蒙受这种祸害尤其严重，就起兵做了盗贼，数千人结群成队，转战进入旁边的郡县。王莽派遣捕盗将军孔仁率兵与郡县的长官联合进攻，一年多才平定。

　　四年(17)秋季八月，临淮人瓜田仪等人占据了会稽长州苑。琅邪女子吕母聚集党羽数千人，杀死了海曲县宰，奔入海中当强盗，她的部众逐渐增多，达到一万人。荆州发生饥荒，老百姓逃入山野湖泽中，挖掘兔茈根为食，轮番侵夺。新市人王匡、王凤替他们公平处理争讼，于是被推举为首领，拥有部众几百人。在这时，那些亡命徒南阳人马武、颍川人王常、成丹等等，都前去跟从他。他们共同攻打离乡聚，躲藏在绿林山中，几个月之间就扩充到七八千人。又有南郡人张霸、江夏人羊牧等人跟王匡同时起兵，各有一万人之众。王莽派遣使者去当场赦免这些盗贼，使者回报说："盗贼解散后又重新集合。问他们原因，都说：'他们忧虑法律禁令烦琐苛刻，没有半点的行动自由；努力耕作所得到的钱物，还不够交纳贡税。关起家门保全自己，又受到邻居藏铜铸造钱币的牵连，奸诈的官吏借此来烦扰百姓。'老百姓走投无路，才不得不做了盗贼。"王莽听后大怒，罢免了使者。其中有的人顺从他的旨意说"老百姓骄横狡黠，应该诛灭"，还说"只是偶然的时运，不久他们就将灭亡"，王莽听后很高兴，就给他们升官。

　　五年春正月，以大司马司允费兴为荆州牧；见，问到部方略，兴对曰："荆、扬之民，率依阻山泽，以渔采为业。间者国张六筦，税山泽，妨夺民之利，连年久旱，百姓饥穷，故为盗贼。兴到部，欲令明晓告盗贼归田里，假贷犁牛、种食，阔其租赋，冀可以解释安集。"莽怒，免兴官。

　　琅邪樊崇起兵于莒。事见《光武平赤眉》。

　　六年春，莽见盗贼多，乃令太史推三万六千岁历纪，六岁一改元，布天下；下书自言"己当如黄帝仙升天"，欲以诳耀百姓，销解盗贼。众皆笑之。

　　地皇元年春正月，莽见四方盗贼多，复欲厌之，又下书曰："予之皇初祖考黄帝定天下，将兵为上将军，内设大将，外置大司马五人，大将军至士吏凡七十三万八千九百人，士千三百五十万人。予受符命之文，稽前人，将条备焉。"于是置前、后、左、右、中大司马之位，赐诸州牧至县宰皆有大将军、偏、裨、校尉之号焉。乘传使者经历郡国，日且十辈，仓无见谷以给，传车马不能足，赋取道中车马，取办于民。

　　秋七月，钜鹿男子马适求等谋举燕、赵兵以诛莽，大司空士王丹发觉，以闻。莽遣三公大夫逮治党与，连及郡国豪杰数千人，皆诛死。封丹为辅国侯。

　　汝南郅恽明天文历数，以为汉必再受命，上书说莽曰："上天垂戒，欲悟陛下，令就臣位。取之以天，还之以天，可谓知命矣！"莽大怒，系恽诏狱，逾冬，会赦得出。

五年(18)春季正月,王莽任命大司马司允费兴为荆州牧。王莽召见他,问他到任后的施政方法,费兴回答说:"荆州、扬州的百姓,大都依靠山川湖泽,以捕鱼、樵采为业。不久前国家推行六筦政策,征收山泽税,妨害和剥夺了老百姓的利益,而且连年久旱,百姓饥饿穷困,所以成为盗贼。我到职后,想明令晓谕盗贼们,返回家园,借给他们农具、耕牛和粮种,减免他们的赋税,希望可以解散安抚他们。"王莽发怒,罢免了费兴的官职。

　　琅邪人樊崇在莒县起兵。事见《光武平赤眉》。

　　六年(19)春季,王莽见天下盗贼很多,就命令太史推算三万六千年的历法,每六年改一次年号,颁布天下;下册书自称"我本人该像黄帝一样成仙升天",想借此对百姓进行诳骗和炫耀,消除和解散盗贼。人们都嘲笑他。

　　地皇元年(20)春季正月,王莽见四面八方盗贼众多,又想镇压他们,就又下诏书说:"我的皇初祖考黄帝平定天下时,自己率兵担任上将军,在内朝设置大将,外朝设置大司马五人,大将军到士官共七十三万八千九百人,士兵一千三百五十万人。我承受符命的条文,稽考前人的事迹,将逐项设置起来。"于是设置了前、后、左、右、中大司马的官位,赐予各州州牧到县宰都有大将军、偏将军、裨将军、校尉的名号。乘坐驿站车马的使者巡察各个郡国,每天将近十批,仓库中没有现成的粮食供应,驿站的车马不够用,就征用道路上行走的车马,取于民间。

　　秋季七月,钜鹿郡男子马适求等人图谋兴举燕、赵地区的兵马来诛杀王莽。大司空的属隶王丹发现后报告了王莽。王莽派遣三公大夫去逮捕和惩治他的党羽,牵连到郡国的豪杰之士几千人,都被诛杀而死。加封王丹为辅国侯。

　　汝南人郅恽通晓天文历数,认为汉朝肯定会重新获得天命,就上书劝告王莽说:"上天显示出警戒,是想让陛下醒悟,让您回到臣子的位置上。从上天那里获取帝位,再把它还给上天,可以说是深知天命了!"王莽大怒,把郅恽关进监狱,过了冬季,赶上大赦,得以出狱。

二年春正月,卜者王况谓魏成大尹李焉曰:"汉家当复兴,李氏为辅。"因为焉作谶书,合十馀万言。事发,莽皆杀之。

是岁,南郡秦丰聚众且万人;平原女子迟昭平亦聚数千人在河阻中。莽召问群臣禽贼方略,皆曰:"此天囚行尸,命在漏刻。"故左将军公孙禄征来与议,禄曰:"太史令宗宣,典星历,候气变,以凶为吉,乱天文,误朝廷;太傅平化侯尊,饰虚伪以偷名位,贼夫人之子;国师嘉信公秀,颠倒《五经》,毁师法,令学士疑惑;明学男张邯、地理侯孙阳,造井田,使民弃土业;羲和鲁匡,设六筦以穷工商;说符侯崔发,阿谀取容,令下情不上通。宜诛此数子以慰天下!"

初,四方皆以饥寒穷愁起为盗贼,稍稍群聚,常思岁熟得归乡里,众虽万数,不敢略有城邑,转掠求食日阕而已。诸长吏牧守皆自乱斗中兵而死,贼非敢欲杀之也,而莽终不谕其故。是岁,荆州牧发奔命二万人讨绿林贼,贼帅王匡等相率迎击于云杜,大破牧军,杀数千人,尽获辎重。牧欲北归,贼马武等复遮击之,钩牧车屏泥,刺杀其骖乘,然终不敢杀牧。贼遂攻拔竟陵,转击云杜、安陆,多略妇女,还入绿林中,至有五万馀口,州郡不能制。

翼平连帅田况上言:"盗贼始发,其原甚微,部吏、伍人所能禽也。咎在长吏不为意,县欺其郡,郡欺朝廷,实百言十,实千言百。朝廷忽略,不辄督责,遂至延蔓连州,乃遣

二年(21)春季正月，占卜术士王况对魏成大尹李焉说："汉朝定当复兴，李氏是它的辅佐大臣。"趁势替他制作谶书，合计十多万字。事情被发觉，王莽把他们都杀了。

这一年，南郡人秦丰聚集部众将近万人；平原女子迟昭平也在黄河险要地带聚集了几千人。王莽召见大臣们询问擒拿盗贼的策略，大臣们都说："这些人都是上天囚禁的行尸走肉，活不了多久。"原左将军公孙禄被征召来参与计议，他说："太史令宗宣，掌管星象历数，观察气象变化，把凶兆说成吉兆，扰乱天文，贻误朝廷；太傅、平化侯唐尊，粉饰虚伪来盗取名声地位，杀害别人的子弟；国师嘉信公刘秀，颠倒《五经》经义，毁败一脉相传的师法，让学习的士子疑惑；明学男张邯、地理侯孙阳，制作井田制，使老百姓抛弃农业生产；羲和鲁匡，增设六筦法，使工匠、商人陷入困境；说符侯崔发，阿谀奉承，使得下情不能上达。应该诛杀这几个人来抚慰天下！"

起初，四方百姓都因饥寒穷困才铤而走险去做盗贼，渐渐地便聚集在一起，常常想着到年成好的时候再回家种田，人数虽然上万，不敢去攻占城邑，辗转掠夺也只是求取一天的食物罢了。各个长官、州牧、郡守，都是在乱斗过程中被兵器杀伤而死的，盗贼并不敢杀他们，而王莽始终不明白这个道理。这一年，荆州牧调发奔命军二万人讨伐绿林贼寇，贼寇首领王匡等人共同率军在云杜迎击，大败州牧的军队，杀死数千人，缴获了他的全部物资。荆州牧想回到北方去，贼寇马武等人又拦路攻击，钩住了州牧座车的屏泥，刺杀陪乘的人，但最后还是不敢杀死州牧。绿林贼寇乘势攻下了竟陵，转而进击云杜、安陆，掠夺了许多妇女，回到绿林山中，增加到五万多人，州郡无法制止。

翼平连帅田况上书说："盗贼开始兴起的时候，本来是很微小的，各郡的属吏和邻里后备军都可以把他们拿获。过失在于县府主要官员不当回事，县欺骗郡，郡欺骗朝廷，实际上有一百人，只说十人，实际上是有一千人，只说一百人。朝廷也忽略了，没有及时进行督促责问，于是导致蔓延到州与州相连，才调遣

将帅，多发使者，传相监趣。郡县力事上官，应塞诘对，共酒食，具资用，以救断斩，不暇复忧盗贼、治官事。将帅又不能躬率吏士，战则为贼所破，吏气浸伤，徒费百姓。前幸蒙赦令，贼欲解散，或反遮击，恐入山谷，转相告语，故郡县降贼皆更惊骇，恐见诈灭。因饥馑易动，旬日之间更十馀万人，此盗贼所以多之故也。今洛阳以东，米石二千，窃见诏书欲遣太师、更始将军，二人爪牙重臣，多从人众，道上空竭，少则无以威示远方。宜急选牧、尹以下，明其赏罚，收合离乡，小国无城郭者，徙其老弱置大城中，积藏谷食，并力固守。贼来攻城，则不能下，所过无食，势不得群聚。如此，招之必降，击之则灭。今空复多出将帅，郡县苦之，反甚于贼。宜尽征还乘传诸使者以休息郡县。委任臣况以二州，盗贼必平定之。”

三年夏四月，遣更始将军廉丹等东讨众贼。事见《光武平赤眉》。莽又多遣大夫、谒者分教民煮草木为酪，酪不可食，重为烦费。

绿林贼遇疫疾，死者且半，乃各分散引去。王常、成丹西入南郡，号“下江兵”；王匡、王凤、马武及其支党朱鲔、张卬等北入南阳，号“新市兵”。皆自称将军。莽遣司命大将军孔仁部豫州，纳言大将军严尤、秩宗大将军陈茂击荆州，各从吏士百馀人，乘传到部募士。尤谓茂曰：“遣将不与兵

将帅,派出众多使者,一批接一批去监察督促。郡县竭力侍奉上面来的官员,应付搪塞所追究查问的事项,供给酒食,准备财物,来解救自己的死罪,没工夫再去考虑扫平盗贼和处理公事。朝廷的将帅又不能亲自率领士兵冲杀,作战就被盗贼打败,官吏的气势逐渐被挫伤,徒然劳费百姓。不久前幸运地蒙受赦令,盗贼们想解散,有的地方反而去拦击他们,他们惊恐地逃入山谷中,互相转告,所以各郡县已投降的盗贼,反而都更惊慌害怕,担心被欺骗甚至是被杀。因为饥荒时容易引发骚动,十几天之间重新又聚集起十多万人,这就是盗贼之所以多的缘故。现在洛阳以东的米价一石二千钱,我私下见有诏书要调遣太师、更始将军前往,这二人都是辅助国家的重臣,随从的人太多,一路上食宿供给空荡枯竭,人少了就不能向远方显示威势。应该马上挑选州牧、大尹以下的官员,明确对他们的赏罚,让他们收聚离乡的百姓,小封国没有城池的,把那里的老弱居民迁徙安置到大城中,积蓄粮食,合力坚守。盗贼前来攻城,就攻不下,所经过的地方没有食物,他们势必不能聚集成群。这样的话,招抚他们就一定会归降,攻击他们就一定会消灭。现在凭空又派出很多将帅,郡县对他们感到头疼,反而比对付盗贼更严重。应全部召回传递命令的使者,以便让各郡县得到休养生息,如果委任我来征讨两个州的盗贼,我一定讨平他们。"

三年(22)夏季四月,王莽派遣更始将军廉丹等人东去讨伐各股盗贼。事见《光武平赤眉》。王莽又派出许多大夫、谒者,分头教导百姓用草木煮成稀糊糊,煮成的稀糊糊不能吃,又耗费了许多人力、物力。

绿林贼寇碰上了瘟疫,死去的人将近一半,于是就各自分散带人离去。王常、成丹向西进入南郡,号称"下江兵";王匡、王凤、马武以及他们的分支党羽朱鲔、张卬等人向北进入南阳,号称"新市兵"。都自称将军。王莽派司命大将军孔仁按察豫州,纳言大将军严尤、秩宗大将军陈茂进攻荆州,各随带吏士一百多人,乘坐驿车到辖区招募士兵。严尤对陈茂说:"遣派将帅不授予兵

符，必先请而后动，是犹绁韩卢而责之获也。”

流民入关者数十万人，乃置养赡官禀食之。使者监领，与小吏共盗其禀，饥死者什七八。先是，莽使中黄门王业领长安市买，贱取于民，民甚患之。业以省费为功，赐爵附城。莽闻城中饥馑，以问业，业曰：“皆流民也。”乃市所卖粱饭、肉羹，持入示莽曰：“居民食咸如此。”莽信之。

秋七月，新市贼王匡等进攻随；平林人陈牧、廖湛复聚众千馀人，号“平林兵”，以应之。

莽以诏书让廉丹曰：“仓廪尽矣，府库空矣，可以怒矣，可以战矣！将军受国重任，不捐身于中野，无以报恩塞责！”丹惶恐，夜，召其掾冯衍，以书示之。衍因说丹曰：“张良以五世相韩，椎秦始皇博浪之中。将军之先，为汉信臣。新室之兴，英俊不附。今海内溃乱，人怀汉德，甚于诗人思召公也。人所歌舞，天必从之。今方为将军计，莫若屯据大郡，镇抚吏士，砥厉其节，纳雄桀之士，询忠智之谋，兴社稷之利，除万人之害，则福禄流于无穷，功烈著于不灭；何与军覆于中原，身膏于草野，功败名丧，耻及先祖哉！”丹不听。衍，左将军奉世曾孙也。

冬，无盐索卢恢等举兵，反城附贼，廉丹、王匡攻拔之，斩首万馀级。莽遣中郎将奉玺书劳丹、匡，进爵为公；封吏士有功者十馀人。

符,一定要先请示然后才能行动。这就像拴着韩卢这种名犬而让它去捕获野兽。"

流亡的百姓进入函谷关的有几十万人,王莽就设置养赡官供给他们食物。使者负责监督管理,就跟小吏一起盗取粮食,百姓饿死的有十分之七八。在此以前,王莽派中黄门王业兼管长安的集市贸易,用低价收取百姓货物,百姓以此为患。王业通过节约费用立功,被赐给附城的爵位。王莽听说城中发生饥荒,就问王业,王业说:"都是些流亡的百姓。"于是买来集市上出售的精米饭、肉羹,拿到宫中给王莽看,说:"居民吃的都是这样。"王莽相信了他的话。

秋季七月,新市贼寇王匡等人进攻随县,平林人陈牧、廖湛又聚集人马一千多人,号称"平林兵",来响应王匡。

王莽用诏书责备廉丹说:"仓库粮食已尽,国库已空,你就该愤怒了,可以开战了!将军身受国家的重任,不在中原捐躯,就无法报答国恩,尽到责任。"廉丹惊慌畏惧,连夜召见他的掾吏冯衍,把诏书拿给他看。冯衍随即劝廉丹说:"张良因祖上五代都做韩国的国相,所以用铁椎在博浪沙中刺杀秦始皇。将军的祖先是汉朝亲信的大臣。新朝建立,英豪俊杰都不归附。现在天下溃散混乱,人人怀念汉王朝的仁德,超过周朝百姓对召公的思念。人们载歌载舞颂扬他们,上天一定会依从他。现在我为将军打算,不如屯兵驻扎大郡,威镇和安抚官吏士卒,磨砺他们的气节,招纳英雄豪杰,询问忠诚明智的计策,兴办对国家有利之事,革除对大众有害之事,那么福禄就会流布无穷,功业显赫而永不泯灭;为什么偏要连同军队在中原覆没,使自身成为草野的肥料,功败名裂,侮没祖先呢!"廉丹没有听从。冯衍,是汉朝左将军冯奉世的曾孙。

冬季,无盐人索卢恢等人起兵,献上城池,归附赤眉贼寇,廉丹、王匡攻克无盐,斩首一万多人。王莽派遣中郎将带上盖有玺印的诏书去慰劳廉丹、王匡,晋升爵位为公;封赏有功的军吏士兵十几个人。

赤眉别校董宪等众数万人在梁郡，王匡欲进击之。廉丹以为新拔城罢劳，当且休士养威。匡不听，引兵独进，丹随之。合战成昌，兵败，匡走，丹使吏持其印、韨、节付匡曰："小儿可走，吾不可！"遂止，战死。校尉汝云、王隆等二十馀人别斗，闻之，皆曰："廉公已死，吾谁为生！"驰奔贼，皆战死。

国将哀章自请愿平山东，莽遣章驰东与太师匡并力。又遣大将军阳浚守敖仓；司徒王寻将十馀万屯洛阳，镇南宫；大司马董忠养士习射中军北垒。大司空王邑兼三公之职。

汉宗室刘秀等起南阳，与新市、平林、下江兵合。事见《光武中兴》。

淮阳王更始元年春二月，王莽欲外示自安，乃染其须发，立杜陵史谌女为皇后；置后宫，位号视公、卿、大夫、元士者凡百二十人。

莽赦天下，诏："王匡、哀章等讨青、徐盗贼，严尤、陈茂等讨前队丑虏，明告以生活、丹青之信；复迷惑不解散，将遣大司空、隆新公将百万之师剿绝之矣。"

王莽遣司空王邑、司徒王寻发兵四十二万围昆阳，刘秀发诸营兵三千人大破之。事见《光武中兴》。

莽闻汉兵言莽鸩杀孝平皇帝，乃会公卿于王路堂，开所为平帝请命金縢之策，泣以示群臣。

夏六月，道士西门君惠谓王莽卫将军王涉曰："谶文刘氏当复兴，国师公姓名是也。"涉遂与国师公刘秀、大司马董忠、司中大赘孙伋谋，以所部兵劫莽降汉，以全宗族。

赤眉军的别校董宪等部众数万人在梁郡，王匡想去进击他们。廉丹认为刚刚攻拔城邑，军队疲劳，应当暂时休整士兵，培养士气。王匡不听，独自率兵进攻，廉丹只好跟随在后。在成昌双方大战，官军战败，王匡逃走。廉丹派军吏带上他的印绶、符节交给王匡说："你可以逃走，我不可以！"于是停止撤退，直到战死。校尉汝云、王隆等二十多人在别处战斗，听到死讯后，都说："廉公已经战死，我们还为谁活着！"飞马冲向贼军，都战死了。

国将哀章自愿请求去平定山东，王莽派哀章急驰向东与太师王匡共同尽力。又派遣大将军阳浚驻守敖仓；司徒王寻率军十多万驻扎洛阳，镇守南宫；大司马董忠在中军北垒训练士兵，练习射箭。大司空王邑兼任三公之职。

汉朝宗室刘秀等人起兵南阳，与新市兵、平林兵、下江兵汇合。事见《光武中兴》。

淮阳王刘玄更始元年（23）春季二月，王莽想对外显示自己心情的安定，就染黑了自己的胡须和头发，册立杜陵人史谌的女儿为皇后；设置后宫，地位和称号与公卿、大夫、元士相同，共一百二十人。

王莽大赦天下，宣布诏书："王匡、哀章等人征讨青州、徐州的盗贼，严尤、陈茂等人讨伐前队一带的丑虏，明确宣告，投降不杀，信用灿若丹青；如果仍然执迷不悟，不自动解散队伍，我将调遣大司空、隆新公率领百万大军剿灭他们。"

王莽派司空王邑、司徒王寻发兵四十二万围攻昆阳，刘秀调集各营军队三千人，大破官军。事见《光武中兴》。

王莽闻知汉兵说他毒杀了孝平皇帝，就集合公卿到王路堂，打开他为平帝请求以身自代而后来藏在金縢中的册书，哭泣着把它展示给大臣们看。

夏季六月，道士西门君惠对王莽的卫将军王涉说："谶书中说刘氏应当复兴，未来的皇帝就是国师公刘秀这个姓名。"王涉于是与国师公刘秀、大司马董忠、司中大赘孙伋等人密谋，打算用所率士兵劫持王莽，投降汉朝，来保全宗族。

秋七月，伋以其谋告莽，莽召忠诘责，因格杀之。使虎贲以斩马剑剉忠，收其宗族，以醇醯、毒药、白刃、丛棘并一坎而埋之。秀、涉皆自杀。莽以其骨肉、旧臣，恶其内溃，故隐其诛。莽以军师外破，大臣内畔，左右无所信，不能复远念郡国，乃召王邑还，为大司马，以大长秋张邯为大司徒，崔发为大司空，司中寿容苗䜣为国师。莽忧懑不能食，但饮酒，啖鳆鱼。读军书倦，因冯几寐，不复就枕矣。

八月，王莽使太师王匡、国将哀章守洛阳。更始遣定国上公王匡攻洛阳，西屏大将军申屠建、丞相司直李松攻武关，三辅震动。析人邓晔、于匡起兵南乡以应汉，攻武关都尉朱萌，萌降；进攻右队大夫宋纲，杀之；西拔湖。莽愈忧，不知所出。崔发言："古者国有大灾，则哭以厌之。宜告天以求救！"莽乃率群臣至南郊，陈其符命本末，仰天大哭，气尽，伏而叩头。诸生、小民旦夕会哭，为设飧粥。甚悲哀者，除以为郎，郎至五千馀人。

莽拜将军九人，皆以虎为号，将北军精兵数万人以东，内其妻子宫中以为质。时省中黄金尚六十馀万斤，他财物称是，莽愈爱之，赐九虎士人四千钱。众重怨，无斗意。九虎至华阴回溪，距隘自守。于匡、邓晔击之，六虎败走；二虎诣阙归死，莽使使责死者安在，皆自杀；其四虎亡。三虎收散卒保渭口京师仓。

秋季七月，孙伋把他们的密谋告知了王莽，王莽召见董忠诘问斥责，趁机击杀了他。又派遣虎贲勇士用斩马剑将董忠的尸体剁成碎片，逮捕他的宗族，用浓醋、毒药、白刃、丛棘合成一穴，把他们埋掉。刘秀、王涉都自杀。王莽顾念他们是亲属、旧臣，憎恨他们在内部叛变，所以隐瞒他们被杀的事。王莽因为军队在外失败，大臣在内背叛，身边没有可以信赖的人，不能再考虑到远方的郡国，就征召王邑回京，任大司马，任命大长秋张邯为大司徒，崔发为大司空，司中寿容人苗䜣为国师。王莽忧闷愤恨得不能进食，只是喝酒，吃点鳆鱼。阅读军书疲倦了，就靠着桌子休息，不再上床睡觉了。

八月，王莽派太师王匡、国将哀章守卫洛阳。更始帝刘玄调遣定国上公王匡进攻洛阳，西屏大将军申屠建、丞相司直李松进攻武关，三辅地区为之震动。析县人邓晔、于匡在南乡起兵响应汉兵，进攻武关都尉朱萌，朱萌投降；转而进攻右队大夫宋纲，杀了他；又向西挺进，攻下湖县。王莽更加忧闷，不知道如何应付是好。崔发说："古时候国家发生了大的灾难，就用哀哭来感动天神制伏住它。应该哀告上天来求救！"王莽于是率领大臣们前往南郊，陈述他接受符命的始末，仰天大哭，声嘶气绝，伏地叩头。众儒生和平民百姓每天早晚聚到一起哭泣，王莽为他们准备了粥饭。哭得非常悲哀的人，就授给他们郎的官职，郎官多达五千多人。

王莽封拜将军九人，都用"虎"字作为将军的称号，率领北军精锐士兵数万人向东进发，把他们的妻子儿女收入皇宫中作为人质。当时宫中的黄金还有六十多万斤，其他财物差不多也是这个数目，王莽更加爱惜它们，仅仅赐给九虎将军每人四千钱。众人深深地怨恨，丧失了战斗的意志。九虎将军到华阴县回溪，依据险要地形，自我固守。于匡、邓晔率军进攻他们，六虎将军败逃；二虎将军来到宫门请死，王莽派使者责问他们为什么该死，二人都自杀；其他四虎逃走了。还有三虎收集逃散的士卒保卫渭口的京师仓。

邓晔开武关迎汉兵。李松将三千馀人至湖，与晔等共攻京师仓，未下。晔以弘农掾王宪为校尉，将数百人北度渭，入左冯翊界。李松遣偏将军韩臣等径西至新丰击破莽波水将军，追奔至长门宫。王宪北至频阳，所过迎降。诸县大姓各起兵称汉将，率众随宪。李松、邓晔引军至华阴，而长安旁兵四会城下。又闻天水隗氏方到，皆争欲先入城，贪立大功、卤掠之利。莽赦城中囚徒，皆授兵，杀豨，饮其血，与誓曰："有不为新室者，社鬼记之！"使更始将军史谌将之。度渭桥，皆散走，谌空还。众兵发掘莽妻、子、父、祖冢，烧其棺椁及九庙、明堂、辟雍，火照城中。

九月戊申朔，兵从宣平城门入。张邯逢兵见杀。王邑、王林、王巡、𧪡恽等分将兵距击北阙下，会日暮，官府、邸第尽奔亡。己酉，城中少年朱弟、张鱼等恐见卤掠，趋讙并和，烧作室门，斧敬法闼，呼曰："反虏王莽，何不出降！"火及掖庭、承明，黄皇室主所居。黄皇室主曰："何面目以见汉家！"自投火中而死。

莽避火宣室前殿，火辄随之。莽绀袀服，持虞帝匕首，天文郎按式于前，莽旋席随斗柄而坐，曰："天生德于予，汉兵其如予何！"庚戌，且明，群臣扶掖莽自前殿之渐台，欲阻池水，公卿从官尚千馀人随之。王邑昼夜战，罢极，士死伤略尽，驰入宫，间关至渐台，见其子侍中睦解衣冠欲逃，邑叱之，令还，父子共守莽。军人入殿中，闻莽在渐台，众共

邓晔打开武关迎接汉兵。李松率领三千多人到达湖县，跟邓晔等人共同进攻京师仓，没有攻下。邓晔委派弘农掾王宪当校尉，率领数百人向北渡过渭水，进入左冯翊地界。李松派偏将军韩臣等人直接向西抵达新丰，击破王莽的波水将军，追击逃兵直到长门宫。王宪向北到达频阳，所经过的地方都迎候归降。各县的大姓都各自起兵自称汉朝将军，率领人马跟随王宪。李松、邓晔率军到达华阴，而长安城旁的军队已经四面八方会集在城下。又听说天水隗氏的人马也将到达，都争着想进城，贪图建立大功、获取掳掠财物的大利。王莽赦免城内的囚徒，都发给兵器，杀猪饮血，跟他们盟誓说："有不替新朝出力的，社鬼神记住他！"委派更始将军史谌指挥他们。渡过渭桥后，都四散逃跑，史谌空手而回。兵士们挖掘王莽的妻子、儿子、父亲、祖先的坟墓，烧毁他们的棺材以及九庙、明堂、辟雍等，火光映照城中。

九月戊申这天是初一，攻城的军队从宣平城门进城。张邯遇上士兵被杀死了。王邑、王林、王巡、䜣恽等人分别率兵拒守在宫殿的北门下。到太阳下山时，官府和邸舍中的人都逃走了。己酉（初二），城内的青年朱弟、张鱼等人害怕被掳掠，就成群结队，大呼大叫，烧毁了作室门，用斧头劈开敬法殿的小门，大喊道："反贼王莽，为何还不出来投降！"大火烧到掖庭、承明宫，这里是黄皇室主的居处。黄皇室主说："我还有什么脸面去见汉室的人！"纵身投入火中而死。

王莽到宣室前殿避火，火总是跟着他。王莽穿着全套深青色的衣服，手持虞帝的匕首，天文郎在前面按动罗盘随时拨动指针，王莽转动坐席随着北斗星的斗柄坐定，说："上天授命于我，汉兵又能把我怎么样！"庚戌（初三），天将亮时，大臣们搀扶王莽从前殿到渐台，想用池水作为屏障抵抗，公卿和侍卫官还有一千多人跟随着他。王邑白天黑夜地作战，疲劳极了，士兵也快死光伤完了，他飞速奔入宫中，辗转来到渐台，看到他的儿子侍中王睦正想脱下衣帽逃走，王邑呵斥他让他回去，父子二人共同守护王莽。攻城士兵进入殿中，听说王莽在渐台，众兵就将他

围之数百重。台上犹与相射,矢尽,短兵接;王邑父子、䜣恽、王巡战死,莽入室。下铺时,众兵上台,苗䜣、唐尊、王盛等皆死。商人杜吴杀莽,校尉东海公宾就斩莽首,军人分莽身,节解脔分,争相杀者数十人;公宾就持莽首诣王宪。宪自称汉大将军,城中兵数十万皆属焉。舍东宫,妻莽后宫,乘其车服。癸丑,李松、邓晔入长安,将军赵萌、申屠建亦至。以王宪得玺绶不上,多挟宫女,建天子鼓旗,收斩之。传莽首诣宛,县于市,百姓共提击之,或切食其舌。

班固赞曰:王莽始起外戚,折节力行以要名誉,及居位辅政,勤劳国家,直道而行,岂所谓'色取仁而行违'者邪!莽既不仁而有佞邪之材,又乘四父历世之权,遭汉中微,国统三绝,而太后寿考,为之宗主,故得肆其奸慝以成篡盗之祸。推是言之,亦天时,非人力之致矣!及其窃位南面,颠覆之势险于桀、纣,而莽晏然自以黄、虞复出也。乃始恣睢,奋其威诈,毒流诸夏,乱延蛮貉,犹未足逞其欲焉。是以四海之内,嚣然丧其乐生之心,中外愤怨,远近俱发,城池不守,支体分裂,遂令天下城邑为虚,害徧生民,自书传所载乱臣贼子,考其祸败,未有如莽之甚者也。昔秦燔《诗》《书》以

重重包围达数百层。在渐台上仍然与对方相互射箭，箭头射光后，就短兵相接；王邑父子、䔭恽、王巡都战死了，王莽进入室内。到下午黄昏以前，众兵攻上了渐台，苗訢、唐尊、王盛等人都死了。商人杜吴杀死了王莽，校尉东海人公宾就砍下了王莽的脑袋，军人们分解王莽的尸体，逐节逐块地宰割，互相争抢去砍杀的有数十人；公宾就拿着王莽的首级去拜见王宪。王宪自称汉大将军，城中的兵众数十万人都归附于他。他住在东宫，把王莽的妃嫔都霸占下来，使用王莽的车马、服饰和器物。癸丑(初六)这一天，李松、邓晔进入长安，将军赵萌、申屠建也赶到了。因为王宪收缴了皇帝的印绶却不上交，挟持许多宫女，建立天子的旌旗和鼓乐，就将他抓起来斩杀了。把王莽的首级传送到宛城，悬挂在集市上示众，百姓们都投掷物品去打他，有的人还切下他的舌头来吃。

东汉史臣班固评论说：王莽开始从外戚发迹，降低自己的身份，奋力践行来邀取名誉，到了身居高位辅佐朝政时，为国家勤勉劳作，按正直的原则来行事，难道是所谓"表面上爱好仁义而行为上违背"的那种人吗！王莽本质上不仁义，却有奸邪圆滑的才能，又借四位叔父历经几代皇帝所攫取到的权力，碰上汉王室中途衰败，国家大统三代没有继位人，而太后年事已高，替她掌管一切，所以能够使他的奸心恶念大肆施逞，造成篡夺盗取汉室江山的祸乱。推究这种现象来说，也是天时，不是人力所能达到的了！等到他窃取帝位南面称尊后，灭亡的形势比夏桀、商纣王时更加险恶，而王莽却无动于衷，自以为本人是黄帝、虞舜重新出世。就开始放纵横行，滥用他的淫威和奸诈，流毒遍及全国，祸乱延伸到边境各个部族，这还不足以满足他的欲望。所以四海之内百姓喧嚣沸腾，丧失了安居乐业的心思，朝廷内外愤怒怨恨，远近各地同时起兵，城池不能固守，国家躯体被肢解分裂。于是使天下的城邑都化为废墟，灾殃遍及老百姓，从经书传记上所记载乱臣贼子以来，考察他们造成的祸害和败乱，没有比王莽更厉害的了。从前秦朝焚毁《诗经》《尚书》来

立私议，莽诵六艺以文奸言，同归殊涂，俱用灭亡，皆圣王之驱除云尔。

确立自家的统治思想,王莽引用"六艺"来粉饰他的奸言,殊途同归,都因此而导致灭亡,全都是为后起的圣明君王扫清障碍罢了。

光武中兴

王莽地皇三年。初,长沙定王发生春陵节侯买,买生戴侯熊渠,熊渠生考侯仁。仁以南方卑湿,徙封南阳之白水乡,与宗族往家焉。仁卒,子敞嗣,值莽篡位,国除。节侯少子外为郁林太守,外生钜鹿都尉回,回生南顿令钦。钦娶湖阳樊重女,生三男:縯、仲、秀。兄弟早孤,养于叔父良。縯性刚毅,慷慨有大节,自莽篡汉,常愤愤,怀复社稷之虑,不事家人居业,倾身破产,交结天下雄俊。秀隆准日角,性勤稼穑;縯常非笑之,比于高祖兄仲。秀姊元为新野邓晨妻,秀尝与晨俱过穰人蔡少公,少公颇学图谶,言"刘秀当为天子",或曰:"是国师公刘秀乎?"秀戏曰:"何用知非仆邪!"坐者皆大笑,晨心独喜。

宛人李守,好星历、谶记,为莽宗卿师,尝谓其子通曰:"刘氏当兴,李氏为辅。"及新市、平林兵起,南阳骚动,通从弟轶谓通曰:"今四方扰乱,汉当复兴。南阳宗室,独刘伯升

光武中兴

王莽地皇三年(22)。起初,长沙定王刘发生下舂陵节侯刘买,刘买生下戴侯刘熊渠,刘熊渠生下考侯刘仁。刘仁因南方地势低,气候潮湿,改封到南阳郡的白水乡,就与宗族一起前往,定居在那里。刘仁死后,儿子刘敞继承封爵,正赶上王莽篡位,封国被废除。节侯刘买的小儿子刘外担任郁林太守,刘外生下钜鹿都尉刘回,刘回生下南顿县令刘钦。刘钦娶湖阳人樊重的女儿为妻,生下三个男孩:刘演、刘仲、刘秀。兄弟三人年幼时就成了孤儿,寄养在叔父刘良家中。刘演性情刚毅,一身正义且深明大义,从王莽篡汉起,常常愤愤不平,心怀恢复社稷的志愿,不经营家产,甘愿卖掉家产,结交天下的英雄俊杰。刘秀长得鼻梁高耸,额骨正中隆起,形状像太阳,天性喜好农耕。刘演常常非难和讥笑他,把他比作汉高祖的兄长刘仲。刘秀的姐姐刘元是新野人邓晨的妻子,刘秀曾经跟邓晨一起到穰县人蔡少公家做客,蔡少公对图谶神学颇有研究,说谶文中有"刘秀应当做天子"的话,在座有的人说:"这是指国师公刘秀吗?"刘秀开玩笑说:"凭什么就知道不会是我呢?"在座的人都大笑,只有邓晨心里高兴。

宛城人李守爱好星象历数、谶记,担任王莽的宗卿师,曾经对他的儿子李通说:"刘氏应当复兴,李氏为辅佐大臣。"等到新市、平林兵兴起,南阳郡骚动起来,李通的堂弟李轶对李通说:"现在四方搅扰动乱,汉室应该重新兴盛。南阳的宗室只有刘伯升

兄弟泛爱容众,可与谋大事。"通笑曰:"吾意也!"会秀卖谷于宛,通遣轶往迎秀,与相见,因具言谶文事,与相约结,定谋议。通欲以立秋材官都试骑士日,劫前队大夫甄阜及属正梁丘赐,因以号令大众,使轶与秀归春陵举兵以相应。于是缜召诸豪桀计议曰:"王莽暴虐,百姓分崩。今枯旱连年,兵革并起,此亦天亡之时。复高祖之业,定万世之秋也!"众皆然之。于是分遣亲客于诸县起兵,缜自发春陵子弟。诸家子弟恐惧,皆亡匿,曰:"伯升杀我!"及见秀绛衣大冠,皆惊曰:"谨厚者亦复为之!"乃稍自安。凡得子弟七八千人,部署宾客,自称"柱天都部"。秀时年二十八。李通未发,事觉,亡走。父守及家属坐死者六十四人。

缜使族人嘉招说新市、平林兵,与其帅王凤、陈牧西击长聚,进屠唐子乡,又杀湖阳尉。军中分财物不均,众恚恨,欲反攻诸刘。秀敛宗人所得物,悉以与之,众乃悦。进拔棘阳,李轶、邓晨皆将宾客来会。

十一月,刘缜欲进攻宛,至小长安聚,与甄阜、梁丘赐战。时天密雾,汉军大败。秀单马走,遇女弟伯姬,与共骑而奔。前行,复见姊元,趣令上马,元以手挥曰:"行矣,不能相救,无为两没也!"会追兵至,元及三女皆死,缜弟仲及宗从死者数十人。

缜复收会兵众,还保棘阳。阜、赐乘胜留辎重于蓝乡,引精兵十万南渡潢淳,临泚水,阻两川间为营,绝后桥,示无还心。新市、平林见汉兵数败,阜、赐军大至,各欲解去,

兄弟博爱,对人宽容,可以跟他们图谋大事。"李通笑着说:"我正有此意!"恰巧刘秀到宛城去卖粮食,李通派李轶前去迎接刘秀,与他相见,随后详尽述说谶文一事,跟他相约结盟,定下谋议。李通想在立秋郡城检阅材官骑兵武士的那天,劫持前队大夫甄阜以及属正梁丘赐,然后来向大众发号施令,让李轶和刘秀回到舂陵起兵和他相呼应。于是刘𬘭召集各路豪杰计议说:"王莽残暴酷虐,百姓分离逃散。现在连年大旱,兵争四起,这也正是上天灭亡王莽的时候,恢复高祖的基业,安定万世的良机。"大家都同意他的看法。于是就分别派出亲友宾客到各县去起兵,刘𬘭自己征召舂陵子弟。各家子弟很恐惧,都逃走躲藏起来,说:"伯升害死我了!"等到看见刘秀穿着深红色服装,头戴大礼帽时,都惊讶地说:"谨慎忠厚的人也都干上这种事了!"就逐渐心安了。一共集结子弟七八千人,分派好宾客的任务,自称"柱天都部"。刘秀当时二十八岁。李通还未起事,事情就暴露了,于是逃跑。李通的父亲李守以及家属受牵连被处死的有六十四人。

刘𬘭派族人刘嘉去游说招徕新市、平林兵,跟他们的统帅王凤、陈牧向西攻击长聚,进兵屠灭唐子乡,又杀了湖阳尉。军中因分配财物不均,众人愤恨,想反过来进攻诸刘。刘秀把自己宗族的人所得的财物都收集起来,全部分给众人,众人才高兴起来。向前挺进攻下棘阳,李轶、邓晨都率领宾客前来汇合。

十一月,刘𬘭想进攻宛城,到小长安聚时,跟甄阜、梁丘赐交战。当时大雾弥漫,汉军大败,刘秀单枪匹马逃跑,遇上妹妹伯姬,和她同骑一匹马奔逃。向前走,又碰见姐姐刘元,督促她快上马,刘元挥手说:"快走吧,无法相救了,不要死在一起!"碰巧追兵赶到,刘元和她的三个女儿都被杀死,刘𬘭的弟弟刘仲以及宗族跟从而死的有几十人。

刘𬘭再次收集兵众,退保棘阳。甄阜、梁丘赐乘胜把物资留在蓝乡,率领精兵十万向南渡过潢淳水,到达沘水,在两条河川之间扎营,断绝潢淳水的桥梁,表示不再回去的决心。新市、平林兵见汉兵屡遭失败,甄阜、梁丘赐率军来到,各自都想率兵离去,

缤甚患之。会下江兵五千馀人至宜秋，缤即与秀及李通俱造其壁曰：“愿见下江一贤将，议大事。”众推王常。缤见常，说以合从之利，常大悟曰：“王莽残虐，百姓思汉。今刘氏复兴，即真主也，诚思出身为用，辅成大功。”缤曰：“如事成，岂敢独飨之哉！”遂与常深相结而去。常还，具为馀将成丹、张卬言之。丹、卬负其众曰：“大丈夫既起，当各自为主，何故受人制乎！”

常乃徐晓说其将帅曰：“王莽苛酷，积失百姓之心，民之讴吟思汉，非一日也，故使吾属因此得起。夫民所怨者，天所去也；民所思者，天所与也。举大事，必当下顺民心，上合天意，功乃可成；若负强恃勇，触情恣欲，虽得天下，必复失之。以秦、项之势，尚至夷覆，况今布衣相聚草泽，以此行之，灭亡之道也。今南阳诸刘举宗起兵，观其来议者，皆有深计大虑，王公之才，与之并合，必成大功，此天所以祐吾属也！”下江诸将虽屈强少识，然素敬常，乃皆谢曰：“无王将军，吾属几陷于不义！”即引兵与汉军及新市、平林合。于是诸部齐心同力，锐气益壮。缤大飨军士，设盟约，休卒三日，分为六部。十二月晦，潜师夜起，袭取蓝乡，尽获其辎重。

淮阳王更始元年春正月甲子朔，汉兵与下江兵共攻甄阜、梁丘赐，斩之，杀士卒二万馀人。王莽纳言将军严尤、秩宗将军陈茂引兵欲据宛，刘缤与战于淯阳下，大破之，遂

刘縯对此十分忧虑。恰好下江兵五千多人到了宜秋聚，刘縯立即同刘秀以及李通一起赶到他们的营垒前，说："希望见到下江兵的一员贤能将领，商议大事。"众人都推荐王常。刘縯见到王常，用联合进攻王莽军的益处劝说他，王常大为醒悟地说："王莽残暴酷虐，百姓们想念汉朝。现在刘氏复兴，就是真命君主，我确实想挺身为他所用，辅佐他成就宏大的功业。"刘縯说："如果事业成功，我哪里敢独自享受呢？"于是跟王常深厚结交而离去。王常回到军中，把情况详细讲给其馀的将领成丹、张卬听。成丹、张卬依仗着自己拥有部众，说："大丈夫既然起兵，就应当自己当主子，为什么要受别人的挟制！"

王常于是慢慢地劝说其他将帅说："王莽苛刻严酷，深深失去了百姓的心，老百姓讴歌和思念汉朝，不止一天了，所以让我们能因此而起兵。百姓们所怨恨的，就是上天所要废去的；老百姓所思念的，就是上天必将给予的。既然干大事业，一定要下顺民心，上合天意，功业才能建成；如果依仗强大，自恃勇力，违背常情，随心所欲，即使得到天下，也一定会再度失去。凭借秦朝、项羽那样的势力尚且还被铲除消灭，更何况现在是平民百姓互相聚集在草泽之中，按这种方式去行事，是走向灭亡的路子。现在南阳的诸位刘氏以整个宗族起兵，观察他们前来商议的人，都有深远的计谋和思虑，是能做王公的奇才，跟他们合并，肯定能成功，这是上天来保佑我们啊！"下江兵的将领们虽然脾气倔强，缺少见识，但一贯敬佩王常，就都道歉说："如果不是王将军，我们几乎陷入不义之中了！"当即率军与汉军和新市、平林兵汇合。从此，各部都齐心协力，士气越来越高昂。刘縯大摆酒宴，款待军士，设立盟约，士兵休整三天，共分为六部。十二月（三十日），趁夜偷偷发兵，袭击夺取了蓝乡，缴获了甄阜的全部物资。

淮阳王刘玄更始元年（23）春季正月甲子这天是初一，汉兵和下江兵联合进攻甄阜、梁丘赐，并斩杀了他们，杀死敌军士兵二万多人。王莽的纳言将军严尤、秩宗将军陈茂率军前进，打算占据宛城，刘縯与他们在淯阳城下交战，把他们打得大败，乘势

围宛。先是,青、徐贼众虽数十万人,讫无文书、号令、旌旗、部曲,及汉兵起,皆称将军,攻城略地,移书称说。莽闻之,始惧。

　　舂陵戴侯曾孙玄在平林兵中,号更始将军。时汉兵已十馀万,诸将议以兵多而无所统一,欲立刘氏以从人望。南阳豪桀及王常等皆欲立刘縯,而新市、平林将帅乐放纵,惮縯威明,贪玄懦弱,先共定策立之,然后召縯示其议。縯曰:"诸将军幸欲尊立宗室,甚厚!然今赤眉起青、徐,众数十万,闻南阳立宗室,恐赤眉复有所立,王莽未灭而宗室相攻,是疑天下而自损权,非所以破莽也。舂陵去宛三百里耳,遽自尊立,为天下准的,使后人得承吾敝,非计之善者也。不如且称王以号令,王势亦足以斩诸将。若赤眉所立者贤,相率而往从之,必不夺吾爵位;若无所立,破莽,降赤眉,然后举尊号,亦未晚也。"诸将多曰:"善!""张卬拔剑击地曰:"疑事无功,今日之议,不得有二!"众皆从之。二月辛巳朔,设坛场于淯水上沙中,玄即皇帝位,南面立,朝群臣。羞愧流汗,举手不能言。于是大赦,改元,以族父良为国三老,王匡为定国上公,王凤为成国上公,朱鲔为大司马,刘縯为大司徒,陈牧为大司空,馀皆九卿将军。由是豪桀失望,多不服。

　　三月,王凤与太常偏将军刘秀等徇昆阳、定陵、郾,皆下之。

围攻宛城。在此之前,青州、徐州的贼众虽然有几十万人,但一直没有文书、号令、旌旗、各部私兵,到汉军兴起的时候,也都称将军,攻打城邑,夺取土地,传布檄书列举王莽的罪行。王莽听到后,开始害怕起来。

春陵戴侯的曾孙刘玄在平林兵中,号称"更始将军"。当时汉兵已经有十多万人,将领们议论,鉴于军队众多而没有统一的指挥官,想拥立刘氏以顺从众人的愿望。南阳的豪杰和王常都想拥立刘縯,而新市、平林兵的将帅喜欢放纵,忌惮刘縯的威严和英明,贪图刘玄的懦弱,预先共同定下策略拥立他,然后召请刘縯来,把他们的决定讲给他听。刘縯说:"承蒙各位将军的厚爱,尊重刘姓皇族,想要拥立刘玄做皇帝,然而现在赤眉军在青州、徐州起兵,拥有部众数十万,听到南阳拥立刘姓皇族的消息,恐怕赤眉军也有要拥立的人。王莽还没消灭而宗室就互相攻击,这是让天下人心疑惑而减弱威权,不是消灭王莽的办法。春陵距离宛城只不过三百里罢了,仓促自称皇帝,成为天下人攻击的目标,让后人承受我们的失败,这不是良好的计策。不如暂且称王来发号施令,王的权势也足以斩杀诸将领。如果赤眉军所拥立的人贤能,我们相继前往跟从他,肯定不会剥夺我们的爵位;如果赤眉军没有拥立的人,我们消灭王莽,招降赤眉军,然后再称皇帝,也不算晚。"多数将领都说:"好!"张卬拔出宝剑刺击地面说:"你这样讲,是疑虑大事不会成功。今天这项决定,不准有第二种意见!"众将都听从了他的话。二月辛巳这天是初一,在清水岸边的沙丘上摆设祭坛,刘玄登上皇帝大位,面朝南方站立,接受群臣朝见。刘玄羞愧得满脸流汗,举起手说不出话来。于是大赦天下,改年号为更始,任命堂叔刘良为国三老,王匡为定国上公,王凤为成国上公,朱鲔为大司马,刘縯为大司徒,陈牧为大司空,其他人都担任九卿、将军。从此以后,豪杰们感到失望,大多数心里不服气。

三月,王凤与太常、偏将军刘秀等人进攻昆阳、定陵、郾县,都攻下了。

王莽闻严尤、陈茂败,乃遣司空王邑驰传,与司徒王寻发兵平定山东;征诸明兵法六十三家以备军吏,以长人巨毋霸为垒尉,又驱诸猛兽虎、豹、犀、象之属以助威武。邑至洛阳,州郡各选精兵,牧守自将,定会者四十二万人,号百万;馀在道者,旌旗、辎重,千里不绝。夏五月,寻、邑南出颍川,与严尤、陈茂合。

诸将见寻、邑兵盛,皆反走,入昆阳,惶怖,忧念妻孥,欲散归诸城。刘秀曰:"今兵谷既少而外寇强大,并力御之,功庶可立,如欲分散,势无俱全。且宛城未拔,不能相救;昆阳即拔,一日之间,诸部亦灭矣。今不同心胆,共举功名,反欲守妻子财物邪!"诸将怒曰:"刘将军何敢如是!"秀笑而起。会候骑还,言:"大兵且至城北,军陈数百里,不见其后。"诸将素轻秀,及迫急,乃相谓曰:"更请刘将军计之。"秀复为图画成败,诸将皆曰:"诺。"时城中唯有八九千人,秀使王凤与廷尉大将军王常守昆阳,夜与五威将军李轶等十三骑出城南门,于外收兵。

时莽兵到城下者且十万,秀等几不得出。寻、邑纵兵围昆阳,严尤说邑曰:"昆阳城小而坚,今假号者在宛,亟进大兵,彼必奔走;宛败,昆阳自服。"邑曰:"吾昔围翟义,坐不生得以见责让,今将百万之众,遇城而不能下,非所以示威也。当先屠此城,蹀血而进,前歌后舞,顾不快邪!"遂围之数十重,列营百数,钲鼓之声闻数十里。或为地道、冲辒

王莽听说严尤、陈茂失败，就派遣司空王邑乘坐驿车飞速前往，跟司徒王寻等人发兵平定崤山以东地区；征召那些明习兵法的人六十三家，用来充任军吏，任命巨人巨毋霸为垒尉，又驱赶各种猛兽如虎、豹、犀牛、大象之类来增助军威。王邑到达洛阳，州郡各自挑选精兵，由州牧、太守自己率领，按规定前来汇合的有四十二万人，号称百万；其馀还在路上的，旌旗、运载物资的车队绵延千里而不断。夏季五月，王寻、王邑向南出兵颍川，与严尤、陈茂会合。

将领们见王寻、王邑的军队强盛，都往回跑，逃入昆阳城，惊惶恐怖，尤其担心妻子儿女，想分散回到各城中去。刘秀说："现在士兵和粮食既然很少，而外面的敌人很强大，我们齐心合力抵御，还有建立功业的可能，如果要分散，势必不能保全。而且宛城还没有攻克，不能前来相救；昆阳被攻下后，一天之内，各部也就全都灭亡了。现在你们不同心同德一道建立功名，反而想守住妻子儿女、财物吗？"将领们愤怒地说："刘将军怎么竟敢这样放肆？"刘秀笑着站起来。恰好碰上打探军情的骑兵回来，说："敌人的大军将到城北，摆列军队数百里，看不见它的阵尾。"将领们一向轻视刘秀，到了这迫切紧急的时候，就相互说："再请刘将军谋划吧。"刘秀又为他们反复谋划成败的对策，将领们都说："行！"当时城中只有八九千人，刘秀让王凤和廷尉、大将军王常守卫昆阳，连夜跟五威将军李轶等十三人骑马从城南门出城，到城外收集兵马。

当时王莽的军队到达城下的将近十万，刘秀等人几乎不能出城。王寻、王邑发兵围困昆阳，严尤劝王邑说："昆阳城小而坚固，现在假称帝号的人在宛城，马上调派大军进攻，对方肯定会逃走；宛城败后，昆阳自然会降服。"王邑说："我过去围攻翟义，因没把他活捉而被责怪。现在我率领百万大军，遇上城池而不能攻下，这不是显示威势的做法。应当先屠灭这座城，踏着血迹进军，前歌后舞，岂不痛快吗？"于是围困昆阳城数十重，军营排列上百座，战鼓声数里外都可以听见。有的挖掘地道、用战车

撞城,积弩乱发,矢下如雨,城中负户而汲。王凤等乞降,不许。寻、邑自以功在漏刻,不以军事为忧。严尤曰:"《兵法》'围城为之阙',宜使得逸出以怖宛下。"邑又不听。

棘阳守长岑彭与前队贰严说共守宛城。汉兵攻之数月,城中人相食,乃举城降。更始入都之。诸将欲杀彭,刘缜曰:"彭,郡之大吏,执心坚守,是其节也。今举大事,当表义士,不如封之。"更始乃封彭为归德侯。

刘秀至郾、定陵,悉发诸营兵,诸将贪惜财物,欲分兵守之。秀曰:"今若破敌,珍宝万倍,大功可成;如为所败,首领无馀,何财物之有!"乃悉发之。六月己卯朔,秀与诸营俱进,自将步骑千馀为前锋,去大军四五里而陈。寻、邑亦遣兵数千合战,秀奔之,斩首数十级。诸将喜曰:"刘将军平生见小敌怯,今见大敌勇,甚可怪也!且复居前,请助将军!"秀复进,寻、邑兵却,诸部共乘之,斩首数百、千级。连胜,遂前,诸将胆气益壮,无不一当百。秀乃与敢死者三千人从城西水上冲其中坚。寻、邑易之,自将万馀人行陈,敕诸营皆按部毋得动,独迎与汉兵战,不利,大军不敢擅相救。寻、邑陈乱,汉兵乘锐崩之,遂杀王寻。城中亦鼓噪而出,中外合势,震呼动天地。莽兵大溃,走者相腾践,伏尸百馀里。会大雷、风,屋瓦皆飞,雨下如注,滍川盛溢,虎豹皆

撞击城墙,弓弩向城内乱射,箭头就像下雨一样。城中的人背着门板去取水。王凤等人乞求投降,不被允许。王寻、王邑自以为成功已在顷刻之间,不担心军事上会出现其他变故。严尤说:"《兵法》上说'围城要为它留下一个缺口',让他们得以逃出,以使宛城下的汉兵害怕。"王邑又不听从。

棘阳守长岑彭和前队副帅严说一同守卫宛城。汉兵攻城几个月,城中人吃人,就献上城池投降。更始帝进入城中,并定都在此。将领们想杀岑彭,刘缤说:"岑彭,是一郡的长官,决心固守,这是他的气节所在。现在兴举大事,应该表彰义士,不如封赏他。"更始帝于是封岑彭为归德侯。

刘秀到达郾县、定陵,全部调发各营兵马,将领们贪图和吝惜财物,想分兵守护。刘秀说:"现在如果打败敌人,珍宝就是眼下的一万倍,大功也可以告成;如果被敌人打败,连脑袋都保不住,哪里还有什么财物?"于是全部征发了他们。六月己卯是初一,这天刘秀和各营兵马一起进军,亲自率领步卒、骑兵一千多人为前锋,在离大军四五里的地方摆下阵式。王寻、王邑也派兵数千人前来交战,刘秀直接冲击敌军,斩杀了数十人。将领们都高兴地说:"刘将军平生看见弱小的敌军都胆怯,现在看到强大的敌军却如此勇敢,真是十分奇怪!将军暂且再充当前锋,请让我们协助你!"刘秀再次进攻,王寻、王邑的军队后退,各部兵马一同乘机追杀,斩杀敌军首级数百上千颗。连战连胜,于是向前推进,将领们胆气更加豪壮,无不以一当百。刘秀于是带领敢于牺牲的三千人,从城西水上冲击敌军的中坚部位。王寻、王邑很轻视他们,亲自率领一万馀人巡行军阵,敕令各营都留在本部不许出动,独自迎上去与汉兵交战,战事不利,大军不敢擅自救援。王寻、王邑阵脚大乱,汉兵趁着锐气击溃敌军,于是杀死了王寻。城中的汉兵也擂鼓呐喊杀出城来,内外夹击,喊杀声震天动地。王莽的军队全线崩溃,逃跑的士卒自相践踏,尸体倒在地上遍布一百多里。恰巧碰上空中响惊雷,刮大风,房屋上的瓦都飞起了,大雨像灌注一样猛下,滍川的水势猛涨外溢,虎豹都

股战，士卒赴水溺死者以万数，水为不流。王邑、严尤、陈茂轻骑乘死人度水逃去，尽获其军实辎重，不可胜算，举之连月不尽，或燔烧其馀。士卒奔走，各还其郡，王邑独与所将长安勇敢数千人还洛阳，关中闻之震恐。于是海内豪桀翕然响应，皆杀其牧守，自称将军，用汉年号以待诏命。旬月之间，遍于天下。

刘秀复徇颍川，攻父城不下，屯兵巾车乡。颍川郡掾冯异监五县，为汉兵所获。异曰："异有老母在父城，愿归，据五城以效功报德！"秀许之。异归，谓父城长苗萌曰："诸将多暴横，独刘将军所到不虏略，观其言语举止，非庸人也！"遂与萌率五县以降。

新市、平林诸将以刘縯兄弟威名益盛，阴劝更始除之。秀谓縯曰："事欲不善。"縯笑曰："常如是耳。"更始大会诸将，取縯宝剑视之。绣衣御史申屠建随献玉玦，更始不敢发。縯舅樊宏谓縯曰："建得无有范增之意乎？"縯不应。李轶初与縯兄弟善，后更谄事新贵。秀戒縯曰："此人不可复信！"縯不从。縯部将刘稷，勇冠三军，闻更始立，怒曰："本起兵图大事者，伯升兄弟也。今更始何为者邪！"更始以稷为抗威将军，稷不肯拜。更始乃与诸将陈兵数千人，先收稷，将诛之，縯固争。李轶、朱鲔因劝更始并执縯，即日杀之。以族兄光禄勋赐为大司徒。秀闻之，自父城驰诣宛谢。司徒官属迎吊秀，秀不与交私语，惟深引过而已，

脚下打颤，士卒们跳入水中逃命而被淹死的有上万人，河水因此不能流动。王邑、严尤、陈茂的轻骑兵踏着死人的尸体渡过滍川逃离而去，汉军全部缴获了他们的军用物资，数量多得算不清，连月搬运不完，又把剩下的烧毁掉。王莽军的士卒拼命逃跑，各自回到他们的故郡，只有王邑和他所率领的长安勇敢士兵数千人回到洛阳。关中地区听到这个消息，震惊恐惧。自此，海内的豪杰一致响应，都杀死他们的州牧、郡守，自称将军，使用汉朝年号来等候诏命。一个月之内，遍布全天下。

刘秀又进攻颍川，攻打父城没攻下来，军队就驻扎在巾车乡。颍川郡掾冯异巡视五个县，被汉兵所俘获。冯异说："我有老母亲在父城，希望能让我回去，占据五座城池来立下功绩报答恩德。"刘秀同意了这一请求。冯异回去后，对父城长苗萌说："汉军的将领们大都残暴蛮横，只有刘将军所到之处不抢掠，我观察他的言谈举止，不是一般的人物。"于是就跟苗萌率领五个县投降。

新市、平林兵的将领们因为刘縯兄弟的威名越来越盛，暗中劝更始帝刘玄除掉他们。刘秀对刘縯说："事情好像不妙。"刘縯笑着说："情况常是这样。"更始帝会集所有部将，教刘縯拿出他的宝剑细看。绣衣御史申屠建随即献上玉玦，更始帝不敢发动。刘縯的舅舅樊宏对刘縯说："申屠建莫非有范增的意图？"刘縯不回答。李轶起初时跟刘縯兄弟友好，后来又另外谄媚事奉新贵。刘秀警告刘縯说："这个人不可以再信任！"刘縯不听从。刘縯的部将刘稷英勇顽强是三军之冠，听说拥立更始帝，愤怒地说："本来起兵图谋大事的是刘縯兄弟，现在更始帝想干什么？"更始帝任命刘稷为抗威将军，刘稷不肯接受。更始帝就和众将布置下士兵数千人，先逮捕了刘稷，打算诛杀他，刘縯坚决地为他争辩。李轶、朱鲔趁机劝更始帝把刘縯一齐抓起来，当天杀死了他们，更始帝任命自己的族兄光禄勋刘赐为大司徒。刘秀听到消息后，从父城急忙赶到宛城谢罪。司徒府的官属去迎接和安慰刘秀，刘秀不跟他们私下谈话，只是深深地检讨自己的罪过而已，

未尝自伐昆阳之功。又不敢为缧绖丧，饮食言笑如平常。更始以是惭，拜秀为破虏大将军，封武信侯。

更始遣王匡攻洛阳，申屠建、李松攻武关，京兆诸县及城中共起兵杀王莽。事见《王莽篡汉》。

王匡拔洛阳，生缚莽太师王匡、哀章，皆斩之。

更始将都洛阳，以刘秀行司隶校尉，使前整修宫府。秀乃置僚属，作文移，从事司察，一如旧章。时三辅吏士东迎更始，见诸将过，皆冠帻而服妇人衣，莫不笑之。及见司隶僚属，皆欢喜不自胜，老吏或垂涕曰："不图今日复见汉官威仪！"由是识者皆属心焉。

更始北都洛阳，分遣使者徇郡国，曰："先降者复爵位！"使者至上谷，上谷太守扶风耿况迎，上印绶，使者纳之，一宿，无还意。功曹寇恂勒兵入见使者，请之，使者不与，曰："天王使者，功曹欲胁之邪！"恂曰："非敢胁使君，窃伤计之不详也。今天下初定，使君建节衔命，郡国莫不延颈倾耳。今始至上谷而先堕大信，将复何以号令他郡乎！"使者不应。恂叱左右以使者命召况。况至，恂进取印绶带况。使者不得已，乃承制诏之，况受而归。

更始欲令亲近大将徇河北，大司徒赐言："诸家子独有文叔可用。"朱鲔等以为不可，更始狐疑，赐深劝之，更始乃以刘秀行大司马事，持节北度河，镇慰州郡。

未尝炫耀自己在昆阳大战中的功劳，又不敢替刘𬙂服丧，饮食言谈像平常一样。更始帝因此而感到内疚，拜授刘秀为破虏大将军，封为武信侯。

更始帝派遣王匡进攻洛阳，申屠建、李松进攻武关，京兆的各个县以及长安城中的百姓一同起兵杀死了王莽。事见《王莽篡汉》。

王匡攻克洛阳，活捉捆绑起王莽的太师王匡、哀章，把他们都杀了。

更始帝准备建都洛阳，任命刘秀代理司隶校尉职权，派他前去整修宫殿和官署。刘秀于是设置幕僚和官属，写作公文传递到辖区各地，处理政事跟西汉的规章制度一样。当时三辅的官吏百姓东去迎接更始帝，见众将经过，都用布包头，穿着妇人的衣服，人们没有不耻笑他们的。等到见了司隶校尉的幕僚和官属，都欢喜得不能自制，有的老吏流着泪水说："没想到今天又见到了汉朝官员的威仪！"从此，有见识的人都归心于刘秀了。

更始帝北进定都洛阳，分派使者去巡行各郡国，说："先投降的，恢复他的爵位！"使者到了上谷郡，上谷太守扶风人耿况迎接他，上交了原来的印章和绶带，使者接纳印章和绶带，过了一夜，没有归还的意思。功曹寇恂率兵前去面见使者，请他归还。使者不给，说："我是天王的使者，功曹你想威胁我吗？"寇恂说："不是我敢威胁使君，只是私下为你计谋不周而悲伤。现在天下刚刚安定，使君您执持旌节，领受皇命，各郡国没有不伸长脖子、侧着耳朵盼望您到来的。现在刚到上谷就先丧失了信誉，将靠什么去其他郡国发号施令呢？"使者不答话。寇恂喝令左右用使者的命令召唤耿况，耿况来后，寇恂向前取出印章和绶带给耿况佩带上。使者不得已，才按照旧制规定正式予以委任，耿况接受任命而回。

更始帝想让亲近的大将巡行黄河以北地区，大司徒刘赐说："刘姓各家的子弟，只有刘秀可以委用。"朱鲔等人认为不行，更始帝犹豫不决，刘赐进一步劝导他，更始帝于是任命刘秀代理大司马，带上符节向北渡过黄河，镇服和抚慰各个州郡。

以大司徒赐为丞相,令先入关修宗庙、宫室。

大司马秀至河北,所过郡县,考察官吏,黜陟能否,平遣囚徒,除王莽苛政,复汉官名。吏民喜悦,争持牛酒迎劳,秀皆不受。

南阳邓禹杖策追秀,及于邺。秀曰:"我得专封拜,生远来,宁欲仕乎?"禹曰:"不愿也。"秀曰:"即如是,何欲为?"禹曰:"但愿明公威德加于四海,禹得效其尺寸,垂功名于竹帛耳!"秀笑,因留宿间语。禹进说曰:"今山东未安,赤眉、青犊之属动以万数。更始既是常才而不自听断,诸将皆庸人屈起,志在财币,争用威力,朝夕自快而已,非有忠良明智、深虑远图,欲尊主安民者也。历观往古圣人之兴,二科而已,天时与人事也。今以天时观之,更始既立而灾变方兴;以人事观之,帝王大业非凡夫所任,分崩离析,形势可见。明公虽建藩辅之功,犹恐无所成立也。况明公素有盛德大功,为天下所向服,军政齐肃,赏罚明信。为今之计,莫如延揽英雄,务悦民心,立高祖之业,救万民之命,以公而虑,天下不足定也!"秀大悦,因令禹常宿止于中,与定计议。每任使诸将,多访于禹,皆当其才。

秀自兄缤之死,每独居辄不御酒肉,枕席有涕泣处,主簿冯异独叩头宽譬,秀止之曰:"卿勿妄言!"异因进说曰:"更始政乱,百姓无所依戴。夫人久饥渴,易为充饱。今公

更始帝任命大司徒刘赐为丞相，派他先进关内修缮宗庙、宫殿。

大司马刘秀到达河北地区，所经过的郡县，考察官吏，罢免无能的人，提拔有政绩的人，平断冤狱，遣放囚徒，废除王莽的苛政，恢复汉朝的官名。官吏百姓喜悦，争着带上牛肉、美酒迎接慰劳，刘秀一律不接受。

南阳人邓禹快马加鞭追赶刘秀，到邺城才追上。刘秀说："我有权自行封官拜爵，你从远道赶来，竟是想做官吗？"邓禹说："不想这样。"刘秀说："既然如此，你想干什么呢？"邓禹说："只希望明公的威望和仁德推行全天下，邓禹我能报效尺寸之力，在青史上留下功名罢了。"刘秀笑笑，随后留他住下秘密地交谈。邓禹进而劝说道："现在崤山以东还没安定，赤眉、青犊军之类，动不动就多以万计。更始帝本来是平庸之才，不能亲自做出决断，众将都是庸碌之辈，他们的志趣在于钱财，争相使用武力，朝夕之间，能自我快乐而已，没有忠直贤良、聪明智慧、深思远虑，打算尊崇君主、安定百姓的人。纵观古代圣人的兴起，只有两个条件而已，就是天时和人事。现在拿天时来看，更始帝登位后灾祸和变故开始出现；拿人事来看，帝王的伟大功业不是凡夫俗子所能胜任的，天下分崩离析，形势可以看出来。明公虽然建有辅佐的功绩，恐怕还不能事成名立。况且明公一向具有盛大的仁德和功勋，为天下人所向往和顺服，军事、政事整肃严明，赏罚分明而有信誉。根据现在的形势来筹谋，延揽英雄，务必使民心欢悦，建立汉高祖的大业，拯救万民的生命，以您的远虑，平定天下是不费事的！"刘秀万分高兴，就让邓禹常常留宿在自己帐中，跟他商定计谋。每次任命和选派将领，大都向邓禹征询意见，所选任的将领都能够胜任。

刘秀自从兄长刘縯死后，每次到他一个人居住的时候，就不喝酒吃肉，枕席上都会留有哭过的痕迹。主簿冯异单独叩头劝解宽慰他，刘秀制止他说："你不要乱说话！"冯异趁势进而劝告他说："更始帝处理政事十分混乱，百姓们没有可以依靠和拥戴的人。大抵人们长时间饥渴，就非常容易使他吃饱喝足。而现在明公您

专命方面,宜分遣官属徇行郡县,宣布惠泽。"秀纳之。骑都尉宋子耿纯谒秀于邯郸,退,见官属将兵法度不与他将同,遂自结纳。

王莽时,长安中有自称成帝子子舆者,莽杀之。邯郸卜者王郎缘是诈称真子舆,立为天子,移檄州郡,赵国以北、辽东以西皆望风响应。

二年春正月,大司马秀以王郎新盛,乃北徇蓟。

申屠建、李松自长安迎更始迁都。二月,更始发洛阳。初,三辅豪桀假号诛莽者,人人皆望封侯。申屠建既斩王宪,又扬言:"三辅儿大黠,共杀其主。"吏民惶恐,属县屯聚,建等不能下。更始至长安,乃下诏大赦,非王莽子,他皆除其罪。于是三辅悉平。

时长安唯未央宫被焚,其馀宫室、供帐、仓库、官府皆案堵如故,市里不改于旧。更始居长乐宫,升前殿,郎吏以次列庭中。更始羞怍,俯首刮席,不敢视。诸将后至者,更始问:"虏掠得几何?"左右侍官皆宫省久吏,惊愕相视。

李松与棘阳赵萌说更始宜悉王诸功臣。朱鲔争之,以为高祖约,非刘氏不王。更始乃先封诸宗室:祉为定陶王,庆为燕王,歙为元氏王,嘉为汉中王,赐为宛王,信为汝阴王;然后立王匡为泚阳王,王凤为宜城王,朱鲔为胶东王,王常为邓王,申屠建为平氏王,陈牧为阴平王,卫尉大将军张卬为淮阳王,执金吾大将军廖湛为穰王,尚书胡殷为随王,柱天大将军李通为西平王,五威中郎将李轶为舞阴王,

独当一面,应该分别派遣官属巡行各郡县,宣明并施布恩惠德泽。"刘秀采纳了他的意见。骑都尉宋子县人耿纯在邯郸拜见刘秀,退出时,见他的官属统领军队的法度与其他将领不同,就主动结交刘秀。

王莽在位时,长安城中有一个自称汉成帝的儿子刘子舆的人,王莽杀掉了他。邯郸的算卦先生王郎就根据这件事诈称是真的刘子舆,被当地拥立为天子,传布檄文到各州郡,赵国以北、辽东以西的地方,都望风响应。

二年(24)春季正月,大司马刘秀因王郎刚刚兴盛,就向北占领蓟州。

申屠建、李松从长安迎接更始帝迁都。二月,更始帝向洛阳进发。起初,三辅地区的豪杰假借汉军名义诛杀王莽的,人人都盼望封侯。申屠建斩杀王宪后,又扬言:"三辅的小子太狡诈,共同杀害了他们的君主。"官吏百姓惊慌恐惧,各属县聚集人众,筑垒自守,申屠建等人不能攻克下来。更始帝到长安,就下诏书实行大赦,只要不是王莽的后代,其他的人都免除罪罚。于是三辅全部平定。

当时,长安只有未央宫被焚毁,其馀的宫室、供帐、仓库、官府都像原来一样完好无缺,集市、居住区也没有改变过去的模样。更始帝入居长乐宫,升座前殿,郎官吏员按次序排列在厅堂中。更始帝羞惭得脸色都变了,低着脑袋,用手指刮着席子,不敢抬起头看一眼。将领们有后到的,更始帝问他们:"抢掠到多少财物?"左右侍从官员都是在宫中很久的官员,惊愕得面面相觑。

李松和棘阳人赵萌劝说更始帝应该封诸功臣为王。朱鲔争辩,认为汉高祖事先规定,不是刘氏不封王。刘玄于是先封刘氏宗族:刘祉为定陶王,刘庆为燕王,刘歙为元氏王,刘嘉为汉中王,刘赐为宛王,刘信为汝阴王;然后封王匡为沘阳王,王凤为宜城王,朱鲔为胶东王,王常为邓王,申屠建为平氏王,陈牧为阴平王,卫尉大将军张卬为淮阳王,执金吾大将军廖湛为穰王,尚书胡殷为随王,柱天大将军李通为西平王,五威中郎将李轶为舞阴王,

水衡大将军成丹为襄邑王，骠骑大将军宗佻为颍阴王，尹尊为郾王。唯朱鲔辞不受，乃以鲔为左大司马，宛王赐为前大司马，使与李轶等镇抚关东，又使李通镇荆州，王常行南阳太守事。以李松为丞相，赵萌为右大司马，共秉内任。

更始纳赵萌女为夫人，故委政于萌，日夜饮宴后庭。群臣欲言事，辄醉不能见，时不得已，乃令侍中坐帷内与语。韩夫人尤嗜酒，每侍饮，见常侍奏事，辄怒曰：“帝方对我饮，正用此时持事来邪！”起，抵破书案。赵萌专权，生杀自恣。郎吏有说萌放纵者，更始怒，拔剑斩之，自是无敢复言。以至群小、膳夫皆滥授官爵，长安为之语曰：“灶下养，中郎将。烂羊胃，骑都尉。烂羊头，关内侯。”军师将军李淑上书谏曰：“陛下定业，虽因下江、平林之势，斯盖临时济用，不可施之既安。唯名与器，圣人所重，今加非其人，望其裨益万分，犹缘木求鱼、升山采珠。海内望此，有以窥度汉祚！”更始怒，因之。诸将在外者皆专行诛赏，各置牧守，州郡交错，不知所从。由是关中离心，四海怨叛。

耿况遣其子弇奉奏诣长安，弇时年二十一。行至宋子，会王郎起，弇从吏孙仓、卫包曰：“刘子舆，成帝正统，舍此不归，远行安之！”弇按剑曰：“子舆弊贼，卒为降虏耳！我至长安，与国家陈渔阳、上谷兵马，归发突骑，以轥乌合之众，如摧枯折腐耳。观公等不识去就，族灭不久也！”仓、

水衡大将军成丹为襄邑王,骠骑大将军宗佻为颍阴王,尹尊为郾王。只有朱鲔推辞不接受,就任命朱鲔为左大司马,宛王刘赐为前大司马,派他和李轶等人镇服和抚慰关东地区。又派遣李通坐镇荆州,王常代理南阳太守的职务。任命李松为丞相,赵萌为右大司马,共同掌管朝中大事。

更始帝收纳赵萌的女儿为夫人,所以把政事委托给赵萌,日夜在后庭设宴饮酒。大臣们想奏禀政事,他常常是醉酒不能接见,有时不得已,就让侍中坐在帷幄中跟大臣谈话。韩夫人尤其酷好喝酒,每当侍奉更始帝喝酒时,见常侍来启奏政事,就发怒说:"皇上正在和我对饮,你偏偏在这时拿政事来启奏干什么?"起身就撞坏了书案。赵萌独揽大权,生杀随心所欲。郎吏中有人说赵萌放纵,更始帝勃然大怒,拔出剑来击杀了他,从此以后没有人再敢说赵萌的不是。以至于一群奴仆、厨师都滥自授予官爵,长安人把这件事编成歌谣说:"在灶下供养,封给中郎将。煮烂羊胃,封给骑都尉。炖烂羊头,封给关内侯。"军师将军李淑上书劝谏说:"陛下创定大业,虽然借助下江、平林兵的势力,这是临时用来解决急需的,不能施用于安定之时。爵号和车服,是圣人所看重的,现在授给了不该授给的人,希望他们能对国家有万分之一的补益,这就好像爬到树上去捉鱼,跑到山上去采珍珠。天下人看到这种情况,就有理由来窥探和揣度汉朝的江山了!"更始帝听后大怒,囚禁了李淑。在朝廷外的将领们都独断专行,随意诛杀赏赐,各自设置牧守,州郡交叉错杂,不知道服从谁好。因此,关中的人们离心,天下怨恨叛乱。

耿况派他的儿子耿弇带上奏章到长安,耿弇当时二十一岁。走到宋子县,碰上王郎起事,耿弇的随从官员孙仓、卫包说:"刘子舆,是成帝的正统嫡传,舍弃他不投靠,远走到哪里去呢?"耿弇手按宝剑说:"刘子舆是个骗人的奸贼,终究会是个败降的俘虏罢了。我到长安,为国家详禀渔阳、上谷的兵马情况,回去后征发骑兵突击队,用来践踏这帮乌合之众,就像摧枯拉朽一样。我看你们不懂得何去何从,离宗族诛灭的时候就不远了!"孙仓、

包遂亡,降王郎。

　　弇闻大司马秀在卢奴,乃驰北上谒。秀留署长史,与俱北至蓟。王郎移檄购秀十万户。秀令功曹令史颍川王霸至市中募人击王郎,市人皆大笑,举手邪揄之,霸惭懅而反。秀将南归,耿弇曰:"今兵从南方来,不可南行。渔阳太守彭宠,公之邑人;上谷太守,即弇父也。发此两郡控弦万骑,邯郸不足虑也。"秀官属腹心皆不肯,曰:"死尚南首,奈何北行入囊中!"秀指弇曰:"是我北道主人也。"

　　会故广阳王子接起兵蓟中以应郎,城内扰乱,言邯郸使者方到,二千石以下皆出迎。于是秀趣驾而出,至南城门,门已闭;攻之,得出,遂晨夜南驰,不敢入城邑,舍食道傍。至芜蒌亭,时天寒烈,冯异上豆粥。至饶阳,官属皆乏食。秀乃自称邯郸使者,入传舍,传吏方进食,从者饥,争夺之。传吏疑其伪,乃椎鼓数十通,给言"邯郸将军至",官属皆失色。秀升车欲驰,既而惧不免,徐还坐,曰:"请邯郸将军入。"久,乃驾去。晨夜兼行,蒙犯霜雪,面皆破裂。

　　至下曲阳,传闻王郎兵在后,从者皆恐。至滹沱河,候吏还白"河水流澌,无船,不可济"。秀使王霸往视之。霸恐惊众,欲且前,阻水还,即诡曰:"冰坚可度。"官属皆喜。秀笑曰:"候吏果妄语也!"遂前。比至河,河冰亦合,乃令王霸护度,未毕数骑而冰解。至南宫,遇大风雨,秀引车

卫包于是逃走,投降王郎。

耿弇听说大司马刘秀在卢奴县,就飞驰北上去谒见。刘秀把他留下并授予长史一职,和他一起向北到蓟州。王郎传布檄文,用十万户的封邑作悬赏,购求刘秀的人头。刘秀命功曹令史颍川人王霸到集市中去招募人击杀王郎,集市中的人都大笑,抬手揶揄他,王霸羞惭惶恐地返回。刘秀打算撤回到南部,耿弇说:"现在我军从南部来,不能再向南部行进。渔阳太守彭宠,是明公您的同乡;上谷太守,就是我的父亲。征发这两个郡的军队,射手骑兵多达万人,邯郸不值得忧虑。"刘秀的官属心腹都不同意,说:"人死了,头还尚且朝向南方,为什么要向北去投入别人的口袋中呢?"刘秀指着耿弇说:"这就是我的北道主人。"

恰逢此时原广阳王的儿子刘接在蓟城中起兵响应王郎,城内混乱,传言邯郸的使者刚到,二千石以下的官员都出去迎接。于是刘秀急忙驾车出城,到南城门,城门已经关闭,攻击城门才得以逃出,于是日夜不停,向南急驰,不敢进入城邑,吃饭睡觉都在路旁。到芜蒌亭,当时天寒地冻,冯异敬上豆粥。到饶阳县时,官属们都腹中缺食。刘秀就自称是邯郸来的使者,进入驿站的房舍,驿站的吏员正在吃饭,刘秀的随从很饥饿,上前争夺饭吃。驿站的吏员怀疑他们有假,就击鼓数十通,哄骗说"邯郸将军来到",刘秀的官属都大惊失色。刘秀上车想要逃跑,不一会儿又怕难以逃脱,就慢慢地回来坐下,说:"请邯郸将军进来。"过了很久,才驾车离去。日夜兼程,冒着霜雪,脸上都冻裂了。

到达下曲阳县时,传闻王郎的军队在后面,随从的人都恐慌起来。到了滹沱河,探听消息的吏员回来说"河水中流动着冰块,没有船,不能渡过去"。刘秀派王霸前往探视。王霸担心众人惊慌,想暂且让众人前行,被水阻拦再回去,就谎报说:"冰很坚固,可以渡过。"下属的官吏们都很高兴。刘秀笑着说:"探听消息的吏员果然是瞎说!"于是前行。等到行至河边,河里的冰块也合拢起来了,就命令王霸护卫渡河,还有几个人没有完全渡过去,冰就化解了。到达南宫县时,又遇上大风雨,刘秀把马车

入道傍空舍，冯异抱薪，邓禹爇火，秀对灶燎衣，冯异复进麦饭。

进至下博城西，惶惑不知所之。有白衣老父在道旁，指曰："努力！信都郡为长安城守，去此八十里。"秀即驰赴之。是时郡国皆已降王郎，独信都太守南阳任光、和戎太守信都邳肜不肯从。光自以孤城独守，恐不能全，闻秀至，大喜，吏民皆称万岁。邳肜亦自和戎来会，议者多言可因信都兵自送，西还长安，邳肜曰："吏民歌吟思汉久矣，故更始举尊号而天下响应，三辅清宫除道以迎之。今卜者王郎，假名因势，驱集乌合之众，遂振燕、赵之地，无有根本之固。明公奋二郡之兵以讨之，何患不克！今释此而归，岂徒空失河北，必更惊动三辅，堕损威重，非计之得者也。若明公无复征伐之意，则虽信都之兵，犹难会也。何者？明公既西，则邯郸势成，民不肯捐父母、背成主而千里送公，其离散亡逃可必也！"秀乃止。

秀以二郡兵弱，欲入城头子路、刁子都军中，任光以为不可。乃发傍县，得精兵四千人，拜任光为左大将军，信都都尉李忠为右大将军，邳肜为后大将军、和戎太守如故，信都令万脩为偏将军，皆封列侯。留南阳宗广领信都太守事，使任光、李忠、万脩将兵以从，邳肜将兵居前。任光乃多作檄文曰："大司马刘公将城头子路、刁子都兵百万众从东方来，击诸反虏！"遣骑驰至钜鹿界中。吏民得檄，传相告语。

赶到路边的空房中,冯异抱来柴木,邓禹点燃火,刘秀对着灶坑烘烤湿衣,冯异又呈上麦饭。

刘秀等人继续前进到达下博城西,惶恐迷惑得不知道该往哪里走。有一位穿着白色衣服的老人在路边,指引他们说:"努力吧!信都郡还是在为长安刘氏保守城池,离这里八十里。"刘秀马上赶赴信都。这时,各郡国都已投降王郎,只有信都太守南阳人任光、和戎太守信都人邳肜不肯归从。任光自认为独守一座孤城,恐怕不能保全,听说刘秀来到,非常高兴,官吏百姓齐呼万岁。邳肜也从和戎前来会集,商量对策的人大多提议可以借助信都的军队自行护送,向西回到长安,邳肜说:"官吏百姓歌颂吟唱思念汉朝已经很久了,所以更始帝称尊号而天下响应,三辅的人们清理宫殿、洒扫道路来迎接他。现在算卦的王郎盗用刘子舆的名字,利用形势,驱使和招集乌合之众,于是声振燕、赵这片地区,没有坚固的根基。明公您使两个郡的兵马振奋起来讨伐他,何须担心不能战胜?现在放弃这个机会回归,哪里只是白白丢失黄河以北地区,肯定会重新惊动三辅,毁坏和减弱您的威望,不是好计策。如果明公您没有再征伐的意向,那么即使是信都的军队也难再召集。为什么呢?明公既已西去,那么邯郸的局势就确定了,老百姓不愿抛弃父母、背叛现成的君主而千里迢迢地去护送明公您,他们肯定会离散和逃亡的。"刘秀于是留了下来。

刘秀因为二郡的兵马太弱,想要去投奔城头子路、刁子都的军队中,任光认为不行。于是在附近各县征集兵马,得到精兵四千人。刘秀封拜任光为左大将军,信都都尉李忠为右大将军,邳肜为后大将军,和戎太守的旧职仍然保留,信都令万脩为偏将军,全都封为列侯。留下南阳人宗广兼管信都太守的事务,让任光、李忠、万脩率军随从自己,派邳肜率军充当前锋。任光于是大量撰写檄文说:"大司马刘公率领城头子路、刁子都的军队一百万人,从东方西征,进击各路反叛的贼虏!"派出骑兵飞速传布到钜鹿郡界中。官吏百姓们看到檄文,都互相传递谈论。

秀投暮入堂阳界，多张骑火，弥满泽中，堂阳即降；又击贳县，降之。城头子路者，东平爰曾也，寇掠河、济间，有众二十余万，刁子都有众六七万，故秀欲依之。昌城人刘植聚兵数千人据昌城，迎秀，秀以植为骁骑将军。耿纯率宗族宾客二千余人，老病者皆载木自随，迎秀于育，拜纯为前将军。进攻下曲阳，降之。众稍合，至数万人，复北击中山。耿纯恐宗家怀异心，乃使从弟诉宿归，烧庐舍以绝其反顾之望。

秀进拔卢奴，所过发奔命兵，移檄边郡共击邯郸，郡县还复响应。时真定王杨起兵附王郎，众十余万，秀遣刘植说杨，杨乃降。秀因留真定，纳杨甥郭氏为夫人以结之。进击元氏、防子，皆下之。至鄗，击斩王郎将李恽；至柏人，复破郎将李育。育还保城，攻之，不下。

南郑人延岑起兵据汉中，汉中王嘉击降之，有众数十万。校尉南阳贾复见更始政乱，乃说嘉曰："今天下未定，而大王安守所保，所保得无不可保乎？"嘉曰："卿言大，非吾任也。大司马在河北，必能相用。"乃为书荐复及长史南阳陈俊于刘秀。复等见秀于柏人，秀以复为破虏将军，俊为安集掾。

秀舍中儿犯法，军市令颍川祭遵格杀之，秀怒，命收遵。主簿陈副谏曰："明公常欲众军整齐，今遵奉法不避，是教令所行也。"乃贳之，以为刺奸将军，谓诸将曰："当备祭遵！吾舍中儿犯法尚杀之，必不私诸卿也。"

刘秀在天快黑的时候进入堂阳县界，让骑兵多举火把，弥漫和充斥沼泽地中，堂阳立即投降；又进击贳县，招降了它。城头子路，就是东平人爰曾，在黄河、济水之间劫掠进犯，拥有部众二十多万，刁子都拥有部众六七万，所以刘秀想去依附他们。昌城人刘植聚集兵马数千人，占据昌城迎候刘秀，刘秀任命刘植为骁骑将军。耿纯率领宗族和宾客二千多人，年老多病的都带上棺材自动跟随着，在育县迎接刘秀，刘秀封拜耿纯为前将军。进攻下曲阳县，招降了它。部众逐渐聚合，多到数万人，又向北进击中山国。耿纯担心本族人再怀异心，就派堂弟耿䜣夜里回去，烧毁了房舍，以断绝他们的反悔之心。

刘秀进军攻下卢奴县，在所经过的地方征发奔命部队，传布檄文到边境各郡，号召他们共同进击邯郸，各郡县都回复表示响应。当时真定王刘杨起兵依附王郎，部众有十馀万，刘秀派刘植去游说刘杨，刘杨于是投降。刘秀随后留驻在真定，迎娶刘杨的外甥女为夫人来结纳他。进军攻击元氏县、防子县，全都攻了下来。到了鄗县，击杀王郎的将军李恽；到柏人县，又打败了王郎的将军李育。李育撤回去保卫城池，刘秀进攻他，没能攻下。

南郑人延岑起兵，占据了汉中，汉中王刘嘉打败并招降了他，拥有部众数十万。校尉南阳人贾复见更始帝朝政治混乱，就劝刘嘉说："现在天下尚未平定，而大王您安心守护你所保卫的人，但你所保卫的人是否一定保得住呢？"刘嘉说："你说的事情太大了，这不是我的使命。大司马在黄河以北，一定能任用你。"就写信向刘秀推荐贾复以及长史南阳人陈俊。贾复等人在柏人县拜见刘秀，刘秀任命贾复为破虏将军，陈俊为安集掾。

刘秀住舍中的年轻仆人犯了法，军市令颍川人祭遵击杀了他，刘秀大怒，下令逮捕祭遵。主簿陈副劝谏说："明公常常要求军纪严整一致，现在祭遵奉守军法，没有避忌，这正是您的教令在贯彻施行啊。"于是刘秀赦免了祭遵，让他做刺奸将军，对将领们说："你们应该防备祭遵！我的小仆人犯法尚且被他杀了，他一定不会偏袒你们。"

　　或说大司马秀以守柏人不如定钜鹿，秀乃引兵东北拔广阿。秀披舆地图，指示邓禹曰："天下郡国如是，今始乃得其一。子前言以吾虑天下不足定，何也？"禹曰："方今海内淆乱，人思明君，犹赤子之慕慈母。古之兴者在德薄厚，不以大小也！"

　　蓟中之乱，耿弇与刘秀相失，北走昌平，就其父况，因说况击邯郸。时王郎遣将徇渔阳、上谷，急发其兵，北州疑惑，多欲从之。上谷功曹寇恂、门下掾闵业说况曰："邯郸拔起，难可信向。大司马，刘伯升母弟，尊贤下士，可以归之。"况曰："邯郸方盛，力不能独拒，如何？"对曰："今上谷完实，控弦万骑，可以详择去就。恂请东约渔阳，齐心合众，邯郸不足图也！"况然之，遣恂东约彭宠，欲各发突骑二千匹、步兵千人诣大司马秀。

　　安乐令吴汉、护军盖延、狐奴令王梁亦劝宠从秀，宠以为然。而官属皆欲附王郎，宠不能夺。汉出止外亭，遇一儒生，召而食之，问以所闻。生言："大司马刘公，所过为郡县所称，邯郸举尊号者，实非刘氏。"汉大喜，即诈为秀书，移檄渔阳，使生赍以诣宠，令具以所闻说之。会寇恂至，宠乃发步骑三千人，以吴汉行长史，与盖延、王梁将之，南攻蓟，杀王郎大将赵闳。

　　寇恂还，遂与上谷长史景丹及耿弇将兵俱南，与渔阳军合，所过击斩王郎大将、九卿、校尉以下，凡斩首三万级，定涿郡、中山、钜鹿、清河、河间凡二十二县。前及广阿，闻

有人劝说大司马刘秀，认为驻守柏人县不如平定钜鹿郡，刘秀于是率军向东北挺进，攻下广阿县。刘秀打开地图，指划着对邓禹说："天下的郡国这样多，现在我们才得到其中一个。你从前说忧虑天下不能平定是多馀的，为什么？"邓禹说："现在海内混乱，人人思念英明的君主，就好像心地纯真的儿子思慕慈母一样。古代兴起的帝王大业，在于仁德的厚薄，不靠力量的大小！"

　　蓟城城中发生变乱时，耿弇和刘秀失散了。耿弇向北逃到昌平，到他父亲耿况那里，趁势劝说耿况进击邯郸。当时王郎派将军去巡行渔阳、上谷郡，紧急调动他们的人马，北部州郡全都疑虑迷惑，大多想要服从王郎。上谷功曹寇恂、门下掾闵业劝耿况说："邯郸突然兴起，难以信赖和投靠。大司马是刘伯升的同母弟弟，礼贤下士，可以归附他。"耿况说："邯郸正兴盛，凭我们的力量不能单独抵抗，怎么办？"寇恂回答说："现在上谷完好充实，射箭骑马的士兵有一万人，可以审慎地选择到底归从谁。我请您允许我东去与渔阳结约，齐心合兵，邯郸就不值得忧虑了。"耿况同意，就派寇恂东去与彭宠结约，想各自调集骑兵突击队二千人、步兵一千人，去投奔大司马刘秀。

　　安乐县令吴汉、护军盖延、狐奴县令王梁也劝彭宠跟从刘秀，彭宠认为很对。而他的官属都想归附王郎，彭宠不能定夺。吴汉出城，在城外亭中歇息，遇上一位儒生，把他召来供给饮食，向他询问听到的消息。儒生说："大司马刘秀，所经过的地方，都被各郡县所称颂。邯郸称尊号的人，实际上不是刘氏。"吴汉大喜，就伪造刘秀的书信，在渔阳传布檄文，让儒生带上去拜见彭宠，让他把听到的情况详细告诉彭宠。恰好寇恂到来，彭宠就调发步兵、骑兵三千人，委派吴汉代理长史一职，与盖延、王梁率领这些人马，向南进攻蓟州，杀死王郎的大将赵闳。

　　寇恂回到上谷郡后，就和上谷长史景丹以及耿弇率军一齐南进，与渔阳部队会合，所经过的地方，攻击和斩杀了王郎任命的大将、九卿、校尉以下，共计约三万人，平定了涿郡、中山、钜鹿、清河、河间县共二十二个县。部队的前锋到达广阿县之后，听说

城中车骑甚众,丹等勒兵问曰:"此何兵?"曰:"大司马刘公也。"诸将喜,即进至城下。城中初传言二郡兵为邯郸来,众皆恐。刘秀自登西城楼勒兵问之。耿弇拜于城下,即召入,具言发兵状。秀乃悉召景丹等入,笑曰:"邯郸将帅数言我发渔阳、上谷兵,吾聊应言'我亦发之',何意二郡良为吾来!方与士大夫共此功名耳。"乃以景丹、寇恂、耿弇、盖延、吴汉、王梁皆为偏将军,使还领其兵,加耿况、彭宠大将军,封况、宠、丹、延皆为列侯。

吴汉为人,质厚少文,造次不能以辞自达,然沈勇有智略。邓禹数荐之于秀,秀渐亲重之。

更始遣尚书令谢躬率六将军讨王郎,不能下。秀至,与之合军,东围钜鹿,月馀未下。王郎遣将攻信都,大姓马宠等开城内之。更始遣兵攻破信都,秀使李忠还,行太守事。王郎遣将倪宏、刘奉率数万人救钜鹿,秀逆战于南䜌,不利。景丹等纵突骑击之,宏等大败。秀曰:"吾闻突骑天下精兵,今见其战,乐可言邪!"

耿纯言于秀曰:"久守钜鹿,士众疲弊,不如及大兵精锐,进攻邯郸,若王郎已诛,钜鹿不战自服矣。"秀从之。夏四月,留将军邓满守钜鹿,进军邯郸,连战,破之。郎乃使其谏大夫杜威请降。威雅称郎实成帝遗体,秀曰:"设使成帝复生,天下不可得,况诈子舆者乎!"威请求万户侯,秀曰:"顾得全身可矣!"威怒而去。秀急攻之,二十馀日。五

城中兵马很多，景丹就停军询问说："这是谁的军队？"对方回答说："是大司马刘公的军队。"众将听后很高兴，就进军来到城下。城中起初都传言这两个郡的军队是王郎派来的，众人都很害怕。刘秀亲自登上西城城楼，整治军队，询问来意。耿弇拜倒在城下，刘秀马上召他进城，他详尽述说了发兵的情况。刘秀于是把景丹等人全部召入城内，笑着说："邯郸的将帅多次说要征发渔阳、上谷的兵马，我也姑且回答他们'我也要征发二郡兵马'，想不到二郡确实是为我而来。我正要与士大夫共同享有这种功名！"于是就任命景丹、寇恂、耿弇、盖延、吴汉、王梁都为偏将军，让他们回去统领各自的兵马，加授耿况、彭宠为大将军，耿况、彭宠、景丹、盖延都被封为列侯。

吴汉为人朴实敦厚而不善言辞，仓促之下不能用言语表达自己的意思，但沉着而有谋略。邓禹多次向刘秀推荐他，刘秀渐渐地亲近和重用他。

更始帝调遣尚书令谢躬率领六位将军讨伐王郎，攻打不下来。刘秀到后，跟他们汇合，向东围攻钜鹿，一个多月没有攻下。王郎派将领进攻信都，信都大户马宠等人打开城门让他们进城。更始帝派兵又攻破了信都，刘秀让李忠返回信都，代行太守职权。王郎派将领倪宏、刘奉率领数万人马来援救钜鹿，刘秀在南䜌县迎战，未获战果。景丹等人指挥骑兵突击队冲击敌阵，倪宏等人大败。刘秀说："我听说骑兵突击队是天下的精兵，如今看到它的战斗气势，高兴得不能用言语表达！"

耿纯向刘秀建议说："我们长久据守在钜鹿城，士卒疲愈，不如和大军精锐部队进攻邯郸，如果王郎已被诛灭，钜鹿用不着战斗就会自服了。"刘秀听从了他的建议。夏季四月，留下将军邓满守卫钜鹿，刘秀率军进军邯郸，连战连胜。王郎于是派遣他的谏大夫杜威请求投降。杜威强调王郎确实是成帝的儿子，刘秀说："假使成帝复活，也不可能得到天下，更何况是假的刘子舆呢！"杜威请求封给他万户侯爵位，刘秀说："让他保全住性命就可以了。"杜威气愤地离去。刘秀加紧攻城，历时二十多天。五

月甲辰,郎少傅李立开门内汉兵,遂拔邯郸。郎夜亡走,王霸追斩之。秀收郎文书,得吏民与郎交关谤毁者数千章。秀不省,会诸将军烧之,曰:"令反侧子自安!"

秀部分吏卒各隶诸军,士皆言愿属大树将军。大树将军者,偏将军冯异也,为人谦退不伐,敕吏士非交战受敌,常行诸营之后。每所止舍,诸将并坐论功,异常独屏树下,故军中号曰"大树将军"。

护军宛人朱祐从容言于秀曰:"长安政乱,公有日角之相,此天命也!"秀曰:"召刺奸收护军!"祐乃不敢复言。

更始遣使立秀为萧王,悉令罢兵,与诸将有功者诣行在所;遣苗曾为幽州牧,韦顺为上谷太守,蔡充为渔阳太守,并北之部。

萧王居邯郸宫,昼卧温明殿,耿弇入,造床下请间,因说曰:"吏士死伤者多,请归上谷益兵。"萧王曰:"王郎已破,河北略平,复用兵何为?"弇曰:"王郎虽破,天下兵革乃始耳。今使者从西方来,欲罢兵,不可听也。铜马、赤眉之属数十辈,辈数十百万人,所向无前,圣公不能办也,败必不久。"萧王起坐曰:"卿失言,我斩卿!"弇曰:"大王哀厚弇如父子,故敢披赤心。"萧王曰:"我戏卿耳,何以言之?"弇曰:"百姓患苦王莽,复思刘氏,闻汉兵起,莫不欢喜,如去虎口得归慈母。今更始为天子,而诸将擅命于山东,贵戚纵横于都内,虏掠自恣,元元叩心,更思莽朝,是以知其必败也。公功名已著,以义征伐,天下可传檄而定也。天下

月甲辰(初一),王郎的少傅李立打开城门迎接汉军,于是攻克邯郸。王郎趁夜逃跑,王霸追杀了他。刘秀没收王郎的文书,得到官吏百姓与王郎勾结毁谤他的奏章好几千篇。刘秀不看,会集将军们把它们烧了,刘秀说:"让那些反叛的人安心!"

刘秀重新调整军吏士卒,隶属各支部队,士卒们都说愿意隶属大树将军。大树将军,就是偏将军冯异,他为人谦逊辞让,不自我炫耀,严令军吏士卒除非交战或受到敌军攻击的时候,其他时候都要走在各营的后面。每次军队驻扎宿营,将领们坐在一起排定功劳,冯异总是独自坐在树下,所以军中称他为"大树将军"。

护军宛人朱祐不慌不忙地对刘秀说:"长安政事混乱,明公有额骨隆起像太阳的帝王之相,这是天命啊!"刘秀说:"召刺奸将军把护军抓起来!"朱祐于是不敢再讲这类话了。

更始帝派使者前来封立刘秀为萧王,让他把军队全部解散,与有功绩的将领们一起返回长安;委派苗曾为幽州牧,韦顺为上谷太守,蔡充为渔阳太守,一起北上赴任。

萧王刘秀居住在邯郸宫,白天在温明殿睡觉,耿弇走进来,到床下请求密谈,乘机说:"军吏士卒死伤的很多,请让我回上谷郡补充军队。"萧王说:"王郎已经被击破,黄河以北也基本平定,还要兵马干什么?"耿弇说:"王郎虽然被消灭,天下的兵争才刚刚开始罢了。现在使者从西方前来,要求我们罢兵,不能顺从。铜马、赤眉这类军队有数十支,每支有十万到百万人,所向无敌,刘玄没有能力对付,不久就会失败。"萧王起身坐立说:"你失言了,我要处死你!"耿弇说:"大王怜爱和优待我如同父子,所以我才敢向您披露我的赤胆忠心。"萧王说:"我跟你开个玩笑罢了,你为什么这样说?"耿弇说:"百姓们被王莽害得苦不堪言,又思念刘氏,听说汉兵兴起,没有不欢喜的,就好像脱离虎口而回到慈母身边。现在更始帝做天子,而将领们在崤山以东地区独断专行,贵族亲戚在都城中横行霸道,任意劫掠,百姓们叩击胸口,又思念王莽新朝,所以知道更始帝一定失败。明公功绩和名声已很显赫,凭借仁义征伐,散发檄文,天下就可以平定。天下

至重,公可自取,毋令他姓得之!"萧王乃辞以河北未平,不就征,始贰于更始。

是时,诸贼铜马、大肜、高湖、重连、铁胫、大枪、尤来、上江、青犊、五校、五幡、五楼、富平、获索等各领部曲,众合数百万人,所在寇掠。萧王欲击之,乃拜吴汉、耿弇俱为大将军,持节北发幽州十郡突骑。苗曾闻之,阴敕诸郡不得应调。吴汉将二十骑先驰至无终,曾出迎于路,汉即收曾,斩之。耿弇到上谷,亦收韦顺、蔡充,斩之。北州震骇,于是悉发其兵。

秋,萧王击铜马于鄡,吴汉将突骑来会清阳,士马甚盛。汉悉上兵簿于莫府,请所付与,不敢自私,王益重之。王以偏将军沛国朱浮为大将军、幽州牧,使治蓟城。铜马食尽,夜遁,萧王追击于馆陶,大破之。受降未尽,而高湖、重连从东南来,与铜马馀众合,萧王复与大战于蒲阳,悉破降之,封其渠帅为列侯。诸将未能信贼,降者亦不自安。王知其意,敕令降者各归营勒兵,自乘轻骑按行部陈。降者更相语曰:"萧王推赤心置人腹中,安得不投死乎!"由是皆服,悉以降人分配诸将,众遂数十万。赤眉别帅与青犊、上江、大肜、铁胫、五幡十馀万众在射犬,萧王引兵进击,大破之。南徇河内,河内太守韩歆降。

冬,萧王将北徇燕、赵,度赤眉必破长安,又欲乘衅并关中,而未知所寄,乃拜邓禹为前将军,中分麾下精兵二万

最重要,明公可以自取,不要让他姓人得到!"萧王于是向刘玄报告,以黄河以北地区还未平定为借口,无法抽身返回长安,从此开始同更始帝离心。

这时,众路盗贼铜马、大肜、高湖、重连、铁胫、大枪、尤来、上江、青犊、五校、五幡、五楼、富平、获索等,各自率领自家部队,合起来有数百万人,到处骚扰劫掠。萧王想进击他们,就拜授吴汉、耿弇为大将军,带上符节北上征调幽州十郡的骑兵突击队。苗曾听到消息,暗中严令各郡不许服从征调。吴汉率领二十名骑兵首先快速赶到无终县,苗曾出城在路上迎接,吴汉就收捕苗曾,斩杀了他。耿弇到达上谷郡,也收捕韦顺、蔡充,杀了他们。北方州郡震惊骇怕,于是全都派出了他们的军队。

秋季,萧王在鄡县攻击铜马军,吴汉率领骑兵突击队到清阳县来会师,兵马特别强盛。吴汉把兵马登记册全部上交给萧王幕府,请求分派调拨哪路军队,不敢自作主张,萧王更加器重他。萧王任命偏将军沛国人朱浮为大将军、幽州牧,让他把州治治所设在蓟城。铜马军粮食用尽,趁夜逃遁,萧王追击到馆陶县,大败铜马。接受投降还没完毕,而高湖、重连军从东南前来跟铜马的馀部会合,萧王又和他们在蒲阳展开大战,全部击败并招降了他们,封他们的首领为列侯。汉军的将领们不能相信贼众,而投降的人自己也不安心。萧王知道他们的想法,命令投降的人各自回到本营整治军队,自己则轻装乘马前去巡察、部署阵列。投降的人互相说:"萧王对我们推心置腹,怎么能不为他死命效劳呢?"从此都心悦诚服。萧王把投降的人马全部分配给各位将领,部众于是达到了数十万。赤眉军配合主力作战的一名首领和青犊、上江、大肜、铁胫、五幡军在射犬聚集并拥有十多万人,萧王率军进击,把他们打得大败。又向南占领河内郡,河内太守韩歆投降。

冬季,萧王准备北上占据燕、赵地区,估计赤眉军肯定会攻下长安,又打算利用更始朝与赤眉之间的争端吞并关中,可又不清楚派谁去好,就任命邓禹为前将军,从自己的帐下分出精兵二万

人，遣西入关，令自选偏裨以下可与俱者。时朱鲔、李轶、田立、陈侨将兵号三十万，与河南太守武勃共守洛阳；鲍永、田邑在并州。萧王以河内险要富实，欲择诸将守河内者而难其人，问于邓禹，禹曰："寇恂文武备足，有牧民御众之才，非此子莫可使也！"乃拜恂河内太守，行大将军事。萧王谓恂曰："昔高祖留萧何关中，吾今委公以河内，当给足军粮，率厉士马，防遏他兵，勿令北渡而已！"拜冯异为孟津将军，统魏郡、河内兵于河上，以拒洛阳。萧王亲送邓禹至野王，禹既西，萧王乃复引兵而北。寇恂调馈粮、治器械以供军。军虽远征，未尝乏绝。

　　汉光武建武元年春正月，邓禹至箕关，击破河东都尉，进围安邑。

　　夏四月，萧王北击尤来、大枪、五幡于元氏，追至北平，连破之；又战于顺水北，乘胜轻进，反为所败。王自投高岸，遇突骑王丰下马授王，王仅而得免。散兵归保范阳，军中不见王，或云已殁，诸将不知所为。吴汉曰："卿曹努力！王兄子在南阳，何忧无主！"众恐惧，数日乃定。贼虽战胜，而惮王威名，夜，遂引去。大军复追至安次，连战，破之。贼退入渔阳，所过虏掠。强弩将军陈俊言于王曰："贼无辎重，宜令轻骑出贼前，使百姓各自坚壁以绝其食，可不战而殄也。"王然之，遣俊将轻骑驰出贼前，视人保壁坚完者，敕令固守；放散在野者，因掠取之。贼至，无所得，遂散败。王谓俊曰："困此虏者，将军策也。"

人,派他向西进入函谷关,让他自己挑选可以同去的偏将和裨将。当时朱鲔、李轶、田立、陈侨率军号称三十万,与河南太守武勃共同守卫洛阳;鲍永、田邑在并州。萧王鉴于河内郡地势险要又富庶,想从诸将中挑选能守住河内的人,感到很困难,就询问邓禹,邓禹说:"寇恂文武兼备,有治理百姓、统率军队的才能,除了他,谁也不能委派!"于是任命寇恂为河内太守,代行大将军职权。萧王对寇恂说:"从前汉高祖留萧何在关中,我现在把河内委托给你。应该使军粮充足,督率和磨炼士兵,阻挡其他军队,不要让他们北渡黄河。"任命冯异为孟津将军,统帅魏郡、河内郡的军队驻扎在黄河上游,来抵挡洛阳的敌军。萧王亲自送邓禹到野王县,邓禹向西出发后,萧王才又率军北上。寇恂调发粮食,制造兵器来供给军需。大军尽管远征,从来没有缺乏和断绝过物资。

汉光武帝建武元年(25)春季正月,邓禹到达箕关,击破了河东都尉,进兵围攻安邑县。

夏季四月,萧王北上在元氏县进击尤来、大枪、五幡军,追杀到北平县,连连取胜;又在顺水的北岸交战,乘胜轻率推进,反而被对方打败。萧王从悬崖上跳下,碰上骑兵突击队中的王丰,王丰将马让给他骑,才只身得以逃脱。被打散的军队撤到范阳县据守,军队中不见了萧王,有人说已经阵亡,将领们不知道该怎么办好。吴汉说:"大家努力吧!萧王兄长的儿子在南阳,何愁没有君主?"众人恐惧,过了好多天才安定下来。尤来等军虽然取得了胜利,但畏惧萧王的威名,到夜晚时,就率军离去了。汉室大军又追到安次县,连续作战,打败了敌军。敌军退入渔阳郡,所过之处抢劫不休。强弩将军陈俊对萧王说:"敌军没有运送物资的车队,应该命令轻骑兵抢在他们的前面,让老百姓各自坚守壁垒,来断绝他们的粮食,可以不战而歼灭他们。"萧王同意这种计策,派遣陈俊率领轻骑兵急速抢在敌军的前面,看到壁垒完好坚固的地方,就严令固守;散布在野外的东西,就抢先掠取回来。敌军到后,得不到吃的,于是溃散败逃。萧王对陈俊说:"使这支敌军危困,全是将军的计策。"

冯异遗李轶书，为陈祸福，勒令归附萧王。轶知长安已危，而以伯升之死，心不自安，乃报书曰："轶本与萧王首谋造汉，今轶守洛阳，将军镇孟津，俱据机轴，千载一会，思成断金。唯深达萧王，愿进愚策以佐国安民。"轶自通书之后，不复与异争锋，故异得北攻天井关，拔上党两城，又南下河南成皋已东十三县，降者十馀万。武勃将万馀人攻诸畔者，异与战于士乡下，大破，斩勃，轶闭门不救。异见其信效，具以白王。王报异曰："季文多诈，人不能得其要领。今移其书告守、尉当警备者。"众皆怪王宣露轶书。朱鲔闻之，使人刺杀轶。由是城中乖离，多有降者。

朱鲔闻王北征而河内孤，乃遣其将苏茂、贾强将兵三万馀人渡巩河，攻温。鲔自将数万人攻平阴以缀异。檄书至河内，寇恂即勒军驰出，并移告属县，发兵会温下。军吏皆谏曰："今洛阳兵渡河，前后不绝；宜待众军毕集，乃可出也。"恂曰："温，郡之藩蔽，失温则郡不可守。"遂驰赴之。旦日，合战，而冯异遣救及诸县兵适至，恂令士卒乘城鼓噪，大呼言曰："刘公兵到！"苏茂军闻之，陈动，恂因奔击，大破之。冯异亦渡河击朱鲔，鲔走。异与恂追至洛阳，环城一匝而归。自是洛阳震恐，城门昼闭。

异、恂移檄上状，诸将入贺，因上尊号。将军南阳马武先进曰："大王虽执谦退，奈宗庙社稷何！宜先即尊位，乃

冯异写信给李轶，向他陈述祸福，劝他归附萧王。李轶知道长安已经危急，但因刘缤被处死的事而心中不安，就回信说："李轶本来是跟萧王最早图谋再造汉室的，现在我守卫洛阳，将军坐镇孟津，都据守着像弩牙和车轴一样重要的地点，千载才碰上一次这样的机缘，也想和你结成同心。希望你向萧王转达我的深意，我愿意进献愚钝的计谋来辅助国家，安定百姓。"李轶自从通信之后，不再跟冯异交锋，所以冯异能够向北进攻取天井关，拔取上党的两座城邑，又向南攻克河南成皋以东的十三个县，投降的有十多万人。武勃率领一万多人来进攻叛变的人，冯异跟他在士乡展下激战，大破武勃军，杀死了武勃，李轶关闭城门没去救援。冯异见他守信用，把情况详尽禀告给萧王。萧王答复冯异说："李轶很狡诈，别人不能得知他的真实意图。现在应该把他的书信转告对方那些太守和郡尉，提醒他们警惕和防备。"众人都奇怪萧王为什么公布李轶的书信。朱鲔听说后，派人刺杀了李轶。从此，洛阳城中的士兵背叛、逃离，投降的人很多。

　　朱鲔听说萧王北上征伐而河内郡力量孤单，就派他的将领苏茂、贾强率兵三万多人渡过巩河，进攻温县。朱鲔亲自率领数万人进攻平阴县，来牵制冯异。檄书传到河内郡，寇恂就率军紧急出击，并且下文通告所属县份，发兵在温县城下会合。军吏都劝谏说："现在洛阳的军队渡过黄河，前后不断，应等到各部兵马全部集结，才可以出击。"寇恂说："温县，是河内郡的屏障，丢失温县，郡城就守不住了。"于是率军急速奔赴温县。第二天，两军会战，而冯异派来的救兵和各县征调的军队也恰好赶到，寇恂命令士兵登城擂鼓呐喊，大声呼叫说："刘公的军队到了！"苏茂的军队听到后，阵列动摇，寇恂趁势猛烈攻击，大败苏茂军。冯异也渡过黄河攻击朱鲔，朱鲔逃跑。冯异和寇恂追到洛阳，环绕城池走了一圈才退兵。从此，整个洛阳震骇惶恐，白天也紧闭城门。

　　冯异、寇恂传递军书上报战况，将领们都入见祝贺，趁机敬上皇帝尊号。将军南阳人马武首先走上前说："大王虽然坚持谦逊退让，但国家的宗庙、社稷要托付给谁呢？应该先即尊位，再

议征伐。今此谁贼而驰骛击之乎？"王惊曰："何将军出此言？可斩也！"乃引军还蓟。复遣吴汉率耿弇、景丹等十三将军追尤来等，斩首万三千馀级，遂穷追至浚靡而还。贼散入辽西、辽东，为乌桓、貊人所钞击略尽。

都护将军贾复与五校战于真定，复伤疮甚。王大惊曰："我所以不令贾复别将者，为其轻敌也。果然，失吾名将！闻其妇有孕，生女邪，我子娶之；生男邪，我女嫁之。不令其忧妻子也。"复病寻愈，追及王于蓟，相见甚欢。

还至中山，诸将复上尊号，王又不听。行到南平棘，诸将复固请之，王不许。诸将且出，耿纯进曰："天下士大夫，捐亲戚，弃土壤，从大王于矢石之间者，其计固望攀龙鳞，附凤翼，以成其所志耳。今大王留时逆众，不正号位，纯恐士大夫望绝计穷，则有去归之思，无为久自苦也。大众一散，难可复合。"纯言甚诚切，王深感曰："吾将思之。"

行至鄗，召冯异诣鄗，问四方动静。异曰："更始必败，宗庙之忧在于大王，宜从众议！"会儒生彊华自关中奉《赤伏符》来诣王曰："刘秀发兵捕不道，四夷云集龙斗野，四七之际火为主。"群臣因复奏请。六月己未，王即皇帝位于鄗南，改元，大赦。

秋七月己亥，帝使吴汉率建义大将军朱祜等十一将围朱鲔于洛阳。

讨论征伐。像现在这样名号未正，到处奔走攻击，到底谁是贼呢？"萧王惊诧地说："将军怎么讲出这种话？够杀头的罪了！"于是率军回到蓟城。又派遣吴汉率领耿弇、景丹等十三位将军追击尤来等军，斩获首级一万三千多颗，乘势穷追到浚靡县才返回。尤来等军分散进入辽西、辽东，被乌桓、貊人所抢掠击杀，基本上没剩几个人了。

都护将军贾复与五校军在真定交战，贾复身负重伤。萧王闻讯大惊，说："我之所以不让贾复单独率兵，是因为他轻敌。现今果真损失掉我的名将！听说他的夫人怀有身孕，如果生个女儿，我儿子娶她为妻；要是生个男孩，我把女儿嫁给他。不让他为妻子儿女而担忧。"贾复的伤势不久就痊愈了，在蓟城追上了萧王，两人相见十分高兴。

回到中山国，将领们再次敬上皇帝尊号，萧王又不接受。行军到南平棘，将领们又坚决地请求，萧王仍不答应。将领们就要退下时，耿纯向前说："天下的士大夫们，抛下自己的亲属，离弃自己的故乡，跟随大王在枪林弹雨中冲杀，他们的出发点原本是希望攀龙附凤，来实现他们的志向罢了。现在大王拖延时间，违背众意，不端正地位和名号，我耿纯担心士大夫们希望绝灭、计划落空，就会产生离去归乡的念头，不想长期忍耐下去。众人一旦解散，就很难再重新集合起来了。"耿纯的言辞非常诚恳切直，萧王深有感触说："我将考虑这件事。"

大军行进到鄗县，刘秀召见冯异，询问各方的军情。冯异说："更始帝必定败亡，忧虑宗庙的大任，寄托在大王身上，应该听从大家的建议！"碰巧儒生华从关中奉持《赤伏符》来拜见萧王，说："刘秀起兵捕杀天下无道之人，四周部族云集，在田野龙争虎斗，四七二十八员大将就像二十八宿，以火德刘氏为君主。"大臣们趁机再度上奏请求。六月己未(二十二日)，萧王在鄗县南郊即皇帝位，改年号为建武，大赦天下。

秋季七月己亥，光武帝刘秀派吴汉率领建义大将军朱祐等十一员将领在洛阳围攻朱鲔。

诸将围洛阳数月，朱鲔坚守不下。帝以廷尉岑彭尝为鲔校尉，令往说之。鲔在城上，彭在城下，为陈成败。鲔曰："大司徒被害时，鲔与其谋，又谏更始无遣萧王北伐，诚自知罪深，不敢降！"彭还，具言于帝。帝曰："举大事者不忌小怨。鲔今若降，官爵可保，况诛罚乎！河水在此，吾不食言！"彭复往告鲔，鲔从城上下索曰："必信，可乘此上。"彭趣索欲上，鲔见其诚，即许降。辛卯，朱鲔面缚，与岑彭俱诣河阳。帝解其缚，召见之，复令彭夜送鲔归城。明旦，与苏茂等悉其众出降。拜鲔为平狄将军，封扶沟侯。

冬十月癸丑，车驾入洛阳，幸南宫，遂定都焉。

二年春正月庚辰，悉封诸功臣为列侯。梁侯邓禹、广平侯吴汉皆食四县。博士丁恭议曰："古者封诸侯不过百里，强干弱枝，所以为治也。今封四县，不合法制。"帝曰："古之亡国皆以无道，未尝闻功臣地多而灭亡者也。"

起高庙于洛阳，四时合祀高祖、太宗、世宗；建社稷于宗庙之右；立郊兆于城南。

众将围攻洛阳几个月，朱鲔坚守，不能攻下。刘秀因廷尉岑彭曾经是朱鲔的校尉，让他前去劝说朱鲔。朱鲔站在城上，岑彭在城下，替他分析成败。朱鲔说："大司徒刘缤被害的时候，我参与了那个阴谋，又劝谏更始帝不要派遣萧王北伐，自己实在知道罪孽深重，不敢投降。"岑彭回去后，向刘秀详尽禀报，刘秀说："干大事的人不计较小的恩怨，朱鲔现在如果投降，官爵都可以保住，怎么能够诛杀和惩罚他呢？黄河水在这里作证，我决不食言！"岑彭再去告知朱鲔，朱鲔从城上坠下一条绳索说："如果说的是真的，你就爬绳子上来。"岑彭向前到绳索下要上去，朱鲔见他真诚无欺，就答应投降。辛卯（二十六日），朱鲔反绑住双手，和岑彭一起到河阳。刘秀亲自解开他的绳索，召见了他，又让岑彭连夜送朱鲔回城。第二天早晨，朱鲔和苏茂等人率领全部军队出城投降。刘秀拜授朱鲔为平狄将军，封为扶沟侯。

冬季十月癸丑（十八日），刘秀的车驾进入洛阳，居住在南宫，于是定都洛阳。

二年（26）春季正月庚辰（十七日），加封全部功臣为列侯。梁侯邓禹、广平侯吴汉都食邑四个县。博士丁恭对此发表议论说："古代分封诸侯不超过一百里，就像一棵树一样强主干，弱枝叶，是为了治理好国家。现在封给四个县，不符合法令制度。"刘秀说："古代亡国，都是因为无道，未曾听说过因功臣的封地多而灭亡的。"

在洛阳建造高庙，一年四季合祭汉高祖刘邦、汉文帝刘恒、汉武帝刘彻；在宗庙的右侧建起社稷坛；在城南建立郊兆祭祀场所。

卷第六

光武平赤眉

王莽始建国二年春二月，下诏曰："《周礼》有赊贷，《乐语》有五均，传记各有焉。今开赊贷、张五均、设诸者，所以齐众庶，抑并兼也。"遂于长安及洛阳、邯郸、临淄、宛、成都立五均司市、钱府官。

天凤四年秋八月，莽置羲和命士，以督五均、六。郡有数人，皆用富贾为之。乘传求利，交错天下。因与郡县通奸，多张空簿，府藏不实，百姓愈病。是岁，莽复下诏申明六，每一为设科条防禁，犯者罪至死。奸吏猾民并侵，众庶各不安生。又一切调上公以下诸有奴婢者，率一口出钱三千六百，天下愈愁。纳言冯常以六谏，莽大怒，免常官。法令烦苛，民摇手触禁，不得耕桑，繇役烦剧，而枯旱、蝗虫相因，狱讼不决。吏用苛暴立威，旁缘莽禁，侵刻小民，

光武平赤眉

　　王莽始建国二年(10)春季二月,王莽颁布诏书说:"《周礼》这部政典上有官府借贷的记载,《乐语》一书上也有设立五均这种平抑物价机构的做法,传记之类解释经典的书籍各自也有国家经营的说法。现今实行官府办理贷款,张布五均,设立六筦,目的在于使百姓均平,抑制兼并。"于是在京师长安以及洛阳、邯郸、临淄、宛城、成都设置五均司市、钱府丞。

　　天凤四年(17)秋季八月,王莽设置义和命士这类人员,来督促五均和由国家经营盐、铁、酒、铸钱、五均赊贷、征收山泽税所谓六筦等制度的实施。每郡定有几个名额,都选用富商来充任。他们乘坐驿馆专车牟取私利,往来遍布全国。乘机与郡县官吏串通在一起,大量张设虚假账簿,国库未能充实,百姓更加困苦。这一年,王莽又下达诏书,重申宣明六筦制度,每项制度都要为它订立法令条规加以防范,触犯的人罪重至死。贪官污吏与奸猾富民一起侵吞盘剥,老百姓不得安生。又搞一刀切的征调,自爵位在上公以下的各个占有奴婢的人家,每个奴婢一律交纳三千六百钱,天下日益愁苦。官任纳言的冯常针对六筦制度进行谏阻,王莽勃然大怒,罢免了冯常的官职。法令烦细严苛,老百姓动辄触犯禁规,不能耕田植桑,徭役也繁多沉重,而旱灾、蝗灾接连发生,各种案件不能及时决断。官吏凭借严苛暴虐树立威权,牵强附会援据王莽颁布的禁令,用以盘剥榨取老百姓的财产,

富者不自保，贫者无以自存，于是并起为盗贼，依阻川泽，吏不能禽而覆蔽之，浸淫日广。

五年春，琅邪樊崇起兵于莒，众百馀人，转入太山。群盗以崇勇猛，皆附之，一岁间至万馀人。崇同郡人逢安、东海人徐宣、谢禄、杨音各起兵，合数万人，复引从崇，共还攻莒，不能下，转掠青、徐间。

地皇三年夏四月，遣太师王匡、更始将军廉丹东讨众贼。初，樊崇等众既浸盛，乃相与为约："杀人者死，伤人者偿创。"其中最尊号三老，次从事，次卒史。及闻太师、更始将讨之，恐其众与莽兵乱，乃皆朱其眉以相识别，由是号曰赤眉。匡、丹合将锐士十馀万人，所过放纵。东方为之语曰："宁逢赤眉，不逢太师！太师尚可，更始杀我！"

淮阳王更始元年冬十月，更始遣使降赤眉。樊崇等闻汉室复兴，即留其兵，将渠帅二十馀人随使者至洛阳，更始皆封为列侯。崇等既未有国邑，而留众稍有离叛者，乃复亡归其营。

二年冬，赤眉樊崇等将兵入颍川，分其众为二部，崇与逢安为一部，徐宣、谢禄、杨音为一部。赤眉虽数战胜，而疲敝厌兵，皆日夜愁泣，思欲东归。崇等计议，虑众东向必散，不如西攻长安。于是崇、安自武关，宣等从陆浑关，两道俱入。更始使王匡、成丹与抗威将军刘均等分据河东、

富裕的人家不能自保,贫穷的人家没有办法生存。于是共同起来反抗,成为盗贼,占据山林湖泽,官吏不能擒获而掩盖起来蒙蔽朝廷,这种情况一天比一天蔓延广泛。

五年(18)春季,琅邪人樊崇在莒县起兵,部众有一百多人,转战进入泰山。各路盗贼因樊崇勇猛,都归附他,一年之间达到一万多人。樊崇的同郡人逄安、东海人徐宣、谢禄、杨音也分别起兵,会合成数万人,又率众跟随樊崇,共同回军进攻莒县,县城攻不下来,转而流窜、劫掠在青州、徐州一带。

地皇三年(22)夏季四月,王莽派遣太师王匡、更始将军廉丹东进征讨众贼寇。起初,樊崇等人所统部众既已逐渐强盛,于是相互定下公约:"杀人者偿命,伤人者让受伤者还报以相同的创伤。"其中最尊贵的首领号称三老,其次称从事,再其次称卒史。等到闻知太师王匡、更始将军廉丹将要前来征讨的消息,恐怕自己的部众与王莽官军相淆乱,就都把眉毛涂成红色来相互辨认区别,由此号称"赤眉"。王匡、廉丹共同率领精兵十多万人,在沿途经过的地方任从军士烧杀抢劫,东部地区替他们编顺口溜说:"宁愿碰到赤眉,不愿碰到太师!太师勉强还凑合,更始屠杀我们。"

淮阳王刘玄更始元年(23)冬季十月,刘玄派遣使者去招降赤眉军。樊崇等人听说汉室重新振兴,就留下人马,自己带领二十多个头领随同使者到达洛阳,刘玄都封他们为列侯。樊崇等人既已封侯却没有封国采邑,而留在原地的部众渐渐出现了叛离,于是又逃出洛阳,回到了他们的营地。

二年(24)冬季,赤眉军首领樊崇等人率兵进入颍川,划分部众为两支:樊崇与逄安为一支,徐宣、谢禄、杨音为一支。赤眉军尽管多次攻战取胜,但都疲惫不堪,对战争早已厌倦,都日夜哀愁哭泣,渴望回归东方故乡。樊崇等人谋划商议,担心部众一旦向东开拔,必定会一哄而散,不如西进攻取长安。于是樊崇与逄安由武关进发,徐宣等人由陆浑关进发,兵分两路,一起挺入长安。刘玄派王匡、成丹与抗威将军刘均等人,分别据守河东、

弘农以拒之。

萧王度赤眉必破长安，乃拜邓禹为前将军，中分麾下精兵二万人，遣西入关。

汉光武建武元年春正月，赤眉二部俱会弘农。更始遣讨难将军苏茂拒之，茂军大败。赤眉众遂大集，乃分万人为一营，凡三十营。三月，更始遣丞相松与赤眉战于蓩乡，松等大败，死者三万馀人。赤眉遂转北至湖。

六月，张卬、王匡叛更始，入长安。

赤眉进至华阴，军中有齐巫，常鼓舞祠城阳景王。巫狂言："景王大怒曰：'当为县官，何故为贼！'"有笑巫者辄病，军中惊动。方望弟阳说樊崇等曰："今将军拥百万之众，西向帝城，而无称号，名为群贼，不可以久；不如立宗室，挟义诛伐，以此号令，谁敢不从！"崇等以为然，而巫言益甚。前至郑，乃相与议曰："今迫近长安，而鬼神若此，当求刘氏共尊立之。"

先是，赤眉过式，掠故式侯萌之子恭、茂、盆子三人自随。恭少习《尚书》，随樊崇等降更始于雒阳，复封式侯，为侍中，在长安。茂与盆子留军中，属右校卒史刘侠卿，主牧牛。及崇等欲立帝，求军中景王后，得七十馀人，唯茂、盆子及前西安侯孝最为近属。崇等曰："闻古者天子将兵称上将军。"乃书札为符曰"上将军"，又以两空札置筒中，于郑北设坛场，祠城阳景王，诸三老、从事皆大会，列盆子等三人居中立，以年次探札。盆子最幼，后探，得符，诸将皆称

弘农两郡,来抗击赤眉军。

萧王刘秀估计赤眉军必定会攻破长安,就拜授邓禹为前将军,平均分拨出部下精兵两万人,派他西入关中地区。

汉光武帝建武元年(25)春季正月,赤眉军两支部队在弘农郡会师。刘玄派遣讨难将军苏茂抗击,苏茂军队大败。赤眉军部众于是大为集聚,就划分一万人为一营,共计三十营。三月,刘玄派遣丞相李松与赤眉军在蓩乡交战,李松等人大败,死去的兵士有三万多人。赤眉军乘势转为北进,抵达湖县。

六月,张卬、王匡背叛刘玄,进入长安。

赤眉军挺进到华阴县,军中有个随行的齐地巫师,时常手舞足蹈地祭祷西汉城阳景王刘章。这个巫师乱叫说:"景王大怒道:'应该成为天子,为什么当贼寇!'"有讥笑巫师的人就得病,为此全军震惊。方望的弟弟方阳劝说樊崇等人道:"如今将军您拥有百万部众,西进直指京师却没有正当的名号,被人称为一群贼寇,这样下去,不能维持长久;不如拥立刘氏亲属,怀持正义来进行征伐,借此发号施令,谁敢不顺从!"樊崇等人认为对,而巫师的狂叫更加厉害。挥军前进到郑县,就相互谋议说:"现在已经逼近长安,而鬼神如此显灵授意,应当寻求一个刘氏亲属,共同推尊拥立他为皇帝。"

之前,赤眉军路过式县,劫掠原式侯刘萌的三个儿子刘恭、刘茂、刘盆子随军而行。刘恭从小研习《尚书》,随同樊崇等人在雒阳归降刘玄,刘玄又封他为式侯,官任侍中,后来到了长安。刘茂与刘盆子留在赤眉军中,由右校卒史刘侠卿管理,专门放牛。待至樊崇等人打算拥立皇帝,就访求军中城阳景王刘章的后代,共得七十多人,只有刘茂、刘盆子以及原西安侯刘孝为近属。樊崇等人说:"听说古代天子统兵的,称为上将军。"于是在一片木简上写下"上将军"三个字当成神符,又把两片没字的木简一起放在书箱中,在郑县北面设立祭坛,祭祷城阳景王刘章,诸位三老、从事都参加大会,让刘盆子等三人并排站在正中央,按年龄抽木简。刘盆子最小,最后抽,抽到带字的神符,众将都称

臣,拜。盆子时年十五,被发徒跣,敝衣赭汗,见众拜,恐畏欲啼。茂谓曰:"善藏符!"盆子即啮折,弃之。以徐宣为丞相,樊崇为御史大夫,逢安为左大司马,谢禄为右大司马,其馀皆列卿、将军。盆子虽立,犹朝夕拜刘侠卿,时欲出从牧儿戏,侠卿怒止之。崇等亦不复候视也。

秋八月,赤眉至高陵,张卬等降之。九月,赤眉入长安。更始单骑走,从厨城门出。式侯恭以赤眉立其弟,自系诏狱。闻更始败走,乃出,见定陶王祉,祉为之除械,相与从更始于渭滨。右辅都尉严本,恐失更始为赤眉所诛,即将更始至高陵,本将兵宿卫,其实围之。更始将相皆降赤眉,独丞相曹竟不降,手剑格死。

冬十月,赤眉下书曰:"圣公降者,封为长沙王,过二十日,勿受。"更始遣刘恭请降,赤眉使其将谢禄往受之。更始随禄,肉袒,上玺绶于盆子。赤眉坐更始,置庭中,将杀之。刘恭、谢禄为请,不能得,遂引更始出。刘恭追呼曰:"臣诚力极,请得先死!"拔剑欲自刎,樊崇等遽共救止之。乃赦更始,封为畏威侯。刘恭复为固请,竟得封长沙王。更始常依谢禄居,刘恭亦拥护之。

刘盆子居长乐宫,三辅郡县、营长遣使贡献,兵士辄剽夺之,又数暴掠吏民,由是皆复固守。百姓不知所归,闻邓禹乘胜独克而师行有纪,皆望风相携负以迎军,降者日以

臣，一齐跪拜。刘盆子当时年龄才十五岁，披散着头发光着脚，穿着破衣服面红流汗，看见众人跪拜，害怕得要哭。刘茂对他说："好好收藏住神符！"刘盆子随即却用牙咬断了它，扔到地上。任命徐宣为丞相，樊崇为御史大夫，逢安为左大司马，谢禄为右大司马，其馀的人都封为列卿、将军。刘盆子虽然被拥立为皇帝，仍然早晚叩拜刘侠卿，时常想出去随同牧童玩耍，刘侠卿怒喝制止他，樊崇等人也不再来问候探视。

秋季八月，赤眉军推进到高陵县，张卬等人投降。九月，赤眉军进入长安。刘玄一个人骑马逃走，从北面厨城门出城。式侯刘恭因赤眉军拥立自己的弟弟，就自己绑缚起来，囚禁诏狱。听说刘玄兵败逃走，就出狱面见定陶王刘祉，刘祉替他解下刑具，在渭水岸边一起追上刘玄并跟随他。右辅都尉严本害怕刘玄逃走，自己会被赤眉军杀死，就挟持刘玄到高陵县，严本率兵名为护卫，其实是围困住刘玄。刘玄的将相全都投降了赤眉军，只有丞相曹竟拒不投降，手持佩剑，格斗到死。

冬季十月，赤眉军下达诏书说："刘玄若前来投降，就封为长沙王。超过二十天，想投降也拒不接受。"刘玄派遣刘恭请求投降，赤眉军派将领谢禄前去受降。刘玄随从谢禄，去衣露体，向刘盆子献上皇帝的玺印和绶带。赤眉军要问刘玄的罪，把他安置在厅堂正中央，准备杀掉他。刘恭、谢禄替他求情，未能得到应允，于是赤眉军将领就带刘玄出殿。刘恭紧追高呼说："臣下我已经尽了最大的努力，请让我先死！"拔剑就想自刎，樊崇等人急忙救护阻止他。于是赦免了刘玄，封为畏威侯。刘恭又坚持为刘玄请封，最终得以封为长沙王。刘玄经常紧挨着谢禄起居，刘恭也左右不离保护他。

刘盆子住在长乐宫，三辅各郡县长官和营垒中的营长派遣使者进献物品，赤眉兵士就剽掠抢夺掉，又屡屡残暴地抢掠官民，因此进贡的各方又都回到各自坚守的营寨坚守。老百姓不知道应该归附谁，听说邓禹连打胜仗，攻无不克，军纪严明，都扶老携幼、带着东西，老远就去迎接这支部队，降顺的人每天多得按

千数，众号百万。禹所止，辄停车拄节以劳来之，父老、童稚，垂发、戴白满其车下，莫不感悦。于是名震关西。

诸将豪桀皆劝禹径攻长安，禹曰："不然。今吾众虽多，能战者少，前无可仰之积，后无转馈之资；赤眉新拔长安，财谷充实，锋锐未可当也。夫盗贼群居无终日之计，财谷虽多，变故万端，宁能坚守者也！上郡、北地、安定三郡，土广人稀，饶谷多畜，吾且休兵北道，就粮养士，以观其敝，乃可图也。"于是引军北至枸邑。所到，诸营保郡邑皆开门归附。

三辅苦赤眉暴虐，皆怜更始，欲盗出之。张卬等深以为虑，使谢禄缢杀之。刘恭夜往，收藏其尸。帝诏邓禹葬之于霸陵。

帝以关中未定，而邓禹久不进兵，赐书责之曰："司徒，尧也；亡贼，桀也。长安吏民遑遑无所依归，宜以时进讨，镇慰西京，系百姓之心！"禹犹执前意，别攻上郡诸县，更征兵引谷，归至大要。积弩将军冯愔、车骑将军宗歆守枸邑，二人争权相攻，愔遂杀歆，因反击禹，禹遣使以闻。帝问使人："愔所亲爱为谁？"对曰："护军黄防。"帝度愔、防不能久和，势必相忤，因报禹曰："缚冯愔者，必黄防也。"乃遣尚书宗广持节往降之。后月馀，防果执愔，将其众归罪。更始诸将王匡、胡殷、成丹等皆诣广降。

千计数,部众号称百万。邓禹每到一地,就停下车乘,竖起旌节,来慰劳收留降顺的人们,老人儿童围满在他的车下,无不感怀喜悦。至此邓禹的威名震动关西。

众将和地方豪杰都劝邓禹直接攻打长安,邓禹说:"不能这样。如今我们的部众虽然很多,但能打仗的却很少,前方没有可以仰赖的积蓄,后方没有转运接济的物资;赤眉军新近攻克长安,财物谷米充盈殷实,锋芒锐不可当。盗贼聚居大抵都没有什么长远打算,财物谷米虽然很多,但变故太多,哪里会是能坚守的军队呢? 上郡、北地、安定这三郡,地广人稀,谷物丰饶,牲畜众多,我们暂且休兵开往北路,在那里得到粮草,养护士兵,来等待赤眉军疲惫,才能图谋消灭他们。"于是领兵北进,抵达枸邑。沿途所到之处,各个营垒和郡县城邑,都开门归附。

三辅地区的官民苦于赤眉军的暴虐,都怜惜刘玄,准备把他暗中营救出来。张卬等人对此深感忧虑,就派谢禄勒死了刘玄。刘恭夜间前去收敛埋葬刘玄的尸体。光武帝刘秀下诏,命邓禹将刘玄安葬在霸陵。

刘秀因关中地区未能平定,而邓禹又长时间不进兵,就写信督责说:"你身为司徒,就是当今的唐尧啊;流窜的赤眉贼寇,就是当今的夏桀啊。长安的官民茫然不安,不知道归附谁,应该抓住时机进兵讨伐,镇护安抚长安,收揽民心。"邓禹仍然坚持以前的意见,另外派兵去攻打上郡各县,重新征集兵力,裹带粮草,集结在北地郡的大要县。积弩将军冯愔、车骑将军宗歆屯守枸邑,两个人争权而相互攻打,冯愔于是杀死了宗歆,乘势反过来进击邓禹,邓禹派遣使者把情况奏闻刘秀。刘秀询问使者说:"冯愔所亲近喜爱的人是谁?"使者对答说:"护军黄防。"刘秀揣度冯愔与黄防不可能长时间和睦,势必相互对立,因而指示邓禹说:"最后逮捕冯愔前来的,一定是黄防。"于是派遣尚书宗广执持朝廷符节前去招降黄防。过了一个多月后,黄防果然抓起冯愔,率领部众前来归顺请罪。刘玄的诸位将领王匡、胡殷、成丹等人都到宗广那里投降。

　　腊日，赤眉设乐大会，酒未行，群臣更相辩斗，而兵众遂各逾宫，斩关入，掠酒肉，互相杀伤。卫尉诸葛稚闻之，勒兵入，格杀百馀人，乃定。刘盆子惶恐，日夜啼泣，从官皆怜之。

　　二年春正月，刘恭知赤眉必败，密教弟盆子归玺绶，习为辞让之言。及正旦大会，恭先曰：“诸君共立恭弟为帝，德诚深厚！立且一年，淆乱日甚，诚不足以相成，恐死而无益，愿得退为庶人，更求贤知，唯诸君省察！”樊崇等谢曰：“此皆崇等罪也。”恭复固请，或曰：“此宁式侯事邪！”恭惶恐起去。盆子乃下床解玺绶，叩头曰：“今设置县官而为贼如故，四方怨恨，不复信向，此皆立非其人所致。愿乞骸骨，避贤圣路！必欲杀盆子以塞责者，无所离死！”因涕泣嘘唏。崇等及会者数百人，莫不哀怜之，乃皆避席顿首曰：“臣无状，负陛下，请自今已后，不敢复放纵！”因共抱持盆子，带以玺绶。盆子号呼，不得已。既罢出，各闭营自守。三辅翕然，称天子聪明，百姓争还长安，市里且满。后二十馀日，复出，大掠如故。

　　长安城中粮尽，赤眉收载珍宝，大纵火烧宫室、市里，恣行杀掠，长安城中无复人行。乃引兵而西，众号百万，自南山转掠城邑，遂入安定、北地。邓禹引兵南至长安，军昆明

十二月腊祭那一天，赤眉军举行盛大宴会，酒还没开始喝，群臣就轮番吵闹争斗，而兵众也乘势从各处跳墙进入皇宫，砸开宫门奔进来，抢夺酒肉，相互残杀伤害。卫尉诸葛稚听说这种情况，带领卫士冲进来，击杀一百多人，才使场面安定下来。刘盆子非常害怕，日夜哭泣，侍从人员都很怜悯他。

二年(26)春季正月，刘恭看出赤眉军必定会失败，秘密教告弟弟刘盆子归还皇帝玺印和绶带，练习好辞让的话语。待至正月初一举行大朝会，刘恭首先说：“在座诸位拥立刘恭我的弟弟为皇帝，恩德确实深厚！立为皇帝已经将近一年，可天下战乱一天比一天严重，说明他实在不能胜任大家的重托，恐怕他死去也没有什么益处，希望能让他退位变成普通老百姓，另找贤能明智的人当皇帝，只请众位深思体察！”樊崇等人谢罪说：“这都是我们的罪过。”刘恭又坚决请求让刘盆子退位，有的人说：“这难道是你式侯该管的事情吗？”刘恭惶恐不安，起身离去。刘盆子于是从坐床上走下来，解掉皇帝玺印和绶带，叩头说：“如今设置朝廷而和从前当盗贼一样，四方怨恨，不再信从归向我们，这都是因为所立皇帝不是合适人选所造成的。请让我退下，给圣贤让路！如果一定要杀我刘盆子来抵塞罪责，我也不会躲避！”随而哭咽抽泣。樊崇等人以及参加朝会的好几百人无不哀怜他，于是都离开座位跪拜说：“臣等罪大，无可言状，辜负了陛下您，从今以后，不敢再放任军士胡作非为。”于是共同把刘盆子扶持到帝座上，给他带上皇帝玺印和绶带。刘盆子号哭呼叫，但身不由己。朝会结束退下后，赤眉军首领各自紧闭营门，严加约束。三辅地区一致称颂天子聪明，百姓争相返回长安，街市里巷都快住满了人家。过了二十多天，赤眉军军士又出营，大肆抢掠，和从前一样。

长安城中粮食耗尽，赤眉军首领把收来的金银财宝，装到车上，纵火焚烧宫室和街市里巷，大肆屠杀抢劫，长安城中再也没人行走。于是领兵向西，部众号称百万。从南山转道劫掠沿途城镇，进入安定郡、北地郡。邓禹领兵南下，抵达长安，驻扎在昆明

池,谒祠高庙,收十一帝神主,送诣雒阳。因巡行园陵,为置吏士奉守焉。

九月,赤眉引兵欲西上陇,隗嚣遣将军杨广迎击,破之。又追败之于乌氏、泾阳间。赤眉至阳城、番须中,逢大雪,坑谷皆满,士多冻死。乃复还,发掘诸陵,取其宝货。凡有玉匣殓者,率皆如生,贼遂污辱吕后尸。邓禹遣兵击之于郁夷,反为所败,禹乃出之云阳。赤眉复入长安。延岑屯杜陵,赤眉将逢安击之。邓禹以安精兵在外,引兵袭长安,会谢禄救至,禹兵败走。延岑击逢安,大破之,死者十馀万人。

廖湛将赤眉十八万攻汉中王嘉,嘉与战于谷口,大破之。嘉手杀湛,遂到云阳就谷。嘉妻兄新野来歙,帝之姑子也,帝令邓禹招嘉,嘉因歙诣禹降。

邓禹自冯愔叛后,威名稍损,又乏粮食,战数不利,归附者日益离散。赤眉、延岑暴乱三辅,郡县大姓各拥兵众,禹不能定。帝乃遣偏将军冯异代禹讨之。车驾送至河南,敕异曰:"三辅遭王莽、更始之乱,重以赤眉、延岑之丑,元元涂炭,无所依诉。将军今奉辞讨诸不轨,营堡降者,遣其渠帅诣京师;散其小民,令就农桑;坏其营壁,无使复聚。征伐非必略地、屠城,要在平定安集之耳。诸将非不健斗,然好虏掠。卿本能御吏士,念自修敕,无为郡县所苦!"异

池,拜谒祭祀汉高祖刘邦的庙宇,收存西汉十一个皇帝的牌位,派人送到雒阳。沿袭旧例巡视皇陵,安排官兵奉持守护。

九月,赤眉军首领打算领兵西上陇县,隗嚣派遣将军杨广迎击,攻破了赤眉军。又乘胜追击,在乌氏、泾阳之间击败赤眉军。赤眉军退到阳城、番须一带,碰到天下大雪,雪把坑谷都填平了,军士大多被冻死。于是又折返回来,盗发挖掘西汉各座皇陵,掠取其中的金银珠宝。凡是有用玉棺盛殓的尸体,大都如同活人,军士于是污辱了吕后的尸体。邓禹派兵在郁夷县进击赤眉军,反而被赤眉军打败,邓禹于是撤出长安,到达云阳县。赤眉军又进入长安。延岑率兵屯驻在杜陵县,赤眉军将领逄安去攻击延岑。邓禹因逄安率精兵在长安城外,又领兵去袭击长安,正赶上赤眉军谢禄的救兵来到,邓禹的部队败退逃走。延岑迎击逄安,把逄安打得大败,赤眉军死亡的多达十多万人。

廖湛率领赤眉军十八万人进攻汉中王刘嘉,刘嘉与廖湛在谷口县交战,大败廖湛。刘嘉亲手杀死了廖湛,于是到云阳县补充军需。刘嘉妻子的哥哥、新野人来歙,是刘秀姑母的儿子,刘秀命令邓禹招抚刘嘉,刘嘉通过来歙到邓禹那里归降。

邓禹自从冯愔反叛以后,威名逐渐减损,又缺乏粮食,攻战也屡次失败,原来归附的人又日益脱离散去。赤眉军以及延岑这支人马在三辅地区横行暴戾,各个郡县的大户人家分别拥领兵众来自我保卫,邓禹不能够平定。刘秀于是派遣偏将军冯异代替邓禹去讨平他们。刘秀用车驾亲自把冯异送到河南县,对冯异说:"三辅地区遭受王莽、刘玄的祸乱,加上赤眉军、延岑的蹂躏,黎民百姓极其困苦,没有地方依附痛诉。将军你如今尊奉旨意去征伐各路叛逆贼寇,对那些自设营堡而归降的人,要把首领送到雒阳;遣散依附他们的小民,让这些民众回家去务农植桑;毁坏掉那些营堡壁垒,不让他们再聚结起来。征伐不是一定要夺占土地、屠灭城邑,关键在于平定战乱,安抚、聚集老百姓。我们的众位将领不是不英勇善战,然而却喜好抢劫。你完全可以管辖官吏士众,望你自己好好整顿,不要被郡县所痛恨!"冯异

顿首受命,引而西。所至布威信,群盗多降。

> 臣光曰:昔周人颂武王之德曰:"铺时绎思,我徂惟求定。"言王者之兵志在布陈威德安民而已。观光武之所以取关中,用是道也。岂不美哉!

又诏征邓禹还,曰:"慎毋与穷寇争锋!赤眉无谷,自当来东。吾以饱待饥,以逸待劳,折棰笞之,非诸将忧也。无得复妄进兵!"

三辅大饥,人相食,城郭皆空,白骨蔽野,遗民往往聚为营保,各坚壁清野。赤眉虏掠无所得,乃引而东归,众尚二十馀万,随道复散。帝遣破奸将军侯进等屯新安,建威大将军耿弇等屯宜阳,以要其还路。敕诸将曰:"贼若东走,可引宜阳兵会新安;贼若南走,可引新安兵会宜阳。"冯异与赤眉遇于华阴,相拒六十馀日,战数十合,降其将卒五千馀人。

三年春正月甲子,以冯异为征西大将军。邓禹惭于受任无功,数以饥卒徼赤眉战,辄不利。乃率车骑将军邓弘等自河北度至湖,要冯异共攻赤眉。异曰:"异与贼相拒数十日,虽虏获雄将,馀众尚多,可稍以恩信倾诱,难卒用兵破也。上今使诸将屯渑池,要其东,而异击其西,一举取之,此万成计也!"禹、弘不从,弘遂大战移日。赤眉阳败,

跪拜接受圣命,领兵向西开进。所到之处,播布威名与信义,各路强盗纷纷前来归降。

北宋史臣司马光评论说:从前西周人颂扬周武王的功德说:"扩展基业永不停息,我往后只追求天下的安定平和。"这两句诗是强调天子的动用武力,目的在于宣扬威名德义、安定百姓而已。考察汉光武帝之所以夺取关中地区,采用的正是这一原则。难道不好吗?

刘秀又下诏,征召邓禹回朝,说:"切莫与穷途末路的贼寇对阵争胜负!赤眉军没有粮食,自然就会向东撤退。我们用温饱等待饥饿,用安逸等待疲劳,挫败痛打他们,构不成众将的忧虑。不许再轻易进兵!"

三辅地区饥荒大起,人吃人,城郭全都空无住户,白骨遮盖了原野,侥幸存活的百姓,往往聚结起来,建立营垒来自保,各自加固营垒,收光四野的粮食和物品并且藏好。赤眉军外出抢掠,一无所获,就率军东撤,部众还有二十多万人,沿途又有离散而去的。刘秀派遣破奸将军侯进等人屯驻新安县,建威大将军耿弇等人屯驻宜阳县,来截断赤眉军的归路。并命令众将说:"贼寇如果向东逃跑,可以率领宜阳军与新安军会合;贼寇如果向南逃跑,可以率领新安军与宜阳军会合。"冯异与赤眉军在华阴县正面遭遇,相互僵持六十多天,交锋数十次,招降赤眉军将领和士卒五千多人。

三年(27)春季正月甲子(初六),任命冯异为征西大将军。邓禹对自己身受重任却无功而惭愧,多次派遣饥饿的士卒向赤眉军挑战,战即失利。于是率领车骑将军邓弘等人从河北县渡过黄河来到湖县,邀约冯异共同攻打赤眉军。冯异说:"我同贼寇相持数十天,尽管俘获猛将,但所馀部众还有很多,可以慢慢用恩德信义征服诱导,很难突然用武力攻破。皇上现今正派众将屯驻在渑池一带,截住赤眉军的东撤后路,而我等从西部进去,一举就会攻取他们,这才是万无一失的计策!"邓禹、邓弘不听从冯异的意见,邓弘就率兵与赤眉军大战一整天。赤眉军假装战败,

弃辎重走。车皆载土，以豆覆其上，兵士饥，争取之。赤眉引还，击弘，弘军溃乱。异与禹合兵救之，赤眉小却。异以士卒饥倦，可且休；禹不听，复战，大为所败，死伤者三千馀人，禹以二十四骑脱归宜阳。异弃马步走，上回谿阪，与麾下数人归营，收其散卒，复坚壁自守。

闰月，冯异与赤眉约期会战，使壮士变服与赤眉同，伏于道侧。旦日，赤眉使万人攻异前部，异少出兵以救之。贼见势弱，遂悉众攻异，异乃纵兵大战。日昃，贼气衰，伏兵卒起，衣服相乱，赤眉不复识别，众遂惊溃。追击，大破之于崤底，降男女八万人。帝降玺书劳异曰："始虽垂翅回谿，终能奋翼渑池，可谓失之东隅，收之桑榆。方论功赏，以答大勋。"

赤眉馀众东向宜阳。甲辰，帝亲勒六军，严陈以待之。赤眉忽遇大军，惊震不知所谓，乃遣刘恭乞降曰："盆子将百万众降陛下，何以待之？"帝曰："待汝以不死耳！"丙午，盆子及丞相徐宣以下三十馀人肉袒降，上所得传国玺绶。积兵甲宜阳城西，与熊耳山齐。赤眉众尚十馀万人，帝令县厨皆赐食。明旦，大陈兵马临雒水，令盆子君臣列而观之。帝谓樊崇等曰："得无悔降乎？朕今遣卿归营，勒兵鸣鼓相攻，决其胜负，不欲强相服也。"徐宣等叩头曰："臣等

丢下装载粮草的车辆逃走。车上事先都装土,把豆粒铺洒在表面,邓弘的兵士腹中饥饿,争相拣取豆粒吃。赤眉军掉头杀回,进攻邓弘,邓弘的部队溃散大乱。冯异与邓禹合兵来救援,赤眉军稍略后退。冯异认为士卒又饥饿又困乏,应当暂且休整,但邓禹拒不听从,又交战,被赤眉军打得大败,死伤的士兵有三千多人,邓禹仅带二十四个骑兵逃脱,归奔宜阳县。冯异丢下所骑战马,徒步逃走,到达回谿阪,与几名部下回归营地,收罗逃散的士卒,又加固营垒自守。

闰月,冯异与赤眉军定下日期会战,事先让勇壮的士卒改换装束,与赤眉军一样,埋伏在道路两侧。天亮时,赤眉军派一万人进攻冯异的先头部队,冯异派出少量人马去救援。赤眉见对方人少势弱,就出动全部部众进攻冯异,冯异于是挥动全军大战。战到太阳偏西,赤眉士气衰落,冯异预设的伏兵突然杀出来,衣服相互混乱,赤眉军不能辨别出自己的人来,于是部众惊慌溃散。冯异率军追击,在崤底把赤眉军打得大败,招降男女八万人。刘秀颁发盖有玺印的诏书慰劳冯异说:"你开始虽然在回谿阪垂下翅膀,最终又能在渑池振动双翼,可以说得上是在日出的东隅之地有所失落,而在日落的桑榆之地又有所收获。朝廷正在论定功劳与赏赐,来酬答你的重大功勋。"

赤眉军剩下的部众向东奔向宜阳县。甲辰(十七日),刘秀亲自统领御前六军,严阵以待。赤眉军突然遇上大军,惊恐震动,不知如何是好,于是派遣刘恭乞求投降说:"刘盆子率领百万部众归降陛下,陛下怎样对待他们呢?"刘秀说:"饶恕他不死罢了。"丙午(十九日),刘盆子以及丞相徐宣以下三十多人去衣露体归降,献上所掠得的西汉传国的皇帝玺印绶带。把武器装备堆积在宜阳城西,与熊耳山一样高。赤眉军部众还有十多万人,刘秀命令宜阳县厨房全都赐给食物吃。第二天清晨,靠近雒水陈列大军,命令刘盆子君臣列队观看。刘秀对樊崇等人说:"你们是不是还后悔投降呢?朕如今遣送卿等回营,再统兵击鼓交战,决定胜负,不想勉强让你们归服。"徐宣等人叩头说:"臣下等人

出长安东都门,君臣计议,归命圣德。百姓可与乐成,难与图始,故不告众耳。今日得降,犹去虎口归慈母,诚欢诚喜,无所恨也!"帝曰:"卿所谓铁中铮铮,佣中佼佼者也!"戊申,还自宜阳。帝令樊崇等各与妻子居雒阳,赐之田宅。其后樊崇、逢安反,诛。杨音、徐宣卒于乡里。帝怜盆子,以为赵王郎中,后病失明,赐荥阳均输官地,使食其税终身。刘恭为更始报仇,杀谢禄,自系狱。帝赦不诛。

从长安东都门出来,君臣就共同商议过,把性命交给像您这样圣明仁德的君主。百姓可以同他们共享成功,很难同他们共谋起始,所以没先告知众人。今日幸得归降,就好像离开虎口回到慈母怀中,实在欢乐喜庆,没有什么可怨恨的!"刘秀说:"爱卿你可以称得上是铁中刚硬锋利的那一类,平常人中突出的那种人!"戊申(二十一日),刘秀从宜阳县回朝。刘秀让樊崇等人各自同自己的妻室儿女一起居住在雒阳,赐给他们田地住宅。后来樊崇、逢安谋反,被诛杀。杨音、徐宣在故乡去世。刘秀怜悯刘盆子,让他任赵王刘良的郎中,后来得病,双目失明,赐给他荥阳均输官掌握的官田,让他享受租税收入,直到去世。刘恭替刘玄报仇,杀了谢禄,自首投案入狱。刘秀特加宽赦,未予处死。

光武平渔阳

淮阳王更始元年，宛人彭宠、吴汉亡命在渔阳，乡人韩鸿为更始使，徇北州，承制拜宠偏将军，行渔阳太守事，以汉为安乐令。

二年，邯郸王郎遣将徇渔阳、上谷，上谷太守耿况约宠俱归大司马秀。事见《光武中兴》。

汉光武建武二年。帝之讨王郎也，彭宠发突骑以助军，转粮食，前后不绝。及帝追铜马至蓟，宠自负其功，意望甚高，帝接之不能满，以此怀不平。及即位，吴汉、王梁，宠之所遣，并为三公，而宠独无所加，愈怏怏不得志，叹曰："如此，我当为王。但尔者，陛下忘我邪！"

是时北州破散，而渔阳差完，有旧铁官，宠转以贸谷，积珍宝，益富强。幽州牧朱浮，年少有俊才，欲厉风迹，收士心，辟召州中名宿及王莽时故吏二千石，皆引置幕府，多发诸郡仓谷禀赡其妻子。宠以为天下未定，师旅方起，不

光武平渔阳

淮阳王刘玄更始元年(23),宛城人彭宠、吴汉逃命在渔阳郡,同乡韩鸿充任刘玄的使者,巡行告示北部郡县,按照皇帝授权,拜授彭宠为偏将军,代行渔阳太守一职,任命吴汉为安乐县令。

二年(24),在邯郸自立为天子的王郎派遣将领巡行告示渔阳、上谷二郡,上谷太守耿况邀约彭宠一起归附大司马刘秀。事见《光武中兴》。

汉光武帝建武二年(26)。刘秀征讨王郎时,彭宠选派能够冲锋陷阵的骑兵去助战,并转运粮食,前后接连不断。待至刘秀追击铜马军到蓟城,彭宠依仗自己有功,奢望特别高,刘秀给他的待遇不能满足他,因此心怀不平。等到刘秀登上帝位,吴汉和王梁都是彭宠派去的部将,二人一起被封为三公,而彭宠偏偏无所加封,越发怏怏不得志,慨叹说:"像他们都位列三公,我就应当封王。可现今竟然这样,纯粹是陛下忘了我呀!"

这时候,北部郡县残破散乱,而渔阳郡还较为完整,郡中有原来设置的冶铁官营机构,彭宠进行铁矿和谷类的贸易活动,积聚金银财宝,越来越富足强盛。幽州牧朱浮,年轻又有突出才干,想要显扬威权,收揽士人之心,广泛征召州中素有名望的人以及王莽称帝时的二千石旧官员,全都延请安置在自己的幕府中,大量征调各郡粮仓的谷物,作为俸禄,来赡养这些人的妻室子女。彭宠认为天下还没有完全平定,军事行动正在兴起,不

宜多置官属以损军实,不从其令。浮性矜急自多,宠亦很强,嫌怨转积。浮数谮构之,密奏宠多聚兵谷,意计难量。上辄漏泄令宠闻,以胁恐之。至是,有诏征宠,宠上疏,愿与浮俱征,帝不许,宠益以自疑。其妻素刚,不堪抑屈,固劝无受征,曰:"天下未定,四方各自为雄,渔阳大郡,兵马最精,何故为人所奏而弃此去乎!"宠又与所亲信吏计议,皆怀怨于浮,莫有劝行者。帝遣宠从弟子后兰卿喻之。宠因留子后兰卿,遂发兵反,拜署将帅,自将二万馀人,攻朱浮于蓟。又以与耿况俱有重功,而恩赏并薄,数遣使要诱况。况不受,斩其使。

八月,帝遣游击将军邓隆助朱浮讨彭宠。隆军潞南,浮军雍奴,遣吏奏状。帝读檄,怒,谓使吏曰:"营相去百里,其势岂可得相及!比若还,北军必败矣。"彭宠果遣轻兵击隆军,大破之。浮远,遂不能救。

三年三月,涿郡太守张丰反,自称无上大将军,与彭宠连兵。朱浮以帝不自征彭宠,上疏求救。诏报曰:"往年赤眉跋扈长安,吾策其无谷必东,果来归附。今度此反虏,势无久全,其中必有内相斩者。今军资未充,故须后麦耳!"浮城中粮尽,人相食。会耿况遣骑来救,浮乃得脱身走,蓟城遂降于彭宠。宠自称燕王,攻拔右北平、上谷数县,赂遗

应当多设官属来损耗军需,所以不服从朱浮的命令。朱浮性情骄矜急躁,自命不凡,彭宠也很暴戾顽固,两人的嫌隙怨恨越积越深。朱浮屡次谗毁陷害彭宠,向刘秀秘密奏报彭宠大量积聚武器粮食,意图很难估量。刘秀每次也把密奏故意泄露出去,让彭宠闻知,借此来威胁恐吓彭宠。到这时,朝廷有诏书,征召彭宠入京,彭宠上奏疏,请求与朱浮一起去,刘秀不批准,彭宠更加自生猜疑。彭宠的夫人一向刚强,忍受不了压抑和屈辱,坚决劝彭宠拒不应召说:"天下还未平定,四方各自称雄,渔阳是个大郡,兵马最为精悍,为什么被人参奏就丢弃这大郡离开?"彭宠又同亲信下属谋议,这些下属都对朱浮心怀怨恨,没有劝说彭宠起身去应召的。刘秀派遣彭宠的堂弟子后兰卿去劝说彭宠。彭宠就扣留住子后兰卿,于是发兵反叛,拜授署置将帅,自己率领两万多人到蓟城攻打朱浮。又利用自己同上谷太守耿况都立有大功,而封赏同样很轻微的口实,多次派遣使者去邀约煽动耿况。耿况拒绝,斩杀了彭宠的使者。

八月,刘秀派遣游击将军邓隆去援助朱浮讨伐彭宠。邓隆把军队驻扎在潞县南部,朱浮把军队驻扎在雍奴县,派遣官吏入京去奏报军情。刘秀阅罢军情文书,不禁大怒,对前来奏报的官吏说:"两军营地相距百里,这种情势怎么能够相互增援呢?等你回去时,北面的军队必定已经失败了。"彭宠果然派遣轻装快速部队袭击邓隆驻军,把他打得大败。朱浮距离太远,最终也不能救援。

三年(27)三月,涿郡太守张丰反叛,自称"无上大将军",与彭宠联合起兵。朱浮因刘秀不亲征彭宠,呈报奏疏求救。刘秀下诏书答复说:"往年赤眉军在长安逞凶横行,我预计他们没有粮食以后必定会东撤,果然前来归附。如今估量这两个反贼,势必不会长久保全,内部一定会有斩杀他俩的人。眼下军用物资还未充盈,所以需要等到麦收以后。"朱浮所在蓟城中粮食用光,人吃人。恰逢耿况派遣骑兵来营救,朱浮才得以脱身逃走,于是蓟城向彭宠投降。彭宠自称燕王,攻克右北平、上谷的好几个县,厚赠财物给

匈奴，借兵为助；又南结张步及富平、获索诸贼，皆与交通。

四年五月，上将亲征彭宠，伏湛谏曰："今兖、豫、青、冀，中国之都，而寇贼从横，未及从化。渔阳边外荒耗，岂足先图。陛下舍近务远，弃易求难，诚臣之所惑也。"上乃还。

帝遣建义大将军朱祜、建威大将军耿弇、征虏将军祭遵、骁骑将军刘喜讨张丰于涿郡。祭遵先至，急攻丰，禽之。初，丰好方术，有道士言丰当为天子，以五彩囊裹石系丰肘，云"石中有玉玺"。丰信之，遂反。既执，当斩，犹曰"肘石有玉玺"。傍人为椎破之，丰乃知被诈，仰天叹曰："当死无恨！"

上诏耿弇进击彭宠。弇以父况与宠同功，又兄弟无在京师者，不敢独进，求诣雒阳。诏报曰："将军举宗为国，功效尤着，何嫌何疑，而欲求征？"况闻之，更遣弇弟国入侍。时祭遵屯良乡，刘喜屯阳乡，彭宠引匈奴兵欲击之。耿况使其子舒袭破匈奴兵，斩两王，宠乃退走。

五年二月，彭宠妻数为恶梦，又多见怪变，卜筮、望气者皆言兵当从中起。宠以子后兰卿质汉归，不信之，使将兵居外，无亲于中。宠斋在便室，苍头子密等三人因宠卧寐，共缚著床，告外吏云："大王斋禁，皆使吏休。"伪称宠

匈奴,借兵作为援助力量;又往南勾结张步以及富平、获索各支贼寇,都与他们联络往来。

四年(28)五月,刘秀准备亲自征讨彭宠,尚书伏湛劝谏说:"现今兖州、豫州、青州、冀州,是中原的大都市,而贼寇纵横往来,还没能让他们顺从教化。渔阳属于边塞以外的荒僻虚耗地区,哪里值得首先考虑呢?陛下舍近而致力远方,丢下容易的而解决困难的,这实在是臣下我感到疑惑不解的。"刘秀于是返回京师。

刘秀派遣建义大将军朱祐、建威大将军耿弇、征虏将军祭遵、骁骑将军刘喜到涿郡讨伐张丰。祭遵率军先到,紧急攻打张丰,活捉了他。起先,张丰喜好预言吉凶的一类方术,有个道士声称张丰应当做天子,特用五彩锦囊裹块石头拴系在张丰的臂肘上,并且说"石头中含有皇帝的玉玺"。张丰听信道士的这番鬼话,于是反叛。他被活捉后,论罪应当斩首,还在说"臂肘石头中含有玉玺",旁边的人替他凿穿砸破石块,张丰这才晓得被骗,仰天叹息说:"理应被处死,死无所恨!"

刘秀下诏,命令耿弇进击彭宠。耿弇因父亲耿况曾与彭宠同立功劳,又加上兄弟没有在京师当人质的,不敢单独进军,请求到雒阳重新待命。刘秀下诏答复说:"将军全宗族都为国家出力,功效特别显著,还有什么避嫌猜疑的,而想受征召回朝呢?"耿况听说后,特意派耿弇的弟弟耿国入侍京师。当时祭遵屯驻在良乡县,刘喜屯驻在阳乡县,彭宠引导匈奴军队准备攻击他们。耿况就派儿子耿舒袭击攻破匈奴军队,斩杀了两个匈奴王,彭宠于是退走。

五年(29)二月,彭宠的夫人屡屡做噩梦,又常常看到奇异反常的现象,占卜算卦和看云气决断吉凶的术士都说兵祸会从内部发生。彭宠因堂弟子后兰卿在汉廷充当人质又被派回来,不信任他,派他领兵在外驻守,不许接近王宫。彭宠在便室洗沐斋戒,家奴子密等三个人乘彭宠睡卧时,一起把他捆绑在床上,通知外面的官吏说:"大王正在斋戒,都让官吏们休假。"又假称彭宠的

命,收缚奴婢,各置一处。又以宠命呼其妻,妻入,惊曰:"奴反!"奴乃捽其头,击其颊。宠急呼曰:"趣为诸将军办装!"于是两奴将妻入取宝物,留一奴守宠。宠谓守奴曰:"若小儿,吾素所爱也。今为子密所迫劫耳!解我缚,当以女珠妻汝,家中财物皆以与若。"小奴意欲解之,视户外,见子密听其语,遂不敢解。于是收金玉衣物,至宠所装之,被马六匹,使妻缝两缣囊。昏夜后,解宠手,令作记告城门将军云:"今遣子密等至子后兰卿所,速开门出,勿稽留之。"书成,斩宠及妻头置囊中,便持记驰出城,因以诣阙。明旦,阁门不开,官属逾墙而入,见宠尸,惊怖。其尚书韩立等共立宠子午为王,国师韩利斩午首诣祭遵降,夷其宗族。帝封子密为不义侯。

权德舆议曰:伯通之叛命,子密之戕君,同归于乱,罪不相蔽,宜各致于法,昭示王度;反乃爵于五等,又以'不义'为名。且举以不义,莫可侯也,此而可侯,汉爵为不足劝矣。《春秋》书齐豹盗、三叛人名之义,无乃异于是乎!

命令,抓起捆绑住男女奴婢,各自安置在一个地方。又借用彭宠的命令,招呼他的夫人,夫人入室,大惊道:"家奴造反了!"家奴随即揪住她的头,抽她的耳光。彭宠急忙呼叫说:"赶快替这几位将军配办行装。"于是两个家奴押着彭宠夫人入内收取金银珠宝,留下一个家奴看守彭宠。彭宠对这个家奴说:"你这毛孩子,是我一向所喜爱的人。如今只是被子密所威胁逼迫罢了。你解开我的绳索,我把女儿彭珠嫁给你为妻,家中的财物,全都送给你。"这个小家奴有意替彭宠松绑,察看一下门外,发现子密正在监听他们主仆的对话,就不敢去解开了。这时子密等人收点好金玉锦衣各种贵重物品,到彭宠所在的便室装好,备下六匹鞍具齐全的良马,迫使彭宠夫人缝制了两个缣帛囊袋。入夜后,解开彭宠双手,逼他写下手令通知城门将军说:"现下派遣子密等人到子后兰卿的驻地,速开城门,叫他们出去,不要盘问滞留他们。"手令写成后,子密等人砍下彭宠及其夫人的脑袋,装在缣帛制成的囊袋中,持带手令,疾驰出城,乘势直奔雒阳,朝见刘秀。第二天清晨,宫门不开启,众官属翻过宫墙进来,发现了彭宠的尸体,都很惊慌恐怖。彭宠原来委任的尚书韩立等人共同拥立彭宠的儿子彭午为燕王,国师韩利又砍下彭午的脑袋,前往屯驻良乡县的祭遵那里投降,祭遵诛灭了彭氏全族。刘秀封子密为不义侯。

　　唐代大臣权德舆评议说:彭宠背叛圣命,子密戕杀君主,归根结底都属于作乱,罪行不能相互遮蔽,应分别付诸国法,来彰显圣王的法度;可刘秀竟反而在五等爵内封子密为侯,又用"不义"二字作特称。既然已经表明他不义,就不能再封侯,子密这种人都可以封侯,汉朝的爵位就不足以劝勉忠义了。《春秋》特用"盗"字来记载卫国司寇齐豹公报私仇的行径,直接载录邾国庶其、莒国牟夷、小邾国射这三个叛逆者的名字,这种原则恐怕同刘秀的做法截然不同吧!

光武平齐

淮阳王更始元年冬十月，故梁王立之子永诣洛阳；更始封为梁王，都睢阳。

二年冬，梁王永据国起兵，招诸郡豪桀。沛人周建等并署为将帅，攻下济阴、山阳、沛、楚、淮阳、汝南，凡得二十八城。又遣使拜西防贼帅山阳佽彊为横行将军；东海贼帅董宪为翼汉大将军；琅邪贼帅张步为辅汉大将军，督青、徐二州，与之连兵，遂专据东方。

汉光武建武元年十一月，梁王永称帝于睢阳。

初，更始以王闳为琅邪太守，张步据郡拒之。闳谕降，得赣榆等六县；收兵与步战，不胜。步既受刘永官号，治兵于剧，遣将徇泰山、东莱、城阳、胶东、北海、济南、齐郡，皆下之。闳力不敌，乃诣步相见。步大陈兵而见之，怒曰："步有何罪，君前见攻之甚！"闳按剑曰："太守奉朝命，而文公拥兵相距。闳攻贼耳，何谓甚邪！"步起跪谢，与之宴饮，待为上宾，令闳关掌郡事。

二年夏四月，虎牙大将军盖延督驸马都尉马武等四将

光武平齐

淮阳王刘玄更始元年(23)冬季十月,原西汉梁王刘立的儿子刘永到洛阳拜见刘玄,刘玄封他为梁王,王都定在睢阳。

二年(24)冬季,梁王刘永据守封国起兵,招揽各郡豪杰。沛县人周建等人一起被委任为将帅,攻克济阴、山阳、沛、楚、淮阳、汝南等郡国县邑,一共夺占二十八座城池。又派遣使者拜授西防贼军首领山阳人佼彊为横行将军;东海贼军首领董宪为翼汉大将军;琅邪贼军首领张步为辅汉大将军,督管青、徐二州,与他们联合采取军事行动,于是独自占据东方。

汉光武帝建武元年(25)十一月,梁王刘永在睢阳称帝。

当初,刘玄任命王闳为琅邪太守,张步据守郡城抗拒王闳。王闳开展招降活动,获得赣榆等六个县;集结兵马与张步交战,未能取胜。张步已经接受刘永的官号,就在剧县训练军队,派遣将领去攻取泰山、东莱、城阳、胶东、北海、济南、齐郡各郡县,全都攻了下来。王闳的军力不能对抗,就到张步那里去会见。张步列队陈兵接见他,怒问道:"我张步有什么罪过,上次被你攻击得那么厉害?"王闳手按战剑说:"我身为太守,遵奉朝廷命令上任,而你张文公却拥兵抗拒。我王闳是攻打贼寇,怎么能说厉害呢!"张步听后,起身跪拜道歉,与王闳宴饮,按上等贵宾对待他,让他掌管并处理郡中政事。

二年(26)夏季四月,虎牙大将军盖延统领驸马都尉马武等四将

军击刘永，破之，遂围永于睢阳。故更始将苏茂反，杀淮阳太守潘蹇，据广乐而臣于永。永以茂为大司马、淮阳王。

秋八月，盖延围睢阳数月，克之。刘永走至虞，虞人反，杀其母、妻，永与麾下数十人奔谯。苏茂、佼彊、周建合军三万馀人救永，延与战于沛西，大破之。永、彊、建走保湖陵，茂奔还广乐，延遂定沛、楚、临淮。

帝使太中大夫伏隆持节使青、徐二州，招降郡国。青、徐群盗闻刘永破败，皆惶怖请降。张步遣其掾孙昱随隆诣阙上书，献鰒鱼。隆，湛之子也。

冬十一月，帝以伏隆为光禄大夫，复使于张步，拜步东莱太守，并与新除青州牧、守、都尉俱东。诏隆辄拜令、长以下。

三年二月，刘永立董宪为海西王。永闻伏隆至剧，亦遣使立张步为齐王。步贪王爵，犹豫未决。隆晓譬曰："高祖与天下约，非刘氏不王，今可得为十万户侯耳！"步欲留隆，与共守二州，隆不听，求得反命，步遂执隆而受永封。隆遣间使上书曰："臣隆奉使无状，受执凶逆，虽在困厄，授命不顾。又，吏民知步反畔，心不附之，愿以时进兵，无以臣隆为念！臣隆得生到阙廷，受诛有司，此其大愿。若令没身寇手，以父母、昆弟长累陛下。陛下与皇后、太子永享万国，与天无极！"帝得隆奏，召其父湛，流涕示之，曰："恨

军进击刘永,打败了他,于是在睢阳围困刘永。原来隶属刘玄的将领苏茂反叛,杀死淮阳太守潘蹇,占据广乐城而向刘永臣服。刘永任命苏茂为大司马、淮阳王。

秋季八月,盖延围困睢阳已有好几个月,终于攻克该城。刘永逃奔到虞县,虞县人反叛,杀死了刘永的母亲和夫人,刘永与手下数十人逃奔谯县。苏茂、佼彊、周建会合军队三万多人去营救刘永,盖延在沛县西部与他们交战,把他们打得大败。刘永、佼彊、周建逃到湖陵县据守,苏茂奔回广乐城,盖延于是平定沛、楚、临淮三郡。

刘秀派遣太中大夫伏隆执持朝廷符节出使青、徐二州,招降各个郡国。青、徐二州的各支贼寇听说刘永被攻破败走,都惶恐畏惧,请求归降。张步派遣他的属官孙昱随同伏隆到雒阳上书,敬献鳆鱼。伏隆,是尚书伏湛的儿子。

冬季十一月,刘秀任命伏隆为光禄大夫,又派他出使到张步处,拜授张步为东莱太守,并与新委任的青州牧、太守、都尉一起东下。下诏授予伏隆可以委任县令、县长以下官吏的权力。

三年(27)二月,刘永封立董宪为海西王。刘永闻知伏隆到了剧县,也派使者封立张步为齐王。张步贪求王爵,犹豫不决。伏隆举例开导他说:“汉高祖与全天下有过盟约,除刘姓宗亲外不许封王。如今你可以获得享有十万户纳税人口的最高侯爵也就行了。”张步准备挽留伏隆,与他共同据守青、徐二州。伏隆拒不接受,要求回朝复命,张步就扣押起伏隆而接受刘永的封爵。伏隆秘密派人上书刘秀说:“臣下奉命出使,却罪大无可名状,被凶逆贼子扣押住,尽管身在困急险境中,承受圣命无所顾惜。另外这里的官民都清楚张步这是反叛,内心并不归向他,希望朝廷抓住时机进兵,不要顾念我的生死!我能够活着回到宫门殿廷,接受主管部门的死刑,这是我的最大心愿。倘若我真死在贼寇手中,就将我父母、兄弟长期托付给陛下您了。祝愿陛下与皇后、太子永远享有天下,与皇天一样无穷无尽。”刘秀得到伏隆的奏报,召见他的父亲伏湛,流泪把奏报拿给伏湛看,并且说:“我恨

不且许而遽求还也！”其后步遂杀之。帝方北忧渔阳，南事梁、楚，故张步得专集齐地，据郡十二焉。

夏四月，吴汉率骠骑大将军杜茂等七将军围苏茂于广乐，周建招集得十馀万人救之。汉迎与之战，不利，堕马伤膝，还营。建等遂连兵入城。诸将谓汉曰：“大敌在前，而公伤卧，众心惧矣！”汉乃勃然裹创而起，椎牛飨士，慰勉之，士气自倍。旦日，苏茂、周建出兵围汉，汉奋击，大破之，茂走还湖陵。睢阳人反城迎刘永，盖延率诸将围之。吴汉留杜茂、陈俊守广乐，自将兵助延围睢阳。

秋七月，盖延围睢阳百日，刘永、苏茂、周建突出，将走酂，延追击之急，永将庆吾斩永首降。苏茂、周建奔垂惠，共立永子纡为梁王。佼彊奔保西防。

四年秋七月丁亥，上幸谯，遣捕虏将军马武、骑都尉王霸围刘纡、周建于垂惠。

董宪将贲休以兰陵降，宪闻之，自郯围之。盖延及平狄将军山阳庞萌在楚，请往救之。帝敕曰：“可直往捣郯，则兰陵自解。”延等以贲休城危，遂先赴之。宪逆战而阳败退，延等因拔围入城。明日，宪大出兵合围，延等惧，遽出突走，因往攻郯。帝让之曰：“间欲先赴郯者，以其不意故耳！今既奔走，贼计已立，围岂可解乎！”延等至郯，果不能克。而董宪遂拔兰陵，杀贲休。

五年二月，苏茂将五校兵救周建于垂惠。马武为茂、

不得先应允张步封爵而马上让伏隆生还!"到后来,张步就杀死了伏隆。刘秀北方担心渔阳,南边担心梁国、楚国,所以张步得以专擅聚结齐国地区,占据十二个郡。

夏季四月,吴汉率领骠骑大将军杜茂等七位将军在广乐城围攻苏茂,周建招集人马获得十多万人,前去援救苏茂。吴汉迎上前与周建交战,失利,自己落下马来,摔伤了膝盖,退回营垒中。周建等人于是合兵进入广乐城。众将对吴汉说:"大敌当前,而尊公您受伤卧床,兵众心里可就恐惧了!"吴汉猛然裹住伤口,挺身起床,杀牛犒享将士,慰问勉励他们,士气自然倍增。第二天,苏茂、周建出兵围攻吴汉,吴汉奋勇反击,把对方打得大败,苏茂逃回湖陵县。睢阳人全城反叛,迎入刘永,盖延率领众将围攻睢阳。吴汉留下杜茂、陈俊把守广乐城,自率军队去援助盖延围攻睢阳。

秋季七月,盖延围攻睢阳已达百日,刘永、苏茂、周建突围出来,打算逃往酂县,盖延追击他们十分紧迫,刘永的部将庆吾砍下刘永的脑袋归降。苏茂、周建奔逃到垂惠,共同拥立刘永的儿子刘纡为梁王。佼彊逃到西防县据守。

四年(28)秋季七月丁亥(初八),刘秀亲自莅临谯县,派遣捕虏将军马武、骑都尉王霸在垂惠围攻刘纡和周建。

海西王董宪的部将贲休献上兰陵县归降刘秀,董宪闻知这一消息,从郯县围攻贲休。盖延及平狄将军山阳人庞萌正在楚地彭城,请求前往救援。刘秀指示说:"可前去直捣郯县,兰陵县自能解围。"盖延等人因贲休所守城池危急,于是就先奔赴兰陵。董宪迎战,假装败退,盖延等人因而破围入城。第二天,董宪派出大量人马四面又来围攻,盖延等人很恐惧,急忙出城突围逃走,乘便前去攻打郯县。刘秀责备盖延说:"日前让你先去郯县,是因对方预料不到的缘故罢了。如今你既然已经奔逃,贼寇的对策已经确立了,兰陵的围困哪里会解除呢?"盖延等人到达郯县,果然攻打不下来。而董宪乘势攻占了兰陵县,杀死了贲休。

五年(29)二月,苏茂率领五校军到垂惠救周建。马武被苏茂、

建所败，奔过王霸营，大呼求救。霸曰："贼兵盛，出必两败，努力而已！"乃闭营坚壁。军吏皆争之，霸曰："茂兵精锐，其众又多，吾吏士心恐，而捕虏与吾相恃，两军不一，此败道也。今闭营固守，示不相援，贼必乘胜轻进，捕虏无救，其战自倍。如此，茂众疲劳，吾承其敝，乃可克也。"茂、建果悉出攻武，合战良久，霸军中壮士数十人断发请战，霸乃开营后，出精骑袭其背。茂、建前后受敌，惊乱败走，霸、武各归营。茂、建复聚兵挑战，霸坚卧不出。方飨士作倡乐，茂雨射营中，中霸前酒樽，霸安坐不动。军吏皆曰："茂前日已破，今易击也！"霸曰："不然，苏茂客兵远来，粮食不足，故数挑战，以徼一时之胜。今闭营休士，所谓'不战而屈人兵'者也。"茂、建既不得战，乃引还营。其夜，周建兄子诵反，闭城拒之。建于道死，茂奔下邳，与董宪合，刘纡奔佼彊。

上诏耿弇进讨张步。

平敌将军庞萌，为人逊顺，帝信爱之，常称曰："可以托六尺之孤，寄百里之命者，庞萌是也。"使与盖延共击董宪。时诏书独下延而不及萌，萌以为延谮己，自疑，遂反袭延军，破之。与董宪连和，自号东平王，屯桃乡之北。帝闻之，大怒，自将讨萌，与诸将书曰："吾常以庞萌为社稷之臣，将军得无笑其言乎！老贼当族，其各厉兵马，会睢阳！"

周建所击败，逃跑时经过王霸的军营，大呼求救。王霸说："贼兵正强盛，我再出击，一定会两营都败退，你自己努力打吧！"于是关闭营门，坚守不出。军中官吏都争请出兵援救，王霸解释说："苏茂军队很精锐，兵马又很多。我们的官兵心里很害怕，而捕虏将军马武同我们互相依赖，两军又不相统一，这是失败的打法。现下我们紧闭营垒，坚持防守，表示不相援助，贼军必定会乘胜轻率前进，捕虏将军失去救援，自然会加倍苦战。这样一来，苏茂部众就很疲劳，我们乘他疲劳再出击，才能取胜。"苏茂、周建果然派出全部军队攻击马武，双方混战很长时间，王霸军中数十个壮士割断头发请求出战，王霸于是打开营垒后门，派出精锐的骑兵袭击敌军的背部。苏茂、周建腹背受敌，惊慌溃乱，败退逃走，王霸、马武各自回归营垒。苏茂、周建又聚集兵力挑战，王霸坚守不出战。正在犒享将士，举行歌舞时，苏茂那里箭如雨下，射入营中，有支箭射中了王霸面前放置的酒杯，王霸安然稳坐，纹丝不动。军中官吏都说："苏茂前天已被攻破，现下很容易击败他。"王霸说："不是这样，苏茂作为援兵远道而来，粮食不充足，所以屡屡挑战，来侥幸求得速战速决。如今我们紧闭营垒，休整将士，正是兵法上所说的'不战而使敌军屈服'。"苏茂、周建既然不能同对方交上战，只得领兵回营。当天夜晚，周建的侄子周诵反叛，关闭垂惠城门不让他们进城。周建在撤退的路上死去，苏茂逃奔到下邳县与董宪会合，刘纾去投奔佼彊。

刘秀下诏命令耿弇进兵讨伐张步。

平敌将军庞萌，为人谦逊恭顺，刘秀很信任喜爱他，常称赞他说："能够托付继位幼主的，寄交百里封国的，正是庞萌啊。"派庞萌与盖延共同去进击董宪。当时诏书只下达给盖延而未下达给庞萌，庞萌认为盖延向刘秀诋毁自己，私下猜疑，于是反过来袭击盖延的军队，攻破了他。与董宪联合起来，自称东平王，屯驻在桃乡北面。刘秀闻讯，大怒，亲自率兵讨伐庞萌，赐给众将书信说："我常把庞萌看成是国家重臣，将军们恐怕要笑我说的话吧！这个老贼，罪应灭族。众将要整顿兵马，会聚睢阳！"

庞萌攻破彭城，将杀楚郡太守孙萌。郡吏刘平伏太守身上，号泣请代其死，身被七创。庞萌义而舍之。太守已绝复苏，渴求饮，平倾创血以饮之。

六月，董宪与刘纡、苏茂、佼彊去下邳，还兰陵，使茂、彊助庞萌围桃城。帝时幸蒙，闻之，乃留辎重，自将轻兵晨夜驰赴。至亢父，或言百官疲倦，可且止宿。上不听，复行十里，宿任城，去桃城六十里。旦日，诸将请进，庞萌等亦勒兵挑战。帝令诸将不得出，休士养锐以挫其锋。时吴汉等在东郡，驰使召之。萌等惊曰："数百里晨夜行，以为至当战，而坚坐任城，致人城下，真不可往也！"乃悉兵攻桃城。城中闻车驾至，众心益固。萌等攻二十馀日，众疲困，不能下。吴汉、王常、盖延、王梁、马武、王霸等皆至，帝乃率众军进救桃城，亲自搏战，大破之。庞萌、苏茂、佼彊夜走从董宪。

秋七月丁丑，帝幸沛，进幸湖陵。董宪与刘纡悉其兵数万人屯昌虑。宪招诱五校馀贼，与之拒守建阳。帝至蕃，去宪所百馀里。诸将请进，帝不听，知五校乏食当退，敕各坚壁以待其敝。顷之，五校果引去。帝乃亲临，四面攻宪，三日，大破之。佼彊将其众降，苏茂奔张步，宪及庞萌走保郯。八月己酉，帝幸郯，留吴汉攻之，车驾转徇彭城、下邳。吴汉拔郯，董宪、庞萌走保朐。刘纡不知所归，

庞萌攻破彭城,打算杀掉楚郡太守孙萌。郡府属吏刘平趴在太守身上,痛哭流涕,请求代替太守去死,身上受了七处刀伤。庞萌认为他很讲义气,就放过了孙萌。孙萌已经气绝,又慢慢苏醒过来,感到口渴想要喝水,刘平就倾尽伤口流出的鲜血给孙萌喝。

六月,董宪与刘纡、苏茂、佼彊离开下邳县,返回兰陵县,又派苏茂、佼彊援助庞萌围攻桃城。这时刘秀驾临蒙县,听说这一消息,就留下粮草车辆,亲自统率轻装部队日夜奔驰赶赴救援。抵达亢父县时,有人建议说百官很疲倦了,不妨暂且留宿。刘秀拒不采纳,又前行十里,留宿在任城,距离桃城仅有六十里。第二天,众将请求进击,庞萌等人也领兵挑战。刘秀命令众将不许出战,休整士卒,养精蓄锐,来挫败对方的锋芒。这时吴汉等人屯驻在东郡,刘秀派使者飞速去宣召他们。庞萌等人大惊说:"刘秀数百里日夜奔行,我们以为来到后就应交战,而他坚持坐镇任城,把我们招到城下,看来真不能前去上钩!"于是率领全部人马攻打桃城。城中听说圣驾抵临,众人心志更加稳固。庞萌等人围攻二十多天,部众疲劳困乏,攻不下来。吴汉、王常、盖延、王梁、马武、王霸等将领都先后来到任城,刘秀于是统率众军前进营救桃城,亲自上阵搏斗,把敌军打得大败。庞萌、苏茂、佼彊乘夜逃走,去投奔董宪。

秋季七月丁丑(初四),刘秀驾临沛县,又前行驾临湖陵县。董宪与刘纡把他们的兵众好几万人屯驻在昌虑县。董宪招抚利诱五校军的残馀部众,替他据守建阳县。刘秀抵达蕃县,距离董宪驻地一百多里。众将请求进兵,刘秀不批准,知道五校军缺乏粮食就会退走,严令众将各自坚守营垒,等待对方疲惫不堪。没多久,五校军果然领兵离去。刘秀于是亲自督战,从四面围攻董宪,接连三天,把董宪打得大败。佼彊率领他的部众归降,苏茂投奔张步,董宪以及庞萌逃到郯县据守。八月己酉(初六),刘秀驾临郯县,留下吴汉攻打县城,圣驾转而去攻取彭城、下邳县。吴汉攻克郯县,董宪、庞萌逃到朐县据守。刘纡不知逃向何地,

其军士高扈斩之以降。吴汉进围朐。

冬十月，张步闻耿弇将至，使其大将军费邑军历下，又令兵屯祝阿，别于泰山、钟城列营数十以待之。弇渡河，先击祝阿，自旦攻城，未中而拔之，故开围一角，令其众得奔归钟城。钟城人闻祝阿已溃，大恐惧，遂空壁亡去。

费邑分遣弟敢守巨里。弇进兵先胁巨里，严令军中趣修攻具，宣敕诸部，后三日当悉力攻巨里城。阴缓生口，令得亡归，以弇期告邑。邑至日，果自将精兵三万馀人来救之。弇喜，谓诸将曰："吾所以修攻具者，欲诱致之耳。野兵不击，何以城为！"即分三千人守巨里，自引精兵上冈阪，乘高合战，大破之。临陈斩邑，既而收首级以示城中，城中凶惧。费敢悉众亡归张步。弇复收其积聚，纵兵击诸未下者，平四十馀营，遂定济南。

时张步都剧，使其弟蓝将精兵二万守西安，诸郡太守合万馀人守临淄，相去四十里。弇进军画中，居二城之间。弇视西安城小而坚，且蓝兵又精，临淄名虽大而实易攻，乃敕诸校后五日会攻西安。蓝闻之，晨夜警守。至期，夜半，弇敕诸将皆蓐食，会明，至临淄城。护军荀梁等争之，以为："攻临淄，西安必救之，攻西安，临淄不能救，不如攻西安。"弇曰："不然，西安闻吾欲攻之，日夜为备，方自忧，何

他属下的军士高扈杀死他归降吴汉。吴汉进兵围攻朐县。

冬季十月，张步闻知耿弇将要率兵来到，就派遣他的大将军费邑驻守在历下城，又派军队屯驻祝阿县，另外在泰山、钟城布列下数十个营垒，等待汉军。耿弇渡过黄河，先进攻祝阿县。自天亮攻城，还没到中午就攻了下来。故意打开包围圈的一个缺口，让这些部众能逃归钟城。钟城人听说祝阿县守军已经溃散，十分恐惧，就全都从营垒中逃亡离去。

费邑分派他的弟弟费敢把守巨里城。耿弇进兵，先向巨里城耀武扬威，严令军中火速赶制攻城器械，通告下属各支部队三天后要全力进攻巨里城，暗中放走几个俘虏，让他们逃回去，把进攻日期报告给费邑。费邑在三天后，果然亲自率领精兵三万多人来救援。耿弇闻讯大喜，对众将说："我命令赶制攻城器械，目的是想引诱费邑来到。不攻打他们的野战部队，攻城干什么？"随即分拨三千人牵制住巨里，亲自统领精兵奔上山岗，从高处与费邑激战，把对方打得大败。在阵前斩杀费邑，随后割取费邑人头在城外拿给城中人看，城中人声汹汹，十分恐惧。费敢率领全体部众逃走投奔张步。耿弇又缴获费敢留下的粮草和各种物资，发兵进击各个还未攻取的营垒，一共扫平四十多处营垒，于是平定济南郡。

当时张步的王都设在剧县，他派遣弟弟张蓝统率精兵两万驻守西安县，齐地各郡的太守会合成军队一万多人驻守临淄，两地相距四十里。耿弇进军到画中邑，这座城处在西安和临淄两城的中间。耿弇察视西安城，虽然小却坚固，而且张蓝的军队又很精壮，临淄城名义上虽然很大，实际上却容易攻打，于是命令各个将领五天后一起攻打西安城。张蓝听到这一消息，日夜警戒监守。到预定日期，耿弇在夜半时分命令诸位将领全都在驻地吃饭，等到天亮，赶到临淄城。护军荀梁等人对这种打法提出异议，认为："攻打临淄，西安敌军必定来援救；攻打西安，临淄敌军没力量去援救，不如攻打西安。"耿弇说："不对。西安方面听说我们准备前去攻打，日夜进行防备，正自感忧虑，哪里还有

暇救人！临淄出不意而至，必惊扰，吾攻之一日，必拔。拔临淄，即西安孤，与剧隔绝，必复亡去，所谓'击一而得二'者也。若先攻西安，不能卒下，顿兵坚城，死伤必多。纵能拔之，蓝引军还奔临淄，并兵合势，观人虚实。吾深入敌地，后无转输，旬月之间，不战而困矣。"遂攻临淄，半日，拔之，入据其城。张蓝闻之，惧，遂将其众亡归剧。

弇乃令军中无得虏掠，须张步至乃取之，以激怒步。步闻，大笑曰："以尤来、大肜十馀万众，吾皆即其营而破之；今大耿兵少于彼，又皆疲劳，何足惧乎！"乃与三弟蓝、弘、寿及故大肜渠帅重异等兵号二十万，至临淄大城东，将攻弇。弇上书曰："臣据临淄，深堑高垒。张步从剧县来攻，疲劳饥渴。欲进，诱而攻之；欲去，随而击之。臣依营而战，精锐百倍，以逸待劳，以实击虚，旬日之间，步首可获。"于是弇先出淄水上，与重异遇，突骑欲纵，弇恐挫其锋，令步不敢进，故示弱以盛其气，乃引归小城，陈兵于内，使都尉刘歆、泰山太守陈俊分陈于城下。步气盛，直攻弇营，与刘歆等合战。弇升王宫坏台望之，视歆等锋交，乃自引精兵以横突步陈于东城下，大破之。飞矢中弇股，以佩刀截之，左右无知者。至暮，罢。弇明旦复勒兵出。

闲暇救援别人？临淄想不到我们要攻打他们，必定会惊慌失措，我们只要进攻一天，必定会攻下来。攻下临淄，西安就孤立无援，它与剧县又联系不上，必定再跑回剧县去。这正是人们所说的'进击一地而获取两地'。如果先攻打西安，不能一下子攻下来，我们在坚城之下拖住军队，死伤一定会有很多。即便能够攻下该城，张蓝领兵撤走，奔向临淄，会合军队，联结兵势，坐观我们的虚实。我们深入敌人地域，后方没有粮草接济，一个月之间，不等交战就会困窘了。"于是直接攻打临淄，仅用半天，就攻了下来，进入并占据该城。张蓝听说这一消息，很恐惧，就率领他的部众逃归剧县。

耿弇于是命令全军不许抢掠，等张步来到后才能收取财物，借此激怒张步。张步听说战况后，大笑道："凭尤来、大肜军那十多万部众，我都逼近他们的营垒攻破他们；如今耿老大的军队比那帮人还少，又都很疲劳，哪里值得害怕呢？"于是同自己的三个弟弟张蓝、张弘、张寿以及原大肜军的首领重异等人发兵，号称二十万，来到临淄大城的东面，准备攻打耿弇。耿弇向刘秀上书说："臣下占据临淄，深挖壕沟，高筑营垒。张步从剧县前来攻战，疲劳又饥渴。他想推进，我就引诱而反攻他；他想撤退，我就随后追击他。臣下依凭营垒作战，军士锐气超过对方百倍，用安逸来等待疲劳，用盈实来进击虚弱，十天之内，张步的首级就能够拿到。"于是耿弇先在淄水岸边出动军队，与重异的人马相遇。突击骑兵要求出战，耿弇恐怕出战会挫败对方的锋芒，使张步不敢推进，就故意显示己方脆弱来张扬敌军的气势，于是领兵退归临淄小城，在城内布下军队，派遣都尉刘歆、泰山太守陈俊在城下分别布阵。张步气势汹汹，直接进攻耿弇营垒，与刘歆等人激战。耿弇登上王宫的废旧高台观望军情，眼见刘歆等人与敌军短兵相接，就亲自统领精兵在东城之下拦腰截断张步的战阵，把对方打得大败。流箭射中了耿弇的大腿，耿弇用佩刀快速砍折了箭杆，左右没人发现主帅受伤。到天黑才停战。第二天清晨，耿弇又领兵出击。

是时,帝在鲁,闻弇为步所攻,自往救之。未至,陈俊谓弇曰:"剧虏兵盛,可且闭营休士,以须上来。"弇曰:"乘舆且到,臣子当击牛、酾酒以待百官,反欲以贼虏遗君父邪!"乃出兵大战。自旦及昏,复大破之,杀伤无数,沟堑皆满。弇知步困将退,豫置左右翼为伏以待之。人定时,步果引去,伏兵起纵击,追至钜昧水上,八九十里,僵尸相属。收得辎重二千馀两。步还剧,兄弟各分兵散去。

后数日,车驾至临淄,自劳军,群臣大会。帝谓弇曰:"昔韩信破历下以开基,今将军攻祝阿以发迹,此皆齐之西界,功足相方。而韩信袭击已降,将军独拔勍敌,其功又难于信也。又,田横烹郦生,及田横降,高帝诏卫尉不听为仇;张步前亦杀伏隆,若步来归命,吾当诏大司徒释其怨,又事尤相类也。将军前在南阳,建此大策,常以为落落难合,有志者事竟成也!"帝进幸剧。

耿弇复追张步,步奔平寿,苏茂将万馀人来救之。茂让步曰:"以南阳兵精,延岑善战,而耿弇走之,大王奈何就攻其营?既呼茂,不能待邪!"步曰:"负负,无可言者!"帝遣使告步、茂,能相斩降者,封为列侯。步遂斩茂,诣耿弇军门肉袒降。弇传诣行在所,而勒兵入据其城,树十二郡旗

这时候，刘秀正在鲁地，闻知耿弇被张步攻击，亲自前去救援。还未到达时，陈俊对耿弇说："剧县贼兵气势很盛，我们暂且可以关闭营垒，休整将士，等待皇上驾到。"耿弇说："皇上车驾即将莅临，做臣子的应当杀牛滤酒来款待朝廷百官，反而想把贼寇留给君主解决吗！"于是出兵大战。从早晨战到傍晚，又把敌军打得大败，杀伤多得数不过来，壕沟填满了敌军的尸首。耿弇估计张步困乏会撤退，预先安排左右两翼人马作伏兵等候着。到入夜人静时，张步果然领兵撤退，左右伏兵起身奋击，追杀到钜昧水上，直追八九十里，死尸相连，缴获装满物资的载运车两千多辆。张步回归剧县，他的三个弟弟各自带兵离散而去。

几天后，刘秀圣驾抵达临淄，亲自慰劳军队，群臣举行大聚会。刘秀对耿弇说："过去韩信攻破历下城的齐军，开创了基业；现今将军你攻克祝阿县，声名显达，这些地方都是齐国的西部边界，你们二人的功劳足可相当。而韩信袭击的是已经降汉的齐军，将军你独当一面，攻破强敌，这种功劳又比韩信还难建立。而且齐相田横因郦食其出卖自己烹杀了他，等到田横投降，高帝刘邦下诏，让郦食其的弟弟、卫尉郦商不要为兄长报仇；张步在前两年也杀死了伏隆，如果张步归顺于我，我也会下诏给大司徒伏湛，让他消除仇怨。这两件事也十分相似。将军你从前在南阳，曾提出平定齐地的重大计策，我常以为你的计策疏阔孤立，难以实现，现今看来，真是有志向的人，事业终究会成功啊！"刘秀启驾莅临剧县。

耿弇又去追击张步。张步逃奔平寿县，苏茂率领一万多人来援救他。苏茂责怪张步说："凭借南阳的精锐部队，延岑作为统帅又英勇善战，而耿弇却击败了他。大王为什么逼进攻打他的营垒呢？既然已经召我前来，就不能等待一下吗？"张步说："惭愧极了，实在没话可说！"刘秀派遣使者分别密告张步、苏茂，谁能杀掉对方来归降，就封为列侯。于是张步斩杀苏茂，前往耿弇军营的正门去衣露体归降。耿弇用驿馆专车把张步送到刘秀驻地，领兵进入并占据平寿城，竖起齐地十二个郡的旗帜和

鼓,令步兵各以郡人诣旗下。众尚十馀万,辎重七千馀两,皆罢遣归乡里。张步三弟各自系所在狱,诏皆赦之,封步为安丘侯,与妻子居雒阳。

于是琅邪未平,上徙陈俊为琅邪太守。始入境,盗贼皆散。耿弇复引兵至城阳,降五校馀党,齐地悉平,振旅还京师。弇为将,凡所平郡四十六,屠城三百,未尝挫折焉。

六年,吴汉等拔朐,斩董宪、庞萌,江淮、山东悉平。诸将还京师。

军鼓,让张步的兵士聚集到本郡的旗帜下面。这些部众还剩有十多万人,装载物资的军车七千多辆,全都遣散,各自返回故乡旧居。张步的三个弟弟分别囚禁在当地的监狱,刘秀下诏全都赦免,封张步为安丘侯,与妻子儿女居住在雒阳。

当时琅邪郡还没有平定,刘秀调任陈俊为琅邪太守。陈俊刚进入郡境,盗贼全都溃散了。耿弇又领兵抵达城阳县,迫使五校军的残馀部众投降,齐地全部平定,整顿军队归还京师。耿弇担任大将,一共平定四十六个郡,屠灭城邑三百座,未曾被敌人击败过。

六年(30),吴汉等人攻下朐县,斩杀董宪和庞萌,江淮和山东地区全部平定。众将返回京师雒阳。

光武平陇蜀

　　淮阳王更始元年秋七月，成纪隗崔、隗义、上邽杨广、冀人周宗同起兵以应汉，众数千人攻平襄，杀莽镇戎大尹李育。崔兄子嚣，素有名，好经书，崔等共推为上将军；崔为白虎将军，义为左将军。嚣遣使聘平陵方望，以为军师。望说嚣立高庙于邑东；己巳，祀高祖、太宗、世宗，嚣等皆称臣执事，杀马同盟，以兴辅刘宗；移檄郡国，数莽罪恶。勒兵十万，击杀雍州牧陈庆、安定大尹王向。分遣诸将徇陇西、武都、金城、武威、张掖、酒泉、敦煌，皆下之。

　　初，茂陵公孙述为清水长，有能名；迁导江卒正，治临邛。汉兵起，南阳宗成、商人王岑起兵徇汉中以应汉，杀王莽庸部牧宋遵，众合数万人。述遣使迎成等，成等至成都，虏掠暴横。述召郡中豪桀谓曰："天下同苦新室，思刘氏久矣，故闻汉将军到，驰迎道路。今百姓无辜而妇子系获，此

光武平陇蜀

淮阳王刘玄更始元年(23)秋季七月,成纪县人隗崔和隗义、上邽县人杨广、冀县人周宗共同起兵,来响应刘玄的汉军,部众计有数千人,进攻平襄县,杀掉了王莽署置的镇戎大尹李育。隗崔的侄子隗嚣,一向有名声,喜好经书,隗崔等人共同推举他为上将军,隗崔担任白虎将军,隗义担任左将军。隗嚣派遣特使聘请平陵县人方望,让他出任军师。方望劝导隗嚣在平襄城邑的东面筑立汉高祖刘邦庙。己巳这天,祭祀高祖刘邦、太宗孝文帝刘恒、世宗孝武帝刘彻,隗嚣等人都称臣执事,与各自所任的官职相对应,杀马盟誓,来佐助刘姓宗系;并把檄文散发到郡县封国,列举王莽篡汉的罪行。统领兵马十万,进击并斩杀雍州牧陈庆、安定大尹王向。又分别派遣众将攻取陇西、武都、金城、武威、张掖、酒泉、敦煌各郡,全都攻占下来。

当初,茂陵人公孙述担任清水县长,以精明干练闻名于世,后来调升导江郡卒正,治所设在临邛县。汉军兴起之后,南阳人宗成、商县人王岑起兵占领汉中郡来响应汉军,杀死了王莽署置的庸部牧宋遵,部众会合成好几万人。公孙述派遣特使迎请宗成等人,宗成等人到达成都,抢劫财物,凶暴蛮横。公孙述召集郡中的地方豪杰,对他们说:"天下苦于新莽政权的迫害,思念刘氏皇朝已经很久了,所以闻知汉室的将军来到,我们飞快去路上迎接。可现如今百姓们没有罪,妻子儿女却遭受凌辱,他们是

寇贼，非义兵也。"乃使人诈称汉使者，假述辅汉将军、蜀郡太守兼益州牧印绶。选精兵西击成等，杀之，并其众。

二年春二月，更始征隗嚣及其叔父崔、义等。嚣将行，方望以更始成败未可知，固止之。嚣不听，望以书辞谢而去。嚣等至长安，更始以嚣为右将军，崔、义皆即旧号。

南郑人延岑起兵据汉中。汉中王嘉击降之，有众数十万。

夏四月，更始遣柱功侯李宝、益州刺史张忠将兵万馀人徇蜀、汉。公孙述遣其弟恢击宝、忠于绵竹，大破走之。述遂自立为蜀王，都成都，民、夷皆附之。

冬，隗崔、隗义谋叛归天水。隗嚣恐并及祸，乃告之。更始诛崔、义，以嚣为御史大夫。

汝南田戎攻陷夷陵，众数万人。

汉光武建武元年春正月，蜀郡功曹李熊说公孙述宜称天子。

夏四月，述即帝位，号成家，改元龙兴。以李熊为大司徒，述弟光为大司马，恢为大司空。越嶲任贵据郡降述。

六月，隗嚣走归天水。

十二月，隗嚣归天水，复招聚其众，兴修故业，自称西州上将军。三辅士大夫避乱者多归嚣，嚣倾身引接，为布衣交；以平陵范逡为师友，前凉州刺史河南郑兴为祭酒，茂陵申屠刚、杜林为治书，马援为绥德将军，杨广、王遵、周宗

流窜作恶的强盗,不是正义的军队。"于是派人假称是汉室使者,前去宗成那里宣布朝命,任命公孙述为辅汉将军、蜀郡太守兼益州牧,颁发印章和绶带。然后挑选精兵西进攻击宗成等人,杀死了他们,吞并了他们的部众。

二年(24)春季二月,刘玄征召隗嚣及其叔父隗崔、隗义等人前来京师。隗嚣准备启程,方望认为刘玄成败还不能预知,坚决劝他别去。隗嚣拒不听从,方望留下一封书信,辞谢离去。隗嚣等人来到长安,刘玄任命隗嚣为右将军,隗崔、隗义都保留原来的官号。

南郑人延岑起兵占据汉中郡,汉中王刘嘉进攻并招降了他,拥有部众数十万人。

夏季四月,刘玄派遣柱功侯李宝、益州刺史张忠率兵一万多人去攻占蜀郡和汉中郡。公孙述派遣他的弟弟公孙恢在绵竹迎击李宝和张忠,把他们打得大败逃窜。于是公孙述便自立为蜀王,建都成都,蜀民和各个夷族都归附他。

冬季,隗崔、隗义密谋反叛,回归天水。隗嚣恐怕自己一起遭到祸殃,就告发了叔父二人。刘玄诛杀隗崔、隗义,任命隗嚣为御史大夫。

汝南人田戎攻陷夷陵县,部众有数万人。

汉光武帝建武元年(25)春季正月,蜀郡功曹李熊鼓动公孙述应自称天子。

夏季四月,公孙述登上帝位,国号成家,改年号为龙兴。委任李熊为大司徒,公孙述的弟弟公孙光为大司马,公孙恢为大司空。越巂郡的任贵早就占据该郡,此时归降公孙述。

六月,隗嚣逃出长安,返归天水郡。

十二月,隗嚣返回到天水郡,重新招集他的部众,重整以前的功业,自称"西州上将军"。三辅地区躲避战乱的士大夫,大多投奔隗嚣,隗嚣倾尽一切力量引进接纳,并同他们建立朋友关系;任命平陵人范逡为师友,委任原凉州刺史河南人郑兴为祭酒,茂陵人申屠刚、杜林为治书,马援为绥德将军,杨广、王遵、周宗

及平襄行巡、阿阳王捷、长陵王元为大将军,安陵班彪之属为宾客,由此名震西州,闻于山东。

初,平陵窦融累世仕宦河西,知其土俗,与更始右大司马赵萌善,因萌求往河西。萌荐融于更始,以为张掖属国都尉。是时,酒泉太守梁统、金城太守库钧、张掖都尉史苞、酒泉都尉竺曾、敦煌都尉辛肜,并州郡英俊,融皆与厚善。及更始败,融与梁统等计议曰:"今天下扰乱,未知所归。河西斗绝在羌、胡中,不同心戮力,则不能自守。权钧力齐,复无以相率,当推一人为大将军,共全五郡。"议既定,乃推融行河西五郡大将军事。以梁统为武威太守,史苞为张掖太守,竺曾为酒泉太守,辛肜为敦煌太守。融居属国,领都尉职如故,置从事,监察五郡。

冯愔之反,引兵向天水,隗嚣击破之。邓禹承制命嚣为西州大将军,专制凉州、朔方事。

二年二月,延岑复反,围南郑。汉中王嘉兵败走,岑遂据汉中,进兵武都,为更始柱功侯李宝所破,岑走天水。公孙述遣将侯丹取南郑。嘉收散卒得数万人,以李宝为相,从武都南击侯丹,不利,还军河池、下辨,复与延岑连战。岑引北,入散关,至陈仓。嘉追击,破之。公孙述又遣将军任满从阆中下江州,东据扞关,于是尽有益州之地。

三年十一月,帝谓太中大夫来歙曰:"今西州未附,子阳称帝,道里阻远,诸将方务关东,思西州方略,未知所在,

以及平襄人行巡、阿阳人王捷、长陵人王元为大将军,又将安陵人班彪等人奉为宾客,由此威名雄震西州,传播到山东。

起初,平陵人窦融世代都在河西地区做官,了解当地的风俗民情,他与刘玄的右大司马赵萌很要好,通过赵萌的关系请求前去河西地区。赵萌向刘玄荐举窦融,任命他出任张掖属国都尉。这时候,酒泉太守梁统、金城太守库钧、张掖都尉史苞、酒泉都尉竺曾、敦煌都尉辛肜,全都是州郡的杰出人才,窦融与他们都关系密切深厚。等到更始朝覆亡,窦融与梁统等人计议说:"如今天下搅扰动乱,不知道最后归谁统辖。河西地势险峭,远在羌胡各部族的活动范围之中,我们如果不同心协力,就不能自我保全。权力均等的话,又没法相互统率,应当推举一个人担任大将军,共同使五郡得到保全。"计议已经确定下来,就推举窦融暂行河西五郡大将军的职权。又委任梁统为武威太守,史苞为张掖太守,竺曾为酒泉太守,辛肜为敦煌太守。窦融坐镇在张掖属国,仍和从前一样兼任都尉,设置从事官员,负责监察五郡。

刘秀的部将冯愔反叛后,领兵直击天水郡,隗嚣迎击并打败了他。邓禹秉承皇帝授权,任命隗嚣为西州大将军,专断独揽凉州和朔方郡的一切政务。

二年(26)二月,归降汉中王的延岑再度反叛,围攻南郑县。汉中王刘嘉兵败逃走,延岑于是占据汉中郡,进兵武都县,被刘玄封为柱功侯的李宝击败,延岑逃向天水郡。公孙述派遣将领侯丹夺取南郑县。刘嘉收拢溃散的士卒,又得到数万人,任命李宝为丞相,从武都县的南面进击侯丹,未能获胜,撤军到河池、下辨,又与延岑接连交战。延岑领兵向北撤退,进入散关,抵达陈仓县。刘嘉继续追击,攻破了延岑。公孙述又派遣将军任满从阆中县出兵,攻占江州县,并向东占据扞关,于是全部占有益州地区。

三年(27)十一月,刘秀对太中大夫来歙说:"现今西州还没有归附,公孙述又自称皇帝,路途阻隔遥远,将领们正在把军事力量用在关东地区,思索平定西州的策略,不知道如何是好,

奈何？"歆曰："臣尝与隗嚣相遇长安。其人始起，以汉为名。臣愿得奉威命，开以丹青之信，嚣必束手自归。则述自亡之势，不足图也！"帝然之，始令歆使于嚣。嚣既有功于汉，又受邓禹爵署，其腹心议者多劝通使京师，嚣乃奉奏诣阙。帝报以殊礼，言称字，用敌国之仪，所以慰藉之甚厚。

四年二月，延岑又复寇顺阳，遣邓禹将兵击破之。岑奔汉中，公孙述以岑为大司马，封汝宁王。

冬十月，隗嚣使马援往观公孙述。援素与述同里闬，相善，以为既至，当握手欢如平生。而述盛陈陛卫以延援入，交拜礼毕，使出就馆。更为援制都布单衣、交让冠，会百官于宗庙中，立旧交之位，述鸾旗、旄骑，警跸就车，磬折而入，礼飨官属甚盛，欲授援以封侯大将军位。宾客皆乐留，援晓之曰："天下雌雄未定，公孙不吐哺走迎国士，与图成败，反修饰边幅，如偶人形，此子何足久稽天下士乎！"因辞归，谓嚣曰："子阳，井底蛙耳，而妄自尊大！不如专意东方。"

嚣乃使援奉书雒阳。援初到，良久，中黄门引入。帝在宣德殿南庑下，但帻，坐，迎笑，谓援曰："卿遨游二帝间，今见卿，使人大惭。"援顿首辞谢，因曰："当今之世，非但君择臣，臣亦择君矣！臣与公孙述同县，少相善。臣前至蜀，

你看应该怎么办?"来歙说:"我曾与隗嚣在长安会见,他开始起兵,用的是汉室的名义。臣下我愿意奉陛下之命,用灿如丹青的信义去开导他,隗嚣必定会束手归附。这样一来,公孙述自取灭亡的态势就形成了,不值得费心图谋!"刘秀认为来歙说得对,就派他出使隗嚣。隗嚣本来对汉室有功,又受到邓禹的官爵委任,他的心腹谋臣多劝他同京师方面互派使者,建立联系。于是隗嚣派人献上奏章,赶到京师。刘秀用特殊的礼仪酬报他,回信称字不叫名,用对待地位平等国家的礼仪来慰问安抚他,相待十分厚重。

四年(28)二月,延岑又攻打顺阳县,刘秀派遣邓禹领兵击败了他。延岑逃奔汉中郡,公孙述任命他为大司马,封为汝宁王。

冬季十月,隗嚣派马援前去观察公孙述的情况。马援与公孙述都是茂陵人,一向十分要好,原以为到成都之后,会握手言欢,如同往常一样。而公孙述却威风凛凛地设下宫廷卫队,来延请马援入见,交拜礼行过后,就让马援出宫,到馆舍休息。又替马援赶制布外衣和平民冠,在宗庙中大会百官,设立旧交老友的旁座。公孙述用绘有鸾鸟的旗帜和披头散发的旄头骑士在前面开路,呵退行人,乘坐专车行进,他向左右迎候的官员屈身作答,进入宗庙,用十分庄重的礼节宴享官属后,打算授给马援侯爵和大将军高位。随同前来的西州宾客都愿意留下来,马援开导他们说:"天下胜负未定,公孙述不能像周公一顿饭连吐三次那样来奔走喜迎国士,与他们谋划成败大计,反而注重繁琐的小节,好像一个木偶人呆呆板板,这小子哪里会长久留得住天下志士呢?"于是告辞返归,对隗嚣说:"公孙述不过是个井底之蛙罢了,可他却妄自尊大!我们不如专心同东方的刘秀往来。"

隗嚣于是派马援去雒阳上书。马援初到京师,等了许久,由宦官中黄门引领入宫。刘秀正在宣德殿南面的廊庑下,只戴着头巾安坐,笑脸相迎,对马援说:"爱卿遨游在两个皇帝之间,如今见到爱卿,感到十分惭愧。"马援跪拜谢罪不敢当,就便说:"当今之世,不仅仅是君王选用臣僚,臣僚也择归君王!臣下我同公孙述同是一个县的人,从小就相互友善。前些天,臣下我到蜀郡,

述陛戟而后进臣。臣今远来,陛下何知非刺客奸人,而简易若是!"帝复笑曰:"卿非刺客,顾说客耳。"援曰:"天下反覆,盗名字者不可胜数。今见陛下恢廓大度,同符高祖,乃知帝王自有真也。"

十二月,公孙述聚兵数十万人,积粮汉中;又造十层楼船,多刻天下牧守印章,遣将军李育、程乌将数万众出屯陈仓,就吕鲔,将徇三辅。冯异迎击,大破之,育、乌俱奔汉中。异还,击破吕鲔,营堡降者甚众。

是时,隗嚣遣兵佐异有功,遣使上状,帝报以手书曰:"慕乐德义,思相结纳。昔文王三分,犹服事殷,但弩马、铅刀,不可强扶,数蒙伯乐一顾之价。将军南拒公孙之兵,北御羌、胡之乱,是以冯异西征,得以数千百人踯躅三辅。微将军之助,则咸阳已为他人禽矣!如令子阳到汉中,三辅愿因将军兵马,鼓旗相当。傥肯如言,即智士计功割地之秋也!管仲曰:'生我者父母,成我者鲍子。'自今以后,手书相闻,勿用傍人间构之言。"其后公孙述数遣将间出,嚣辄与冯异合势,共摧挫之。述遣使以大司空、扶安王印绶授嚣,嚣斩其使,出兵击之,以故蜀兵不复北出。

五年春正月,帝使来歙持节送马援归陇右。隗嚣与援共卧起,问以东方事,曰:"前到朝廷,上引见数十,每接燕

公孙述先摆列卫队,然后才让我进见。如今我远道而来,陛下您哪里就知道不是刺客奸贼,而这样随便呢?"刘秀又笑道:"爱卿不是刺客,不过是说客罢了。"马援说:"天下动荡反复,盗用帝王名号的人多得数不过来。如今见陛下恢宏大度,同汉高祖一模一样,我这才清楚,帝王原本是有真真切切的呀!"

十二月,公孙述聚集兵马数十万人,在汉中郡广积粮草;又打造具有十层楼台的战船,大量雕制天下各州牧郡守的印章,派遣将军李育、程乌率领数万部众出发,屯驻在陈仓县,与吕鲔配合,准备进攻三辅地区。汉将冯异迎击,把他们打得大败,李育、程乌一起逃回汉中郡。冯异回师,又击破吕鲔,设营自保而投降的人特别多。

这时候,隗嚣调遣军队协助冯异作战有功,派使者献呈有关战况的文书,刘秀亲笔回信说:"我很敬慕喜爱你的德义,很想与您结交。过去周文王在天下三分有其二的情况下,仍然臣服、事奉殷商,我只是劣马、铅制刀,不能硬要扶持使用,可我却多次蒙受您这位伯乐回头看一眼的恩惠。将军你在南部抗拒公孙述的兵马,在北方遏制羌胡部族的扰乱,因而冯异西征,得蒙将军手下的数千百人在三辅地区游动牵制。假如没有将军的援助,咸阳早就被别人夺占了!如果公孙述亲自北征到汉中,三辅方面望能凭着将军的兵马,旗鼓相当,对阵抗衡。倘若你肯如上所说,那就是明智之士筹计功业、分封土地的年月了。管仲曾说过:'生养我的是父母,成就我的是鲍叔牙。'从今以后,我们亲笔书写信件,互通讯息,不要听信他人挑拨离间的话语。"此后公孙述屡次派遣将领找空隙出兵,隗嚣就与冯异联合行动,一起摧毁挫败他们。公孙述派遣使者把大司空、扶安王的印章和绶带授予隗嚣,隗嚣斩杀使者,出兵攻击公孙述,因此蜀地兵马不再向北出动。

五年(29)春季正月,刘秀派来歙执廷符节护送马援返回陇右。隗嚣与马援同床卧起,向他询问东方雒阳的事态,马援说:"日前我到雒阳后,刘秀亲自接见了数十次,每次接见,都是随便

语，自夕至旦，才明勇略，非人敌也。且开心见诚，无所隐伏，阔达多大节，略与高帝同；经学博览，政事文辨，前世无比。"嚣曰："卿谓何如高帝？"援曰："不如也。高帝无可无不可；今上好吏事，动如节度，又不喜饮酒。"嚣意不怿，曰："如卿言，反复胜邪！"

二月，岑彭攻拔夷陵，田戎亡入蜀，尽获其妻子、士众数万人。公孙述以戎为翼江王。岑彭谋伐蜀，以夹川谷少，水险难漕，留威虏将军冯骏军江州，都尉田鸿军夷陵，领军李玄军夷道。自引兵还屯津乡，当荆州要会，喻告诸蛮夷降者，奏封其君长。

夏四月，隗嚣问于班彪曰："往者周亡，战国并争，数世然后定。意者从横之事复起于今乎？将承运迭兴，在于一人也？"彪曰："周之废兴，与汉殊异。昔周爵五等，诸侯从政，本根既微，枝叶强大，故其末流有从横之事，势数然也。汉承秦制，改立郡县，主有专己之威，臣无百年之柄。至于成帝，假借外家，哀、平短祚，国嗣三绝，故王氏擅朝，能窃号位，危自上起，伤不及下，是以即真之后，天下莫不引领而叹。十馀年间，中外骚扰，远近俱发，假号云合，咸称刘氏，不谋同辞。方今雄杰桀州域者，皆无六国世业之资，

交谈，从傍晚一直谈到天亮，才智精明，大勇大略，不是别人能够赶得上的。而且敞开内心，表露诚意，没有什么隐瞒藏匿的，他十分豁达，又在很多地方注重大节，和高祖皇帝很像；博览经书，政事上有条不紊又很雄辩，前代没有比得上的。"隗嚣说："爱卿你认为刘秀同高祖皇帝相比，到底怎么样？"马援说："不如高祖皇帝。高祖皇帝没有什么可以的，也没有什么不可以的；当今这位皇上喜好政事，举止必定要符合礼节法度，还不喜欢喝酒。"隗嚣听后，心中很不高兴，说："像爱卿你所说的这样，反而是又超过高祖皇帝了吧！"

二月，汉将岑彭攻下夷陵县，田戎逃入蜀地，汉军俘获了他的妻室儿女以及部众数万人。公孙述把田戎封为翼江王。岑彭筹划征讨蜀地，鉴于江川两岸缺少粮食，水势险恶，难运军粮，就留下威虏将军冯骏驻扎在江州县，都尉田鸿驻扎在夷陵县，领军李玄驻扎在夷道县。自己领兵撤还，屯驻在津乡县，正对荆州的要害交会处，晓谕传告各个蛮夷部族前来归降，向朝廷奏请封立他们的首领。

夏季四月，隗嚣向班彪询问说："从前周室灭亡，战国纷争，历经好几代，然后天下安定。大概合纵连横的事态又在当今兴起了吧？将要由一个人承接时运，更迭兴盛吧？"班彪说："周朝的兴亡，与汉室迥然不同。过去周朝设立五等爵位，诸侯掌握各自的政权，本根既然已经微弱，枝叶就强大，所以到周朝末期出现了合纵连横的事态，这是形势发展的必然结果。汉朝承袭秦朝的制度，改设郡县，君主有个人独断的威权，臣僚没有世代相传的权力。到汉成帝时，把朝权交给皇亲国戚，哀帝和平帝在位时间又很短，帝位继承人三次断绝，所以王莽独揽朝政，能窃取皇帝的名号与地位，危败从上面开始，还没伤害到老百姓，所以王莽登上帝位以后，天下无不伸长脖颈叹息。十多年间，朝廷内外骚动搅扰，远近一起发难，借用复兴汉室的名义，像流云一样聚合，都说为了刘氏，并未事先商量就说出同一句话来。当今英雄豪杰统辖一方地域的人，都不具备六国功业世代相传的资格，

而百姓讴吟思仰，汉必复兴，已可知矣。”

嚣曰：“生言周、汉之势可也，至于但见愚人习识刘氏姓号之故，而谓汉复兴，疏矣！昔秦失其鹿，刘季逐而掎之，时民复知汉乎？”彪乃为之著《王命论》以风切之曰：“昔尧之禅舜曰：‘天之历数在尔躬。’舜亦以命禹。洎于稷、契，咸佐唐、虞，至汤、武而有天下。刘氏承尧之祚，尧据火德而汉绍之，有赤帝子之符，故为鬼神所福飨，天下所归往。由是言之，未见运世无本，功德不纪，而得屈起在此位者也！俗见高祖兴于布衣，不达其故，至比天下于逐鹿，幸捷而得之。不知神器有命，不可以智力求也。悲夫，此世所以多乱臣贼子者也！夫饿馑流隶，饥寒道路，所愿不过一金，然终转死沟壑，何则？贫穷亦有命也。况乎天子之贵，四海之富，神明之祚，可得而妄处哉！故虽遭罹厄会，窃其权柄，勇如信、布，强如梁、籍，成如王莽，然卒润镬伏质，烹醢分裂；又况么麽尚不及数子，而欲阘奸天位者乎！昔陈婴之母以婴家世贫贱，卒富贵不祥，止婴勿王。王陵之母知汉王必得天下，伏剑而死，以固勉陵。夫以匹妇之明，犹能推事理之致，探祸福之机，而全宗祀于无穷，垂策书于春秋，而况大丈夫之事乎！是故穷达有命，吉凶由人，

而百姓讴歌吟咏、思念仰望的是汉朝，所以汉室必定复兴，这已经是可以预知的了。"

隗嚣说："先生您讲的周、汉两朝的局势，还说得过去，至于只看到愚人熟知刘氏姓号的缘故，就断定汉室会复兴，这就显得肤浅了！过去秦朝丧失统治权，刘邦奋起而得到它，当时民众又哪里知道汉室呢？"班彪于是专为隗嚣撰写了一篇《王命论》来讽喻规劝他，说："过去唐尧把帝位让给虞舜，讲的是：'上天的大命已经落在你身上了。'虞舜让位给大禹，也讲了这句话。到后稷、商人始祖契，都辅佐唐尧、虞舜，分别传到商汤、周武王，先后拥有天下。刘氏承续唐尧的统系，唐尧在五行循环中正值火德，而汉室发扬光大它，刘邦才有赤帝之子的符应，所以成为鬼神所福佑并接受祭享的对象，成为天下所归往的人。由此说来，从来没见过时世运转没有上天根基、功德不被人铭记，而能崛起登上帝位的人。一般人只看到汉高祖从布衣平民兴起，不明了内在的原因，以致把争夺天下比成追逐野鹿，侥幸迅疾捉到它。却不清楚国家权柄自有天命，不能靠智谋勇力来求取。可悲呀，这正是世间之所以产生很多乱臣贼子的原因！那些饥饿的百姓、流亡的贱隶，在路上饥寒交迫，所盼望的，不过是获得一笔钱，可最终却辗转死在沟壑之间，为什么呢？因为贫穷也是天命。何况那天子的尊贵、四海的富有、神灵的保佑，哪里是随便就能得到并处置呢？所以即使赶上乱世，窃取权柄，勇猛如韩信、英布，强劲如项梁、项羽，成功如王莽，但到最后却都进油锅，头伏铁板上，被烹杀剁成肉酱，五马分尸，又何况轻微渺小得还赶不上那几位的人，却想昏昧地染指皇天命定的帝位呢？过去，秦朝东阳令史陈婴的母亲认为陈家世代贫穷低贱，突然富贵，认为不祥，劝止陈婴不要称王。沛县人王陵的母亲知道汉王刘邦必定会夺取天下，在项羽军营中举剑自杀，来坚决勉励王陵效忠刘邦。她们凭借民家妇女的明智，还能推断事理的结局，探明祸福的奥秘，而永远保全本宗族的祭享，在史书上得到记载而世代流传，何况大丈夫立身处世呢！因此说，穷困和显达有定命，吉凶取决于人，

婴母知废,陵母知兴,审此二者,帝王之分决矣。加之高祖宽明而仁恕,知人善任使。当食吐哺,纳子房之策;拔足挥洗,揖郦生之说;举韩信于行陈,收陈平于亡命。英雄陈力,群策毕举,此高祖之大略所以成帝业也。若乃灵瑞符应,其事甚众,故淮阴、留侯谓之天授、非人力也。英雄诚知觉寤,超然远览,渊然深识,收陵、婴之明分,绝信、布之觊觎,距逐鹿之瞽说,审神器之有授,毋贪不可冀,为二母之所笑,则福祚流于子孙,天禄其永终矣!"嚣不听。彪遂避地河西。窦融以为从事,甚礼重之。彪遂为融画策,使之专意事汉焉。

初,窦融等闻帝威德,心欲东向,以河西隔远,未能自通,乃从隗嚣受建武正朔。嚣皆假其将军印绶。嚣外顺人望,内怀异心,使辩士张玄说融等曰:"更始事已成,寻复亡灭,此一姓不再兴之效也!今即有所主,便相系属,一旦拘制,自令失柄,后有危败,虽悔无及。方今豪桀竞逐,雌雄未决,当各据土宇,与陇、蜀合从,高可为六国,下不失尉佗。"融等召豪桀议之,其中识者皆曰:"今皇帝姓名见于图书,自前世博物道术之士谷子云、夏贺良等皆言汉有再受

陈婴的母亲预知败亡，王陵的母亲预知兴盛，仔细辨明这两种情况，有无帝王的福分就能做出裁断了。加上汉高祖宽厚贤明而又仁慈宽恕，知人善用。正在吃饭时吐出饭食，来采纳张良的计策；正当洗脚时拔出双脚，敬纳郦食其的游说高论；从行伍中破格提拔韩信，从亡命徒中收用陈平。英雄贡献力量，众人的谋划全都付诸实现，这正是因为汉高祖雄才大略，从而成就帝业。至于说灵验的吉祥征兆，符命的应验，那些事很多，所以淮阴侯韩信、留侯张良都说这是'上天的授予，不是人力所能达到的'。英雄果真能够知道觉醒省悟，高瞻远瞩，深刻认识，紧紧抓住王陵、陈婴明了帝位天授这一点，弃绝韩信、英布觊觎帝位的野心，不信从逐鹿的瞎话，明确国家权柄自有天授，不要贪求不可希冀的东西，被陈婴、王陵的母亲在地下所耻笑，那么，福分就会流及子孙后代，自己也会尽享天年了！"隗嚣不听《王命论》这一套。于是班彪避身到河西。河西大将军窦融任命他为从事，对他非常礼遇和尊重。于是班彪开始替窦融筹划，使窦融一心事奉汉室刘秀。

当初，窦融等人闻知刘秀的威武与仁德后，打算向东归顺雒阳，因河西与中原隔绝遥远，未能自行取得联系，于是跟从隗嚣接受刘秀所定的建武年号和历法。隗嚣一并授给他们将军的印章和绶带。隗嚣表面上顺从众人的愿望，实际上骨子里却怀有二心，派遣能言善辩的张玄前去鼓动窦融等人说："刘玄称帝的大业已成，但很快又灭亡，这正是刘家一姓不再复兴的证明！如今假若自己择从了君主，就要彼此统领和隶属，一旦受到拘束和挟制，就会自动丧失权柄，日后如果有危险或面临败亡，即使懊悔也来不及了。当今豪杰竞相角逐，胜负未定，理应各自占据地盘，与陇右、蜀地联盟，往最好处说，可以成为战国时那样称雄的六国之一；往最坏处说，也会成为汉初自立而被封为南越王的赵佗。"窦融等人召集地方上的豪强商议这件大事，其中的有识之士都说："现今皇帝刘秀的姓名出现在图谶纬书之上，自西汉前代博通事物、身怀道术的著名人物谷子云、夏贺良等人都说，汉室具有再受

命之符,故刘子骏改易名字,冀应其占。及莽末,西门君惠谋立子骏,事觉被杀,出谓观者曰:'谶文不误,刘秀真汝主也!'此皆近事暴著,众所共见者也。况今称帝者数人,而雒阳土地最广,甲兵最强,号令最明,观符命而察人事,他姓殆未能当也!"众议或同或异。

融遂决策东向,遣长史刘钧等奉书诣雒阳。先是,帝亦发使遗融书以招之,遇钧于道,即与俱还。帝见钧欢甚,礼飨毕,乃遣令还,赐融玺书曰:"今益州有公孙子阳,天水有隗将军。方蜀、汉相攻,权在将军,举足左右,便有轻重。以此言之,欲相厚岂有量哉!欲遂立桓、文,辅微国,当勉卒功业;欲三分鼎足,连衡合从,亦宜以时定。天下未并,吾与尔绝域,非相吞之国。今之议者,必有任嚣教尉佗制七郡之计。王者有分土,无分民,自适己事而已。"因授融为凉州牧。玺书至河西,河西皆惊,以为天子明见万里之外。

十二月,隗嚣矜己饰智,每自比西伯,与诸将议欲称王。郑兴曰:"昔文王三分天下有二,尚服事殷;武王八百诸侯不谋同会,犹还兵待时;高帝征伐累年,犹以沛公行师。今令德虽明,世无宗周之祚;威略虽振,未有高祖之功。而欲举未可之事,昭速祸患,无乃不可乎!"嚣乃止。

天命的吉祥符应，所以国师公刘子骏把他本名刘歆改为刘秀，希图应合这种占验。到王莽末年，道士西门君惠密谋拥立刘歆为帝，事情败露被杀，押赴刑场时对观望的人说：'图谶上的预言没有错，刘秀是你们的真君主！'这些都是近代明摆着的事，是众人所共同看到的。况且当今称帝的人有几个，而唯独雒阳土地最广大，军队最强盛，号令最严明，观看上天符命而察视人间事态，其他姓氏的人恐怕当不上皇帝！"众人的意见有的赞同，有的反对。

窦融于是做出决策，归顺刘秀，派遣长史刘钧等人奉持奏章到雒阳朝拜。在此之前，刘秀也派使者赠给窦融书信招抚他，使者在路上遇到了刘钧，立即同他一起回朝。刘秀接见刘钧，特别高兴，按礼节宴享完毕，就让刘钧回去，赐给窦融盖有玺印的诏书说："当今益州有公孙述，天水郡有隗将军。正值蜀、汉相互攻伐，权衡计量都操在将军你的手中，就有着举足轻重的决定作用。由此说来，您打算帮助某一方时，前途哪里会有限量呢！打算效仿齐桓公、晋文公成为霸主，辅助弱小国家，也望奋勉努力，完成功业；打算三分天下，鼎足而立，连横合纵，也望依据时势及早确定。天下还没有统一，我和你远各一方，不属于相互吞并的敌对邻国。如今出主意的人，一定会有秦末南海尉任嚣死前嘱告赵佗建立七郡的计策。称王的人有他那份国土，但没有固定的民众，自己去干适合自己的事情罢了。"于是封授窦融为凉州牧。盖有玺印的诏书传到河西，河西上下全都震惊，认为天子刘秀明睿得洞察万里以外。

十二月，隗嚣夸耀自己，又矫饰弄巧，常把自己比成殷末西伯姬昌，他与众将领们商议，准备称王。郑兴说："过去周文王三分天下而占有其中的两分，仍然服事殷商；周武王和八百个诸侯未经联系就自动到孟津会合，仍然退兵以等待伐纣的良机；汉高祖征伐多年，仍然用沛公的身份指挥作战。如今大将军您的美德虽然彰明，但家世并没有周王室的统系；您的威望才略虽然大振，但没有汉高祖披坚执锐的功绩，而想要做那无法做到的事，这正是表明要使祸患加速到来，恐怕不行吧！"隗嚣于是作罢。

后又广置职位以自尊高，郑兴曰："夫中郎将、太中大夫、使持节官，皆王者之器，非人臣所当制也。无益于实，有损于名，非尊上之意也。"嚣病之而止。

时关中将帅数上书言蜀可击之状，帝以书示嚣，因使击蜀以效其信。嚣上书，盛言三辅单弱，刘文伯在边，未宜谋蜀。帝知嚣欲持两端，不愿天下统一，于是稍黜其礼，正君臣之仪。帝以嚣与马援、来歙相善，数使歙、援奉使往来，劝令入朝，许以重爵。嚣连遣使，深持谦辞，言无功德，须四方平定，退伏闾里。帝复遣来歙说嚣遣子入侍，嚣闻刘永、彭宠皆已破灭，乃遣长子恂随歙诣阙。帝以为胡骑校尉，封镌羌侯。

郑兴因恂求归葬父母，嚣不听，而徙兴舍，益其秩礼。兴入见曰："今为父母未葬，乞骸骨，若以增秩徙舍，中更停留，是以亲为饵也，无礼甚矣，将军焉用之！愿留妻子独归葬，将军又何猜焉！"嚣乃令与妻子俱东。马援亦将家属随恂归雒阳，以所将宾客猥多，求屯田上林苑中，帝许之。

嚣将王元以为天下成败未可知，不愿专心内事，说嚣曰："昔更始西都，四方响应，天下喁喁，谓之太平。一旦坏败，将军几无所厝。今南有子阳，北有文伯，江湖海岱，

到了后来，隗嚣又大量设置官职官位来显示自己的尊贵地位。郑兴又说："那些中郎将、大中大夫、使持节官，都是帝王用来治国的利器，不是臣子所应设置的。对实际没有好处，对名声却有损害，这不属于尊崇圣上的本意。"隗嚣听后非常不满意，也只得作罢。

当时，关中地区的汉军将帅屡次上书，言说蜀地可以攻取的情状，刘秀把这些奏章转交给隗嚣看，趁势让他进击蜀地来检验他的忠信。隗嚣上书，极力强调三辅地区势单力弱，卢芳又在北境威胁，不应当谋划攻取。刘秀看出隗嚣是想脚踩两只船，不愿天下统一，于是逐渐降低对待他的礼仪规格，恢复君臣之间的既定礼仪。刘秀鉴于隗嚣与马援、来歙关系密切，多次让来歙、马援充当使者，往来不绝，劝说隗嚣入京朝见，并用重位显爵作许诺。隗嚣接连派遣使者前去，一直坚持谦逊的言辞，讲说自己没有功德，等四方平定，就隐居乡里。刘秀又派来歙劝说隗嚣遣送长子入侍京师。隗嚣听说刘永、彭宠这些割据一方的人都已经失败灭亡，就遣送长子隗恂随同来歙到了雒阳，刘秀委任隗恂为胡骑校尉，封为镌羌侯。

郑兴借隗恂入京请求归乡安葬父母，隗嚣不批准，反而搬迁更换郑兴的住宅，增加他的俸禄和礼遇。郑兴入见说："如今因为父母尚未安葬，我才乞求返回家乡。如果借助增加俸禄，更换住宅，就改变想法留下来，这是把我的双亲当诱饵来用啊，简直无礼到家了，将军您怎么会施用这种手段呢？愿请留下我的妻子儿女，单独回乡安葬父母，将军您又有什么值得猜疑的呢？"隗嚣于是让他同全家一起返归中原故乡。马援也趁自己随同隗恂入朝的机会把家属带回到雒阳，因他所带的宾客太多，就请求在上林苑中定居垦荒，刘秀答应了他的要求。

隗嚣的部将王元认为天下成败还不能预料，不愿意一心事奉刘秀，就鼓动隗嚣说："过去刘玄在长安定都，四方纷纷响应，天下仰慕归附，称这是太平。而刘玄一旦破裂败亡，将军您几乎没有安身的地方。如今南方有公孙述，北方有卢芳，江湖山海之间，

王公十数，而欲牵儒生之说，弃千乘之基，羁旅危国以求万全，此循覆车之轨者也。今天水完富，士马最强，元请以一丸泥为大王东封函谷关，此万世一时也。若计不及此，且畜养士马，据隘自守，旷日持久，以待四方之变；图王不成，其敝犹足以霸。要之，鱼不可脱于渊，神龙失势，与蚯蚓同！"嚣心然元计，虽遣子入质，犹负其险厄，欲专制方面。

申屠刚谏曰："愚闻人所归者天所与，人所畔者天所去也。本朝诚天之所福，非人力也。今玺书数到，委国归信，欲与将军共同吉凶。布衣相与，尚有没身不负然诺之信，况于万乘者哉！今何畏何利，而久疑若是？卒有非常之变，上负忠孝，下愧当世。夫未至豫言，固常为虚；及其已至，又无所及。是以忠言至谏，希得为用，诚愿反覆愚老之言！"嚣不纳，于是游士长者稍稍去之。

六年春正月，帝积苦兵间，以隗嚣遣子内侍，公孙述远据边垂，乃谓诸将曰："且当置此两子于度外耳。"因休诸将于雒阳，分军士于河内，数腾书陇、蜀，告示祸福。

公孙述屡移书中国，自陈符命，冀以惑众。帝与述书曰："图谶言公孙，即宣帝也。代汉者姓当涂，其名高，君岂

称王称公的有十多位，而您却打算让自己听从儒生的劝说，放弃诸侯的基业，寄居在危险的国度里来乞求万全，这是重蹈翻车的辙迹啊。现下天水地区完整富足，兵马最强盛，我王元请求用一粒泥丸替大王您在东部封锁住函谷关，这属于万世难逢的绝好时机啊。如果估量目前还达不到这种地步，那就暂且积蓄训养兵马，占据险关要塞自我扼守，旷日持久，来等待四方的形势变化；即使图谋统治天下不成功，最坏仍足以称霸一方。总之，鱼不能脱离深渊，神龙丧失掉势位，与蚯蚓一个样！"隗嚣心里赞同王元的谋划，尽管已经遣送长子入京做人质，仍然依仗地势险要阻扼，准备专擅独霸一方。

申屠刚劝谏说："愚臣我听说过，世人所归向的人，也是皇天所赞助的人；世人所叛离的人，也是皇天所抛弃的人。当今刘秀皇朝，的确是皇天所福佑的，不是人力所能图谋取代的。现在盖有玺印的诏书接连传到，把一方封国托付给您，把信义赠赐给您，准备同将军您吉凶同当。就是平民相互交结，还具有终生不违背诺言的那种信义，何况对于万乘明君呢？现下究竟害怕什么，贪图什么，而这样长久疑虑呢？猛然发生意想不到的变故，对上违背忠孝之理，对下有愧当世众人。大抵事变还没发生，那些预测的话语往往被看成是虚幻的；等到事变已经到来，又没有还能来得及懊悔的。所以忠言极谏，希望得到采用，真诚地希望将军您能反复考虑我这愚昧老夫的话。"隗嚣拒不采纳，于是游历在他门下的士人和德高望重的前辈长者，逐渐离开了他。

六年(30)春季正月，刘秀苦于多年的戎马生活，又因隗嚣已遣送长子入京侍候，公孙述也远据西部边陲，就对众将说："暂且不要考虑隗嚣、公孙述这两个家伙了。"于是命众将在雒阳好好休息，把兵士分派在河内一带，屡屡传书陇、蜀两地，宣告晓示祸福所在。

公孙述多次向中原下达文书，声称有当皇帝的天赐符命，借此来迷惑众人。刘秀给公孙述写信说："图谶上所讲的公孙，就是指的汉宣帝。取代汉室的人姓当涂，名叫高，你难道就是

高之身邪？乃复以掌文为瑞，王莽何足效乎！君非吾贼臣乱子，仓卒时人皆欲为君事耳。君日月已逝，妻子弱小，当早为定计。天下神器，不可力争，宜留三思！"署曰"公孙皇帝"。述不答。

其骑都尉平陵荆邯说述曰："汉高祖起于行陈之中，兵破身困者数矣，然军败复合，疮愈复战。何则？前死而成功，愈于却就于灭亡也！隗嚣遭遇运会，割有雍州，兵强士附，威加山东。遇更始政乱，复失天下，众庶引领，四方瓦解，嚣不及此时推危乘胜以争天命，而退欲为西伯之事，尊师章句，宾友处士，偃武息戈，卑辞事汉，喟然自以文王复出也！令汉帝释关、陇之忧，专精东伐，四分天下而有其三；发间使，召携贰，使西州豪桀咸居心于山东，则五分而有其四；若举兵天水，必至沮溃，天水既定，则九分而有其八。陛下以梁州之地，内奉万乘，外给三军，百姓愁困，不堪上命，将有王氏自溃之变矣！臣之愚计，以为宜及天下之望未绝，豪桀尚可招诱，急以此时发国内精兵，令田戎据江陵，临江南之会，倚巫山之固，筑垒坚守，传檄吴、楚，长沙以南必随风而靡；令延岑出汉中，定三辅，天水、陇西拱手自服。如此，海内震摇，冀有大利。"述以问群臣，博士吴柱曰："武王伐殷，八百诸侯不期同辞，然犹还师以待天命。

当涂高本人吗？竟然又用手掌上有手纹像'公孙帝'三个字来当瑞应，王莽那套又哪里值得效仿呢？你还不是我的乱臣贼子，世事突变时，人人都想要当皇帝罢了。你年纪已老，妻子儿女还孤弱幼小，应当早做决定。上天降授的帝位，不能凭人力去争到，应当三思。"信封上写的是"公孙皇帝"。公孙述不予答复。

公孙述的骑都尉平陵人荆邯鼓动公孙述说："汉高祖在行伍战阵中崛起，兵败时自身被围困的情况不止遇到一次，但败后再聚合，伤好再攻战。这是为什么呢？因为往前冲不怕死而获成功，胜过退却而陷入灭亡啊！隗嚣赶上时运际会，割占雍州，兵马强盛，士人归附，威势扩展到崤山以东。后来遇到刘玄政治混乱，又丧失天下，百姓伸长脖颈盼望平安，四方土崩瓦解，而隗嚣不趁这个时候排除危乱，乘胜争到上天赐予的帝位，却后退想做一番西伯姬昌的事业，尊崇学习儒家经典，把布衣隐士奉为贵宾好友，停止武备，放下兵器，用卑恭谦逊的言辞事奉刘秀，还喟然长叹，自以为是周文王再世！这就让刘秀解除掉关中、陇右的忧虑，一门心思致力于东部地区的讨伐，四分天下而他就占去三分了；刘秀再派出秘密的使者，召集叛离的人，使西州的地方豪杰都把心愿寄托在崤山以东，那就五分天下而他又占去四分了；如果向天水郡发兵进击，一定击溃隗嚣，天水一旦平定，那就九分天下而他竟占去八分了。而陛下您单靠梁州这块土地，对内要供奉皇室，对外要优待三军，百姓愁苦穷困，不能忍受上面的驱使，那就将会发生王莽自我崩溃的变故了！依臣下愚见，应趁天下人没有确定究竟归向谁，豪杰还能够招揽引诱之时，火速在此时调发国内精兵，派田戎据守江陵，控制住江南的交会处，依仗巫山的天然屏障，修筑堡垒，坚固防守，传发檄文到吴、楚地区，这时长沙以南，就一定会望风归降。同时再派延岑从汉中郡出击，平定三辅地区，而天水、陇西就会拱手主动归服。这样一来，海内震动摇荡，以期给我们带来极大的好处。"公孙述把荆邯的建议拿来询问群臣，博士吴柱说："周武王讨伐殷商，八百诸侯未先约定就一同前来，但武王仍然撤兵来等待上天的授命。

未闻无左右之助而欲出师千里之外者也！"邯曰："今东帝无尺土之柄，驱乌合之众，跨马陷敌，所向辄平，不亟乘时与之分功，而坐谈武王之说，是复效隗嚣欲为西伯也！"

述然邯言，欲悉发北军屯士及山东客兵，使延岑、田戎分出两道，与汉中诸将合兵并势。蜀人及其弟光以为不宜空国千里之外，决成败于一举，固争之，述乃止。延岑、田戎亦数请兵立功，述终疑不听，唯公孙氏得任事。

述废铜钱，置铁钱，货币不行，百姓苦之。为政苛细，察于小事，如为清水令时而已。好改易郡县官名。少尝为郎，习汉家故事，出入法驾，鸾旗旄骑。又立其两子为王，食犍为、广汉各数县。或谏曰："成败未可知，戎士暴露而先王爱子，示无大志也！"述不从，由此大臣皆怨。

三月，公孙述使田戎出江关，招其故众，欲以取荆州，不克。帝乃诏隗嚣，欲从天水伐蜀。嚣上言："白水险阻，栈阁败绝。述性严酷，上下相患，须其罪恶孰著而攻之，此大呼响应之势也。"

帝知其终不为用，乃谋讨之。夏四月丙子，上行幸长安，谒园陵。遣耿弇、盖延等七将军从陇道伐蜀。先使中郎

从来还未曾听说过，没有左右的援助，就想出兵千里之外的事情。"荆邯反驳说："现今在东方称帝的刘秀，原来没有一尺土地的资本，可他驱使一群乌合之众，跨上战马攻陷敌手，所向无敌，不火速抓住时机与他分享功业，却安坐高谈有关周武王的那套陈词滥调，这纯粹是又在效仿隗嚣想当西伯姬昌的做法！"

公孙述认为荆邯的主张很对，打算调发全部驻守成都的北军兵士以及崤山以东入蜀当兵的部众，派延岑、田戎统领，两路进发，与汉中郡众将会合，联结威势。但蜀地官员以及公孙述的弟弟公孙光，都认为不应当使国内空虚，把全军开到千里之外，在一战上决定成败，极力劝阻，公孙述于是作罢。延岑、田戎也多次请求出征立功，但公孙述对他们一直猜疑，拒不应允，只有公孙氏皇族才能够掌权，委以重任。

公孙述废止铜钱，改用铁钱，货币不流通，百姓对此感到万分不便。处理国政又严苛琐碎，对小事也毫不放过，如同他当清水县令时的情况罢了。又喜欢更改郡县和职官的名称。他年轻时曾做过郎官，熟悉西汉皇室的旧例惯制，因而出入所动用的皇帝车驾，用绘有鸾鸟的旗帜和枪杆上挂着牦牛尾的骑士在前面开路。又册立他的两个儿子为王，把犍为、广汉好多个县作为他们的采邑。有的臣僚劝谏说："成败还不能预料，军士们奔波在外，您却先将自己的爱子封立为王，这实际是向世人表明您胸无大志啊！"公孙述拒不听从，由此朝中大臣都很怨恨。

三月，公孙述派遣田戎由江关出发，招集他的所有部众，准备攻取荆州，结果没有攻下来。刘秀于是向隗嚣下达诏书，打算让他从天水出兵讨伐西蜀。隗嚣奏报说："白水关险峻阻遏，难以通过，栈道也被毁坏而断绝。公孙述又性情严酷，上下互相抱怨忌恨，等到他罪恶昭彰再攻打他，这才是振臂高呼、群起响应的可靠时机呢！"

刘秀知道隗嚣到最后也不会被汉室所用，就策划出兵征讨他。夏季四月丙子（初八），刘秀前往长安，拜谒西汉历代皇帝的陵墓。派遣耿弇、盖延等七位将军，取道陇西，征伐公孙述。事先派遣中郎

将来歙奉玺书赐嚣谕旨。嚣复多设疑故,事久犹豫不决。歙遂发愤质责嚣曰:"国家以君知臧否,晓废兴,故以手书畅意。足下推忠诚,既遣伯春委质,而反欲用佞惑之言,为族灭之计邪?"因欲前刺嚣。嚣起入,部勒兵将杀歙,歙徐杖节就车而去,嚣使牛邯将兵围守之。嚣将王遵谏曰:"君叔虽单车远使,而陛下之外兄也,杀之无损于汉,而随以族灭。昔宋执楚使,遂有析骸易子之祸。小国犹不可辱,况于万乘之主,重以伯春之命哉!"歙为人有信义,言行不违,及往来游说,皆可案覆,西州士大夫皆信重之,多为其言,故得免而东归。

五月,隗嚣遂发兵反,使王元据陇坻,伐木塞道。诸将因与嚣战,大败,各引兵下陇;嚣追之急,马武选精骑为后拒,杀数千人,诸军乃得还。

十二月,诸将之下陇也,帝诏耿弇军漆,冯异军枸邑,祭遵军汧,吴汉等还屯长安。冯异引军未至枸邑,隗嚣乘胜使王元、行巡将二万馀人下陇,分遣巡取枸邑,异即驰兵欲先据之。诸将曰:"虏兵盛而乘胜,不可与争锋,宜止军便地,徐思方略。"异曰:"虏兵临境,忸怵小利,遂欲深入。若得枸邑,三辅动摇。夫攻者不足,守者有馀。今先据城,以逸待劳,非所以争也。"潜往,闭城,偃旗鼓。行巡不知,

将来歙奉持盖有玺印的诏书赐给隗嚣,并说明意图。隗嚣反复考虑,疑虑重重,长时间不能决断。来歙于是气愤地责备隗嚣说:"国家认为您知得失,懂兴亡,所以圣上用亲笔信畅述意旨。足下您也推布忠诚,既然已经遣送长子隗恂做人质,却反而听从献媚煽惑的那类意见,这是在做宗族诛灭的打算不成?"乘势要冲上前去刺杀隗嚣。隗嚣起身入内,部将带兵要杀来歙,来歙徐徐拄持朝廷旌节,上车离去,隗嚣派牛邯率兵包围截住了他。隗嚣的部将王遵劝谏说:"来歙尽管单乘专车远道来出使,可他毕竟是刘秀的表兄,杀掉他,对汉室没有什么损伤,而宗族诛灭的祸殃随后就会降临到我们的头上。春秋时宋国拦截并杀死了楚国派往齐国的使者,招来劈开人骨头做木柴、儿子当食物的惨祸。小国尚且不能凌辱,何况对于拥有万乘之尊的君主呢?再加上来歙是前来宣达诏命的呀!"来歙为人讲信义,言行一致,他往来在雒阳、天水之间进行游说,每次说的话,都能兑现,所以西州士大夫都信任敬重他,纷纷替他求情,故而得免一死,回到雒阳。

五月,隗嚣借机发兵反叛,派王元扼守陇坻要地,砍伐木材,堵塞道路。汉室众将于是同隗嚣交战,结果大败,各自领兵从陇山撤退,隗嚣急起直追,马武挑选精锐骑兵充当断后部队,杀死对方数千人,各支汉军才得以归还。

十二月,汉室众将在陇山溃败以后,刘秀下诏,命耿弇驻扎在漆县,冯异驻扎在枸邑县,祭遵驻扎在汧县,吴汉等人撤兵屯驻长安。冯异率军还未赶到枸邑时,隗嚣乘胜派遣王元、行巡带领两万多人越过陇山,分派行巡攻取枸邑,冯异立即飞速进军,准备抢占枸邑。众将说:"敌兵强盛又乘胜而来,不能与他们当面争高低,应当把军队停驻在有利的地段,慢慢谋求对策。"冯异说:"敌兵临境,以为会像刚刚打了一次小胜仗那样旧事重演,于是就图谋深入。如果敌军夺占枸邑,三辅地区就会震动摇荡。攻城的那一方,兵力往往显得不够,防守那一方,兵力就绰绰有余。现在抢占城池,用安逸来等待疲劳,这并不是同他们一争高低。"于是暗暗进军入城,关闭城门,收起旗鼓。行巡不了解军情,

驰赴之。异乘其不意,卒击鼓、建旗而出。巡军惊乱奔走,追击,大破之。祭遵亦破王元于汧。于是北地诸豪长耿定等悉畔隗嚣降。诏异进军义梁,击破卢芳将贾览、匈奴奥鞬日逐王,北地、上郡、安定皆降。

窦融复遣其弟友上书曰:"臣幸得托先后末属,累世二千石,臣复假历将帅,守持一隅,故遣刘钧口陈肝胆,自以底里上露,长无纤介。而玺书盛称蜀、汉二主三分鼎足之权,任嚣、尉佗之谋,窃自痛伤。臣融虽无识,犹知利害之际,顺逆之分,岂可背真旧之主,事奸伪之人,废忠贞之节,为倾覆之事,弃已成之基,求无冀之利! 此三者,虽问狂夫,犹知去就,而臣独何以用心! 谨遣弟友诣阙,口陈至诚。"友至高平,会隗嚣反,道不通,乃遣司马席封间道通书。帝复遣封赐融、友书,所以尉藉之甚厚。

融乃与隗嚣书曰:"将军亲遇厄会之际,国家不利之时,守节不回,承事本朝,融等所以欣服高义,愿从役于将军者,良为此也! 而忿悁之间,改节易图,委成功,造难就,百年累之,一朝毁之,岂不惜乎! 殆执事者贪功建谋,以至于此。当今西州地势局迫,民兵离散,易以辅人,难以自建。计若失路不反,闻道犹迷,不南合子阳,则北入

飞快奔赴栒邑。冯异乘其不备，猛然击鼓竖旗，出城迎击。行巡的部队惊慌散乱，掉头逃跑，冯异紧紧追击，把他们打得大败。祭遵也在汧县攻破了王元。于是北地郡的各个地方豪强如耿定等人全都背叛隗嚣，归降汉室。刘秀又下诏命令冯异向义渠县进军，击破了卢芳的将领贾览以及匈奴奥鞬日逐王，北地、上郡、安定郡全都归降。

窦融又派他的弟弟窦友向刘秀上书说："臣下我有幸能够托身在孝文帝窦皇后的后世亲属的名下，世代都做二千石高官，臣下我又蒙众将推举，暂任将帅，镇守一方，所以曾派长史刘钧面禀肝胆之言，自以为底细全都向圣上表露，没有丝毫隐瞒。而圣上回赐的盖有玺印的诏书，却大讲我与西蜀、汉室两位君主三分天下，形成鼎足而立的权力，大讲秦末任嚣、赵佗在南海称王的谋略，我私下十分伤痛。臣下我窦融，尽管没有识见，还多少懂得利害的关系，顺逆的区别，怎么可以背叛您和西汉两朝君主，事奉奸伪的小人，废弃忠贞的节操，去做倾危败亡的事情，丢掉已成的基业，贪求那毫无希望的利益呢？这三方面的问题，即使询问疯癫的人，也知道何去何从，而臣下我又怎么会偏偏别有用心！恭谨地派我弟弟窦友再到雒阳去朝见圣上，面禀至诚心意。"窦友走到高平县，正赶上隗嚣反叛，道路被封锁，于是窦融又派官任司马的席封抄小路去雒阳上书。刘秀又遣送席封给窦融、窦友亲笔信，用来慰问安抚他兄弟二人，感情深厚。

窦融于是给隗嚣写信说："将军亲身遭遇时世混乱，国家蒙受不幸之际，恪守节义不动摇，承奉服事汉室，我等对您的高尚义举非常钦敬，愿意听从将军役使，原因确实就在这里。而您在愤怒急躁之间，改变节义，另有所图，放弃成功的结局，走向难实现的道路，百年积聚的成果，一朝就毁掉了，难道不痛惜吗！这或许是一些当权者贪图功赏，设计阴谋，才使您陷入这种险境。当今西州地区面积狭窄，民众和军士游动涣散，辅助他人打天下容易，自己坐江山很难。定大计如果迷失方向还不归返，知道道理仍然执迷不悟，那么不是向南被公孙述合并，就是朝北投奔

文伯耳。夫负虚交而易强御,恃远救而轻近敌,未见其利也。自兵起以来,城郭皆为丘墟,生民转于沟壑。幸赖天运少还,而将军复重其难,是使积痾不得遂瘳,幼孤将复流离,言之可为酸鼻。庸人且犹不忍,况仁者乎?融闻为忠甚易,得宜实难。忧人太过,以德取怨,知且以言获罪也!"嚣不纳。

融乃与五郡太守共砥厉兵马,上疏请师期,帝深嘉美之。融即与诸郡守将兵入金城,击嚣党先零羌封何等,大破之。因并河,扬威武,伺候车驾。时大兵未进,融乃引还。

帝以融信效著明,益嘉之,修理融父坟墓,祠以太牢,数驰轻使,致遗四方珍羞。梁统犹恐众心疑惑,乃使人刺杀张玄,遂与隗嚣绝,皆解所假将军印绶。

先是,马援闻隗嚣欲贰于汉,数以书责譬之,嚣得书增怒。及嚣发兵反,援乃上书曰:"臣与隗嚣本实交友,初遣臣东,谓臣曰:'本欲为汉,愿足下往观之,于汝意可,即专心矣。'及臣还反,报以赤心,实欲导之于善,非敢谄以非义。而嚣自挟奸心,盗憎主人,怨毒之情,遂归于臣。臣欲不言,则无以上闻。愿听诣行在所,极陈灭嚣之术。"帝乃召之,

卢芳。依靠虚假的联合而轻视强有力的对方,仗恃远方的救援而轻视眼前的敌手,这样做,看不出会有什么好处。自从天下大乱以来,城邑几乎都变成废墟,老百姓辗转于沟壑之间。侥幸仰赖上天的际运逐渐回转,而将军您又加重灾难,这是让顽症痼疾不能得到痊愈消除,幼儿孤寡将再度颠沛流离,说起来会让人心痛鼻酸啊。平庸的人尚且还不忍心这样做,何况仁慈的人呢!窦融我听说效忠十分容易,而获得恰如其分的回报,实际上很难。替别人忧虑太多,送过去德义反而会招来怨恨,因此我知道将会因以上这番话获罪于将军!"隗嚣对窦融的信置之不理。

窦融于是与河西五个郡的太守共同秣马厉兵,向刘秀呈递奏疏,请求出兵的具体日期,刘秀深深嘉勉赞赏他。窦融随即与各郡太守率兵进入金城郡,攻打隗嚣的党羽、先零羌族首领封何等,把他们打得大败。乘势集结到黄河岸边,显扬兵威武力,迎候圣驾。当时汉室大军还未推进,窦融于是领兵撤还。

刘秀认为窦融讲信义,功绩显著,更进一步嘉奖他,下令整修清理窦融先人的坟墓,用牛羊猪三牲俱全的太牢祭品来祭享,多次派遣轻装特使,前去馈赠各地的山珍海味。酒泉太守梁统还担心部众内心迷惑不定,就派人刺杀隗嚣的使者张玄,于是河西同隗嚣断绝关系,将隗嚣所授予的将军印章和绶带全都解下抛弃了。

之前,马援听说隗嚣打算背叛汉室,多次通过书信责怪劝导他,隗嚣得见书信,屡增恨怒。等到隗嚣发兵反叛,马援就向刘秀上书说:"臣下我与隗嚣原是知交挚友,他首次派我东到雒阳,曾对我说过:'本想为汉室出力,希望足下前去观察一番,在你看来情况可以,我也就专心拥戴汉王朝了。'等我返回后,向他赤诚相告,实在想引导他走正路,不敢用不义欺骗他。而隗嚣却私藏奸心,像强盗那样憎恶主人,怨恨到深入骨髓的情绪,就转移到我身上。我如果不说明,那就没办法使圣上了解。我愿随时到圣上所在的地方,竭力陈述攻灭隗嚣的策略。"于是刘秀召见他,

援具言谋画。帝因使援将突骑五千,往来游说嚣将高峻、任禹之属,下及羌豪,为陈祸福,以离嚣支党。

援又为书与嚣将杨广,使晓劝于嚣曰:"援窃见四海已定,兆民同情,而季孟闭拒背畔,为天下表的。常惧海内切齿,思相屠裂,故遗书恋恋,以致恻隐之计。乃闻季孟归罪于援,而纳王游翁诪邪之说,因自谓函谷以西,举足可定。以今而观,竟何如邪! 援间至河内,过存伯春,见其奴吉从西方还,说伯春小弟仲舒望见吉,欲问伯春无他否,竟不能言,晓夕号泣,宛转尘中。又说其家悲愁之状,不可言也。夫怨仇可刺不可毁,援闻之,不自知泣下也。援素知季孟孝爱,曾、闵不过。夫孝于其亲,岂不慈于其子! 可有子抱三木而跳梁妄作,自同分羹之事乎? 季孟平生自言所以拥兵众者,欲以保全父母之国而完坟墓也。又言苟厚士大夫而已,而今所欲全者将破亡之,所欲完者将毁伤之,所欲厚者将反薄之。季孟尝折愧子阳而不受其爵,今更共陆陆欲往附之,将难为颜乎! 若复责以重质,当安从得子主给是哉! 往时子阳独欲以王相待而春卿拒之,今者归老,更欲低头与小儿曹共槽枥而食,并肩侧身于怨家之朝乎! 今国家待春卿意深,宜使牛孺卿与诸耆老大人共说季孟,若

马援详尽禀奏作战方案。刘秀随后派马援率领五千名骑兵突击队，左右往来，规劝隗嚣部将高峻、任禹等人，下及羌族首领，向他们陈说祸福所在，来瓦解隗嚣的附属党羽。

马援又写信给隗嚣的心腹将领杨广，让他劝说隗嚣，信中说："马援我私下看到四海已经平定，天下百姓都心向汉室，而隗嚣却闭守抗拒，公开反叛，成为天下的众矢之的。我时常担心海内恨得咬牙切齿，争着要来杀他，所以屡赠书信，念念不忘，献上我同情怜悯他的计策。不料竟听说隗嚣把罪名扣到我头上，反而采纳王元谄媚奸恶的主意，因而自以为函谷关以西地区，轻易就能平定。按照目前情况来看，到底怎么样呢？我曾到过河内郡，去探望问候隗恂，看见他那个名字叫吉的仆从正从天水回来，说是隗恂的小弟弟隗仲舒老远望见他，想向他询问哥哥隗恂会不会有意外，近前却一句话都说不出来，从早到晚哀号痛哭，在尘沙中转来绕去。吉奴又说到隗氏全家悲伤愁苦的情状，难以言传。大抵仇怨可以指责但不能毁弃，我听完吉奴所说的事情，不知不觉流下了眼泪。我一向深知隗嚣仁孝慈爱，曾参、闵子骞这两个孔子大弟子也超不过他。既然对父母要孝顺，难道做父母的对儿子能不慈爱吗？可以膝下有子却让他披枷戴锁，而自身飞扬跋扈，胆大妄为，重演亲人被杀，分到他们一碗肉羹的惨剧吗？隗嚣平常总说自己拥有兵众，目的是想保全故国旧土和自家坟墓。又说只希望能厚待士大夫而已，可现今原想保全的东西却要将它破败；原想完好无损的东西，却要将它毁掉；原想厚待的东西，却要将它轻视慢待。隗嚣曾经因蔑视公孙述而不接受他赐给的王爵，现今却变成碌碌无为而要前去归附他，这恐怕难有脸面立于天下吧！如果公孙述再督责隗嚣送去一个重要人质，从哪里再能得到一个嫡长子交给他呢？过去公孙述打算用相国的高位特意厚待你，可你仍然拒不接受，现今已到告老还乡的年纪了，你转念要低头与小字辈在一个料槽里用食吗？同他们并肩侧身，在所怨恨的朝廷上供驱使吗？如今汉室对你的期望很重，你应让牛邯与众位尊长大臣一起劝说隗嚣，如果

计画不从，真可引领去矣。前披舆地图，见天下郡国百有六所，奈何欲以区区二邦以当诸夏百有四乎！春卿事季孟，外有君臣之义，内有朋友之道。言君臣邪，固当谏争；语朋友邪，应有切磋。岂有知其无成，而但蒌腰咋舌，又手从族乎！及今成计，殊尚善也，过是，欲少味矣！且来君叔天下信士，朝廷重之，其意依依，常独为西州言。援商朝廷，尤欲立信于此，必不负约。援不得久留，愿急赐报。"广竟不答。诸将每有疑议，更请呼援，咸敬重焉。

　　隗嚣上疏谢曰："吏民闻大兵卒至，惊恐自救，臣嚣不能禁止。兵有大利，不敢废臣子之节，亲自追还。昔虞舜事父，大杖则走，小杖则受。臣虽不敏，敢忘斯义！今臣之事，在于本朝，赐死则死，加刑则刑，如更得洗心，死骨不朽。"有司以嚣言慢，请诛其子，帝不忍，复使来歙至汧，赐嚣书曰："昔柴将军云：'陛下宽仁，诸侯虽有亡叛而后归，辄复位号，不诛也。'今若束手，复遣恂弟归阙庭者，则爵禄获全，有浩大之福矣！吾年垂四十，在兵中十岁，厌浮语虚辞。即不欲，勿报。"嚣知帝审其诈，遂遣使称臣于公孙述。

　　七年春三月，公孙述立隗嚣为朔宁王，遣兵往来，为之援势。

他不听从你们的规劝，你们真就可以挺身离去了。日前我曾披览全国地图，看到天下共设郡和封国一百零六个，怎么偏想凭借小小的天水、陇西两郡来同全华夏一百零四个郡国相对抗呢？你杨广事奉隗嚣，对外具有君臣的道义，对内具有朋友的责任。如果讲论君臣关系，本应谏争；倘若讲论朋友关系，就应有商讨。哪里有明明知道他不会成功，却只是一味软弱，咬住舌头，绑起双手跟随他灭呢？眼下赶上做出成功的选择，还挺好，错过这个机会，就完全不同。况且来歙是天下最讲信义的人士，朝廷很敬重他，他对隗嚣依依眷念，经常替西州特地进言。马援我与朝廷商请过，更想在此确立信义，一定不违背协约。我不能长时间逗留在这里，希望你迅速赐予答复。"杨广到最后也没复信。汉室众将每次碰到疑难需要商议，轮番请教马援，都对他很敬重。

隗嚣奏上章疏谢罪说："西州官吏百姓听说朝廷大军突然到来，惊慌恐惧，纷纷准备自救，我不能够禁止。上次交战，西州大胜，但我不敢废弃作为臣子的节义，亲自命令他们撤回来。从前虞舜事奉父亲，如果父亲用大木棒打就躲避，用小木棒打就承受。臣下我尽管不聪敏，哪里敢忘此君臣大义！现下我的事情，完全掌握在朝廷手中，赐我死就去死，给我加刑就受刑，如果重新获得洗心革面的机会，我就是变成一堆白骨，也将铭记厚恩。"主管部门认为隗嚣言辞欺侮不恭，要求斩杀他的质子隗恂，刘秀不忍心这样做，又派来歙到汧县，赐给隗嚣书信说："汉初柴武将军曾说过：'高帝陛下宽厚仁慈，诸侯中虽然出现逃亡反叛的，但后来只要又归顺，就恢复他原来的官位爵号，决不诛杀。'现今你如果能够捆绑住自己的手脚，再遣送隗恂的弟弟到朝廷做人质，那么，你的官爵禄位还能获得保全，具有浩荡广大的福分！我年近四十岁了，在军旅中度过十年，厌恶大话假话。你如果不想这样做，那就不用回复。"隗嚣知道刘秀看穿他的欺诈，就派遣使者向公孙述称臣。

七年(31)春季三月，公孙述封立隗嚣为朔宁王，派兵上下出动，替他营造相互增援的态势。

秋，隗嚣将步骑三万侵安定，至阴槃，冯异率诸将拒之。嚣又令别将下陇攻祭遵于汧，并无利而还。

帝将自征隗嚣，先戒窦融师期，会遇雨，道断，且嚣兵已退，乃止。帝令来歙以书招王遵。遵来降，拜太中大夫，封向义侯。

八年春，来歙将二千馀人伐山开道，从番须、回中径袭略阳，斩隗嚣守将金梁。嚣大惊曰："何其神也！"帝闻得略阳，甚喜，曰："略阳，嚣所依阻，心腹已坏，则制其支体易矣！"

吴汉等诸将闻歙据略阳，争驰赴之。上以为嚣失所恃，亡其要城，势必悉以精锐来攻，旷日久围而城不拔，士卒顿敝，乃可乘危而进。皆追汉等还。隗嚣果使王元拒陇坻，行巡守番须口，王孟塞鸡头道，牛邯军瓦亭。嚣自悉其大众数万人围略阳，公孙述遣将李育、田弇助之，斩山筑堤，激水灌城。来歙与将士固死坚守，矢尽，发屋断木以为兵。嚣尽锐攻之，累月不能下。

夏闰四月，帝自将征隗嚣。光禄勋汝南郭宪谏曰："东方初定，车驾未可远征。"乃当车拔佩刀以断车鞅。帝不从，西至漆。诸将多以王师之重，不宜远入险阻。计犹豫未决，帝召马援问之。援因说隗嚣将帅有土崩之势，兵进有必破之状。又于帝前聚米为山谷，指画形势，开示众军所

秋季,隗嚣率领步兵和骑兵三万人侵扰安定郡,抵达阴槃县时,汉将冯异统率众将抗击。隗嚣又命令配合主力作战的将领越过陇山到汧县攻打祭遵,都未能获胜而撤兵。

刘秀准备亲自征讨隗嚣,事先与窦融商讨出兵的具体日期,届时赶上下大雨,道路被冲断,而且隗嚣的军队已经退回,于是停止亲征。刘秀命来歙用书信招降隗嚣部将王遵。王遵前来归顺,刘秀拜授他为太中大夫,封为向义侯。

八年(32)春季,来歙率领两千多人劈山开路,从番须、回中直接袭击略阳县,斩杀了隗嚣的守城将领金梁。隗嚣大惊道:"为什么竟那样神速呢!"刘秀闻知夺攻取略阳县,非常喜悦,断定说:"略阳是隗嚣的外围屏障,如今心腹已遭破坏,制服他的四肢和躯体也就容易了。"

吴汉等众将听说来歙占据了略阳,争相率军赶赴到他那里。刘秀认为,隗嚣丧失了他所依仗的外围屏障,丢掉了他的要冲城邑,势必会用全部精锐军队来反攻,荒废时间长久围攻而城池攻不下来,士卒就会困顿疲劳,这时候才能够乘他危困再进军。于是追发命令,半路叫吴汉等人撤回。隗嚣果然派王元在陇坻抗拒,行巡扼守番须口,王孟堵塞住鸡头道,牛邯驻扎在瓦亭。隗嚣自己率领大军数万人围攻略阳,公孙述也派遣将领李育、田弇去援助,劈山筑起长堤,拦聚水流淹灌略阳城。来歙与将士死死坚守,弓箭射光,就拆屋砍削木料作兵器。隗嚣派出全部精兵攻打,接连几个月都攻不下来。

夏季闰四月,刘秀亲自带兵征讨隗嚣。光禄卿汝南人郭宪劝谏说:"东部地区刚刚平定,圣驾不能够远征。"于是挡住车驾,拔出佩刀,削断了引车前行的皮带。刘秀仍不听从,向西行进到漆县。众将领多数认为帝王亲率的军队至关重要,不应当远行而进入艰险阻塞的边地。决策一时定不下来,刘秀召见马援来询问他的意见。马援于是说,隗嚣的将帅们已经存在土崩瓦解的趋势,大军推进必定会出现破竹之势。又在刘秀面前用米粒堆积成山谷的模型,指点比划敌我双方的形势,开列显示众军所

从道径，往来分析，昭然可晓。帝曰："虏在吾目中矣！"明旦，遂进军，至高平第一。

窦融率五郡太守及羌虏小月氏等步骑数万，辎重五千馀两，与大军会。是时军旅草创，诸将朝会礼容多不肃，融先遣从事问会见仪适。帝闻而善之，以宣告百僚，乃置酒高会，待融等以殊礼。

遂共进军，数道上陇。使王遵以书招牛邯，下之，拜邯太中大夫。于是嚣大将十三人、属县十六、众十馀万皆降。嚣将妻子奔西城，从杨广，而田弇、李育保上邽。略阳围解。帝劳赐来歙，班坐绝席，在诸将之右，赐歙妻缣千匹。

进幸上邽，诏告隗嚣曰："若束手自诣，父子相见，保无他也。若遂欲为黥布者，亦自任也。"嚣终不降，于是诛其子恂。使吴汉、岑彭围西城，耿弇、盖延围上邽。

以四县封窦融为安丰侯，弟友为显亲侯，及五郡太守皆封列侯，遣西还所镇。融以久专方面，惧不自安，数上书求代，诏报曰："吾与将军如左右手耳，数执谦退，何不晓人意？勉循士民，无擅离部曲！"

颍川盗贼群起，寇没属县，河东守兵亦叛，京师骚动。帝闻之曰："吾悔不用郭子横之言。"秋八月，帝自上邽晨

进攻的路线,前前后后分析得十分清晰。刘秀说:"敌军已经全部都在我的视线中了!"第二天早晨,决定进军,开拔到高平县第一城。

窦融率领河西五郡太守以及羌族小月氏部落等步兵和骑兵数万人,运载物资的专车五千多辆,与朝廷大军会合。这时军中事务都还处在草创阶段,众将朝见拜会的礼节仪容大多不严肃,窦融先派手下的从事官去探问会见的合适礼仪。刘秀听说后认为很好,就把这一情况宣布通告给文武百官,于是设置酒宴,举行盛会,用特殊的礼节招待窦融。

于是就共同进军,兵分好几路直上陇山。刘秀派归降不久的王遵用书信招降牛邯,结果说服了他,拜授牛邯为太中大夫。在此时,隗嚣手下的大将十三人、所隶属的县城十六座,部众十多万人全都归降。隗嚣带着妻室儿女逃奔西城县,去投靠杨广,而西蜀的田弇、李育据守上邽县。略阳城的围困解除。刘秀慰劳赏赐来歙,按级别设座单设一席,列居众将的首位,并赐给来歙的妻室缣帛一千四。

刘秀圣驾抵临上邽,下诏书告谕隗嚣说:"如果捆绑双手主动来归顺,你们父子还能相见,保证没有意外情况发生。如果就想效仿西汉当年反叛的黥布,也随你的便。"隗嚣始终不归降,于是刘秀诛杀了隗嚣的儿子隗恂。派遣吴汉、岑彭围攻西城,耿弇、盖延围攻上邽。

刘秀用四个县土地封窦融为安丰侯,窦融的弟弟窦友为显亲侯,以及五郡太守,都封为列侯,派遣他们各自回到河西的任所。窦融因长期专擅一方大权,心生畏惧,自感不安,多次上书请求派人来代替自己。刘秀下诏答复说:"我与将军就好比左右手,将军屡屡抱持谦恭引退的态度,怎么就不理解我的心意呢?勉力疏导士人民众,不要擅自离开你的部属!"

颍川郡盗贼四处并起,劫掠攻克所在的县城,河东郡的守兵也发生叛乱,京师雒阳骚动不安。刘秀听说这一消息后,感慨说:"我真后悔不听从郭宪的劝告。"秋季八月,刘秀从上邽县日

夜东驰,赐岑彭等书曰:"两城若下,便可将兵南击蜀虏。人苦不知足,既平陇,复望蜀。每一发兵,头须为白!"

十一月,杨广死,隗嚣穷困。其大将王捷别在戎丘,登城呼汉军曰:"为隗王城守者,皆必死,无二心,愿诸军亟罢,请自杀以明之。"遂自刎死。

初,帝敕吴汉曰:"诸郡甲卒但坐费粮食,若有逃亡,则沮败众心,宜悉罢之。"汉等贪并力攻嚣,遂不能遣,粮食日少,吏士疲役,逃亡者多。岑彭壅谷水灌西城,城未没丈馀。会王元、行巡、周宗将蜀救兵五千馀人乘高卒至,鼓噪大呼曰:"百万之众方至!"汉军大惊,未及成陈,元等决围殊死战,遂得入城,迎嚣归冀。吴汉军食尽,乃烧辎重,引兵下陇,盖延、耿弇亦相随而退。嚣出兵尾击诸营,岑彭为后拒,诸将乃得全军东归。唯祭遵屯汧不退。吴汉等复屯长安,岑彭还津乡。于是安定、北地、天水、陇西复反为嚣。

校尉太原温序为嚣将苟宇所获,宇晓譬数四,欲降之。序大怒,叱宇等曰:"虏何敢迫胁汉将!"因以节挝杀数人。宇众争欲杀之,宇止之曰:"此义士,死节,可赐以剑。"序受剑,衔须于口,顾左右曰:"既为贼所杀,无令须污土!"遂伏剑而死。从事王忠持其丧归雒阳,诏赐以冢地,拜三子为郎。

九年春正月,颍阳成侯祭遵薨于军。诏冯异并将其营。

夜往东奔驰急撤，赐给岑彭等将领书信说："如果攻下来两城，就可以率兵南进，前去进击西蜀公孙述。做人苦就苦在不知足，已经平定了陇地，又想平定西蜀。每次一发兵，头发胡须都因此而变白了。"

十一月，杨广去世，隗嚣穷迫困顿。他手下的大将王捷另外驻守在戎丘城，他登上城墙对汉军大呼说："替隗嚣大王据城坚守的人，明知道全部必死，但绝无二心，希望你们尽快撤兵，我愿用自杀来证明。"于是当场自刎身亡。

起初，刘秀告诫吴汉说："各郡从征的士兵在这里只是白白耗费粮食，如果有人逃亡，就会折损动摇军心，应当把他们全部遣散。"但吴汉等人贪求合力攻打隗嚣，于是不情愿遣散，粮食却一天比一天减少，官吏士兵疲于应付，逃亡的人很多。岑彭堵截住谷水淹灌西城，城还差一丈多被淹没。正赶上王元、行巡、周宗率领西蜀救兵五千多人从地势高的地方突然杀到，擂鼓呐喊，齐声大呼说："百万大兵来了！"汉军大为惊慌，还没等到摆好阵势，王元等人已经冲破包围殊死血战，得以进入城中，迎护隗嚣归奔冀城。吴汉的部队粮食已用光，就烧毁其他军用物资，领兵沿陇山撤退，盖延、耿弇也随其后撤退。隗嚣出兵紧跟在后面追击各营汉军，岑彭组成断后部队，众将才得以全军回到东部地区。只有祭遵屯驻在汧县不后退。吴汉等人再度屯驻在长安，岑彭回到津乡县。至此安定、北地、天水、陇西四郡又反被隗嚣统辖。

校尉太原人温序被隗嚣部将苟宇所俘获，苟宇反复劝导喻示，想叫他投降。温序怒不可遏，呵斥苟宇等人说："反贼怎么敢逼迫威胁堂堂汉将！"乘势用朝廷旌节击杀好几个人。苟宇的部众争相要杀掉他，苟宇制止说："这是位义士，为节操而死，可把战剑赐给他。"温序接过战剑，把胡须横叼在口中，扫视左右说："既然被反贼所杀，不能让我的胡须玷污国土！"于是伏剑而死。从事官王忠护持他的灵柩回到雒阳，刘秀下诏赐给墓地，任命温序的三个儿子为郎官。

九年（33）春季正月，颍阳成侯祭遵在军中去世。刘秀下诏，令冯异合并和统领祭遵的这支部队。

隗嚣病且饿，餐糗糒，恚愤而卒。王元、周宗立嚣少子纯为王，总兵据冀。公孙述遣将赵匡、田弇助纯，帝使冯异击之。

公孙述遣其翼江王田戎、大司徒任满、南郡太守程汎将数万人下江关，击破冯骏等军，遂拔巫及夷道、夷陵，因据荆门、虎牙，横江水起浮桥、关楼，立㯭柱以绝水道，结营跨山以塞陆路，拒汉兵。

夏六月，帝使来歙悉监护诸将屯长安，太中大夫马援为之副。歙上书曰：“公孙述以陇西、天水为藩蔽，故得延命假息。今二郡平荡，则述智计穷矣。宜益选兵马，储积资粮。今西州新破，兵人疲馑，若招以财谷，则其众可集。臣知国家所给非一，用度不足，然有不得已也！”帝然之。于是诏于汧积谷六万斛。秋八月，来歙率冯异等五将军讨隗纯于天水。

十年，夏阳节侯冯异等与赵匡、田弇战且一年，皆斩之。隗纯未下，诸将欲且还休兵，异固持不动，共攻落门，未拔。夏，异薨于军。

初，隗嚣将安定高峻拥兵据高平第一，建威大将军耿弇等围之，一岁不拔。帝自将征之，寇恂谏曰：“长安道里居中，应接近便，安定、陇西必怀震惧。此从容一处，可以制四方也。今士马疲倦，方履险阻，非万乘之固也。前年颍川，可为至戒。”帝不从。戊戌，进幸汧。峻犹不下，帝遣

隗嚣患病而且吃不饱，只有米豆合煮的稀粥与干粮可供进食，满怀怨愤而死。王元、周宗拥立隗嚣的小儿子隗纯为王，集中军队据守冀城。公孙述派遣部将赵匡、田弇去援助隗纯，刘秀派冯异拦击他们。

公孙述派遣他所署置的翼江王田戎、大司徒任满、南郡太守程汛率领数万人直下江关，击破冯骏等驻军，于是夺占巫县以及夷道、夷陵，乘势依凭荆门、虎牙两山，横跨长江架设起浮桥，修筑关隘楼台，在江中铺设一捆又一捆木桩，来隔断航道，跨山连接营垒来堵塞陆上通道，设法抵御汉军。

夏季六月，刘秀派来歙统领屯驻长安的所有将士，命太中大夫马援做他的副手。来歙上书建议说："公孙述把陇西郡和天水郡作为藩篱屏障，所以才能够苟延残喘。如今这两个郡若能扫平，公孙述就智尽计穷了。应当扩选兵马，储备积蓄物资和军粮。现下西州刚刚受到沉重打击，兵士和民众都疲乏饥饿，如果用财物和谷米进行招抚，那里的部众就会很快集结起来。臣下我知道国家的支出不是一种，用度不足，但也存在不得已的情况。"刘秀同意。于是下诏，在汧县积聚粮食六万斛。秋季八月，来歙率领冯异等五位将军到天水郡讨伐隗纯。

十年（34），夏阳节侯冯异等人与赵匡、田弇作战，持续近一年，都斩杀了他们。隗纯未被攻灭，众将打算暂且退军，休整士兵，冯异坚持不撤退，一起攻打落门镇，未能攻下来。夏季，冯异在军中去世。

当初，隗嚣的部将安定人高峻拥兵据守高平县第一城，建威大将军耿弇等路汉军围攻它，一年也没能攻克下来。刘秀准备亲自前去征讨，寇恂劝谏说："长安处在雒阳与高平的正中间，双方接应十分近便，安定郡和陇西郡一定会震动惊惧。这样从容安坐在长安，就可以镇静沉着地控制四方啊。眼下兵马疲倦，偏要在这时踏入艰险阻隔的边区，对陛下是不安全的打算。前年颍川郡乘机叛乱的事件，可以作为最痛切的鉴戒。"刘秀拒不采纳。戊戌（二十四日），驾临汧县。高峻仍然未被攻下来，刘秀派遣

寇恂往降之。恂奉玺书至第一，峻遣军师皇甫文出谒，辞礼不屈。恂怒，将诛之。诸将谏曰："高峻精兵万人，率多强弩，西遮陇道，连年不下。今欲降之而反戮其使，无乃不可乎？"恂不应，遂斩之，遣其副归告峻曰："军师无礼，已戮之矣！欲降，急降；不欲，固守！"峻惶恐，即日开城门降。诸将皆贺，因曰："敢问杀其使而降其城，何也？"恂曰："皇甫文，峻之腹心，其所取计者也。今来，辞意不屈，必无降心。全之则文得其计，杀之亡其胆，是以降耳。"诸将皆曰："非所及也！"

冬十月，来歙与诸将攻破落门。周宗、行巡、苟宇、赵恢等将隗纯降，王元奔蜀。徙诸隗于京师以东。后隗纯与宾客亡入胡，至武威，捕得，诛之。

十一年春三月，岑彭屯津乡，数攻田戎等，不克。帝遣吴汉率诛虏将军刘隆等三将，发荆州兵凡六万馀人、骑五千匹，与彭会荆门。彭装战船数十艘，吴汉以诸郡棹卒多费粮谷，欲罢之。彭以为蜀兵盛，不可遣，上书言状。帝报彭曰："大司马习用步骑，不晓水战，荆门之事，一由征南公为重而已。"

闰月，岑彭令军中募攻浮桥，先登者上赏。于是偏将军鲁奇应募而前。时东风狂急，鲁奇船逆流而上，直冲浮桥，而攒柱有反杷钩，奇船不得去。奇等乘势殊死战，因飞

寇恂前去招降他。寇恂奉持盖有玺印的诏书来到第一城,高峻派遣军师皇甫文出城谒见,言辞和礼节都不退让。寇恂大怒,打算诛杀他。众将劝谏说:"高峻拥有精兵一万人,大多是强弓射手,在西端阻挡住入陇的道路,连年攻不下来。现今准备招降他却反而斩杀他的使者,恐怕不行吧?"寇恂不作回答,就斩杀了皇甫文,让对方的副使回去告知高峻说:"你的军师傲慢无礼,已经杀掉他了! 想投降,就赶快投降;不想投降,就坚守城池。"高峻恐惧不安,当天就打开城门投降了。众将都向寇恂表示祝贺,趁势说:"敢请探问,斩杀对方的使者却使对方开城投降了,这是为什么呢?"寇恂解释说:"皇甫文,是高峻的心腹,是为他谋划的谋士。如今出城来会见,态度言辞很强硬,一定没有投降的心愿。保全他,那他皇甫文就会实现他的计谋;杀掉他,就使高峻丧胆,所以他才投降罢了。"众将都说:"您的智慧可不是我们所能赶得上的!"

冬季十月,来歙与众将攻陷落门镇。周宗、行巡、苟宇、赵恢等人带领隗纯投降,王元逃奔西蜀。刘秀把隗氏宗族迁徙到雒阳以东居住。后来隗纯与手下宾客逃亡,准备投奔匈奴,跑到武威郡,被抓获,处死。

十一年(35)春季三月,岑彭屯驻在津乡县,屡次攻打田戎等人,不能取胜。刘秀派遣吴汉率领诛虏将军刘隆等三个将领,调发荆州部队共计六万多人、骑兵五千名,与岑彭在荆门会师。岑彭装配好战船数十艘,吴汉认为各郡划船的士兵大多只会空耗粮食,主张遣散。岑彭认为蜀兵强盛,不能遣散,就向朝廷上书禀报情况。刘秀答复岑彭说:"大司马吴汉擅长指挥步兵和骑兵,不熟悉水战,荆门的军事行动,完全由征南大将军您来做主而已。"

闰月,岑彭命令军中募求能攻打浮桥的人,抢先登上的将士给予上等奖赏。于是偏将军鲁奇应募驾船前行。当时东风狂卷猛刮,鲁奇的战船逆流而上,直冲浮桥,而江中木桩上套铁钩,鲁奇的战船不能动弹。鲁奇等人乘势进行殊死搏斗,利用投掷

炬焚之。风怒火盛,桥楼崩烧。岑彭悉军顺风并进,所向无前。蜀兵大乱,溺死者数千人,斩任满,生获程汎,而田戎走保江州。

彭上刘隆为南郡太守,自率辅威将军臧宫、骁骑将军刘歆驱长入江关。令军中无得虏掠,所过百姓皆奉牛酒迎劳,彭复让不受,百姓大喜,争开门降。诏彭守益州牧,所下郡辄行太守事。彭若出界,即以太守号付后将军。选官属守州中长吏。

彭到江州,以其城固粮多,难卒拔,留冯骏守之,自引兵乘利直指垫江,攻破平曲,收其米数十万石。吴汉留夷陵,装露桡继进。

夏,公孙述以王元为将军,使与领军环安拒河池。六月,来歙与盖延等进攻元、安,大破之。遂克下辨,乘胜遂进。蜀人大惧,使刺客刺歙,未殊,驰召盖延。延见歙,因伏悲哀,不能仰视。歙叱延曰:"虎牙何敢然!今使者中刺客,无以报国,故呼巨卿,欲相属以军事,而反效儿女子涕泣乎!刃虽在身,不能勒兵斩公邪!"延收泪强起,受所诫。歙自书表曰:"臣夜人定后,为何人所贼伤,中臣要害。臣不敢自惜,诚恨奉职不称,以为朝廷羞。夫理国以得贤为本,太中大夫段襄,骨鲠可任,愿陛下裁察。又臣兄弟不肖,终恐被罪,陛下哀怜,数赐教督。"投笔抽刃而绝。帝闻,大惊,省书揽涕,以扬武将军马成守中郎将代之。

火把焚烧敌军设施。风怒刮,火势旺,浮桥和楼台燃烧崩塌。岑彭出动全军,顺风一起推进,所向无敌。蜀军大乱,淹死的多达数千人,斩杀了任满,活捉了程汜,而田戎逃奔江州据守。

岑彭向朝廷荐举刘隆担任南郡太守,自己率领辅威将军臧宫、骁骑将军刘歆长驱直入江关。严令军中不许掠夺抢劫,沿途百姓都奉持牛肉酒浆迎接慰劳,岑彭又辞让不接受,百姓非常高兴,争相打开城门归降。刘秀下诏,授权岑彭代理益州牧,所攻克的郡城,就暂先行使太守的职权。岑彭如果离开本辖区,就把太守的职位转交给领兵后到的将领。选拔官员试任益州的供职人员。

岑彭抵达江州,因江州城池坚固,粮食又充足,很难一下子攻下来,就留下冯骏围守,自己领兵乘胜直指垫江县,攻破平曲城,缴获城中粮米数十万石。吴汉留守夷陵县,装配好船桨露在外面的船只,随后进发。

夏季,公孙述任命王元为将军,让他和领军环安一起扼守河池县。六月,来歙同盖延等人进攻王元、环安,把他们打得大败。于是攻克下辨城,乘胜挺进。蜀国人十分恐惧,派刺客去刺杀来歙,未能当场刺死,来歙派人飞速召请盖延。盖延见到来歙,扑在地上哀痛万分,不能抬头再看一眼。来歙厉声斥责盖延说:"虎牙大将军你怎么敢这副模样!现今我身为朝廷使者,被刺客刺中,没办法报效国家了,所以才呼请你来,准备把军务大事委托给你,你反倒仿效小孩子家抹鼻涕流泪!刺客的利刃尽管还插在我身上,我就不能带兵斩杀你了吗?"盖延擦干眼泪勉强站起来,接受来歙的告诫。来歙自写一份章表说:"臣下我在入夜人静时,被一个不明身份的人所暗算刺伤,已中要害。臣下我不敢自己痛惜自己,实在是怨恨自己供职不合格,给朝廷招来羞耻。治国以得到贤才为根本,太中大夫段襄,正直可以任用,希望陛下对他能裁断明察。还有我的兄弟不贤,最后恐怕会获罪,望陛下能哀悯怜惜,对他们多多赐予教诲和督责。"写完扔掉笔,抽出利刃而气绝身亡。刘秀闻讯大惊,看过章表一个劲抹鼻涕,任命扬武将军马成试任中郎将去代替来歙。

帝自将征公孙述。秋七月,次长安。公孙述使其将延岑、吕鲔、王元、公孙恢悉兵拒广汉及资中,又遣将侯丹率二万馀人拒黄石。岑彭使臧宫将降卒五万,从涪水上平曲,拒延岑;自分兵浮江下还江州,溯都江而上,袭击侯丹,大破之。因晨夜倍道兼行二千馀里,径拔武阳。使精骑驰击广都,去成都数十里,势若风雨,所至皆奔散。初,述闻汉兵在平曲,故遣大兵逆之。及彭至武阳,绕出延岑军后,蜀地震骇。述大惊,以杖击地曰:"是何神也!"

延岑盛兵于沅水。臧宫众多食少,转输不至,降者皆欲散畔郡邑,复更保聚,观望成败。宫欲引还,恐为所反。会帝遣谒者将兵诣岑彭,有马七百匹,宫矫制取以自益。晨夜进兵,多张旗帜,登山鼓噪。右步左骑,挟船而引,呼声动山谷。岑不意汉军卒至,登山望之,大震恐。宫因纵击,大破之,斩首溺死者万馀人,水为之浊。延岑奔成都,其众悉降,尽获其兵马珍宝。自是乘胜追北,降者以十万数。军至阳乡,王元举众降。

帝与公孙述书,陈言祸福,示以丹青之信。述省书叹息,以示所亲。太常常少、光禄勋张隆皆劝述降,述曰:"废兴,命也,岂有降天子哉?"左右莫敢复言。少、隆皆以忧死。

帝还自长安。

刘秀亲自统兵去征讨公孙述。秋季七月，驾临长安。公孙述派手下将领延岑、吕鲔、王元、公孙恢出动全部军队在广汉和资中两县抗拒，又派将领侯丹率领两万多人在黄石滩抵御。岑彭派臧宫率领归降的士卒五万人沿涪水开赴平曲，与延岑对阵，自己分兵沿长江直下，折返江州，又沿都江逆流而上，袭击侯丹，大破对方。乘势日夜兼程，急行军两千多里，直接攻克武阳县。派精锐骑兵飞速进击广都县，距离成都仅仅数十里，兵势如同暴风骤雨，所到之处全都奔逃溃散。起初，公孙述听说汉室军队集中在平曲，所以派遣大军迎击。等到岑彭抵达武阳，绕过并出现在延岑大军的背后，蜀中地区震动惊骇。公孙述大惊失色，用手杖叩击地面说："怎么这样神速！"

延岑在沅水摆开军阵。臧宫士兵多而粮食少，后勤接济又迟迟不到，归降的人都想离散反叛，郡县城邑又重新结聚自保，坐观双方成败。臧宫打算领兵撤还，又担心会引起士兵们的大规模反叛。正在这时，赶上刘秀派遣谒者率兵去岑彭那里报到，带有战马七百匹，臧宫就假传诏旨，全部收留来扩充自己的力量。然后日夜进兵，多多张设旗帜，登上山头擂鼓呐喊。右边是步兵，左边是骑兵，夹护着战船行进，呼声震动山谷。延岑没料到汉军会突然开到，登上山顶观望，感到十分震惊害怕。臧宫乘势挥军进击，把对方打得大败，杀死和淹死的有一万多人，沅水都被鲜血搅得混浊了。延岑逃奔成都，剩下的部众全部归降，兵器战马和金银珠宝也全被臧宫缴获。臧宫由此乘胜追击败逃的敌军，归降的人多得用十万来计算。军队抵达阳乡，王元带领全部部众归降。

刘秀给公孙述写信，讲论祸福所在，向他表示灿若丹青的信誉。公孙述看过书信不禁叹息，拿给自己的亲信看。太常卿常少、光禄勋张隆都劝公孙述归降，公孙述说："兴亡成败，这是天命，哪里有投降的天子呢！"左右不敢再进谏。常少、张隆都因过度忧惧而死。

刘秀从长安返回雒阳。

冬十月，公孙述使刺客诈为亡奴，降岑彭，夜，刺杀彭。太中大夫监军郑兴领其营，以俟吴汉至而授之。彭持军整齐，秋毫无犯。邛谷王任贵闻彭威信，数千里遣使迎降。会彭已被害，帝尽以任贵所献赐彭妻子。蜀人为立庙祠之。

十二月，吴汉自夷陵将三万人溯江而上，伐公孙述。

十二年春正月，吴汉破公孙述将魏党、公孙永于鱼涪津，遂围武阳。述遣子婿史兴救之，汉迎击，破之，因入犍为界，诸县皆城守。诏汉直取广都，据其心腹。汉乃进军攻广都，拔之，遣轻骑烧成都市桥，公孙述将帅恐惧，日夜离叛。述虽诛灭其家，犹不能禁。帝必欲降之，又下诏喻述曰："勿以来歙、岑彭受害自疑，今以时自诣，则宗族完全。诏书手记，不可数得。"述终无降意。

秋七月，冯骏拔江州，获田戎。

帝戒吴汉曰："成都十馀万众，不可轻也。但坚据广都，待其来攻，勿与争锋。若不敢来，公转营迫之，须其力疲，乃可击也。"汉乘利，遂自将步骑二万进逼成都，去城十馀里，阻江北营，作浮桥，使副将武威将军刘尚将万馀人屯于江南，为营相去二十馀里。帝闻之大惊，让汉曰："比敕公千条万端，何意临事勃乱！既轻敌深入，又与尚别营，事有缓急，不复相及。贼若出兵缀公，以大众攻尚，尚破，公

冬季十月，公孙述派刺客伪装成逃亡的奴仆，归降岑彭，在夜里，刺杀了岑彭。太中大夫监军郑兴接管了他的部队，等吴汉来到后再转归吴汉指挥。岑彭治军严整划一，秋毫无犯。邛谷王任贵闻知岑彭的威望信誉，从数千里以外派遣使者前来迎候归降。正赶上岑彭已被暗杀，刘秀就把任贵所献纳的物品全都赐给了岑彭的妻子儿女。蜀地人为他建立庙宇祭祀他。

　　十二月，吴汉从夷陵县率领三万人沿长江逆流而上，讨伐公孙述。

　　十二年(36)春季正月，吴汉在鱼涪津攻破公孙述的守将魏党和公孙永，于是围攻武阳县。公孙述派遣他的女婿史兴去救援，吴汉迎击，打败了他，乘势进入犍为郡境内，各县都据城防守。刘秀下诏，命吴汉直接攻取广都县，占据蜀郡的心腹地带。吴汉于是进军攻打广都县，夺取了它，又派遣轻骑兵焚烧成都西南石牛门外的市桥，公孙述的将帅都很恐惧，日夜叛逃。公孙述尽管对叛离逃亡的将领屠杀全家，仍然不能禁止。刘秀决心要让他归降，又下达诏书，喻示公孙述说："不要因为来歙、岑彭遭暗害的事而自我猜疑，现在抓住时机主动归降，宗族就能全部保住。诏书和我的亲笔信，不会多次得到。"公孙述始终也没有归降的意向。

　　秋季七月，冯骏攻克江州，活捉田戎。

　　刘秀告诫吴汉说："成都的十多万部众，不能轻视。你只需坚持据守广都，等待他们来进攻，不要与他们面对面争输赢。他们如果不敢前来，你就转移营地迫近他们，等到他们精疲力竭，才可以进击。"但吴汉却乘胜自率步兵和骑兵两万人进逼成都，离城十多里，隔江在北面安营，架设浮桥，派副将武威将军刘尚率领一万多人屯驻在江南，南北两营相距二十多里。刘秀听说后大为吃惊，下诏责备吴汉说："近来我对尊公千叮咛万嘱咐，出于什么考虑竟然面对军机擅自违背打乱它呢？既已轻敌深入，又与刘尚隔江安营，事情一旦有个缓急，就不能相互顾及。贼寇如果出兵牵制住尊公，用大军去攻打刘尚，刘尚被攻破，尊公

即败矣。幸无他者,急引兵还广都。"诏书未到,九月,述果使其大司徒谢丰、执金吾袁吉将众十许万,分为二十馀营,出攻汉,使别将将万馀人劫刘尚,令不得相救。汉与大战一日,兵败,走入壁,丰因围之。汉乃召诸将厉之曰:"吾与诸君逾越险阻,转战千里,遂深入敌地,至其城下。而今与刘尚二处受围,势既不接,其祸难量,欲潜师就尚于江南,并兵御之。若能同心一力,人自为战,大功可立;如其不然,败必无馀。成败之机,在此一举。"诸将皆曰:"诺。"于是飨士秣马,闭营三日不出,乃多树幡旗,使烟火不绝。夜,衔枚引兵与刘尚合军。丰等不觉。明日,乃分兵拒水北,自将攻江南。汉悉兵迎战,自旦至晡,遂大破之,斩丰、吉。于是引还广都,留刘尚拒述,具以状上,而深自谴责。帝报曰:"公还广都,甚得其宜,述必不敢略尚而击公也。若先攻尚,公从广都五十里悉步骑赴之,适当值其危困,破之必矣!"自是汉与述战于广都、成都之间,八战八克,遂军于其郭中。臧宫拔绵竹,破涪城,斩公孙恢;复攻拔繁、郫,与吴汉会于成都。

　　公孙述困急,谓延岑曰:"事当奈何?"岑曰:"男儿当死中求生,可坐穷乎!财物易聚耳,不宜有爱。"述乃悉散金帛,募敢死士五千馀人以配岑。岑于市桥伪建旗帜,鸣鼓挑战,而潜遣奇兵出吴汉军后,袭击破汉,汉堕水,缘马尾

也就随着失败了。侥幸现下还未发生意外情况，你要火速领兵，撤回广都县。"这份诏书还没传送到，在九月，公孙述果然派遣他的大司徒谢丰、执金吾袁吉率领兵众约十万人，分成二十多个营，出城进攻吴汉，并派非主力将领统率一万多人去截击刘尚，让汉军不能相互救援。吴汉与蜀军大战一整天，兵败退入营垒，谢丰乘势挥军包围。吴汉于是召集众将激励他们说："我与诸位越过险山恶水，转战千里，才深入敌境，来到他们都城之下。而现在又与刘尚两处遭到包围，情势已经不能互相接应，由此造成的大祸很难预料，我打算暗中把军队开到江南与刘尚会合，合兵抵御敌军。如果我们能同心协力，人人拼死作战，大功可以建立；如果不是这样，惨败后必定会一个人也不剩下。成败的机缘，就在此一举了。"众将都说："好。"于是犒劳士卒，喂好战马，紧闭营门，三天不出，并大量张设幡旗，让炊烟火把接连不断。到了深夜，命人马口衔竹制枚筷，领兵前去同刘尚会师。谢丰等人没有发觉。第二天，才分拨部分兵力拒守江北，自率主力去进攻江南汉军。吴汉出动全部人马迎战，从早晨一直打到下午，把蜀军打得大败，斩杀了谢丰与袁吉。于是领兵撤回广都县，留下刘尚抵御公孙述，把战况详尽奏禀刘秀，深深进行自我谴责。刘秀答复说："尊公撤还广都县，十分恰当，公孙述必定不敢攻打刘尚而进击尊公。如果他先攻打刘尚，尊公从广都五十里外出动全部步兵和骑兵去增援，恰恰赶上敌军危急困顿，攻破它必定无疑！"从此以后，吴汉同公孙述在广都、成都之间展开相持战，八战八胜，于是乘势在成都外城驻扎下来。汉将臧宫也夺取了绵竹县，攻破了涪城，斩杀了公孙恢；又攻克繁、郫二县，与吴汉在成都城下会师。

公孙述处境困顿危急，对延岑说："事情该怎么办？"延岑说："大丈夫应当死中求生，能坐着等死吗？财物容易聚敛，不应吝惜。"于是公孙述散发全部金玉绢帛，招募五千多名敢死壮士交给延岑指挥。延岑在市桥虚设旗帜，擂鼓挑战，暗中却派遣奇兵跟在吴汉部队的背后，袭击并攻破吴汉，吴汉落水，抓住马尾巴

得出。汉军余七日粮，阴具船，欲遁去。蜀郡太守南阳张堪闻之，驰往见汉，说述必败，不宜退师之策。汉从之，乃示弱以挑敌。

冬十一月，臧宫军咸阳门。戊寅，述自将数万人攻汉，使延岑拒宫。大战，岑三合三胜，自旦及日中，军士不得食，并疲。汉因使护军高午、唐邯将锐卒数万击之，述兵大乱。高午奔陈刺述，洞胸堕马，左右舆入城。述以兵属延岑，其夜，死。明旦，延岑以城降。辛巳，吴汉夷述妻子，尽灭公孙氏，并族延岑。遂放兵大掠，焚述宫室。帝闻之怒，以谴汉。又让刘尚曰："城降三日，吏民从服，孩儿、老母，口以万数，一旦放兵纵火，闻之可为酸鼻。尚宗室子孙，尝更吏职，何忍行此！仰视天，俯视地，观放麑、啜羹，二者孰仁？良失斩将吊民之义也！"

初，述征广汉李业为博士，业固称疾不起。述羞不能致，使大鸿胪尹融奉诏命以劫业："若起则受公侯之位，不起赐以毒酒。"融譬旨曰："方今天下分崩，孰知是非，而以区区之身试于不测之渊乎！朝廷贪慕名德，旷官缺位，于今七年，四时珍御，不以忘君。宜上奉知己，下为子孙，身名俱全，不亦优乎！"业乃叹曰："古人危邦不入，乱邦不居，

才得以上岸。吴汉军中还剩下七天的粮食，秘密备办船只，准备悄悄撤走。蜀郡太守南阳人张堪听说这一消息，飞快前去面见吴汉，陈述公孙述必定败亡，不应退兵的计策。吴汉采纳了他的计策，于是故意示弱，来引诱敌军。

　　冬季十一月，臧宫进驻咸阳门。戊寅（十八日），公孙述亲自统领数万人攻打吴汉，派延岑抗拒臧宫。双方大战，延岑三战三胜，从清晨到中午，军士未能进食，都很饥饿疲乏。吴汉乘势派遣护军高午、唐邯率领数万名精锐士兵发起攻击，公孙述的部队顿时大乱。高午冲向敌阵刺击公孙述，穿透了他的胸膛，使他落下马来，他的左右随从用轿把他抬入城内。公孙述把军队交付给延岑，当天夜里就死去了。第二天清晨，延岑献城投降。辛巳（二十一日），吴汉将公孙述的妻妾儿女全部处死，又一个不剩地诛灭了公孙氏全族，同时也诛灭了延岑的宗族。随后放纵士兵进行大抢劫，焚烧公孙述的宫室。刘秀闻知这种情况，勃然大怒，下诏严厉谴责吴汉。又责备刘尚说："成都全城归降已经三天，官吏居民都顺从服命，他们的孩儿、老母，人数上万，一个早晨却纵兵到处放火，听到的人人替他们感到心痛鼻酸。你刘尚是汉室子弟，曾经历任各种官职，怎么忍心干出这种暴行呢！你抬头看天，低头望地，回想一下古代秦西巴放掉孟孙猎取的小鹿、乐羊竟喝中山国用他亲儿子煮成的肉羹，这两桩事，哪一桩属于仁义？你这次实在是丧失了斩杀敌将、拯救百姓的道义！"

　　当初，公孙述征召广汉人李业担任博士，李业坚持称病，不去赴任。公孙述惭愧不能招来李业，就派大鸿胪尹融奉持诏命去胁迫李业："如果赴任就授给公侯的高位，不赴任就赐给毒酒。"尹融还解释旨意说："当今天下四分五裂，谁能预知是非，而用微不足道的力量去测试那无法测试的深渊呢！朝廷贪恋敬慕您的名望品德，留出官职，空出爵位，至今已长达七年，四季供进的美味佳肴，不敢忘记送给您。应当对上报答了解您的君主，对下为子孙考虑，自家身躯和名声全都保全住，不也很好吗？"李业于是叹息说："古人不进入危险的邦国，不居住在败乱的邦国，

为此故也。君子见危授命，何乃诱以高位重饵哉！"融曰：
"宜呼室家计之。"业曰："丈夫断之于心久矣，何妻子之
为！"遂饮毒而死。述耻有杀贤之名，遣使吊祠，赙赠百匹，
业子翚逃，辞不受。述又聘巴郡谯玄，玄不诣，亦遣使者以
毒药劫之。太守自诣玄庐，劝之行，玄曰："保志全高，死亦
奚恨！"遂受毒药。玄子瑛泣血叩头于太守，愿奉家钱千万
以赎父死，太守为请，述许之。述又征蜀郡王皓、王嘉，恐
其不至，先系其妻子，使者谓嘉曰："速装，妻子可全。"对
曰："犬马犹识主，况于人乎！"王皓先自刭，以首付使者。
述怒，遂诛皓家属。王嘉闻而叹曰："后之哉！"乃对使者伏
剑而死。犍为费贻不肯仕述，漆身为癞，阳狂以避之。同
郡任永、冯信皆托青盲以辞征命。帝既平蜀，诏赠常少为
太常，张隆为光禄勋。谯玄已卒，祠以中牢，敕所在还其家
钱，而表李业之闾。征费贻、任永、冯信，会永、信病卒，独
贻仕至合浦太守。上以述将程乌、李育有才干，皆擢用之。
于是西土咸悦，莫不归心焉。

上诏窦融与五郡太守入朝。既至，引见，赏赐恩宠，倾
动京师，拜融冀州牧。

十三年春三月，吴汉自蜀振旅而还。至宛，诏过家上
冢，赐谷二万斛。夏四月，至京师。

正是因为这个缘故啊。君子看到国家危险败乱便肯付出生命，为什么竟用高官厚禄来引诱他呢?"尹融说:"应当招呼全家人商议一下。"李业说:"大丈夫在心里做出决断已经很久了,还要同妻室儿女商议什么?"于是饮下毒酒死去。公孙述担心自己落个杀害贤士的坏名声,就派遣特使去吊唁祭享,赠送治丧用的绢帛一百匹,李业的儿子李翚躲藏起来,拒不接受。公孙述又聘请巴郡的名士谯玄,谯玄不报到,也派使者用毒药去胁迫。巴郡太守亲自到谯玄的住处劝他上路,谯玄说:"保住志向,成全高风亮节,死又有什么遗憾的?"于是接受毒药。谯玄的儿子谯瑛向太守叩头,哭得眼睛出血,请求用家中千万钱财来赎回父亲的死罪,太守替他求情,公孙述这才答应。公孙述又征召蜀郡的王皓和王嘉,担心他们不来,事先囚禁起他们的妻室儿女,然后派使者对王嘉说:"赶快收拾行装上路,妻室儿女还能保全。"王嘉对答说:"狗和马还认识主人呢,何况人呢?"王皓先自刎了,把首级留给使者。公孙述听后大怒,就斩杀了王皓的家属。王嘉闻讯感叹说:"我落在王皓的后面了!"于是面对使者伏剑而死。犍为郡的费贻,不肯为公孙述效力,浑身上下涂上漆,成为癞疮,装疯来躲避公孙述的威逼。同郡人任永、冯信也都用自己患有青光眼作推托,来辞谢公孙述的征召命令。刘秀平定蜀地后,下诏追赠常少为汉室的太常卿,张隆为光禄勋。谯玄已经去世,用备有羊、猪两牲的祭品来祭享他,命巴郡退还他家的赎罪钱,表彰李业的邻里。征召费贻、任永和冯信,赶上任永、冯信病故,只有费贻做官做到合浦太守。刘秀因为公孙述的部将程乌、李育具有才干,都提拔任用他们。于是西蜀境内上下喜悦,没有不心向汉室的。

刘秀下诏,命窦融与河西五郡太守全都入京朝见。到达以后,亲自接见,赏赐和各种特殊优待,轰动了整个京师,拜授窦融为冀州牧。

十三年(37)春季三月,吴汉从蜀郡整顿军队,班师回朝。途经宛城时,刘秀下诏,让他祭扫自家祖坟,赐给谷米两万斛。夏季四月,吴汉回到了雒阳。

楚王英之狱

汉光武建武十五年夏四月丁巳,封皇子辅为右翊公,英为楚公,阳为东海公,康为济南公,苍为东平公,延为淮阳公,荆为山阳公,衡为临淮公,焉为左翊公,京为琅邪公。

十七年冬十月,进右翊公辅为中山王,其馀九国公皆为王。

二十八年。初,马援兄子婿王磐,平阿侯仁之子也。王莽败,磐拥富赀为游侠,有名江、淮间。后游京师,与诸贵戚友善。援谓姊子曹训曰:"王氏,废姓也,子石当屏居自守,而反游京师长者,用气自行,多所陵折,其败必也。"后岁馀,磐坐事死,磐子肃复出入王侯邸第。时禁罔尚疏,诸王皆在京师,竞修名誉,招游士。马援谓司马吕种曰:"建武之元,名为天下重开,自今以往,海内日当安耳。但忧国家诸子并壮而旧防未立,若多通宾客,则大狱起矣。卿曹戒慎之!"至是,有上书告肃等受诛之家,为诸王宾客,虑因事生乱。会更始之子寿光侯鲤得幸于沛王,怨刘盆子,

楚王英之狱

汉光武帝建武十五年（39）夏季四月丁巳（十一日），册封皇子刘辅为右翊公，刘英为楚公，刘阳为东海公，刘康为济南公，刘苍为东平公，刘延为淮阳公，刘荆为山阳公，刘衡为临淮公，刘焉为左翊公，刘京为琅邪公。

十七年（41）冬季十月，进位右翊公刘辅为中山王，其馀九名皇子，也全由公爵进位为王。

二十八年（52）。当初，马援的侄婿王磐，是平阿侯王仁的儿子。王莽败亡后，王磐拥据大量资财成为游侠，在长江、淮河之间颇有名气。后来游历京师，与许多皇亲国戚结为好友。马援对外甥曹训说："王氏属于废败之家，王子石本应深居自守，反倒与京师显贵交往，意气用事，我行我素，得罪了不少人，他必遭祸事。"后来经过一年多，王磐果然获罪被处死。王磐的儿子王肃又再度出入于王侯的官邸府第。当时禁令还粗疏不严，诸侯王全在京师，争相博取名望声誉，招揽宾客。马援对司马吕种说："建武奠基的初始，称为天下重新开立，自今以后，四海之内会一天比一天安定。我只担心建国立家的诸皇子同时名壮声威而防范禁令的旧制还未能确立，如果广纳宾客，那么将会大狱兴起。你这类人要警戒小心！"到了这年，果真有人上书，举告王肃等受过死罪人家，却成为诸侯的宾客，恐怕会寻找时机制造变乱。恰巧刘玄的儿子、寿光侯刘鲤深受沛王宠信，他又怨恨刘盆子，

结客杀故式侯恭。帝怒，沛王坐系诏狱，三日乃得出。因诏郡县收捕诸王宾客，更相牵引，死者以千数。吕种亦与其祸，临命叹曰："马将军诚神人也！"

秋八月戊寅，东海王彊、沛王辅、楚王英、济南王康、淮阳王延始就国。

明帝永平八年冬十月丙子，募死罪系囚诣度辽营；有罪亡命者，令赎罪各有差。楚王英奉黄缣、白纨诣国相曰："托在蕃辅，过恶累积，欢喜大恩，奉送缣帛，以赎愆罪。"国相以闻，诏报曰："楚王诵黄、老之微言，尚浮屠之仁慈，洁齐三月，与神为誓，何嫌何疑，当有悔吝！其还赎，以助伊蒲塞、桑门之盛馔。"

初，帝闻西域有神，其名曰佛，因遣使之天竺求其道，得其书及沙门以来。其书大抵以虚无为宗，贵慈悲不杀，以为人死，精神不灭，随复受形；生时所行善恶，皆有报应。故所贵修炼精神，以至为佛。善为宏阔胜大之言，以劝诱愚俗。精于其道者，号曰沙门。于是中国始传其术，图其形像，而王公贵人，独楚王英最先好之。

十三年冬十月，楚王英与方士作金龟、玉鹤，刻文字为符瑞。男子燕广告"英与渔阳王平、颜忠等造作图书，有逆谋"。事下案验。有司奏："英大逆不道，请诛之。"帝以亲亲

就纠结沛王宾客杀死了刘盆子的哥哥、原封式侯刘恭。汉光武帝闻知后勃然大怒，沛王因此获罪，囚禁诏狱，关押三天才被释放出来。随后发布诏令，在全国各郡县搜捕诸侯王的宾客，递次相互牵连揭发，被处死的数以千计。吕种也身遭此祸，受刑前他叹息道："马将军真是神人啊！"

秋季八月戊寅（十九日），东海王刘彊、沛王刘辅、楚王刘英、济南王刘康、淮阳王刘延，从此前往各自的封国。

汉明帝永平八年（65）冬季十月丙子（初四），募集身犯死罪的在押囚犯前往设在五原郡的度辽营。有罪逃亡的人，命他们自首赎罪，依据不同的情况，各分等级。楚王刘英带着黄色丝绢、素色细帛拜访国相，说："朝廷让我托身在藩国辅助中央的地位，而我罪过堆叠积聚，幸蒙朝廷的宽恕大恩，特此向朝廷奉送这些缣帛，用来赎罪。"国相把刘英的这番表示奏呈朝廷，汉明帝下诏答复说："楚王通读黄帝、老子的精微言论，崇尚佛家的仁爱慈悲，曾洁身斋戒三个月，与神立下誓言，朝廷还有什么猜忌和怀疑，应当悔恨？如今退还赎罪物品，用来资助受戒沙门弟子的丰盛饮食。"

起初，汉明帝听说西域有一神祇，名字叫"佛"，于是就派遣使者到天竺国去求取佛教道义，结果得到了佛经以及高僧，带回中原。佛经大致上把虚无奉为宗旨，看重慈悲不杀生，认为人死以后，精神不灭，随即又投胎转世；生前所干的善事恶事，都有因果报应。所以提倡修炼精神，直至成佛。佛家善于编造宏伟奇阔、征服一切、夸张神妙的说教，用以助化诱导愚夫俗子来信奉。精通佛家道法的人，称为"沙门"。于是佛教开始在中国传播，摹绘佛像，而王公贵人中，唯独楚王刘英最先喜好这一套。

十三年（70）冬季十月，楚王刘英与方士制作金龟、玉鹤，刻上文字来作为显示祥瑞的符号。有个叫燕广的男子告发说"刘英与渔阳人王平、颜忠等故意编造灵图谶纬神书，实际有谋反夺位的企图"。此事由朝廷责成主管部门查证核实，主管部门回奏说："刘英的确大逆不道，请依法处死他。"汉明帝因骨肉之情

不忍。十一月，废英，徙丹阳泾县，赐汤沐邑五百户；男女为侯、主者，食邑如故；许太后勿上玺绶，留住楚宫。先是有私以英谋告司徒虞延者，延以英藩戚至亲，不然其言。及英事觉，诏书切让延。

十四年夏四月，楚王英至丹阳，自杀。诏以诸侯礼葬于泾。封燕广为折奸侯。是时，穷治楚狱，遂至累年。其辞语相连，自京师亲戚、诸侯、州郡豪桀及考案吏，阿附坐死、徙者以千数，而系狱者尚数千人。

初，樊鯈弟鲔，为其子赏求楚王英女，鯈闻而止之曰："建武中，吾家并受荣宠，一宗五侯。时特进一言，女可以配王，男可以尚主，但以贵宠过盛，即为祸患，故不为也。且尔一子，奈何弃之于楚乎！"鲔不从。及楚事觉，鯈已卒，上追念鯈谨恪，故其诸子皆得不坐。

英阴疏天下名士，上得其录，有吴郡太守尹兴名，乃征兴及掾史五百馀人诣廷尉就考。诸吏不胜掠治，死者太半。唯门下掾陆续、主簿梁宏、功曹史驷勋，备受五毒，肌肉消烂，终无异辞。续母自吴来雒阳，作食以馈续。续虽见考，辞色未尝变，而对食悲泣不自胜。治狱使者问其故，续曰："母来不得见，故悲耳。"问："何以知之？"续曰："母截肉未尝不方，断葱以寸为度，故知之。"使者以状闻，上乃赦兴

不忍批准。十一月,废掉刘英的王位,迁徙到丹阳郡泾县,赐给供奉赋税的邑民五百户;刘英儿女封侯爵、做公主的,依旧享受原有食邑;刘英的生母许太后无须上交她的玺印绶带,仍然留住楚王旧宫。在此之前,有人私下里将刘英的阴谋禀告给司徒虞延,虞延认为刘英是藩王贵戚,皇帝至亲,不相信这种密报。等到刘英阴谋败露,汉明帝下诏严厉斥责虞延。

十四年(71)夏季四月,楚王刘英到达丹阳郡,就自杀了。朝廷下达诏书,命令依诸侯丧礼,将其葬在泾县。封授燕广为折奸侯。当时,朝廷极力查办楚王谋反大案,以至连年不止。那些供词相互牵连,从京师皇亲国戚、诸侯到州郡豪杰以及审讯官吏,因附从反逆被处死、流放的数以千计,而关押在狱中的,还有数千人。

当初,樊鯈的弟弟樊鲔,替他儿子樊赏求娶楚王刘英的女儿为妻。樊鯈听说后,劝阻弟弟说:“建武年间,我们家族全受荣耀恩宠,一门中有五人封侯。当时身为特进的父亲,只要向圣上说一句话,樊家女子可以许配藩王,男儿可以迎娶公主。只因为贵显恩宠过于显赫,就会成为祸患,所以才不提出来。况且你仅此一子,怎么能把他丢在楚国呢?”樊鲔拒不听从劝告。等到楚王谋反事发,樊鯈已经去世,汉明帝追念樊鯈谨慎恭敬,所以他的儿子们都未被连坐。

刘英曾暗暗排列过天下名士的名单,汉明帝得到这份名单,发现上面有吴郡太守尹兴的名字,就征召尹兴及其下属官吏五百多人前去廷尉那里受审。下属官吏们经受不住严刑拷问,死去一大半。只有门下掾陆续、主簿梁宏、功曹史驷勋,受尽五种毒刑,肌肉溃烂,始终不改口供。陆续的母亲从吴郡赶到雒阳,做好食物转送给陆续吃。陆续虽然被拷问,但他的言辞容色未尝有过改变,可面对食物,却悲痛抽泣,不能自已。审案官员感到奇怪,就追问其中缘故,陆续说:“我母亲来了,却不能相见,所以悲伤。”审案官员继续追问说:“怎么知道你母亲来了?”陆续说:“我母亲切肉从来都方方正正,切葱也总是一寸长短,所以知道她老人家来了。”审案官员把这种情况奏报朝廷,汉明帝就赦免了尹兴

等,禁锢终身。

颜忠、王平辞引隧乡侯耿建、朗陵侯臧信、濩泽侯邓鲤、曲成侯刘建。建等辞未尝与忠、平相见。是时,上怒甚,吏皆惶恐,诸所连及,率一切陷入,无敢以情恕者。侍御史寒朗心伤其冤,试以建等物色,独问忠、平,而二人错愕不能对。朗知其诈,乃上言:"建等无奸,专为忠、平所诬。疑天下无辜,类多如此。"帝曰:"即如是,忠、平何故引之?"对曰:"忠、平自知所犯不道,故多有虚引,冀以自明。"帝曰:"即如是,何不早奏?"对曰:"臣恐海内别有发其奸者。"帝怒曰:"吏持两端!"促提下捶之。左右方引去,朗曰:"愿一言而死。"帝曰:"谁与共为章?"对曰:"臣独作之。"上曰:"何以不与三府议?"对曰:"臣自知当必族灭,不敢多污染人。"上曰:"何故族灭?"对曰:"臣考事一年,不能穷尽奸状,反为罪人讼冤,故知当族灭。然臣所以言者,诚冀陛下一觉悟而已。臣见考囚在事者,咸共言妖恶大故,臣子所宜同疾,今出之不如入之,可无后责。是以考一连十,考十连百。又公卿朝会,陛下问以得失,皆长跪言:'旧制,大罪祸及九族,陛下大恩,裁止于身,天下幸甚!'及其归舍,口虽不言而仰屋窃叹,莫不知其多冤,无敢忤陛下言

等人，但终生不许做官。

颜忠、王平的供词中牵连到隧乡侯耿建、朗陵侯臧信、濩泽侯邓鲤、曲成侯刘建。耿建等人声称，不曾同颜忠、王平见过面。这时，正值汉明帝怒火中烧，审案官员都惶恐不安，凡被牵连的，一律罗织罪名定案，没有敢按实情予以宽恕的。侍御史寒朗怜悯这些人太冤枉，就试用耿建等人的形貌装束，来单独审问颜忠、王平，二人却仓皇惊愕，对答不上来。寒朗心知其中有诈，就向汉明帝上书提醒说："耿建等人没有奸罪，只是被颜忠、王平诬陷了。由此可以怀疑天下实际无罪的人，差不多都情况如此。"汉明帝召见寒朗说："真都是这样，颜忠、王平为什么偏要牵连上他们？"寒朗对答说："颜忠、王平内心清楚所犯的是大逆不道之罪，所以就乱编供词多多牵连他人，企图借此洗清自己。"汉明帝说："真的是这样，你怎么不早早奏明？"对答说："臣下我担心四海之内真有揭发耿建等人奸罪的。"汉明帝怒责道："你这审判官，操持两端！"急命拉下去，痛打寒朗。左右侍从刚要拉他下去，寒朗说："愿请让我说句话再死。"汉明帝说："谁和你一起写的那道奏章？"寒朗对答说："臣下我自己写的。"汉明帝说："为什么不同三公府计议？"寒朗对答说："臣下我自己知道，必定招致灭族重罪，不敢多连累别人。"汉明帝说："为什么罪当灭族？"寒朗对答说："臣下我审理案件一年了，不能完全彻底查明奸谋的情状，反而替罪人鸣冤叫屈，因而明白自己罪当灭族。但是臣下我上书的动机，确实在于盼望陛下您一下子觉悟罢了。臣下我发现审问囚犯负责断案的同事，都一致声称妖贼恶臣、谋逆大罪，是我们做臣子应该深恶痛绝的，如今叛他无罪，不如判他有罪，可以免除日后朝廷追究的责任。所以就审讯一人，牵连上十人；审讯十人，牵连上一百人。还有公卿朝会，陛下您询问案情审理的得失所在，全都直身跪着回答说：'依照以往的法律，大罪要灭绝九族，陛下特开大恩，才仅仅处决当事人，天下人幸运极了！'等到他们返回家中，嘴上虽不说话，可却望着房梁暗自叹息，没有谁不清楚这里面多有冤枉，但又没有胆敢忤逆陛下您而直言的

者。臣今所陈,诚死无悔!"帝意解,诏遣朗出。

后二日,车驾自幸雒阳狱录囚徒,理出千馀人。时天旱,即大雨。马后亦以楚狱多滥,乘间为帝言之。帝恻然感悟,夜起彷徨,由是多所降宥。

任城令汝南袁安迁楚郡太守。到郡不入府,先往案楚王英狱事,理其无明验者,条上出之。府丞、掾史皆叩头争,以为:"阿附反虏,法与同罪,不可。"安曰:"如有不合,太守自当坐之,不以相及也。"遂分别具奏。帝感悟,即报许,得出者四百馀家。

章帝建初元年春正月,上问司徒鲍昱:"何以消复旱灾?"对曰:"陛下始践天位,虽有失得,未能致异。臣前为汝南太守,典治楚事,系者千馀人,恐未能尽当其罪。夫大狱一起,冤者过半。又,诸徙者骨肉离分,孤魂不祀。宜一切还诸徙家,蠲除禁锢,使死生获所,则和气可致。"帝纳其言。

二年夏四月戊子,诏还坐楚、淮阳事徙者四百馀家。

人。臣下我今天陈奏了这席话，真是死而无悔！"汉明帝怒气稍解，命令放寒朗出去。

两天以后，汉明帝亲临雒阳监狱，查阅审断囚犯的罪状，查出无罪而释放了一千多人。当时正值天旱，马上就降了大雨。马皇后也认为楚王谋反一案多有滥捕滥杀，就乘机为汉明帝言说事理。汉明帝心生恻隐，感怀醒悟，夜间起床，徘徊蹀步，从此对罪犯多所减罪或赦免。

任城县令、汝南人袁安升任楚郡太守。一到郡所，不按常规踏入太守府，先去勘核楚王刘英一案的有关案情，区分出那些没有确凿证据的囚徒，开列名单，准备上报释放。府丞、掾史这些属员都叩头争辩，认为："依附谋反首犯，按法律与首犯同罪，决不能像您那样办。"袁安表态说："如果有与国法不合的地方，太守我一个人承当罪责，决不牵连你们。"于是区分囚犯情况，详尽上奏朝廷。汉明帝这时已经感怀醒悟，立即批准奏书，由此而获释的囚犯，多达四百馀家。

汉章帝建初元年（76）春季正月，章帝询问司徒鲍昱说："靠什么能消除旱灾？"鲍昱对答说："陛下您刚刚登临皇帝宝座，即使有失当之处，也不会招致灾异。臣下我从前出任汝南太守时，负责审理楚王谋反一案，拘捕了一千多人，恐怕他们未必全都身当其罪。大案一发，被冤枉的人往往超过一半。况且那些被流放的人骨肉分离，死在异乡的孤魂得不到家人的祭祀。因此应该一律让流放的人归返故乡，撤销终生不准做官的禁令，使死去的人、活着的人各得其所，这样祥和之气就会到来了。"汉章帝采纳了鲍昱的建议。

二年（77）夏季四月戊子（二十二日），汉章帝颁发诏书，准许因楚王刘英、淮阳王刘延这两宗大案而被判处流放的四百多家，重返故乡。

马后抑外家

汉明帝永平三年春二月甲子，立贵人马氏为皇后，皇子炟为太子。

后，援之女也，光武时，以选入太子宫，能奉承阴后，傍接同列，礼则修备，上下安之，遂见宠异。及帝即位，为贵人。时后前母姊女贾氏亦以选入，生皇子炟。帝以后无子，命养之，谓曰："人未必当自生子，但患爱养不至耳！"后于是尽心抚育，劳悴过于所生。太子亦孝性淳笃，母子慈爱，始终无纤介之间。后常以皇嗣未广，荐达左右，若恐不及。后宫有进见者，每加慰纳；若数所宠引，辄增隆遇。及有司奏立长秋宫，帝未有所言，皇太后曰："马贵人德冠后宫，即其人也。"后既正位宫闱，愈自谦肃，好读书。常衣大练，裙不加缘。朔望诸姬主朝请，望见后袍衣疏粗，以为绮縠，就视，乃笑。后曰："此缯特宜染色，故用之耳。"群臣奏事有难平者，帝数以试后，后辄分解趣理，各得其情，然未尝

马后抑外家

汉明帝永平三年(60)春季二月甲子(十九日),册立贵人马氏为皇后,皇子刘炟为太子。

马皇后是马援的女儿,光武帝时被选入太子宫。她能敬奉顺承阴皇后,和睦对待同辈妃嫔,礼数周全,上下和睦,于是特别受到宠爱。待至明帝即位,充任贵人。这时她的异母姐姐的女儿贾氏被选入宫,生下皇子刘炟。明帝因马氏没有儿子,就命她抚养刘炟,对她说:"人不一定非得自己生儿子,只是难在疼爱、养护别人的骨肉不尽心罢了。"马氏于是对刘炟尽心抚育,操劳辛苦胜过亲生子。刘炟也天性孝顺,精淳笃厚,母慈子爱,始终没有任何隔阂。马氏常因明帝子嗣不多,主动安排美女侍奉明帝,就像唯恐错过机会。后宫有陪明帝过夜的,总予以慰勉进纳;如果谁被明帝屡次召幸,就提高她在后宫的地位和待遇。等到主管部门奏请册立皇后时,汉明帝还没发话,皇太后阴氏就说:"马贵人在后宫中才德第一,应该册立她。"马氏跃居后宫最高正位以后,更加自谦端庄,喜好读书。她经常身穿粗丝质料的衣服,裙脚不镶边。按规定,初一和十五,众位妃嫔和公主前来拜见请安,远远看见皇后衣着简朴粗疏,还以为是特制的丝绸,近前细看,都笑了。马皇后说:"这种缯帛特别适宜染色,所以我用它。"群臣启奏政事,有难以妥善处理的,汉明帝多次拿来试探皇后的意见,皇后便条分缕析,归于事理,各自符合实际情况,但是从未

以家私干政事。帝由是宠敬,始终无衰焉。

十八年八月壬子,帝崩。太子即位,年十八。尊皇后曰皇太后。太后兄弟虎贲中郎廖及黄门郎防、光,终明帝世未尝改官。帝以廖为卫尉,防为中郎将,光为越骑校尉。廖等倾身交结,冠盖之士争赴趣之。第五伦上疏曰:"臣闻《书》曰:'臣无作威作福,其害于而家,凶于而国。'近世光烈皇后虽友爱天至,而抑损阴氏,不假以权势。其后梁、窦之家,互有非法,明帝即位,竟多诛之。自是雒中无复权戚,书记请托,一皆断绝。又谕诸外戚曰:'苦身待士,不如为国。戴盆望天,事不两施。'今之议者,复以马氏为言。窃闻卫尉廖以布三千匹,城门校尉防以钱三百万,私赡三辅衣冠,知与不知,莫不毕给。又闻腊日亦遗其在雒中者钱各五千。越骑校尉光,腊用羊三百头,米四百斛,肉五千斤。臣愚以为不应经义,惶恐,不敢不以闻。陛下情欲厚之,亦宜所以安之。臣今言此,诚欲上忠陛下,下全后家也。"

章帝建初二年夏四月,上欲封爵诸舅,太后不听。会大旱,言事者以为不封外戚之故,有司请依旧典。太后诏曰:"凡言事者,皆欲媚朕以要福耳。昔王氏五侯同日俱封,黄雾四塞,不闻澍雨之应。夫外戚贵盛,鲜不倾覆,故先帝防慎舅氏,不令在枢机之位,又言:'我子不当与先帝子等。'今有司奈何欲以马氏比阴氏乎!且阴卫尉,天下称

用本家私事干预政事。汉明帝因此对她宠爱敬重,始终不变。

十八年(75)八月壬子(初六),汉明帝驾崩。太子即位,年十八岁。尊尚马皇后称皇太后。太后的兄弟虎贲中郎马廖和黄门郎马防、马光,在明帝在位期间一直未曾升过官。汉章帝将马廖提升为卫尉,马防提升为中郎将,马光提升为越骑校尉。马廖等人尽一切力量结交宾朋,官吏士人争相趋附马家。对此,第五伦上书弹劾说:"臣下我听说《尚书》中写道:'臣子不许作威作福,否则会害及皇家,危及国家。'近代光烈皇后阴氏,尽管天性极为友爱,仍然抑制退损阴家人,不把权势移交给他们。后来的梁家、窦家,各自都有人犯法,明帝即位,竟多加以诛杀。从此以后,京师雒阳中不再有专权的外戚,写信请托一类事,全部消除。皇上还晓谕众外戚说:'苦身接待士子,不如一心为国;戴着圆盆望天,事情不能两全。'现今的舆论,又集中在马家。我私下听说卫尉马廖用布帛三千匹,城门校尉马防用钱三百万,私下供给京师周围的士子,认识的和不认识的,无不全都馈赠。还听说在腊祭那天,又给雒阳城内的士子每人五千钱。越骑校尉马光,腊祭祭品竟然用三百只羊,四百斛米,五千斤肉。臣下我愚昧地认为,这都不符合经书的义理,由此心感惶恐不安,不敢不奏闻朝廷。陛下您本意是想厚待马家,也正使他们安然无恙。臣下我如今说这番话,实在是希望上能忠实于陛下,下能保全住太后一家。"

汉章帝建初二年(77)夏季四月,章帝打算封给三位舅父爵位,马太后不同意。当时正逢大旱,负责议论朝政得失的官员认为是由于不封外戚造成的,主管部门请求按照原定制度赐封。马太后下诏说:"凡是议论朝政得失的官员这样提建议,都是想取媚于我来谋求好处罢了。过去王氏家族有五人在同一天一起封侯,天气却黄雾四处弥漫,没听说出现甘雨普降的好兆应。大抵外戚贵显太过分,很少有不倾败覆灭的,所以先帝为舅家慎重做出预防败亡的安排,不安排他们身居枢机重位,又宣布:'我的皇子不应与先帝的皇子等量齐观。'可如今这些主管部门为什么要拿马家来比照阴家呢?况且卫尉阴兴,天下人都称赞

之，省中御者至门，出不及履，此蘧伯玉之敬也；新阳侯虽刚强，微失理，然有方略，据地谈论，一朝无双；原鹿贞侯，勇猛诚信；此三人者，天下选臣，岂可及哉！马氏不及阴氏远矣。吾不才，夙夜累息，常恐亏先后之法，有毛发之罪吾不释，言之不舍昼夜，而亲属犯之不止，治丧起坟，又不时觉，是吾言之不立而耳目之塞也。吾为天下母，而身服大练，食不求甘，左右但著帛布，无香薰之饰者，欲身率下也。以为外亲见之，当伤心自敕，但笑言‘太后素好俭’。前过濯龙门上，见外家问起居者，车如流水，马如游龙，仓头衣绿褠，领袖正白，顾视御者，不及远矣。故不加谴怒，但绝岁用而已，冀以默愧其心，犹懈怠无忧国忘家之虑。知臣莫若君，况亲属乎！吾岂可上负先帝之旨，下亏先人之德，重袭西京败亡之祸哉！”固不许。

帝省诏悲叹，复重请曰：“汉兴，舅氏之封侯，犹皇子之为王也。太后诚存谦虚，奈何令臣独不加恩三舅乎！且卫尉年尊，两校尉有大病，如令不讳，使臣长抱刻骨之恨。宜及吉时，不可稽留。”太后报曰：“吾反覆念之，思令两善，岂徒欲获谦让之名而使帝受不外施之嫌哉！昔窦太后欲封王皇后之兄，丞相条侯言‘高祖约，无军功不侯’。今马氏无功于国，岂得与阴、郭中兴之后等邪！常观富贵之家，禄

他。宫中使者到他家门口，他出来迎接，忙得连鞋都顾不上穿，这属于春秋君子蘧伯玉那样恭敬懂礼呀！新阳侯阴就，虽然性格刚强，稍微有失义理，但胸怀谋略，攻城占地，口若悬河，满朝人没有第二个；原鹿贞侯阴识，勇猛又忠诚有信义。这三个人，都是天下数得着的杰出良臣，难道能赶得上吗？马家比阴家差远了。我没有才干，日夜屏息，常怕有损阴先后树立的典范，出现一丝过错我也不原谅自己，暗自告诫，日夜不停，但我的亲属却不断犯法，大办丧事又营筑高坟，又不能及时发现错误，这表明我的话没有威信而自家人又耳目闭塞啊。我作为天下之母，身穿粗丝衣服，饮食不求甜美，左右侍从也只穿普通布帛，不用熏香饰物，目的是想亲自为下面的人做出表率。本以为娘家人看到我这样后，都会痛心自责，可他们只是笑着说'太后一向喜好节俭'。前些天路过濯龙门，看到去我娘家问候拜访的人，车辆像流水一样源源不断，马队像游龙蜿蜒舒展；奴仆身穿绿单衣，领口袖口镶白边，回头再看我的车夫，可就差远了。我故意对娘家人不加谴责怒斥，只是裁减每年的费用，希望能借此使他们内心暗感羞愧，可他们仍然懈怠放纵，没有忧国忘家的觉悟。了解臣子，莫过于君主，更何况是皇亲国戚呢！我怎么能上负先帝的旨意，下损先人的德行，重蹈西汉前朝外戚败亡的大祸呢？"坚持不准赐封马家爵位。

汉章帝看到诏书，心生悲叹，又再次请求道："自从汉朝建立，舅父封侯，如同皇子封王。太后您确实心存谦虚，怎么就让儿臣我偏偏不加恩给三位舅父呢？况且卫尉已经年老，两位校尉也身患重病。如果有个三长两短，那会使儿臣我终生怀有刻骨的遗憾。应趁吉时赐封，不能再拖延了。"太后答复说："我反复思索此事，想让朝廷和马家两全其美，哪里只图个谦让美名，而使皇帝落个不施恩外戚的嫌疑呢？过去窦太后打算封赐王皇后的哥哥，丞相条侯周亚夫进言'高祖立过规矩，没有军功的人不能封侯'。如今马家对国家未立功勋，怎能与阴氏、郭氏那些重建汉朝的皇后之家相提并论呢？我曾观察过富贵人家，禄

位重叠,犹再实之木,其根必伤。且人所以愿封侯者,欲上奉祭祀,下求温饱耳。今祭祀则受太官之赐,衣食则蒙御府馀资,斯岂不可足,而必当得一县乎!吾计之熟矣,勿有疑也!

"夫至孝之行,安亲为上。今数遭变异,谷价数倍,忧惶昼夜,不安坐卧,而欲先营外家之封,违慈母之拳拳乎!吾素刚急,有胸中气,不可不顺也。子之未冠,由于父母,已冠成人,则行子之志。念帝,人君也。吾以未逾三年之故,自吾家族,故得专之。若阴阳调和,边境清静,然后行子之志。吾但当含饴弄孙,不能复关政矣。"上乃止。

太后尝诏三辅:诸马婚亲有属托郡县、干乱吏治者,以法闻。太夫人葬起坟微高,太后以为言,兄卫尉廖等即时减削。其外亲有谦素义行者,辄假借温言,赏以财位;如有纤介,则先见严恪之色,然后加谴;其美车服、不遵法度者,便绝属籍,遣归田里。广平、钜鹿、乐成王,车骑朴素,无金银之饰,帝以白太后,即赐钱各五百万。于是内外从化,被服如一。诸家惶恐,倍于永平时。置织室,蚕于濯龙中,数往观视,以为娱乐。常与帝旦夕言道政事及教授小王《论语》经书,述叙平生,雍和终日。

位重叠,就像一年结两次果的树木,树根必定会受损伤。况且人们愿得封侯的原因,不过是想上能敬奉祖先祭祀,下能求得衣食丰裕罢了。如今皇后家祭祀祖先,享受到太官的赐品,衣食也蒙获御府的剩馀财物。这难道还不够,而一定要拥有整整一个县的封邑吗?我对赐封一事的考虑已经很成熟了,你不要再有疑虑。

"最孝顺的行为,第一是能使双亲平安。如今国家屡屡碰上灾异,谷价上涨好几倍,我日夜忧愁惶恐,坐卧不安,你却想先处理外戚的封侯事宜,这是否违逆慈母的拳拳之心呢?我平素刚强性急,患有气闷病,不能不顺气。做儿子的,未成年要听父母话;已经成年,就按自己的意愿去行事。细想起来,你是皇帝,是天下人的君主,当然可以自行其是。而我因为你还没有服满三年的守丧期,事情又直接关涉到我的家族,所以才专断裁决。如果阴阳二气协调平和了,边境安宁了,此后只管按照你自己的意愿去行事。我仅仅该去含糖哄小孙,不再干预朝政了。"汉章帝这才把封侯之事搁置下来。

太后曾向三辅地区特下诏书说:马氏家族和各门亲戚,有敢嘱告请托郡县、干预扰乱地方行政的,要按国法处治奏报。马太后的母亲下葬时堆坟稍高,马太后就此指出来,他的兄长马廖等人立即将坟减低。马家人有行为谦恭仁义的,她就借助温和的话语来慰抚,赏给财物和官位;如果有人犯了微小的过错,她就首先显出严肃的容色,然后予以责备;如果有人有讲求车服华丽、不遵守国家法纪的,她就取消这类人同马家的亲属关系,遣送回乡。广平王刘羡、钜鹿王刘恭、乐成王刘党,出行所用的车马朴实无华,平时不佩戴金银等饰物,汉章帝把这种情况禀告给马太后,立刻就赐给他们每人五百万钱。于是内外顺从化导,一致崇尚俭朴。各个外戚之家都惶恐敛迹,程度超过明帝永平年间一倍还多。马太后特设织室,在濯龙园中亲自种植桑树,并多次前往察看,把这当成一项娱乐。经常同汉章帝朝夕讲论政事,以及教授年幼的皇子诵读《论语》等经书,向他们讲述自己的平生经历,雍容和蔼,整日不变。

马廖虑美业难终,上疏劝成德政曰:"昔元帝罢服官,成帝御浣衣,哀帝去乐府,然而侈费不息,至于衰乱者,百姓从行不从言也。夫改政移风,必有其本。《传》曰:'吴王好剑客,百姓多创瘢;楚王好细腰,宫中多饿死。'长安语曰:'城中好高结,四方高一尺;城中好广眉,四方且半额;城中好大袖,四方全匹帛。'斯言如戏,有切事实。前下制度未几,后稍不行,虽或吏不奉法,良由慢起京师。今陛下素简所安,发自圣性,诚令斯事一竟,则四海诵德,声薰天地,神明可通,况于行令乎!"太后深纳之。

四年夏四月,有司连据旧典,请封诸舅。帝以天下丰稔,方垂无事,癸卯,遂封卫尉廖为顺阳侯,车骑将军防为颍阳侯,执金吾光为许侯。太后闻之曰:"吾少壮时,但慕竹帛,志不顾命。今虽已老,犹戒之在得,故日夜惕厉,思自降损,冀乘此道,不负先帝。所以化导兄弟,共同斯志,欲令瞑目之日,无所复恨,何意老志复不从哉!万年之日长恨矣!"廖等并辞让,愿就关内侯,帝不许。廖等不得已受封爵而上书辞位,帝许之。五月丙辰,防、廖、光皆以特进就第。

马廖担心马太后的盛美事业难以维持到底,就上书劝太后一定要完成德政说:"从前汉元帝撤销服饰采办官员,汉成帝穿用洗过的旧衣,汉哀帝取消乐府机关,然而奢侈之风仍然没有止息,直到衰落败亡,原因在于老百姓仿行上面的行为而不仿行它的言论。但凡改变政治弊端,转移民风,必定要从根本做起。古书上记载说:'吴王阖闾喜好剑客,百姓身上就多有创伤疤痕;楚灵王喜欢纤细的腰肢,后宫就多有因减肥而饿死的人。'长安流传顺口溜说:'城中喜爱高发髻,各地发髻高一尺;城中喜爱宽描眉,各地描眉宽半额;城中喜爱大衣袖,各地衣袖就用整匹布帛做。'这首顺口溜听起来好像开玩笑,实际上很切近事实。前些时候朝廷颁布规章制度,没过多久就逐渐执行不下去了,这尽管是有的官吏不遵奉法令,实在还是由于怠慢先发生在京师。如今陛下安于朴素简单的生活,是出自圣明的天性,果真能让这种举措完全坚持到底,那就会让四海称颂仁德,美名熏陶天地,神灵可以沟通,何况是推行政令呢?"马太后非常赞同兄长的话,全都采纳。

四年(79)夏季四月,主管部门接连援引以往的制度,请求章帝赐封各位舅父。章帝因天下丰收,四方边陲太平无事,就在癸卯(十九日)那天,封授卫尉马廖为顺阳侯,车骑将军马防为颍阳侯,执金吾马光为许侯。马太后听到这一消息,发话道:"我在青少年时,只仰慕古人名垂青史,一门心思不顾性命长短。如今虽已年老,仍然警戒贪求无厌,所以日夜心存戒慎,思虑自我贬抑减损,希求遵循这一准则,不辜负先帝。我苦心感化引导骨肉兄弟,一起把这一志向树立起来,目的是想临死那一天,没有什么使人感到遗憾的,为什么想不到我已人老,可平生之志却不能实现了呢!看来到入土那天,我将永怀长恨了!"马廖等人得知太后抱持这种态度,就一齐辞让封赐,请求降为关内侯,可章帝不批准。马廖等人不得已,只好接受封爵,但又上书请求辞去官职,汉章帝应允了这一请求。五月丙辰(初二),马防、马廖、马光都以特进身份离开朝廷,回到私宅。

窦氏专恣

汉章帝建初二年十二月，帝纳窦勋女为贵人，有宠。贵人母，即东海恭王女沘阳公主也。

三年三月癸巳，立贵人窦氏为皇后。

八年，皇后兄宪为侍中、虎贲中郎将，弟笃为黄门侍郎，并侍宫省，赏赐累积，喜交通宾客。司空第五伦上疏曰："臣伏见虎贲中郎将窦宪，椒房之亲，典司禁兵，出入省闼，年盛志美，卑让乐善，此诚其好士交结之方。然诸出入贵戚者，类多瑕衅禁锢之人，尤少守约安贫之节，士大夫无志之徒，更相贩卖，云集其门，盖骄佚所从生也。三辅论议者至云'以贵戚废锢，当复以贵戚浣濯之，犹解酲当以酒也'。诐险趣势之徒，诚不可亲近。臣愚愿陛下、中宫严敕宪等闭门自守，无妄交通士大夫，防其未萌，虑于无形，令宪永保福禄，君臣交欢，无纤介之隙。此臣之所至愿也！"

窦氏专恣

汉章帝建初二年(77)十二月,章帝纳窦勋的女儿充任贵人,深受宠爱。窦贵人的母亲,就是东海恭王刘彊的女儿沘阳公主。

三年(78)三月癸巳(初二),册立贵人窦氏为皇后。

八年(83),皇后的哥哥窦宪担任侍中、虎贲中郎将,弟弟窦笃担任黄门侍郎,一起入侍宫禁重地,得到的赏赐一次比一次多,二人又都喜欢结交宾客。官任司空的第五伦上奏章疏说:"臣下我见到虎贲中郎将窦宪,身为皇后的亲属,掌领皇室卫队,出入宫禁重地,年富力强又志向可嘉,屈身谦让,喜欢良善,这确实是他喜好士人、交结往来的好方法。但众多出入在赫赫外戚门庭的人,大部分是犯有罪过、被朝廷禁止做官的人,他们更缺少克制自身、安贫乐道的节操,这些士大夫中没有志趣的败类,轮番相互吹捧举荐,像乱云一样聚集在窦侍中的门庭,这大概是骄纵奢靡产生的根源。三辅地区喜欢议论朝政的人,甚至说出这样的话'由赫赫外戚而被罢官,终身不许再做官的人,应当再由赫赫外戚来洗清他们,这就像用酒来解醉哩'。那些邪僻阴险、趋炎附势的人,实在不能亲近他们。臣下我尽管很愚昧,但却希望陛下和皇后严令窦宪等人紧闭家门,自我守持,不要任意结交士大夫,在祸患还未萌发的时候就注意防止,在祸患还未形成的时候就提高警惕,好让窦宪永远保住福分禄位,君臣之间交相欢悦,不产生丝毫的隔阂。这是臣下我的最大心愿!"

宪恃宫掖声势，自王、主及阴、马诸家，莫不畏惮。宪以贱直请夺沁水公主园田，主逼畏不敢计。后帝出过园，指以问宪，宪阴喝不得对。后发觉，帝大怒，召宪切责曰："深思前过夺主田园时，何用愈赵高指鹿为马！久念使人惊怖。昔永平中，常令阴党、阴博、邓叠三人更相纠察，故诸豪戚莫敢犯法者。今贵主尚见枉夺，何况小民哉！国家弃宪，如孤雏、腐鼠耳！"宪大惧，皇后为毁服深谢。良久乃得解，使以田还主。虽不绳其罪，然亦不授以重任。

臣光曰：人臣之罪，莫大于欺罔，是以明君疾之。孝章谓窦宪何异指鹿为马，善矣。然卒不能罪宪，则奸臣安所惩哉！夫人主之于臣下，患在不知其奸，苟或知之而复赦之，则不若不知之为愈也。何以言之？彼或为奸而上不之知，犹有所畏；既知而不能讨，彼知其不足畏也，则放纵而无所顾矣！是故知善而不能用，知恶而不能去，人主之深戒也。

元和三年三月，太尉郑弘数陈侍中窦宪权势太盛，言甚苦切，宪疾之。会弘奏宪党尚书张林、雒阳令杨光在官贪残。书奏，吏与光故旧，因以告之，光报宪。宪奏弘大

窦宪仗恃皇后的声威与权势，从诸侯王、公主到外戚阴氏、马氏各家，没有不怕他的。窦宪用低价强买汉明帝的女儿沁水公主的园田，沁水公主害怕他的权势，不敢计较。后来章帝出宫经过那片园田，指着问窦宪，窦宪干咳几声示意左右，左右不敢从实回禀。后来事情败露，章帝大怒，召来窦宪严厉斥责说："我对日前路过你所夺占的沁水公主园田一事，深深思索了一番，当时你为什么竟敢施用超过秦朝赵高指鹿为马的伎俩来回答我！想来想去，让人震惊后怕。过去在永平年间，先帝就经常叫阴党、阴博、邓叠这三人交相监督举告，所以各个显赫的外戚没有敢触犯国法的人。如今尊贵的公主还被你白白夺占园田，何况普通老百姓呢！国家丢弃你窦宪，就像丢弃一只雏鸟和腐臭的死耗子罢了！"窦宪听后，十分恐惧，窦皇后也脱去皇后的衣服替哥哥深深谢罪。过了许久，章帝才消去怒气，命令窦宪把园田归还给沁水公主。尽管没对窦宪依法治罪，但也不再委以重任。

　　北宋史臣司马光评论说：做人臣子的罪过，没有什么能比欺骗蒙蔽君主更严重的了，所以英明的君主痛恨这种行径。孝章帝斥责窦宪的行为同赵高指鹿为马没什么两样，这太对了。但最终却未能惩治窦宪，那么，奸臣会从哪里受到警戒呢？大抵君主对于臣僚下属，隐患在于不了解他的奸诈，如果有的已经了解了，却又赦免他，那就还不如不了解更好。为什么这样说呢？他有时进行奸诈活动而君主不了解他，他还有所畏惧；君主已经了解了却不能惩处他，他就会认为君主不值得畏惧，那就放纵大胆而无所顾忌了。所以知道谁是良臣而不能任用，知道谁是奸臣而不能斥逐，这是君主需要深深引为鉴戒的大事啊。

　　元和三年（86）三月，太尉郑弘屡次上书，向章帝陈奏侍中窦宪权势太盛，言辞十分恳切，窦宪对他十分忌恨。后来，正赶上郑弘劾奏窦宪的党羽尚书张林、雒阳县令杨光，说他们为官贪婪而又残暴。弹劾书奏上后，主管官员与杨光是老朋友，因而把消息告诉了杨光，杨光又报告给窦宪。窦宪劾奏郑弘身为朝廷大

臣,漏泄密事,帝诘让弘。夏四月丙寅,收弘印绶。弘自诣廷尉,诏敕出之,因乞骸骨归,未许。病笃,上书陈谢曰:"窦宪奸恶,贯天达地,海内疑惑,贤愚疾恶,谓'宪何术以迷主上!近日王氏之祸,昭然可见'。陛下处天子之尊,保万世之祚,而信谗佞之臣,不计存亡之机。臣虽命在暑刻,死不忘忠,愿陛下诛四凶之罪,以厌人鬼愤结之望!"帝省章,遣医视弘病,比至,已薨。

章和二年春正月壬辰,帝崩于章德前殿。太子即位,年十岁,尊皇后曰皇太后。三月,太后临朝。窦宪以侍中内管机密,出宣诰命。弟笃为虎贲中郎将,笃弟景、瓌并为中常侍,兄弟皆在亲要之地。宪客崔骃以书戒宪曰:"《传》曰:'生而富者骄,生而贵者傲。'生富贵而能不骄傲者,未之有也。今宠禄初隆,百僚观行,岂可不'庶几夙夜,以永众誉'乎!昔冯野王以外戚居位,称为贤臣;近阴卫尉克己复礼,终受多福。外戚所以获讥于时,垂愆于后者,盖在满而不挹,位有馀而仁不足也。汉兴以后,迄于哀、平,外家二十,保族全身,四人而已。《书》曰:'鉴于有殷。'可不慎哉!"

庚戌,皇太后诏:"以故太尉邓彪为太傅,赐爵关内侯,

臣,泄露机密事宜,章帝又诘问责备郑弘。夏季四月丙寅(二十三日),收缴了郑弘的太尉印章和绶带。郑弘主动到司法机构廷尉那里去投案,章帝下诏,命令放出郑弘,于是郑弘请求告老还乡,章帝不批准。郑弘病重,向章帝上书,陈禀谢罪说:"窦宪奸诈凶恶,上通天,下及地,四海之内都猜疑困惑,贤士和愚人都痛恨憎恶他,纷纷说'窦宪用什么手段来迷惑当今皇上?近代王莽篡汉的惨祸,显而易见了'。陛下您处在天子的至尊地位,负有保住万世国运的使命,却信任进谗献媚的奸臣,不思虑国家存亡的要害问题。臣下我尽管命在片刻,死也不能忘却尽忠,但愿陛下能像虞舜惩罚四凶一样,来治窦宪的大罪,借此平息世人和鬼神共同的愤恨!"章帝看过奏章,派太医去诊治郑弘的疾病,等太医赶到时,郑弘已经病故了。

章和二年(88)正月壬辰,汉章帝在章德前殿驾崩。太子即位,年龄刚十岁,尊称养母窦皇后为皇太后。三月,窦太后临朝听政。窦宪凭借侍中身份在宫内掌管机密,向百官出示宣布太后命令。二弟窦笃担任虎贲中郎将,窦笃的弟弟窦景、窦瓌均担任中常侍,兄弟四人都身居宫禁中枢要地。对此,窦宪的宾客崔骃用书信告诫窦宪说:"古书上讲过:'生下来就家财雄富的人容易骄奢,生下来就地位尊贵的人容易傲慢。'生下来就家财雄富又地位尊贵而能不骄奢、不傲慢的人,世间还从来没有碰到过。如今您的恩宠和禄位刚刚降临,百官都在观看您的行为如何,哪里能不'早晚都加小心,来长久保住众人的赞誉呢'?从前汉元帝时冯野王靠外戚关系身居高位,被人们称为贤臣;近世卫尉阴兴克制自己,使言行都合乎礼义,最终获得很多福分。外戚在当时受到讥斥,在后世留下污点劣迹,原因大概在于权势太盛而不抑制,地位过高而仁义却不足啊。汉室兴立以后,直到哀帝、平帝,外戚家族共计二十个,而保全住家族和自身的,只有四位皇后而已。《尚书》上说:'把殷商的灭亡,引为鉴戒。'您能不小心谨慎吗?"

庚戌(十八日),窦太后下诏:"封原太尉邓彪为太傅,赐爵关内侯,

录尚书事，百官总已以听。"窦宪以彪有义让，先帝所敬，而仁厚委随，故尊崇之。其所施为，辄外令彪奏，内白太后，事无不从。彪在位，修身而已，不能有所匡正。宪性果急，睚眦之怨，莫不报复。永平时，谒者韩纡考劾宪父勋狱，宪遂令客斩纡子，以首祭勋冢。

秋七月，南单于上言请出兵共讨北匈奴，太后议欲从之。会齐殇王子都乡侯畅来吊国忧，太后数召见之。窦宪惧畅分宫省之权，遣客刺杀畅于屯卫之中，而归罪于畅弟利侯刚，乃使侍御史与青州刺史杂考刚等。尚书颍川韩棱以为："贼在京师，不宜舍近问远，恐为奸臣所笑。"太后怒，以切责棱，棱固执其议。何敞说宋由曰："畅，宗室肺府，茅土藩臣，来吊大忧，上书须报，亲在武卫，致此残酷。奉宪之吏，莫适讨捕，踪迹不显，主名不立。敞备数股肱，职典贼曹，欲亲至发所，以纠其变。而二府执事以为故事，三公不与贼盗，公纵奸慝，莫以为咎。敞请独奏案之。"由乃许焉。二府闻敞行，皆遣主者随之。于是推举，具得事实。太后怒，闭宪于内宫。宪惧诛，因自求击匈奴以赎死。

主管尚书机要，百官各尽其职，听命于太傅。"窦宪因邓彪有把封邑让给他弟弟的义举，曾被汉明帝所敬重，而性情又仁慈、宽厚、随顺，所以推尊抬举他。窦宪所要施行的事项，就让邓彪在朝廷上启奏，自己入内宫再禀告给窦太后，结果没有一件事不听从。邓彪身居太傅高位，只是洁身自好而已，不能对窦宪的所作所为有所纠正。窦宪性情果断峻急，连瞪他一眼的微小怨恨，也没有不报复的。明帝永平年间，官任谒者的韩纡审理举报过窦宪父亲窦勋的违法案件，窦宪竟指派门客杀死了韩纡的儿子，用他的首级祭奠窦勋的坟墓。

秋季七月，南匈奴单于上书请求朝廷出兵，共同讨伐北匈奴。窦太后与朝臣计议，准备答应这一请求。当时正赶上齐殇王刘石的儿子、都乡侯刘畅前来祭悼章帝驾崩，窦太后多次召见他。窦宪害怕刘畅会由此分去宫禁要地的权力，就派门客在京师卫戍部队中刺杀了刘畅，而把罪名栽到刘畅的弟弟、利侯刘刚头上，于是派遣侍御史和青州刺史联合审讯刘刚等人。官任尚书的颍川人韩稜认为："凶手就在京师雒阳，不应当舍掉近处而去查问远方，这样做，恐怕会被奸臣所讥笑。"窦太后听后大怒，严厉斥责韩稜，韩稜仍然坚持自己的意见。何敞向太尉宋由分析说："刘畅是如同人体肺腑那样的皇家宗亲，属于封为侯国、拱卫汉室的臣属，他前来祭悼先帝驾崩，向朝廷上书等待答复，身在京师卫队中，却遭受被暗杀的惨祸。执法的官吏，没有怀疑的目标而去盲目搜捕，踪迹摸不着，凶犯是谁也定不了。何敞我在形同手足的要地充数，职位是掌领处理盗贼的贼曹，打算亲自前往出事地点，去督察案情的进展。可司徒、司空两府的办事人员却认为按惯例，包括我们太尉府在内的三公，从不参与捕捉盗贼这类事，公然包庇纵容奸恶歹徒，不认为这是失职。何敞我请示单独上奏，追查查办此案。"宋由于是答应了他。司徒、司空两府听说何敞前去办案，都派负责人陪同观望。于是讯问招供，查出了案件真相。窦太后知道真相后大怒，把窦宪禁闭在内宫。窦宪害怕被斩首，因而主动要求去进击匈奴，以赎回自己的死罪。

冬十月乙亥，以宪为车骑将军，伐北匈奴。

和帝永元元年春，窦宪将征匈奴，三公、九卿诣朝堂上书谏。事见《两匈奴叛服》。

窦宪尝使门生赍书诣尚书仆射郅寿，有所请托，寿即送诏狱。前后上书，陈宪骄恣，引王莽以诫国家。又因朝会，刺讥宪等以伐匈奴、起第宅事，厉音正色，辞旨甚切。宪怒，陷寿以买公田、诽谤，下吏，当诛。何敞上疏曰："寿机密近臣，匡救为职，若怀默不言，其罪当诛。今寿违众正议以安宗庙，岂其私邪！臣所以触死瞽言，非为寿也。忠臣尽节，以死为归。臣虽不知寿，度其甘心安之。诚不欲圣朝行诽谤之诛，以伤晏晏之化，杜塞忠直，垂讥无穷。臣敞谬与机密，言所不宜，罪名明白，当填牢狱，先寿僵仆，万死有馀。"书奏，寿得减死论，徙合浦，未行，自杀。寿，恽之子也。

夏六月，窦宪出朔方鸡鹿塞，分遣副校尉阎盘等破北单于于稽落山。事见《两匈奴叛服》。

秋九月庚申，以窦宪为大将军，中郎将刘尚为车骑将军，封宪武阳侯，食邑二万户。宪固辞封爵，诏许之。旧，大将军位在三公下。至是，诏宪位次太傅下、三公上；长史、司马秩中二千石。

冬季十月乙亥（十七日），朝廷委任窦宪为车骑将军，统兵讨伐北匈奴。

汉和帝永元元年（89）春季，窦宪将去征伐匈奴，三公九卿都来到朝堂，上书谏阻。事见《两匈奴叛服》。

窦宪曾派门生带书信去拜访尚书仆射郅寿，有私事托付他办理，郅寿立即把这个门生送入诏狱。他前后多次上书，陈奏窦宪骄横放纵，并援引王莽篡汉之事来告诫朝廷。又借百官朝会时，指责讥斥窦宪兄弟等人利用讨伐匈奴，大肆营建宅第的丑事，音声严厉，容色严正，言辞和义旨特别激切。窦宪恼羞成怒，就用私买公田、诽谤朝政的罪行来诬陷郅寿，把他交付主管部门，依法论斩。何敞奏上章疏说："郅寿是掌管国家机密的贴身臣僚，对朝政进行匡正补救是他的职责，如果他沉默不语，那才罪该处死。如今郅寿同众位臣僚意见不一致，提出自己的严正主张，来使皇室宗庙安稳，哪里是他为个人打算呢？臣下我冒死瞎进言，不是为了替郅寿开脱，而是以为忠臣理应力尽节操，把死作为归宿。臣下我虽然不了解郅寿，估计他也会甘心为国而死。实在不希望圣明的皇朝竟施用诽谤朝政的斩刑，来损伤那种宽容包纳天地的教化，杜绝阻塞住忠良正直的道路，给后世留下笑柄。臣下我何敞不称职而参与机密国政，讲了这番不该讲的话，罪名确凿无疑，应当入狱，先于郅寿被杀，死有馀辜。"章疏奏上，郅寿得以按减死一等来论处，流放到合浦郡，还未上路，他就自杀了。郅寿，是郅恽的儿子。

夏季六月，窦宪由朔方郡鸡鹿塞出兵，分路派遣副校尉阎盘等人在稽落山攻破了北匈奴单于。事见《两匈奴叛服》。

秋季九月庚申（初七），委任窦宪为大将军，中郎将刘尚为车骑将军。封授窦宪为武阳侯，采邑两万户。窦宪坚决辞谢封邑爵位，朝廷下诏，答应了他的这一要求。旧制规定，大将军的地位列居太尉、司徒、司空这三公之下。至此，朝廷下诏，窦宪大将军职位排定在太傅之下、三公之上；大将军府的长史、司马，品秩为中二千石官。

窦氏兄弟骄纵，而执金吾景尤甚。奴客缇骑强夺人财货，篡取罪人，妻略妇女，商贾闭塞，如避寇仇；又擅发缘边诸郡突骑有才力者。有司莫敢举奏，袁安劾景"擅发边民，惊惑吏民，二千石不待符信而辄承景檄，当伏显诛"。又奏"司隶校尉河南尹阿附贵戚，不举劾，请免官案罪"。并寝不报。驸马都尉瓌，独好经书，节约自修。

尚书何敞上封事曰："昔郑武姜之幸叔段，卫庄公之宠州吁，爱而不教，终至凶戾。由是观之，爱子若此，犹饥而食之以毒，适所以害之也。伏见大将军宪，始遭大忧，公卿比奏，欲令典干国事。宪深执谦退，固辞盛位，恳恳勤勤，言之深至，天下闻之，莫不悦喜。今逾年无几，大礼未终，卒然中改，兄弟专朝，宪秉三军之重，笃、景总宫卫之权，而虐用百姓，奢侈僭逼，诛戮无罪，肆心自快。今者论议讻讻，咸谓叔段、州吁复生于汉。臣观公卿怀持两端，不肯极言者，以为宪等若有匡懈之志，则已受吉甫褒申伯之功；如宪等陷于罪辜，则自取陈平、周勃顺吕后之权，终不以宪等吉凶为忧也！臣敞区区诚欲计策两安，绝其绵绵，塞其涓涓，上不欲令皇太后损文母之号、陛下有誓泉之讥，下使宪等

窦氏兄弟骄横放纵,而执金吾窦景更厉害。手下奴仆门客和骑士强行夺占他人的钱财货物,假传命令放走在押罪犯,抢占妇女作妻妾,闹得商人关闭店铺,不敢出门,如同躲避强盗一般;窦景又擅自调用边塞各郡骑兵突击队中有才能勇力的人。有关部门不敢举报上奏,袁安弹劾窦景"擅自调用边塞驻军,使官吏百姓惊恐疑惑,二千石边塞太守不等待朝廷虎符等调兵信物到来,就承顺窦景的一纸檄文,应当治罪,斩首示众"。又举奏"司隶校尉、河南尹阿谀攀附赫赫外戚,不举报弹劾,请把他罢官治罪"。这两道奏疏,都被扣压下来不上报。窦氏兄弟中唯独驸马都尉窦瓌,喜好儒家经书,注意节制约束自己,修身养性。

　　尚书何敞呈递密封奏疏说:"过去郑武公的夫人武姜偏爱小儿子共叔段,卫庄公宠爱庶出的儿子州吁,宠爱但不管教,最后都落个凶险背逆的恶名。由此看来,像这样宠爱儿子,就如同饥饿而拿毒食叫他们吃,这正是害他们啊。我看到大将军窦宪,当初遭受章帝驾崩的不幸,公卿大臣连连上奏,想让他统领、支撑起国事朝政。窦宪深深执守谦逊退让的准则,坚决辞谢高位,态度勤勉诚恳,言辞深切至极,天下人闻知后,无不感到欣慰喜悦。现今过去一年还没有多久,先帝丧葬大礼还没结束,突然中途改变初衷,兄弟专擅朝政,窦宪掌握全国军队的重心,窦笃和窦景总领皇宫卫队的大权,但却暴虐役使百姓,奢侈超越礼制规定,甚至追比皇室,诛杀无罪的人们,随心所欲,自求快活。目前朝野议论纷纷,都说春秋时的共叔段、州吁在汉室复生了。臣下我观察朝廷公卿脚踩两只船,不肯极进忠言,是认定窦宪兄弟等人如果有始终效忠朝廷的志节,那自己也会获得西周尹吉甫颂扬申伯的那份功劳;如果窦宪兄弟等人陷入罪罚,那自己则是采取了汉初陈平、周勃随顺吕太后的那套权宜之计,始终并不忧虑窦宪兄弟的命运吉凶!臣下我何敞,拳拳忠心,实在是想让朝廷和窦氏两全的良策,断绝祸患的蔓延,堵塞住罪恶的积聚,对上不想让皇太后减损文王圣母那样的美称、不使皇帝陛下招来郑庄公发誓在黄泉之下同生母武姜相见的笑柄;对下则使窦宪兄弟等人

得长保其福祐也。驸马都尉瓌,比请退身,愿抑家权,可与参谋,听顺其意,诚宗庙至计,窦氏之福!"时济南王康尊贵骄甚,宪乃白出敞为济南太傅。康有违失,敞辄谏争,康虽不能从,然素敬重敞,无所嫌忤焉。

　　二年六月,诏封窦宪为冠军侯,笃为郾侯,瓌为夏阳侯。宪独不受封。

　　三年春二月,窦宪遣左校尉耿夔等破北单于于金微山。事见《两匈奴叛服》。

　　窦宪既立大功,威名益盛,以耿夔、任尚等为爪牙,邓叠、郭璜为心腹,班固、傅毅之徒典文章,刺史、守、令,多出其门,竞赋敛吏民,共为赂遗。司徒袁安、司空任隗举奏诸二千石并所连及,贬秩免官者四十馀人,窦氏大恨;但安、隗素行高,亦未有以害之。尚书仆射乐恢,刺举无所回避,宪等疾之。恢上疏曰:"陛下富于春秋,纂承大业,诸舅不宜干正王室,以示天下之私。方今之宜,上以义自割,下以谦自引。四舅可长保爵土之荣,皇太后永无惭负宗庙之忧,诚策之上者也。"书奏,不省。恢称疾乞骸骨,归长陵。宪风厉州郡,迫胁恢饮药死。于是朝臣震慑,望风承旨,无敢违者。袁安以天子幼弱,外戚擅权,每朝会进见及与公卿言国家事,未尝不喑呜流涕。自天子及大臣,皆恃赖之。

能够长久保住他们的上天福佑。驸马都尉窦瓌,接连请求引身自退,愿意抑制家门的权势,可以同他商议,听从随顺他的意愿。这实在是维护皇室宗庙的最好办法,也是窦氏家族的福分!"当时济南王刘康地位尊贵又特别骄纵,窦宪就启禀窦太后,打发何敞出京担任济南国的太傅。刘康出现过失,何敞就进行谏诤,刘康尽管不能够听从,但一向很敬重何敞,没有什么嫌隙和冲突发生。

二年(90)六月,朝廷下诏,封授窦宪为冠军侯,窦笃为郾侯,窦瓌为夏阳侯。只有窦宪不肯接受封赐。

三年(91)春季二月,窦宪派遣左校尉耿夔等人在金微山攻破了北匈奴单于。事见《两匈奴叛服》。

窦宪既已建立大功,威名更加显赫,他把耿夔、任尚等人当成爪牙,把邓叠、郭璜倚为心腹,用班固、傅毅这班文人写文章,各州刺史、各郡太守、各县县令,大多出自他的门下,竞相对下属和百姓横征暴敛,共同进行贪污贿赂。司徒袁安、司空任隗举告劾奏各地二千石官员以及牵连到的人,仅被降职罢官的,就有四十多个,窦氏兄弟对此十分痛恨;但袁安、任隗一向品行高尚,也找不出什么理由来陷害他们。尚书仆射乐恢指摘举报违法的人和事无所回避,窦宪兄弟等人很忌恨他。乐恢奏上章疏说:"陛下正少壮有为,接续承继先帝的宏大功业,各个舅父不应支配皇室,向天下展示自己的私心。当今的正确做法应该是,皇家以大义自行割爱,外戚以谦恭的态度主动引退。这样四位舅父才能长久保住侯爵封地的尊荣,皇太后永远没有愧对和辜负皇室宗庙的忧愁,这实在是最佳的良策。"章疏奏上,未被理睬。乐恢借口有病,请示退休,回归故乡长陵。窦宪暗示督促州郡长官,逼迫乐恢吞下毒药身亡。从此朝臣震惊慑服,望风承顺窦宪的意旨,没有敢违抗的人。袁安因汉和帝年幼弱小,外戚专擅朝政,每逢朝会进见,以及同公卿谈论起国家大事时,未尝不嘶哑呜咽,泪流满面,从汉和帝到大臣,全都依靠仰赖他。

冬十月，诏窦宪与车驾会长安。宪至，尚书以下议欲拜之，伏称万岁，尚书韩棱正色曰："夫上交不谄，下交不黩；礼无人臣称万岁之制！"议者皆惭而止。尚书左丞王龙私奏记，上牛酒于宪，棱举奏龙，论为城旦。

窦宪请遣使立北单于弟右谷蠡王於除鞬为单于，袁安上封事争之，后上竟从宪策。事见《两匈奴叛服》。

四年。初，庐江周荣辟袁安府，安举奏窦景及争立北单于事，皆荣所具草。窦氏客太尉掾徐齮深恶之，胁荣曰："子为袁公腹心之谋，排奏窦氏，窦氏悍士、刺客满城中，谨备之矣！"荣曰："荣，江淮孤生，得备宰士，纵为窦氏所害，诚所甘心！"因敕妻子："若卒遇飞祸，无得殡敛，冀以区区腐身觉悟朝廷。"

夏四月丙辰，窦宪还至京师。夏六月戊戌朔，日有食之。丁鸿上疏曰："昔诸吕握权，统嗣几移；哀、平之末，庙不血食。故虽有周公之亲而无其德，不得行其势也。今大将军虽欲救身自约，不敢僭差，然而天下远近，皆惶怖承旨。刺史、二千石初除，谒辞、求通待报，虽奉符玺，受台敕，不敢便去，久者至数十日。背王室，向私门，此乃上威损，下权盛也。人道悖于下，效验见于天，虽有隐谋，神照其情，垂象见戒，以告人君。禁微则易，救末者难。人莫不

冬季十月,朝廷下诏,命窦宪与圣驾在长安会面。窦宪来到,尚书以下的官员们商议,准备迎拜他,叩头称万岁。尚书韩稜严正地说:"与上司交往不献媚,与下属交往不傲慢,礼制上没有对臣子称万岁的规定!"商议此事的人都感到很惭愧而作罢。尚书左丞王龙私自向窦宪出示群臣的奏章、献纳牛肉美酒,韩稜检举劾奏王龙,王龙被依法判处四年服苦役的城旦徒刑。

窦宪奏请朝廷派遣使者前去封立北匈奴单于的弟弟、右谷蠡王於除鞬为北匈奴单于,袁安递呈密封章疏加以劝阻,后来和帝最终还是采纳了窦宪的建议。事见《两匈奴叛服》。

四年(92)。当初,庐江人周荣被辟用为袁安司徒府的官员,袁安检举劾奏窦景以及劝阻封立北匈奴单于这几件大事,都是周荣起草的奏疏。窦氏门客、太尉府的属吏徐龁十分憎恶他,威胁周荣说:"你替袁安筹划最机密的计谋,接连弹劾窦氏,窦氏手下的凶徒刺客布满雒阳城中,你小心防备吧!"周荣回答说:"我周荣,是江淮的一个孤寒儒生,得以在司徒府供职,即使被窦氏所暗害,也的确心甘情愿!"于是告诫妻室儿女:"如果我遭遇飞来横祸,不要入棺下葬,借此希望区区遗躯使朝廷觉察省悟。"

夏季四月丙辰(十八日),窦宪由长安回到雒阳。夏季六月戊戌这天是初一,又发生了日食。丁鸿奏上章疏说:"过去吕后家族的人掌握朝权,汉室的统系几乎移位。哀帝、平帝末年,宗庙得不到祭享。所以尽管有周公姬旦同周天子那样的亲属关系,而不具备周公那样的德义,也不能让他得到权势。如今大将军窦宪虽然打算修身自持,不敢超越等级名分,然而天下远近官吏,都恐惧地承顺他的意旨。刺史、二千石太守首次任命,赴任前拜辞,请求通报,等待答复,即使已经得到朝廷赐给的印信,接到尚书台颁发的训令,仍不敢马上动身,时间长的达数十天。背离王室,倾向私门,这纯属是皇帝威权减损,臣僚权势过盛啊。世间的纲常同皇天相违背,征象兆验就出现在皇天,尽管事有隐秘,但神灵也能洞察内情,垂示异常的兆象,显现警戒之意,来提醒人间帝王。禁绝祸患的萌生很容易,收拾残局就难了。世人无不

忽于微细以致其大，恩不忍诲，义不忍割，去事之后，未然之明镜也。夫天不可以不刚，不刚则三光不明；王不可以不强，不强则宰牧从横。宜因大变，改政匡失，以塞天意！"

　　窦氏父子兄弟并为卿、校，充满朝廷。穰侯邓叠、叠弟步兵校尉磊及母元、宪女婿射声校尉郭举、举父长乐少府璜共相交结。元、举并出入禁中，举得幸太后，遂共图为杀害，帝阴知其谋。是时，宪兄弟专权，帝与内外臣僚莫由亲接，所与居者阉宦而已。帝以朝臣上下莫不附宪，独中常侍钩盾令郑众，谨敏有心几，不事豪党，遂与众定议诛宪，以宪在外，虑其为乱，忍而未发。会宪与邓叠皆还京师，时清河王庆，恩遇尤渥，常入省宿止。帝将发其谋，欲得《外戚传》，惧左右，不敢使，令庆私从千乘王求，夜，独内之。又令庆传语郑众，求索故事。庚申，帝幸北宫，诏执金吾、五校尉勒兵屯卫南、北宫，闭城门，收捕郭璜、郭举、邓叠、邓磊，皆下狱死。遣谒者仆射收宪大将军印绶，更封为冠军侯，与笃、景、瓌皆就国。帝以太后故，不欲名诛宪，为选严能相督察之。宪、笃、景到国，皆迫令自杀。

　　初，河南尹张酺，数以正法绳治窦景，及窦氏败，酺上疏曰："方宪等宠贵，群臣阿附唯恐不及，皆言宪受顾命之

忽略微小的祸端而招致大祸，出于恩情不忍心训导，出于仁义不忍心割弃，事态酿成以后，再看灾祸发生前的迹象，便如明镜般。皇天不能不刚健，不刚健日月星辰就会不放光；帝王不能不强盛，不强盛大小官员就会横行无道。应当借这次日食，更改朝政，纠正失误，来切中皇天的旨意！"

窦氏父子兄弟个个担任九卿要职和众校尉，充斥朝廷。穰侯邓叠、邓叠的弟弟步兵校尉邓磊以及他们那个名字叫元的母亲、窦宪的女婿射声校尉郭举、郭举的父亲长乐宫少府郭璜，共同与窦氏相互勾结。元和郭举，一起出入宫禁之中，郭举得到窦太后的宠幸，于是共同策划杀害和帝，和帝暗中了解到他们的阴谋。这时候，由于窦氏兄弟专擅朝政，和帝没有途径同内外臣僚亲自接触，日常与他相伴的，只有宦官而已。和帝鉴于朝臣上下，无不趋附窦宪，唯独中常侍、钩盾令郑众，谨慎聪敏有心机，不侍奉窦氏党羽，于是便与郑众定下谋议，诛杀窦宪，因窦宪还在外地，担心他发动叛乱，才暂作忍耐，没有采取行动。恰巧在这时，窦宪与邓叠都回到了雒阳，而此时清河王刘庆，受到和帝的恩遇特别优厚，经常入宫并留宿。和帝将要采取行动，想得到班固写成的《外戚传》看一看，但害怕左右侍从泄露出去，不敢派他们去拿，就命令刘庆秘密到千乘王刘伉那里去求取，在夜间，单独收纳了这份传记。又命令刘庆传话给郑众，搜求处治外戚的前代成例。六月庚申（二十三日），和帝亲临北宫，下诏命令执金吾、北军五校尉率兵把守住南、北宫，关闭雒阳城门，逮捕郭璜、郭举、邓叠、邓磊，全都关入诏狱处死。又派遣谒者仆射收缴窦宪的大将军印章和绶带，改封为冠军侯，与窦笃、窦景、窦瓌全都各自前往封地。和帝因窦太后的缘故，不想公开处死窦宪，替他选派严厉能干的国相监督察看他。窦宪、窦笃、窦景抵达封地后，都被迫自杀。

起初，河南尹张酺多次按国法衡量究治窦景，等到窦氏败亡后，张酺便奏上章疏说："当初窦宪兄弟等人受宠贵盛的时候，群臣逢迎趋附唯恐来不及，都说窦宪接受先帝让他辅佐幼主的

托,怀伊、吕之忠,至乃复比邓夫人于文母,今严威既行,皆言当死,不复顾其前后,考折厥衷。臣伏见夏阳侯瓌每存忠善,前与臣言,常有尽节之心,检敕宾客,未尝犯法。臣闻王政骨肉之刑,有三宥之义,过厚不过薄。今议者欲为瓌选严能相,恐其迫切,必不完免,宜裁加贷宥,以崇厚德。"帝感其言,由是瓌独得全。窦氏宗族宾客以宪为官者,皆免归故郡。

初,班固奴尝醉骂雒阳令种兢,兢因逮考窦氏宾客,收捕固,死狱中。

初,窦宪纳妻,天下郡国皆有礼庆。汉中郡亦当遣吏,户曹李郃谏曰:"窦将军椒房之亲,不修德礼而专权骄恣,危亡之祸,可翘足而待。愿明府一心王室,勿与交通。"太守固遣之,郃不能止,请求自行,许之。郃遂所在迟留以观其变,行至扶风而宪就国。凡交通者皆坐免官,汉中太守独不与焉。

重托,怀有商朝伊尹、西周吕尚那样的忠心,甚至竟把那个叫元的邓夫人也比拟成文王圣母,现今皇帝的严厉诏命颁行之后,又都说他们该死,不再回顾一下自己前后截然不同的两种表现,考察揣量一下他们的良心。臣下我看到夏阳侯窦瓌,常常心存忠诚良善,日前曾与臣下讲过,他常有极尽臣子节义的心愿,检束训诫宾客,未曾触犯过国法。臣下我听说过,圣君施行仁政,对亲属的刑罚,有宽恕三次的准则,宁可十分宽厚,不可过于严苛。目前议政的人打算替窦瓌选派严厉能干的国相,我担心国相会逼迫得很厉害,窦瓌必定不能保全而免去一死,应当再斟酌裁定,予以宽免,来增厚恩德。"和帝对张酺的建议有所感悟,因此唯独窦瓌保住了性命。窦氏宗族和靠窦宪当上官的宾客,全都免职,遣返原籍。

当初,班固的奴仆曾有一次喝得大醉,辱骂雒阳县令种兢,种兢趁着逮捕审讯窦氏宾客的机会,逮捕了班固,班固死在狱中。

当初,窦宪迎娶夫人,天下各郡和诸侯王国都有礼物表示祝贺。汉中郡也应派遣人员去送礼,户曹李郃劝阻太守说:"窦将军是皇太后的亲属,他不修明德义礼法,却专擅朝权,骄横放纵,身败名裂的大祸马上就要来临,但愿贤明的府君您一心事奉皇室,不要与他交结往来。"太守坚决要派人去,李郃不能够阻止,就请求由他自己本人去,太守答应了李郃。李郃于是在途中歇息的地方故意拖延逗留来观察事态的变化,走到右扶风时,窦宪已被发往封地。凡是与窦氏家族有过往来的人,全都获罪罢官,只有汉中太守不在其中。

西域归附

汉光武建武五年。元帝之世，莎车王延尝为侍子京师，慕乐中国。及王莽之乱，匈奴略有西域，唯延不肯附属，常敕诸子："当世奉汉家，不可负也！"延卒，子康立。康率傍国拒匈奴，拥卫故都护吏士、妻子千馀口，檄书河西，问中国动静。窦融乃承制立康为汉莎车建功怀德王、西域大都尉，五十五国皆属焉。

九年秋八月，莎车王康卒，弟贤立。

十四年冬，莎车王贤、鄯善王安皆遣使奉献。西域苦匈奴重敛，皆愿属汉，复置都护。上以中国新定，不许。

十七年，莎车王贤复遣使奉献，请都护。帝赐贤西域都护印绶及车、旗、黄金、锦绣。敦煌太守裴遵上言："夷狄不可假以大权，又令诸国失望。"诏书收还都护印绶，更赐贤以汉大将军印绶，其使不肯易，遵迫夺之。贤由是始恨，

西域归附

汉光武帝建武五年(29)。西汉元帝在位期间,莎车国国王延曾以世子身份入侍京师长安,十分仰慕喜欢中原地区。等到王莽篡位,全国动乱时,匈奴征服占领了西域全境,只有延不肯归附隶属匈奴,经常告诫他的各个儿子说:"应当世代事奉汉室,不能背弃!"延死后,世子康继立为王。康率领附近小国抗拒匈奴,拥护保卫汉朝原设的都护官吏士卒及其家属共一千多人,特向河西发去公文书信,询问中原王朝的意向。凉州牧窦融于是按照皇帝授权,封立康为汉室的莎车建功怀德王、西域大都尉,五十五个邦国都归他领辖。

九年(32)秋季八月,莎车国国王康去世,弟弟贤继立为王。

十四年(38)冬季,莎车国国王贤、鄯善国国王安都派遣使者来进献本国特产。西域各国对匈奴的横征暴敛感到很难承受,都愿意隶属汉室,请求再设置都护。刘秀鉴于中原地区刚刚安定下来,没批准。

十七年(41),莎车国国王贤又派遣使者来进献本国特产,请求设置都护。刘秀赐给贤西域都护的印章和绶带以及车、旗、黄金和上等丝织品。敦煌太守裴遵上书启奏说:"对待夷狄,不能把大权授给他,这样又会使其他邦国失去希望。"于是刘秀下诏,收回都护的印章与绶带,改赐给贤汉室大将军的印章与绶带,但莎车国的使者不肯更换,裴遵强行夺了回来。贤由此开始怨恨,

而犹诈称大都护,移书诸国,诸国悉服属焉。

二十一年,莎车王贤浸以骄横,欲兼并西域,数攻诸国,重求赋税,诸国愁惧。车师前王、鄯善、焉耆等十八国俱遣子入侍,献其珍宝。及得见,皆流涕稽首,愿得都护。帝以中国初定,北边未服,皆还其侍子,厚赏赐之。诸国闻都护不出,而侍子皆还,大忧恐,乃与敦煌太守檄:“愿留侍子以示莎车,言侍子见留,都护寻出,冀且息其兵。”裴遵以状闻,帝许之。

二十二年,西域诸国侍子久留敦煌,皆愁思亡归。莎车王贤知都护不至,击破鄯善,攻杀龟兹王。鄯善王安上书:“愿复遣子入侍,更请都护。都护不出,诚迫于匈奴。”帝报曰:“今使者大兵未能得出,如诸国力不从心,东西南北自在也。”于是鄯善、车师复附匈奴。

班固论曰:孝武之世,图制匈奴,患其兼从西国,结党南羌,乃表河曲列四郡,开玉门,通西域,以断匈奴右臂,隔绝南羌、月氏。单于失援,由是远遁,而幕南无王庭。遭值文、景玄默,养民五世,财力有馀,士马强盛,故能睹犀布、玳瑁,则建珠崖七郡;感蒟酱、竹

但仍诈称自己是西域大都护,向各个邦国传送就职公文,各个邦国全都归附他。

二十一年(45),莎车国国王贤越来越骄横,打算兼并西域全境,多次攻打各个邦国,重重征索赋税,各个邦国都感到愁苦畏惧。车师前王、鄯善、焉耆等十八个邦国都派世子入侍京师雒阳,献纳本国的珍品宝物。等得到刘秀的接见时,全都流泪跪拜,希望汉室能派去都护。刘秀鉴于中原地区刚刚安定下来,北部边塞还未归服,都让这些入侍京师的世子各自回国,并丰厚地赏赐他们。各国听说汉室不派驻都护,而入侍京师的世子又都被送回来,十分忧愁恐惧,就给敦煌太守裴遵递送公文说:"我们愿把入侍京师的世子留在贵郡,来做给莎车国看,并准许我们声称入侍京师的世子已被皇帝收留,都护不久就派驻,希望借此能让莎车暂且休兵。"裴遵把这一情况奏报朝廷,刘秀准许这样做。

二十二年(46),西域各国入侍京师的世子长时间留住敦煌,都忧愁思乡,逃亡归国。莎车国国王贤了解到汉室都护不会来,就击破鄯善国,攻打并杀掉了龟兹国国王。鄯善国国王安向朝廷上书说:"敝国愿意再派遣世子入侍京师,重新请求派驻都护。如果还不能派驻都护,没办法就只得向匈奴屈服了。"刘秀答复说:"现今王室使者和大军还不能派出,如果西域各国力不从心,东西南北归向谁都可以自行决定。"于是鄯善国、车师国又归附匈奴了。

东汉史臣班固评论说:汉武帝时代,谋求制服匈奴,担心它兼并驱使西域各国,与南部羌族结成联盟,于是在黄河转道的外端设列武威、张掖、酒泉、敦煌四郡,开辟玉门关,与西域各国结交往来,来斩断匈奴的右臂,隔断它同南部羌族、月氏国的联系。匈奴单于丧失救援力量,由此远远遁去,而大漠以南不再有匈奴王庭存在。正赶上前代文帝和景帝无为而治,使民众休养生息由汉初历经五朝,国家财力绰绰有余,兵士战马十分强盛,所以汉武帝能看到南方出产的犀布、玳瑁,就设置珠崖等七个郡,感受到蒟酱、竹

杖,则开牂柯、越嶲;闻天马、蒲陶,则通大宛、安息。自是殊方异物,四面而至。于是开苑囿,广宫室,盛帷帐,美服玩,设酒池肉林以飨四夷之客,作鱼龙角抵之戏以观视之。及赂遗赠送,万里相奉,师旅之费,不可胜计。至于用度不足,乃榷酒酤,管盐铁,铸白金,造皮币,算至车船,租及六畜。民力屈,财用竭,因之以凶年,寇盗并起,道路不通,直指之使始出,衣绣杖斧,断斩于郡国,然后胜之。是以末年遂弃轮台之地而下哀痛之诏,岂非仁圣之所悔哉!且通西域,近有龙堆,远则葱岭、身热、头痛、悬度之厄,淮南、杜钦、扬雄之论,皆以为此天地所以界别区域,绝外内也。西域诸国,各有君长,兵众分弱,无所统一,虽属匈奴,不相亲附。匈奴能得其马畜、旃罽而不能统率,与之进退。与汉隔绝,道里又远,得之不为益,弃之不为损,盛德在我,无取于彼。故自建武以来,西域思汉威德,咸乐内属,数遣使置质于汉,愿请都护。圣上远览古今,因时之宜,辞而未许。虽大禹之序西戎,周公之让白雉,太宗之却走马,义兼之矣。

杖,增设牂柯郡与越嶲郡;听说有汗流如血的天马、晶莹甘美的葡萄,就派使团与大宛国、安息国建立关系。从此以后,各方奇特物产,由四面八方汇集到京师长安。于是汉武帝辟设皇家园林猎场,扩建宫殿台室,使帷帐布置得十分华丽,使服饰珍玩更加艳奇,设下酒池肉林,来宴享四方部族的宾客,表演鱼龙、角抵这些杂技游戏,来让人一饱眼福。至于用金银财物收买馈赠,万里递相奉持,出兵兴师的费用,都多得计算不过来。直到国家用度不足,就实行酒类专卖,盐铁官营,铸造白金货币和鹿皮货币,甚至对车船也收税,对家畜也征赋。民众的承受能力耗尽,财产枯竭,又接上灾荒年景不断,贼寇强盗蜂起,道路不通,朝廷开始派出使节,穿着特殊标志的官服,杖持代表皇室的斧钺,在各郡和诸侯王国裁断斩杀,然后才把贼寇强盗镇压下去。所以汉武帝到了晚年,就放弃了轮台这片沃土,而亲下哀痛自责的诏书,这难道不是仁圣君王在悔恨吗?况且与西域往来,近处有龙堆,远方有葱岭、身热、头痛、悬度这样的艰险地带,淮南王刘安以及杜钦、扬雄提出论断,都认为这属于天地用来划分不同区域的界限,阻隔外域和内地啊。西域各个邦国,分别有自己的首领,兵多但分散脆弱,没有统一的局面,即使隶属匈奴,也不相互亲近依附。匈奴能够得到各国的马匹和毛织品,但不能够统率它们,使它们与匈奴一起进退。西域与汉室隔绝,道路又遥远,赢得它们算不上有多大好处,放弃它们也算不上有什么损失。盛明的恩德掌握在我朝,对它们无所索取。所以从建武年间以来,西域各国思慕汉室的威势与恩德,都乐意隶属内地,屡次向汉室派遣使者,留下世子当人质,希望并请求派驻都护。光武帝纵观古今,因时制宜,推辞而未予应允。尽管大禹曾经排定了西戎部落的应尽义务,周公姬旦劝周成王退回越裳氏献纳的雪白野鸡,汉文帝不接受远方送来的千里马,而光武帝的做法,可以说是把以上三件事的宗旨都包括在内了。

明帝永平三年冬十月,莎车王贤以兵威逼夺于寞、大宛、妫塞王国,使其将守之。于寞人杀其将君德,立大人休莫霸为王。贤率诸国兵数万击之,大为休莫霸所败,脱身走还。休莫霸进围莎车,中流矢死,于寞人复立其兄子广德为王,广德使其弟仁攻贤。广德父先拘在莎车,贤乃归其父,以女妻之,与之和亲。

四年冬十月,于寞王广德将诸国兵三万人攻莎车,诱莎车王贤,杀之,并其国。匈奴发诸国兵围于寞,广德请降。匈奴立贤质子不居徵为莎车王,广德又攻杀之,更立其弟齐黎为莎车王。

十六年,奉车都尉窦固之伐北匈奴也,使假司马班超与从事郭恂俱使西域。超行到鄯善,鄯善王广奉超礼敬甚备,后忽更疏懈。超谓其官属曰:"宁觉广礼意薄乎?"官属曰:"胡人不能常久,无他故也。"超曰:"此必有北虏使来,狐疑未知所从故也。明者睹未萌,况已著邪!"乃召侍胡,诈之曰:"匈奴使来数日,今安在乎?"侍胡惶恐曰:"到已三日,去此三十里。"超乃闭侍胡,悉会其吏士三十六人,与共饮,酒酣,因激怒之曰:"卿曹与我俱在绝域,今虏使到裁数日,而王广礼敬即废。如令鄯善收吾属送匈奴,骸骨长为豺狼食矣,为之奈何?"官属皆曰:"今在危亡之地,死生

汉明帝永平三年(60)冬季十月,莎车国国王贤用武力逼迫并夺占了于窴国、大宛国、妫塞王国,委派他的将领去驻守。于窴人杀掉了他们的名叫君德的将领,拥立本族首领休莫霸为国王。莎车国国王贤率领各国兵马数万人去进击于窴人,被休莫霸打得大败,侥幸脱身逃回莎车国。休莫霸进兵围攻莎车都城,身中流箭死去,于窴人又拥立他的侄子广德为国王,广德派遣他的弟弟仁去攻打莎车国国王贤。广德的父亲原先被拘禁在莎车国,贤于是送他父亲回国,并把女儿嫁给广德为妻,与于窴国讲和结亲。

四年(61)冬季十月,于窴国国王广德率领各国兵马三万人攻打莎车,诱杀了莎车国国王贤,吞并了莎车国。匈奴调集西域各国人马围攻于窴,广德请求归降。匈奴扶立贤派到匈奴做人质的儿子不居徵为莎车国国王,广德又进攻并杀掉了他,改立不居徵的弟弟齐黎为莎车国国王。

十六年(73),奉车都尉窦固征伐北匈奴的时候,派代理司马班超与从事官郭恂一起出使西域。班超来到鄯善国,鄯善国国王广招待班超,以礼相敬,特别周到,后来突然冷落懈怠下来。班超对他的下属官员说:"你们觉察出广对我们的礼敬之意淡薄了吗?"下属官员说:"胡人本来就没有常性,没有其他原因。"班超说:"这一定是有北匈奴的使者前来,鄯善国王狐疑不定,不知道归从哪方是好的缘故。明智的人,能在事情还未发生前看出端倪,何况已经很显著的呢?"于是召来侍奉的鄯善人,诈他说:"匈奴使者到来好几天了,现在在哪里?"侍奉的鄯善人惊慌恐惧地回答说:"到来已经三天了,住在离这里三十里的地方。"班超于是把侍奉的鄯善人关起来,召集他手下的全体官吏士卒共三十六个人,与他们共同饮酒,酒喝到酣畅淋漓时,乘势激怒他们说:"众位官员与我都在荒远的区域,现今北匈奴的使者到这里才没有几天,而鄯善国王广对我们的礼敬就废弛了。假如他让鄯善抓起我们送交给匈奴,我们的尸骨就要永远被豺狼叼食了,对此应该怎么办呢?"下属官员都说:"现今身在危亡的险境,死生

从司马!"超曰:"不入虎穴,不得虎子。当今之计,独有因夜以火攻虏,使彼不知我多少,必大震怖,可殄尽也。灭此虏,则鄯善破胆,功成事立矣。"众曰:"当与从事议之。"超怒曰:"吉凶决于今日,从事文俗吏,闻此必恐而谋泄,死无所名,非壮士也。"众曰:"善!"初夜,超遂将吏士往奔虏营。会天大风,超令十人持鼓藏虏舍后,约曰:"见火然,皆当鸣鼓大呼。馀人悉持兵弩,夹门而伏。"超乃顺风纵火,前后鼓噪,虏众惊乱,超手格杀三人,吏兵斩其使及从士三十馀级,馀众百许人悉烧死。明日乃还,告郭恂,恂大惊,既而色动,超知其意,举手曰:"掾虽不行,班超何心独擅之乎!"恂乃悦。超于是召鄯善王广,以虏使首示之,一国震怖。超告以汉威德,自今以后,勿复与北虏通。广叩头,"愿属汉,无二心",遂纳子为质。还白窦固,固大喜,具上超功效,并求更选使使西域。帝曰:"吏如班超,何故不遣,而更选乎?今以超为军司马,令遂前功。"

固复使超使于阗,欲益其兵,超愿但将本所从三十六人,曰:"于阗国大而远,今将数百人,无益于强,如有不虞,多益为累耳。"是时于阗王广德雄张南道,而匈奴遣使监

都听司马安排!"班超说:"不进入虎穴,得不到虎子。当今的对策,只有趁夜里用火来攻击北匈奴人,让他们不知道我们有多少人马,他们必定会十分震惊恐怖,我们就可以全部歼灭他们。歼灭了这批北匈奴人,鄯善就会吓破胆,我们也大功告成,事业确立了。"众人说:"应当和从事官商议一下。"班超怒责说:"吉凶取决在今天,从事官是个舞文弄墨的庸俗官吏,听说这样干必定会怕得要死,而使计谋泄露,身死却建立不了名声,那就不是壮士。"众人都说:"好!"入夜以后,班超就率领官吏士卒奔赴北匈奴使者的营地。正赶上天刮大风,班超命令十个人手持战鼓隐藏在北匈奴人的帐篷后面,约定说:"看到火点燃,就都要猛擂战鼓,大声呐喊。其他的人全都持带兵器弓弩,在营门两侧埋伏。"班超于是顺风放火,帐后门前的三十六人擂鼓呐喊。北匈奴部众惊慌失措,乱成一团,班超亲手击杀三人,官吏士卒也斩杀了北匈奴的使者及其随从卫士三十多人,其馀部众大约一百人全部被烧死。第二天,班超等人回到驻地,把情况告知郭恂,郭恂大吃一惊,随后又神色一变,班超明白他的用意,举手保证说:"从事您尽管没有前去,但我班超哪里能想着独占功劳呢?"郭恂这才高兴起来。班超于是召请鄯善国王广,把北匈奴使者的首级拿给他看,全国都感到震惊可畏。班超向广传告汉室的威势与恩德,从今以后,不要再同北匈奴往来。广叩头,表示"甘愿归属汉室,绝无二心",于是献上世子做人质。班超一行归来,向窦固禀报,窦固大喜,详尽向朝廷奏明班超的功劳,并请求重新选派使者出使西域。汉明帝答复说:"官吏中有像班超这等人才,为什么不派遣,而要重新选派呢?现今任命班超为军司马,让他完成前番创始的功业。"

窦固又派班超出使于阗国,准备给他增配兵员。班超希望只带领原来随同自己的那三十六个人前去,为此解释说:"于阗国大而又距离遥远,如今率领数百人出使,对显示强大并没什么增益,如果碰到意外情况,人多反而会成为拖累。"这时于阗国国王广德在西域南道传扬自己的雄风,而匈奴又派使者监督

护其国。超既至于寘，广德礼意甚疏。且其俗信巫，巫言：
"神怒，何故欲向汉？汉使有騧马，急求取以祠我！"广德乃
遣国相私来比就超请马。超密知其状，报许之，而令巫自
来取马。有顷，巫至，超即斩其首，收私来比，鞭笞数百。
以巫首送广德，因责让之。广德素闻超在鄯善诛灭虏使，
大惶恐，即杀匈奴使者而降。超重赐其王以下，因镇抚焉。
于是诸国皆遣子入侍，西域与汉绝六十五载，至是乃复通
焉。超，彪之子也。

十七年。初，龟兹王建为匈奴所立，倚恃虏威，据有北
道，攻杀疏勒王，立其臣兜题为疏勒王。班超从间道至疏
勒，去兜题所居槃橐城九十里，逆遣吏田虑先往降之，敕虑
曰："兜题本非疏勒种，国人必不用命，若不即降，便可执
之。"虑既到，兜题见虑轻弱，殊无降意。虑因其无备，遂
前劫缚兜题，左右出其不意，皆惊惧奔走。虑驰报超，超即
赴之，悉召疏勒将吏，说以龟兹无道之状，因立其故王兄子
忠为王，国人大悦。超问忠及官属："当杀兜题邪，生遣之
邪？"咸曰："当杀之。"超曰："杀之无益于事，当令龟兹知汉
威德。"遂解遣之。

冬十一月，遣奉车都尉窦固、驸马都尉耿秉、骑都尉刘
张出敦煌昆仑塞，击西域，秉、张皆去符、传以属固。合兵

保护他的邦国。班超抵达于窴国后,广德的礼敬之意表现得十分冷淡。而且当地的风俗迷信巫师,巫师扬言说:"神灵在愤怒发话,为什么要归向汉室?汉室使者有黄毛黑唇马,快去取来祭祀我!"广德于是派遣国相私来比到班超那里请求马匹。班超暗中了解到底细,答复可以,但要让巫师自己前来取马。没过多久,巫师来到,班超立即砍下他的脑袋,扣留私来比,鞭抽杖责数百下。派人把巫师的首级送给广德,就此责备他。广德平常就听说过班超在鄯善国斩杀歼灭过北匈奴的使团,此时大为惊慌恐惧,随即杀死了匈奴派来监护的使者,归降汉室。班超重重赏赐自国王以下的于窴官员,乘势加以威镇安抚。于是西域各国都派遣世子入侍京师,西域与汉室断绝关系六十五年,至此才又相互往来。班超,是班彪的儿子。

十七年(74)。当初,龟兹国国王建是被匈奴所扶立的,他仰仗匈奴的兵威,占据了西域北道,攻杀了疏勒国国王,扶立该国的臣僚兜题为疏勒国国王。班超由近路抵达疏勒国,离兜题所在的槃橐城有九十里,反过来派遣下属官吏田虑先去招降兜题,行前告诫田虑说:"兜题原本不是疏勒族人,国中人众一定不会执行他的命令,他如果不马上归降,就可以把他抓起来。"田虑来到了槃橐城,兜题见田虑人少势弱,根本就没有归降的意思。田虑乘他毫无防备,就抢上前去威逼捆绑起兜题,兜题左右人员完全没料到会发生此事,都惊恐万分,掉头奔逃。田虑飞速报知班超,班超立即赶来,召集疏勒国的全体将领和官吏,向他们解释龟兹国对疏勒凶残无道的情由,随后封立疏勒前国王的侄子忠为国王,国中百姓十分欣喜。班超询问国王忠及其下属官员说:"应该杀掉兜题呢,还是让他活命送回龟兹呢?"都回答说:"应当杀掉他。"班超说:"杀掉他,对事情本身没什么好处,应当让龟兹知道汉室的威势与恩德。"于是给兜题松绑,放他回去了。

冬季十一月,汉明帝派遣奉车都尉窦固、驸马都尉耿秉、骑都尉刘张由敦煌昆仑塞出兵,去进击西域,耿秉和刘张都调动兵马的符传交给窦固,由他全权掌管、指挥。三支部队会合成骑兵

万四千骑,击破白山虏于蒲类海上,遂进击车师。车师前王,即后王之子也,其廷相去五百馀里。固以后王道远,山谷深,士卒寒苦,欲攻前王。秉以为先赴后王,并力根本,则前王自服。固计未决,秉奋身而起曰:"请行前。"乃上马引兵北入,众军不得已,并进,斩首数千级。后王安得震怖,走出门迎秉,脱帽,抱马足降。秉将以诣固,其前王亦归命,遂定车师而还。

十八年春二月,诏窦固等罢兵还京师。

十一月,焉耆、龟兹攻没都护陈睦。事见《两匈奴叛服》。

章帝建初元年三月,诏征还班超。超将发还,疏勒举国忧恐,其都尉黎弇曰:"汉使弃我,我必复为龟兹所灭耳,诚不忍见汉使去。"因以刀自刭。超还,至于寘,王侯以下皆号泣曰:"依汉使如父母,诚不可去!"互抱超马脚,不得行。超亦欲遂其本志,乃更还疏勒。疏勒两城已降龟兹,而与尉头连兵。超捕斩反者,击破尉头,杀六百馀人,疏勒复安。

三年闰四月,西域假司马班超率疏勒、康居、于寘、拘弥兵一万人攻姑墨石城,破之,斩首七百级。

五年夏五月,班超欲遂平西域,上疏请兵曰:"臣窃见先帝欲开西域,故北击匈奴,西使外国,鄯善、于寘即时向

一万四千人,在蒲类海岸边击破了白山的匈奴部众,乘胜进击车师国。车师前王,是车师后王的儿子,两处王庭相距五百多里。窦固鉴于车师后王王庭路程很远,山谷幽深,士兵会受到寒冷的折磨,准备攻打车师前王。耿秉认为先奔赴后王王庭,集中力量铲除老根,车师前王就会自动归服。窦固拿不定主意,耿秉奋然挺身而起说:"请让我打先锋!"于是上马领兵,向北深入,众军不得已,一起推进,结果斩获对方首级数千颗。车师后王安得闻讯震惊害怕,跑出城门迎接耿秉,摘下王冠,抱住耿秉所乘战马的马脚归降。耿秉把他带回来拜见窦固,车师前王也愿归顺,于是平定车师国,汉军撤还。

十八年(75)春季二月,汉明帝下诏,命窦固等人解散军队,回到京师雒阳。

十一月,焉耆国和龟兹国进攻并歼灭了西域都护陈睦及其下属。事见《两匈奴叛服》。

汉章帝建初元年(76)三月,朝廷下诏,征召班超回朝。班超准备启程,疏勒举国上下都陷入忧愁恐慌之中。该国都尉黎弇说:"汉室使者丢弃我国,我国必定又被龟兹所吞灭掉,实在不忍心眼见汉室使者离去。"于是挥刀自刎。班超还朝,途中抵达于窴国,从国王到侯爵以下大小官员都痛哭流涕说:"我们依赖汉室使者如同父母,千万不能离去。"争相抱住班超所乘马匹的马脚,使他不能上路。班超也想实现他的既定志向,于是重返疏勒国。疏勒国已有两座城邑投降了龟兹国,并与尉头国联合采取军事行动。班超逮捕斩杀了反叛的人,又击破尉头国,杀死六百多人,疏勒国重新安定下来。

三年(78)闰四月,西域代理司马班超统率疏勒、康居、于窴、拘弥等国兵马一万人攻打姑墨国的石城,攻破了它,斩获对方首级七百颗。

五年(80)夏季五月,班超打算实现平定西域的志向,奏上章疏请求发兵说:"臣下我发现先帝准备打通西域,所以向北进击匈奴,向西对外国派出使者,鄯善、于窴两国就即刻归向汉室,

化，今拘弥、莎车、疏勒、月氏、乌孙、康居复愿归附，欲共并力破灭龟兹，平通汉道。若得龟兹，则西域未服者百分之一耳。前世议者皆曰：'取三十六国，号为断匈奴右臂。'今西域诸国，自日之所入，莫不向化，大小欣欣，贡奉不绝，唯焉耆、龟兹独未服从。臣前与官属三十六人奉使绝域，备遭艰厄，自孤守疏勒，于今五载，胡夷情数，臣颇识之。问其城郭小大，皆言倚汉与依天等。以是效之，则葱领可通，龟兹可伐。今宜拜龟兹侍子白霸为其国王，以步骑数百送之，与诸国连兵，岁月之间，龟兹可禽。以夷狄攻夷狄，计之善者也！臣见莎车、疏勒田地肥广，草牧饶衍，不比敦煌、鄯善间也，兵可不费中国而粮食自足。且姑墨、温宿二王，特为龟兹所置，既非其种，更相厌苦，其势必有降者。若二国来降，则龟兹自破。愿下臣章，参考行事，诚有万分，死复何恨！臣超区区特蒙神灵，窃冀未便僵仆，目见西域平定，陛下举万年之觞，荐勋祖庙，布大喜于天下。"书奏，帝知其功可成，议欲给兵。平陵徐幹上疏，愿奋身佐超，帝以幹为假司马，将弛刑及义从千人就超。

先是莎车以为汉兵不出，遂降于龟兹，而疏勒都尉番辰亦叛。会徐幹适至，超遂与幹击番辰，大破之，斩首千馀

接受教化。现今拘弥、莎车、疏勒、月氏、乌孙、康居又都愿归附，打算同心协力攻打消灭龟兹国，扫平并打通去往汉室的道路。如果降服了龟兹国，那么西域尚未归服的邦国也就只剩下百分之一罢了。前代议政的人都说：'获取西域三十六国，这就叫斩断匈奴的右臂。'如今西域各国，自太阳落山处以东，无不归向汉室，接受教化，大小邦国欢欣鼓舞，进贡敬奉络绎不绝，只有焉耆、龟兹还没有归顺。臣下我从前与下属官吏三十六人奉命出使荒远的区域，经历各种艰难困厄，从孤自守护在疏勒国到现在，已经五年了，对于异族的情况，臣下我深有了解。询问西域的小国大国，都说倚靠汉室就同依赖苍天一样。据此来验证，那么葱岭完全能够打通，龟兹也能够征伐。目前应当册拜龟兹入侍京师的世子白霸来当该国国王，用数百名步兵和骑兵护送他来，与各个邦国联合出兵，一年半载之间，龟兹就可以获取。利用夷狄攻击夷狄，这是最佳的良策。臣下我发现莎车、疏勒两国田地肥沃宽广，水草牧野丰裕平阔，不像敦煌、鄯善一带风起沙扬，兵力可以不从中原大量调拨而粮食又能自给自足。况且姑墨、温宿这两国的国王，只是被龟兹国特别委任的，既然不是那两个部族的人，互相就憎恶忌恨，这种势态发展下去，一定会有归降汉室的。如果这两国前来归降，龟兹就会自行瓦解。但愿能把臣下我的这道奏章，交给群臣讨论，参考过去的事例，果真有万分之一的可能，我就是死去，又有什么遗憾！臣下我班超的小小身躯，若能特地蒙受祖宗神灵的佑助，希望不即刻倒下，能亲眼看到西域平定，陛下您高举永保江山的酒杯，对祖庙献呈大功，向天下宣布这桩大喜事。"奏书呈上，汉章帝知道班超的功业能够成就，于是交付群臣讨论，准备给他派兵。平陵人徐幹上书，愿挺身前往，佐助班超，汉章帝任命徐幹为代理司马，率领散押不带刑具的囚犯和自愿从军的人共一千人，到班超那里听命。

在此以前，莎车国以为汉兵不会出动，于是就向龟兹投降，而疏勒国的都尉番辰也反叛了。恰逢徐幹正好赶到，班超于是便同徐幹一起进击番辰，把他打得大败，斩获首级一千多

级。欲进攻龟兹，以乌孙兵强，宜因其力，乃上言："乌孙大国控弦十万，故武帝妻以公主，至孝宣帝卒得其用。今可遣使招慰，与共合力。"帝纳之。

八年冬十二月，帝拜班超为将兵长史，以徐幹为军司马，别遣卫候李邑护送乌孙使者。邑到于寘，值龟兹攻疏勒，恐惧不敢前，因上书陈西域之功不可成，又盛毁超："拥爱妻，抱爱子，安乐外国，无内顾心。"超闻之叹曰："身非曾参而有三至之谗，恐见疑于当时矣！"遂去其妻。帝知超忠，乃切责邑曰："纵超拥爱妻，抱爱子，思归之士千馀人，何能尽与超同心乎！"令邑诣超受节度。

元和元年十二月，帝复遣假司马和恭等将兵八百人诣班超。超因发疏勒、于寘兵击莎车。莎车以赂诱疏勒王忠，忠遂反，从之，西保乌即城。超乃更立其府丞成大为疏勒王，悉发其不反者以攻忠，使人说康居王执忠以归其国，乌即城遂降。

三年九月，疏勒王忠从康居王借兵，还据损中，遣使诈降于班超，超知其奸而伪许之。忠从轻骑诣超，超斩之，因击破其众，南道遂通。

章和元年，班超发于寘诸国兵共二万五千人击莎车，龟兹王发温宿、姑墨、尉头兵合五万人救之。超召将校及

颗。随后准备进攻龟兹国,鉴于乌孙国兵马强盛,应借助它的力量,班超就上书建议说:"乌孙是西域的大国,拥有士兵十万,所以汉武帝把公主嫁给该国国王为妻,到汉宣帝征伐匈奴时,终于得到了它的援助。如今可以派遣使者去招徕安抚,争取与我们齐心协力。"汉章帝采纳了这一建议。

八年(83)冬季十二月,汉章帝拜授班超为将兵长史,任命徐幹为军司马,另派卫候李邑护送朝廷出使乌孙国的使者。李邑来到于窴国,正赶上龟兹国攻打疏勒国,他畏惧不敢再前进,因而向朝廷上书,陈述平定西域的功业决不会成就,又极力诋毁班超:"成天拥持自己心爱的娇妻,抱弄自己心爱的儿子,在外国安享快乐,没有怀念中原的心思。"班超闻知李邑的所作所为后,慨叹说:"像曾参那样的贤人,连续三次遭受'行凶杀人'的谗言,弄得他母亲都怀疑起来。看来我恐怕也会被朝廷猜疑了!"于是休弃了妻室。汉章帝深知班超忠诚可靠,就严厉斥责李邑说:"即使班超成天拥持娇妻,抱弄爱子,想返归故乡的汉室将士还有一千多人,为什么他们全都能与班超同心协力呢?"特命李邑到班超那里接受调遣。

元和元年(84)十二月,汉章帝又派遣代理司马和恭等人率领士兵八百人到班超那里报到。班超乘势调集疏勒、于窴两国的人马进攻莎车国。莎车国用财物收买引诱疏勒国王忠,忠于是反叛,班超追击他,他向西逃奔据守乌即城。班超于是改立该国府丞成大为疏勒国王,将那些未反叛的人全部调发去攻打忠,派人劝说康居国国王把忠抓起来,送归疏勒国,乌即城于是归降。

三年(86)九月,疏勒国国王忠从康居国国王那里借到兵马,杀回来据守损中城,派遣使者向班超假称投降,班超看穿这种奸计也假装表示应允。忠带领轻骑兵会见班超,班超将他斩首,乘势击破了他的部众,西域南道于是打通。

章和元年(87),班超调集于窴各国的士兵共两万五千人前去进击莎车国,龟兹国国王也调集温宿、姑墨、尉头三国的兵马,会合成五万人前去援救莎车国。班超于是召集手下将校以及

于寘王议曰："今兵少不敌，其计莫若各散去。于寘从是而东，长史亦于此西归，可须夜鼓声而发。"阴缓所得生口。龟兹王闻之，大喜，自以万骑于西界遮超，温宿王将八千骑于东界徼于寘。超知二虏已出，密召诸部勒兵，鸡鸣驰赴莎车营。胡大惊乱，奔走，追斩五千馀级。莎车遂降，龟兹等因各退散。自是威震西域。

和帝永元二年夏五月，月氏求尚公主，班超拒还其使，由是怨恨，遣其副王谢将兵七万攻超。超众少，皆大恐，超譬军士曰："月氏兵虽多，然数千里逾葱领来，非有运输，何足忧邪！但当收谷坚守，彼饥穷自降，不过数十日决矣！"谢遂前攻超，不下，又钞掠无所得。超度其粮将尽，必从龟兹求食，乃遣兵数百于东界要之。谢果遣骑赍金银珠玉以赂龟兹，超伏兵遮击，尽杀之，持其使首以示谢。谢大惊，即遣使请罪，愿得生归，超纵遣之。月氏由是大震，岁奉贡献。

三年冬十月，龟兹、姑墨、温宿诸国皆降。十二月，复置西域都护、骑都尉、戊己校尉官。以班超为都护，徐幹为长史。拜龟兹侍子白霸为龟兹王，遣司马姚光送之。超与光共胁龟兹，废其王尤利多而立白霸，使光将尤利多还诣

于阗国国王商议说："如今我们士兵人数少，难以直接对抗，最好的计策莫过于我们各自分散开，离开此地。于阗从这里往东走，长史也从这里往西撤，可以等到夜间听见鼓声的时候再出发。"班超暗中又释放了所抓的俘虏。龟兹国国王从跑回来的俘虏口中了解到班超的行动计划，大喜过望，亲自率领一万名骑兵在西部边界阻击班超，并让温宿国国王率领八千名骑兵在东部边界拦截于阗国的军队。班超探知两国国王已经出动，于是秘密召集各部整顿人马，等到鸡叫时，飞速进攻莎车营地。敌军十分惊慌，乱成一团，四散奔逃，班超各部乘胜追击，斩获首级五千多颗。莎车国于是归降，龟兹等国也随后撤兵离散。从此以后，班超威震西域。

汉和帝永元二年(90)夏季五月，月氏国国王求娶汉室公主，班超予以拒绝并打发他的使者回去，由此引起月氏国国王的怨恨，就派副国王谢率兵七万人攻打班超。班超部众人数少，都十分恐惧，班超开导众军士说："月氏国兵马尽管多，但它从数千里以外，翻越葱岭前来，并没有粮草接济，哪里值得我们忧虑呢？我们只需要集中粮食，坚决防守，对方饥饿没办法，就会自动归降，不超过数十天就能见分晓。"谢于是进兵攻打班超，但攻不下来，又四处抢劫，但得不到东西。班超估计对方的粮食即将用光，必定会向龟兹国求借食物，于是派遣数百名军士在东部边界拦击他们。谢果然派骑兵持带金银珠玉去贿赂龟兹国王，班超设下的伏兵前去阻击，全部杀死了他们，带着那个使者的首级，拿给谢看。谢大为惊惧，马上派遣使者来请罪，希望能让他活着回去，班超于是放走了他们。月氏国由此大为震动，每年都遵守进贡的规定。

三年(91)冬季十月，龟兹、姑墨、温宿等国都归降汉室。十二月，汉室重新设置西域都护、骑都尉、戊己校尉官职。任命班超为都护，徐幹为长史，拜授龟兹国在京师入侍的世子白霸为龟兹王，并派遣司马姚光送他回国。班超与姚光威胁龟兹贵族和部众，废掉现任国王尤利多而拥立白霸，又让姚光把尤利多带回

京师。超居龟兹它乾城，徐幹屯疏勒，唯焉耆、危须、尉犁以前没都护，犹怀二心，其馀悉定。

六年秋七月，西域都护班超发龟兹、鄯善等八国兵合七万馀人讨焉耆，到其城下，诱焉耆王广、尉犁王汎等于陈睦故城，斩之，传首京师。因纵兵钞掠，斩首五千馀级，获生口万五千人，更立焉耆左侯元孟为焉耆王。超留焉耆半岁，慰抚之。于是西域五十馀国悉纳质内属，至于海滨，四万里外，皆重译贡献。

九年十二月，西域都护定远侯班超遣掾甘英使大秦、条支，穷西海，皆前世所不至，莫不备其风土，传其珍怪焉。

十四年秋七月，班超久在绝域，年老思土，上书乞归曰："臣不敢望到酒泉郡，但愿生入玉门关。谨遣子勇随安息献物入塞，及臣生在，令勇目见中土。"朝廷久之未报，超妹曹大家上书曰："蛮夷之性，悖逆侮老，而超旦暮入地，久不见代，恐开奸宄之源，生逆乱之心。而卿大夫咸怀一切，莫肯远虑，如有卒暴，超之气力不能从心，便为上损国家累世之功，下弃忠臣竭力之用，诚可痛也！故超万里归诚，自陈苦急，延颈逾望，三年于今，未蒙省录。妾窃闻古者十五受兵，六十还之，亦有休息，不任职也。故妾敢触死为超求

京师雒阳。班超雄踞在龟兹国它乾城,徐幹屯驻在疏勒国,只有焉耆、危须、尉犁三国在从前歼灭过汉室都护,仍然怀有二心,其他邦国全都平定了。

六年(94)秋季七月,西域都护班超调集龟兹、鄯善等八国兵马合计七万多人征讨焉耆国,抵达它的国都城下,诱骗焉耆国国王广、尉犁国国王汎等人来到原都护陈睦的旧城,斩杀了他们,并把首级传送到雒阳。乘势纵容士兵抢夺劫掠,共斩获首级五千多颗,俘虏一万五千多人,改立焉耆的左侯元孟为焉耆国国王。班超在焉耆国留驻了半年,慰问安抚他们。这时西域五十多个邦国全都献纳人质,隶属汉室,远至西海海岸,四万里之外,都递相通过语言的转译向汉室进贡。

九年(97)十二月,西域都护、定远侯班超派遣属吏甘英出使大秦、条支国,到达西海的边沿,都是前代不曾到过的国度,每到一地无不全面搜采其风土民情,带走当地珍贵奇异的物产。

十四年(102)秋季七月,班超长时期身在荒远的区域,年纪已老,思念故土,便向朝廷上书乞求归国,说:"臣下我不敢奢望能回到酒泉郡,只盼望能够活着进入玉门关。现恭谨派遣我的儿子班勇利用安息国进贡的机会,随同进入边塞,趁老臣我还健在,让班勇能亲眼看到中原故土的模样。"朝廷对班超的请求很久都没有答复,班超的妹妹曹大家上书说:"蛮夷的本性,容易背逆,欺侮老年长官,而班超朝夕之间就可能身亡入土,长久不被新都护代替,恐怕西域会开启犯法作乱的端绪,产生背逆反叛的心思。而朝中卿大夫都抱持一切照旧的态度,不肯往长远考虑,如果西域发生突然事变,班超的气力已经不能像他心中所想的那样去做了,这就造成对上败损了国家好几代的功业,对下抛弃了忠臣竭力为国效劳的作用,实在令人痛惜啊!所以班超从万里之外向朝廷表达归国的耿耿忠心,自行陈述对形势感到的忧虑焦急,伸长脖颈眺望,至今已经三年,还未受到省察采纳。我私下听说过,古代十五岁服兵役,六十岁必定让本人复员,也有休息的时候,不再委任职务。所以我胆敢冒死替班超请求

哀,丐超馀年,一得生还,复见阙庭,使国家无劳远之虑,西域无仓卒之忧,超得长蒙文王葬骨之恩,子方哀老之惠。”帝感其言,乃征超还。八月,超至雒阳,拜为射声校尉。九月,卒。

　　超之被征,以戊己校尉任尚代为都护。尚谓超曰:“君侯在外国三十馀年,而小人猥承君后,任重虑浅,宜有以诲之。”超曰:“年老失智。君数当大位,岂班超所能及哉。必不得已,愿进愚言:塞外吏士,本非孝子顺孙,皆以罪过徙补边屯,而蛮夷怀鸟兽之心,难养易败。今君性严急,水清无大鱼,察政不得下和,宜荡佚简易,宽小过,总大纲而已。”超去后,尚私谓所亲曰:“我以班君当有奇策,今所言平平耳。”尚后竟失边和,如超所言。

　　殇帝延平元年九月,诏以北地梁慬为西域副校尉。慬行至河西,会西域诸国反,攻都护任尚于疏勒。尚上书求救,诏慬将河西四郡羌、胡五千骑驰赴之。慬未至而尚已得解,诏征尚还,以骑都尉段禧为都护,西域长史赵博为骑都尉。禧、博守它乾城,城小,梁慬以为不可固,乃谲说龟兹王白霸,欲入共保其城。白霸许之,吏民固谏,白霸不

圣上哀怜，像乞丐一样乞讨到班超的馀年，让他活着回来，再看到宫门朝堂，使国家没有远方的忧虑，西域没有突然的事变，班超也永久蒙受周文王葬埋骸骨的恩典，魏文侯明师田子方哀怜老马那般德惠。"汉和帝对曹大家的这番启奏颇有感悟，于是征召班超回朝。八月，班超回到雒阳，被朝廷拜授为射声校尉。九月，班超去世。

班超被征召回朝，朝廷委派戊己校尉任尚代替他出任西域都护。任尚对班超说："君侯您在外国居住了三十多年，而我这样的后辈滥竽充数接替您的职务，责任重大但我见识短浅，希望您用大道理来教诲我。"班超说："我年纪已老，智力衰退。您多次身居重要职位，哪里是我班超所能赶得上的呢？非让我讲点什么不可，那我就向您进献几句愚昧的话：塞外的官吏士卒，原本并不是孝子顺孙，都是因为犯有罪过而迁徙补配到边塞屯驻，而蛮夷又怀有鸟兽那样游移不定的性情，难于安抚养护，却容易翻脸背叛。现今您性情严厉峻急，要知道水太清澈，就没有大鱼；琐细小事也不放过的理政方法，不会得到下属的拥护，应当采取无所拘束、简单易行的政策，宽恕他们的小过失，抓住执政大纲总原则而已。"班超告辞后，任尚私下对他的亲信说："我原以为班超他老人家该有奇妙的对策呢，刚才所讲的那一番话，也很一般罢了。"任尚日后终于断送了西域的和睦局面，同班超所预言的一样。

汉殇帝延平元年（106）九月，朝廷下诏，任命北地郡人梁慬为西域副校尉。梁慬赴任来到河西时，正赶上西域各国反叛，在疏勒国围攻都护任尚。任尚上书请求营救，朝廷下诏，命令梁慬统率河西四郡的羌族骑兵五千人飞速赶去救援。梁慬还未到达，而任尚已经解围了。朝廷下诏，征召任尚回朝，任命骑都尉段禧为西域都护，西域长史赵博为骑都尉。段禧和赵博，驻守在龟兹国的它乾城，城很小，梁慬认为不能够固守，就用欺骗手段煽惑龟兹国的国王白霸，说是打算带人进来一起保卫龟兹国的都城。白霸应允下来，但龟兹官吏和民众都坚决劝阻，而白霸拒不

听。懂既入，遣将急迎段禧、赵博，合军八九千人。龟兹吏民并叛其王，而与温宿、姑墨数万兵反，共围城，懂等出战，大破之。连兵数月，胡众败走，乘胜追击，凡斩首万馀级，获生口数千人，龟兹乃定。

安帝永初元年五月，西域都护段禧等虽保龟兹，而道路隔塞，檄书不通。公卿议者以为"西域阻远，数有背叛，吏士屯田，其费无已"。六月壬戌，罢西域都护，遣骑都尉王弘发关中兵迎禧及梁懂、赵博，伊吾卢、柳中屯田吏士而还。

元初六年。初，西域诸国既绝于汉，北匈奴复以兵威役属之，与共为边寇。敦煌太守曹宗患之，乃上遣行长史索班将千馀人屯伊吾以招抚之。于是车师前王及鄯善王复来降。

永宁元年春三月，北匈奴率车师后王军就共杀后部司马及敦煌长史索班等，遂击走其前王，略有北道。鄯善逼急，求救于曹宗，宗因此请出兵五千人击匈奴，以报索班之耻，因复取西域。公卿多以为宜闭玉门关，绝西域。太后闻军司马班勇有父风，召诣朝堂问之。勇上议曰："昔孝武皇帝患匈奴强盛，于是开通西域，论者以为夺匈奴府藏，断其右臂。光武中兴，未遑外事，故匈奴负强，驱率诸国；及至永平，再攻敦煌，河西诸郡，城门昼闭。孝明皇帝深惟庙策，

听从。梁懂已经进入都城,派遣部将火速去迎纳段禧、赵博,会合成兵马八九千人。龟兹国的官吏和民众一起背叛了他们的国王,而与温宿、姑墨两国数万名兵众造反,共同围攻龟兹国都城,梁懂等人出城迎战,把他们打得大败。连续交战好几个月,西域这三国的部众溃败逃亡,梁懂等人乘胜追击,一共斩获首级一万多颗,俘虏了数千人,龟兹国于是平定。

汉安帝永初元年(107)五月,西域都护段禧等人尽管控制了龟兹国,但道路却被阻隔堵塞,公文相互传递不到。汉室公卿计议此事的人认为"西域与中原阻隔遥远,屡屡出现背叛,官吏士卒去那里垦荒屯驻,国家支出的费用无休无止"。六月壬戌(二十二日),汉室决定撤销西域都护官职,派遣骑都尉王弘调发关中军队去迎护段禧以及梁懂、赵博,还有在伊吾卢、柳中垦荒屯驻的官吏士兵回到塞内。

元初六年(119)。当初,西域各国同汉室断绝关系后,北匈奴又靠武力役使领属它们,与它们共同劫掠汉室边塞。敦煌太守曹宗对此深以为患,就上奏朝廷派遣代理长史索班率领一千多人重新屯驻伊吾卢,来招抚西域各国。于是车师前王和鄯善国王又前来归降。

永宁元年(120)春季三月,北匈奴率领车师后王军就,共同杀死了汉室派驻车师后部的司马以及敦煌长史索班等人,乘势进击并赶跑了车师前王,占据了北道。鄯善国受逼迫很危急,就向曹宗请求救援,曹宗借此奏请朝廷出兵五千人攻打匈奴,来洗刷索班被杀的耻辱,乘势再次夺取西域。朝中公卿大多数人认为,应当封闭玉门关,与西域断绝联系。邓太后听说军司马班勇具有父亲班超的遗风,召他到朝堂询问对策。班勇提出建议说:"过去西汉孝武皇帝忧虑匈奴强盛,于是开通西域,议政的人认为这是夺取了匈奴的府库储物,斩断了它的右臂。光武帝使汉室中兴以来,没有来得及顾上对外的事务,所以匈奴依仗强盛,驱使统辖西域各国。等到明帝永平年间,匈奴再次攻掠敦煌,迫使河西各郡白天要关上城门。孝明皇帝对朝廷的重大决策深思熟虑,

乃命虎臣出征西域，故匈奴远遁，边境得安；及至永元，莫不内属。会间者羌乱，西域复绝，北虏遂遣责诸国，备其逋租，高其价直，严以期会，鄯善、车师皆怀愤怨，思乐事汉，其路无从。前所以时有叛者，皆由牧养失宜，还为其害故也。今曹宗徒耻于前负，欲报雪匈奴，而不寻出兵故事，未度当时之宜也。夫要功荒外，万无一成，若兵连祸结，悔无所及。况今府藏未充，师无后继，是示弱于远夷，暴短于海内，臣愚以为不可许也。旧敦煌郡有营兵三百人，今宜复之，复置护西域副校尉，居于敦煌，如永元故事。又宜遣西域长史将五百人屯楼兰，西当焉耆、龟兹径路，南强鄯善、于寘心胆，北扞匈奴，东近敦煌。如此诚便。”

尚书复问勇：“利害云何？”勇对曰：“昔永平之末，始通西域，初遣中郎将居敦煌，后置副校尉于车师，既为胡虏节度，又禁汉人不得有所侵扰，故外夷归心，匈奴畏威。今鄯善王尤还，汉人外孙，若匈奴得志，则尤还必死。此等虽同鸟兽，亦知避害，若出屯楼兰，足以招附其心，愚以为便。”长乐卫尉镡显、廷尉綦毋参、司隶校崔据难曰：“朝廷前所以弃西域者，以其无益于中国而费难供也。今车师已属匈奴，鄯善不可保信，一旦反覆，班将能保北虏不为边害乎？”勇对曰：“今中国置州牧者，以禁郡县奸猾盗贼也。若州牧

命令虎将出征西域，所以匈奴远远逃遁，边境获得安宁；等到和帝永元年间，西域各国无不归顺汉室。近来碰上羌族作乱，汉朝与西域的关系才又断绝，北匈奴于是调遣使者督责各个邦国，详列它们拖欠的赋税，提高价码，严格规定缴纳期限。鄯善、车师等国都心怀怨愤，乐意事奉汉室，但具体途径却无处择从。前一段时常有邦国反叛，都是由于领辖管理不当，并加以迫害的缘故。现今曹宗只对上次失败感到羞耻，打算向匈奴报仇雪恨，却不搜寻出兵的成败事例，未曾揣度现下合适的做法应是什么。大抵在荒远区域侥幸一战成功，可能性极其微小，如果兵事连绵战祸相接，后悔也来不及了。况且目前国库的储备还不充裕，军队没有后续部队，这正是向远方的夷狄表明汉室衰弱，向天下百姓暴露朝廷的短处，以臣下我的愚见，不能批准曹宗的奏请。敦煌郡原来设有营兵三百人，现今应当予以恢复，再设置西域副校尉，在敦煌驻守，如同和帝永元年间的旧例。还应当派遣西域长史率领五百人屯驻在楼兰故城，对西部扼住焉耆、龟兹的通道，对南部壮起鄯善、于寘的心胆，对北部抗御匈奴，对东部卫护敦煌。这样部署，才确实称得上有利。”

尚书官又问班勇说：“你说的利害，是指什么？”班勇回答说：“过去在明帝永平末年，开始同西域建立关系，最初派中郎将驻守敦煌，后来在车师国派驻副校尉，既对异族进行统辖，又禁止汉人，不许出现侵凌搅扰的事情，所以异族一心归向汉室，匈奴害怕汉室的声威。现下鄯善国国王尤还，是汉人的外孙，如果匈奴的意愿得逞，尤还就必死无疑。尤还这类人尽管如同鸟兽，但也知道躲避凶害，我们倘若出兵屯驻楼兰，足以招徕他们心附汉室。我愚昧地认为这很有利。”长乐宫卫尉镡显、廷尉綦毋参、司隶校尉崔据诘问班勇，说：“朝廷日前放弃西域，是因为它对中原没什么补益而费用庞大，很难供得起。如今车师国已经隶属匈奴，鄯善国又不能确保信义，一旦局势有变，班将军你能保证北匈奴不会成为边塞的祸害吗？”班勇对答说：“如今汉朝设置州牧监察官，目的是防禁郡县出现奸猾的盗贼。如果州牧监察官有

能保盗贼不起者，臣亦愿以要斩保匈奴之不为边害也。今通西域则虏势必弱，虏势弱则为患微矣。孰与归其府藏，续其断臂哉？今置校尉以扦抚西域，设长史以招怀诸国，若弃而不立，则西域望绝，望绝之后，屈就北虏，缘边之郡将受困害，恐河西城门必须复有昼闭之儆矣！今不廓开朝廷之德而拘屯戍之费，若此，北虏遂炽，岂安边久长之策哉！"

太尉属毛轸难曰："今若置校尉，则西域络绎遣使，求索无厌。与之则费难供，不与则失其心，一旦为匈奴所迫，当复求救，则为役大矣。"勇对曰："今设以西域归匈奴，而使其恩德大汉，不为钞盗，则可矣。如其不然，则因西域租入之饶，兵马之众，以扰动缘边，是为富仇雠之财，增暴夷之势也。置校尉者，宣威布德，以系诸国内向之心以疑匈奴觊觎之情，而无费财耗国之虑也。且西域之人，无他求索，其来入者不过禀食而已。今若拒绝，势归北属夷虏，并力以寇并、凉，则中国之费不止十亿。置之诚便。"

于是从勇议，复敦煌郡营兵三百人，置西域副校尉居敦煌。虽复羁縻西域，然亦未能出屯。其后匈奴果数与车师共入寇钞，河西大被其害。

能保证盗贼不兴起的人,那臣下我班超,也愿以腰斩的刑罚来保证匈奴不会成为边塞的祸害。如今同西域各国加强联系,那么北匈奴的势力必定会削弱;北匈奴的势力削弱了,那它产生的危害也就轻微了。这与送还匈奴的天然府库,接上它被斩断了的右臂相比,究竟如何呢?现今应该设置校尉来卫护安抚西域,派驻长史来招徕感怀各国;如果废弃而不设立,西域就会希望破灭,希望破灭以后,就会屈从归附北匈奴,沿边一带的各郡,将会遭受困扰侵害,恐怕河西地区必定又会出现白天关闭城门的警戒了!目前不想扩展朝廷的恩德却要吝惜屯戍的费用,照这样下去,北匈奴就越发气焰嚣张了,这哪里是安定边塞的长久之策呢!"

太尉府的属官毛轸又诘问说:"现今如果再设校尉,西域各国就会络绎不绝地派遣使者入见,求索赏赐没有满足的时候,赐给它们,国家费用供不起;不赐给它们,就会失去它们的归附之心。一旦它们受到匈奴的威胁,必定又会请求救援,这样一来,兴用兵役可就大了。"班勇对答说:"目前假设把西域送归匈奴,而让它感念我们大汉的恩德,不进行骚扰劫掠,那就可以了。如果匈奴不是这样,那它就会利用西域雄厚的赋税收入,众多兵马,来骚扰劫掠沿边一带,这是使仇敌的财富增加,助长匈奴凶暴势力的举措啊。设置校尉,目的是宣明汉室的威力,播布汉室的恩德,来拴住西域各国的内向之心,动摇匈奴的觊觎之意,而不再有消耗国家财力的忧虑。况且西域各国人,其他方面没有过多求索,前来入见的使者,不过是需要供应一些粮米罢了。如今倘若把西域拒之门外,他们势必向北归属匈奴,合力来劫掠并州、凉州一带,那样国家的费用就不止十亿了。设置校尉,确实是有利的。"

于是朝廷采纳了班勇的建议,恢复敦煌郡营兵三百人的建制,设立西域副校尉,驻扎在敦煌。虽然再次控制西域各国,但也未能出兵屯驻。到后来,匈奴果然多次与车师国一起入侵边塞劫掠,河西地区大受其害。

延光二年，北匈奴连与车师入寇河西，议者欲复闭玉门、阳关以绝其患。敦煌太守张珰上书曰："臣在京师，亦以为西域宜弃，今亲践其土地，乃知弃西域则河西不能自存。谨陈西域三策：北虏呼衍王常展转蒲类、秦海之间，专制西域，共为寇钞。今以酒泉属国吏士二千馀人集昆仑塞，先击呼衍王，绝其根本，因发鄯善兵五千人胁车师后部，此上计也。若不能出兵，可置军司马，将士五百人，四郡供其犁牛、谷食，出据柳中，此中计也。如又不能，则宜弃交河城，收鄯善等悉使入塞，此下计也。"朝廷下其议。陈忠上疏曰："西域内附日久，区区东望扣关者数矣，此其不乐匈奴、慕汉之效也。今北虏已破车师，势必南攻鄯善，弃而不救，则诸国从矣。若然，则虏财贿益增，胆势益殖，威临南羌，与之交通，如此，河西四郡危矣。河西既危，不可不救，则百倍之役兴，不訾之费发矣。议者但念西域绝远，恤之烦费，不见孝武苦心勤劳之意也。方今敦煌孤危，远来告急，复不辅助，内无以慰劳吏民，外无以威示百蛮，蹙国减土，非良计也。臣以为敦煌宜置校尉，按旧增四郡屯兵，以西抚诸国。"帝纳之，于是复以班勇为西域长史，将兵五百人出屯柳中。

三年春正月，班勇至楼兰，以鄯善归附，特加三绥，而龟兹王白英犹自疑未下。勇开以恩信，白英乃率姑墨、温宿，

延光二年(123)，北匈奴接连同车师国一起入侵劫掠河西地区，朝廷议政的人又打算紧闭玉门关、阳关来杜绝祸患。敦煌太守张珰上书说："臣下我原在京师时，也认为西域应当放弃，如今亲身踏上这块土地，才知道放弃西域，河西就不能自保。恭谨陈奏有关西域的三种对策：北匈奴呼衍王经常游动在蒲类海与秦海之间，专擅挟制西域，共同对边塞进行骚扰劫掠。现今把酒泉郡属国都尉所领辖的官吏士兵两千多人调集到昆仑塞，先进击呼衍王，铲除掉祸根，乘势调发鄯善国兵马五千人进逼车师后部，这是上策。如果朝廷不能出兵，可以设置军司马，率领士兵五百人，由河西四郡供应耕牛、粮食，出守屯据柳中，这是中策。如果还办不到，就应放弃交河城，收聚鄯善等国的百姓，让他们全部迁入塞内，这是下策。"朝廷把张珰的建议交给群臣讨论。陈忠奏上章疏说："西域归附中原已经时间很长了，热诚向东仰望叩击玉门关要求归顺的情况屡有发生，这是它们不喜欢匈奴、仰慕汉室的证明。如今北匈奴已经攻破车师国，势必会向南攻打鄯善国，放弃鄯善而不营救，那么，各国就只能归顺匈奴了。如果这样，匈奴的财富就会愈益增加，胆量愈益壮大，威势扩展到南部羌族那里，与它勾结起来，这样一来，河西四郡就很危急了。河西陷入危急之中，朝廷不能不营救，而超过经营西域上百倍的兵役就得兴用，计算不过来的军费就得支出。议政的人只考虑西域荒僻遥远，心疼破费，看不出汉武帝苦心费力经营西域的深意。目前敦煌孤立危急，老远来向朝廷告急，又不予以扶持救助，对内没办法慰劳边塞的官吏民众，对外没办法向异族显示国威，缩小国境，削减领土，这绝不是好计策。臣下我认为敦煌应设置校尉，按照旧例增添河西四郡的屯驻兵力，以便西部安抚各个邦国。"汉安帝采纳了这一建议，于是又任命班勇为西域长史，领兵五百人出塞屯驻柳中。

三年(124)春季正月，班勇来到楼兰，因鄯善国王归附汉室，特地赐给他一身佩三印的绶带，而龟兹国国王白英还私下猜疑未归顺。班勇用恩德信义开导他，白英于是率领姑墨、温宿二国国王，

自缚诣勇，因发其兵步骑万馀人到车师前王庭，击走匈奴伊蠡王于伊和谷，收得前部五千馀人，于是前部始复开通。还，屯田柳中。

四年秋七月，西域长史班勇发敦煌、张掖、酒泉六千骑及鄯善、疏勒、车师前部兵击后部王军就，大破之，获首虏八千馀人，生得军就及匈奴持节使者，将至索班没处斩之，传首京师。

顺帝永建元年冬十月，班勇更立车师后部故王子加特奴为王。勇又使别校诛斩东且弥王，亦更立其种人为王。于是车师六国悉平。勇遂发诸国兵击匈奴，呼衍王亡走，其众二万馀人皆降。生得单于从兄，勇使加特奴手斩之，以结车师、匈奴之隙。北单于自将万馀骑入后部，至金且谷。勇使假司马曹俊救之，单于引去，俊追斩其贵人骨都侯。于是呼衍王遂徙居枯梧河上，是后车师无复虏迹。

二年六月，西域城郭诸国皆服于汉，唯焉耆王元孟未降，班勇奏请攻之。于是遣敦煌太守张朗将河西四郡兵三千人配勇，因发诸国兵四万馀人分为两道击之。勇从南道，朗从北道，约期俱至焉耆。而朗先有罪，欲徼功自赎，遂先期至爵离关，遣司马将兵前战，获首虏二千馀人，元孟惧诛，逆遣使乞降。张朗径入焉耆，受降而还。朗得免诛，勇以后期征，下狱，免。

自己捆绑来拜见班勇。班勇随后调集这三国的步兵和骑兵一万多人奔赴车师前王王庭，在伊和谷进击并赶跑了匈奴伊蠡王，收服车师前国五千多人，于是车师前国又开始同汉室往来。班勇撤还，在柳中垦田屯驻。

四年(125)秋季七月，西域长史班勇调集敦煌、张掖、酒泉三郡的六千名骑兵以及鄯善、疏勒、车师前国的人马，共同进击车师后国国王军，把他打得大败，斩杀俘获八千多人，活捉了军就以及北匈奴奉持王庭符节的使者，把二人带到敦煌长史索班被歼灭的地方，处死了他们，又把他们的首级传送到京师雒阳。

汉顺帝永建元年(126)冬季十月，班勇改立车师后国原国王的儿子加特奴为车师后王。班勇又派别部军校诛杀了东且弥国国王，也改立本族人为该国国王，至此车师等六个邦国全部平定。班勇于是调集各国兵马进击北匈奴呼衍王，呼衍王逃走，他的部众两万多人全都投降。并活捉了单于的堂兄，班勇让加特奴亲手杀了他，借此来结下车师国与北匈奴的仇怨。北匈奴单于亲自率领一万多名骑兵侵入车师后国，抵达金且谷。班勇派代理司马曹俊去援救，单于领兵退走，曹俊追击，杀死了单于的高级官员骨都侯。从此呼衍王就迁徙到枯梧河沿岸居住，此后车师国不再有北匈奴的踪迹了。

二年(127)六月，西域城郭各国都向汉室归服，只有焉耆国国王元孟还未降顺，班勇奏请攻打他。于是朝廷派敦煌太守张朗统领河西四郡的兵马三千人配合班勇行动，班勇随即调集西域各国的军队四万多人，分成两路攻打焉耆。班勇从南道挺进，张朗从北道挺进，定下日期，同时抵达焉耆国。但张朗原先有罪在身，想抢功来赎自己的罪，于是在约定的日期之前就开到了爵离关，派手下司马领兵打先锋，斩杀俘获两千多人，焉耆国国王元孟害怕被杀，派遣使者前来乞求投降。张朗直接进入焉耆国，接受投降后撤还。张朗由此得到免死的处治，班勇却因在约定日期之后到达，被征召回朝，关入监狱，罢免了官职。

卷第七

两匈奴叛服

汉光武建武二十三年。初，匈奴单于舆弟右谷蠡王知牙师以次当为左贤王，左贤王次即当为单于。单于欲传其子，遂杀知牙师。乌珠留单于有子曰比，为右奥鞬日逐王，领南边八部。比见知牙师死，出怨言曰："以兄弟言之，右谷蠡王次当立；以子言之，我前单于长子，我当立！"遂内怀猜惧，庭会稀阔。单于疑之，乃遣两骨都侯监领比所部兵。及单于蒲奴立，比益恨望，密遣汉人郭衡奉匈奴地图诣西河太守求内附。两骨都侯颇觉其意，会五月龙祠，劝单于诛比。比弟渐将王在单于帐下，闻之，驰以报比。比遂聚八部兵四五万人，待两骨都侯还，欲杀之。骨都侯且到，知其谋，亡去。单于遣万骑击之，见比众盛，不敢进而还。

二十四年春正月，匈奴八部大人共议立日逐王比为呼韩邪单于，款五原塞，愿永为藩蔽，扞御北虏。事下公

两匈奴叛服

汉光武建武二十三年(47)。当初,匈奴单于舆的弟弟右谷蠡王知牙师,按照兄弟依次相传的顺序,应当做左贤王,左贤王这个职位,按照顺序,应当继任单于。单于舆打算把王位传给儿子,就杀了知牙师。舆的前任乌珠留单于,有个儿子叫比,担任右薁鞬日逐王,管领南边八大部落。比见知牙师被杀死,口出怨言,说:"照兄传弟的顺序来说,右谷蠡王知牙师依次应当继位;照父传子的顺序来说,我是前任单于的长子,我应当即位做单于。"于是,比的内心怀有猜疑和恐惧,很少去单于王庭朝会。单于舆对此发生怀疑,就派两名骨都侯去监督统领比所指挥的兵马。等到舆的儿子单于蒲奴即位,比愈发怨恨,秘密派遣汉人郭衡,携带匈奴地图,到西河太守那儿,请求归附汉朝。两名骨都侯有点儿觉察到比的意向,恰逢五月份举行龙城祭祀,就劝单于蒲奴杀掉比。比的弟弟渐将王正好在单于的营帐中,听到这一消息,骑了快马,急忙报告给比。于是,比召集八大部落的兵力共四五万人,等待两名骨都侯返回,想要杀了他俩。两名骨都侯快要到达时,知道了比的计谋,就逃跑了。单于蒲奴派了一万骑兵去攻打比,看到比的兵马众多,不敢进击就撤回了。

二十四年(48)春季正月,匈奴在南方的八大部落首领共同议定拥立日逐王比为呼韩邪单于,派使者前往五原塞,表示愿意永做汉朝的屏障,抵御北方的匈奴。光武帝刘秀将此事交付公

卿，议者皆以为："天下初定，中国空虚，夷狄情伪难知，不可许。"五官中郎将耿国独以为："宜如孝宣故事，受之，令东扞鲜卑，北拒匈奴，率厉四夷，完复边郡。"帝从之。

冬十月，匈奴日逐王比自立为南单于，遣使诣阙奉藩称臣。上以问朗陵侯臧宫，宫曰："匈奴饥疫分争，臣愿得五千骑以立功。"帝笑曰："常胜之家，难与虑敌，吾方自思之。"

二十五年春正月，南单于遣其弟左贤王莫将兵万馀人击北单于弟奠鞬左贤王，生获之。北单于震怖，却地千馀里，北部奠鞬骨都侯与右骨都侯率众三万馀人归南单于。三月，南单于复遣使诣阙贡献，求使者监护，遣侍子，修旧约。

二十六年春正月，诏遣中郎将段郴、副校尉王郁使南匈奴，立其庭，去五原西部塞八十里。使者令单于伏拜受诏，单于顾望有顷，乃伏称臣。拜讫，令译晓使者曰："单于新立，诚惭于左右，愿使者众中无相屈折也。"诏听南单于入居云中。始置使匈奴中郎将，将兵卫护之。

夏，南单于所获北虏奠鞬左贤王将其众及南部五骨都侯合三万馀人畔归，去北庭三百馀里，自立为单于。月馀，日更相攻击，五骨都侯皆死，左贤王自杀，诸骨都侯子各拥兵自守。

卿讨论,发言的人都认为:"天下刚刚安定,国家还很空虚,蛮族的意图,真假难辨,不可答应。"只有五官中郎将耿国认为:"应当依照孝宣皇帝的前例,接受他们归顺,命令他们在东方抵挡鲜卑,在北方抵挡北匈奴,给四方蛮族做个表率,使饱经战乱的沿边各郡完全恢复元气。"光武帝听从了耿国的意见。

冬季十月,匈奴日逐王比自立为南单于,派使者到东汉皇帝的殿庭,愿做藩国,自称臣属。光武帝询问朗陵侯臧宫的看法,臧宫说:"匈奴遭受饥馑、瘟疫,分裂成南、北二部,彼此争斗不息,我希望得到五千骑兵,去塞外建立功勋。"光武帝笑笑,说:"难以跟常胜将军谈论敌情,我自己再想想看。"

二十五年(49)春季正月,南单于比派他的弟弟左贤王莫,带兵一万多人,进攻北单于蒲奴的弟弟奠鞬左贤王,将他活捉。北单于蒲奴震惊恐惧,向北退却一千多里。北匈奴所属的奠鞬骨都侯和右骨都侯,率领部众三万多人,归附南单于比。三月,南单于比再度派使者到东汉朝廷,进贡礼品,请求汉朝派使节常驻南匈奴,进行监督保护,同意他送儿子入朝做人质,重新执行旧时的和约。

二十六年(50)春季正月,光武帝下诏,派中郎将段郴、副校尉王郁出使南匈奴,帮助南匈奴在距离五原塞西部边塞八十里处,建立王庭。两位汉使命令南单于比俯身下拜,接受诏书,南单于比犹豫了一会,才匍匐在地称臣。跪拜行礼之后,南单于比命令翻译官告诉汉使:"我国单于刚刚即位,让他行跪拜礼,实在愧对左右大臣,希望汉使今后在大庭广众之下不要贬抑单于。"光武帝的诏书同意南单于比进入塞内,居住在云中郡。汉朝从此开始设置使匈奴中郎将,领兵保护南匈奴。

夏季,南单于比所活捉的北匈奴奠鞬左贤王,带领旧部及南匈奴的五位骨都侯,共三万多人,叛变北逃,在距离北匈奴王庭三百多里的地方,自称为单于。一个多月以后,该部发生内争,每日互相攻杀,五位骨都侯都战死,左贤王自杀,骨都侯的儿子们各自拥兵自卫。

秋,南单于遣子入侍。诏赐单于冠带、玺绶、车马、金帛、甲兵、什器,又转河东米糒二万五千斛,牛羊三万六千头以赡给之。令中郎将将弛刑五十人,随单于所处,参辞讼,察动静。单于岁尽辄遣奉奏,送侍子入朝,汉遣谒者送前侍子还单于庭,赐单于及阏氏、左右贤王以下缯彩合万匹,岁以为常。于是云中、五原、朔方、北地、定襄、雁门、上谷、代八郡民归于本土。遣谒者分将弛刑,补治城郭,发遣边民在中国者布还诸县,皆赐以装钱,转给粮食。时城郭丘墟,扫地更为,上乃悔前徙之。

冬,南匈奴五骨都侯子复将其众三千人归南部。北单于使骑追击,悉获其众。南单于遣兵拒之,逆战,不利。于是复诏单于徙居西河美稷,因使段郴、王郁留西河拥护之。令西河长史岁将骑二千、弛刑五百人,助中郎将卫护单于,冬屯夏罢,自后以为常。南单于既居西河,亦列置诸部王,助汉扞戍北地、朔方、五原、云中、定襄、雁门、代郡,皆领部众,为郡县侦逻耳目。北单于惶恐,颇还所略汉民以示善意,钞兵每到南部下,还过亭候,辄谢曰:"自击亡虏薁鞬日逐耳,非敢犯汉民也。"

二十七年五月,北匈奴遣使诣武威求和亲,帝召公卿廷议,不决。皇太子言曰:"南单于新附,北虏惧于见伐,故

秋季，南单于比送儿子到汉朝做人质。光武帝下诏，赏赐给南单于比官帽、玉带、玺印、车马、金银丝绸、兵器以及各种生产、生活用具，又从河东转运粮食两万五千斛、牛羊三万六千头，供应给南匈奴。命令中郎将带领散押刑徒五十人，随同南单于比，前往南匈奴王庭，参与处理诉讼案件，并伺察情况。到了年底，南单于比就派使者到东汉朝廷进献奉章，护送儿子入朝做人质，汉朝则派谒者护送上一次的人质返回南单于王庭，赏赐单于和阏氏、左右贤王及以下官员彩色丝绸，合计一万匹，每年如此，成为定例。这时，云中、五原、朔方、北地、定襄、雁门、上谷、代等八郡在此避难的居民，都回到本地。东汉朝廷派出谒者，分别带领解除枷锁的散押刑徒，修补整治城郭，召集流落在内地的边民，安排他们返回原郡县，对返回的人，都赏赐备装费，供给粮食。当时沿边城郭已成废墟，归来的边民清除瓦砾，重建家园，光武帝这才后悔以前不该强迫边民迁往内地。

冬季，原先叛逃的南匈奴五位骨都侯的儿子们，又率领部众三千人回归南匈奴。北单于蒲奴派骑兵追击，将他们全部抓获。南单于比派兵抵抗，迎战北匈奴骑兵，失利。因此，光武帝再次下诏，命令南单于比率领部众迁居西河郡美稷县，让段郴、王郁统领的部队，留在西河郡，保护南匈奴。命令西河长史率领骑兵两千人，解除枷锁的刑徒五百人，协助中郎将保护南单于，自冬季开始进驻，到夏季时撤走，从此成为惯例。南单于比定居西河郡以后，同样设置各部落首领，让他们分别协助汉朝边防部队守卫北地、朔方、五原、云中、定襄、雁门、代郡，各部落首领都带领部众，担任各郡县侦察巡逻队的耳目。北单于蒲奴惊慌害怕，经常放回劫掠的汉人，以表示善意，他的抢掠人马每次到南匈奴地区活动，返回时都要拜访汉朝边塞的亭候，总是抱歉地说："我们只是攻打逃亡的罪人奠鞬日逐而已，不敢侵犯汉人。"

二十七年(51)五月，北匈奴派遣使者来到武威郡，请求跟汉朝皇帝结亲和好。光武帝召集公卿在殿庭上商议，没能做出决定。皇太子说："南单于比新近归附，北匈奴害怕受到讨伐，所以

倾耳而听,争欲归义耳。今未能出兵而反交通北虏,臣恐南单于将有二心,北虏降者且不复来矣。"帝然之,告武威太守勿受其使。

朗陵侯臧宫、扬虚侯马武上书曰:"匈奴贪利,无有礼信,穷则稽首,安则侵盗。虏今人畜疫死,旱蝗赤地,疲困乏力,不当中国一郡,万里死命,县在陛下。福不再来,时或易失,岂宜固守文德而堕武事乎!今命将临塞,厚县购赏,逾告高句骊、乌桓、鲜卑攻其左,发河西四郡、天水、陇西羌胡击其右,如此,北虏之灭,不过数年。臣恐陛下仁恩不忍,谋臣狐疑,令万世刻石之功不立于圣世!"

诏报曰:"《黄石公记》曰:'柔能制刚,弱能制强,舍近谋远者劳而无功,舍远谋近者逸而有终。故曰务广地者荒,务广德者强,有其有者安,贪人有者残。残灭之政,虽成必败。'今国无善政,灾变不息,百姓惊惶,人不自保,而复欲远事边外乎!孔子曰:'吾恐季孙之忧不在颛臾。'且北狄尚强,而屯田警备;传闻之事,恒多失实。诚能举天下之半以灭大寇,岂非至愿?苟非其时,不如息民。"自是诸将莫敢复言兵事者。

认真听取我们的晓谕,争着要归附正义。如今我们不但没能为南匈奴出兵,反而跟北匈奴交往,我恐怕南单于比将生异心,而想要投降的北匈奴部众也不会再来了。"光武帝认为皇太子说的对,通知武威太守,不要接受北匈奴使者。

朗陵侯臧宫、扬虚侯马武上书说:"匈奴贪图利益,没有礼义信誉的观念,困窘时向汉朝叩头,内部安定了,就侵掠汉朝。现在,匈奴的人丁牲畜,遭受瘟疫,大批死亡,旱灾蝗灾严重,大地寸草不生,其力量疲惫困顿,还不及内地一个郡的实力,万里之外蛮族的生与死,拴系在陛下的手上。大福不会再次来临,时机也许会轻易丧失,怎么可以固守文治而荒废武功?现在应该命令将领前往边塞,悬以重赏,募人穿越北匈奴,通知高句丽、乌桓、鲜卑进攻北匈奴的左翼,征发河西四郡、天水、陇西境内的羌胡部落进攻北匈奴的右翼,这样的话,过不了几年,就能消灭北匈奴。我们担心陛下仁爱恩厚,不忍心杀伤,而负责谋略的官员又犹豫不决,使刻石铭记、流芳万世的丰功伟绩,不能建立在圣明的今世。"

光武帝用诏书作答:"《黄石公记》说:'柔和的能够战胜刚烈的,弱小的能够制服强大的;舍弃近处的,谋求远处的,白费力气,没有功效;舍弃远处的,谋求近处的,轻轻巧巧,便有成果。所以说,追求开拓疆土的,会招致败亡;追求扩大恩德的,会变得强大;保有属于自己的东西,能得到安宁;贪图属于他人的东西,会遭到毁灭;毁灭别人的政策,虽然会成功一时,但最终肯定失败。'如今,朝廷还没有良好的政绩,灾异不断,百姓惊慌,谁都没有信心保全自己,在这种情况下,还要贪求在遥远的塞外建立功勋吗?孔子说:'我恐怕季孙氏的大祸,不在外敌颛臾,而在自家内部。'况且北匈奴还很强大,我们在边塞屯垦荒地,只是为了加强戒备;传说的事情,经常跟事实不符。假如动用一半国力,能够消灭大敌,这难道不是我最大的愿望?可是,如果时机还不适当,不如让百姓休养生息。"从此以后,将领们不敢再建议兴兵动武。

二十八年秋八月，北匈奴遣使贡马及裘，更乞和亲，并请音乐，又求率西域诸国胡客俱献见。帝下三府议酬答之宜。司徒掾班彪曰："臣闻孝宣皇帝敕边守尉曰：'匈奴大国，多变诈，交接得其情则却敌折冲，应对入其数则反为轻欺。'今北匈奴见南单于来附，惧谋其国，故数乞和亲，又远驱牛马与汉合市，重遣名王，多所贡献，斯皆外示富强以相欺诞也。臣见其献益重，知其国益虚，归亲愈数，为惧愈多。然今既未获助南，则亦不宜绝北，羁縻之义，礼无不答。谓可颇加赏赐，略与所献相当，报答之辞，令必有适。

"今立稿草并上曰：'单于不忘汉恩，追念先祖旧约，欲修和亲，以辅身安国，计议甚高，为单于嘉之。往者匈奴数有乖乱，呼韩邪、郅支自相仇隙，并蒙孝宣帝垂恩救护，故各遣侍子称藩保塞。其后郅支忿戾，自绝皇泽，而呼韩附亲，忠孝弥著。及汉灭郅支，遂保国传嗣，子孙相继。今南单于携众向南，款塞归命，自以呼韩嫡长，次第当立，而侵夺失职，猜疑相背，数请兵将，归扫北庭，策谋纷纭，无所不至。

二十八年(52)秋季八月,北匈奴派使者向汉朝进贡马匹、皮毛,再次请求结亲和好,还请求汉朝赠送宫廷乐器,又请求率领西域各国的使节一起进贡晋见。光武帝将此事交付三府,让他们研究酬谢应答的事宜。司徒掾班彪说:"我听说孝宣皇帝给戍边将领的训令是:'匈奴是个大国,狡诈多变,与他们交往如果能得到他们的真心,就可以制敌取胜,如果我们的应答陷入他们的权术,反而会被他们轻视欺侮。'现在,北匈奴看到南单于比归附汉朝,害怕我们算计他们的国家,所以几次请求结亲和好,又长途跋涉,驱赶牛马,来跟汉朝做边境贸易,还一再派遣著名的藩王,向汉朝大量进贡,这都是故意向外人显示他们富裕强盛,以便欺骗我们。我看见他们进贡的物品量越来越大,便知道他们的国力越来越空虚;看到他们请求和亲的次数越来越多,便知道他们内心的恐惧越来越重。然而,我们现在既然未能俘获北单于蒲奴,以此来帮助南匈奴,也就不应该跟北匈奴断绝来往,根据怀柔的原则,收到外族的礼物,不可以不酬答。我认为,可以稍微多给一点赏赐,其价值跟他们的贡品大致相当,但复信的措辞必须恰当。

　　"现在我拟了一份草稿,一并呈送给陛下。草稿上写道:'北匈奴单于:你不忘汉朝恩惠,追念祖先订立的和约,盼望建立两国间和亲关系,以便护身保国,这个主意很高明,我向你表示赞许。过去匈奴多次内乱,呼韩邪单于跟郅支单于互相仇恨,但一同蒙受孝宣皇帝的救护之恩,都派儿子到汉朝做人质,并都表示愿意做汉朝属国,保卫汉朝边塞。后来郅支单于蛮横无理,自行断绝汉朝皇帝的恩泽,而呼韩邪单于仍亲近汉朝,忠诚孝顺,更加昭著。等到汉朝大军诛灭郅支单于,呼韩邪单于才保全匈奴国,世世代代承传大业,子子孙孙继立王位。现在南单于比率领部众南下,到汉朝边界表示归附,声称他是呼韩邪单于嫡长子,按依次相传的顺序,应该立为单于,不料受到侵夺,失去王位,又受到猜疑,不得不出走,他多次请求汉朝出兵,要返回故土,扫荡北匈奴王庭,提出了多种多样的计策谋略,方方面面都考虑到了。

惟念斯言不可独听,又以北单于比年贡献,欲修和亲,故拒而未许,将以成单于忠孝之义。汉秉威信,总率万国,日月所照,皆为臣妾,殊俗百蛮,义无亲疏,服顺者褒赏,畔逆者诛罚,善恶之效,呼韩、郅支是也。今单于欲修和亲,款诚已达,何嫌而欲率西域诸国俱来献见?西域国属匈奴与属汉何异?单于数连兵乱,国内虚耗,贡物裁以通礼,何必献马裘?今赍杂缯五百匹、弓鞬韇丸一、矢四发遗单于,又赐献马左骨都侯、右谷蠡王杂缯各四百匹,斩马剑各一。单于前言:"先帝时所赐呼韩邪竽、瑟、空侯皆败,愿复裁赐。"念单于国尚未安,方厉武节,以战攻为务,竽、瑟之用,不如良弓、利剑,故未以赍。朕不爱小物,于单于便宜。所欲遣驿以闻。'"帝悉纳从之。

中元元年十一月,南单于比死,弟左贤王莫立,为丘浮尤鞮单于,帝遣使赍玺书拜授玺绶,赐以衣冠及缯彩,是后遂以为常。

二年,南单于莫死,弟汗立,为伊伐於虑鞮单于。

明帝永平二年,南单于汗死,单于比之子适立,为醯僮尸逐侯鞮单于。

五年十一月,北匈奴寇五原,十二月,寇云中,南单于击却之。

我只是考虑到这些话不可以偏听，又因为你北单于近年来都有进贡，要求建立和亲关系，因而拒绝了南单于比的请求，目的在于成全你北单于对汉朝尽忠尽孝的心念。我们汉朝秉承威望和信誉，统率天下各国，凡是太阳和月亮照到的地方，都是汉朝的藩属。不同风俗习惯的各种蛮族，汉朝在道义上不分亲近和疏远。服从归顺的，就褒奖赏赐；叛变忤逆的，就诛杀惩罚。为善为恶的后果，看一看呼韩邪单于和郅支单于的结局就很清楚。现在，你北单于想要建立和亲关系，诚恳的心意已经表达，还有什么猜疑，要率领西域各国的使节一起来晋见？西域各国归属匈奴，与归属汉朝，有什么区别？你部连续多次遇到战乱，国内财力空竭，贡品表示交往的礼仪就足够了，何必奉献贵重的马匹和皮毛？现将各色绸缎五百匹，弓一张、装弓装箭的器具各一，箭四支，赠送北单于蒲奴；又赏赐前来献马的左骨都侯、右谷蠡王杂色绸缎各四百匹，斩马剑各一把。北单于先前曾说：'先帝时赏赐给呼韩邪单于的竽、瑟、箜篌等乐器，都已经坏了，希望再次酌情赐予。'我考虑到匈奴国内尚未安定，正在厉兵秣马崇尚武艺，以建立战功为要务，竽、瑟等乐器的功用，不如良弓利箭，所以没有赠送。我不是舍不得这些小玩意，只是觉得这样子对你比较适宜。如有其他需用，可以派驿使前来报告。"光武帝全部采纳了班彪的建议。

中元元年(56)十一月，南匈奴单于比去世，他的弟弟左贤王莫继任，此即丘浮尤鞮单于，光武帝派使节把承认新任单于的诏书交给单于莫，并授给玺印，还赏赐官服、官帽及绸缎，从此以后，这些仪式和赏赐便成为惯例。

二年(57)，南匈奴单于莫去世，他的弟弟汗继任，此即伊伐於虑鞮单于。

明帝永平二年(59)，南匈奴单于汗去世，前单于比的儿子適继任，此即醯僮尸逐侯鞮单于。

五年(62)十一月，北匈奴侵犯五原郡，十二月，侵犯云中郡，南单于適将他们击退。

六年，南单于適死，单于莫之子苏立，为丘除车林鞮单于。数月，复死，单于適之弟长立，为湖邪尸逐侯鞮单于。

七年，北匈奴犹盛，数寇边，遣使求合市。上冀其交通，不复为寇，许之。

八年三月，越骑司马郑众使北匈奴，单于欲令众拜，众不为屈。单于围守，闭之不与水火。众拔刀自誓，单于恐而止。乃更发使，随众还京师。

初，大司农耿国上言："宜置度辽将军屯五原，以防南匈奴逃亡。"朝廷不从。南匈奴须卜骨都侯等知汉与北虏交使，内怀嫌怨，欲畔，密使人诣北虏，令遣兵迎之。郑众出塞，疑有异，伺候，果得须卜使人，乃上言："宜更置大将，以防二虏交通。"由是始置度辽营，以中郎将吴棠行度辽将军事，将黎阳虎牙营士屯五原曼柏。

北匈奴虽遣使入贡，而寇钞不息，边城昼闭。帝议遣使报其使者，郑众上疏谏曰："臣闻北单于所以要致汉使者，欲以离南单于之众，坚三十六国之心也。又当扬汉和亲，夸示邻敌，令西域欲归化者局足狐疑，怀土之人绝望中国耳。汉使既到，便偃塞自信，若复遣之，虏必自谓得谋，其群臣驳议者不敢复言。如是南庭动摇，乌桓有离心矣。

六年(63),南匈奴单于适去世,前单于莫的儿子苏继任,此即丘除车林鞮单于。几个月之后,单于苏又去世了,前单于适的弟弟长继任,此即湖邪尸逐侯鞮单于。

七年(64),北匈奴仍很强大,多次骚扰汉朝边境,又派使者来汉朝,要求互市。明帝希望通过贸易往来,北匈奴不再骚扰危害边境,便答应了这项要求。

八年(65)三月,越骑司马郑众出使北匈奴,北单于想要让郑众跪拜,郑众不肯屈服。北单于派兵围困郑众的住所,堵住出口,不供应水、火。郑众拔刀宣誓,宁死不屈,北单于恐怕郑众自尽,才下令终止对郑众的胁迫。于是,北单于又派遣使者,随同郑众返回汉朝首都雒阳。

当初,大司农耿国上书说:"应该设置度辽将军,带兵驻守五原郡,以防止南匈奴部众向北方逃亡。"朝廷不予采纳。南匈奴须卜骨都侯等得知汉朝与北匈奴互派使节,心里既疑惑,又怨恨,打算背叛,他们秘密派人到北匈奴那儿联络,要北匈奴派兵南下接应。郑众出边塞时,怀疑有异常情况,派人守候,果然捉获须卜的信使,于是,郑众上书说:"应当另外设置大将,以便防备南北匈奴互相勾结。"从此,汉朝开始设置度辽营,任命中郎将吴棠代理度辽将军的职事,率领黎阳虎牙营的士兵,驻扎五原郡曼柏县。

北匈奴虽派遣使者入朝进贡,而对汉朝边境的骚扰抢掠仍未停息,沿边城镇在白天也得紧闭城门。明帝跟大臣们商议,打算派使节回报北匈奴使者,郑众上书劝阻:"我听说北单于之所以招请汉朝使节,是打算借此离间南单于的部众,坚定西域三十六国对北匈奴的忠心。他们还将大肆宣扬已跟汉朝结亲通好,向邻邦敌国夸耀,使打算归附汉朝的西域各国疑神疑鬼裹足不前,使流落西域怀念故乡的汉人对祖国失去希望。上次汉朝使节一到那北单于就骄横傲慢自以为是,如果汉朝再次派遣使节,北单于一定自以为得计,北匈奴臣僚中有不同意见的再也不敢说话。这样南匈奴王庭便会动摇不定,乌桓也会产生离心倾向。

南单于久居汉地，具知形势，万分离析，旋为边害。今幸有度辽之众扬威北垂，虽勿报答，不敢为患。"帝不从，复遣众往。众因上言："臣前奉使，不为匈奴拜，单于恚恨，遣兵围臣。今复衔命，必见陵折。臣诚不忍持大汉节对毡裘独拜。如令匈奴遂能服臣，将有损大汉之强。"帝不听，众不得已，既行，在路连上书固争之。诏切责众，追还，系廷尉。会赦，归家。其后帝见匈奴来者，闻众与单于争礼之状，乃复召众为军司马。

十五年夏四月，谒者仆射耿秉数上言请击匈奴。上以显亲侯窦固尝从其世父融在河西，明习边事，乃使秉、固与太仆祭肜、虎贲中郎将马廖、下博侯刘张、好畤侯耿忠等共议之。耿秉曰："昔者匈奴援引弓之类，并左衽之属，故不可得而制。孝武既得河西四郡及居延、朔方，虏失其肥饶畜兵之地，羌胡分离，唯有西域俄复内属，故呼韩邪单于请事款塞，其势易乘也。今有南单于，形势相似。然西域尚未内属，北虏未有衅作。臣愚以为当先击白山，得伊吾，破车师，通使乌孙诸国以断其右臂；伊吾亦有匈奴南呼衍一部，破此，复为折其左角，然后匈奴可击也。"上善其言。议者或以为："今兵出白山，匈奴必并兵相助，又当分其东以

南匈奴长期居住在内地,对汉朝的各种情况,全都知道,万一分裂出去,会立刻成为边境的祸害。如今幸亏有度辽营的将士扬威北方,我们即使不派使节回访,谅北单于也不敢制造祸患。"明帝不接受郑众的建议,再次派郑众作为汉使前往北匈奴。于是郑众又一次上书说:"我上一次奉命出使北匈奴,因不肯行跪拜礼,北单于十分怨恨,派兵把我团团包围。如今,我再次奉命前往,必定遭到凌辱。我实在不忍心手持大汉皇朝的符节,向身穿毛皮服装的独夫叩拜。假如北单于竟然使臣屈服向他跪拜,即使单于因此向汉称臣,那也将损害汉朝的威望。"明帝不听。郑众无可奈何,只好从命,上路后,又在途中接连上书力争,始终坚持自己的主张。明帝下诏,严厉责备郑众,派人将他追回,押回京师,囚禁于廷尉监狱。适逢明帝大赦天下,郑众返回家中。后来,明帝接见北匈奴来客,从客人口中听说了郑众与北单于为礼法发生争执的情形,就又征召郑众回朝,担任军司马。

十五年(72)夏季四月,谒者仆射耿秉多次上书,请求发兵攻打北匈奴。明帝因显亲侯窦固曾随他伯父窦融在河西居住,明悉边境事宜,就让耿秉、窦固和太仆祭肜、虎贲中郎将马廖、下博侯刘张、好畤侯耿忠等人,共同商议。耿秉说:"过去,匈奴得到骑马同族的帮助,聚合前襟左掩的部落,所以不易制服。在孝武皇帝夺得河西四个郡及居延、朔方后,匈奴丧失了肥沃富饶可以养育士兵的土地,断绝了与羌胡部落的联系,其势力范围只剩下西域各国,而西域各国不久也归附汉朝,成为属国,因此,呼韩邪单于到边塞请求归附,那种形势是很容易利用的。当今我们有南单于长,此时的形势与那时相像,可是西域还没有归附,北匈奴也没有挑衅行为。我认为,应当首先进攻白山,夺取伊吾,攻克车师,跟乌孙各国互派使节,结成同盟,以此斩断北匈奴的右臂;在伊吾尚有一支北匈奴南呼衍的部落,打败了他们,又等于折断了北匈奴的左角,然后就可以进攻北匈奴的本土了。"明帝认为这些话很对。议政的大臣中,有人认为:"如今派兵进攻白山,北匈奴一定会集中兵力救援,应当分隔在东方的北匈奴部队,使

离其众。"上从之。十二月，以秉为驸马都尉，固为奉车都尉，以骑都尉秦彭为秉副，耿忠为固副，皆置从事、司马，出屯凉州。秉，国之子；忠，弇之子；廖，援之子也。

十六年春二月，遣肜与度辽将军吴棠将河东、西河羌胡及南单于兵万一千骑出高阙塞，窦固、耿忠率酒泉、敦煌、张掖甲卒及卢水羌胡万二千骑出酒泉塞，耿秉、秦彭率武威、陇西、天水募士及羌胡万骑出张掖居延塞，骑都尉来苗、护乌桓校尉文穆将太原、雁门、代郡、上谷、渔阳、右北平、定襄郡兵及乌桓、鲜卑万一千骑出平城塞，伐北匈奴。窦固、耿忠至天山，击呼衍王，斩首千馀级，追至蒲类海，取伊吾卢地，置宜禾都尉，留吏士屯田伊吾卢城。耿秉、秦彭击匈林王，绝幕六百馀里，至三木楼山而还。来苗、文穆至匈河水上，虏皆奔走，无所获。祭肜与南匈奴左贤王信不相得，出高阙塞九百馀里，得小山，信妄言以为涿邪山，不见虏而还。肜与吴棠坐逗留、畏懦，下狱，免。肜自恨无功，出狱数日，欧血死。临终谓其子曰："吾蒙国厚恩，奉使不称，身死诚惭恨，义不可以无功受赏。死后，若悉簿上所得物，身自诣兵屯，效死前行，以副吾心。"既卒，其子逢上疏，具陈遗言。帝雅重肜，方更任用，闻之大惊，嗟叹良久。

是岁，北匈奴大入云中，云中太守廉范拒之。吏以众

其远离大部队。"明帝采纳了这个建议。十二月,朝廷任命耿秉担任驸马都尉,窦固担任奉车都尉,任命骑都尉秦彭做耿秉的副手,耿忠做窦固的副手,都设置了从事、司马等属官,出兵进驻凉州。耿秉,是耿国的儿子;耿忠,是耿弇的儿子;马廖,是马援的儿子。

十六年(73)春季二月,朝廷派太仆祭肜与度辽将军吴棠,共同率领河东、西河的羌胡部队及南匈奴部队,共一万一千骑兵,从高阙塞出发;窦固、耿忠率领酒泉、敦煌、张掖三郡郡兵及卢水的羌胡部队,共一万二千骑兵,从酒泉塞出发;耿秉、秦彭率领武威、陇西、天水三郡招募的壮士及羌胡部队,共一万骑兵,从张掖郡居延塞出发;骑都尉来苗、护乌桓校尉文穆,率领太原、雁门、代郡、上谷、渔阳、右北平、定襄等七郡郡兵,及乌桓、鲜卑部队,共一万二千骑兵,从平城塞出发。四路大军,共同征伐北匈奴。窦固、耿忠率部挺进到天山,击溃北匈奴呼衍王的部众,杀死一千多人,又追击到蒲类海,夺取伊吾卢附近地区,设置了宜禾都尉,留下一些将士在伊吾卢城屯田。耿秉、秦彭率部攻击北匈奴匈林王的部众,穿越六百多里的大沙漠,挺进到三木楼山之后返回。来苗、文穆率部挺进到匈河水滨,北匈奴部众都向北逃散,没抓获什么俘虏;祭肜与南匈奴左贤王信合不来,他们从高阙塞出发,行进了九百多里,攻占一座小山,左贤王信谎称此山是涿邪山,他们没有发现北匈奴士兵,就返回了。祭肜和吴棠被指控犯了逗留不进、软弱畏敌的罪行,被捕下狱,免去职务。祭肜恨自己没有立功,出狱才几天,就吐血而死。临死前对儿子说:"我承蒙国家的厚恩,奉命担当大任,却不能称职,如今虽然身死,仍然痛感愧恨,从道义上讲,没有功劳,就不能接受赏赐。我死后,你要把我以往得到的赏赐,全部登记上缴,你自己去兵营从军,冲锋在前,舍命杀敌,报效国家,使我称心。"祭肜死后,儿子祭逢上书,一一陈述父亲的遗言。明帝平时就看重祭肜,正准备再次起用委任,听说了祭肜的遗言,大为震惊,久久叹息。

这年北匈奴大攻云中郡。太守廉范领兵抵抗。下属因兵员

少,欲移书傍郡求救,范不许。会日暮,范令军士各交缚两炬,三头爇火,营中星列。虏谓汉兵救至,大惊,待旦将退。范令军中蓐食,晨往赴之,斩首数百级。虏自相辚藉,死者千馀人。由此不敢复向云中。

十七年冬十一月,奉车都尉窦固定车师而还,奏复置西域都护及戊、己校尉。以陈睦为都护;司马耿恭为戊校尉,屯后王部金蒲城;谒者关宠为己校尉,屯前王部柳中城。屯各置数百人。

十八年春二月,北单于遣左鹿蠡王率二万骑击车师。耿恭遣司马将兵三百人救之,皆为所没。匈奴遂破杀车师后王安得而攻金蒲城。恭以毒药傅矢,语匈奴曰:"汉家箭神,其中疮者必有异。"虏中矢者,视创皆沸,大惊。会天暴风雨,随雨击之,杀伤甚众。匈奴震怖,相谓曰:"汉兵神,真可畏也!"遂解去。

十一月,北匈奴围关宠于柳中城。会中国有大丧,救兵不至,车师复叛,与匈奴共攻耿恭。恭率厉士众御之,数月,食尽穷困,乃煮铠弩,食其筋革。恭与士卒推诚同死生,故皆无二心,而稍稍死亡,馀数十人。单于知恭已困,欲必降之,遣使招恭曰:"若降者,当封为白屋王,妻以女子。"恭诱其使上城,手击杀之,炙诸城上。单于大怒,更益

太少,打算向邻近郡县传送请求救援的文书,廉范不同意。这时恰逢日落,廉范命令将士,每人将两支火把交叉捆绑成十字形,一端插地,三端点火,入夜,军营中像群星罗列那样,到处都是火光。匈奴人认为汉朝的援军已到,大为震惊,打算等到天亮时撤退。廉范命将士在草地进餐,凌晨出击,杀死几百人。北匈奴部众自相践踏,踩死了一千多人。此后北匈奴不敢再前来进攻云中郡。

十七年(74)冬季十一月,奉车都尉窦固平定车师国之后返回,上书朝廷,建议恢复西域都护以及戊、己校尉。朝廷任命陈睦担任西域都护;任命司马耿恭担任戊校尉,驻守车师国后王部所在的金蒲城;任命谒者关宠担任己校尉,驻守车师国前王部所在的柳中城。每处各安排驻军几百人。

十八年(75)春季二月,北单于派左鹿蠡王率领两万骑兵进攻车师国。戊校尉耿恭派司马带兵三百人前去救援,这三百人被北匈奴杀败,全部覆没。北匈奴乘胜击败车师后王安得,将他杀死,继而进攻金蒲城。耿恭把毒药涂在箭头上,对北匈奴官兵说:"这是汉朝的神箭,被射中的人,其箭疮会发生怪事。"被毒箭射中的北匈奴官兵,看见伤口像被滚水烫了一样,起了很多燎泡,都非常惊骇。这时,又起了暴风雨,耿恭率部冒雨出击,杀伤很多北匈奴官兵。北匈奴官兵震惊恐惧,互相说:"汉朝军队神了,真可怕呀!"于是解围撤兵。

十一月,北匈奴部队把己校尉关宠团团围困在柳中城。恰逢明帝逝世,救援部队派不来,于是车师国前后王再度反叛,跟北匈奴共同攻打耿恭的部队。耿恭督促将士奋力抵抗,坚持数月,粮食空竭陷入困顿,就用水煮盔甲、弓弩,吃上面的皮革。耿恭对将士诚心相待同生共死,因此将士忠贞不贰,但士兵渐渐死去,最后只剩几十人。北单于知道耿恭已十分困窘,一心想要他投降,便派使者前往城下招抚,说:"你如果投降,单于就封你做白屋王,把公主嫁给你做妻子。"耿恭引诱使者登上城楼,亲手把他杀了,还在城楼上焚烧了他的尸体。北单于大为恼怒,再次增

兵围恭，不能下。关宠上书求救，诏公卿会议。司空伦以为不宜救。司徒鲍昱曰："今使人于危难之地，急而弃之，外则纵蛮夷之暴，内则伤死难之臣。诚令权时，后无边事可也，匈奴如复犯塞为寇，陛下将何以使将？又二部兵人裁各数十，匈奴围之，历旬不下，是其寡弱力尽之效也。可令敦煌、酒泉太守，各将精骑二千，多其幡帜，倍道兼行，以赴其急。匈奴疲极之兵，必不敢当。四十日间，足还入塞。"帝然之。乃遣征西将军耿秉屯酒泉，行太守事，遣酒泉太守段彭与谒者王蒙、皇甫援发张掖、酒泉、敦煌三郡及鄯善兵合七千馀人以救之。

章帝建初元年春正月，诏兖、豫、徐三州禀赡饥民。上问："何以消复旱灾？"校书郎杨终上疏曰："间者北征匈奴，西开三十六国，百姓频年服役，转输烦费。愁困之民足以感动天地，陛下宜留念省察。"帝下其章，第五伦亦同终议。牟融、鲍昱皆以为："孝子无改父之道。征伐匈奴，屯戍西域，先帝所建，不宜回异。"终复上疏曰："秦筑长城，功役繁兴，胡亥不革，卒亡四海。故孝元弃珠厓之郡，光武绝西域之国，不以介鳞易我衣裳。鲁文公毁泉台，《春秋》讥之曰：'先祖为之，而己毁之，不如勿居而已。'以其无妨害于

兵围城,但无法攻克。关宠上书请求救援,章帝下诏,命公卿商议。司空第五伦认为不应该救援。司徒鲍昱说:"派人到危险的地方,一旦情况紧急,就抛弃他们,这样做的话,对外纵容蛮族的暴行,对内伤害效命的忠臣。假如作为权宜之计,能使边界今后无战事,这样做倒也可以,可如果北匈奴再度侵犯边塞、危害边民,陛下将靠什么使用将领? 再说,耿恭、关宠两支部队,每部的兵员仅仅几十人,北匈奴包围他们,连续几十天时间,仍不能攻克,这是北匈奴兵弱势孤、力量已尽的证明。我建议:可以命令敦煌太守和酒泉太守,各率领两千精锐骑兵,多带旗帜,日夜不停,兼程行进,往救急难。北匈奴极度疲惫的部队,一定不敢抵挡。把耿恭、关宠等官兵接回塞内,有四十天时间就足够了。"章帝表示同意。于是,派征西将军耿秉驻扎酒泉,代理太守的职事,派酒泉太守段彭与谒者王蒙、皇甫援,征调张掖、酒泉、敦煌三郡郡兵,以及鄯善国的部队,合计七千多人,前往救援。

章帝建初元年(76)春季正月,章帝下诏,命令兖州、豫州、徐州的官府,都要开仓赈济饥饿的灾民。章帝问道:"用什么办法避免旱灾再度发生呢?"校书郎杨终上书,说道:"近年来,朝廷在北方征伐北匈奴,在西域开通三十六国,这样,老百姓连年承当劳役,运输粮草辎重,耗费不仅多而且大。愁苦困顿的百姓,足以使天地感伤,陛下应该留意考察。"章帝把奏章交给群臣去讨论,第五伦也跟杨终的意见是一样的。牟融、鲍昱都这么认为:"孝顺的儿子不会改变父亲生前的主张。征讨攻伐北匈奴,驻守开发西域,都是先帝所做的决策,现在不应该改变。"杨终再次上书,说道:"秦始皇修筑长城,征发的劳役过于繁重,秦二世胡亥没有革除前代的弊政,终于丢掉了江山。因此,孝元皇帝放弃了珠厓郡,光武皇帝拒绝西域各国前来归附,不肯为了得到河里的鱼鳖而换下华美的服装,也就是说,不要为了得到远方的蛮族而被人改换了朝廷。在春秋时代,鲁文公拆除了泉台,《春秋》讽刺他说:'祖先建造泉台,子孙拆毁泉台,与其这样,倒还不如留下泉台不去居住也就罢了。'这是因为泉台留在那儿不会妨害

民也。襄公作三军，昭公舍之，君子大其复古，以为不舍则有害于民也。今伊吾之役，楼兰之屯，兵久而未还，非天意也。"帝从之。

酒泉太守段彭等兵会柳中，击车师，攻交河城，斩首三千八百级，获生口三千馀人。北匈奴惊走，车师复降。会关宠已殁，谒者王蒙等欲引兵还。耿恭军吏范羌，时在军中，固请迎恭。诸将不敢前，乃分兵二千人与羌，从山北迎恭，遇大雪丈馀，军仅能至。城中夜闻兵马声，以为虏来，大惊。羌遥呼曰："我范羌也，汉遣军迎校尉耳。"城中皆称万岁。开门，共相持涕泣。明日，遂相随俱归。虏兵追之，且战且行。吏士素饥困，发疏勒时，尚有二十六人，随路死没，三月至玉门，唯馀十三人，衣履穿决，形容枯槁。中郎将郑众为恭已下洗沐，易衣冠，上疏奏："恭以单兵守孤城，当匈奴数万之众，连月逾年，心力困尽，凿山为井，煮弩为粮，前后杀伤丑虏数百千计，卒全忠勇，不为大汉耻。宜蒙显爵，以厉将帅。"恭至雒阳，拜骑都尉。

冬十一月，北匈奴皋林温禺犊王将众还居涿邪山。南单于与边郡及乌桓共击破之。是岁南部大饥，诏禀给之。

二年春三月甲辰，罢伊吾卢屯兵。匈奴复遣兵守其地。

百姓。鲁襄公把军队扩建为三军，鲁昭公一即位就废止，君子赞美鲁昭公的行为，因为不废止就危害百姓。而今伊吾兵役、楼兰屯戍使很多士兵长期不能回家，这不是上天旨意。"章帝接受了。

酒泉太守段彭等人率领的各路救援部队，在柳中集结，然后进击车师，攻克交河城，杀死北匈奴官兵三千八百人，生擒三千多人。北匈奴惊恐万状，向北逃窜，车师国再次投降汉朝。这时，己校尉关宠已经去世，谒者王蒙等打算带兵返回。耿恭的部将范羌，当时正在王蒙军中，他坚持要求去接迎耿恭。各位将领惧怕天寒路险，不敢前往，于是，耿彭拨出两千士兵给范羌，让范羌到天山北麓去接迎耿恭，范羌带兵北上，遇到下大雪，地上积雪一丈多深，将士们艰苦挣扎，勉强到达疏勒城。城中的官兵在夜间听到城外人喊马嘶，以为是北匈奴来攻城，十分吃惊。范羌从远处高喊："我是范羌，汉朝派部队迎接戍校尉来了。"城中官兵都欢呼万岁。于是打开城门，城内外官兵相互拥抱，失声痛哭。第二天，耿恭的部队跟随大部队一同返回。北匈奴部队在后面追击，耿恭、范羌，一边打仗，一边赶路。耿恭属下的官兵，一向受饥挨饿，困顿不堪，从疏勒出发时，还有二十六人，一路上不断死亡，三月份抵达玉门时，只剩下十三人，每个人衣衫破烂，鞋帽洞穿，面容憔悴。中郎将郑众给耿恭和他的部属濯发洗身，更换衣帽，并上书说："耿恭凭借微薄的兵力坚守孤城，抵挡北匈奴数万大军，积年累月，耗尽了全部精力和体力，开山挖井，煮食弓弩，先后杀死打伤敌人数以千计，终于成全忠勇二字，没有给汉朝丢脸。应该让耿恭得到显贵的官爵，以此激励其他将领。"耿恭到达雒阳后，朝廷任命他担任骑都尉。

冬季十一月，北匈奴皋林温禺犊王率领部众返回涿邪山居住。南单于长与沿边各郡地方部队以及乌桓部落，共同击杀打败了皋林温禺犊王。这一年南匈奴发生大饥荒，章帝下令向南匈奴赠送粮食。

二年(77)春季三月甲辰(初八)，朝廷决定停止在伊吾卢驻扎军队。于是，北匈奴再度派兵驻守伊吾卢。

八年夏六月,北匈奴三木楼訾大人稽留斯等率三万馀人款五原塞降。

元和元年十二月,武威太守孟云上言:"北匈奴复愿与吏民合市。"诏许之。北匈奴大且渠伊莫訾王等驱牛马万馀头来与汉交易,南单于遣轻骑出上郡钞之,大获而还。

二年春正月,北匈奴大人车利涿兵等亡来入塞,凡七十三辈。时北虏衰耗,党众离畔,南部攻其前,丁零寇其后,鲜卑击其左,西域侵其右,不复自立,乃远引而去。

南单于长死,单于汗之子宣立,为伊屠於闾鞮单于。

冬,南单于遣兵与北虏温禺犊王战于涿邪山,斩获而还。武威太守孟云上言:"北虏以前既和亲,而南部复往抄掠,北单于谓汉欺之,谋欲犯塞,谓宜还南所掠生口以慰安其意。"诏百官议于朝堂。太尉郑弘、司空第五伦等以为"不可许",司徒桓虞及太仆袁安等以为"当与之"。弘因大言激厉虞曰:"诸言当还生口者,皆为不忠。"虞廷叱之,伦及大鸿胪韦彪各作色变容。司隶校尉举奏弘等,弘等皆上印绶谢。诏报曰:"久议沈滞,各有所志。盖事以议从,策由众定。阊阊衍衍,得礼之容,寝嘿抑心,更非朝廷之福。君何尤而深谢?其各冠履。"帝乃下诏曰:"江海所以能长百川者,以其下之也。少加屈下,尚何足病?况今与匈奴

八年(83)夏六月,北匈奴三木楼訾部落稽留斯等,率三万多人,到五原塞投降。

元和元年(84)十二月,武威太守孟云上书说道:"北匈奴再次希望跟汉朝的官民进行互市。"章帝下诏批准。北匈奴大且渠伊莫訾王等人,驱赶一万多头牛马,来跟汉人贸易,南单于长派出轻装的骑兵,从上郡出发,对他们进行袭击,掠夺了大量牲畜后返回。

二年(85)春季正月,北匈奴的部落首领车利涿兵等逃亡投奔到汉朝边塞,前后共有七十三批人。当时,北匈奴力量衰竭,同类背叛逃离,南匈奴攻它的南部,丁零骚扰它的北部,鲜卑出击它的东部,西域各国侵掠它的西部。北匈奴四面受敌,不再能够独立自保,于是离开故地向远方迁移。

这个月,南匈奴单于长去世,前单于汗的儿子宣继任,此即伊屠於闾鞮单于。

冬季,南单于宣派兵与北匈奴温禹犊王在涿邪山激战,斩杀俘获有功,胜利回师。武威太守孟云上书:"北匈奴已跟汉朝结亲和好,南匈奴又去袭击劫掠,北单于会认为汉朝欺骗他们,因而图谋侵犯边塞。我认为,应把南匈奴劫掠的人员牲畜还给北匈奴,以此安抚他们。"章帝下诏命群臣在朝堂讨论。太尉郑弘、司空第五伦等认为不应归还,司徒桓虞及太仆袁安等认为应当归还。郑弘夸大言词刺激桓虞:"凡是认为应当归还人员牲畜的,都是不忠之人。"桓虞当廷大声呵斥郑弘,第五伦及大鸿胪韦彪气得脸色大变。于是,司隶校尉上书检举郑弘等人无礼,郑弘等人都缴还印信绶带谢罪。章帝下诏:"长久讨论却延滞不能决定,是因每人都有自己的看法。大事要经过众人讨论才能做出抉择,政策也要经过众人讨论才能做出决定。虽然讨论问题要和颜悦色,从容不迫,仪容合乎于礼;但是沉默不语或违心而言,更不是国家福祉。你们有什么过错要深深自责?请各人戴上官帽,穿上官服。"章帝决定归还人员牲畜,于是下诏书说:"江海之所以能成为百川的领袖,是因为其地势低下。汉朝对属下稍微受点委屈,居于人下,又能构成什么危害?何况现在汉朝与北匈奴

君臣分定,辞顺约明,贡献累至,岂宜违信,自受其曲?其敕度辽及领中郎将庞奋倍雇南部所得生口以还北虏;其南部斩首、获生,计功、受赏如常科。"

章和元年冬十月,北匈奴大乱,屈兰储等五十八部、口二十八万,诣云中、五原、朔方、北地降。

二年三月,南单于宣死,单于长之弟屯屠何立,为休兰尸逐侯鞮单于。

五月,北匈奴饥乱,降南部者岁数千人。

秋七月,南单于上言:"宜及北虏分争,出兵讨伐,破北成南,共为一国,令汉家长无北念。臣等生长汉地,开口仰食,岁时赏赐,动辄亿万。虽垂拱安枕,惭无报效之义。愿发国中及诸部故胡新降精兵,分道并出,期十二月同会虏地。臣兵众单少,不足以防内外,愿遣执金吾耿秉、度辽将军邓鸿及西河、云中、五原、朔方、上郡太守并力而北,冀因圣帝威神,一举平定。臣国成败,要在今年,已敕诸部严兵马,唯裁哀省察。"太后以示耿秉,秉上言:"昔武帝殚极天下,欲臣虏匈奴,未遇天时,事遂无成。今幸遭天授,北虏分争,以夷伐夷,国家之利,宜可听许。"秉因自陈受恩,分当出命效用。太后议欲从之。

尚书宋意上书曰:"夫戎狄简贱礼义,无有上下;强者

已分别确定了君、臣的名分,北匈奴言辞恭顺、誓约明确,贡品连续不断地进献,我们汉朝怎么可以违背信义,使自己理亏? 现命令度辽将军兼中郎将庞奋,用双倍的钱赎买南匈奴夺得的人员牲畜,归还给北匈奴;而南匈奴官兵诛杀生擒,仍计算功劳,给予赏赐,如同定例。"

章和元年(87)冬季十月,北匈奴发生大乱,屈兰储等五十八个部落、二十八万人,到云中、五原、朔方、北地等郡投降。

二年(88)三月,南匈奴单于宣去世,前单于长的弟弟屯屠何继任,此即休兰尸逐侯鞮单于。

五月,北匈奴由饥荒引发动乱,每年有数千人向南匈奴投降。

秋季七月,南单于屯屠何上书汉朝皇帝说:"应该趁北匈奴内部纷争的机会,派遣军队,前去进行讨伐,消灭北匈奴,成全南匈奴,让南、北两部,统一成一个国家,使汉朝永远没有北方之忧。我们生长在汉朝境内,张口吃饭,都仰仗陛下,一年四季的赏赐,动不动有亿万之巨。我们虽然垂衣袖手,高枕无忧,但也惭愧未能实行报效之义。我们愿意征调两匈奴国内及汉朝各郡的精兵,以前及新近归降的胡兵,分兵几路,同时进发,约定十二月在北匈奴王庭会师。我的兵员不多,还不够防备内外,因此,希望陛下派遣执金吾耿秉、度辽将军邓鸿及西河、云中、五原、朔方、上郡等郡的太守,一起全力北征。希望凭借圣上的神威,一举平定北匈奴。我匈奴国的成功与失败,关键在于今年,我已下令各部整饬军马,希望陛下节抑先帝去世的悲哀,考虑我的建议。"窦太后把奏章交给耿秉看,耿秉上书说:"以往,武帝竭尽全国的力量,想要让匈奴称臣,但没遇到适当的时机,这件大事终于没有做成。而今,汉朝幸运地得到上天赐予的良机。北匈奴内部纷争,使我们可以利用蛮族攻伐蛮族,这符合国家的利益,应该批准南单于屯屠何的建议。"耿秉还自己陈情说,他蒙受国家的厚恩,愿意奔赴疆场,用生命报效国家。窦太后打算采纳耿秉的意见。

尚书宋意上书:"蛮族轻视礼义,无上尊下贱观念;强悍者

为雄，弱即屈服。自汉兴以来，征伐数矣，其所克获，曾不补害。光武皇帝躬服金革之难，深昭天地之明，故因其来降，羁縻畜养，边民得生，劳役休息，于兹四十馀年矣。今鲜卑奉顺，斩获万数，中国坐享大功，而百姓不知其劳，汉兴功烈，于斯为盛。所以然者，夷虏相攻，无损汉兵者也。臣察鲜卑侵伐匈奴，正是利其抄掠，及归功圣朝，实由贪得重赏。今若听南虏还都北庭，则不得不禁制鲜卑。鲜卑外失暴掠之愿，内无功劳之赏，豺狼贪婪，必为边患。今北虏西遁，请求和亲，宜因其归附，以为外扞。巍巍之业，无以过此。若引兵费赋以顺南虏，则坐失上略，去安即危矣。诚不可许。"会窦宪遣客刺杀齐殇王子都乡侯畅，太后怒。宪惧诛，因自求击匈奴以赎死。事见《窦氏专恣》。

　　冬十月乙亥，以宪为车骑将军，伐北匈奴，以执金吾耿秉为副。发北军五校、黎阳、雍营、缘边十二郡骑士及羌胡兵出塞。

　　和帝永元元年春，窦宪将征匈奴，三公、九卿诣朝堂上书谏，以为："匈奴不犯边塞，而无故劳师远涉，损费国用，徼功万里，非社稷之计。"书连上辄寝。宋由惧，遂不敢复置议，

就称雄，弱小者就屈从。汉朝自建立以来，征讨他们的次数不少了，但克敌制胜所获得的成果，还不够弥补征伐所花费的财力物力。光武皇帝亲身经历过战乱，显示天地间无与伦比的圣明，趁南匈奴来归降，笼络豢养他们，使边塞百姓获得生机，当差服役得以停止，至今已经四十多年了。现在，鲜卑对汉朝奉承顺应，斩杀俘虏北匈奴几万人，汉朝端坐安享巨大成果，而老百姓没出一点力气，汉朝建立以来获得的功勋业绩，数这一次最为伟大。之所以这么说，是因为蛮族互相攻战，没有损失汉朝一兵一将。据我看来，鲜卑侵犯北匈奴，不过是有利于他们劫夺抢掠，等到把功劳归于汉朝，实际上是贪图厚重的奖赏。今天如果听任南匈奴统一全境，返回北方王庭建都，汉朝就不得不禁止鲜卑侵犯匈奴。鲜卑对外不能实现施暴抢掠的愿望，对内因没有战功得不到赏赐，以他们豺狼般的贪婪性格，必定成为汉朝边塞的祸患。现在，北匈奴向西方逃跑，还请求跟汉朝结亲和好，应该趁这个机会，接受他们归附，让他们成为汉朝的外藩。伟大的功业，没能超过这个的。假如出动大军，耗费钱财，以便顺应南匈奴的意愿，就会白白丢失最佳决策，是抛弃平安趋向危险了。所以，对于南单于屯屠何的请求，实在不可以答应。"正在这个时候，窦宪派刺客暗杀了齐殇王的儿子都乡侯刘畅，窦太后大怒。窦宪害怕被杀，就请求由自己领兵去攻打北匈奴，以便抵赎死罪。事见《窦氏专恣》。

冬季十月乙亥（十七日），朝廷任命窦宪担任车骑将军，任命执金吾耿秉担任窦宪的副手，前去攻打北匈奴。他俩征调北军五校、黎阳营、雍营、沿边十二郡的骑兵，以及羌胡部队，出塞进行征战。

和帝永元元年（89）春季，窦宪即将出征讨伐北匈奴，三公、九卿一起到殿庭上书劝阻，认为："北匈奴早已不侵犯边境，无缘无故地动用很多军队，长途跋涉，耗用大量的国家资财，去谋求万里之外的功绩，这不是有利于国家的政策。"奏章接连上呈，总被置之不理。太尉宋由害怕了，不敢再在奏章上署名，

而诸卿稍自引止。唯袁安、任隗守正不移,至免冠朝堂固争,前后且十上,众皆为之危惧,安、隗正色自若。

侍御史鲁恭上疏曰:"国家新遭大忧,陛下方在谅阴,百姓阙然。三时不闻警跸之音,莫不怀思皇皇,若有求而不得。今乃以盛春之月,兴发军役,扰动天下,以事戎夷,诚非所以垂恩中国、改元正时、由内及外也。万民者,天之所生。天爱其所生,犹父母爱其子,一物有不得其所者,则天气为之舛错,况于人乎?故爱民者必有天报。夫戎狄者,四方之异气也,与鸟兽无别;若杂居中国则错乱天气,污辱善人。是以圣王之制,羁縻不绝而已。今匈奴为鲜卑所破,远藏于史侯河西,去塞数千里,而欲乘其虚耗,利其微弱,是非义之所出也。今始征发,而大司农调度不足,上下相迫,民间之急,亦已甚矣。群僚百姓咸曰不可,陛下独奈何以一人之计,弃万人之命,不恤其言乎?上观天心,下察人志,足以知事之得失。臣恐中国不为中国,岂徒匈奴而已哉?"尚书令韩稜、骑都尉朱晖、议郎京兆乐恢皆上疏谏,太后不听。

又诏使者为宪弟笃、景并起邸第,劳役百姓。侍御史何敞上疏曰:"臣闻匈奴之为桀逆久矣。平城之围、慢书之耻,此二辱者,臣子所谓捐躯而必死,高祖、吕后忍怒还忿,舍而不诛。今匈奴无逆节之罪,汉朝无可惭之耻,而盛春

其他官员也逐渐停止上书。只有司徒袁安、司空任隗，恪守正道，坚定不移，甚至在殿庭上脱下官帽力争，先后上书近十次，大家都替袁安、任隗担忧，而他俩神色庄重，镇静自如。

侍御史鲁恭上书："国家新近遇到国丧，陛下正在守孝，老百姓如有所失。夏、秋、冬三个季节听不到陛下出巡时侍卫清道的吆喝声，没有谁不思念陛下，每个人都彷徨不安，如同有求而不能得。如今正是春季中最当时令的月份，不劝励农耕，却大兴军役，搅扰全国，以从事对匈奴的战争，这不是施恩泽给自己国家、改换年号、新颁历法、先安定内部再教化外藩的原意。上天爱护它养育的百姓，犹如父母爱护他们的子女，一件东西放的不是地方，天象就会发生错乱，何况对于人呢？所以，爱护百姓的人，必然得到上天的好报。蛮族是四方边陲的怪气养育的，跟野兽没有区别，如果让蛮族杂居在中原内地，就会使天象错乱，使好人受到污辱。所以，圣明君主的做法，只是不断地怀柔和约束他们罢了。如今北匈奴已被鲜卑打败，远远地躲藏在史侯河的西面，距离边塞几千里路，而我们打算趁着他们国力空竭，利用他们兵力微弱，发兵征伐他们，这不是出于仁义的举动。现在刚刚开始征发，而人力物力已经不能满足大司农的调度，上下相互催促，民众的困苦，已经很厉害了。群臣和民众都说不可以这样做，而陛下为什么单单为了赎回窦宪一个人的死罪，而要毁弃一万个人的生命，不肯考虑忧患的呼声呢？上观察天意，下观察民心，就完全可以明白此事的得失。我担心汉朝将不再是中央之国，何止北匈奴国不把汉朝当作中央之国呢？"尚书令韩棱、骑都尉朱晖、议郎京兆人乐恢，都上书劝阻，窦太后不予接受。

窦太后又下诏，命侍臣让百姓服役，给窦宪的弟弟窦笃、窦景同时兴建府第。侍御史何敞上书说："我听说匈奴成为凶残的叛逆，已有很长时间。高祖在平城被围，吕后收到冒顿傲慢的书信，这两件羞辱人的事情，照群臣的说法，是宁愿拼命也要雪耻的，但高祖和吕后却抑制住愤怒，赦免了匈奴，不加诛杀。如今，北匈奴没有叛逆之罪，汉朝也没有值得羞惭的耻辱，而时值春耕

东作，兴动大役，元元怨恨，咸怀不悦。又猥复为卫尉笃、奉车都尉景缮修馆第，弥街绝里。笃、景亲近贵臣，当为百僚表仪。今众军在道，朝廷焦唇，百姓愁苦，县官无用，而遽起大第，崇饰玩好，非所以垂令德示无穷也。宜且罢工匠，专忧北边，恤民之困。"书奏，不省。

夏六月，窦宪、耿秉出朔方鸡鹿塞，南单于出满夷谷，度辽将军邓鸿出稠阳塞，皆会涿邪山。宪分遣副校尉阎盘、司马耿夔、耿谭将南匈奴精骑万馀，与北单于战于稽落山，大破之，单于遁走。追击诸部，遂临私渠比鞮海，斩名王已下万三千级，获生口甚众，杂畜百馀万头，诸裨小王率众降者，前后八十一部二十馀万人。宪、秉出塞三千馀里，登燕然山，命中护军班固刻石勒功，纪汉威德而还。遣军司马吴汜、梁讽奉金帛遗北单于。时虏中乖乱，汜、讽及单于于西海上，宣国威信，以诏致赐，单于稽首拜受。讽因说令修呼韩邪故事，单于喜悦，即将其众与讽俱还。到私渠海，闻汉军已入塞，乃遣弟右温禺鞮王奉贡入侍，随讽诣阙。宪以单于不自身到，奏还其侍弟。

二年夏五月，窦宪遣副校尉阎盘将二千馀骑掩击北匈奴之守伊吾者，复取其地。

秋七月，北单于以汉还其侍弟，九月，复遣使款塞称臣，欲入朝见。冬十月，窦宪遣班固、梁讽迎之。会南单于

季节,大规模地征发兵役,民众怨恨,都心怀不满。又一错再错,给卫尉窦笃、奉车都尉窦景修建府第,规模宏大,连街越巷。窦笃、窦景是陛下的近亲贵臣,应当给百官做表率。现在,各路大军在远征途中,朝廷焦灼不安,百姓忧愁痛苦,天子缺少费用,在这个时候,骤然建造宏大府第,装饰珍异玩物,这不是发扬恩德,使后世永远仿效的做法。应该暂且停止这项工程,专心考虑北方的战事,体恤民众疾苦。"奏章送上去后,窦太后仍不省悟。

夏季六月,窦宪、耿秉从朔方郡鸡鹿塞出发,南单于屯屠何从满夷谷出发,度辽将军邓鸿从稠阳塞出发,兵分三路,约在涿邪山会师。窦宪分别派副校尉阎盘、司马耿夔、耿谭,率南匈奴一万多精兵,跟北单于在稽落山激战,大败北匈奴部队,北单于逃走。汉兵追击北匈奴各部落,最后抵达私渠比鞮海,共斩杀北匈奴名王以下部众一万三千人,抓获很多俘虏和一百多万头家畜,由副王、小王率众前来投降的,共八十一部落二十多万人。窦宪、耿秉出边塞三千多里,登上燕然山,命中护军班固在石碑上镂刻文字记功,宣扬汉朝的声威与德行,然后班师。窦宪派军司马吴汜、梁讽,携金银绸缎去赠与北单于。当时北匈奴内部动乱,吴汜、梁讽到西海的北部才赶上北单于,向他宣扬汉朝的威望和信誉,用皇帝的名义颁发赏赐,北单于叩头礼拜,接受赏赐。于是梁讽劝北单于效法呼韩邪单于的前例,做汉朝藩属,北单于很高兴,立刻率部跟梁讽一起南返。北单于到达私渠海,听说汉朝大军已经进入边塞之内,就派弟弟右温禺鞮王,携带贡品去汉朝做人质,随梁讽到首都雒阳。窦宪因为北单于没有亲自入朝,很不满意,上奏后把北单于派来当人质的弟弟送了回去。

二年(90)夏季五月,窦宪派副校尉阎磐,带领两千多骑兵,袭击北匈奴驻守伊吾的部队,再次收复了伊吾。

秋季七月,北单于因汉朝遣回他做人质的弟弟,于九月再次派使者到边塞表示臣服,并请求来晋见皇帝。冬季十月,窦宪派班固、梁讽到北匈奴王庭迎接北单于。这时正逢南单于屯屠何

复上书求灭北庭,于是遣左谷蠡王师子等将左右部八千骑出鸡鹿塞,中郎将耿谭遣从事将护之,袭击北单于。夜至,围之,北单于被创,仅而得免,获阏氏及男女五人,斩首八千级,生房数千口。班固至私渠海而还。是时,南部党众益盛,领户三万四千,胜兵五万。

三年春正月,窦宪以北匈奴微弱,欲遂灭之。二月,遣左校尉耿夔、司马任尚出居延塞,围北单于于金微山,大破之,获其母阏氏,斩名王已下五千馀级,北单于逃走,不知所在。出塞五千馀里而还,自汉出师所未尝至也。封夔为粟邑侯。

初,北单于既亡,其弟右谷蠡王於除鞬自立为单于,将众数千人止蒲类海,遣使款塞。窦宪请遣使立於除鞬为单于,置中郎将领护,如南单于故事。事下公卿议。宋由等以为"可许"。袁安、任隗奏以为:"光武招怀南房,非谓可永安内地,正以权时之算,可得扞御北狄故也。今朔漠既定,宜令南单于反其北庭,并领降众,无缘复更立於除鞬,以增国费。"事奏,未以时定。

安惧宪计遂行,乃独上封事曰:"南单于屯先父举众归德,自蒙恩以来四十馀年。三帝积累以遗陛下,陛下深宜遵述先志,成就其业。况屯首创大谋,空尽北房,辍而弗图,

再度上书请求消灭北匈奴,因此派左谷蠡王师子等人率领左右两部八千骑兵,从鸡鹿塞出发,中郎将耿谭派从事将担任监军,袭击北单于。南匈奴部队于深夜抵达目的地,向北匈奴发动围攻,北单于身受重伤,只身逃脱,南匈奴抓获了北单于的王后和五个子女,杀死八千人,活捉几千人。班固等人到达私渠海,因情况发生变化,空手返回。这时,南匈奴的同党部众逐渐增多,拥有三万四千户,能当兵作战的有五万人。

三年(91)春季正月,窦宪因为北匈奴力量微弱,打算将它一举消灭。二月,派左校尉耿夔、司马任尚,率领部队从居延塞出发,把北单于等围困在金微山,大败北匈奴部队,俘获北单于的母亲阏氏,斩杀名王以下五千多人,北单于逃跑,不知去向。耿夔、任尚出边塞远征五千多里才班师回朝,自汉朝出兵攻打北匈奴以来,从来没有人到过这么远的地方。朝廷授予耿夔粟邑侯的封号。

当初,北单于已经逃亡,他的弟弟右谷蠡王於除鞬便自称单于,率领部众几千人,居住在蒲类海附近。他派使者到汉朝边塞,请求归附。窦宪建议朝廷派出使节,前往蒲类海,封於除鞬为单于,并设置中郎将,负责监督,如同汉朝对待南匈奴的旧例。和帝把此事交付公卿讨论。宋由等人认为可以同意窦宪的建议。袁安、任隗上书表示反对,他俩认为:"光武皇帝招抚南匈奴,不是说允许他们永远居留内地,确定这项权宜之计的目的,在于利用他们去抵御北匈奴。现今北方大漠已经平定,应该命令南单于返回北庭,统率归降的北匈奴部众,没有理由再封於除鞬做单于,而增加国家开支。"两种意见上奏之后,和帝没有及时做决定。

袁安担心窦宪的建议得到执行,于是独自呈递密封奏章说:"南单于屯屠何的先祖率众归附德政,蒙受汉朝的恩泽已四十多年。三位先帝逐渐积累的功业传到陛下手中,陛下应遵循先帝遗志,完成他们未竟的事业。况且南单于屯屠何首倡征伐北匈奴的大计,终于使北匈奴濒临灭绝,在此时中止征伐,不图大业,

更立新降。以一朝之计，违三世之规，失信于所养，建立于无功。《论语》曰：'言忠信，行笃敬，虽蛮貊行焉。'今若失信于一屯，则百蛮不敢复保誓矣。又乌桓、鲜卑新杀北单于，凡人之情，咸畏仇雠，今立其弟，则二虏怀怨。且汉故事，供给南单于，费直岁一亿九十馀万，西域岁七千四百八十万。今北庭弥远，其费过倍。是乃空尽天下而非建策之要也。"诏下其议，安又与宪更相难折。宪险急负势，言辞骄讦，至诋毁安，称光武诛韩歆、戴涉故事，安终不移，然上竟从宪策。

四年春正月，遣大将军左校尉耿夔授於除鞬印绶，使中郎将任尚持节卫护屯伊吾，如南单于故事。

五年。初，窦宪既立於除鞬为北单于，欲辅归北庭，会宪诛而止。於除鞬自畔还北，诏遣将兵长史王辅以千馀骑与任尚共追讨，斩之，破灭其众。

十一月，单于屯屠何死，单于宣弟安国立。安国初为左贤王无称誉，及为单于，单于适之子左谷蠡王师子以次转为左贤王。师子素勇黠多知，前单于宣及屯屠何皆爱其气决，数遣将兵出塞，掩击北庭，还，受赏赐，天子亦加殊异，由是国中尽敬师子而不附安国。安国欲杀之。诸新降胡，初在塞外数为师子所驱掠，多怨之。安国因是委计降

另立新近投降的於除鞬，用一时的计策，违背三位先帝的规划，失信于侍奉我们的屯屠何，扶植对我们无功的於除鞬。《论语》说：'说话讲究忠信，行为讲究笃敬，即使到了蛮貊地区，照样通行无阻。'如今要是失信于一个屯屠何，那么将有一百个蛮族不敢再保证忠于自己的誓言。再说，乌桓、鲜卑最近杀死了北单于，凡是人的常情，都畏忌仇敌，一旦给死了的北单于的弟弟加封，乌桓、鲜卑就会心怀怨恨。何况汉朝的先例，供给南匈奴的费用，每年一亿零九十多万；供给西域各国的费用，每年七千四百八十万。北单于的王庭更加遥远，所需供给的费用会超过一倍。这只会用尽天下的财力，而没有掌握住制定政策的要领。"和帝把袁安的奏章交给公卿讨论，袁安又和窦宪相互诘难辩驳。窦宪依仗权势，咄咄逼人，言辞傲慢，甚至诋毁袁安，别有用心地说起汉武帝诛杀韩歆、戴涉的往事，袁安始终不改变观点，然而，和帝终于听从了窦宪的建议。

四年（94）春季正月，派遣大将军左校尉耿夔授予於除鞬封印和绶带，让中郎将任尚持节出使卫护屯驻在伊吾，就像对待南单于那样。

五年（93）。当初，窦宪封於除鞬做北匈奴单于以后，准备帮助於除鞬返回北方王庭，适逢窦宪被杀，该计划被停止执行。於除鞬便叛逃返回北方，和帝派遣将兵长史王辅率领一千多骑兵，同中郎将任尚率领的官兵共同追击，斩杀於除鞬，消灭了他的部众。

十一月，南匈奴单于屯屠何去世，前单于宣的弟弟安国继任。安国当左贤王声誉不好，等当了南单于，前单于适的儿子左蠡王师子按顺序转任左贤王。师子一向勇敢聪敏，富于谋略，前单于宣以及屯屠何都喜爱他气魄决断，几次派他带兵出塞袭击北匈奴王庭，每次都得胜回朝，受到赏赐，连汉朝皇帝也特别看重他，因此南匈奴国内都敬重师子而不依附安国。安国很生气，打算杀了师子。很多新归降的北匈奴人原先不断遭到师子的驱赶抢劫，大多怨恨师子。安国因此把杀师子的事托付给新归降的

者,与同谋议。师子觉其谋,乃别居五原界,每龙庭会议,师子辄称病不往。度辽将军皇甫稜知之,亦拥护不遣,单于怀愤益甚。

　　六年春正月,皇甫稜免,以执金吾朱徽行度辽将军。时单于与中郎将杜崇不相平,乃上书告崇。崇讽西河太守令断单于章,单于无由自闻。崇因与朱徽上言:"南单于安国,疏远故胡,亲近新降,欲杀左贤王师子及左台且渠刘利等。又右部降者谋共迫胁安国起兵背畔。请西河、上郡、安定为之儆备。"帝下公卿议,皆以为:"蛮夷反覆,虽难测知,然大兵聚会,必未敢动摇。今宜遣有方略使者之单于庭,与杜崇、朱徽及西河太守并力观其动静,如无他变,可令崇等就安国会其左右大臣,责其部众横暴为边害者,共平罪诛。若不从命,令为权时方略,事毕之后,裁行赏赐,亦足以威示百蛮。"帝从之。于是徽、崇遂发兵造其庭。安国夜闻汉军至,大惊,弃帐而去,因举兵欲诛师子。师子先知,乃悉将庐落入曼柏城。安国追到城下,门闭,不得入。朱徽遣吏晓譬和之,安国不听。城既不下,乃引兵屯五原。崇、徽因发诸郡骑追赴之急,众皆大恐,安国舅骨都侯喜为等虑并被诛,乃格杀安国,立师子为亭独尸逐侯鞮单于。

　　秋七月,南单于师子立,降胡五六百人夜袭师子,

人,跟他们共同谋划。师子觉察了安国的阴谋,就另外居住到五原郡界内,每逢王庭开会,师子总是声称患病,不去参加。度辽将军皇甫棱知道这个情况,也支持师子,不派师子参加会议,南单于安国更为愤怒。

六年(94)春季正月,和帝将皇甫棱免职,任命执金吾朱徽代理度辽将军。当时,南单于安国跟中郎将杜崇不和睦,就上书控告杜崇。杜崇暗示西河太守扣压了南单于安国的奏章,使安国无法向和帝表白自己。杜崇却乘机和朱徽联名上书说:"南单于安国,疏远旧部,亲近新降之人,想要杀害左贤王师子和左台且渠刘利等人。再有,原北匈奴右部投降的人,正在密谋共同胁迫南单于安国聚合部队,背叛汉朝。情况紧急,请求陛下命西河、上郡、安定三郡,对此警戒防备。"和帝把奏章交给公卿讨论,大家都认为:"蛮族反复无常,虽然难以预测事态发展,然而汉朝的大军就集结在附近,南单于安国肯定不敢有大的动作。现在应该派遣深有谋略的使节,前往南单于王庭,与杜崇、朱徽及西河太守合力观察南匈奴的动静,如果没有其他变化,可以命令杜崇等人在安国那儿会见他的各位大臣,责罚那些蛮横残暴、侵害边塞的部众,共同审判,论罪诛杀。如果安国不肯遵命,就授权使节根据情况,临时处置,等事情过去之后,再论功行赏,也足以向所有蛮族显示汉朝的声威。"和帝接受了这个建议。于是,朱徽、杜崇调动部队,直奔南匈奴王庭。南单于安国在深夜听到汉朝部队到来的消息,大吃一惊,丢弃庐帐逃跑,趁便集结兵力,打算诛杀师子。师子事先得到消息,就把庐帐全部迁入曼柏城。安国领兵追到城下,城门紧闭,进不去。朱徽派人去劝谕安国,要安国跟师子和解,安国拒不接受。曼柏城既然攻不下,安国就率领部众进驻五原郡。杜崇、朱徽借口情况紧急,调动各郡骑兵,奔赴五原。匈奴人全都很恐慌,安国的舅舅、骨都侯喜为等人,担心一起被杀,就格杀了安国,拥立师子做单于,此即亭独尸逐侯鞮单于。

秋季七月,南单于师子即位,新降五六百人乘夜袭击师子,

安集掾王恬将卫护士与战,破之。于是降胡遂相惊动,十五部二十馀万人皆反,胁立前单于屯屠何子薁鞬日逐王逢侯为单于,遂杀略吏民,燔烧邮亭、庐帐,将车重向朔方,欲度幕北。九月癸丑,以光禄勋邓鸿行车骑将军事,与越骑校尉冯柱、行度辽将军朱徽将左右羽林、北军五校士及郡国迹射、缘边兵,乌桓校尉任尚将乌桓、鲜卑,合四万人讨之。时南单于及中郎将杜崇屯牧师城,逢侯将万馀骑攻围之。

冬十一月,邓鸿等至美稷,逢侯乃解围去,向蒲夷谷。南单于遣子将万骑及杜崇所领四千骑,与邓鸿等追击逢侯于大城塞,斩首四千馀级。任尚率鲜卑、乌桓要击逢侯于满夷谷,复大破之。前后凡斩万七千馀级。逢侯遂率众出塞,汉兵不能追而还。

八年五月,南匈奴右温禺犊王乌居战畔出塞。秋七月,度辽将军庞奋、越骑校尉冯柱追击破之,徙其馀众及诸降胡二万馀人于安定、北地。

十年,南单于师子死,单于长之子檀立,为万氏尸逐鞮单于。

十六年十一月,北匈奴遣使称臣贡献,愿和亲,修呼韩邪故约。帝以其旧礼不备,未许,而厚加赏赐,不答其使。

元兴元年冬十二月,北匈奴重遣使诣敦煌贡献,辞以国贫,未能备礼,愿请大使,当遣子入侍。太后亦不答其使,加赐而已。

安帝永初三年六月,汉人韩琮随匈奴南单于入朝。

安集掾王恬带领卫兵迎战,击败了他们。因为这个缘故,其他归降的北匈奴人就受到惊骇,相互扰动,十五个部落、二十多万人全部反叛,胁迫前南单于屯屠何的儿子、莫鞬日逐王逢侯做单于,接着就屠杀官吏和庶民,焚烧邮亭和庐帐,带着辎重车前往朔方郡,打算越过大沙漠,向北逃窜。九月癸丑,和帝任命光禄勋邓鸿行车骑将军事,和越骑校尉冯柱、代理度辽将军朱徽,一同率领左右羽林军、北军五校官兵、各郡各属国的射手、边兵,乌桓校尉任尚率领乌桓、鲜卑士卒,总共四万多人,讨伐叛逆逢侯。当时南单于师子和中郎将杜崇驻扎在牧师城,逢侯率领一万多骑兵发起围攻。

冬季十一月,邓鸿等率领大军抵达美稷郡,逢侯这才解除对牧师城的包围,向蒲夷谷撤退。南单于师子派儿子率领一万骑兵,与杜崇率领的四千骑兵,会合邓鸿的部众,追击逢侯,在大城塞遭遇,斩杀四千多人。任尚率领鲜卑、乌桓部队,在满夷谷拦击,又大败逢侯的部众,前后共杀一万七千多人。逢侯于是率领部众逃出边塞,汉朝军队因没有能力远追而返回。

八年(96)五月,南匈奴右温禺犊王乌居战,叛逃出塞。秋季七月,度辽将军庞奋、越骑校尉冯柱,率领部队追击,大败乌居战,把他的馀部和归降的匈奴两万多人,迁移到安定、北地二郡。

十年(98),南匈奴单于师子去世,前单于长的儿子檀继任,此即万氏尸逐鞮单于。

十六年(104)十一月,北匈奴派使者向汉朝称臣、进贡,希望跟汉朝结亲和好,请求实行以往呼韩邪单于跟汉朝订立的和约。和帝认为现今的北匈奴不具备过去呼韩邪单于的礼数,便没有接受他们的请求,只给厚重的赏赐,没有遣使以报北匈奴使者。

元兴元年(105)冬季十二月,北匈奴再次派使者到敦煌进贡,抱歉地说:因为国家贫穷,不能周备礼仪,希望汉朝派使节常驻北匈奴,北单于理当送儿子到汉朝做人质。邓太后也没有答复使者,仅仅颁发赏赐而已。

安帝永初三年(109)六月,汉人韩琮跟南单于到雒阳朝见。

既还,说南单于云:"关东水潦,人民饥饿死尽,可击也。"单于信其言,遂反。

九月,南单于围中郎将耿种于美稷。

冬十一月,以大司农陈国何熙行车骑将军事,中郎将庞雄为副,将五营及边郡兵二万馀人,又诏辽东太守耿夔率鲜卑及诸郡兵共击之。以梁慬行度辽将军事。雄、夔击南匈奴薁鞬日逐王,破之。

四年春正月,南单于围耿种数月,梁慬、耿夔击斩其别将于属国故城。单于自将迎战,慬等复破之,单于遂引还虎泽。

二月,南匈奴寇常山。

三月,何熙军到五原曼柏,暴疾,不能进,遣庞雄与梁慬、耿种将步骑万六千人攻虎泽,连营稍前。单于见诸军并进,大恐怖,顾让韩琮曰:"汝言汉人死尽,今是何等人也?"乃遣使乞降,许之。单于脱帽徒跣,对庞雄等拜陈,道死罪。于是赦之,遇待如初。乃还所钞汉民男女及羌所略转卖入匈奴中者,合万馀人。会熙卒,即拜梁慬度辽将军。庞雄还,为大鸿胪。

延光二年,鲜卑其至鞬自将万馀骑攻南匈奴于曼柏,薁鞬日逐王战死,杀千馀人。

三年夏四月,南单于檀死,弟拔立,为乌稽侯尸逐鞮单于。

顺帝永建元年,朔方以西障塞多坏,鲜卑因此数侵南

等到返回王庭，韩琮劝说南单于檀："函谷关以东被大水淹没，民众受饥挨饿，眼看要死光了，可以攻击汉朝。"南单于檀听信了韩琮的话，就起兵反叛。

九月，南单于檀率领部众把中郎将耿种围困在美稷。

冬季十一月，东汉朝廷任命大司农、陈国人何熙行车骑将军事，任命中郎将庞雄做副手，率领北军五营及边兵郡兵，共两万多人，又命令辽东太守耿夔，率领鲜卑部队和各郡郡兵，一同参战。任命梁慬行度辽将军事。庞雄、耿夔进攻奠鞬日逐王的部队，击溃了他们。

四年(110)春季正月，南单于檀围困耿种在美稷，已经好几个月，梁慬、耿夔在属国的原治所与南匈奴部队交战，斩杀敌将。南单于檀亲自带兵迎战，梁慬等又击败了他，于是南单于檀撤兵至虎泽。

二月，南匈奴骚扰常山。

三月，何熙率领部队抵达五原郡的曼柏，突然得了急病，不能继续随军进击，于是派遣庞雄与梁慬、耿种率领一万六千步兵、骑兵进攻虎泽，汉朝部队扎营相连，逐步推进。南单于檀见各路兵马一同前进，大为恐慌，回过头来质问韩琮："你说汉人死光了，今天来的是什么人？"于是派出使者，请求投降，庞雄等表示应允。南单于檀脱下帽子，赤着脚，向庞雄等跪拜，称自己犯了死罪。东汉朝廷将他赦免，如同过去那样对待他。南单于檀把以往劫掠的汉族男女，以及被西羌掳掠而转卖到南匈奴的汉人，合计一万多人，一起送还汉朝。这时，何熙去世，东汉朝廷立即任命梁慬出任度辽将军。庞雄回到京城，出任大鸿胪。

延光二年(123)，鲜卑首领其至鞬亲自率领一万多骑兵，在曼柏进攻南匈奴，南匈奴奠鞬日逐王战死，一千多人被杀。

三年(124)夏季四月，南匈奴单于檀去世，他的弟弟拔继任，此即乌稽侯尸逐鞮单于。

顺帝永建元年(126)，朔方郡以西的屏障和要塞，大多遭到损坏，鲜卑人借着这个难得的机会，多次领兵前来侵扰和袭击南

匈奴。单于忧恐，上书乞修复障塞。庚寅，诏黎阳营兵南
出屯中山北界，令缘边郡增置步兵，列屯塞下，教习战射。

三年冬十二月，南单于拔死，弟休利立，为去特若尸逐
就单于。

永和五年春二月，南匈奴句龙王吾斯、车纽等反，寇西
河，招诱右贤王合兵围美稷，杀朔方、代郡长吏。夏五月，
度辽将军马续与中郎将梁并等发边兵及羌胡合二万馀人
掩击，破之。吾斯等复更屯聚，攻没城邑。天子遣使责让
单于，单于本不预谋，乃脱帽避帐，诣并谢罪。并以病征，
五原太守陈龟代为中郎将。龟以单于不能制下，逼迫单于
及其弟左贤王皆令自杀。龟又欲徙单于近亲于内郡，而降
者遂更狐疑。龟坐下狱，免。

大将军商上表曰："匈奴寇畔，自知罪极，穷鸟困兽，皆
知救死，况种类繁炽，不可单尽。今转运日增，三军疲苦，
虚内给外，非中国之利。度辽将军马续素有谋谟，且典边
日久，深晓兵要，每得续书，与臣策合。宜令续深沟高壁，
以恩信招降，宣示购赏，明为期约，如此，则丑类可服，国家
无事矣。"帝从之，乃诏续招降畔虏。

商又移书续等曰："中国安宁，忘战日久。良骑野合，
交锋接矢，决胜当时，戎狄之所长而中国之所短也。强弩

匈奴。南单于拔忧虑恐惧，上书东汉朝廷，请求修复屏障、要塞。庚寅(十月十二日)，顺帝下诏，征调黎阳营将士，出塞驻守中山郡北界，又命令沿边各郡增设步兵，列营驻扎在边塞附近，教练演习攻战和射击。

三年(128)冬季十二月，南匈奴单于拔去世，他的弟弟休利继任，此即去特若尸逐就单于。

永和五年(140)春季二月，南匈奴句龙王吾斯、车纽等反叛，袭击西河郡，招引、诱导右贤王，合兵包围美稷，杀害朔方、代郡的地方长官大吏。夏季五月，度辽将军马续和中郎将梁并等，征调边兵和羌胡部队，共两万多人，发动突击，击溃叛军。吾斯等又另外聚集部众，攻城略地。顺帝派使节去谴责南单于休利，休利原本没有参与吾斯等人的阴谋，但因受到顺帝谴责，恐惧万分，于是离开营帐，到梁并那儿脱帽认罪，请求原谅。这时，梁并因病被顺帝召回，五原太守陈龟代理中郎将。陈龟认为休利不能控制部下，有罪，于是逼迫休利和他的弟弟左贤王一同自杀。陈龟还打算把南单于休利的近亲迁移到内地的郡县，这使得归降的南匈奴部众更加疑神疑鬼。结果，东汉朝廷派人将陈龟逮捕下狱，免去职务。

大将军梁商上书说："匈奴入侵反叛，知道自己罪大恶极，笼中之鸟、被困之兽，尚且知道谋求活命，何况匈奴种族支脉繁盛，不可能将他们消灭干净。而今，粮草的周转运输量与日俱增，三军将士疲乏困苦，耗空塞内的财力物力，以供给塞外的战事，对国家没有好处。度辽将军马续一向有谋略，而且主持边防为时已久，深知用兵的要领，我每次接到马续来信，他的谋略与我吻合。应该命马续深挖沟高筑墙，用恩德信义招纳匈奴归降，公布归顺的赏格，确定归顺的期限，这样，南匈奴可以归附，国家再也没有战事。"顺帝采纳了这个建议，于是命令马续招降反叛的匈奴。

梁商又写信给马续等人说道："国内安定太平，老百姓已经忘记战争很久很久了。骑马野战，刀箭相交接，顷刻之间就能决定胜负，匈奴的长处在于此，汉朝的短处也在于此。利用强弓，

乘城,坚营固守,以待其衰,中国之所长而戎狄之所短也。宜务先所长以观其变,设购开赏,宣示反悔,勿贪小功以乱大谋。"于是右贤王部抑鞮等万三千口皆诣续降。

九月,匈奴句龙王吾斯等立车纽为单于,东引乌桓,西收羌胡等数万人,攻破京兆虎牙营,杀上郡都尉及军司马,遂寇掠并、凉、幽、冀四州。乃徙西河治离石,上郡治夏阳,朔方治五原。

十二月,遣使匈奴中郎将张耽将幽州、乌桓诸郡营兵击车纽等,战于马邑,斩首三千级,获生口甚众。车纽乞降,而吾斯犹率其部曲与乌桓寇钞。

汉安元年秋八月,南匈奴句龙吾斯与薁鞬台耆等复反,寇掠并部。

二年六月丙寅,立南匈奴守义王兜楼储为呼兰若尸逐就单于。时兜楼储在京师,上亲临轩授玺绶,引上殿,赐车马、器服、金帛甚厚。诏太常、大鸿胪与诸国侍子于广阳门外祖会飨,赐作乐、角抵、百戏。

十一月,使匈奴中郎将扶风马寔遣人刺杀句龙吾斯。

建康元年夏四月,使匈奴中郎将马寔击南匈奴左部,破之。

桓帝建和元年,南单于兜楼储死,伊陵尸逐就单于车儿立。

元嘉元年夏四月,北匈奴呼衍王寇伊吾,败伊吾司马毛恺,攻伊吾屯城。诏敦煌太守马达将兵救之,至蒲类海,

加固营垒,坚守城池,坐等敌人气势衰竭,这是汉朝的长处、匈奴的短处。应该先施展我们的长处,观察匈奴的变化,再设置归降的奖赏,让匈奴表示翻悔,千万不要贪图小功而扰乱了大计。"于是,南匈奴右贤王所部抑鞮等一万三千人,都到马续那儿投降。

九月,南匈奴句龙王吾斯等人,拥立车纽当单于,在东方联合乌桓部落,在西方招纳羌人、胡人,共几万人,攻克京兆虎牙营,杀死上郡都尉和军司马,接着大肆劫掠并州、凉州、幽州、冀州。东汉朝廷只好把西河郡郡府迁往离石,把上郡郡府迁往夏阳,把朔方郡郡府迁往五原。

十二月,东汉朝廷派遣使匈奴中郎将张耽,率领乌桓部众,以及幽州各郡的郡兵,攻击车纽等,在马邑激战,斩杀三千人,抓获很多俘虏。车纽乞求投降,而吾斯仍然率领他的部众,交结乌桓,继续劫掠。

汉安元年(142)秋季八月,南匈奴句龙王吾斯和奠鞬台耆等人,再次反叛,攻打并劫掠并州。

二年(143)六月丙寅日(二十五日),东汉朝廷封南匈奴守义王兜楼储为单于,即呼兰若尸逐就单于。当时,兜楼储在东汉首都雒阳,顺帝亲自来到殿前,颁发给兜楼储玺印,伸手携兜楼储上殿,赏赐兜楼储车辆、马匹、器具、服装、金银、绸缎等,十分丰厚。又命令太常、大鸿胪和各藩属国派来汉朝充当人质的王子,在广阳门外,举行盛大宴会,给兜楼储钱行,顺帝还赐予宴会上奏乐,表演摔跤和杂技。

十一月,使匈奴中郎将扶风人马寔派人暗杀了南匈奴句龙王吾斯。

建康元年(144)夏季四月,使匈奴中郎将马寔率部攻击南匈奴左部,将其击溃。

桓帝建和元年(147),南匈奴单于兜楼储去世,伊陵尸逐就单于车兒继任。

元嘉元年(151)夏四月,北匈奴呼衍王攻伊吾,打败司马毛恺,攻击伊吾城。朝廷命敦煌太守马达率军救援,抵达蒲类海时,

呼衍王引去。

永寿元年秋,南匈奴左奥鞬台耆、且渠伯德等反,寇美稷,东羌复举种应之。安定属国都尉敦煌张奂初到职,壁中唯有二百许人,闻之,即勒兵而出;军吏以为力不敌,叩头争止之。奂不听,遂进屯长城,收集兵士,遣将王卫招诱东羌,因据龟兹县,使南匈奴不得交通。东羌诸豪遂相率与奂共击奥鞬等,破之,伯德惶恐,将其众降,郡界以宁。

延熹元年十二月,南匈奴诸部并叛,与乌桓、鲜卑寇缘边九郡。帝以京兆尹陈龟为度辽将军。龟临行上疏曰:"臣闻三辰不轨,擢士为相;蛮夷不恭,拔卒为将。臣无文武之才,而忝鹰扬之任,虽殁躯体,无所云补。今西州边鄙,土地堵塥,民数更寇虏,室家残破,虽含生气,实同枯朽。往岁并州水雨,灾螟互生,稼穑荒耗,租更空阙。陛下以百姓为子,焉可不垂抚循之恩哉?古公、西伯天下归仁,岂复舆金辇宝以为民惠乎?陛龙王吾斯、车纽下继中兴之统,承光武之业,临朝听政而未留圣意。且牧守不良,或出中官,惧逆上旨,取过目前。呼嗟之声,招致灾害,胡虏凶悍,因衰缘隙,而令仓库单于豺狼之口,功业无铢两之效,皆由将帅不忠,聚奸所致。前凉州刺史祝良,初除到州,多所纠罚,太守令长,贬黜将半,政未逾时,功效卓然,实应

呼衍王领兵退去。

永寿元年(155)秋季,南匈奴左薁鞬台耆、且渠伯德等人反叛,侵犯美稷,东羌各部落全体响应。安定属国都尉、敦煌人张奂,刚刚上任,军营中只有两百来人,他听到敌军来犯,立即带兵出击。部下认为,凭自己这么一小点军力,无法抵抗,都跪下来向张奂叩头劝阻,张奂不听。于是,进兵驻扎长城,招收募集士兵,派遣部将王卫去劝诱东羌各部落归附,因而得以占据龟兹县,切断了南匈奴与东羌各部落的联系。于是,东羌各部落首领相继归附,与张奂联合进攻左薁鞬等,击溃了左薁鞬的部队,且渠伯德恐慌,率领部众投降,于是全郡范围之内,恢复了安宁。

延熹元年(158)十二月,南匈奴各部落一起叛变,并与乌桓、鲜卑结盟,侵犯汉朝的沿边九郡。桓帝任命京兆尹陈龟担任度辽将军。陈龟上任前上书说:"我曾听说,当日月星的运行超出常轨时,应该从普通官员中选拔丞相;当蛮族对朝廷不恭顺时,应该从普通士卒中选拔将领。我没有文治武功的才能,有愧于担当奋扬武威的大任,纵使拼死舍命,也可能于事无补。如今,西方边陲,土地贫瘠,民众多次遭受侵劫,家家户户残败破落,虽然嘴里还有一口活气,实际上如同枯尸朽骨。过去几年来,并州的水灾蝗灾交替发生,粮食匮乏,民众缴不起田税和更赋,陛下把民众当做子女,怎能不尽抚养的恩德呢?古公、西伯的时代,天下归附仁政,哪里还要装载金银、运用珍宝,向民众施行恩惠呢?陛下继承汉朝由衰微而复兴的传统,接续光武皇帝的伟大功业,但是到了朝廷处理政事,却不去注意下情。而且,现在各州郡的长官,大多品格低劣,有的还出自宦官的推荐,他们恐怕冒犯陛下的旨意,只求得过且过。民众的哀呼嗟叹之声,招来更大的灾害;蛮族凶猛强悍,利用汉民衰弱,乘机作乱,而使得仓库中的粮食被豺狼吃光,朝廷屡次出兵攻伐,却收不到铢两的效果,全是由于将领不忠、聚集奸佞所造成的。前任凉州刺史祝良,刚开始到州府上任,便督责惩罚了不少人,太守、令长被降职或免职的,将近半数,他当政不到一年,就成绩卓越,实在应该

赏异,以劝功能。改任牧守,去斥奸残。又宜更选匈奴、乌桓、护羌中郎将、校尉,简练文武,授之法令。除并、凉二州今年租更,宽赦罪隶,扫除更始,则善吏知奉公之祐,恶者觉营私之祸,胡马可不窥长城,塞下无候望之患矣。"帝乃更选幽、并刺史,自营、郡太守、都尉以下,多所革易。下诏:"为陈将军除并、凉一年租赋,以赐吏民。"龟到职,州郡重足震栗,省息经用,岁以亿计。

诏拜安定属国都尉张奂为北中郎将,以讨匈奴、乌桓等。匈奴、乌桓烧度辽将军门,引屯赤阬,烟火相望,兵众大恐,各欲亡去。奂安坐帷中,与弟子讲诵自若,军士稍安。乃潜诱乌桓,阴与和通,遂使斩匈奴屠各渠帅,袭破其众,诸胡悉降。奂以南单于车儿不能统理国事,乃拘之,奏立左谷蠡王为单于。诏曰:"《春秋》大居正,车儿一心向化,何罪而黜? 其遣还庭。"

给他特别的奖赏，以劝励建立功绩。还应调换其他不称职的州郡长官，罢免邪恶残暴的官吏。再有，应该重新遴选护匈奴中郎将、护乌桓校尉和护羌校尉，选择训练文武官员，传授法律政令。免除并州、凉州今年的田租和更赋，宽大赦免罪人，让他们扫除污秽，重新做人。那样的话，贤能的官员知道奉行公事的福气，邪恶的官吏省悟谋求私利的祸害，胡人的军马将不会暗中窥视长城，边塞附近也将没有伺望烽火的忧虑。"于是，桓帝另外遴选幽州、并州的刺史，自大营、郡太守、都尉以下的文武官员，也有很多被革职易人。桓帝还下诏："因陈将军请求的缘故，免除并州、凉州一年的田租、更赋，以表示朝廷对官吏和庶民的赏赐。"陈龟上任，州郡的官员叠足不前，非常怕他，每年节省的经费，用亿来计数。

桓帝又下诏，任命安定属国都尉张奂担任北中郎将，负责讨伐匈奴、乌桓等。匈奴、乌桓的部队用火焚烧了度辽将军府的大门，又前往赤阮据守，跟汉朝部队的驻地很近，互相能看到烟火。张奂的部下大为惊恐，各自打算逃亡。可是，张奂仍安详地坐在营帐中，给门徒和子弟讲解诵读经典，神色如常，士兵们这才稍微安下心来。于是，张奂秘密地派使者劝说乌桓，暗中与乌桓通好，然后命乌桓斩杀匈奴屠各部落的首领，突袭并击溃匈奴部众，匈奴人全都投降。张奂认为南单于车儿没有能力统御治理匈奴的国事，就把车儿软禁起来，奏请朝廷改立左谷蠡王做单于。桓帝下诏，说："《春秋》上说，'太子居于正嫡正之位'，车儿一心归服朝廷，他有什么过错要受到罢黜？送他返回北庭。"

诸羌叛服

汉光武建武九年，诸羌自王莽末入居塞内，金城属县多为所有。隗嚣不能讨，因就慰纳，发其众与汉相拒。司徒掾班彪上言："今凉州部皆有降羌。羌胡披发左衽，而与汉人杂处，习俗既异，言语不通，数为小吏黠人所见侵夺，穷恚无聊，故致反叛。夫蛮夷寇乱，皆为此也。旧制：益州部置蛮夷骑都尉，幽州部置领乌桓校尉，凉州置护羌校尉，皆持节领护，治其怨结，岁时巡行，问所疾苦；又数遣使译，通导动静，使塞外羌夷为吏耳目，州郡因此可得警备。今宜复如旧，以明威防。"帝从之，以牛邯为护羌校尉。

十年冬十月，先零羌与诸种寇金城、陇西。来歙率盖延等进击，大破之，斩首虏数千人，于是开仓廪以赈饥乏，陇右遂安，而凉州流通焉。

十一年夏，先零羌寇临洮。来歙荐马援为陇西太守，击先零，大破之。

诸羌叛服

汉光武建武九年（33），众羌人部落自王莽新王朝末年进入边塞之内居住，金城郡所属各县多被他们占据。隗嚣无力征讨，就主动安抚招纳他们，还征发他们跟东汉朝廷对抗。司徒掾班彪上书说："如今凉州各地都有归附的羌人。羌人披头散发，衣襟开在左边，他们跟汉人混杂居住在一起，风俗习惯既不相同，言语又不相通，他们经常被下层官吏、刁滑小民侵害掠夺，窘困怨恨，无可奈何，才导致叛变。蛮族叛乱，都是因为这个缘故。西汉的旧例：益州部设置蛮夷骑都尉，幽州部设置领乌桓校尉，凉州设置护羌校尉，都手持符节，统领并保护蛮族，处理蛮族内部纷争，每年按一定的时间巡视各地，考察他们的疾苦；又不断派出使者翻译，通报他们的动静，使塞外蛮族充当官吏的耳目，州郡因此可以有所戒备。现在应该恢复昔日制度，以便显示边防的威严。"光武帝接受了这一建议，任命牛邯担任护羌校尉。

十年（34）冬季十月，先零羌与其同种侵犯金城、陇西。中郎将来歙率领盖延等迎击，大败羌人，斩杀几千人，然后打开粮库，赈济饥民，陇右于是恢复了安定，凉州到各地的道路畅通无阻。

十一年（35）夏季，先零羌部落侵犯临洮。中郎将来歙向朝廷保荐马援担任陇西太守，马援到任后，领兵反击，大败先零羌部落。

冬十月，先零诸种羌数万人屯聚寇钞，拒浩亹隘。马援深入讨击，大破之，徙降羌置天水、陇西、扶风。是时，朝臣以金城破羌之西，涂远多寇，议欲弃之。马援上言："破羌以西，城多坚牢，易可依固。其田土肥壤，灌溉流通。如令羌在湟中，则为害不休，不可弃也。"帝从之。民归者三千馀口，援为置长吏，缮城郭，起坞候，开沟洫，劝以耕牧，郡中乐业。又招抚塞外氐、羌，皆来降附，援奏复其侯王君长，帝悉从之。

十二年，参狼羌与诸种寇武都，陇西太守马援击破之，降者万馀人，于是陇右清静。

中元二年。初，烧当羌豪滇良击破先零，夺居其地。滇良卒，子滇吾立，附落转盛。秋，滇吾与弟滇岸率众寇陇西，败太守刘盱于允街，于是守塞诸羌皆叛。诏谒者张鸿领诸郡兵击之，战于允吾，鸿军败没。冬十一月，复遣中郎将窦固、监捕虏将军马武等二将军四万人讨之。

明帝永平元年秋七月，马武等击烧当羌，大破之，馀皆降散。

孝章帝建初二年。初，安夷县吏略妻卑湳种羌人妇，吏为其夫所杀，安夷长宗延追之出塞。种人恐见诛，遂共杀延而与勒姐、吾良二种相结为寇。于是烧当羌豪滇吾之子迷吾率诸种俱反，败金城太守郝崇。诏以武威太守北地傅育为护羌校尉，自安夷徙居临羌。迷吾又与封养种豪布

冬季十月，先零羌部落和其他羌部落，共几万人，聚众闹事，四出抢劫，扼守浩亹要塞。马援带兵进入羌人的中心地区，讨伐攻击，大败羌人，把投降的羌人迁移安置到天水、陇西、扶风三郡。这时，东汉朝臣认为金城郡破羌县以西，路途遥远，盗贼又多，建议放弃。马援上书说："破羌县以西，城池大多完好坚固，很容易依势固守。土地肥沃，水渠畅通。如果让羌人占据湟中，就会酿成无休无止的祸害，不应该放弃。"光武帝采纳了这个建议。汉人陆续回归的有三千多人，马援为他们设置长官大吏，修缮城池，建造堡垒屏障，挖掘灌溉用的水渠，鼓励人民耕田放牧，全郡上下安居乐业。马援又招抚边塞外的氐人、羌人前来归附，并奏请光武帝恢复他们侯王君长的封号，光武帝全部予以批准。

　　十二年（36），参狼羌部落和其他羌部落，联合侵犯武都，陇西太守马援率部反击，击败羌军，羌军投降的有一万多人，于是，陇右恢复了太平和宁静。

　　中元二年（57）。当初，烧当羌部落首领滇良，打败了先零羌部落，夺取了后者的地盘。滇良死后，他的儿子滇吾继位，该部落日趋强盛。秋季，滇吾和弟弟滇岸率领部众侵犯陇西郡，在允街打败陇西太守刘盱，于是据守要塞的羌族全部背叛。明帝下诏，命谒者张鸿率领各郡郡兵讨伐羌军，在允吾激战，结果张鸿的部队大败，全军覆没。冬季十一月，明帝又派中郎将窦固、监捕虏将军马武等两名将军，率领四万官兵前去讨伐羌军。

　　明帝永平元年（58）秋季七月，马武等攻击烧当羌部落，烧当羌被彻底击溃，幸免于死的人，或者投降，或者逃散。

　　孝章帝建初二年（77）。当初，安夷县有一个官吏，霸占了卑湳部落羌人的妻子，被那个做丈夫的杀死，安夷县长宗延领兵追捕凶犯，一直追到塞外。该部落的羌人害怕遭到诛杀，便一起动手，杀死宗延，然后与勒姐部落、吾良部落相互联合，起兵叛变。这时，烧当羌部落首领滇吾的儿子迷吾便率领其他部落一起反叛，击败了金城太守郝崇。章帝下诏，任命武威太守北地人傅育担任护羌校尉，从安夷迁往临羌。迷吾又与封养部落的首领布

桥等五万馀人共寇陇西、汉阳。秋八月,遣行车骑将军马防、长水校尉耿恭将北军五校兵及诸郡射士三万人击之。马防等军到冀,布桥等围南部都尉于临洮。防进击,破之,斩首虏四千馀人,遂解临洮围。其众皆降,唯布桥等二万馀人屯望曲谷不下。

三年春正月,马防击布桥,大破之,布桥将种人万馀降。诏征防还,留耿恭击诸未服者,斩首虏千馀人,勒姐、烧何等十三种数万人皆诣恭降。恭尝以言事忤马防,监营谒者承旨奏恭不忧军事,坐征下狱,免官。

元和三年秋八月,烧当羌迷吾复与弟号吾及诸种反。号吾先轻入,寇陇西界,督烽掾李章追之,生得号吾,将诣郡。号吾曰:“独杀我,无损于羌。诚得生归,必悉罢兵,不复犯塞。”陇西太守张纡放遣之,羌即为解散,各归故地。迷吾退居河北归义城。

章和元年春正月,护羌校尉傅育欲伐烧当羌,为其新降,不欲出兵,乃募人斗诸羌胡。羌胡不肯,遂复叛出塞,更依迷吾。育请发诸郡兵数万人共击羌。未及会,三月,育独进军。迷吾闻之,徙庐落去。育遣精骑三千穷追之,夜,至三兜谷,不设备,迷吾袭击,大破之,杀育及吏士八百

桥等,率领五万多人,侵犯陇西、汉阳二郡。秋季八月,东汉朝廷派行车骑将军马防、长水校尉耿恭,率领北军五校士兵以及各郡弓箭手,共三万人,攻打羌人。马防等人的部队到达冀县时,封养部落首领布桥等正把南部都尉团团地围困在临洮城里。马防进击,打败了布桥的部队,斩杀及俘获四千多人,这才解除了临洮的包围。其他部落都投降了,只有布桥率部众两万多人,据守望曲谷,未能攻克。

三年(78)春季正月,马防率领部众进攻布桥,布桥大败,率领部众一万多人前来投降。章帝下诏,命马防返回京师,留下耿恭攻击尚未归顺的羌人部落,耿恭率部斩杀俘获一千多人,于是勒姐、烧何等十三个部落几万人都到耿恭那儿投降。耿恭曾经因为上书议事而冒犯了马防,监营谒者迎合马防的旨意,举奏耿恭对军旅之事毫不用心,耿恭获罪,被征召回京,逮捕入狱,免去职务。

元和三年(86)秋季八月,烧当羌部落首领迷吾,跟他弟弟号吾,以及其他部落,再次反叛。号吾率先带领轻装部队进入边塞,侵犯陇西边界,督烽掾李章率领部队追击,活捉号吾,准备将他押解郡府。号吾说:"杀掉我一个人,对羌族毫无损失。如果我能够活着回去,我一定解散军队,永不侵犯边塞。"陇西太守张纡释放了号吾,羌军果然立即被解散,各自回到原先的居住地。迷吾率烧当部落撤退到逢留大河以北的归义城。

章和元年(87)春季正月,护羌校尉傅育打算征伐烧当羌部落,只因该部落新近归降,不想师出无名,于是招募间人去离间羌人和胡人的关系,企图使他们互斗。羌人和胡人不愿互斗,就再次反叛,逃出边塞,投靠烧当羌部落首领迷吾。傅育请朝廷同意征调沿边各郡地方部队几万人,一同进攻羌人。还没有等到各郡地方部队会齐,三月,傅育命令自己的部队单独出发,向前方推进。迷吾得到消息,带着所有的庐帐撤离。傅育率领三千精锐骑兵紧追不舍。入夜,抵达三兜谷,部队休息时,没作防备,迷吾带兵袭击,彻底打败了傅育的部队,杀死傅育及其部下八百

八十人。及诸郡兵到，羌遂引去。诏以陇西太守张纡为校尉，将万人屯临羌。

秋七月，羌豪迷吾复与诸种寇金城塞，张纡遣从事河内司马防与战于木乘谷，迷吾兵败走，因译使欲降，纡纳之。迷吾将人众诣临羌，纡设兵大会，施毒酒中，伏兵杀其酋豪八百馀人，斩迷吾头以祭傅育冢，复放兵击其馀众，斩获数千人。迷吾子迷唐与诸种解仇，结婚交质，据大小榆谷以叛，种众炽盛，张纡不能制。

二年冬十月，公卿举故张掖太守邓训代张纡为护羌校尉。迷唐率兵万骑来至塞下，未敢攻训，先欲胁小月氏胡，训拥卫小月氏胡，令不得战。议者咸以："羌胡相攻，县官之利，不宜禁护。"训曰："张纡失信，众羌大动，凉州吏民命县丝发。原诸胡所以难得意者，皆恩信不厚耳。今因其追急，以德怀之，庶能有用。"遂令开城及所居园门，悉驱群胡妻子内之，严兵守卫。羌掠无所得，又不敢逼诸胡，因即解去。由是湟中诸胡皆言："汉家常欲斗我曹，今邓使君待我以恩信，开门内我妻子，乃是得父母也。"咸欢喜叩头曰："唯使君所命。"训遂抚养教谕，大小莫不感悦。于是赏赂诸羌种，使相招诱，迷唐叔父号吾将其种人八百户来降。训因发湟中秦、胡、羌兵四千人出塞，掩击迷唐于写谷，破

八十人。等各郡地方部队赶来,迷吾早已全部撤退。章帝下诏,任命陇西太守张纡为护羌校尉,带领一万多人,驻守临羌。

秋季七月,烧当羌部落豪帅迷吾,再次联合其他羌人部落进攻金城塞。护羌校尉张纡派从事河内人司马防,在木乘谷迎战,迷吾部队战败退却,迷吾派翻译向张纡表达归降的愿望,张纡接受了。迷吾率领部众前往临羌,张纡先设下伏兵,然后大开筵席,在酒中放入毒药,伏兵因此斩杀羌军酋长豪帅八百多人,砍下迷吾的脑袋,用来祭奠傅育坟墓,又纵兵攻击迷吾的残馀部众,斩杀俘虏几千人。然而迷吾的儿子迷唐,跟其他羌人部落解除昔日怨仇,缔结婚姻关系,互相派遣人质,据守大、小榆谷,以便反叛作乱,这些人数量众多,实力强盛,张纡无法制服。

二年(88)冬季十月,公卿推荐前张掖太守邓训代替张纡任护羌校尉。迷唐率一万多骑兵来到边塞附近,但没敢攻击邓训,打算先胁迫小月氏胡人部落臣服。邓训派兵保护小月氏胡人,同时严禁小月氏胡人同羌人交战。议政朝臣一致认为:"羌人跟胡人相互攻击,对朝廷有好处,不应当阻止。"邓训说:"张纡失信,使得各羌人部落群起反叛,凉州官民的生命像悬在一根发丝上,十分危险。推究众多胡人之所以对汉朝不满意,全因我们恩德不厚,信誉不高。现在,趁胡人面临危急,用恩德安抚他们,将来或许能为我们所用。"于是,下令打开城门和护羌校尉府后花园大门,驱使所有胡人的妻子儿女进入居住,还派兵严密守卫。烧当羌部落抢不到物资,又不敢逼迫其他胡人,就很快撤兵离去。从此,湟中地区的胡人们都说:"过去,汉朝官员常常希望我们互斗,而今邓使君却用恩德信义待我们,打开大门收容我们的妻子儿女,我们受到了父母一般的恩德。"都欢欢喜喜地向邓训叩头称谢,说:"一切都听您的命令。"邓训于是对他们抚养教育,劝谕感化,胡人男女老幼无不心悦诚服。于是,邓训又赏赐贿赂各种羌人,让他们互相召唤诱导未降,迷唐的叔父号吾,率领本部落羌人八百户前来投降。邓训于是征召湟中地区的汉人、羌人、胡人部队,共四千人,杀出边塞,袭击据守写谷的迷唐,攻克

之,迷唐乃去大小榆,居颇岩谷,众悉离散。

和帝永元元年春,迷唐欲复归故地。邓训发湟中六千人,令长史任尚将之,缝革为船,置于箄上以度河,掩击迷唐,大破之,斩首前后一千八百馀级,获生口二千人,马牛羊三万馀头,一种殆尽。迷唐收其馀众西徙千馀里,诸附落小种皆畔之。烧当豪帅东号稽颡归死,馀皆款塞纳质。于是训绥接归附,威信大行,遂罢屯兵,各令归郡,唯置弛刑徒二千馀人,分以屯田、修理坞壁而已。

四年冬十月,护羌校尉邓训卒,吏民、羌胡旦夕临者日数千人。羌胡或以刀自割,又刺杀其犬马牛羊,曰:"邓使君已死,我曹亦俱死耳。"前乌桓吏士皆奔走道路,至空城郭。吏执不听,以状白校尉徐傿,傿叹息曰:"此为义也!"乃释之。遂家家为训立祠,每有疾病,辄请祷求福。

蜀郡太守聂尚代训为护羌校尉,欲以恩怀诸羌,乃遣译使招呼迷唐,使还居大小榆谷。迷唐既还,遣祖母卑缺诣尚,尚自送至塞下,为设祖道,令译田汜等五人护送至庐落。迷唐遂反,与诸种共生屠裂汜等,以血盟诅,复寇金城塞。尚坐免。

五年十一月,护羌校尉贯友遣译使构离诸羌,诱以

写谷,迷唐于是只好撤离大、小榆谷,移居到颇岩谷,部众也全部离散。

和帝永元元年(89)春季,迷唐打算再回到原先占据的大、小榆谷。护羌校尉邓训征调湟中地方部队六千人,命长史任尚率领,用皮革缝制小船,放在木筏上,作为渡河工具,任尚发动突袭,彻底击溃迷唐的部队,先后杀死一千八百多人,俘虏两千人,缴获马牛羊三万多头,迷唐的整个部落几乎全部灭绝。迷唐收集残馀的部众向西迁移一千多里,原先归附于他的一些小部落,纷纷叛变。烧当羌部落的另一个豪帅东号前来投降,他以额触地,自请处死,其馀的首领都将人质送到边塞投降。这时,邓训抚慰接纳归附的羌人,他的威望和信誉广为传播,邓训于是停止在塞外驻军,命令郡兵返回各郡,只留下解除枷锁的刑徒两千多人,分别从事开垦荒地、修理堡垒屏障而已。

四年(92)冬季十月,护羌校尉邓训去世,官员和庶民、羌人和胡人从早到晚前去哀悼的,每天有数千人。羌人胡人中有的甚至用刀自刺,或宰杀犬马牛羊,说:"邓使君已死,我们也跟着一起死算了。"邓训担任护乌桓校尉时的旧部,都来奔丧,使有些城市为之一空。官府中的胥吏用拘捕奔丧者的办法进行阻止,但人们全不理会,胥吏用状子报告现任护乌桓校尉徐傿,徐傿叹息道:"这就是仁义啊!"下令释放被拘捕的人。接着,家家户户集资给邓训建立祠庙,每当有人生病,就到祠庙中祭拜祈福。

蜀郡太守聂尚接替邓训担任护羌校尉,他打算用恩德安抚各羌人部落,于是派翻译前去招抚烧当羌部落首领迷唐,让他们回来居住在大、小榆谷。迷唐返回大、小榆谷以后,派他的祖母卑缺去拜见聂尚,聂尚亲自将卑缺送到边塞附近,为她祭祀路神,饮宴送行,命令翻译田泛等五人,护送卑缺回到她居住的庐落。迷唐竟然再一次反叛,联合其他部落,把田泛等人活活屠杀肢解,用鲜血对神立誓诅咒,再次侵犯金城塞。聂尚因此获罪,受到免职处分。

五年(93)十一月,护羌校尉贯友派翻译离间羌人部落,再用

财货,由是解散。乃遣兵出塞,攻迷唐于大小榆谷,获首虏八百馀人,收麦数万斛,遂夹逢留大河筑城坞,作大航,造河桥,欲度兵击迷唐。迷唐率部落远徙,依赐支河曲。

八年十二月,护羌校尉贯友卒,以汉阳太守史充代。充至,遂发湟中羌胡出塞击迷唐。迷唐迎败充兵,杀数百人。充坐征,以代郡太守吴祉代之。

九年闰八月,烧当羌迷唐率众八千人寇陇西,胁塞内诸种羌合步骑三万人,击破陇西兵,杀大夏长。诏遣行征西将军刘尚、越骑校尉赵世副之,将汉兵、羌胡共三万人讨之。尚屯狄道,世屯枹罕。尚遣司马寇盱监诸郡兵,四面并会。迷唐惧,弃老弱奔入临洮南,尚等追至高山,大破之,斩虏千馀人。迷唐引去,汉兵死伤亦多,不能复追,乃还。

十年冬十月,行征西将军刘尚、越骑校尉赵世坐畏懦征,下狱,免。谒者王信领尚营屯枹罕,谒者耿谭领世营,屯白石。谭乃设购赏,诸种颇来内附。迷唐恐,乃请降。信、谭遂受降,罢兵。十二月,迷唐等率种人诣阙贡献。

十二年秋九月,烧当羌豪迷唐既入朝,其馀种人不满二千,饥窘不立,入居金城。帝令迷唐将其种人还大小榆谷。迷唐以汉作河桥,兵来无常,故地不可复居,辞以种人饥饿,不肯远出。护羌校尉吴祉等多赐迷唐金帛,令籴谷

金银财宝进行引诱，迷唐的联盟因此瓦解。贯友于是派部队出边塞，到大、小榆谷进攻迷吾，斩杀及俘虏八百多人，抢割小麦几万斛，接着在逢留大河两岸修筑城堡，制作大船，建造跨河大桥，准备渡河攻击迷唐。迷唐率领部落向远方迁移，栖息在赐支河谷。

八年(96)十二月，护羌校尉贯友去世，朝廷任命汉阳太守史充接任护羌校尉。史充到任后，就征发湟中地区的羌人、胡人，出塞攻击迷唐。迷唐迎战，打败史充的部队，杀死几百人。史充因此获罪，被召回京师，朝廷任命代郡太守吴祉接替史充。

九年(97)闰八月，烧当羌部落首领迷唐，率领八千人，侵犯陇西郡，挟持定居在塞内的众羌人部落，共计步兵、骑兵三万人，打垮陇西郡地方部队，杀死大夏县长。和帝下诏，派遣行征西将军刘尚，由越骑校尉赵世担任副手，率领汉兵和羌胡兵共三万人，讨伐迷唐。刘尚驻扎在狄道，赵世驻扎在枹罕。刘尚派司马寇盱总领各郡郡兵，从四面八方集结。迷唐害怕了，抛弃了年老体弱者，逃到临洮南部，刘尚等追到高山，彻底击溃迷唐的部队，斩杀一千多人。迷唐带兵退出边塞，刘尚的部队也有很多死伤，不能再进，就返回了。

十年(98)冬季十月，行征西将军刘尚、越骑校尉赵世，以犯有软弱畏敌的罪行，召回雒阳，逮捕入狱，免去职务。谒者王信率领刘尚的部队，驻扎在枹罕；谒者耿谭率领赵世的部队，驻扎在白石。耿谭便出具赏格，有不少羌人部落前来归附。迷唐害怕了，这才请求投降。王信、耿谭接受他投降，于是休兵。十二月，迷唐率领本部落的羌人，到东汉朝廷进贡。

十二年(100)秋季九月，烧当羌部落豪帅迷唐到雒阳朝见后，他残馀的部众还不满两千人，饥饿穷困无法生存，进入金城居住。和帝命迷唐率部落迁回大、小榆谷。而迷唐认为，汉朝已在逢留大河上造起大桥，汉朝军队来去方便不可捉摸，旧地大、小榆谷不能再住，于是用"部众饥饿，不愿意长途跋涉"为理由，予以推辞。护羌校尉吴祉多赐给迷唐钱财布匹，命他买进粮秣

市畜,促使出塞,种人更怀猜惊。是岁,迷唐复叛,胁将湟中诸胡寇钞而去,王信、耿谭、吴祉皆坐征。

十三年秋八月,迷唐复还赐支河曲,将兵向塞。护羌校尉周鲔与金城太守侯霸及诸郡兵、属国羌胡合三万人,出塞至允川。侯霸击破迷唐,种人瓦解,降者六千馀口,分徙汉阳、安定、陇西。迷唐遂弱,远逾赐支河首,依发羌居。久之,病死,其子来降,户不满数十。

十四年春,安定降羌烧何种反,郡兵击灭之。时西海及大小榆谷左右无复羌寇。隃糜相曹凤上言:"自建武以来,西羌犯法者常从烧当种起。所以然者,以其居大小榆谷,土地肥美,有西海鱼盐之利,阻大河以为固。又近塞内,诸种易以为非,难以攻伐,故能强大,常雄诸种,恃其拳勇,招诱羌胡。今者衰困,党援坏沮,亡逃栖窜,远依发羌。臣愚以为宜及此时,建复西海郡县,规固二榆,广设屯田,隔塞羌胡交关之路,遏绝狂狡窥欲之源。又殖谷富边,省委输之役,国家可以无西方之忧。"上从之,缮修故西海郡,徙金城西部都尉以戍之,拜凤为金城西部都尉,屯龙耆。后增广屯田,列屯夹河,合三十四部。其功垂立,会永初中诸羌叛,乃罢。

家畜，催促他早日出塞，这使得烧当部落的羌人进一步心怀猜疑和恐惧。这一年，迷唐又一次率部反叛，他们挟持湟中地区各胡人部落，大肆抢掠，出塞而去，王信、耿谭、吴祉，都因此获罪，被召回京师。

十三年(101)秋季八月，迷唐又回到赐支河曲，准备率领部队攻击边塞。护羌校尉周鲔、金城太守侯霸，率领各郡郡兵属国羌胡部队，共计三万多人，越过边塞，抵达允川。侯霸打败迷唐，烧当羌部落瓦解，投降的有六千多人，东汉朝廷将他们分别迁徙到汉阳、安定和陇西。迷唐由此衰弱，远途跋涉，越过赐支河的源头，投奔到发羌部落定居。很久以后，迷唐病死，他的儿子率部落前来投降，部众已不满几十户。

十四年(102)春季，安定郡先前归附的烧何羌部落反叛，被安定郡兵消灭。这时，西海及大、小榆谷附近，再也没羌人的侵犯。隃糜国相曹凤上书说："自从光武帝建武年代以来，西羌犯法作乱，经常由烧当部落发动。之所以如此，是因为他们所居住的大、小榆谷，土地肥沃，拥有西海盛产鱼盐的利益，又倚仗逢留大河作为固守的屏障。再有，烧当部落靠近塞内各蛮族部落，为非作歹起来很容易，而汉朝军队攻战讨伐却很困难，所以他们能够逐渐强大，经常称雄于其他部落，并依靠自己的实力和骁勇，招骗塞内的羌人和胡人。现在，烧当部落衰败困窘，同党的援助也毁败不存，所以仓皇逃亡，投靠远方的发羌部落。我认为，应在这个时候恢复西海郡县的建制，规划、控制大、小榆谷，广泛设置专司屯田的机构和人员，切断塞外羌人跟塞内羌胡的交往通路，灭绝那些叛乱者觊觎中原的根源。同时种植粮食，使边塞富庶，节省从内地转运的费用，这样，朝廷就可以不再为西方忧虑。"和帝听从了曹凤的建议，于是开始整修故西海郡的城池，把金城西部都尉府移驻西海，又任命曹凤担任金城西部都尉，驻扎龙耆。后来又增加屯田机构，分布于大河两岸，共计有三十四处。大功即将告成，适逢安帝永初年间众羌人部落反叛，于是被迫中止。

安帝永初元年。初，烧当羌豪东号之子麻奴随父来降，居于安定。时诸降羌布在郡县，皆为吏民豪右所徭役，积以愁怨。及骑都尉王弘西迎西域都护段禧，发金城、陇西、汉阳羌数百千骑与俱，郡县迫促发遣。群羌惧远屯不还，行到酒泉，多有散叛，诸郡各发兵邀遮，或覆其庐落。于是勒姐、当煎大豪东岸等愈惊，遂同时奔溃。麻奴兄弟因此与种人俱西出塞，先零别种滇零与钟羌诸种大为寇掠，断陇道。时羌归附既久，无复器甲，或持竹竿、木枝以代戈矛，或负板案以为楯，或执铜镜以象兵，郡县畏懦不能制。丁卯，赦除诸羌相连结谋叛逆者罪。

十二月，诏车骑将军邓骘、征西校尉任尚将五营及诸郡兵五万人屯汉阳，以备羌。

二年春正月，邓骘至汉阳。诸郡兵未至，钟羌数千人击败骘军于冀西，杀千馀人。梁慬还至敦煌，逆诏慬留为诸军援。慬至张掖，破诸羌万馀人，其能脱者十二三。进至姑臧，羌大豪三百馀人诣慬降，并慰譬，遣还故地。

冬，邓骘使任尚及从事中郎河内司马钧率诸郡兵与滇零等数万人战于平襄，尚军大败，死者八千馀人。羌众遂大盛，朝廷不能制。湟中诸县，粟石万钱，百姓死亡，不可胜数，而转运难剧。故左校令河南庞参先坐法输作若卢，

安帝永初元年(107)。当初,烧当羌部落豪帅东号的儿子麻奴,随父归附汉朝,居住在安定郡。当时,归附的众羌人部落分布在各个郡县,普遍被地方官员及大户人家拉去当差服役,积压了很深的忧愁怨忿。后来,骑都尉王弘去西方迎接西域都护段禧,征调金城、陇西、汉阳三郡的成百上千的羌人充当骑兵,随军前往,各郡县催促羌人出发。羌人担心到远方戍守不能回乡,行进到酒泉时,已有不少羌人脱队叛逃,各郡派兵在路上拦截,有的甚至掀翻羌人的庐帐。于是,勒姐部落、当煎部落的首领东岸等愈发惊恐,就一同大举逃亡。麻奴兄弟趁此机会随本部落的人一同向西逃出边塞,出塞后,先零的旁支滇零羌部落和钟羌各部落,大肆劫掠,切断了陇西的交通。当时,羌人归附汉朝已久,没有武器,有的拿着竹竿、树枝,用来代替铁枪铁矛;有的背着桌面,当作盾牌;还有的拿着铜镜,假装是兵器,各郡县官员畏怯软弱,无法制服羌人。丁卯日(六月二十七日),东汉朝廷赦免羌人部落中相互勾结、策划叛乱者的罪行。

十二月,安帝下诏,命令车骑将军邓骘、征西校尉任尚率领北军五营及各郡地方部队,共五万人,进驻汉阳,以防备羌人进犯。

二年(108)春季正月,邓骘率领北军五营抵达汉阳。各郡郡兵还没有赶到,钟羌部落出动几千人,在冀县西郊地区击败邓骘的部队,杀死一千多人。这时,梁慬从西域返回京师到达敦煌途中,接到安帝的诏书,命他留下来担任务部队的后援。梁慬率领部队抵达张掖,击溃各支羌人部队一万多人,逃脱者仅占十分之二三。梁慬继续挺进到姑臧,各羌人部落首领三百多人到他那儿投降,梁慬一一抚慰晓谕,把他们送回原居住地。

冬季,邓骘派任尚以及从事中郎、河内人司马钧,率领各郡的郡兵,在平襄跟滇零羌部落交战,任尚的部队大为溃败,八千多人阵亡。羌军于是变得十分强盛,东汉朝廷无法遏制他们。湟中各县的小米,每石一万钱,老百姓饿死的人数,多得无法统计,而从内地向湟中运送粮食,十分困难。原左校令河南人庞参,因为犯法纳粟被罚在专门审讯将相大臣的若卢官署服劳役,

使其子俊上书曰:"方今西州流民扰动,而征发不绝,水潦不休,地力不复,重之以大军,疲之以远戍,农功消于转运,资财竭于征发,田畴不得垦辟,禾稼不得收入,搏手困穷,无望来秋,百姓力屈,不复堪命。臣愚以为万里运粮,远就羌戎,不若总兵养众,以待其疲。车骑将军骘宜且振旅,留征西校尉任尚,使督凉州士民转居三辅,休徭役以助其时,止烦赋以益其财,令男得耕种,女得织纴,然后畜精锐,乘懈沮,出其不意,攻其不备,则边民之仇报,奔北之耻雪矣。"书奏,会樊准上疏荐参,太后即擢参于徒中,召拜谒者,使西督三辅诸军屯。十一月辛酉,诏邓骘还师,留任尚屯汉阳为诸军节度。遣使迎拜骘为大将军。

滇零自称"天子",于北地招集武都参狼、上郡、西河诸杂种羌,断陇道,寇钞三辅,南入益州,杀汉中太守董炳。梁慬受诏当屯金城,闻羌寇三辅,即引兵赴击,转战武功、美阳间,连破走之,羌稍退散。

十二月,广汉塞外参狼羌降。

三年春正月,遣骑都尉任仁督诸郡屯兵救三辅。仁战数不利,当煎、勒姐羌攻没破羌县,钟羌攻没临洮县,执陇西南部都尉。

四年二月,滇零遣兵寇褒中,汉中太守郑勤移屯褒中。任尚军久出无功,民废农桑,乃诏尚将吏民还屯长安,

他让儿子庞俊上书说："目前，西州的民众大批流亡，人心骚动，但官府仍未停止征兵，水灾无休无止，地力无法恢复，加之大军的频繁出征和戍守远方而疲惫；农事因运输军需而取消，财产因官府征调而枯竭；田地得不到开垦，庄稼得不到收割；老百姓因穷困而急得搓手，明年的秋收也没有什么指望，老百姓的力量已经耗尽，不能再承受负担。我认为，与其万里迢迢把粮食运送到羌人地区，不如集中兵力，休养生息，等待敌人疲乏。车骑将军邓骘最好整队班师，留下征西校尉任尚，让他督促凉州官民迁居三辅地区，停止征伐服役使百姓不误农时，禁止苛捐杂税使百姓增添财力，让男子能够耕种田地，女子能够纺织缝纫，然后养精蓄锐，乘羌人懈怠的机会，在他们没有料到的时候出兵，向他们没有防备的地方进攻，那么，便可以为边疆的民众报仇，为往昔的失败雪耻了。"奏章呈上后，适逢樊准上书保荐庞参，邓太后召见庞参，把他从一个正在服苦役的犯人擢升为谒者，命他西去三辅，督导驻扎在那儿的各部队屯田。十一月辛酉（十九日），邓太后下诏，命邓骘返回雒阳，只留任尚驻扎汉阳，负责各部队的调度。邓太后派使臣迎接邓骘，任命他担任大将军。

羌人的一个部落首领滇零自称"天子"，在北地召集武都的参狼羌部落，上郡、西河的各个支派的羌人部落，切断陇西的交通，侵犯劫掠三辅，南下侵入益州，杀死汉中太守董炳。梁慬奉朝廷之命，本当驻守金城，但听说众羌人部落进攻三辅，立即率部进击，转战在武功、美阳之间的广大地区，连续击溃羌人的部队，众羌人部落逐渐退却离散。

十二月，广汉郡边塞外的参狼羌部落归降。

三年（109）春季正月，东汉派骑都尉任仁，率领各郡屯垦部队救援三辅。任仁几次出战失利，当煎羌部落和勒姐羌部落联手攻陷破羌县城，钟羌部落攻陷临洮县城，活捉陇西南部都尉。

四年（110）二月，滇零派兵进攻褒中，汉中太守郑勤移师褒中。任尚率领的部队长久没有战功，平民百姓无法从事农耕和桑蚕之业，于是邓太后下诏，命任尚率领官吏和百姓返回长安，

罢遣南阳、颍川、汝南吏士。

乙丑,初置京兆虎牙都尉于长安,扶风都尉于雍,如西京三辅都尉故事。

谒者庞参说邓骘:"徙边郡不能自存者入居三辅。"骘然之,欲弃凉州,并力北边。乃会公卿集议,骘曰:"譬若衣败坏,一以相补,犹有所完,若不如此,将两无所保。"公卿皆以为然。郎中陈国虞诩言于太尉张禹曰:"若大将军之策,不可者三:先帝开拓土宇,劬劳后定,而今惮小费,举而弃之,此不可一也。凉州既弃,即以三辅为塞,则园陵单外,此不可二也。谚曰:'关西出将,关东出相。'烈士武臣,多出凉州,土风壮猛,便习兵事。今羌胡所以不敢入据三辅为心腹之害者,以凉州在后故也。凉州士民所以推锋执锐,蒙矢石于行陈,父死于前,子战于后,无反顾之心者,为臣属于汉故也。今推而捐之,割而弃之,民庶安土重迁,必引领而怨曰:'中国弃我于夷狄!'虽赴义从善之人,不能无恨。如卒然起谋,因天下之饥敝,乘海内之虚弱,豪雄相聚,量材立帅,驱氐、羌以为前锋,席卷而东,虽贲、育为卒,太公为将,犹恐不足当御。如此,则函谷以西,园陵、旧京非复汉有,此不可三也。议者喻以补衣犹有所完,诩恐其疽食侵淫而无限极也。"禹曰:"吾意不及此,微子之言,几败国事。"诩因说禹:"收罗凉士豪桀,引其牧守子弟于

让南阳、颍川、汝南三郡的官兵复员。

乙丑日（初十），东汉朝廷首次在长安设置京兆虎牙都尉，在雍县设置扶风都尉，如同西汉时期在三辅设置都尉的旧例。

谒者庞参向邓骘建议："把沿边各郡不能自谋生计的人，迁到三辅居住。"邓骘采纳这个建议，打算放弃凉州，集中力量对付北方边患。于是邓骘会集公卿商议，邓骘说："这好比衣服破了，用一件去补另一件，还能得到一件完好的衣服，不然两件衣服都无法保全。"公卿都认为说得对。郎中陈国人虞诩对太尉张禹说："大将军邓骘的计策不可实行的理由有三：先帝开拓疆土，历经千辛万苦，方才得到这块土地，而今因为害怕支付少量费用，就要把它全部丢弃，这是一不可；凉州丢弃以后，就用三辅地区做边塞，那样皇家墓地将孤零零地暴露在塞外，这是二不可。俗话说：'函谷关以西出将军，函谷关以东出丞相。'猛士和武将，大多出自凉州，当地民风崇尚勇猛，熟习军事。如今，羌人胡人之所以不敢攻入三辅地区，成为心腹祸害，是由于凉州位于他们背后。凉州军民之所以在阵地上冒着利箭巨石，手执武器，奋勇杀敌，做父亲的在前面战死，做儿子的冲上去继续战斗，毫不犹豫后退，是由于他们归属汉朝。如今把凉州推开不管，割裂抛弃，而民众留恋故土，不愿迁居异地，他们必定会伸颈远望京师，抱怨说：'朝廷把我们丢弃给蛮族了！'纵令是为义奔走、依从善道的人，也不会没有怨恨。如果有人突然起了野心，乘着天下饥馑和国力空虚，聚集英雄豪杰，依据才能推选统帅，驱使羌人、氐人做先锋，席卷东来，到那时，即使用战国时代孟贲、夏育那样的勇士做士兵，用周朝姜子牙那样的谋臣做将领，恐怕仍难以抵挡。果真如此，函谷关以西的皇家墓地和旧都长安，将不再为汉朝所有，这是三不可。主张放弃凉州的人，用补衣服来做比喻，认为还可以保有一件完好的衣服，而我却担心放弃凉州如同疮毒侵蚀肌肉，渐次发展，没有极限。"张禹说："我没有想到这些，如果不是你这番话，差一点儿就坏了国家大事。"虞诩于是建议张禹："招揽网罗凉州地区的英雄豪杰，召引州郡长官的子弟到

朝,令诸府各辟数人,外以劝厉答其功勤,内以拘致防其邪计。"禹善其言,更集四府,皆从诩议。于是辟西州豪桀为掾属,拜牧守长吏子弟为郎,以安慰之。

三月,先零羌复攻褒中,郑勤欲击之。主簿段崇谏,以为:"虏乘胜,锋不可当,宜坚守待之。"勤不从,出战,大败,死者三千馀人。段崇及门下史王宗、原展以身扞刃,与勤俱死。

秋七月,骑都尉任仁与羌战,累败,而兵士放纵,槛车征诣廷尉,死。护羌校尉段禧卒,复以前校尉侯霸代之,移居张掖。

五年春正月,先零羌寇河东,至河内,百姓相惊,多南奔度河。使北军中候朱宠将五营士屯孟津,诏魏郡、赵国、常山、中山缮作坞候六百一十六所。羌既转盛,而缘边二千石、令、长多内郡人,并无守战意,皆争上徙郡县以避寇难。三月,诏陇西徙襄武,安定徙美阳,北地徙池阳,上郡徙衙。百姓恋土,不乐去旧,遂乃刈其禾稼,发彻室屋,夷营壁,破积聚。时连旱蝗饥荒,而驱蹙劫掠,流离分散,随道死亡,或弃捐老弱,或为人仆妾,丧其太半。复以任尚为侍御史,击羌于上党羊头山,破之。乃罢孟津屯。

秋九月,汉阳人杜琦及弟季贡、同郡王信等与羌通谋,

首都雒阳来,命令中央各官府分别任用数人,表面上是一种奖励,回报他们父兄的功劳,实际上是把他们控制起来,预防他们父兄反叛。"张禹认为虞诩的建议很好,于是,再一次召集大将军、太尉、司徒、司空等四府讨论,结果一致同意虞诩的建议。于是任命西州的豪杰到四府担任属官,任命州郡长官的子弟当皇帝的侍从官"郎",加以安抚。

三月,先零羌部落再次进攻褒中,汉中太守郑勤准备迎击。主簿段崇劝止,认为:"羌人乘胜而来,气势凶猛,不可抵挡,应坚守城池来对付羌人。"郑勤不听,出城作战,大败,被杀三千多人。段崇及门下史王宗、原展,用自己的身躯抵挡羌人的刀刃,跟郑勤一同阵亡。

秋季七月,骑都尉任仁跟羌人作战,接连失败,他属下的士兵却毫无约束,胡作非为,东汉朝廷用囚车将任仁征回雒阳,交付廷尉,处死。护羌校尉段禧去世,朝廷再度任命前护羌校尉侯霸接任此职,并将校尉府移驻张掖。

五年(111)春季正月,先零羌部落侵犯河东郡,攻至河内郡,民众相互惊扰,很多人向南逃亡,渡过黄河。东汉朝廷命北军中候朱宠率领五营将士进驻孟津,安帝下诏命令魏郡、赵国、常山、中山等,构筑堡垒、斥堠六百一十六座。羌人势力已日渐强盛,可沿边郡县的二千石官员、县令、县长,大多数是内地人,没有守土抗战的意愿,都争着上书请求将郡府县府内迁,以躲避羌人的祸害。三月,安帝下诏:陇西郡府由狄道迁襄武,安定郡府由高平迁美阳,北地郡府由富平迁池阳,上郡郡府由肤施迁衙县。民众眷恋故土,不愿离开老家,于是,各官府派人割掉未成熟的庄稼,拆除民居民宅,夷平营垒城墙,毁坏多年积累起来的物资。当时,连年遭受旱灾蝗灾,年成不好,而官府驱赶抢夺,民众流浪离散,沿路死亡,有的遗弃年老体弱者,有的沦落为奴仆婢妾,内迁的百姓死丧过半。朝廷又任命任尚担任侍御史。任尚率领部队在上党羊头山阻击、打败了羌军。于是朝廷撤销在孟津驻军。

秋九月,汉阳杜琦和弟弟季贡、同郡人王信等跟羌人通谋,

聚众据上邽城。

六年六月,侍御史唐喜讨汉阳贼王信,破斩之。杜季贡亡,从滇零。是岁,滇零死,子零昌立,年尚少,同种狼莫为其计策,以季贡为将军,别居丁奚城。

七年秋,护羌校尉侯霸、骑都尉马贤击先零别部牢羌于安定,获首虏千人。

元初元年三月,诏遣兵屯河内通谷冲要三十六所,皆作坞壁,设鸣鼓,以备羌寇。

五月,先零羌寇雍城。

九月,羌豪号多与诸种钞掠武都、汉中,巴郡板楯蛮救之,汉中五官掾程信率郡兵与蛮共击破之。号多走还,断陇道,与零昌合,侯霸、马贤与战于枹罕,破之。

冬十月,凉州刺史皮杨击羌于狄道,大败,死者八百馀人。

二年春,护羌校尉庞参以恩信招诱诸羌,号多等率众降。参遣诣阙,赐号多侯印,遣之。参始还治令居,通河西道。

零昌分兵寇益州,遣中郎将尹就讨之。

秋九月,尹就击羌党吕叔都等,蜀人陈省、罗横应募刺杀叔都,皆封侯,赐钱。

诏屯骑校尉班雄屯三辅。雄,超之子也。以左冯翊司马钧行征西将军,督关中诸郡兵八千馀人。庞参将羌胡兵七千馀人,与钧分道并击零昌。参兵至勇士东,为杜季贡

聚集兵众,占据了上邽城。

六年(112)六月,侍御史唐喜讨伐汉阳叛贼王信,击溃叛军,斩杀王信。杜季贡逃亡,投靠羌人首领滇零。这一年,滇零去世,他的儿子零昌继位,零昌年龄还小,同一部落的羌人狼莫给他出谋划策,任命杜季贡当将军,让杜季贡另外驻守丁奚城。

七年(113)秋季,护羌校尉侯霸、骑都尉马贤,在安定郡攻击先零羌的分支牢羌部落,斩杀一千人。

元初元年(114)三月,安帝下诏,派兵驻守河内郡三十三处关卡要塞,均构筑堡垒屏障,设置战鼓,以防备羌人侵犯。

五月,先零羌部落侵犯雍城。

九月,羌人豪帅号多,与其他部落的羌人掠夺武都、汉中二郡,巴郡的板楯蛮部落前去救援,汉中郡五官掾程信率领郡兵与板楯蛮部落联合作战,击败了羌军。号多逃回,切断陇道,与零昌会合,护羌校尉侯霸、骑都尉马贤率部与羌军在枹罕交战,击溃羌军。

冬季十月,凉州刺史皮杨在狄道攻击羌军,遭到大败,阵亡八百多人。

二年(115)春季,护羌校尉庞参用恩德信义招抚引诱众羌人部落,号多等率领部众归降。庞参送号多前往汉朝首都雒阳朝见,朝廷赐给号多侯爵的印信,送他返回。庞参方才把护羌校尉府从张掖迁回令居,恢复了河西地区至内地的交通。

羌人首领零昌分兵侵犯益州。东汉朝廷派遣中郎将尹就去讨伐他。

秋季九月,尹就攻击羌军的同伙吕叔都等,蜀郡人陈省、罗横,响应尹就的招募,刺杀了吕叔都,均被东汉朝廷封为侯爵,得到赏钱。

安帝下诏,命屯骑校尉班雄驻守三辅。班雄,是班超的儿子。命左冯翊司马钧行征西将军,统率关中各郡郡兵八千多人。庞参率领羌胡部队七千多人,跟司马钧分道并进攻打零昌。庞参的部队挺进到地名为勇士的东方,被零昌手下的将军杜季贡

所败,引退。钧等独进,攻拔丁奚城,杜季贡率众伪逃,钧令右扶风仲光等收羌禾稼,光等违钧节度,散兵深入,羌乃设伏要击之,钧在城中,怒而不救。

冬十月乙未,光等兵败,并没,死者三千馀人,钧乃遁还。庞参既失期,称病引还。皆坐征,下狱,钧自杀。时度辽将军梁慬亦坐事抵罪。校书郎中扶风马融上书称参、慬智能,宜宥过责效。诏赦参等,以马贤代参领护羌校尉,复以任尚为中郎将,代班雄屯三辅。

怀令虞诩说尚曰:"兵法:'弱不攻强,走不逐飞。'自然之势也。今虏皆马骑,日行数百里,来如风雨,去如绝弦,以步追之,势不相及,所以虽屯兵二十馀万,旷日而无功也。为使君计,莫如罢诸郡兵,各令出钱数千,二十人共市一马,以万骑之众,逐数千之虏,追尾掩截,其道自穷,便民利事,大功立矣。"尚即上书,用其计,遣轻骑击杜季贡于丁奚城,破之。

太后闻虞诩有将帅之略,以为武都太守。羌众数千遮诩于陈仓崤谷,诩即停军不进,而宣言上书请兵,须到当发。羌闻之,乃分钞傍县。诩因其兵散,日夜进道,兼行百馀里,令吏士各作两灶,日增倍之,羌不敢逼。或问曰:"孙

击败,庞参领兵撤退。司马钧单独前进,攻克丁奚城,原先驻在城内的杜季贡率领部队假装逃跑,司马钧命令右扶风人仲光等收割羌人的庄稼,仲光违背司马钧的调度,分散队伍,深入羌人的中心地区,羌军于是埋下伏兵,拦腰攻击,司马钧在城中对仲光违命大为愤怒,不予救援。

冬季十月乙未(十三日),仲光的部队战败,全军覆没,阵亡的将士有三千多人,司马钧于是逃回内地。庞参既然不能在约定日期抵达战场,便宣称自己有病,也领兵撤退。司马钧和庞参皆因获罪而被召回,被捕入狱,司马钧自杀。这时,度辽将军梁慬,也因其他事情获罪,受到处罚。校书郎中扶风人马融上书,赞扬庞参、梁慬才智超人,建议宽恕他俩,让他们戴罪立功。安帝下诏,赦免庞参、梁慬,任命马贤接替庞参领护羌校尉,再次任命任尚担任中郎将,接替班雄,驻防三辅。

怀县县令虞诩向任尚建议:"兵法:'弱小的不攻击强大的,地上跑的不追逐天上飞的。'这是由天然的情势所决定的。羌人全是骑兵,每天奔驰几百里,来时如狂风暴雨,去时像离弦飞箭,我们步兵追击,势必追赶不上,所以虽然驻防部队有二十多万,却长时期无法立功。为长官考虑,不如让各郡郡兵将士复员,要他们每人出几千钱,二十人合买一匹马,这样,就可以凭借一万骑兵,去追逐几千人的羌军,或者尾追,或者拦击,羌军自然道法穷尽,这样既有利于民众,又有利于作战,大功就可以建立了。"任尚立即上书,朝廷采纳了虞诩的建议,任尚派出轻骑兵,袭击丁奚城,击败了杜季贡。

邓太后听说虞诩具将帅的谋略,任命他担任武都太守。羌族兵众数千人,集结在陈仓崤谷,拦截去上任的虞诩,虞诩得知这一消息,立即命令部队停扎在崤谷的谷口,宣称已向朝廷进呈奏章,请求出兵,等援军到来,再动身出发。羌军得到消息,分兵几路,掠劫附近各县。虞诩趁羌军兵力分散的机会,日夜行军,每天兼程走了百多里,部队宿营时,虞诩命战士每人各做两个炉灶,以后每日倍增,于是羌军不敢逼近。有人问虞诩:"以前,孙

膑减灶,而君增之。兵法日行不过三十里,以戒不虞,而今日且二百里。何也?"诩曰:"虏众多,吾兵少,徐行则易为所及,速进则彼所不测。虏见吾灶日增,必谓郡兵来迎,众多行速,必惮追我。孙膑见弱,吾今示强,势有不同故也。"既到郡,兵不满三千,而羌众万馀,攻围赤亭数十日。诩乃令军中强弩勿发,而潜发小弩。羌以为矢力弱,不能至,并兵急攻。诩于是使二十强弩共射一人,发无不中,羌大震,退。诩因出城奋击,多所伤杀。明日,悉陈其兵众,令从东郭门出,北郭门入,贸易衣服,回转数周。羌不知其数,更相恐动。诩计贼当退,乃潜遣五百馀人于浅水设伏,候其走路。虏果大奔,因掩击,大破之,斩获甚众,贼由是败散。诩乃占相地势,筑营壁百八十所,招还流亡,假赈贫民,开通水运。诩始到郡,谷石千,盐石八千,见户万三千。视事三年,米石八十,盐石四百,民增至四万馀户,人足家给,一郡遂安。

三年夏五月癸酉,度辽将军邓遵率南单于击零昌于灵州,斩首八百馀级。

六月,中郎将任尚遣兵击破先零羌于丁奚城。

九月,筑冯翊北界候坞五百所以备羌。

十二月丁巳,任尚遣兵击零昌于北地,杀其妻子,

膑用减少炉灶的计策,大破魏军,而您却增加炉灶。兵法上说,每日行军不超过三十里,以便保持体力,防备意外的事情,而您如今却每日行军将近两百里。这是什么缘故?"虞诩说:"羌军众多,我军人少,我们慢慢地行军,就容易被他们追上;我们快速挺进,他们就无法推测我们的底细。羌军看到我们留下的炉灶,一天比一天增多,必定会认为郡兵已经来接应我们,我军人数既多,行军又快,羌军必然不敢追赶。以前孙膑故意显示虚弱,而今我故意显示强大,这是情势不同的缘故啊。"虞诩抵达郡府时,部队不满三千人,而羌军多达数万人,围攻赤亭已数十日。虞诩向部队发出命令,不准使用强弓,只准在暗中使用小弓。羌军误认为守城部队的箭力太弱,射程达不到目标,便集中兵力,猛烈攻城。这时,虞诩命令每二十张强弓集中射一个人,射无不中,羌军大为震恐而撤退。虞诩趁机出城反击,杀伤很多羌人。次日,虞诩集合全体将士,命令他们先从东城门出,再从北城门进,然后更换衣服,再回环往复,如此这般好多回。羌军弄不清城里有多少守军,更加惊恐不安。虞诩估计羌军快要撤走,就秘密派遣五百人在河水较浅的地方埋下伏兵,守候在羌军溃逃时可能经过的道路。羌军果然大规模地溃逃并经过那里,伏兵就冲击过去,大破羌军,杀死及俘虏无数羌兵,羌军从此溃散。虞诩于是观察土地山川的形势,构筑碉堡营塞一百八十座,召回流亡在外的难民,用财物救济贫民,开通水上运输。虞诩刚到郡府上任时,谷米每石一千钱,食盐每石八千钱,居民共一万三千户。任职三年之后,谷米每石八十钱,食盐每石四百钱,居民增加到四万多户。家家富足,从此一郡平安。

三年(116)夏季五月癸酉(二十五日),度辽将军邓遵,率领南匈奴单于檀及其部众,在灵州进攻羌人首领零昌,杀死八百多人。

六月,中郎将任尚派部队在丁奚城击败先零羌部落。

九月,在冯翊北部郡界构筑碉堡斥堠五百座,防备羌军。

十二月丁巳(十二),任尚派兵在北地攻零昌,杀死他妻儿,

烧其庐落,斩首七百馀级。

四年春二月,任尚遣当阗种羌榆鬼等刺杀杜季贡,封榆鬼为破羌侯。

六月,尹就坐不能定益州,征抵罪。以益州刺史张乔领其军屯,招诱叛羌,稍稍降散。

九月,护羌校尉任尚复募效功种羌号封刺杀零昌,封号封为羌王。

冬十二月甲子,任尚与骑都尉马贤共击先零羌狼莫,追至北地,相持六十馀日,战于富平河上,大破之,斩首五千级,狼莫逃去。于是西河虔人种羌万人诣邓遵降,陇右平。

五年冬十月,邓遵募上郡全无种羌雕何刺杀狼莫,封雕何为羌侯。自羌叛十馀年间,军旅之费,凡用二百四十馀亿,府帑空竭,边民及内郡死者不可胜数,并、凉二州遂至虚耗。及零昌、狼莫死,诸羌瓦解,三辅、益州无复寇警。诏封邓遵为武阳侯,邑三千户。遵以太后从弟故,爵封优大。

永宁元年春三月,沈氏羌寇张掖。夏六月,护羌校尉马贤将万人讨沈氏羌于张掖,破之,斩首千八百级,获生口千馀人,馀虏悉降。时当煎等大豪饥五等,以贤兵在张掖,乃乘虚寇金城,贤还军追之出塞,斩首数千级而还。烧当、烧何种闻贤军还,复寇张掖,杀长吏。

初,当煎种饥五同种大豪卢忽、忍良等千馀户别留允街,而首施两端。

焚烧零昌的营帐,杀死零昌的部众七百多人。

四年(117)春季二月,任尚派当阗种羌部落的榆鬼等,刺杀了零昌的将军杜季贡,东汉朝廷把榆鬼封为破羌侯。

六月,中郎将尹就因为不能平定益州的羌人叛乱而获罪,被召回京师,受到处罚。东汉朝廷命益州刺史张乔接管尹就的部队,在原地驻扎,招纳引诱叛变的羌人投降,羌军逐渐归降或逃散。

九月,护羌校尉任尚,又买通效功种羌部落的号封,刺杀了羌人首领零昌,东汉朝廷把号封封为羌王。

冬季十二月甲子(二十五日),任尚与骑都尉马贤共同追击先零羌部落首领狼莫,追到北地,双方对峙六十多天,之后在富平河上激战,彻底打败先零羌部落,杀死五千人,狼莫逃走。这时西河郡虔人种羌部落一万人到邓遵那儿投降,陇右全部平定。

五年(118)冬季十月,度辽将军邓遵,买通上郡全无种羌部落的雕何,刺杀了先零羌首领狼莫。东汉朝廷把雕何封为羌侯。自从羌人叛乱以来,十多年间,军费总共用去两百四十多亿,国库空竭,边塞及内地民众死亡人数无法计算,并州和凉州竟因此而完全破落。等到零昌、狼莫死亡,众羌人部落瓦解,三辅和益州不再有羌人入侵的警报。安帝下诏,将邓遵封为武阳侯,采邑三千户。邓遵因为是邓太后的堂弟,所以对他的封赐特别优厚。

永宁元年(120)春季三月,沈氐羌部落侵犯张掖。夏季六月,护羌校尉马贤率领一万人,前往张掖讨伐沈氐羌部落,打败羌军,杀死一千八百人,俘虏一千多人,沈氐羌部落残馀的部众全部投降。当时,当煎种羌部落首领饥五等,因马贤的部队正在张掖,就乘虚而入,侵犯金城,马贤调回部队,当煎种羌部落撤退,马贤追出边塞,杀死几千人而返回。烧当羌部落、烧何种羌部落听说马贤部队返回金城,又侵犯张掖,杀害当地的官员。

当初,与当煎种羌部落首领饥五同族的烧当羌部落的首领卢怱、忍良等一千多户,另外居住在允街,在反叛与归附的问题上,犹豫不决。

建光元年春,护羌校尉马贤召卢忽斩之,因放兵击其种人,获首虏二千馀,忍良等皆亡出塞。

秋七月,烧当羌忍良等,以麻奴兄弟本烧当世嫡,而校尉马贤抚恤不至,常有怨心,遂相结,共胁将诸种寇湟中,攻金城诸县。八月,贤将先零种击之,战于牧苑,不利。麻奴等又败武威、张掖郡兵于令居,因胁将先零沈氏诸种四千馀户,缘山西走,寇武威。贤追到鸾鸟,招引之,诸种降者数千,麻奴南还湟中。

延光元年春三月,护羌校尉马贤追击麻奴到湟中,破之,种众散遁。

十一月,烧当羌麻奴饥困,将种众诣汉阳太守耿种降。

三年九月,烧当羌豪麻奴死,弟犀苦立。

顺帝永建元年二月,陇西钟羌反,校尉马贤击之,战于临洮,斩首千馀级,羌众皆降。由是凉州复安。

六年秋九月,护羌校尉韩皓转湟中屯田置两河间,以逼群羌。皓坐事征,以张掖太守马续代为校尉。两河间羌以屯田近之,恐必见图,乃解仇、诅盟,各自儆备。续上移屯田还湟中,羌意乃安。

阳嘉三年秋七月,钟羌良封等复寇陇西、汉阳。诏拜前校尉马贤为谒者,镇抚诸种。冬十月,护羌校尉马续遣兵击良封,破之。

建光元年(121)春季,护羌校尉马贤召见卢忿,将他斩首,然后发兵攻击他的部众,杀死两千多人,忍良等人都逃出塞外。

秋季七月,烧当羌部落首领忍良等,认为麻奴兄弟本是烧当的嫡亲后裔,而护羌校尉马贤却对他们抚慰照顾得不够,经常心怀怨恨,终于互相勾结,一同裹胁其他部落侵犯湟中,进攻金城郡各县。八月,马贤率领已归附汉朝的先零种羌部落进行回击,在牧苑交战,失利。麻奴等又在令居打败武威、张掖两郡郡兵,乘胜裹胁先零种羌部落和沈氏种羌部落四千多户,沿祁连山向西而行,侵犯武威郡。马贤追赶到鸾鸟县,进行招抚引诱,各部落归降的有几千户,麻奴向南撤回到湟中。

延光元年(122)春季三月,护羌校尉马贤追击麻奴,到达湟中地区,打败羌军,麻奴的部众纷纷逃散。

十一月,烧当羌部落首领麻奴饥饿困窘,率领部众到汉阳太守耿种那儿投降。

三年(124)九月,烧当羌部落首领麻奴去世,他的弟弟犀苦继任部落首领。

顺帝永建元年(126)二月,陇西郡的钟羌部落反叛,校尉马贤率部进击,在临洮会战,杀死一千多人,钟羌部落残馀的部众全都投降。从此以后,凉州又恢复了安定的局面。

六年(131)秋季九月,护羌校尉韩皓把屯垦部队从湟中地区转移到两河即赐支河和逢留大河之间,以便紧逼各羌人部落。正在这时,韩皓因他事获罪,被召回首都雒阳,由张掖太守马续接任护羌校尉。两河之间的羌人部落由于屯垦部队靠近他们,担心自己被屯垦部队暗算,于是,相互之间化解怨仇,诅咒发誓,结成同盟,各自加强戒备。马续上书请求朝廷批准,将屯垦部队撤回湟中,羌人的人心才安定下来。

阳嘉三年(134)秋季七月,钟羌部落首领良封等,再次侵犯陇西郡和汉阳郡。顺帝下诏,任命前校尉马贤担任谒者,负责镇压和招抚各羌人部落。冬季十月,护羌校尉马续派兵攻击良封,将其击败。

　　四年二月，谒者马贤击钟羌，大破之。

　　永和三年冬十月，烧当羌那离等三千馀骑寇金城，校尉马贤击破之。
　　四年三月，烧当羌那离等复反。夏四月癸卯，护羌都尉马贤讨斩之，获首虏千二百馀级。

　　五年。初，那离等既平，朝廷以来机为并州刺史，刘秉为凉州刺史。机等天性虐刻，多所扰发，且冻、傅难种羌遂反，攻金城，与杂种羌胡大寇三辅，杀害长吏。机、秉并坐征。于是拜马贤为征西将军，以骑都尉耿叔为副，将左右羽林，五校士及诸州郡兵十万人，屯汉阳。九月，令扶风、汉阳筑陇道坞三百所，置屯兵。

　　且冻羌寇武都，烧陇关。
　　初，上命马贤讨西羌，大将军商以为贤老，不如太中大夫宋汉，帝不从。汉，由之子也。贤到军，稽留不进。武都太守马融上疏曰："今杂种诸羌转相钞盗，宜及其未并，亟遣深入，破其支党，而马贤等处处留滞，羌胡百里望尘，千里听声，今逃匿避回，漏出其后，则必侵寇三辅，为民大害。臣愿请贤所不可，用关东兵五千，裁假部队之号，尽力率厉，埋根、行首以先吏士，三旬之中，必克破之。臣又闻吴起为将，暑不张盖，寒不披裘。今贤野次垂幕，

四年(135)二月,谒者马贤率领部队进攻钟羌部落,彻底打败了他们。

永和三年(138)冬季十月,烧当羌部落首领那离等,率领三千多骑兵侵犯金城,校尉马贤击破了他们。

四年(139)三月,烧当羌部落首领那离等再次反叛。夏季四月癸卯(初八),护羌都尉马贤进行讨伐,斩杀那离,斩杀及俘获一千二百多人。

五年(140)。当初,烧当羌部落首领那离的叛乱被平定后,东汉朝廷任命来机担任并州刺史,任命刘秉担任凉州刺史。来机和刘秉天性暴虐苛刻,对羌人不断侵扰征调,于是且冻羌部落和傅难种羌部落反叛,他们进攻金城,又与其他种的羌人、胡人联合,大举侵犯三辅地区,杀死当地的官员。来机、刘秉因此获罪,被朝廷召回。朝廷重新任命马贤担任征西将军,任命骑都尉耿叔担任副手,统率左右羽林军、北军五校士兵和各州郡郡兵,共十万人,驻守汉阳。九月,朝廷命扶风、汉阳两郡,在陇道两旁修筑堡垒三百座,均派兵把守。

且冻羌部落侵犯武都,焚烧陇关。

当初,顺帝命马贤率军讨伐西羌,大将军梁商认为马贤已老,不如任命太中大夫宋汉,顺帝不听。宋汉,是宋由的儿子。马贤到军中上任以后,迟迟不向前推进。武都太守马融上书说:"如今不同支派的羌人部落互相攻击抢劫,应该乘他们尚未统一时,赶快派兵进入其中心地带,逐一击破各支派,可是马贤等却处处逗留拖延,而羌人、胡人,百里之外就能看见汉军扬起的尘土,千里之外就能听见汉军行军的声音,若他们隐匿躲避,从汉军背后逃出,就必然侵犯抢掠三辅地区,对民众造成可怕的祸害。我请求把马贤认为不能完成的作战任务交给我,仅仅借用军队的名号,而实际上使用关东兵五千人,我愿尽力以表率劝勉他们,如埋根于地不动摇,排列队首身先士卒,预计三十天内,一定可以打败叛羌。我又听说,吴起当主将,炎热的夏天不张开车盖避暑,寒冷的冬天不穿皮衣御寒。而今马贤在野外止宿时务必张挂帘幕,

珍肴杂遝,儿子侍妾,事与古反。臣惧贤等专守一城,言攻于西而羌出于东,且其将士将不堪命,必有高克溃叛之变也。"安定人皇甫规亦见贤不恤军事,审其必败,上书言状。朝廷皆不从。

六年春正月丙子,征西将军马贤与且冻羌战于射姑山,贤军败,贤及二子皆没,东西羌遂大合。闰月,巩唐羌寇陇西,遂及三辅,烧园陵,杀掠吏民。

三月,武都太守赵冲追击巩唐羌,斩首四百馀级,降二千馀人。诏冲督河西四郡兵为节度。

安定上计掾皇甫规上疏曰:"臣比年以来,数陈便宜,羌戎未动,策其将反,马贤始出,知其必败,误中之言,在可考校。臣每惟贤等拥众四年,未有成功,县师之费,且百亿计,出于平民,回入奸吏,故江湖之人,群为盗贼,青、徐荒饥,襁负流散。夫羌戎溃叛,不由承平,皆因边将失于绥御,乘常守安则加侵暴,苟竞小利则致大害,微胜则虚张首级,军败则隐匿不言。军士劳怨,困于猾吏,进不得快战以徼功,退不得温饱以全命,饿死沟渠,暴骨中原。徒见王师之出,不闻振旅之声。酋豪泣血,惊惧生变,是以安不能久,叛则经年,臣所以搏手扣心而增叹者也!

吃饭务必山珍海味,还带着妻妾儿女,事事跟古代名将相反。我担心马贤等专守一座城池,声称攻打西方而羌军却在东方出现,他的部将和士兵无法忍受这种命运,势必会发生郑高克部队内部溃叛那样的事变。"与此同时,安定人皇甫规也发现马贤不体恤军事,非常清楚他会失败,便上书讲述这种情况。但顺帝都不理会。

六年(141)春季正月丙子(二十一日),征西将军马贤跟且冻羌部落在射姑山会战,马贤的部队大败,马贤和他的两个儿子都被杀死,于是东方的羌部落和西方的羌部落合为一体。闰正月,巩唐羌部落侵犯陇西,挺进到三辅,焚烧了汉朝的皇家陵园,屠杀掳掠官员和庶民。

三月,武都太守赵冲,追击巩唐羌部落,杀死四百多人,收降两千多人。顺帝下诏,命赵冲督率河西四郡郡兵,负责调度。

安定人上计掾皇甫规上书:"我最近几年多次向陛下提出有利于国、合乎时宜的意见,在羌人没有行动时,我预测他们即将反叛;马贤刚刚出征时,我推知他必然失败,无意间说中事实的那些言词,均记录在案,可以考查核对。我常常考虑,马贤等将领统军四年,没有建立功业,远征的费用快要用百亿来计算,这一大笔钱出自平民,最后却流入贪官之手,以至四方各地的民众,成群结队地成为盗贼,青州、徐州一片饥荒,人们背着小孩四散流亡。羌人反叛不是由于天下长期太平引起的,而是因为守边将领没掌握住安抚控制羌人的要领,对依循规矩信守安分的羌人,反而施加侵犯暴掠,只贪求小利,终于招致大祸;战事发生时,偶尔获得微小的胜利,就夸大杀伤的人数;一旦打了败仗,就隐瞒不报。战士辛苦怨恨,被奸诈的官员压制;进攻时不能速战杀敌,求取功名,撤退时吃不饱、穿不暖、保不住性命,战士们饿死在水沟旁边,尸骨暴露在荒野之中。庶民只看见皇家部队出塞御敌,却听不到他们凯旋的消息。魁帅豪杰之士泪尽血出,极度悲伤,非常担心发生意外的变故,因此平安不能长久保持,如果反叛就要经年累月,这就是我搓手捶胸、叹息不止的原因啊!

愿假臣两营、二郡,屯列坐食之兵五千,出其不意,与赵冲共相首尾。土地山谷,臣所晓习,兵势巧便,臣已更之,可不烦方寸之印,尺帛之赐,高可以涤患,下可以纳降。荐谓臣年少、官轻,不足用者,凡诸败将,非官爵之不高,年齿之不迈。臣不胜至诚,没死自陈。"帝不能用。

巩唐羌寇北地,北地太守贾福与赵冲击之,不利。

秋九月,诸羌寇武威。

冬十月癸丑,以羌寇充斥,凉部震恐,复徙安定居扶风,北地居冯翊。

十一月庚子,以执金吾张乔行车骑将军事,将兵万五千人屯三辅。

汉安元年冬十月,罕羌邑落五千馀户诣赵冲降,唯烧何种据参䜌未下。甲戌,罢张乔军屯。

二年夏四月庚戌,护羌校尉赵冲与汉阳太守张贡击烧当羌于参䜌,破之。冬闰十月,赵冲击烧当羌于阿阳,破之。

建康元年春,护羌从事马玄为诸羌所诱,将羌众亡出塞,领护羌校尉卫琚追击玄等,斩首八百馀级。赵冲复追叛羌到建威鹯阴河,军度竟,所将降胡六百馀人叛走。冲将数百人追之,遇羌伏兵,与战而殁。冲虽死,而前后多所斩获,羌由是衰耗。诏封冲子为义阳亭侯。

冲帝永嘉元年,西羌叛乱积年,费用八十馀亿。

我请求陛下，借给我两营和两郡，拨给我驻扎着吃闲饭的五千人，在羌人没有料到的时候发动攻击，跟赵冲的部队互相呼应。羌人地区的土地山谷，我一向很熟悉；用兵的战略和战术，我已经有经验；无须麻烦朝廷颁发印信，也无须麻烦朝廷颁发一丁点儿绸缎的赏赐；最好的结果是能够铲除祸患，最低限度也能够使羌人投降。如果说我年纪轻、官职低，不能重用，可那些战败的将领，并非官爵不高、年纪不老。我用最大的诚意，冒着死罪，向陛下陈情。"顺帝没有采用皇甫规的建议。

巩唐羌部落侵犯北地郡，北地太守贾福与武都太守赵冲迎战，失利。

秋季九月，各羌人部落侵犯武威郡。

冬季十月癸丑（初二），由于羌人的劫掠，比比皆是，凉州刺史部一片惊恐，朝廷命令再次把安定郡府迁到扶风，把北地郡府迁到冯翊。

十一月庚子（二十日），朝廷任命执金吾张乔行车骑将军事，率军一万五千人，驻防三辅。

汉安元年（142）冬季十月，罕羌村落五千多户，到武都太守赵冲那儿投降，只有烧何种羌部落占据参聕，尚未攻克。甲戌（二十九日），朝廷下令撤销张乔部队在三辅的驻防。

二年（143）夏季四月庚戌（初八），护羌校尉赵冲跟汉阳太守张贡，对据守在参聕的烧当羌部落发动进攻，将他们击败。冬季闰十月，赵冲又在阿阳攻击烧当羌部落，又将他们击败。

建康元年（144）春季，护羌从事马玄，被众羌人部落诱惑，率领塞内的羌人部众逃出塞外，领护羌校尉卫琚派兵追击马玄等，斩杀八百多人。赵冲又追击叛变的羌人，追到建武鹯阴河，部队刚刚渡完河，早先投诚的胡人六百多名又叛变逃跑。赵冲率领几百人追击，遇到羌军伏兵，赵冲与他们交战，不幸阵亡。赵冲虽然战死，但他先后斩杀俘虏了很多羌人，羌族的势力从此衰弱。顺帝下诏，将赵冲的儿子封为义阳亭侯。

冲帝永嘉元年（145），西羌叛乱多年，东汉军费达八十多亿。

诸将多断盗牢禀，私自润入，皆以珍宝货赂左右。上下放纵，不恤军事，士卒不得其死者，白骨相望于野。左冯翊梁并以恩信招诱叛羌，离湳、狐奴等五万馀户皆诣并降，陇右复平。

桓帝延熹二年十二月，烧当、烧何、当煎、勒姐等八种羌寇陇西金城塞，护羌校尉段颎击破之，追至罗亭，斩其酋豪以下二千级，获生口万馀人。

三年闰正月，西羌馀众复与烧何大豪寇张掖，晨，薄校尉段颎军。颎下马大战，至日中，刀折矢尽，虏亦引退。颎追之，且斗且行，昼夜相攻，割肉食雪，四十馀日，遂至积石山，出塞二千馀里，斩烧何大帅，降其馀众而还。

冬十一月，勒姐、零吾种羌围允街，段颎击破之。

四年六月，零吾羌与先零诸种反，寇三辅。冬，先零、沈氏羌与诸种羌寇并、凉二州，校尉段颎将湟中义从讨之。凉州刺史郭闳贪共其功，稽固颎军，使不得进，义从役久恋乡旧，皆悉叛归。郭闳归罪于颎，颎坐征，下狱，输作左校，以济南相胡闳代为校尉。胡闳无威略，羌遂陆梁，覆没营坞，转相招结，唐突诸郡，寇患转盛。泰山太守皇甫规上疏曰："今猾贼就灭，泰山略平，复闻群羌并皆反逆。臣生长邠、岐，年五十有九，昔为郡吏，再更叛羌，豫筹其事，有误中之言。

将领们多数贪污粮饷，中饱私囊，又都用金银财宝，贿赂皇帝的近臣。上上下下都放任自流，不理会军事，士兵不应死而死的，白骨接连不断，遍布旷野。左冯翊梁并，用恩德信义招纳引诱那些叛变的羌人，离湳、狐奴等羌部落五万多户，都到梁并那儿投降，陇右再次平定。

桓帝延熹二年(159)十二月，烧当、烧何、当煎、勒姐等八个种羌部落，进攻陇西郡金城塞，护羌校尉段颎率部迎击，打败羌军，追到罗亭，杀死豪帅以下两千人，俘虏一万多人。

三年(160)闰正月，西羌残馀部众，又跟烧何羌部落的豪帅进攻张掖，凌晨逼近护羌校尉段颎军营。段颎下马与羌军大战，一直战斗到中午，刀砍断了，箭用尽了，羌军也撤退了。段颎追击，一面战斗，一面挺进，昼夜不停地发起攻击，饥饿时吃马肉，口渴时饮雪水，历时四十多天，才抵达积石山，这时，已出边塞两千多里，段颎斩杀烧何羌部落大帅，招降了残馀部众，然后班师。

冬季十一月，勒姐羌部落、零吾种羌部落包围允街，护羌校尉段颎击败了他们。

四年(161)六月，零吾羌与先零羌各分支部落一同反叛，侵犯三辅。冬季，先零羌、沈氏羌与各分支部落的羌人，侵犯并州、凉州，护羌校尉段颎率领湟中地区的自愿从军者讨伐羌军。凉州刺史郭闳，贪求分享段颎的功劳，故意稽留段颎，使他无法前进，自愿从军者因为服役时间太长，思念家乡和亲人，全都逃回了故乡。郭闳把罪过都推到段颎头上，段颎因此而获罪，被召回首都雒阳，被捕入狱，纳粟罚往左校营作苦役，东汉朝廷任命济南国相胡闳接任护羌校尉。胡闳没有威信和谋略，于是，羌军气焰嚣张，攻陷军营堡垒，辗转招诱其他种族部落，在各郡横冲直撞，羌人侵扰所造成的祸害变得更加严重了。泰山太守皇甫规上书说："现在，泰山郡奸狡的盗贼已经剿灭，郡内大致恢复太平，又听说羌人都同时反叛。我生长在邠山、岐山一带，今年已经五十九岁，以往担任郡府的属官上计掾时，经历过两次羌人叛乱，曾经参与过策划讨伐大计，说过一些无意间应验了的言论。

臣素有痼疾，恐犬马齿穷，不报大恩，愿乞冗官，备单车一介之使，劳来三辅，宣国威泽，以所习地形、兵势佐助诸军。臣穷居孤危之中，坐观郡将已数十年矣，自鸟鼠至于东岱，其病一也。力求猛敌，不如清平；勤明孙、吴，未若奉法。前变未远，臣诚戚之，是以越职尽其区区。"诏以规为中郎将，持节监关西兵，讨零吾等。十一月，规击羌，破之，斩首八百级。先零诸种羌慕规威信，相劝降者十馀万。

五年三月，沈氐羌寇张掖、酒泉。皇甫规发先零诸种羌共讨陇右，而道路隔绝，军中大疫，死者十三四。规亲入庵庐，巡视将士，三军感悦。东羌遂遣使乞降，凉州复通。先是，安定太守孙儁受取狼藉，属国都尉李翕、督军御史张禀多杀降羌，凉州刺史郭闳、汉阳太守赵熹并老弱不任职，而皆倚恃权贵，不遵法度。规到，悉条奏其罪，或免或诛，羌人闻之，翕然反善，沈氐大豪滇昌、饥恬等十馀万口，复诣规降。

十一月，滇那羌寇武威、张掖、酒泉。

皇甫规持节为将，还督乡里，既无他私惠，而多所举奏，又恶绝宦官，不与交通。于是中外并怨，遂共诬规货赂

我一直身患疾病，担心自己像犬马一样，掉光牙齿而老死，不能报答陛下的大恩，我希望陛下让我做一个有官阶而没有职事的散官，给我备一辆车，我将做朝廷的使者，到三辅地区慰问劝勉那儿的将士，宣扬朝廷的威信恩德，用我熟悉的地理形势、用兵布阵的知识，帮助各军。当初，我隐居不仕，在孤立危急的环境中，从旁边观察各郡的太守，已经数十年了，认为从西方的鸟鼠山，到东方的泰山，弊病都是一个，全是官逼民反。与其尽力访求勇猛的将领，不如施行清明的政治；与其精通各种兵书，不如郡太守奉公执法。上次羌人反叛，至今为时不远，我对此深深忧虑，所以超出职权范围，向陛下倾诉自己的拳拳之忱。"于是，桓帝下诏任命皇甫规担任中郎将，手执符节，总督关西所有的部队，讨伐零吾等羌人部落。十一月，皇甫规发动进攻，击溃羌军，杀死八百人。先零羌各分支部落敬服皇甫规的威望和信誉，互相劝说，前来归降的有十多万人。

五年（162）三月，沈氐羌部落侵犯张掖、酒泉二郡。中郎将皇甫规征发已归附的先零羌各分支部落，共同前往陇右地区进行讨伐。这时，道路已经断绝，军中流行瘟疫，死亡人数达十分之三四。皇甫规亲自深入各营帐，巡查看望将士，整个部队都感动得心悦诚服。东羌人部落于是派来使者，请求投降，通往凉州的交通重新恢复。原先，安定太守孙儁贪污受贿，声名狼藉，属国都尉李翕、督军御史张禀杀戮许多归降的羌人，凉州刺史郭闳、汉阳太守赵熹年老体弱，不理职事，可是他们都倚仗朝中权责，不遵守法律制度。皇甫规到职之后，把他们的罪状一一上奏，结果，有的免职，有的处死，羌人听到消息，一起回心向善，沈氐羌部落豪帅滇昌、饥恬等，带领十多万人，到皇甫规那儿再次投降。

十一月，滇那羌部落侵犯武威、张掖、酒泉。

皇甫规手执符节担任大军统帅，回到家乡督导军政，既不树立个人私恩，又大量举报贪官污吏，又极其厌恶宦官，不同他们交结来往。于是，朝廷内外都怨恨他，异口同声诬蔑皇甫规贿赂

群羌,令其文降,帝玺书诮让相属。规上疏自讼曰:"四年之秋,戎丑蠢戾,旧都惧骇,朝廷西顾。臣振国威灵,羌戎稽首,所省之费,一亿以上。以为忠臣之义不敢告劳,故耻以片言自及微效,然比方先事,庶免罪悔。前践州界,先奏孙儁、李翕、张禀,旋师南征,又上郭闳、赵熹,陈其过恶,执据大辟。凡此五臣,支党半国,其馀墨绶下至小吏,所连及者复有百馀。吏托报将之怨,子思复父之耻,载贽驰车,怀粮步走,交构豪门,竞流谤蘁,云臣私报诸羌,仇以钱货。若臣以私财,则家无担石;如物出于官,则文簿易考。就臣愚惑,信如言者,前世尚遗匈奴以宫姬,镇乌孙以公主;今臣但费千万以怀叛羌,则良臣之才略,兵家之所贵,将有何罪负义违理乎?自永初以来,将出不少,覆军有五,动资巨亿,有旋车完封,写之权门,而名成功立,厚加爵封。今臣还督本土,纠举诸郡,绝交离亲,戮辱旧故,众谤阴害,固其宜也。"

帝乃征规还,拜议郎,论功当封,而中常侍徐璜、左悺欲从求货,数遣宾客就问功状,规终不答。璜等忿怒,陷以前事,

众羌人,让他们用文书虚降,桓帝下诏,对皇甫规既是谴责又是讥讽。皇甫规上书,为自己辩护说:"延熹四年(161)秋季,蛮族叛乱,故都长安惊慌恐惧,朝廷回视西方,忧心忡忡。我振扬国家显赫的声威,使众羌人部落都叩头称臣,所节省的军费,多达一亿以上。作为忠臣应尽的本分,我不敢向别人诉说自己的劳苦,所以羞于用片言只语谈及自己的微薄贡献,然而比起先前那些败军之将,我觉得自己也许可以免于悔过。当初,我一踏上凉州州界,首先上奏检举孙儁、李翕、张禀,后来率军南征,又上奏揭发郭闳、赵熹,列举他们的罪状,依据刑律,应判处他们死刑。可是,这五位高官,党羽遍布半个中国;其馀身佩黑色丝带印信的中级官员,直至最下层的官员,所牵连的还有一百多人。部属借口要为长官报仇,儿子一心要为父亲雪耻;他们有的带着见面礼,乘坐车马,到处奔走;有的身揣干粮,徒步前往,都去交接有权有势的豪门;争相传播流言蜚语,说我暗中用钱币物资酬报反叛归正的羌人。如果说我用的是私人财产,那么,我家穷得没有一石存粮;如果说这些钱财出自官府,那么,官府的文书账簿俱在,很容易查考。特别让我迷惑不解的是,即使真如他们所说的那样,那么,前朝还把宫女赏赐给匈奴单于,把公主嫁到乌孙王国,而今,我仅仅用了一千万钱,便安抚了反叛的羌人,这是良臣的才干和谋略,是军事家所推崇的,我有什么违反理义的罪过呢?从安帝永初年间以来,出塞征战的将领不少,覆没全军的就有五位,动用的资财,数以亿计;有的回师之车,封条都安好无损地在权贵之家卸下,然而他们却享有盛名,建立功勋,加官晋爵。而今,我回到故乡,督察举发各郡的官员,跟朋友断绝交谊,跟亲戚脱离关系,使老友故交受刑被辱,大家诽谤我陷害我,自然是理所当然的。"

　　桓帝于是征召皇甫规回到京城,任命他当议郎,按照他的实际功劳,应该授予封号,可是中常侍徐璜、左悺,想要在他身上勒索钱财,好几次派遣清客前去询问皇甫规立功的情况,皇甫规始终不肯拿出钱财来进行酬答。徐璜等大怒,重提前事进行诬陷,

下之于吏。官属欲赋敛请谢,规誓而不听,遂以馀寇不绝,坐系廷尉,论输左校。诸公及太学生张凤等三百馀人诣阙讼之,会赦,归家。

六年十二月,诏征皇甫规为度辽将军。规上书荐张奂才略兼优,宜正元帅,以从众望。若犹谓愚臣宜充举事者,愿乞冗官,以为奂副。"朝廷从之,以奂代规为度辽将军,以规为使匈奴中郎将。

西州吏民守阙为前护羌校尉段颎讼冤者甚众,会滇那等诸种羌益炽,凉州几亡,乃复以颎为护羌校尉。

七年冬十月,护羌校尉段颎击当煎羌,破之。

八年春正月,护羌校尉段颎击罕姐羌,破之。

闰五月,段颎击破西羌,进兵穷追,展转山谷间,自春及秋,无日不战,虏遂败散,凡斩首二万三千级,获生口数万人,降者万馀落。封颎都乡侯。

九年秋七月,鲜卑诱引东羌与共盟诅,于是上郡沈氏、安定先零诸种共寇武威、张掖,缘边大被其毒。诏复以张奂为护匈奴中郎将,以九卿秩督幽、并、凉三州。

永康元年春正月,东羌先零围祋祤,掠云阳,当煎诸种复反,段颎击之于鸾鸟,大破之,西羌遂定。

把皇甫规交付有关官吏审判。皇甫规的部下打算收集财物送给徐璜等，表示道歉，皇甫规立誓不准，结果徐璜等人用"残馀的盗匪没有肃清"的罪名，将皇甫规逮捕囚禁，判处他纳粟到左校服劳役。三公及太学生张凤等三百多人，前往宫门为皇甫规诉冤，适逢朝廷大赦，皇甫规被释放回家。

六年(163)十二月，桓帝下诏，征召皇甫规，任命他担任度辽将军。皇甫规上书，推荐张奂，说："张奂的才能和谋略都很优秀，应该担任大军统帅，以此顺应众人的期望。如果仍然认为我愚忠还能充数，那么，我希望求得一个闲职，做张奂的副手。"朝廷听从了皇甫规的建议，任命张奂接替皇甫规担任度辽将军，改任命皇甫规担任使匈奴中郎将。

西州的官员和庶民，守在宫门口为前任护羌校尉段颎诉冤的人很多，正遇到滇那等分支羌人部落的势力日益强盛，凉州几乎沦亡，于是，朝廷再次任命段颎为护羌校尉。

七年(164)冬季十月，护羌校尉段颎进攻当煎羌部落，将其击溃。

八年(165)春季正月，护羌校尉段颎进攻罕姐羌部落，将其击溃。

闰五月，护羌校尉段颎击败西羌人部落，穷追猛打，转战山谷之间，从春季直到秋季，没有一天不打仗，反叛的羌人终于溃败逃散，共计斩杀两万三千人，俘虏几万人，投降的有一万多帐落。朝廷将段颎封为都乡侯。

九年(166)秋季七月，鲜卑引诱东羌人部落共同盟誓，于是上郡的沈氐羌部落、安定郡的先零羌各分支部落，一同侵犯武威郡、张掖郡，使沿边地区受到可怕的荼毒。桓帝下诏，再次任命张奂担任护匈奴中郎将，以九卿的品秩，督幽州、并州、凉州的军事。

永康元年(167)春季正月，东羌和先零部落围攻祋祤，劫掠云阳，当煎羌各分支部落再度反叛，护羌校尉段颎率部在鸾鸟邀击，彻底打败羌军，西羌人地区终于平定。

夏四月，先零羌寇三辅，攻没两营，杀千馀人。

冬十月，先零羌寇三辅，张奂遣司马尹端、董卓拒击，大破之，斩其酋豪，首虏万馀人，三州清定。

灵帝建宁元年。初，护羌校尉段颎既定西羌，而东羌先零等种犹未服，度辽将军皇甫规、中郎将张奂招之连年，既降又叛。桓帝诏问颎曰："先零东羌，造恶反逆，而皇甫规、张奂各拥强众，不时辑定，欲令颎移兵东讨，未识其宜，可参思术略。"颎上言曰："臣伏见先零东羌虽数叛逆，而降于皇甫规者已二万许落，善恶既分，馀寇无几。今张奂蹰踌久不进者，当虑外离内合，兵往必惊。且自冬践春，屯结不散，人畜疲羸，有自亡之势，欲更招降，坐制强敌耳。臣以为狼子野心，难以恩纳，势穷虽服，兵去复动，唯当长矛挟胁，白刃加颈耳。计东种所馀三万馀落，近居塞内，路无险折，非有燕、齐、秦、赵从横之势，而久乱并、凉，累侵三辅，西河、上郡已各内徙，安定、北地复至单危。自云中、五原西至汉阳二千馀里，匈奴诸羌，并擅其地，是为痈疽伏疾，留滞胁下，如不加诛，转就滋大。若以骑五千、步万人，车三千两，三冬二夏，足以破定，无虑用费为钱五十四亿，如此则可令群羌破尽，匈奴长服，内徙郡县，得反本土。伏计永初中诸羌反叛，十有四年，用二百四十亿。

夏季四月，先零羌部落侵犯三辅，攻陷两营，杀死一千多人。

冬季十月，先零羌部落侵犯三辅，张奂派司马尹端、董卓率部阻击，彻底打败了羌军，斩杀了他们的酋长、豪帅，加上俘虏，共一万多人，幽州、并州、凉州等三州的动乱，全部平定。

灵帝建宁元年（168）。当初，护羌校尉段颎已平定西羌，而东羌、先零羌等尚未归附，度辽将军皇甫规、中郎将张奂，连续多年进行招抚，羌人一再归降，又一再反叛。桓帝曾下诏询问段颎："先零、东羌等部，作恶反叛，而皇甫规、张奂各自都拥有强兵，不能及时平定叛乱。我想让你调动部队到东方进行讨伐，不知道这样是否合适，请认真考虑一下战略。"段颎上书说："我看到先零、东羌部落，虽然几度反叛，但向皇甫规投降的，已有两万多帐落，善恶已经分明，残馀的叛羌所剩不多。如今，张奂之所以犹豫不决，久不进兵，必然是考虑羌人表面上分离，而实际上声息相通，大军前去征讨反叛者，必然使归附者感到惊恐。而且从去年冬天直到今年春天，叛羌屯聚集结不散，人口牲畜都十分疲惫，有自我灭亡的趋势，想再一次招降他们，端坐着便制服强敌。我认为，叛羌是狼子野心，很难用恩德收服，他们在处境困窘时，虽然会臣服，但大军撤离，又会作乱，唯一恰当的办法，是用长矛夹住其两胁，用大刀搁在他们的脖子上。东方的羌人，现在共剩三万多个帐落，原先居住在边塞之内，道路没有险折，并无战国时代燕、齐、秦、赵等国之间合纵连横的条件，却长久地扰乱并、凉二州，不断攻击三辅，迫使西河郡和上郡的郡府都迁徙到内地，安定郡、北地郡再次陷入孤单危急。从云中郡、五原郡，西到汉阳郡，两千多里的广大地区，全部被匈奴人、羌人占领，这等于毒疮隐疾，隐藏在两胁之下，如果不把它们消灭，就会变得膨大起来。如果动用五千骑兵、一万步兵、三千辆战车，用三个冬季和两个夏季的时间，完全可以破敌平叛，用费大约为五十四亿钱，这样就可以将叛羌消灭干净，使匈奴永远臣服，把迁徙到内地的沿边郡县的府署迁回原址。据我计算，自安帝永初年间中期众羌人部落反叛，历时十四年，用去军费两百四十亿。

永和之末，复经七年，用八十馀亿。费耗若此，犹不诛尽，馀孽复起，于兹作害。今不暂疲民，则永宁无期。臣庶竭驽劣，伏待节度。"帝许之，悉听如所上。

颍于是将兵万馀人，赍十五日粮，从彭阳直指高平，与先零诸种战于逢义山。虏兵盛，颍众皆恐。颍乃令军中长镞利刃，长矛三重，挟以强弩，列轻骑为左右翼，谓将士曰："今去家数千里，进则事成，走必尽死，努力共功名！"因大呼，众皆应声腾赴。颍驰骑于傍，突而击之，虏众大溃，斩首八千馀级。太后赐诏书褒美曰："须东羌尽定，当并录功勤。今且赐颍钱二十万，以家一人为郎中。"敕中藏府调金钱彩物，增助军费，拜颍破羌将军。

六月，段颍将轻兵追羌，出桥门，晨夜兼行，与战于奢延泽、落川、令鲜水上，连破之，又战于灵武谷，羌遂大败。秋七月，颍至泾阳，馀寇四千落，悉散入汉阳山谷间。

护匈奴中郎将张奂上言："东羌虽破，馀种难尽，段颍性轻果，虑负败难常，宜且以恩降，可无后悔。"诏书下颍，颍复上言："臣本知东羌虽众，而软弱易制，所以比陈愚虑，思为永宁之算。而中郎将张奂说虏强难破，宜用招降。圣朝明监，

顺帝永和年间末期羌人再度反叛，又历时七年，用去军费八十多亿。消耗如此庞大，仍然不能把叛乱者消灭殆尽，以致残馀分子一再崛起，贻害至今。如今，如果不肯暂时地使庶民遭受困苦，那么永久的安宁便遥遥无期。我愿竭尽低下的才能，听候差遣。"桓帝表示赞许，全部采纳了段颎的建议。

段颎于是率领一万多将士，携带十五天的干粮，从彭阳直奔高平，在逢义山跟先零羌各分支部落会战。羌军强大，段颎的部众都感到恐惧，段颎于是命令部队安上弓箭，磨快刀锋，布阵以三层长矛手，其间挟以持强弓的弓箭手，派出轻装骑兵，掩护左右两翼。段颎对将士们说："现在我们离故乡几千里，前进就能使大事成功，逃跑大家一定全死，希望大家共同努力，争取功名！"段颎于是高声呐喊，全军随着呐喊，奔赴敌阵。段颎在一旁驱马而进，指挥部队向羌军发动猛烈而急速的进攻，彻底打败了羌军，杀死八千多人。窦太后下诏褒扬道："等到东方的叛羌全部平定，还要合并论功。现在，姑且赏赐段颎钱二十万，任命段颎子弟一人担任郎中。"命令中藏府拨出金钱、绸缎等，增助军费，封段颎为破羌将军。

六月，段颎率领轻装部队追击残馀的羌军，他们从桥门出发，日夜不停，兼程行军，在奢延泽、落川、令鲜水上，连续击溃羌军，又在灵武谷激战，羌军终于完全崩溃。秋季七月，段颎追到泾阳，残馀羌众只剩下四十个帐落，全都逃散，进入汉阳的山谷之间。

护匈奴中郎将张奂于是上书说道："东羌部落虽然很破败，但是残馀的羌民很难被消灭干净，段颎的性情轻率而果断，他本来就应该考虑到，败负不会是一成不变的，最好还是用恩德使他们投诚，这样他就可以永不后悔。"灵帝下诏，把张奂的上书内容告诉了段颎。段颎上书说："我本来就知道东羌虽然人数众多，但是他们性情比较柔弱，容易被制服，所以我才接连向朝廷陈述我的愚见，想做永远安宁的打算。可是，中郎将张奂却强调羌人的强大，难以被击败，应该使用招降的办法。陛下明察秋毫，

信纳謷言，故臣谋得行，奂计不用。事势相反，遂怀猜恨，信叛羌之诉，饰润辞意，云臣兵累见折衄，又言羌一气所生，不可诛尽，山谷广大，不可空静，血流污野，伤和致灾。臣伏念周、秦之际，戎狄为害，中兴以来，羌寇最盛，诛之不尽，虽降复叛。今先零杂种，累以反覆，攻没县邑，剽掠人物，发冢露尸，祸及生死，上天震怒，假手行诛。昔邢为无道，卫国伐之，师兴而雨。臣动兵涉夏，连获甘澍，岁时丰稔，人无疵疫。上占天心，不为灾伤，下察人事，众和师克。自桥门以西，落川以东，故宫县邑，更相通属，非为深险绝域之地，车骑安行，无应折衄。案奂为汉吏，身当武职，驻军二年，不能平寇，虚欲修文戢戈，招降犷敌，诞辞空说，僭而无征。何以言之？昔先零作寇，赵充国徙令居内，煎当乱边，马援迁之三辅，始服终叛，至今为鲠，故远识之士以为深忧。今傍郡户口单少，数为羌所创毒，而欲令降徒与之杂居，是犹种枳棘于良田，养虺蛇于室内也。故臣奉大汉之威，建长久之策，欲绝其本根，不使能殖。本规三岁之费，用五十四亿，今适期年，所耗未半，而馀寇残烬，将向殄灭。臣每奉诏书，军不内御，愿卒斯言，一以任臣，临时量宜，不失权便。”

听信采纳了我的说法，因此我的谋略得到实施，而张奂的建议才被搁置。现在，事情的发展正好跟张奂所预料的相反，张奂于是心怀猜忌和怨恨，听信叛羌的诉说，粉饰叛羌的辞意，说我的部队不断受到挫折，又宣称羌族和汉族是同样的混沌之气所养育的，不可能杀光；山高谷深，不可以无人居住；鲜血横流，玷污原野；有伤和睦，招致天灾。我想到，周朝、秦朝的年代，戎狄即造成祸害，东汉中兴以来，羌贼造成的祸害最大，他们杀也杀不完，虽然归降，不久又叛。而今，先零等各羌人部落，不断地翻来覆去，攻陷城池，劫持平民，掠夺财物，挖掘坟墓，暴露尸骨，灾祸殃及死人身上，于是上天震怒，才假借人手，对他们实施诛杀。从前战国时代的邢国不施行正道，卫国讨伐它，大军出动之日，上天及时降雨。而今，我率军征战，经历夏天，甘霖不断；庄稼丰收，民间没有灾害疫病；在上获得老天爱心，不被灾异伤害；在下体察人情事理，部众和睦齐心，因而大军出征，攻无不克。从桥门以西，到落川以东，故有的宫殿跟郡县的城池，互相连接，并不是水深山险、与世隔绝的地方，车辆马匹，都能安全行驶，不会受到损坏。张奂身为汉朝官员，担任武职，在军中两年时间，仍不能荡平羌贼，却浮而不实地想提倡教化，放弃武力，劝谕凶猛的敌人投降。我认为他的说辞荒诞无用，缺乏根据。为什么这么说呢？过去，先零羌侵犯边塞，赵充国把他们迁居到边塞之内，煎当羌侵犯边塞，马援把他们迁移到三辅，他们开始时服从，后来又反叛，直到今天仍是祸患，所以有远见的人士为此深感忧虑。而今，沿边各郡汉人稀少，经常遭到羌人伤害，如果让降羌跟汉人错居杂处，这就好比在良田里种荆棘，在卧室里养毒蛇。所以，我尊奉大汉朝廷的威望，建立长久平安的计策，打算彻底铲断根子，使它再不能繁殖生长。本来规划三年的经费，支用五十四亿，现在恰好过了一年，消耗不到一半，而残馀的叛羌，已经像灰烬一样，濒临熄灭。我每次接到诏书，诏书上都说，对军事行动朝廷决不遥控，希望这一原则能贯彻到底，授予我全权，让我临事得行便宜，不致丧失军机。"

二年五月，诏遣谒者冯禅说降汉阳散羌。段颎以春农，百姓布野，羌虽暂降，而县官无廪，必当复为盗贼，不如乘虚放兵，势必殄灭。颎于是自进营，去羌所屯凡亭山四五十里，遣骑司马田晏、假司马夏育将五千人先进，击破之。羌众溃东奔，复聚射虎谷，分兵守谷上下门，颎规一举灭之，不欲复令散走。秋七月，颎遣千人于西县结木为栅，广二十步，长四十里，遮之。分遣晏、育等将七千人，衔枚夜上西山，结营穿堑，去虏一里许，又遣司马张恺等将三千人上东山，虏乃觉之。颎因与恺等挟东西山，纵兵奋击，破之，追至谷上下门，穷山深谷之中，处处破之，斩其渠帅以下万九千级。冯禅等所招降四千人，分置安定、汉阳、陇西三郡。于是东羌悉平。颎凡百八十战，斩三万八千馀级，获杂畜四十二万七千馀头，费用四十四亿，军士死者四百馀人。更封新丰县侯，邑万户。

臣光曰：书称："天地，万物父母。惟人万物之灵，亶聪明，作元后。元后作民父母。"夫蛮夷戎狄，气类虽殊，其就利避害、乐生恶死，亦与人同耳。御之得其道则附顺服从，失其道则离叛侵扰，固其宜也。是以先王之政，叛则讨之，服则怀之，处之四裔，不使乱礼义之邦而已。若乃视之如草木禽兽，不分臧否，不辨去来，悉艾杀之，岂作民父母之意哉？且夫羌

二年(169)五月,灵帝下诏,派谒者冯禅前往汉阳郡,说服在那儿的残馀羌众投降。破羌将军段颎认为:春耕季节,民众都在田里劳动,羌众即使暂时投降,朝廷也没有粮食供养他们,最后一定再次成为盗贼;不如乘他们虚弱,出兵进击,就一定能够将叛羌全部肃清。因此,段颎亲自进驻到距离羌众驻扎的凡亭山四五十里的地方,派骑司马田晏、假司马夏育,率五千人先行,击破羌众的营地。羌众溃散,向东逃跑,在射虎谷再次集结,分拨兵力,把守上下谷口,段颎计划把羌众一举消灭,不让他们再溃散逃亡。秋季七月,段颎派一千多人,在西县用木柱结成栅栏,纵深二十步,长达四十里,遮挡住羌众的去路。然后,分别派田晏、夏育,率骑步兵七千人,嘴里衔枚,乘夜登上西山,安营扎寨,挖凿壕沟,在距离羌众营地一里左右的地方,又派司马张恺等带领三千人攀登上东山,直到这时羌众才蓦然发觉。段颎因而和张恺从东西两山纵兵夹击,大破羌众,追击到射虎谷上下谷口,再追击到穷山深谷之中,每到一处,便攻克一处,斩杀叛羌大帅以下共一万九千人。冯禅所招降的羌民四千人,分别安置在安定、汉阳、陇西三郡。这时,东羌的动乱全部平定。段颎总共历经一百八十次战斗,斩杀三万八千多人,俘获各种家畜四十二万七千多头,用去军费四十四亿,士兵阵亡四百多人。东汉朝廷晋封段颎为新丰县侯,采邑一万户。

北宋史臣司马光评论说:《尚书》说:"天地是世间万物的父母。而人是万物的精灵,只有天资最高、智力最强的人,能担任天子。天子是人民的父母。"孕育蛮族的精气,与孕育我们的精气虽种类不同,但他们趋就利益远避祸害,乐于生存厌恶死亡,却跟我们相同。治理符合道义,他们就归顺服从;治理不符合道义,他们就叛乱侵扰,也就理所当然了。所以从前圣明君王的政策是,叛乱就讨伐,归附就安抚,把他们安置在四方边地,不使他们扰乱礼法道义之邦。如果把他们看作草木禽兽,不区分善恶,不辨别逆顺,像割草似的一律砍杀,难道是做民众父母的本意吗?何况,羌人

之所以叛者，为郡县所侵冤故也。叛而不即诛者，将帅非其人故也。苟使良将驱而出之塞外，择良吏而牧之，则疆埸之臣也，岂得专以多杀为快邪？夫御之不得其道，虽华夏之民亦将蜂起而为寇，又可尽诛邪？然则段纪明之为将，虽克捷有功，君子所不与也。

之所以叛变，是由于被郡县官员侵凌，受到冤屈的缘故。羌人反叛，不能立即诛杀，是由于将领并非称职人选的缘故。假如派优秀的将领把羌人驱逐到塞外，再遴选优秀的文官治理羌人，那么，奔驰疆场的大臣，怎么有机会以多多杀戮作为快事呢？治理不符合道义，即使是中原地区的汉人，也会蜂拥而起，成为盗贼，对他们难道可以杀尽斩绝吗？正因为如此，段颎担任将领，虽然克敌有功，却不被正人君子所赞许。

鲜卑寇边

汉桓帝永寿二年。初，鲜卑檀石槐勇健有智略，部落畏服，乃施法禁，平曲直。无敢犯者，遂推以为大人。檀石槐立庭于弹汗山、歠仇水上，去高柳北三百馀里，兵马甚盛，东西部大人皆归焉。因南抄缘边，北拒丁零，东却夫馀，西击乌孙，尽据匈奴故地，东西万四千馀里。

秋七月，檀石槐寇云中。以故乌桓校尉李膺为度辽将军。膺到边，羌胡皆望风畏服，先所掠男女，悉诣塞下送还之。

初，鲜卑寇辽东，属国都尉武威段颎率所领驰赴之。既而恐贼惊去，乃使驿骑诈赍玺书召颎，颎于道伪退，潜于还路设伏。虏以为信然，乃入追颎，颎因大纵兵，悉斩获之。

延熹二年春二月，鲜卑寇雁门。六月，鲜卑寇辽东。

六年夏五月，鲜卑寇辽东属国。

鲜卑寇边

汉桓帝永寿二年（156）。当初，鲜卑人檀石槐，勇敢强健，又有才智谋略，全部落的人都因畏惧而服从于他。檀石槐制定禁律，评判是非，没有人敢违犯，于是被大家推举担任首领。檀石槐把他的王庭建立在弹汗山、歠仇水之间，距离高柳以北三百多里，他兵强马壮，东方和西方其他鲜卑部落的首领都来归附。于是，檀石槐在南方劫掠汉朝沿边各郡，在北方抗拒丁零，在东方击退夫馀，在西方进攻乌孙，完全占领了匈奴的故土，从东到西，广达一万四千多里。

秋季七月，檀石槐攻击云中郡。东汉朝廷任命前乌桓校尉李膺担任度辽将军。李膺到达边塞，羌人和胡人看到汉朝部队气势很盛，感到畏惧，都来归附，把从前劫掠的汉族男女，全部送到边塞附近归还。

当初，鲜卑攻打辽东郡，属国都尉武威人段颎，率领所属部队奔赴前线。过后不久，段颎唯恐鲜卑受惊逃走，就派驿使假装传下圣旨，征召段颎返回京师，段颎在进军路上假装撤退，后又秘密地返回原路，布下埋伏。鲜卑信以为真，追击段颎进入埋伏地区，段颎趁机大量出兵，将追来的鲜卑部众全部斩杀、俘虏。

延熹二年（159）春季二月，鲜卑侵犯雁门郡。六月，鲜卑侵犯辽东郡。

六年（163）夏季五月，鲜卑侵犯辽东属国。

　　十二月，诏征皇甫规为度辽将军，规上书荐张奂，朝廷从之，以奂代规为度辽将军。

　　九年春三月，诏征张奂为大司农，复以皇甫规代为度辽将军。五月，鲜卑闻张奂去，招结南匈奴及乌桓同叛。

　　六月，南匈奴、乌桓、鲜卑数道入塞，寇掠缘边九郡。冬十二月，匈奴乌桓闻张奂至，皆相率还降，凡二十万口。奂但诛其首恶，馀皆慰纳之，唯鲜卑出塞去。朝廷患檀石槐不能制，遣使持印绶封为王，欲与和亲。檀石槐不肯受，而寇抄滋甚。自分其地为三部：从右北平以东至辽东，接夫馀、濊貊二十馀邑为东部，从右北平以西至上谷十馀邑为中部，从上谷以西至敦煌、乌孙二十馀邑为西部。各置大人领之。

　　灵帝建宁元年冬十二月，鲜卑及濊貊寇幽、并二州。
　　二年冬十一月，鲜卑寇并州。
　　四年冬十月，鲜卑寇并州。
　　熹平元年冬十二月，鲜卑寇并州。
　　二年冬十二月，鲜卑寇幽、并二州。
　　三年冬十二月，鲜卑入北地，太守夏育率屠各追击，破之。迁育为护乌桓校尉。鲜卑又寇并州。

　　四年五月，鲜卑寇并州。
　　五年，鲜卑寇幽州。
　　六年夏四月，鲜卑寇三边。秋七月，护乌桓校尉夏育上言："鲜卑寇边，自春以来三十馀发，请征幽州诸郡兵出

十二月,桓帝下诏,征召皇甫规,任命他担任度辽将军,皇甫规上书推荐张奂,朝廷同意,任命张奂代替皇甫规担任度辽将军。

九年(166)春季三月,桓帝下诏,征召张奂,任命他担任大司农,再次任命皇甫规接替张奂担任度辽将军。五月,鲜卑听说张奂离职,勾结南匈奴及乌桓一同反叛。

六月,南匈奴、乌桓、鲜卑,兵分几路,攻入汉朝边塞,劫掠沿边九郡。冬季十二月,南匈奴、乌桓听说张奂又回来担任使匈奴中郎将,都相继归附投降,总共二十万人。张奂只杀了当初煽动起兵的首恶,对其他的人,都安慰接纳,只有鲜卑出塞离去。东汉朝廷担心无法控制鲜卑首领檀石槐,派出使节,带着玺印,打算封檀石槐为王,并跟他结亲通好。檀石槐拒绝接受,反而加紧劫掠汉朝沿边地区。檀石槐还把自己控制的地盘分为三部分:东部从右北平以东,直到辽东郡,与夫馀、涉貊接壤,有二十多个城市;中部从右北平以西,直到上谷郡,有十多个城市;西部从上谷郡以西,直到敦煌郡、乌孙,有二十多个城市。每一部都设置首领,予以统辖。

灵帝建宁元年(168)冬季十二月,鲜卑及涉貊侵犯幽州、并州。

二年(169)冬季十一月,鲜卑侵犯并州。

四年(171)冬季十月,鲜卑侵犯并州。

熹平元年(172)冬季十二月,鲜卑侵犯并州。

二年(173)冬季十二月,鲜卑侵犯幽州、并州。

三年(174)冬季十二月,鲜卑攻入北地郡,太守夏育率领屠各部落兵众追击鲜卑兵,将其击败。朝廷调夏育担任护乌桓校尉。鲜卑再次侵犯并州。

四年(175)五月,鲜卑侵犯幽州。

五年(176),鲜卑侵犯幽州。

六年(177)夏季四月,鲜卑侵犯汉朝北疆的东部、西部、北部边界。秋季七月,护乌桓校尉夏育上书说道:"鲜卑侵犯边界,自春季以来,已经有三十多次。请求征调幽州各郡地方部队出

塞击之,一冬二春,必能禽灭。"先是,护羌校尉田晏坐事论刑,被原,欲立功自效,乃请中常侍王甫求得为将。甫因此议遣兵与育并力讨贼,帝乃拜晏为破鲜卑中郎将。大臣多有不同,乃召百官议于朝堂。蔡邕议曰:"征讨殊类,所由尚矣。然而时有同异,势有可否,故谋有得失,事有成败,不可齐也。夫以世宗神武,将帅良猛,财赋充实,所括广远,数十年间,官民俱匮,犹有悔焉,况今人财并乏,事劣昔时乎!自匈奴遁逃,鲜卑强盛,据其故地,称兵十万,才力劲健,意智益生。加以关塞不严,禁网多漏,精金良铁,皆为贼有,汉人逋逃为之谋主。兵利马疾,过于匈奴。

"昔段颎良将,习兵善战,有事西羌,犹十馀年。今育、晏才策未必过颎,鲜卑种众不弱曩时,而虚计二载,自许有成,若祸结兵连,岂得中休?当复征发众人,转运无已,是为耗竭诸夏,并力蛮夷。夫边垂之患,手足之疥搔,中国之困,胸背之瘭疽,方今郡县盗贼尚不能禁,况此丑虏而可伏乎?昔高祖忍平城之耻,吕后弃慢书之诟,方之于今,何者为甚?天设山河,秦筑长城,汉起塞垣,所以别内外,异殊俗也。苟无蹙国内侮之患则可矣,岂与虫蚁之虏校往来之数哉?虽或破之,岂可殄尽,而方令本朝为之盱食乎?昔

塞反击，预计经过一个冬季两个春季，定可将鲜卑擒拿消灭。"原先，护羌校尉田晏，因有罪判刑，受到宽恕，想要立功献身，就托中常侍王甫奏请皇帝准许他担任将军，率军出击鲜卑。夏育奏章到时，王甫借此机会主张发兵，跟夏育合力征讨鲜卑，灵帝于是任命田晏担任破鲜卑中郎将。大臣们多半有不同意见，于是，灵帝在殿庭召集大臣讨论。蔡邕发表意见说："征讨外族，由来已久。然而，时间有同有异，形势有可有不可，因此，谋略有得有失，事情有成有败，不能等量齐观。汉武帝以他的神明英武，将领优良勇猛，财力十分充足，国土广袤辽远，然而征讨外族数十年之后，官府和民众都陷于困乏，尚且感到后悔，何况今天的人力财力一并缺乏，情况不如过去呢？自从北匈奴逃走以后，鲜卑逐渐强盛，他们占据匈奴的故地，号称拥有十万兵力，士卒强健有力，心计层出不穷。加上汉朝边界的关卡要塞很不严密，禁令法网多有疏漏，精良的铜器铁器都流入敌人手中，汉人中的逃犯成为他们的智囊。他们的兵器锐利，战马迅疾，都超过了匈奴。

"过去，段颎曾经是一员良将，熟悉军事，善于打仗，他从事征讨叛羌，仍然用了十多年的时间。而到如今，夏育、田晏的才能和谋略，不一定能够超过段颎，而鲜卑的部众却不比往日的匈奴孱弱，夏育等人毫无根据地提出两年灭敌计划，自以为可以达到目的，倘若战斗连接，灾祸不断，怎么能够中途停止呢？那就不得不继续征兵增援，不断地运送粮秣，结果为了全力对付蛮族，而使内地虚耗殆尽。边疆的祸患，不过是手脚上疥癣一类的小毛病，国内困顿，才是胸背上恶疮一类的大患，如今郡府、县府连本地的盗贼都无法查禁，又怎么能降伏强大的蛮族呢？从前，高祖忍受平城失败的羞耻，吕太后忍受匈奴单于傲慢书信的侮辱，那时与现如今相比，哪个时代更强大？上天设置山河，秦朝修筑长城，汉朝建造边关城墙，就是用来分隔本朝与外族，区别不同的风俗习惯。只要国内没有紧迫和忧患的事情就可以了，怎么能跟小虫子一般的蛮族去计较攻过去、杀过来的次数呢？即使把他们击败，又怎能将他们灭绝，而使陛下安心呢？从前，

淮南王安谏伐越曰：'如使越人蒙死以逆执事，厮舆之卒有一不备而归者，虽得越王之首，犹为大汉羞之。'而欲以齐民易丑虏，皇威辱外夷，就如其言，犹已危矣，况乎得失不可量邪？"帝不从。八月，遣夏育出高柳，田晏出云中，匈奴中郎将臧旻率南单于出雁门，各将万骑，三道出塞二千馀里。檀石槐命三部大人各帅众逆战。育等大败，丧其节、传、辎重，各将数十骑奔还，死者什七八。三将槛车征下狱，赎为庶人。

　　十二月，辽西太守甘陵赵苞到官，遣使迎母及妻子，垂当到郡，道经柳城，值鲜卑万馀人入塞寇钞，苞母及妻子遂为所劫质，载以击郡。苞率骑二万与贼对陈，贼出母以示苞。苞悲号，谓母曰："为子无状，欲以微禄奉养朝夕，不图为母作祸。昔为母子，今为王臣，义不得顾私恩，毁忠节，唯当万死，无以塞罪。"母遥谓曰："威豪！人各有命，何得相顾以亏忠义，尔其勉之！"苞即时进战，贼悉摧破，其母妻皆为所害。苞自上归葬，帝遣使吊慰，封鄃侯。苞葬讫，谓乡人曰："食禄而避难，非忠也。杀母以全义，非孝也。如是，有何面目立于天下！"遂欧血而死。

　　光和元年十一月，鲜卑寇酒泉。种众日多，缘边莫

淮南王刘安劝阻武帝不要讨伐越国,他说:‘假如越国人冒死迎战,打柴和驾车的士卒只要有一个因不戒备而被俘或被杀,那么,哪怕砍下越王的脑袋,也还是汉朝的羞辱。’夏育等人打算用汉人的生命换蛮族的生命,用皇家的威严受辱于蛮族,即使像夏育等人所说能够两年灭敌,尚且仍有危机,更何况得失成败还不可预料?”灵帝不肯听从。八月,朝廷派夏育率领部队从高柳出发,派田晏率领部队从云中出发,派匈奴中郎将臧旻率领南匈奴单于的部队从雁门出发,各率一万骑兵,兵分三路出塞,深入鲜卑国土两千多里。檀石槐命令东部、中部、西部的首领,各自率领部众迎战。夏育等溃败,丧失了符节、官方文书、军用物资等,各人只带了几十名骑兵逃命奔回,被鲜卑杀死的将士占了十分之七八。夏育、田晏、臧旻被装入囚车,押回京师,投入监狱,三人用资财赎罪,贬为平民。

十二月,辽西太守、甘陵人赵苞到达任所之后,派人到家乡去接母亲和妻子,临近郡治时,路经柳城,正遇上鲜卑一万多人侵入边塞劫掠,赵苞的母亲和妻子被鲜卑劫去做人质,用车载着她们去攻打辽西郡。赵苞率骑兵两万人与鲜卑军对阵,鲜卑推出赵苞的母亲给赵苞看,要挟赵苞。赵苞悲伤地呼号,对母亲说:“当儿子的平日没有善状,本想用菲薄的俸禄,早晚在您身边侍奉,没想到反而给您带来大祸。以前我是您的儿子,现在我是国家的官员。按照‘义’的要求,我不能顾及私恩,自毁忠节,我只有死上一万次,此外没有什么可以拿来弥补我的罪恶。”母亲在远处对他说:“我儿!人的生死,都是命里注定的,你怎能为了照顾我而毁坏了忠义?你要努力杀敌!”赵苞立即下令进攻,鲜卑全被摧毁,而赵苞的母亲、妻子却被鲜卑杀害。赵苞上书,要求把母亲、妻子的棺柩运回家乡安葬,灵帝派使节前去吊丧、抚慰,授予赵苞鄃侯的封号。安葬已毕,赵苞对乡亲们说:“吃国家的俸禄而逃避灾难,是不忠;杀了母亲而保全忠义,是不孝。像我这个样子,有什么脸面活在世上?”于是吐血而死。

光和元年(178)十一月,鲜卑侵犯酒泉,兵力日益增多,边郡没有

不被毒。

二年十二月，鲜卑寇幽、并二州。

三年冬，鲜卑寇幽、并二州。

四年冬十月，鲜卑寇幽、并二州。檀石槐死，子和连代立。和连才力不及父而贪淫，后出攻北地，北地人射杀之。其子骞曼尚幼，兄子魁头立。后骞曼长大，与魁头争国，众遂离散。

一个不受到残害。

二年(179)十二月,鲜卑侵犯幽州、并州。

三年(180)冬季,鲜卑侵犯幽州、并州。

四年(181)冬季十月,鲜卑侵犯幽州、并州。鲜卑首领檀石槐去世,他的儿子和连继位。和连的才干不如他父亲,还贪淫好色,后来,他率部进攻北地郡,被北地守军用箭射死。和连的儿子骞曼还年幼,由侄儿魁头继任。后来,骞曼长大,与魁头争夺鲜卑首领的地位,致使部众纷纷离散。

嬖幸废立

汉和帝元兴元年冬十二月辛未,帝崩于章德前殿。初,帝失皇子,前后十数,后生者辄隐秘养于民间,群臣无知者。及帝崩,邓皇后乃收皇子于民间。长子胜,有痼疾。少子隆,生始百馀日,迎立以为皇太子。是夜,即皇帝位,尊皇后曰皇太后,太后临朝。

殇帝延平元年三月丙戌,清河王庆、济北王寿、河间王开、常山王章始就国,太后特加庆以殊礼。庆子祜年十三,太后以帝幼弱,远虑不虞,留祜与嫡母耿姬居清河邸。耿姬,况子曾孙也。祜母,犍为左姬也。

八月辛卯,帝崩。太后与兄车骑将军骘、虎贲中郎将悝等定策禁中。其夜,使骘持节以王青盖车迎清河王子祜,斋于殿中。皇太后御崇德殿,百官皆吉服陪位,引拜祜为长安侯。乃下诏,以祜为孝和皇帝嗣。又作策命。有司

嬖倖废立

汉和帝元兴元年(105)冬季十二月辛未(二十二日),和帝在章德前殿逝世。当初,和帝的儿子,前后夭折了十几个,再以后生下的儿子,就被秘密地送到民间养育,群臣中无人知道。等到和帝逝世,邓皇后才把两个皇子从民间接回来。长子刘胜,身患积久难治的疾病。幼子刘隆,出生才一百多天。邓皇后把刘隆迎入宫中,立为皇太子。当晚,刘隆就位做皇帝,邓皇后被尊奉为皇太后,邓太后御临朝廷,主持政事。

殇帝延平元年(106)三月丙戌日(初九),清河王刘庆、济北王刘寿、河间王刘开、常山王刘章,开始前往各自的封国,邓太后特别优待清河王刘庆,各种礼遇都超过其他亲王。刘庆的儿子刘祜十三岁,邓太后因为殇帝刘隆幼小,从长远考虑,为了防备意外,留下刘祜与他的嫡母耿姬,住在清河国设在首都的官邸。耿姬,是耿况的曾孙女。刘祜的生母,是犍为郡人左姬。

八月辛卯(初六),殇帝逝世。邓太后跟她的哥哥车骑将军邓骘、虎贲中郎将邓悝等人,在皇宫里秘密地决定了继任皇帝的人选。就在当天夜里,邓太后派遣邓骘手里拿着符节,用皇子平时乘坐的青盖车,将清河王刘庆的儿子刘祜,迎入皇宫,在殿中斋戒。邓太后御临崇德殿,文武百官都穿上吉服作陪,邓太后让人引导刘祜上殿,封刘祜为长安侯。邓太后随后又下诏,将刘祜作为和帝的后裔。又将此事写在简策上,以告宗庙。有关官员

读策毕,太尉奉上玺绶,即皇帝位。太后犹临朝。

十二月甲子,清河王庆薨。

安帝永初元年,自和帝之丧,邓骘兄弟常居禁中,骘不欲久在内,连求还第,太后许之。夏四月,封太傅张禹、太尉徐防、司空尹勤、车骑将军邓骘、城门校尉邓悝、虎贲中郎将邓弘、黄门郎邓阊皆为列侯,食邑各万户。骘以定策功,增三千户。骘及诸弟辞让不获,遂逃避使者,间关诣阙,上疏自陈,至于五六,乃许之。

初,太后以平原王胜有痼疾,而贪殇帝孩抱,养为己子,故立焉。及殇帝崩,群臣以胜疾非痼,意咸归之。太后以前不立胜,恐后为怨,乃迎帝而立之。周章以众心不附,密谋闭宫门,诛邓骘兄弟及郑众、蔡伦,劫尚书,废太后于南宫,封帝为远国王而立平原王。事觉,冬十一月丁亥,章自杀。

三年春正月庚子,皇帝加元服,赦天下。

元初二年十二月,邓弘卒,封西平侯。诏封弘子广德为西平侯,封广德弟甫德为都乡侯。

五年,太后弟悝、阊皆卒。封悝子广宗为叶侯,阊子忠为西华侯。

建光元年春二月,皇太后寝疾。癸亥,赦天下。三月癸巳,皇太后邓氏崩。四月,尊帝嫡母耿姬为甘陵大贵人。

读完简策，太尉呈上玺印，刘祜正式就位。邓太后仍主持政事。

十二月甲子（二十一日），清河王刘庆去世。

安帝永初元年（107），自从和帝逝世，邓骘兄弟经常居住在皇宫，邓骘不想长久住在宫中，一再请求回自己的宅第，邓太后同意了。夏季四月，邓太后下诏，将太傅张禹、太尉徐防、司空尹勤、车骑将军邓骘、城门校尉邓悝、虎贲中郎将邓弘、黄门郎邓阊，全都封为侯爵，采邑各一万户人家。邓骘因协助谋立皇帝有功，再增加采邑三千户人家。邓骘和几个弟弟推辞封赏，未获批准，于是避开前来传旨的使者，绕道前往殿庭，上书陈述自己的心愿，前后达五六次，邓太后这才同意。

当初，邓太后以为平原王刘胜得了积久难治的疾病，而贪图刘隆幼小，因此，收养为自己的儿子，立他做皇帝。等到殇帝刘隆逝世，群臣认为刘胜的疾病并非积久难治，心里都归附刘胜。邓太后因为上一次没有立刘胜，恐怕以后被刘胜怨恨、报复，这才决定迎立现任皇帝刘祜。周章认为群臣内心都不归附太后，秘密策划，紧闭宫门，准备诛杀邓骘兄弟以及郑众、蔡伦，然后胁迫尚书写诏，废黜邓太后，把她软禁在南宫，改封安帝刘祜为远方属国的王，而将平原王刘胜立为皇帝。但事情被人发觉，冬季十一月丁亥（十九日），周章自杀。

三年（109）春季正月庚子日（初九），举行安帝成年加冠仪式。大赦天下。

元初二年（115）十二月，前虎贲中郎将邓弘去世，追封西平侯。邓太后下诏，把邓弘的儿子邓广德封为西平侯，把邓广德的弟弟邓甫德封为都乡侯。

五年（118），邓太后的弟弟邓悝、邓阊都去世了。邓太后下诏，把邓悝的儿子邓广宗封为叶侯，把邓阊的儿子邓忠封为西华侯。

建光元年（121）春季二月，邓太后卧病。癸亥（十二日），大赦天下。三月癸巳（十三日），皇太后邓绥逝世。四月，安帝尊奉嫡母耿姬为甘陵大贵人。

帝少号聪明，故邓太后立之。及长，多不德，稍不可太后意，帝乳母王圣知之。太后征济北河间王子诣京师。河间王子翼，美容仪，太后奇之，以为平原怀王后，留京师。王圣见太后久不归政，虑有废置，常与中黄门李闰、江京候伺左右，共毁短太后于帝，帝每怀忿惧。及太后崩，宫人先有受罚者怀怨恚，因诬告太后兄弟悝、弘、阊先从尚书邓访取废帝故事，谋立平原王。帝闻，追怒，令有司奏悝等大逆无道，遂废西平侯广宗、叶侯广德、西华侯忠、阳安侯珍、都乡侯甫德皆为庶人。邓骘以不与谋，但免特进，遣就国。宗族免官归故郡，没入骘等资财、田宅，徙邓访及家属于远郡。郡县逼迫，广宗及忠皆自杀。又徙封骘为罗侯。五月庚辰，骘与子凤并不食而死。骘从弟河南尹豹、度辽将军舞阳侯遵、将作大匠畅皆自杀，唯广德兄弟以母与阎后同产，得留京师。复以耿夔为度辽将军，征乐安侯邓康为太仆。丙申，贬平原王翼为都乡侯，遣归河间。翼谢绝宾客，闭门自守，由是得免。

大司农京兆朱宠痛骘无罪遇祸，乃肉袒舆榇上疏曰："伏惟和熹皇后圣善之德，为汉文母，兄弟忠孝，同心忧国，宗庙有主，王室是赖，功成身退，让国逊位，历世外戚，无与为比。当享积善履谦之祐。而横为宫人单辞所陷，

安帝年幼时，人人都宣扬他聪明，所以邓太后才立他当皇帝。但等到长大了，却有很多不好的品行，渐渐地不合邓太后的心意，安帝的奶娘王圣了解这一情况。邓太后曾征召河间王刘开的儿子前来首都雒阳。刘开的儿子刘翼，仪表堂堂，邓太后十分看重，命他做平原怀王的继承人，留在京城。王圣见邓太后一直不把权力交还皇帝，担心邓太后废除安帝，册立新帝，经常跟中黄门李闰、江京等围在安帝身边，共同诋毁邓太后，安帝经常是一肚子忿恨和恐惧。等到邓太后逝世，先前受过邓太后处罚而心怀怨恨的宫女，趁机诬告，说邓太后的兄弟邓悝、邓弘、邓阊，先前曾向尚书邓访索取前朝废黜皇帝的档案，打算改立平原王刘翼。安帝听说后，回想起往事，顿时大怒，命令有关官员举奏邓悝等人大逆不道，一接到奏章，就废除了西平侯邓广宗、叶侯邓广德、西华侯邓忠、阳安侯邓珍、都乡侯邓甫德等人的爵位，将他们全部贬为平民。邓骘因没有参与密谋，只免除了特进之衔，送回他的封国。邓氏宗族在朝中做官的，一律免职，逐回本郡，没收邓骘等人的钱财、田地和住宅，将邓访及其家属，放逐到边远的郡县。由于郡县官员的逼迫，邓广宗、邓忠都自杀了。后来，安帝又改封邓骘，贬他为罗侯。五月庚辰（初一），邓骘跟儿子邓凤一起绝食而死。邓骘的堂弟河南尹邓豹、度辽将军舞阳侯邓遵、将作大匠邓畅，全部自杀，只有邓广德兄弟，因母亲跟阎皇后是亲姐妹，得以留在首都雒阳。安帝重新任命耿夔担任度辽将军，征召安乐侯邓康到京城担任太仆。五月丙申（十七日），安帝把平原王刘翼贬为都乡侯，遣回封国河间。从此，刘翼婉拒客人来访，闭门不出，只求自保，这才免除一死。

　　大司农京兆人朱宠对邓骘无罪遭祸深感痛心，就脱衣露体抬着棺材上书安帝说："我认为和熹皇后有圣明善良之德，是汉朝的文王妃太姒，她的兄弟忠诚孝顺，齐心协力为国事担忧操劳，宗庙有了依靠，受到王室倚重，功成自行引退，推辞封国让出高官，过去的皇后家族，没有谁能与他们相比。他们应当由于累积善行、躬行谦让而得到福祐，想不到却被宫女的一面之词所陷害，

利口倾险,反乱国家,罪无申证,狱不讯鞫,遂令骘等罹此酷滥,一门七人,并不以命,尸骸流离,冤魂不反,逆天感人,率土丧气。宜收还冢次,宠树遗孤,奉承血祀,以谢亡灵。"众庶多为骘称枉者,帝意颇悟,乃谴让州郡,还葬骘等于北芒,诸从兄弟皆得归京师。

帝以耿贵人兄牟平侯宝监羽林左军车骑。封宋杨四子皆为列侯,宋氏为卿、校、侍中、大夫、谒者、郎吏十馀人。阎皇后兄弟显、景、耀并为卿、校,典禁兵。于是内宠始盛。

帝以江京尝迎帝于邸,以为京功,封都乡侯,封李闰为雍乡侯,闰、京并迁中常侍。京兼大长秋,与中常侍樊丰、黄门令刘安、钩盾令陈达及王圣、圣女伯荣扇动内外,竞为侈虐。伯荣出入宫掖,传通奸赂。司徒杨震上疏曰:"臣闻政以得贤为本,治以去秽为务,是以唐、虞俊乂在官,四凶流放,天下咸服,以致雍熙。方今九德未事,嬖倖充庭。阿母王圣,出自贱微,得遭千载,奉养圣躬,虽有推燥居湿之勤,前后赏惠,过报劳苦,而无厌之心,不知纪极,外交属托,扰乱天下,损辱清朝,尘点日月。夫女子小人,近之喜,远之怨,实为难养。宜速出阿母,令居外舍,断绝伯荣,莫使往来,

尖口利舌，用心险恶，扰乱了国家，所指控的罪名，并没有确凿证据，判案也不经过审讯，就使邓骘等人遭到如此残酷无度的灾祸，一家七口一同死于非命，尸骨分散各地，冤魂不能返回祖坟，违背天意，撼动人心，普天之下，一片颓丧。应当收拾他们的尸骨，还葬祖坟，加恩扶植他们遗留的孤儿，让邓家的宗祠有人祭祀，告慰死者在天之灵。"老百姓大多替邓骘喊冤，安帝也有点觉悟，于是责备迫害邓氏一家的州郡官员，允许邓骘等人的尸骨迁回北芒安葬，邓骘的堂兄弟们也都得以回到首都雒阳。

安帝任命嫡母耿贵人之兄、年平侯耿宝，担任监羽林左军车骑。将祖母宋贵人之父宋杨的四个儿子都封为列侯，宋氏家族中担任卿、校、侍中、大夫、谒者、郎吏的，有十多人。阎皇后的兄弟阎显、阎景、阎耀，全都担任卿、校，统御皇家禁卫部队。从此，安帝的内宠势力开始兴盛。

安帝因为宦官江京当初曾在清河国驻京官邸迎自己入宫，认为江京有功，封他为都乡侯，封李闰为雍乡侯，两人同时提升为中常侍。江京兼任大长秋，跟另一位中常侍樊丰、黄门令刘安、钩盾令陈达，以及王圣和王圣的女儿伯荣，在朝廷内外兴风作浪，互相比赛谁更奢侈、更暴虐。伯荣可以随便出入皇宫，便负责串通奸恶，传递贿赂。司徒杨震上书说："我听说主持政事，治理国家，以得到贤才为根本，以排除邪恶为要务，因此唐尧虞舜时代，才俊豪杰之士当权，'四凶'这类的恶人遭到放逐，使天下百姓个个敬服，人心和睦，天下太平。而今，具备'九德'条件的人未能在朝中供职，而宠幸的侍臣却充斥朝廷。奶娘王圣，出身微贱，遇到千载难逢的机会，侍奉养育陛下，自己睡在幼儿便溺后的湿处，把干燥处让给幼儿，虽然有抚育幼儿的辛劳，但前后对她的赏赐，大大超过她应得的回报，而她永不满足的贪心，从不知道极限。她勾结朝臣，请托贵戚，搅乱国家；玷辱朝廷，污染陛下日月般的圣明。女子和小人，接近他们就很高兴，疏远他们就很怨恨，实在难以蓄养。应该命令奶娘尽早出宫，在外面居住，还应该断绝跟伯荣的联系，不让她来往于皇宫内外，

令恩德两隆，上下俱美。"奏御，帝以示阿母等，内幸皆怀忿恚。

而伯荣骄淫尤甚，通于故朝阳侯刘护从兄瓌，瓌遂以为妻，官至侍中，得袭护爵。震上疏曰："经制，父死子继，兄亡弟及，以防篡也。伏见诏书封故朝阳侯刘护再从兄瓌袭护爵为侯，护同产弟威今犹见在。臣闻天子专封，封有功；诸侯专爵，爵有德。今瓌无他功行，但以配阿母女，一时之间，既位侍中，又至封侯，不稽旧制，不合经义，行人喧哗，百姓不安。陛下宜鉴镜既往，顺帝之则。"

尚书广陵翟酺上疏曰："昔窦、邓之宠，倾动四方，兼官重绂，盈金积货，至使议弄神器，改更社稷，岂不以势尊威广以致斯患乎？及其破坏，头颡堕地，愿为孤豚，岂可得哉？夫致贵无渐，失必暴；受爵非道，殃必疾。今外戚宠幸，功均造化，汉元以来，未有等比。陛下诚仁恩周洽，以亲九族，然禄去公室，政移私门，覆车重寻，宁无摧折？此最安危之极戒，社稷之深计也。昔文帝爱百金于露台，饰帷帐于皂囊，或有讥其俭者，上曰：'朕为天下守财耳，岂得妄用之哉？'今自初政已来，日月未久，费用赏赐，已不可算。敛天下之财，积无功之家，帑藏单尽，民物凋伤，卒有不虞，复当重赋，百姓怨叛既生，危乱可待也。愿陛下勉求忠贞之臣，诛远佞谄之党，割情欲之欢，

这样才可使得恩惠与道德都兴隆,上上下下都赞美称颂。"奏章呈上去之后,安帝拿给王圣等人看,这帮内宠都心怀愤恨。

在内宠之中,伯荣骄奢淫逸尤其突出,她跟已故朝阳侯刘护的堂兄刘瓌通奸,于是,刘瓌娶她做妻子,刘瓌自己升官做了侍中,并且继承了刘护朝阳侯的爵位。杨震上书说:"国家的制度,父亲去世儿子继承,兄长去世弟弟继承,其目的在于防止篡位。现在,我看到诏书,封故朝阳侯刘护远房堂兄刘瓌继承刘护爵位,成为朝阳侯,而刘护的亲弟弟刘威现今仍在人世。我曾经听说,皇帝独揽分封的大权,但必须封给有功的人;国君独揽授官的大权,但必须任命有品德的人。如今刘瓌并没有其他的功劳和德行,只因为娶了奶娘的女儿,一时之间,既晋升侍中,又封赐侯爵,这不符合传统的制度,也不符合经书的义理,路上的行人议论纷纷,民众都感到不安。陛下应当以史为鉴,遵循帝王的准则。"

尚书、广陵人翟酺也上书规劝说:"从前,窦家、邓家受到的宠爱,震动全国,每人都身兼数职,家里堆满金银财宝,甚至非议、戏弄帝位,更换朝代,这难道不是因为他们权势太重、威望太高,才导致这一祸患吗?等到他们失败,人头落地之时,即使想做一只小猪,又怎么可能得到?富贵如果不是逐渐得到,就会突然丧失;爵位如果不从正道上获取,就会很快遭殃。现在,外戚宠幸,功绩等同于福分,自汉初以来未曾有过。陛下诚然是为了推广仁爱恩德,以便和睦九族,然而,朝廷失去了对官爵禄位的控制,政权转移而落入私门,重新寻求覆车之途,能不车毁人亡?这是关系国家安危的最深刻的戒条,是事关皇家祭祀能否继续的关键。昔日,文帝舍不得花费一百金兴建露台,收集呈送奏章的黑布袋子制成帷帐,有人讥笑他太节俭了,他说:'我为国家看守财产,怎可乱用?'如今,自从陛下开始执政以来,时间不长,但赏赐和用度已无法计算。聚敛天下之财,堆积到无功之家,使国库枯竭,民众凋敝,如果突然发生意外事件,还要加重征收赋税,百姓有了怨恨背叛之心,动乱也就为期不远了。请求陛下勉力物色忠贞的大臣,诛杀疏远奸佞之辈,割舍情欲上的欢娱,

罢宴私之好,心存亡国所以失之,鉴观兴王所以得之,庶灾害可息,丰年可招矣。"书奏,皆不省。

延光元年,京师及郡国二十七雨水。帝数遣黄门、常侍及中使伯荣往来甘陵。尚书仆射陈忠上疏曰:"今天心未得,隔并屡臻。青、冀之域淫雨漏河,徐、岱之滨海水盆溢,兖、豫蝗蝝滋生,荆、扬稻收俭薄,并、凉二州羌戎叛庆,加以百姓不足,府帑虚匮。陛下以不得亲奉孝德皇园庙,比遣中使致敬甘陵,朱轩骈马,相望道路,可谓孝至矣。然臣窃闻使者所过,威权翕赫,震动郡县,王、侯、二千石至为伯荣独拜车下。发民修道,缮理亭传,多设储偫,征役无度,老弱相随,动有万计,赂遗仆从,人数百匹,顿踣呼嗟,莫不叩心。河间托叔父之属,清河有陵庙之尊,及剖符大臣皆猥为伯荣屈节车下,陛下不问,必以为陛下欲其然也。伯荣之威重于陛下,陛下之柄在于臣妾,水灾之发,必起于此。昔韩嫣托副车之乘,受驰视之使,江都误为一拜,而嫣受欧刀之诛。臣愿明主严天元之尊,正乾刚之位,不宜复令女使干错万机。重察左右,得无石显泄漏之奸?尚书纳言,得无赵昌谮崇之诈?公卿大臣,得无朱博阿傅之援?外属近戚,得无王凤害商之谋?若国政一由帝命,王事每决于己,则下不得逼上,臣不得干君,常雨大水

罢除游宴玩耍之类的爱好，不忘亡国之君失败的情由，研究兴国之君成功的原因，这样才有可能平息灾难，招来丰年。"奏章呈上去以后，安帝全不省察。

延光元年（122），首都雒阳及二十七个郡、封国发生水灾。安帝几次派遣黄门、常侍等宦官和中使伯荣，往来于雒阳与甘陵之间。尚书仆射陈忠上书说："如今，上天不太称心，所以水灾旱灾接连发生。青州、冀州一带，大雨不停，溃决堤防；徐州、岱州沿海，海水倒灌；兖州、豫州，蝗虫繁殖成灾；荆州、扬州，稻米歉收；并州、凉州，羌人叛乱，使百姓贫穷，国库枯竭。陛下因为不能亲自侍奉孝德皇帝的陵园寝庙，最近常常派遣中使到甘陵祭祀，表示敬意，朱红色的车辆由并辔良马驾驶，在道路上前后相望，可以说是最大的孝心。然而我私下听说，使节声势显赫，所到之处，都震动郡县，王爷、侯爵、食二千石的官员，纷纷赶到，在伯荣的车前下拜。为了征发民伕，修筑道路，维修驿站亭阁，增添储备物资，徭役没有节制，役夫动不动就数以万计，连年老体弱的人也相随应差，还要给使节的仆从送布匹绸缎，每个人要送几百匹。人人困顿不堪，呼号哀叹，悲痛之极。河间是陛下叔父托身的属国，清河是陛下父母坟墓的所在地，及至那里的官员降低身份，一同在伯荣的车前行礼，而陛下又不查问，人们必然认为陛下的本意就是如此。伯荣的威风超过陛下，陛下的权柄掌握在女仆手中，水灾不断发生，起因肯定就在这里。从前，武帝的宠人韩嫣乘坐备用御车，领受巡察的使命，江都王误以为皇帝驾到而为之下拜，韩嫣因此而受到刑刀的诛杀。我希望圣明的君主，显示君王的尊贵，端正君权的位置，不应该再让女仆干预朝政。重新考察身边的人，有没有石显那样泄露机密的奸邪人物？尚书、纳言，有没有赵昌陷害郑崇那样的欺诈行为？公卿大臣，有没有朱博那样的靠迎合外戚而获得援手的情况？皇后家族，有没有王凤谋杀王商那样的阴谋？假如国家大事全都由皇帝发号施令，大政方针每次都由皇帝自己决定，那么，地位低的人就不能威胁地位高的人，臣僚就不能干预君王，淫雨大水

必当霁止，四方众异不能为害。"书奏，不省。

二年夏四月戊子，爵乳母王圣为野王君。

冬十月甲戌，以司徒杨震为太尉，光禄勋东莱刘熹为司徒。大鸿胪耿宝自候震，荐中常侍李闰兄于震曰："李常侍国家所重，欲令公辟其兄，宝唯传上意耳。"震曰："如朝廷欲令三府辟召，故宜有尚书敕。"宝大恨而去。执金吾阎显亦荐所亲于震，震又不从。司空刘授闻之，即辟此二人，由是震益见怨。时诏遣使者大为王圣修第。中常侍樊丰及侍中周广、谢恽等更相扇动，倾摇朝廷。震上疏曰："臣伏念方今灾害滋甚，百姓空虚，三边震扰，帑藏匮乏，殆非社稷安宁之时。诏书为阿母兴起第舍，合两为一，连里竟街，雕修缮饰，穷极巧伎，攻山采石，转相迫促，为费巨亿。周广、谢恽兄弟，与国无肺腑枝叶之属，依倚近幸奸佞之人，与之分威共权，属托州郡，倾动大臣，宰司辟召，承望旨意，招来海内贪污之人，受其货赂，至有赃锢弃世之徒，复得显用。白黑溷淆，清浊同源，天下谨哗，为朝结讥。臣闻师言，上之所取，财尽则怨，力尽则叛，怨叛之人，不可复使。惟陛下度之。"上不听。

十二月戊辰，京师及郡国三地震。

三年。初，樊丰、周广、谢恽等见杨震连谏不从，无所顾忌，遂诈作诏书，调发司农钱谷、大匠见徒材木，各起冢舍、

必然会停止,四方众多的灾变就不会造成危害。"奏章呈递后,安帝没有醒悟。

二年(123)夏季四月戊子(二十日),安帝封奶娘王圣为野王君。

冬季十月甲戌(初九),安帝命司徒杨震改任太尉,命光禄勋、东莱人刘熹接任司徒。大鸿胪耿宝亲自拜访杨震,向杨震推荐中常侍李闰的兄长,说:"李闰是皇上所倚重的人,皇上想让您征召李闰的哥哥当官,我不过是传达皇上的旨意罢了。"杨震说:"如果皇上有意让三府征召,按照惯例,应该由尚书下达敕令。"耿宝恨恨地走了。执金吾阎显也向杨震推荐他的一个亲友,杨震也不接受。司空刘授听到消息,立即征召这两个人当官。从此以后,杨震越发被人怨恨。这时,安帝下诏,派人给奶娘王圣兴建宅第,而中常侍樊丰、侍中周广、谢恽等人,互相怂恿勾结,扰动朝廷纲纪。杨震上书说:"我想到现今的灾害,越发严重,百姓贫困,西北东三方边境战乱不息,国库枯竭,这恐怕不是天下太平的时世。而陛下却颁下诏书,要给奶娘王圣兴建宅第,合并二坊成为一宅,占据了整条街道,雕刻装饰,极其精巧,为了凿山采石,官府层层催逼,耗费资财,数以亿计。周广和谢恽兄弟,并非皇家的近亲或旁支,而依靠受宠的奸佞之士,和他们一同侵分君王的威望,共掌君王的权力,请托州郡官员,影响朝廷高官,连三公征召人才,也要顺从他们的意思,于是招揽天下贪婪之人,收受贿赂,甚至有些因贪污受罚、永不录用的人,也重新获得重用。黑白混淆,清浊不分,天下人为之哗然,纷纷讥讽抨击朝廷。我听众人说过,在上位的人榨取东西,榨尽财富,民众会怨恨,榨尽精力,民众会反叛,怨恨和反叛的民众,不可再供驱使。请陛下留意。"安帝不理会。

十二月戊辰(初四),首都雒阳及三个郡和封国发生地震。

三年(124)。当初,樊丰、周广、谢恽等人,看到杨震接连地进谏,都没有被安帝所采纳,便再也没有什么顾虑、畏惧,于是便伪造安帝的诏书,从司农那儿征调国库里的钱粮,从大匠那儿征调现在正被拘禁执役的囚犯和各种建筑材料,各自兴建巨宅、

园池、庐观，役费无数。震复上疏曰："臣备台辅，不能调
和阴阳，去年十二月四日京师地动，其日戊辰，三者皆土，
位在中宫，此中臣、近官持权用事之象也。臣伏惟陛下以
边境未宁，躬自菲薄，宫殿垣屋倾倚，枝拄而已。而亲近幸
臣，未崇断金，骄溢逾法，多请徒士，盛修第舍，卖弄威福，
道路讙哗，地动之变，殆为此发。又冬无宿雪，春节未雨，
百僚焦心，而缮修不止，诚致旱之征也。惟陛下奋乾刚之
德，弃骄奢之臣，以承皇天之戒。"震前后所言转切，帝既不
平之，而樊丰等皆侧目愤怨，以其名儒，未敢加害。会河间
男子赵腾上书，指陈得失，帝发怒，遂收考诏狱，结以罔上
不道。震上疏救之曰："臣闻殷、周哲王，小人怨詈，则还自
敬德。今赵腾所坐，激讦谤语，为罪与手刃犯法有差，乞为
亏除，全腾之命，以诱刍荛舆人之言。"帝不听，腾竟伏尸都
市。及帝东巡，樊丰等因乘舆在外，竞修第宅，太尉部掾高
舒召大匠令史考校之，得丰等所诈下诏书，具奏，须行还上
之。丰等惶怖。会太史言星变逆行，遂共谮震云："自赵腾
死后，深用怨怼，且邓氏故吏有怹恨之心。"

壬戌，车驾还京师，便时太学，夜遣使者策收震太尉印
绶。震于是柴门，绝宾客。丰等复恶之，令大鸿胪耿宝奏：

园林、池塘、楼阁亭台。杨震再次上书，说："我身处三公之位，未能调和阴阳，去年十二月四日，首都雒阳地震，这一日用干支记载称'戊辰'，地、戊、辰，三者都属于'土'，位于北极星所在的区域，这是宦官幸臣掌权执政的象征。我想到，陛下由于边境仍不平静，自己十分节俭，皇宫的墙垣倾斜，只用木柱支撑一下罢了。而那些宠幸的近臣，却不推崇与陛下同心的精神，反而骄纵奢侈，超出法律的限制，大量征调服役的囚犯，大修宅第，显示权势，炫耀富贵，路上的行人都喧哗议论，地震的灾变，恐怕就是为此而发。还有，去冬无积雪，今春未下雨，百官感到心焦，而大兴土木，无休无止，这正是造成旱灾的征兆。希望陛下振奋帝王刚健决断的品行，抛弃那些骄纵奢侈的近臣，以回报上天的警告。"杨震的言论，先前比较平和，而后逐渐转为激切，安帝已经感到不满，而樊丰等人对杨震侧目而视，十分愤恨，只因为杨震是著名的大儒，才不敢迫害杨震。正在这时，河间男子赵腾上书，批评朝廷的过失，安帝大发雷霆，于是逮捕赵腾，囚禁诏狱，以欺骗圣上、大逆不道的罪名判处死刑。杨震上书营救赵腾，说："我曾经听说，商朝、周朝的圣明君主，听到小人的抱怨和责骂，就自我反省，修养品德。今天，赵腾所受到的指控，是用激烈的言辞进行诽谤，这一罪行与持刀杀人有所不同，我请求给予赵腾减刑，保全他的性命，以诱导草野小民为国进言。"安帝不理，赵腾终于被斩首，横尸于街头。等到安帝去东方巡视，樊丰等人乘皇帝外出，竞相修建宅第，太尉部掾高舒召见大匠令史调查情况，查到樊丰等人伪造的皇帝诏书，杨震便把全部情况写入奏章，准备等安帝回京后呈递。樊丰等人惶恐不安。恰逢太史报告说，天上的星象发生变化，出现了反方向运行的情况，于是，樊丰等人异口同声地污蔑杨震，说："自从赵腾死后，杨震一直深为不满，而且，杨震是邓氏家族的旧部，对圣上有怨恨之心。"

　　三月壬戌（二十九日），安帝返回雒阳，临时住在太学，夜里派使者携策书去杨震处收缴太尉印信。此后杨震紧闭家门，拒绝所有来客。樊丰等人更加厌恶杨震，指使大鸿胪耿宝上奏说：

"震大臣，不服罪，怀恚望。"有诏，遣归本郡。震行至城西夕阳亭，乃慷慨谓其诸子、门人曰："死者，士之常分。吾蒙恩居上司，疾奸臣狡猾而不能诛，恶嬖女倾乱而不能禁，何面目复见日月？身死之日，以杂木为棺，布单被，裁足盖形，勿归冢次，勿设祭祀。"因饮鸩而卒。弘农太守移良承樊丰等旨，遣吏于陕县留停震丧，露棺道侧，谪震诸子代邮行书，道路皆为陨涕。

太仆征羌侯来历曰："耿宝托元舅之亲，荣宠过厚，不念报国恩，而倾侧奸臣，伤害忠良，其天祸亦将至矣。"历，歙之曾孙也。

秋八月辛巳，以大鸿胪耿宝为大将军。

王圣、江京、樊丰等谮太子乳母王男、厨监邴吉等，杀之，家属徙比景。太子思男、吉，数为叹息。京、丰惧有后害，乃与阎后妄造虚无，构谗太子及东宫官属。帝怒，召公卿以下议废太子。耿宝等承旨，皆以为当废。太仆来历与太常桓焉、廷尉张皓议曰："经说，年未满十五，过恶不在其身。且男、吉之谋，皇太子容有不知。宜选忠良保傅，辅以礼义。废置事重，此诚圣恩所宜宿留。"帝不从。焉，郁之子也。张皓退，复上书曰："昔贼臣江充造构谗逆，倾覆戾园，孝武久乃觉寤，虽追前失，悔之何及。今皇太子方十岁，未习保傅之教，可遽责乎？"书奏，不省。

九月丁酉，废皇太子保为济阴王，居于德阳殿西

"杨震身为大臣,竟不承认罪过而心怀怨恨。"于是,安帝下诏,遣送杨震回原籍。杨震上路,走到雒阳城西的夕阳亭,便怀着激动的感情,对儿子和学生说:"死亡,是读书人的平常遭遇。我蒙受皇恩,身居高官,痛恨奸臣狡诈却不能铲除,厌恶淫妇作乱却不能禁止,还有什么脸再见日月?我死了以后,用杂木做棺材,用单被包裹,只要盖住尸体就行了,不要归葬祖坟,不要安排祭祀。"于是服下毒酒,自杀身死。弘农太守移良秉承樊丰等人的旨意,派官员前往陕县拦阻杨震的丧车,使杨震的棺木露天放置在大路旁边,移良还贬杨震的儿子们去驿站代替信使传递邮件,路上的行人都为他们落泪。

太仆、征羌侯来历说:"耿宝是圣上的亲舅舅,荣耀和恩宠过于丰厚,不考虑报效国家,却随顺依附奸臣,谋害忠良,上天给他的灾祸快要降临了。"来历,是来歙的曾孙。

秋季八月辛巳(二十日),朝廷擢升大鸿胪耿宝担任大将军。

王圣、江京、樊丰等人,共同诬害太子的奶娘王男、厨监邴吉等,安帝下令,斩王男、邴吉,两人的家属流放到比景。太子思念王男、邴吉,多次为此长吁短叹。江京、樊丰怕有后患,就跟阎皇后一起捏造证据,进谗陷害太子和太子宫的官员。安帝大怒,召集公卿及以下群臣讨论是否废黜太子。耿宝等人秉承安帝旨意,都认为应该废黜。但太仆来历、太常桓焉、廷尉犍为人张皓一致反对,说:"经典上说,年纪不满十五岁的人,如有过失和罪恶,责任不在他自己;而且,王男、邴吉的奸谋,太子或许不知道。应当遴选忠良,做太子的保母师傅,用礼义来辅佐太子。废黜太子事关重大,这实在是帝王的宠爱应当居留的所在。"安帝没有听从。桓焉,是桓郁的儿子。张皓退下,又上书说:"从前,奸贼江充,捏造证据,进行陷害,颠覆了戾太子,孝武皇帝很久以后才觉悟过来,虽然竭力追补从前的过失,但后悔也来不及了。如今皇太子才十岁,还没有受过保傅的教育,怎么就责备他呢?"奏章呈递上去,安帝不省悟。

九月丁酉(初七),安帝废太子刘保改封济阴王,迁居德阳殿西侧

钟下。来历乃要结光禄勋祋讽、宗正刘玮、将作大匠薛皓、侍中闾丘弘、陈光、赵代、施延、太中大夫九江朱伥等十馀人,俱诣鸿都门证太子无过。帝与左右患之,乃使中常侍奉诏胁群臣曰:"父子一体,天性自然,以义割恩,为天下也。历、讽等不识大典,而与群小共为谯哗,外见忠直而内希后福,饰邪违义,岂事君之礼?朝廷广开言事之路,故且一切假贷,若怀迷不反,当显明刑书。"谏者莫不失色。薛皓先顿首曰:"固宜如明诏。"历怫然,廷诘皓曰:"属通谏何言,而今复背之?大臣乘朝车,处国事,固得辗转若此乎?"乃各稍自引起,历独守阙,连日不肯去。帝大怒,尚书令陈忠与诸尚书遂共劾奏历等,帝乃免历兄弟官,削国租,黜历母武安公主不得会见。

是岁,京师及诸郡国二十三地震,三十六大水、雨雹。

四年春二月甲辰,车驾南巡。三月庚申,帝至宛,不豫。乙丑,帝发自宛。丁卯,至叶,崩于乘舆。年三十二。

皇后与阎显兄弟、江京、樊丰等谋曰:"今晏驾道次,济阴王在内,邂逅公卿立之,还为大害。"乃伪云帝疾甚,徙御卧车,所在上食、问起居如故。驱驰行四日,庚午,还宫。辛未,遣司徒刘熹诣郊庙、社稷,告天请命,其夕乃发丧。尊皇后曰皇太后,太后临朝。以显为车骑将军、仪同三司。

钟楼下。于是，来历邀引交结光禄勋祋讽、宗正刘玮、将作大匠薛皓、侍中间丘弘、陈光、赵代、施延、太中大夫九江人朱伥等十多人，一同到鸿都门，向安帝证明皇太子没有过错。安帝和身边亲信感到不安，就派中常侍用诏命威胁群臣："父子关系密切，出自天性自然，用大义割断父子恩情，是为了国家利益。来历、祋讽等人，不认国家大法，而跟一群小人鼓噪喧哗，表面看是忠贞耿直，而内心希求今后的福祉，掩饰邪念，违背德义，难道是事奉君王的礼法？朝廷广开言路，所以姑且一律宽宥，如果执迷不返，就要显示刑法的威严。"劝谏的人脸色大变。薛皓率先叩头道："我自然遵从圣上的诏命。"来历很是忿怒，当场质问薛皓，说："刚才共同进谏时说了什么？而现在又违背了。大臣乘坐朝廷的车子，处理国家的大事，难道可以这样翻来覆去吗？"其他人各自起身，陆续退下，只有来历一个人守在鸿都门下，一连几天不肯离去。安帝大怒，尚书令陈忠和各位尚书便共同弹劾来历等，安帝于是免除来历及其兄弟的官职，削减来历的封国田租收入，并贬退来历的母亲武安公主，不得参与召见拜会。

这一年，首都雒阳及二十三个郡和封国发生地震，三十六个郡和封国发大水、下冰雹。

四年(125)春季二月甲辰(十七日)，安帝去南方视察。三月庚申(初三)，安帝抵达宛城，身体感觉不适。乙丑日(初八)，安帝从宛城出发。丁卯日(初十)，抵达叶县，就在轿子里死去。终年三十二岁。

阎皇后与她的兄弟阎显等，以及宦官江京、樊丰等，在一起密谋，认为："如今皇帝死在路上，他的儿子济阴王刘保却在首都雒阳，万一被公卿拥立，继承帝位，将给我们带来大祸。"于是，谎称安帝病重，把尸体从御轿移入御车，所过之处，呈献食品、问候起居，跟往常一样。车队急行四天，庚午(十三日)，返抵皇宫。辛未(十四日)，阎皇后派遣司徒刘熹前往郊庙、社稷，祷告天地，请求指示，当晚就宣布安帝逝世。尊奉阎皇后为皇太后，太后御临朝廷，主持政事。阎太后任命阎显担任车骑将军，仪同三司。

太后欲久专国政，贪立幼年，与显等定策禁中，迎济北惠王子北乡侯懿为嗣。济阴王以废黜，不得上殿亲临梓宫，悲号不食，内外群僚莫不哀之。乙酉，北乡侯即皇帝位。

夏四月，阎显忌大将军耿宝位尊权重，威行前朝，乃风有司奏："宝及其党与中常侍樊丰、虎贲中郎将谢恽、侍中周广、野王君王圣、圣女永等更相阿党，互作威福，皆大不道。"辛卯，丰、恽、广皆下狱死，家属徙比景。贬宝及弟子林虑侯承皆为亭侯，遣就国，宝于道自杀。王圣母子徙雁门。于是以阎景为卫尉，耀为城门校尉，晏为执金吾，兄弟并处权要，威福自由。

冬十月，北乡侯病笃，中常侍孙程谓济阴王谒者长兴渠曰："王以嫡统，本无失德，先帝用谗，遂至废黜。若北乡侯不起，相与共断江京、阎显，事无不成者。"渠然之。又中黄门南阳王康，先为太子府史，及长乐太官丞京兆王国等并附同于程。江京谓阎显曰："北乡侯病不解，国嗣宜以时定，何不早征诸王子，简所置乎？"显以为然。辛亥，北乡侯薨，显白太后，秘不发丧，而更征诸王子，闭宫门，屯兵自守。

十一月乙卯，孙程、王康、王国与中黄门黄龙、彭恺、孟叔、李建、王成、张贤、史汎、马国、王道、李元、杨佗、陈予、赵封、李刚、魏猛、苗光等聚谋于西钟下，皆截单衣为誓。丁巳，京师及郡国十六地震。是夜，程等共会崇德殿上，因

阎太后想要长期独占国家大权,希望选立一个年幼的皇帝,于是跟阎显等在宫中谋立皇帝,决定把济北惠王刘寿的儿子、北乡侯刘懿迎入宫中,做安帝的继承人。济阴王刘保因先前已被废黜,不能上殿在棺木前哀悼父亲,他悲痛地哭号,不吃不喝,宫廷内外文武百官,每个人都为刘保感到哀伤。乙酉(二十八日),北乡侯刘懿即位做皇帝。

夏季四月,阎显顾忌大将军耿宝位阶崇高,权力重大,威势在安帝时代推行无阻,就暗示有关官员进行弹劾:"耿宝和他的同党中常侍樊丰、虎贲中郎将谢恽、侍中周广、野王君王圣、王圣的女儿永等人,相互结党,作威作福,都大逆不道。"辛卯(初五),樊丰、谢恽、周广,都被捕入狱处死,他们的家属流放到比景。耿宝和他的侄子、林虑侯耿承,都被贬为亭侯,遣送回封国,耿宝在遣返途中自杀。王圣母子流放到雁门。此时,阎太后任命阎景担任卫尉,任命阎耀担任城门校尉,任命阎晏担任执金吾,阎氏兄弟一同位居要津,任意作威作福。

冬季十月,北乡侯刘懿病重,中常侍孙程对济阴王刘保的谒者长兴渠说:"大王为嫡子正统,原本没有过错,先帝听信谗言,大王竟被废黜。如果北乡侯不能病愈,你我联合,共同诛杀江京、阎显,没有不成功之理。"长兴渠同意。另外,中黄门、南阳人王康,先前曾任太子府史,以及长乐太官丞、京兆人王国等,都赞成孙程的计划。而江京也对阎显说:"北乡侯病情不能解除,继位人选应按时确定,为什么不早一点征召各位王子,从中遴选可以继位的人?"阎显认为这个意见很对。辛亥(二十七日),北乡侯刘懿逝世。阎显报告阎太后,决定暂时不宣布北乡侯已经去世,一面征召各位王子进宫,一面关闭宫门,驻兵把守。

十一月乙卯(初二),孙程、王康、王国,与中黄门黄龙、彭恺、孟叔、李建、王成、张贤、史汎、马国、王道、李元、杨佗、陈予、赵封、李刚、魏猛、苗光等人,在西侧钟楼下面举行秘密的集会,各人撕下一块衣襟,作为盟誓。丁巳(初四),首都雒阳以及十六个郡和封国发生了地震。这天晚上,孙程等人在崇德殿会合,然后

入章台门。时江京、刘安及李闰、陈达等俱坐省门下，程与王康共就斩京、安、达。以李闰权势积为省内所服，欲引为主，因举刀胁闰曰："今当立济阴王，无得摇动！"闰曰："诺。"于是扶闰起，俱于西钟下迎济阴王即皇帝位，时年十二。召尚书令、仆射以下从辇幸南宫，程等留守省门，遮扞内外。帝登云台，召公卿、百僚，使虎贲、羽林士屯南、北宫诸门。

阎显时在禁中，忧迫不知所为。小黄门樊登劝显以太后诏召越骑校尉冯诗、虎贲中郎将阎崇将兵屯平朔门以御程等。显诱诗入省谓曰："济阴王立，非皇太后意，玺绶在此。苟尽力效功，封侯可得。"太后使授之印曰："能得济阴王者封万户侯，得李闰者五千户侯。"诗等皆许诺，辞以："卒被召，所将众少。"显使与登迎吏士于左掖门外，诗因格杀登，归营屯守。

显弟卫尉景遽从省中还外府，收兵至盛德门。孙程传召诸尚书使收景。尚书郭镇时卧病，闻之，即率直宿羽林出南止车门，逢景从吏士拔白刃呼曰："无干兵！"镇即下车持节诏之，景曰："何等诏？"因斫镇，不中。镇引剑击景堕车，左右以戟叉其胸，遂禽之，送廷尉狱，即夜死。

戊午，遣使者入省，夺得玺绶。帝乃幸嘉德殿，遣侍御史

进入章台门。当时，江京、刘安和李闰、陈达等都坐在宫门下面，孙程和王康一起动手，杀了江京、刘安和陈达。因为李闰长期享有权势，宫里人都信服他，孙程等人想让他出来领头，就举刀威胁他说："今天，你必须拥立济阴王刘保做皇帝，不得动摇！"李闰说："好吧。"这时，孙程等人把李闰挽扶起来，一起到德阳殿西侧钟楼下面，将济阴王刘保迎入殿庭，即位做皇帝，此即顺帝，当时十二岁。李闰、孙程等召集尚书令、仆射以下官员，随顺帝的御车，进入南宫，孙程等人留下来看守宫门，切断宫内外的交通。顺帝登上云台，召见公卿百官，派遣虎贲和羽林卫士驻守南宫和北宫的各个宫门。

阎显这时正在宫中，闻讯后忧愁焦急，不知如何是好。小黄门樊登建议阎显用阎太后的名义下诏，征召越骑校尉冯诗、虎贲中郎将阎崇，率领部队驻守平朔门，以便抵御孙程等人的进攻。阎显用阎太后征召的名义，引诱冯诗进宫，对他说："济阴王即位，不是皇太后的旨意，御玺还在这里。你如果竭尽全力，为皇太后效劳立功，可以获得封侯。"阎太后派人前来授予冯诗侯爵印信，并且说："能擒获济阴王的人，封为万户侯，能擒获李闰的人，封为五千户侯。"冯诗等人都应承下来，但报告说："因突然被召，带领的兵员太少。"阎显派冯诗等和樊登前往左掖门外迎接增援的将士，冯诗在那儿趁机斩杀了樊登，回到军营固守。

阎显的弟弟卫尉阎景，仓猝地从内廷返回外廷，集结外廷羽林军，来到盛德门前。孙程传诏书命令尚书们逮捕阎景。尚书郭镇当时正害病卧床，听到命令，马上率领当班的羽林兵去执行任务。他们从南止车门出来，正碰上阎景的部属拔刀大叫："不要碰到刀刃！"郭镇立即下车，手执符节，宣读诏书。阎景说："什么诏书！"于是举刀砍杀郭镇，没有砍中。郭镇拔剑攻击阎景，阎景被击中，从战车上掉下来，郭镇身旁的羽林兵，用戟叉住阎景的胸脯，将他活捉，送到廷尉狱囚禁，当晚处死。

戊午（初五），阎显等人派遣使者进入宫中，把御玺争夺到手。于是，顺帝就亲自来到嘉德殿进行坐阵，派遣侍御史

持节收阎显及其弟城门校尉耀、执金吾晏,并下狱,诛,家属皆徙比景。迁太后于离宫。己未,开门,罢屯兵。壬戌,诏司隶校尉:"惟阎显、江京近亲当伏辜诛,其馀务崇宽贷。"封孙程等皆为列侯:程食邑万户,王康、王国食九千户,黄龙食五千户,彭恺、孟叔、李建食四千二百户,王成、张贤、史汎、马国、王道、李元、杨佗、陈予、赵封、李刚食四千户,魏猛食二千户,苗光食千户,是为十九侯。加赐车马、金银、钱帛各有差。李闰以先不豫谋,故不封。擢孙程为骑都尉。

初,程等入章台门,苗光独不入。诏书录功臣,令王康疏名,康诈疏光入章台门。光未受符策,心不自安,诣黄门令自告。有司奏康、光欺诈主上,诏书勿问。以将作大匠来历为卫尉。役讽、刘玮、闾丘弘等先卒,皆拜其子为郎。朱伥、施延、陈光、赵代皆见拔用,后至公卿。征王男、邴吉家属还京师,厚加赏赐。帝之见废也,监太子家小黄门籍建、傅高梵、长秋长赵熹、丞良贺、药长夏珍皆坐徙朔方。帝即位,并擢为中常侍。

初,阎显辟崔骃之子瑗为吏,瑗以北乡侯立不以正,知显将败,欲说令废立,而显日沈醉,不能得见。乃谓长史陈禅曰:"中常侍江京等惑蛊先帝,废黜正统,扶立疏孽。少帝即位,发病庙中,周勃之征,于斯复见。今欲与君共求见说将军,白太后,收京等,废少帝,引立济阴王,必上当天心,

执符节逮捕了阎显及其弟弟城门校尉阎耀、执金吾阎晏,一并囚禁狱中,处以死刑,家属全部流放到比景。将阎太后迁往离宫居住。己未(初六),打开城门,撤走驻军。壬戌(初九),顺帝下诏给司隶校尉:"阎显、江京的近亲,应当受到诛杀,其他的人,必须从宽处理。"孙程等人都被封为列侯:孙程食邑一万户,王康、王国各食邑九千户,黄龙食邑五千户,彭恺、孟叔、李建各食邑四千二百户,王成、张贤、史汎、马国、王道、李元、杨佗、陈予、赵封、李刚各食邑四千户,魏猛食邑二千户,苗光食邑一千户,这就是人们所说的十九侯。同时,赏赐车马、金钱、绸缎布匹,份额有所差别。李闰因为不是首先参与谋划,所以没有封侯。擢升孙程担任骑都尉。

当初,孙程等攻入章台门,苗光一个人没有进入宫中。顺帝的诏书要记载功臣,命王康上报名单,王康假报苗光也进入章台门。后来,苗光因没有及时收到封赏的符策,心里不安,就去黄门令那儿自首。有关官员上奏检举王康、苗光欺骗皇上,顺帝下诏不予追究。任命将作大匠来历担任卫尉。伇讽、刘玮、闾丘弘等已于先前去世,便将他们的儿子全部任命为郎。朱伥、施延、陈光、赵代都被提拔重用,以后都官至公卿。征召王男、邴吉的家属返回首都雒阳,给予丰厚的赏赐。顺帝当初被废黜太子时,掌管太子宫的小黄门籍建、傅高梵、长秋长赵熹、丞良贺、药长夏珍,也都坐罪,被流放到朔方。顺帝即位后,将他们全部擢升为中常侍。

当初,阎显征召崔骃的儿子崔瑗做自己的下属官员,崔瑗因为北乡侯不是先帝嫡子而继任皇帝,预测阎显将会失败,打算劝说阎显废黜北乡侯,改立济阴王,但阎显嗜酒如命,每天都喝得酩酊大醉,根本见不到阎显。于是,崔瑗便对长史陈禅说道:"中常侍江京等迷惑先帝,废除皇家嫡系,扶立庶出旁支。少帝即位后,在庙中发病,周勃废黜少帝的预兆,如今又再次出现了。现在,我打算和你一同求见阎显,劝说他禀告皇太后,逮捕江京等人,废黜少帝,拥立济阴王,这样必然上符合天帝心意,

下合人望,伊、霍之功不下席而立,则将军兄弟传祚于无穷。若拒违天意,久旷神器,则将以无罪并辜元恶。此所谓祸福之会,分功之时也。"禅犹豫,未敢从。会显败,瑗坐被斥,门生苏祇欲上书言状,瑗遽止之。时陈禅为司隶校尉,召瑗谓曰:"弟听祇上书,禅请为之证。"瑗曰:"此譬犹儿妾屏语耳,愿使君勿复出口。"遂辞归,不复应州郡命。

十二月,杨震门生虞放、陈翼诣阙追讼震事。诏除震二子为郎,赠钱百万,以礼改葬于华阴潼亭,远近毕至。有大鸟高丈馀集震丧前,郡以状上。帝感震忠直,诏复以中牢具祠之。

议郎陈禅以为:"阎太后与帝无母子恩,宜徙别馆,绝朝见。"群臣议者咸以为宜。司徒掾汝南周举谓李郃曰:"昔瞽瞍常欲杀舜,舜事之逾谨。郑武姜谋杀庄公,庄公誓之黄泉;秦始皇怨母失行,久而隔绝;后感颍考叔、茅焦之言,复修子道,书传美之。今诸阎新诛,太后幽在离宫,若悲愁生疾,一旦不虞,主上将何以令于天下?如从禅议,后世归咎明公。宜密表朝廷,令奉太后,率群臣朝觐如旧,以厌天心,以答人望。"郃即上疏陈之。

顺帝永建元年春正月,帝朝太后于东宫。辛未,皇太后阎氏崩。

八月,浮阳侯孙程等怀表上殿争功,帝怒。有司劾奏:

下符合众人属望，这样，伊尹、霍光的功劳，我们不用离开座席，便可建立，阎显兄弟的爵位，也可以世代相传。如果抗拒天意，使帝位长久空缺，那么，我们将以无辜者的身份，与元凶首恶者同罪。这正是选择祸福、分取功劳的关键时刻。"陈禅犹豫，不敢听从。等到阎显失败，崔瑗也获罪免官，崔瑗的门生苏祗打算上书陈述这段往事，崔瑗急忙予以制止。这时，陈禅正担任司隶校尉，召见崔瑗，对他说："你只管让苏祗上书，我愿意为此作证。"崔瑗说："这样做，就好比是小孩和女人避开人说悄悄话，希望您不要再说此事。"于是告辞还乡，不再接受州郡的征聘。

十二月，杨震的门生虞放、陈翼前往殿庭，为杨震辩冤。顺帝下诏，将杨震的两个儿子任命为郎，赠送钱一百万，用三公的礼仪，把杨震改葬在华阴潼亭，下葬那天，所有的近亲和远亲，都赶来吊唁。当时有只一丈多高的大鸟停歇在杨震的灵堂前面，郡府将此事上报朝廷。顺帝深感杨震忠贞正直，下诏再用猪羊二牲的中牢进行祭祀。

议郎陈禅认为："阎太后与皇上已经没有母子情义，应该把她迁移到另外的馆舍，不再跟她见面。"群臣中发言的人都认为应该如此。司徒掾、汝南人周举对司徒李郃说："从前，瞽瞍经常想杀害儿子舜，而舜侍奉父亲更加用心。郑国的武姜想谋杀儿子庄公，庄公发誓，不到黄泉之下，不再相见；秦始皇怨恨母亲淫乱，也久不见面；后来，郑庄公和秦始皇分别被颍考叔和茅焦的劝谏所感动，重修儿子应尽的孝道，史书对这些事都表示赞美。现在，阎显兄弟刚刚诛灭，皇太后幽禁在离宫，她如果因悲愁而生病，一旦发生意外，皇上将用什么来号令天下？如果听从了陈禅的意见，后世会把罪责推到您的身上。最好用密表上奏朝廷，请求皇上继续侍奉皇太后，同过去一样，定期率领群臣前去朝见，以此去满足上天的意愿，报答民众的属望。"李郃立即上书陈辞。

顺帝永建元年(126)春季正月，顺帝前往东宫朝见阎太后。辛未(十九日)，阎太后逝世。

八月，浮阳侯孙程等带奏章上殿争功，顺帝大怒。有关官员弹劾：

“程等干乱悖逆，王国等皆与程党，久留京都，益其骄恣。”帝乃免程等官，悉徙封远县，因遣十九侯就国，敕雒阳令促期发遣。

司徒掾周举说朱伥曰：“朝廷在西钟下时，非孙程等岂立？今忘其大德，录其小过。如道路夭折，帝有杀功臣之讥。及今未去，宜急表之。”伥曰：“今诏指方怒，吾独表此，必致罪谴。”举曰：“明公年过八十，位为台辅，不于今时竭忠报国，惜身安宠，欲以何求？禄位虽全，必陷佞邪之讥。谏而获罪，犹有忠贞之名。若举言不足采，请从此辞。”伥乃表谏，帝果从之。程徙封宜城侯。到国，怨恨恚怼，封还印绶、符策，亡归京师，往来山中。诏书追求，复故爵土，赐车马、衣物，遣还国。

三年冬十二月，帝悉召孙程等还京师。

"孙程等人干扰朝政,抗命为逆,王国等人都和孙程结成同党,而长期滞留京师,使得他们更加骄横放肆。"顺帝于是免除孙程等人的官职,全部改封偏远地区,又下令十九侯前往各自的封国,命雒阳令督促他们按期动身。

司徒掾周举劝说司徒朱伥,说:"当初,皇上在德阳殿西侧的钟楼下面居住,不是孙程等人效命,皇上怎么能够即位? 如今,皇上忘记孙程等人的大功劳,却计较孙程等人的小过失。如果孙程等在返回封国的路途中死亡,皇上有可能受到诛杀功臣的非难。趁孙程等尚未动身,应当紧急奏请皇上,予以劝阻。"朱伥说:"现在皇上正在发怒,我如果单独奏明皇上,肯定会受到皇上的谴责。"周举说:"您已经年过八十,位居高位,如今不竭尽忠心,却明哲保身,安于宠幸,还想得到什么呢? 虽然薪俸和官位俱全,必定被人指责为奸佞之辈。如果因谏诤而获罪,仍然会留下忠贞的美名。如果我的意见您认为不值得采纳,那么我请求您同意我辞职。"于是,朱伥上表劝谏,顺帝果然听从了。孙程改封为宜城侯,来到他的封国,心里充满了怨恨,把侯爵的印信、文书缴回朝廷,自己逃回首都雒阳,躲藏在山里。顺帝下诏寻找孙程,恢复他浮阳侯的爵位和一万户的食邑,赏赐车马、衣物,遣送他返回封国。

三年(128)冬季,十二月,顺帝将孙程等十九侯,全部召回首都雒阳。

梁氏之变

汉章帝建初七年。初，明德太后为帝纳扶风宋杨二女为贵人，大贵人生太子庆。梁松弟竦有二女亦为贵人，小贵人生皇子肇。窦皇后无子，养肇为子。宋贵人有宠于马太后，太后崩，窦皇后宠盛，与母沘阳公主谋陷宋氏，外令兄弟求其纤过，内使御者侦伺得失。宋贵人病，思生兔，令家求之，因诬言欲为厌胜之术，由是太子出居承禄观。夏六月甲寅，诏曰："皇太子有失惑无常之性，不可以奉宗庙。大义灭亲，况降退乎？今废庆为清河王。皇子肇，保育皇后，承训怀衽，今以肇为皇太子。"遂出宋贵人姊妹置丙舍，使小黄门蔡伦案之，二贵人皆饮药自杀。父议郎杨免归本郡。庆时虽幼，亦知避嫌畏祸，言不敢及宋氏。帝更怜之，敕皇后令衣服与太子齐等，太子亦亲爱庆，

梁氏之变

汉章帝建初七年（82）。当初，马太后给章帝收纳扶风人宋杨的两个女儿做贵人，宋大贵人生下太子刘庆。陵乡侯梁松的弟弟梁竦，有两个女儿也是章帝的贵人，梁小贵人生下皇子刘肇。窦皇后没有生儿子，便抚养刘肇，当作自己的儿子。宋贵人在马太后那儿比较得宠，马太后逝世后，窦皇后所受到的章帝的恩宠，较以前更加深厚，便跟母亲沘阳公主商议陷害宋氏姐妹，窦皇后命她的兄弟在外面搜集宋家任何细微的过错，命宫中的侍者在内部窥探宋氏姐妹的过失。宋大贵人生病，想吃生的菟丝子，要娘家人访求送来，窦皇后乘机诬告宋氏姐妹想要用菟丝子来做厌胜之法，以诅咒来制服皇子刘肇，章帝因此十分生气，命刘庆搬出太子宫，到承禄观居住。夏季六月甲寅（十八日），章帝下诏："皇太子刘庆有精神恍惚、喜怒无常的毛病，不能够侍奉皇家祭庙。为了维护君臣大义，可以断绝父子私情，何况仅仅是贬降？现在，撤销刘庆的皇太子封号，改封为清河王。皇子刘肇，由皇后抚育，在怀抱中承受教诲，现在立刘肇为皇太子。"于是，将宋贵人姐妹逐出内宫，囚禁于丙舍，命小黄门蔡伦进行审讯，两位贵人均服毒自杀。她俩的父亲、议郎宋杨被免去官职，逐回原籍。刘庆当时年龄虽小，也知道避开嫌疑，畏惧灾祸，说话从不敢提到母亲。章帝另生怜爱之心，下令给窦皇后：刘庆的衣服，要跟当太子的刘肇一样，太子刘肇对刘庆也很友爱，

入则共室，出则同舆。

八年，太子肇之立也，梁氏私相庆，诸窦闻而恶之。皇后欲专名外家，忌梁贵人姊妹，数谮之于帝，渐致疏嫌。是岁，窦氏作飞书，陷梁竦以恶逆，竦遂死狱中，家属徙九真。贵人姊妹以忧死。辞语连及梁松妻舞阴公主，坐徙新城。

和帝永元九年闰八月辛巳，皇太后窦氏崩。初，梁贵人既死，宫省事秘，莫有知帝为梁氏出者。舞阴公主子梁扈遣从兄檀奏记三府，以为："汉家旧典，崇贵母氏，而梁贵人亲育圣躬，不蒙尊号，求得申议。"太尉张酺言状，帝感恸良久，曰："于君意若何？"酺请追上尊号，存录诸舅，帝从之。会贵人姊南阳樊调妻嫕上书自讼曰："妾父竦冤死牢狱，骸骨不掩。母氏年逾七十，及弟棠等远在绝域，不知死生。愿乞收竦朽骨，使母弟得归本郡。"帝引见嫕，乃知贵人枉殁之状。三公上奏："请依光武黜吕太后故事，贬窦太后尊号，不宜合葬先帝。"百官亦多上言者。帝手诏曰："窦氏虽不遵法度，而太后常自减损。朕奉事十年，深惟大义。礼，臣子无贬尊上之文，恩不忍离，义不忍亏。案前世上官太后亦无降黜，其勿复议。"丙申，葬章德皇后。

进宫就同住一室，出宫就同乘一车。

八年(83)，刘肇被立为皇太子以后，梁姓家族在暗中互相庆贺，窦家得知梁家的这一举动，十分厌恶。窦皇后想使窦家独享刘肇舅家的名位，因而憎恨梁贵人姐妹俩，多次在章帝面前进行诋毁，逐渐使章帝疏远并嫌弃梁氏姐妹。这一年，窦氏家族写匿名信，用谋反的罪名陷害梁贵人的父亲梁竦，梁竦最终死在狱中，家属流放到九真。梁贵人姐妹因忧愁而死去。梁竦的供词牵连到他哥哥梁松的妻子舞阴公主，舞阴公主因此获罪，被流放到新城。

和帝永元九年(97)闰八月辛巳(十四日)，皇太后窦氏逝世。当初，梁贵人忧患而死以后，宫中保守秘密，没有人知道和帝是梁贵人所生。此时，舞阴公主的儿子梁扈，派他的堂兄梁檀，向太尉、司徒、司空三府上书，提出："汉朝传统制度，一向尊崇皇帝母亲的家族，然而梁小贵人生育了皇上，却没有得到高贵的封号，请求申明情由，加以议处。"太尉张酺向和帝陈说了实情，和帝伤感哀痛了很长时间，问道："你看应该怎么办？"张酺建议追加梁贵人尊号，存恤录用各位舅父，和帝全部采纳。适逢梁贵人的姐姐、南阳人樊调的妻子梁嬺上书替自家申诉："我的父亲梁竦，冤屈地死在狱中，尸骨至今未能下葬。母亲年过七十，跟我的弟弟梁棠等，被贬逐到极远的与世隔绝的地方，不知道是死是活。我请求准许安葬父亲的尸骨，让母亲和弟弟返回故乡。"和帝召见梁嬺，才知道了生母梁贵人因冤枉而死的惨状。三公上书："建议依照光武帝罢黜吕太后的先例，贬降窦太后的尊号，不许她跟章帝合葬。"文武百官也纷纷上书，提出类似的建议。和帝亲笔写诏，说："窦氏家族虽然违法乱纪，但窦太后却常常自我克制。我把她当作母亲，侍奉了十年，深思母子关系的要义，依照礼教，没有臣僚、儿子贬斥君王、父母的礼法，从恩情出发，不忍使父母坟穴分离，从仁义出发，不忍做损害窦太后的事情。考察前朝，上官太后也没有被贬降罢黜，这件事不要再议论了。"丙申(二十九日)，安葬窦太后。

九月甲子，追尊梁贵人为皇太后，谥曰恭怀，追服丧制。冬十月乙酉，改葬梁太后及其姊大贵人于西陵，擢樊调为羽林左监。追封谥皇太后父竦为褒亲愍侯，遣使迎其丧，葬于恭怀皇后陵傍。征还竦妻子，封子棠为乐平侯，棠弟雍为乘氏侯，雍弟翟为单父侯，位皆特进，赏赐以巨万计，宠遇光于当世，梁氏自此盛矣。

顺帝永建六年秋九月，帝欲立皇后，而贵人有宠者四人，莫知所建，议欲探筹，以神定选。尚书仆射南郡胡广与尚书冯翊郭虔、史敞上疏谏曰："窃见诏书，以立后事大，谦不自专，欲假之筹策，决疑灵神，篇籍所记，祖宗典故，未尝有也。恃神任筮，既不必当贤，就值其人，犹非德选。夫岐嶷形于自然，倪天必有异表，宜参良家，简求有德，德同以年，年钧以貌；稽之典经，断之圣虑。"帝从之。恭怀皇后弟子乘氏侯商之女，选入掖庭为贵人，常特被引御，从容辞曰："夫阳以博施为德，阴以不专为义。螽斯则百福之所由兴也。愿陛下思云雨之均泽，小妾得免于罪。"帝由是贤之。

阳嘉元年春正月乙巳，立贵人梁氏为皇后。夏四月，梁商加位特进，顷之，拜执金吾。

二年三月，封执金吾梁商子冀为襄邑侯。尚书令左

九月甲子(二十八日),和帝追加梁贵人皇太后尊号,谥号恭怀,补行治丧的礼制。冬季十月乙酉(十九日),把梁太后和她的姐姐梁大贵人,改葬于西陵,擢升樊调当羽林左监。追封皇太后之父梁竦为褒亲侯,谥号为愍,派使者迎回梁竦的灵柩,安葬在梁太后的墓旁。召回梁竦的妻子,封梁竦的儿子梁棠为乐平侯,封梁棠的弟弟梁雍为乘氏侯,封梁雍的弟弟梁翟为单父侯,全都位居特进,他们得到的赏赐数以亿计,得到的恩遇荣耀于当世,梁氏家族从此开始兴盛。

顺帝永建六年(131)秋季九月,顺帝打算选立皇后,而贵人受宠的有四个,不知道立哪一个为好,商议下来,打算抽签,由神灵来决定人选。尚书仆射、南郡人胡广,跟尚书、冯翊人郭虔、史敞联名上书进谏,说:"我们拜读诏书,陛下认为选立皇后是件大事,谦恭地不肯独断独行,希望凭借竹签,由神灵来解决疑难问题,可是古书的全部记载,祖宗的所有前例,都没有用过这种办法。依赖巫师,选出的人未必合乎贤良的要求,即使碰巧得到了贤良的人选,也不是根据德行而选定的。并且,幼年聪慧,显露于不经意之中;上天之女,定有非同一般的表现,最好是四位贵人再掺入良家女儿,从中挑选品德好的;品德同样好,挑选年龄较大的;年龄同样大,挑选外貌较美的;然后再稽查是否符合经典,最后由陛下考虑决定。"顺帝接受了这一建议。恭怀皇后即前梁贵人的侄女、乘氏侯梁商的女儿,也选进皇宫,封为顺帝的贵人,经常被召去侍候顺帝,总是不慌不忙地推辞说:"阳刚的男子以广泛施予为美德,阴柔的女子以不求专宠为要义。螽斯多子,就是这个缘故。希望陛下想到云雨之恩,应该让所有的贵人均享,我也可以免除妒忌之罪。"顺帝因此而认为她最贤淑。

阳嘉元年(132)春季正月乙巳(二十八日),册立贵人梁氏当皇后。夏季四月,皇后的父亲梁商居特进之位,不久,又被任命为执金吾。

二年(133)三月,封执金吾梁商的儿子梁冀为襄邑侯。尚书令左

雄谏曰："臣闻人君莫不好忠正而恶谗谀，然而历世之患，莫不以忠正得罪，谗谀蒙幸者，盖听忠难从谀易也。夫刑罪，人情之所甚恶，贵宠，人情之所甚欲，是以时俗为忠者少而习谀者多，故令人主数闻其美，稀知其过，迷而不悟，以至于危亡。梁冀之封，事非机急，宜过灾厄之运，然后平议可否。"于是冀父商让还冀封，书十馀上，帝乃从之。

夏六月丁丑，帝引公卿所举敦朴之士，问以当世之敝，为政所宜。李固对曰："夫妃后之家，所以少完全者，岂天性当然？但以爵位尊显，颛总权柄，天道恶盈，不知自损，故至颠仆。先帝宠遇阎氏，位号太疾，故其受祸曾不旋时。《老子》曰：'其进锐者其退速也。'今梁氏戚为椒房，礼所不臣，尊以高爵，尚可然也，而子弟群从，荣显兼加，永平、建初故事，殆不如此。宜令步兵校尉冀及诸侍中还居黄门之官，使权去外戚，政归国家，岂不休乎？"

四年夏四月戊寅，以执金吾梁商为大将军。商称疾不起且一年，帝使太常桓焉奉策就第即拜，商乃诣阙受命。商少通经传，谦恭好士，辟汉阳巨览、上党陈龟为掾属，李固为从事中郎，杨伦为长史。李固以商柔和自守，不能有所整裁，乃奏记于商曰："数年以来，灾怪屡见。孔子曰：

雄谏："我听说君王没有不喜忠良厌阿谀的,但历代的忧患,没有一个不是由于忠良正直而获罪、由于阿谀谄媚而受宠,大概就因为听忠言难、听媚语易的缘故。就人之常情来说,获罪受刑是人们十分厌恶的东西,而富贵宠荣是人们非常向往的东西,因此世上愿做忠良的人少,而习惯阿谀的人多,所以君王经常听到别人说自己的善行,很少听到别人说自己的过错,君王如果执迷不悟,最终就会导致危亡。梁冀的封爵,不是很紧急的事情,应该等朝廷度过这段灾难时期,然后再讨论是否可行。"于是,梁商坚决辞让儿子梁冀的封爵,前后上书十多次,顺帝这才同意了。

夏季六月丁丑(初八),顺帝召见公卿所推荐的敦厚朴实的人士,询问他们对于朝政有什么弊端、国家应如何治理等问题的看法。李固回答说:"皇后的家族,之所以很少能够保全,哪里是他们的命运本该如此? 只是因为他们封爵太尊,官位太高,又总揽权柄,天道厌恶满盈,而他们不知道自己减损,所以导致颠扑。先帝宠爱阎氏家族,赐官封爵过于迅急,所以顷刻之间,阎氏家族就遭受惨祸。《老子》说:'前进太迅急的,后退也一定快速。'如今梁商的女儿做皇后,按照礼教,天子不把妻子的父母当作臣属,封梁商崇高的爵位,还说得过去,但是梁氏的子弟晚辈,荣华显贵都超过常人,明帝永平年间和章帝建初年间的前例,恐怕也不像这样。陛下最好是命步兵校尉梁冀跟各位梁姓侍中,退回到原先的黄门之官的位置,使权力从外戚手里,归还国家,这难道不是一项美政?"

四年(135)夏季四月戊寅(十九日),擢升执金吾梁商担任大将军。梁商声称自己有病,不能起床,辞让了将近一年,顺帝派遣太常桓焉带着任命的策书到梁商家中,要就地授予梁商大将军官职,梁商只好到皇宫接受任命。梁商自幼通晓儒家经传,谦逊有礼,喜爱人才,曾经征聘汉阳人巨览、上党人陈龟担任自己的属官,并且征聘李固担任从事中郎,杨伦担任长史。李固因为梁商性格温和柔顺,能克制自己,但不能果断处理政事,就呈递一份报告给梁商,说:"几年来,灾变怪异,多次出现。孔子说:

'智者见变思形，愚者睹怪讳名。'天道无亲，可为祗畏。诚令王纲一整，道行忠立，明公踵伯成之高，全不朽之誉，岂与此外戚凡辈耽荣好位者同日而论哉！"商不能用。

永和元年，以执金吾梁冀为河南尹。冀性嗜酒，逸游自恣，居职多纵暴非法。父商所亲客雒阳令吕放以告商，商以让冀。冀遣人于道刺杀放，而恐商知之，乃推疑放之怨仇，请以放弟禹为雒阳令，使捕之，尽灭其宗亲、宾客百馀人。

三年十二月，大将军商以小黄门南阳曹节等用事于中，遣子冀、不疑与为交友，而宦官忌其宠，反欲陷之。中常侍张逵、蘧政、杨定等与左右连谋，共谮商及中常侍曹腾、孟贲，云："欲征诸王子，图议废立，请收商等案罪。"帝曰："大将军父子我所亲，腾、贲，我所爱，必无是，但汝曹共妒之耳。"逵等知言不用，惧迫，遂出，矫诏收缚腾、贲于省中。帝闻，震怒，敕宦者李歙急呼腾、贲释之，收逵等下狱。

四年春正月庚辰，逵等伏诛。二月，帝以商少子虎贲中郎将不疑为步兵校尉。商上书辞曰："不疑童孺，猥处成人之位。昔晏平仲辞鄶殿以安其富，公仪休不受鱼飧以定其位，臣虽不才，亦愿固福禄于圣世。"上乃以不疑为侍中、奉车都尉。

'聪明的人看见灾变,思考它形成的原因;愚蠢的人目睹怪异,却假装没有看见。'天道不偏爱哪一个人,所以能够让人敬畏。如果一举整顿朝廷纲纪,推行正道,选立忠良,您就能继承伯成的伟业,成全不朽的声誉,而那些沉湎一时荣耀、追求个人高位的外戚,怎么能和您相提并论?"梁商没有采纳李固的建议。

永和元年(136),任命执金吾梁冀担任河南尹。梁冀生性喜欢喝酒,纵情游乐,胡作非为,任职期间,多有暴虐不法的行为。其父梁商最亲近的门客、雒阳令吕放,把上述情况报告了梁商,梁商因此责备了梁冀。梁冀派人在路上暗杀了吕放,但由于担心梁商知道真相,就把嫌疑推到吕放的仇人身上,并建议将吕放的弟弟吕禹,任命为雒阳令,让他去逮捕吕放的仇人,吕禹将吕放仇人的宗族、亲戚以及门客等一百多人,全部诛杀。

三年(138)十二月,大将军梁商因小黄门、南阳人曹节等在宫中当权,就让自己的儿子梁冀、梁不疑跟曹节交朋友,而其他宦官忌妒梁商、曹节等受宠,反而想陷害他们。中常侍张逵、蘧政、杨定等,跟顺帝身边的亲信合谋,一同向顺帝诬告梁商和中常侍曹腾、孟贲,说:"梁商等想要征召众亲王的儿子们前来首都,图谋废黜皇上,另立新帝,建议逮捕梁商等人,审查定罪。"顺帝说:"大将军父子是我亲近的人,曹腾、孟贲,是我宠爱的人,肯定没有这回事,只是你们一同忌妒他们罢了。"张逵等人晓得自己的谗言没有被顺帝采纳,十分惊慌,于是仓猝退下,假传圣旨,在宫中逮捕了曹腾、孟贲。顺帝得到报告,大发雷霆,命宦官李歙迅速呼寻搭救,释放了他们,并将张逵等逮捕下狱。

四年(139)春季正月庚辰(十三日),张逵等被处死。二月,顺帝任命梁商的小儿子、虎贲中郎将梁不疑任步兵校尉。梁商上书辞让,说:"梁不疑还是个孩子,不够格地占据了成年人才有拥有的官位。过去晏平仲辞让邶殿的土地,以便保护他的财富,公仪休不接受别人赠鱼,以便稳定他的官位,我虽然没有才能,也希望在圣主之世,固守我的财富和地位。"顺帝于是改任梁不疑为侍中、奉车都尉。

六年春三月上巳，大将军商大会宾客，宴于雒水，酒阑，继以《薤露》之歌。从事中郎周举闻之，叹曰："此所谓哀乐失时，非其所也，殃将及乎？"

秋八月，乘氏忠侯梁商病笃，敕子冀等曰："吾生无以辅益朝廷，死何可耗费帑藏？衣衾、饭含、玉匣、珠贝之属，何益朽骨？百僚劳扰，纷华道路，只增尘垢耳。宜皆辞之。"丙辰，薨，帝亲临丧。诸子欲从其诲，朝廷不听，赐以东园秘器、银镂、黄肠、玉匣。及葬，赐轻车、介士、中宫亲送，帝幸宣阳亭，瞻望车骑。壬戌，以河南尹乘氏侯梁冀为大将军，冀弟侍中不疑为河南尹。

臣光曰：成帝不能选任贤俊，委政舅家，可谓暗矣。犹知王立之不材，弃而不用。顺帝援大柄授之后族，梁冀顽嚚凶暴，著于平昔，而使之继父之位，终于悖逆，荡覆汉室。校于成帝，暗又甚焉。

十一月，荆州盗贼起，弥年不定。以大将军从事中郎李固为荆州刺史。固到，遣吏劳问境内，赦寇盗前衅，与之更始。于是贼帅夏密等率其魁党六百馀人自缚归首，固皆原之，遣还，使自相招集，开示威法。半岁间，馀类悉降，州内清平。奏南阳太守高赐等赃秽。赐等重赂大将军梁冀，冀为之千里移檄，而固持之愈急，冀遂徙固为泰山太守。

六年(141)春三月上巳(初九),大将军梁商在雒水滨宴客,酒宴快要结束时,大家接着吟唱《薤露》歌。从事中郎周举听说此事,叹息道:"这就是郑庄公所说的'哀乐不当其时',宴席上不是唱挽歌的地方啊!难道祸殃将要降临吗?"

　　秋季八月,乘氏忠侯梁商病重,告诫儿子梁冀等说:"我活着的时候,对朝廷没什么帮助补益,死了以后,怎么可以浪费国家的库藏?衣服单被、口含珠玉、金缕玉衣、珍珠之类,对死人有什么用处?烦劳打扰文武百官,把送葬的路上弄得繁华富丽,只是增加尘土和污垢罢了。这类事都应该拒绝。"丙辰(初四),梁商逝世,顺帝亲自前来吊唁。梁商的儿子们打算遵照父亲的遗嘱,顺帝不许,赐给东园匠主持制作的葬具一副,棺用白银雕花,椁用黄心柏木,还有金缕玉衣一件。等到安葬时,特派兵车、武士护送,皇后亲自送灵,顺帝到宣阳亭,目送丧葬车队。壬戌(初十),顺帝擢升河南尹、乘氏侯梁冀担任大将军,梁冀的弟弟、侍中梁不疑担任河南尹。

　　　北宋史臣司马光评论说:汉成帝不能选任有才德的人,把政权交给舅父家族,可说是愚昧。但他总还知道王立没有才能,摒弃不用。顺帝把治国大权授予皇后家族,而梁冀顽钝嚣张,凶狠暴虐,平时已很明显,却让他继承其父的官职,终于导致违逆皇上,颠覆东汉朝廷。跟成帝相比,顺帝更加昏昧。

　　十一月,荆州盗贼起事,终年不能平定。朝廷任命大将军从事中郎李固担任荆州刺史。李固到任后,派官员到各地进行慰问,对盗贼以往的罪行,一律予以赦免,让他们重新做人。于是,盗贼的首领夏密等率领他手下的头目六百多人,都将自己捆绑起来,前来投降,李固全部赦免了他们,并送他们回去,让他们自相招集旧部,宣扬朝廷的声威和法令。半年之间,其馀的盗贼都前来投降,荆州境内恢复太平。李固上奏检举南阳太守高赐等贪赃纳贿。高赐等用厚重的礼物贿赂大将军梁冀,梁冀为高赐发出日行千里的紧急文书,向李固求情,李固坚持追查,并且加快了追查的速度,梁冀于是调李固去泰山郡担任太守。

时泰山盗贼屯聚历年,郡兵常千人追讨不能制。固到,悉罢遣归农,但选留任战者百馀人,以恩信招诱之。未满岁,贼皆弭散。

汉安元年秋八月丁卯,遣侍中河内杜乔、周举、守光禄大夫周栩、冯羡、魏邵、栾巴、张纲、郭遵、刘班分行州郡,表贤良,显忠勤,其贪污有罪者刺史、二千石驿马上之,墨绶以下便辄收举。乔等受命之部,张纲独埋其车轮于雒阳都亭,曰:"豺狼当路,安问狐狸?"遂劾奏:"将军冀、河南尹不疑,以外戚蒙恩,居阿衡之任,而专肆贪叨,纵恣无极,多树谄谀,以害忠良,诚天威所不赦,大辟所宜加也。谨条其无君之心十五事,斯皆臣子所切齿者也。"书御,京师震竦。时皇后宠方盛,诸梁姻族满朝,帝虽知纲言直,不能用也。杜乔至兖州,表奏泰山太守李固政为天下第一,上征固为将作大匠。八使所劾奏,多梁冀及宦者亲党,互为请救,事皆寝遏。侍御史河南种暠疾之,复行案举。廷尉吴雄、将作大匠李固亦上言:"八使所纠,宜急诛罚。"帝乃更下八使奏章,令考正其罪。

梁冀恨张纲,思有以中伤之。时广陵贼张婴寇乱扬、徐间,积十馀年,二千石不能制,冀乃以纲为广陵太守。前太守率多求兵马,纲独请单车之职。既到,径诣婴垒门,婴

当时,泰山郡的盗贼聚居已有多年,郡府常派出一千多名郡兵进行追剿、讨伐,不能取胜。李固到任后,将郡兵全部解散,遣送他们回乡种田,只选留善于作战的郡兵一百多名,用恩德和威信,招降盗贼。不到一年,盗贼全部顺服散去。

汉安元年(142)秋季八月丁卯(二十一日),东汉朝廷派侍中河内人杜乔、周举、守光禄大夫周栩、冯羡、魏邵、栾巴、张纲、郭遵、刘班,分别巡视各郡州,举荐有德行才能的人士,褒扬忠心勤政的官员,对于贪赃枉法之辈,属于刺史及二千石官员,准用驿马快速传递弹劾的奏章,属于县级以下官员,准不经请示就逮捕审判。杜乔等接受命令后,分别出发,只有张纲把他坐车的车轮掩埋在雒阳的都亭,说:"豺狼横在道路中间,怎么去追究狐狸?"于是上书弹劾:"大将军梁冀、河南尹梁不疑,身为外戚,蒙受皇恩,高居辅助皇上、主持国政的职位,却专权独断,贪得无厌,恣意放纵,无法无天,大量培植谄媚小人,以便陷害忠良之士,假如皇上的威严有所不敢,那就应该对梁冀、梁不疑施以死刑。谨列举梁冀、梁不疑目无皇上的十五项案件,这些都是当臣子的应该切齿痛恨的。"奏章进献以后,首都雒阳为之震惊。当时,皇后正大受宠幸,各梁氏姻亲布满朝廷,顺帝尽管知道张纲说得对,但不能采纳。杜乔抵达兖州,上书表彰泰山太守李固的政绩为天下第一,顺帝征召李固到首都雒阳,担任将作大匠。八位使者所弹劾举报的地方官员,多数是梁冀与宦官的亲友和同党,这些人互相请托,互相庇护,弹劾案均被搁置。侍御史、河南人种暠对此十分痛恨,再次进行审查和检举。廷尉吴雄、将作大匠李固也上书说:"八位使者所检举的地方官员,应当迅速予以处罚。"顺帝这才把八位使者的奏章交给有关官员,要求核实定罪。

梁冀痛恨张纲,总想伤害张纲。当时广陵郡盗贼首领张婴侵扰扬州和徐州一带,已有十多年的时间,历任二千石官员都无法制服张婴。于是,梁冀任命张纲担任广陵太守。以前每一个新任太守,全都要求多派兵马,唯独张纲只要求给一辆车,以便赴任。张纲到任以后,直接前往张婴营垒门前,求见张婴,张婴

大惊,遽走闭垒。纲于门外罢遣吏兵,独留所亲者十馀人,以书喻婴,请与相见。婴见纲至诚,乃出拜谒。纲延置上坐,譬之曰:"前后二千石多肆贪暴,故致公等怀愤相聚。二千石信有罪矣,然为之者又非义也。今主上仁圣,欲以文德服叛,故遣太守来,思以爵禄相荣,不愿以刑罚相加,今诚转祸为福之时也!若闻义不服,天子赫然震怒,荆、扬、兖、豫大兵云合,身首横分,血嗣俱绝。二者利害,公其深计之。"婴闻泣下曰:"荒裔愚民,不能自通朝廷,不堪侵枉,遂复相聚偷生,若鱼游釜中,知其不可久,且以喘息须臾间耳。今闻明府之言,乃婴等更生之辰也。"乃辞还营。明日,将所部万馀人,与妻子面缚归降。纲单车入婴垒,大会,置酒为乐,散遣部众,任从所之;亲为卜居宅、相田畴,子弟欲为吏者,皆引召之。人情悦服,南州晏然。朝廷论功当封,梁冀遏之。在郡一岁,卒。

　　建康元年秋八月庚午,帝崩于玉堂前殿。太子即皇帝位,年二岁。尊皇后曰皇太后,太后临朝。

　　九月丙午,京师及太原、雁门地震。庚戌,诏举贤良方正之士,策问之。皇甫规对曰:"伏惟孝顺皇帝初勤王政,纪纲四方,几以获安。后遭奸伪,威分近习,受赂卖爵,

大惊,急忙跑来紧闭营门。张纲在门外把随行的官员和士兵打发回去,只留下十几个亲信,写信告诉张婴,请求同他见面。张婴看到张纲如此诚恳,就出门拜见张纲。张纲邀请张婴坐在上席,劝谕他道:"过去的历任太守,多数贪婪残暴,使得你们心怀愤恨,聚众起兵。各位太守的确有罪,而你们的所作所为,也不符合大义。而今,皇上仁慈圣明,打算用礼乐教化降服叛乱者,所以派我来到这里,想荣赐给你们爵位和官职,而不愿意对你们施加刑罚,今天的确是转祸为福的好时机啊!假如听了这些道理还不归附朝廷,皇上赫然大怒,荆州、扬州、兖州、豫州的大军,像云一样地会合,你们将身首异处,子孙灭绝。这利益和祸害二者之间,你们好好考虑。"张婴听了之后,流着眼泪说:"我们这些边远地区的愚昧小民,不能把自己的情况通到朝廷,因为不堪忍受残酷迫害,才聚集在一起,只不过为了逃命求生,像锅里的游鱼,知道这样不能够长久,姑且苟延残喘而已。今天听到您的开导,正是我们新生之时。"于是,张婴辞别张纲,返回营地。第二天,张婴带领所指挥的一万多人,自己跟妻子面对面地捆绑在一起,向张纲投降。张纲单独乘一辆车子,进入张婴的营垒,大摆宴席,饮酒作乐,然后遣散张婴的部下,随便他们上哪儿去;又亲自为他们占卜宅基地,寻觅耕地,想当地方官吏的子弟,都加以推荐、任用。人们心悦诚服,地方上恢复了安定。朝廷根据张纲的功劳,应当封他为侯爵,但梁冀予以阻挠。张纲在广陵郡任职一年后去世。

建康元年(144)秋季八月庚午(初六),顺帝在玉堂前殿逝世。太子刘炳即位,是为冲帝,当时二岁。尊奉皇后为皇太后,太后御临朝廷,主持政事。

九月丙午(十二日),首都雒阳及太原、雁门地震。庚戌(十六日),皇太后下诏命文武官员举荐有德行、正直、直言极谏的人士,以政事等为题要求提出对策。皇甫规答:"我认为顺帝即位初勤力于政事,建立法律秩序,几乎获得天下安宁。但后来遇到奸佞包围,权威分到受宠的亲信手中,他们收受贿赂出卖官爵,

宾客交错，天下扰扰，从乱如归，官民并竭，上下穷虚。陛下体兼乾坤，聪哲纯茂，摄政之初，拔用忠贞，其馀维纲，多所改正，远近翕然望见太平，而灾异不息，寇贼纵横，殆以奸臣权重之所致也。其常侍尤无状者，宜亟黜遣，披扫凶党，收入财贿，以塞痛怨，以答天诫。大将军冀、河南尹不疑，亦宜增修谦节，辅以儒术，省去游娱不急之务，割减庐第无益之饰。夫君者舟也，民者水也，群臣，乘舟者也，将军兄弟，操楫者也。若能平志毕力，以度元元，所谓福也；如其怠弛，将沦波涛，可不慎乎！夫德不称禄，犹凿墉之趾以益其高，岂量力审功，安固之道哉？凡诸宿猾、酒徒、戏客，皆宜贬斥，以惩不轨。令冀等深思得贤之福，失人之累。"梁冀忿之，以规为下第，拜郎中。托疾免归，州郡承冀旨，几陷死者再三，遂沈废于家，积十馀年。

　　冲帝永嘉元年春正月戊戌，帝崩于玉堂前殿。梁太后以扬、徐盗贼方盛，欲须所征诸王侯到乃发丧。太尉李固曰："帝虽幼少，犹天下之父。今日崩亡，人神感动，岂有人子反共掩匿乎？昔秦皇沙丘之谋，及近日北乡之事，皆秘不发丧，此天下大忌，不可之甚者也。"太后从之，即暮发丧。

　　征清河王蒜及渤海孝王鸿之子缵皆至京师。蒜

门客策士来往勾结,使得天下大乱,人们参与叛乱就像回家一般迫切,官府和庶民全都陷于穷困,举国上下匮乏到了极点。陛下以慈母之身,君临天下,聪慧明智,美好善良,刚刚开始摄政,就选拔任用忠贞之士,其他纲纪法度,也多有改正,远近和睦,已望见太平盛世,可是灾难不止,盗贼横行,这大概是因为奸臣的权力太大所引起的。常侍中表现特别不好的,应该立即罢黜遣退,驱除与他们结伙作恶的人,没收他们所收受的贿赂赃物,用来回报痛苦怨恨的民众,回答上天给予的儆戒。大将军梁冀、河南尹梁不疑,也应当重新修炼谦让的节操,用儒家学说来辅佐皇上,省去游玩娱乐等不急需的事务,削减房舍宅第无用的装饰。君王是船,民众是水;群臣是船上的乘客;大将军兄弟是划桨的水手。如果心志平和,全力以赴,普渡众生,这就是福祉;如果懈怠松弛,势必被汹涌的波涛吞没,怎么可以不慎重呢!一个人的德行与他担任的官职不相称,就如同开挖城墙的墙脚以增加城墙的高度,这难道是估计力量,省察功业,增加稳固安全的做法吗?凡是老奸巨猾、酒肉朋友,嬉戏宾客,应该全部贬黜斥退,以此惩戒不法的行为。应让梁冀等人深刻地思考得到贤人的福气和用错人的严重后果。”梁冀非常愤怒,把皇甫规的对策列为下等,仅授予他郎中。又借口皇甫规有病,将他免职,遣送回乡,州郡的官员奉承梁冀的旨意,陷害皇甫规,皇甫规好几次几乎被他们害死,于是埋没在家,不被起用,达十多年之久。

冲帝永嘉元年(145)春季正月戊戌(初六),冲帝在玉堂前殿逝世。梁太后因扬州、徐州一带盗贼正兴盛,打算等征召的各位王侯抵达雒阳后再宣布这个消息。太尉李固说:“冲帝年龄虽小,仍然是全国的君父。今日逝世,人与神都感伤震惊,哪有做子女的反而共同隐瞒君父去世的道理?过去秦始皇死后的沙丘之谋,以及最近迎立北乡侯之事,都是秘不发丧,这是天下最大的禁忌,绝对不可以这样做。”梁太后接受了建议,当天晚上就发布了冲帝逝世的消息。

征清河王刘蒜及渤海孝王刘鸿的儿子刘缵都到了雒阳。刘蒜

父曰清河恭王延平,延平及鸿皆乐安夷王宠之子,千乘贞王伉之孙也。清河王为人严重,动止有法度,公卿皆归心焉。李固谓大将军冀曰:"今当立帝,宜择长年,高明有德,任亲政事者。愿将军审详大计,察周、霍之立文、宣,戒邓、阎之利幼弱。"冀不从,与太后定策禁中。丙辰,冀持节以王青盖车迎缵入南宫。丁巳,封为建平侯,其日即皇帝位,年八岁。蒜罢归国。

太后委政宰辅,李固所言,太后多从之。黄门宦官为恶者一皆斥遣,天下咸望治平,而梁冀深忌疾之。

初,顺帝时所除官多不以次,及固在事,奏免百馀人。此等既怨,又希望冀旨,遂共作飞章诬奏固曰:"太尉李固,由公假私,依正行邪,离间近戚,自隆支党。大行在殡,路人掩涕,固独胡粉饰貌,搔头弄姿,槃旋偃仰,从容冶步,曾无惨怛伤悴之心。山陵未成,违矫旧政,善则称己,过则归君,斥逐近臣,不得侍送。作威作福,莫固之甚矣。夫子罪莫大于累父,臣恶莫深于毁君,固之过衅,事合诛辟。"书奏,冀以白太后,使下其书,太后不听。

冬十一月,永昌太守刘君世,铸黄金为文蛇以献大将军冀。益州刺史种暠纠发逮捕,驰传上言。冀由是恨暠。会巴郡人服直聚党数百人,自称天王,暠与太守应承讨

的父亲是清河恭王刘延平,刘延平和刘鸿都是乐安夷王刘宠的儿子、千乘贞王刘伉的孙子。清河王刘蒜为人严肃庄重,举止循规蹈矩,公卿都诚心归附。李固对大将军梁冀说:"如今正要确定新帝,我认为,应该选择年纪较长、高尚明达、富有德行、能够亲自处理政事的人。希望大将军仔细考虑国家大事,体察周勃拥立文帝、霍光拥立宣帝的好处,戒除邓氏家族、阎氏家族选立幼弱的弊端。"梁冀不听,与梁太后在宫中谋立皇帝。丙辰(二十四日),梁冀手执符节,用皇太子乘坐的青盖车,迎接刘缵进入南京。丁巳(二十五日),刘缵被封为建平侯,当天就位做皇帝,年仅八岁。刘蒜被遣回封国。

梁太后把治国的大权交给辅政的大臣,李固所提出的建议,梁太后大都采纳。为非作歹的宦官,一律贬斥、遣退,全国的民众都期望政治清明,而梁冀却对此深恶痛绝。

当初在顺帝时代,任命官员大都不根据实有的职位,等到李固当政,奏准黜免了一百多人。这些免职的官员,既怨恨,又想迎合梁冀的旨意,就共同写匿名信,向朝廷诬告李固说:"太尉李固,用公家的名义,给私人以好处,表面上依照正道办事,实际上从事邪恶的勾当,挑拨皇亲国戚同陛下的关系,发展自己的党羽。先帝的棺柩停放在灵堂,路上的行人都掩面哭泣,唯独李固在脸上涂抹胡粉,搔首弄姿,周旋应付,不慌不忙地走路,连凄惨悲伤的心情都没有。先帝的陵园还没有建成,就违反原来的政策,将功劳归于自己,把过失推给君王,排斥逐退先帝身边的大臣,使这些大臣不能侍奉送葬。作威作福,没有谁能超过李固。儿子的罪恶,没有什么能比连累父母更大,臣子的罪恶,没有什么能比诽谤君王更重,李固的罪过,理应诛杀。"奏章呈递后,梁冀报告梁太后,让她把奏章交付有关官员处理,梁太后没有听从。

冬季十一月,永昌太守刘君世用黄金铸成有花纹的金蛇献给大将军梁冀。益州刺史种暠检举揭发,逮捕了刘君世,并派人驾驿站车马将情况上奏朝廷。梁冀由此痛恨种暠。适逢巴郡人服直聚集同党几百人,还自称天王,种暠和巴郡太守应承进行讨伐

捕不克,吏民多被伤害。冀因此陷之,传逮暠、承。李固上疏曰:"臣伏闻讨捕所伤,本非暠、承之意,实由县吏惧法畏罪,迫逐深苦,致此不详。比盗贼群起,处处未绝。暠、承以首举大奸而相随受罪,臣恐沮伤州县纠发之意,更共饰匿,莫复尽心。"太后省奏,乃赦暠、承罪,免官而已。金蛇输司农,冀从大司农杜乔借观之,乔不肯与。冀小女死,令公卿会丧,乔独不往。冀由是衔之。

质帝本初元年,帝少而聪慧,尝因朝会,目梁冀曰:"此跋扈将军也。"冀闻,深恶之。闰六月甲申,冀使左右置毒于煮饼而进之。帝苦烦甚,使促召太尉李固。固入前问帝得患所由,帝尚能言,曰:"食煮饼,今腹中闷,得水尚可活。"时冀亦在侧曰:"恐吐,不可饮水。"语未绝而崩。固伏尸号哭,推举侍医,冀虑其事泄,大恶之。

将议立嗣,固与司徒胡广、司空赵戒先与冀书曰:"天下不幸,频年之间,国祚三绝。今当立帝,天下重器,诚知太后垂心,将军劳虑,详择其人,务存圣明。然愚情眷眷,窃独有怀。远寻先世废立旧仪,近见国家践阼前事,未尝不询访公卿,广求群议,令上应天心,下合众望。传曰:'以天下

缉捕，遭到挫折，官员和民众大都受到伤害。梁冀借此机会进行陷害，传令逮捕种暠和应承。李固上书说："我听说这次讨伐缉捕对官员庶民造成的伤害，原本不是种暠和应承的本意，实际上是由于县府的官吏犯有罪行而惧怕受到法律的制裁，于是拼命地强迫驱使民众作战，以致造成伤害，详情不予细说。盗贼接连不断地聚众起兵，任何一处都没有灭绝。种暠和应承首先举发大奸大恶之人，而紧接着就受到惩罚，我担心这将伤害州县官员举发奸佞的忠心，以后便一同掩饰隐瞒真实的情况，没有人再肯费尽心思地报效朝廷。"梁太后看了奏章，就赦免了种暠、应承的死罪，仅仅免去他俩的官职罢了。金蛇缴纳给司农，梁冀向大司农杜乔借看，杜乔不肯借给他。梁冀的小女儿去世，梁冀命公卿都去吊丧，唯独杜乔不去，梁冀从此对杜乔怀恨在心。

质帝本初元年（146），质帝从小就聪明颖慧，曾在一次早朝时，看着梁冀说："这是骄横暴戾的将军。"梁冀听了这话，对质帝深恶痛绝。闰六月甲申（初一），梁冀命令质帝身边的侍从在汤饼中下毒，然后送给质帝吃。质帝吃了以后，感到非常难受，命紧急召见太尉李固。李固进宫，走到质帝面前，询问得病的原因，这时质帝还能讲话，他说："我吃了汤饼，现在觉得肚子很闷，给我喝点水，我还能活。"当时梁冀也在旁边，说："喝水恐怕会呕吐，不能喝水。"话没说完，质帝就已死去。李固趴在质帝的尸体上号啕大哭，之后又劾举追究侍候质帝的御医，梁冀担心此事泄露真相，对李固非常痛恨。

在将要谋立新皇帝的时候，李固跟司徒胡广、司空赵戒便事先联名写信给梁冀，说道："天下何其不幸，仅仅在两年之间，皇位就三次中断。现在又要确定新皇帝，继承国家政权，我们深知皇太后的关切和将军的苦虑，都审慎地选择合适的人选，务求得到一位圣明的君主。然而，我们感情依恋地回顾往事，私下颇多感触。远求前代废立皇帝的典章制度，近观皇帝登极的具体事例，没有一次不去询问公卿，广求众议，务必要使继位的人选在上顺应天帝的心愿，在下符合民众的属望。古书上说：'把天下

与人易，为天下得人难。'昔昌邑之立，昏乱日滋，霍光忧愧发愤，悔之折骨。自非博陆忠勇、延年奋发，大汉之祀，几将倾矣。至忧至重，可不熟虑！悠悠万事，唯此为大，国之兴衰，在此一举。"冀得书，乃召三公、中二千石、列侯，大议所立。固、广、戒及大鸿胪杜乔皆以为清河王蒜明德著闻，又属最尊亲，宜立为嗣。朝臣莫不归心，而中常侍曹腾尝谒蒜，蒜不为礼，宦者由此恶之。

初，平原王翼既贬归河间，其父请分蠡吾县以侯之，顺帝许之。翼卒，子志嗣。梁太后欲以女弟妻志，征到夏门亭，会帝崩，梁冀欲立志，众论既异，愤愤不得意，而未有以相夺。曹腾等闻之，夜往说冀曰："将军累世有椒房之亲，秉摄万机，宾客纵横，多有过差。清河王严明，若果立，则将军受祸不久矣，不如立蠡吾侯，富贵可长保也。"冀然其言。明日，重会公卿，冀意气凶凶，言辞激切，自胡广、赵戒以下莫不慑惮，皆曰："惟大将军令。"独李固、杜乔坚守本议。冀厉声曰："罢会！"固犹望众心可立，复以书劝冀，冀愈激怒。丁亥，冀说太后，先策免固。戊子，以司徒胡广为太尉，司空赵戒为司徒，与大将军冀参录尚书事，太仆袁

给予别人非常容易,为天下得到德才兼备的君主十分困难。'过去,昌邑王即位之后,昏庸迷乱,日甚一日,霍光忧愁惭愧,愤恨不已,后悔不迭。如果不是霍光的忠贞和勇气、田延年的发奋有为,汉朝的社稷,差一点儿就倾倒了。这是一件最令人忧虑,也最为重要的大事,不可不反复考虑!世间众多的大事,只有谋立新帝这件事情是最重大的,国家的兴盛或衰亡,就看这一次怎么做了。"梁冀接到这封信之后,就召集三公、中二千石官员、列侯,共同讨论继承帝位的人选。李固、胡广、赵戒,以及大鸿胪杜乔,都认为清河王刘蒜既以完美的德行著称于世,又和皇家的血统最亲近,应该立为皇位继承人。朝廷大臣无不从心里归附,而中常侍曹腾曾有一次去晋见刘蒜,刘蒜不肯向曹腾施礼,宦官们因此憎恨刘蒜。

当初,平原王刘翼被贬逐回河间国以后,他的父亲河间王刘开,请求分割蠡吾县的食邑给刘翼,同时请求封刘翼为侯,顺帝同意。刘翼去世,他的儿子刘志继承侯爵。梁太后想把自己的妹妹嫁给刘志做妻子,就征召刘志来首都雒阳,刘志刚抵达夏门亭,就遇上质帝逝世,梁冀想要拥立刘志为帝,可是,各位大臣的建议都与自己的主张不同,心里愤愤不满,但又没有办法强迫大家。曹腾等人听到这一情况,夜里跑到梁冀那儿进行游说:"将军家几代都是皇亲国戚,又执掌国家大权,宾客遍布天下,难免有很多过错。清河王刘蒜严厉公正,假如真立为皇帝,那么将军遭受祸害就为期不远了,不如拥立蠡吾侯刘志,可以长期保全富贵。"梁冀同意曹腾等人的看法。第二天,重新召集公卿进行商议,梁冀在会上气势汹汹,言辞激烈,自胡广、赵戒以下的大臣,没有一个不感到畏惧,都说:"我们只服从大将军的命令。"只有李固和杜乔仍坚持原来的主张。梁冀声音严厉地说:"散会!"李固仍然希望立众心归附的刘蒜,于是再次写信劝说梁冀,梁冀更加怒不可遏。丁亥(初四),梁冀劝说梁太后,首先用策书免去李固的太尉职务。戊子(初五),任命司徒胡广担任太尉,任命司空赵戒担任司徒,跟大将军梁冀共同主管尚书事宜,任命太仆袁

汤为司空。汤,安之孙也。庚寅,使大将军冀持节,以王青盖车迎蠡吾侯志入南宫,其日即皇帝位,时年十五。太后犹临朝政。

秋七月,大将军掾朱穆奏记劝戒梁冀曰:"明年丁亥之岁,刑德合于乾位,《易经》龙战之会,阳道将胜,阴道将负。愿将军专心公朝,割除私欲,广求贤能,斥远佞恶,为皇帝置师傅,得小心忠笃敦礼之士,将军与之俱入,参劝讲授,师贤法古,此犹倚南山、坐平原也,谁能倾之?议郎大夫之位,本以式序儒术高行之士,今多非其人,九卿之中亦有乖其任者,惟将军察焉。"又荐种暠、栾巴等,冀不能用。穆,晖之孙也。

桓帝建和元年六月,太尉胡广罢,光禄勋杜乔为太尉。自李固之废,内外丧气,群臣侧足而立,唯乔正色无所回桡,由是朝野皆倚望焉。

秋七月,诏以定策功,益封梁冀万三千户,封冀弟不疑为颍阳侯,蒙为西平侯,冀子胤为襄邑侯,胡广为安乐侯,赵戒为厨亭侯,袁汤为安国侯。又封中常侍刘广等皆为列侯。杜乔谏曰:"古之明君,皆以用贤、赏罚为务。失国之主,其朝岂无贞干之臣,典诰之篇哉?患得贤不用其谋,韬书不施其教,闻善不信其义,听谗不审其理也。陛下自藩臣即位,天人属心,不急忠贤之礼,而先左右之封,梁氏一门,宦者微孽,并带无功之绂,裂劳臣之土,其为乖滥,

汤担任司空。袁汤，是袁安的孙子。庚寅(初七)，梁太后派大将军梁冀手执符节，用皇太子乘坐的青盖车，迎接蠡吾侯刘志进入南宫，当天就位做皇帝，当时，他年仅十五岁。梁太后仍然御临朝廷，主持政事。

秋季七月，大将军掾朱穆上书规劝梁冀说："明年是丁亥年，刑罚和恩德在乾位会合，这也就是《易经》上所说的龙战之际，阳道将要胜利，阴道将要失败。希望将军一心为国，割舍私欲，广泛征求和任用有德行有才能的人士，斥退和疏远奸佞和邪恶之辈，为皇帝安排师傅，必须是小心谨慎、忠厚朴实、笃信礼仪的人士，将军最好跟师傅一道进宫，共同劝勉皇上，给皇上讲解传授经典，让皇上效法古圣先贤，这就像背靠南山、稳坐平原一般安全，还有谁能颠覆您？议郎和大夫的职位，原本应该按照次序用精通儒术、德行高尚的人士，可是，现在在任职的，多数不是这样的人，九卿当中也有不称职的人，请将军留心考察。"又向梁冀推荐种暠、栾巴等人，梁冀不许任用。朱穆，是朱晖的孙子。

桓帝建和元年(147)六月，太尉胡广被免职，光禄勋杜乔被擢升为太尉。自从李固遭到废黜之后，朝廷内外意气颓丧，群臣害怕得不敢立正，只有杜乔一身正气，不向奸佞屈服，因此，朝廷和民间都寄希望于杜乔。

秋七月，桓帝下诏，因拥立有功加封梁冀食邑一万三千户，封其弟梁不疑为颍阳侯，梁蒙为西平侯，封其子梁胤为襄邑侯，胡广为安乐侯，赵戒为厨亭侯，袁汤为安国侯。又将中常侍刘广等人都封为列侯。杜乔上书劝阻："自古以来，明主都把任用贤能、赏功罚罪作为第一要务。亡国君主又怎会没有能担重任、成大事的贤臣？又怎会没有典章诏令之类的篇什？问题是，虽有贤臣而不采纳他们的谋略，虽有典章诏令而不遵循其中的教导，听到善言却不信从，听到谏言却不审理。陛下从诸侯王登上至尊宝座，天意人心一并归附，可不先去敬重忠贤之士，反倒先赐封身边宠幸之人，梁家和宦官中的卑微之辈，都佩带上无功而得的官印丝带，分得只有功臣才配的封地，这违反礼法，错乱不当，

胡可胜言！夫有功不赏，为善失其望；奸回不诘，为恶肆其凶，改陈资斧而人靡畏，班爵位而物无劝。苟遂斯道，岂伊伤政为乱而已，丧身亡国，可不慎哉！"书奏，不省。

八月乙未，立皇后梁氏。梁冀欲以厚礼迎之，杜乔据执旧典，不听。冀属乔举氾宫为尚书，乔以宫为赃罪，不用。由是日忤于冀。

九月丁卯，京师地震，乔以灾异策免。

冬十月，以司徒赵戒为太尉，司空袁汤为司徒，前太尉胡广为司空。

宦者唐衡、左悺共谮杜乔于帝曰："陛下前当即位，乔与李固抗议，以为不堪奉汉宗祀。"帝亦怨之。

十一月，清河刘文与南郡妖贼刘鲔交通，妄言清河王当统天下，欲共立蒜。事觉，文等遂劫清河相谢暠曰："当立王为天子，以暠为公。"暠骂之，文刺杀暠。于是捕文、鲔诛之。有司劾奏蒜，坐贬爵为尉氏侯，徙桂阳，自杀。

梁冀因诬李固、杜乔，云"与文、鲔等交通，请逮按罪"。太后素知乔忠，不许。冀遂收固下狱。门生渤海王调贯械上书，证固之枉，河内赵承等数十人亦要铁锧诣阙通诉，太后诏赦之。及出狱，京师市里皆称万岁。冀闻之，大惊，畏

简直不能用言语来进行描述！有功而得不到赏赐，就会使为善的人失望；奸邪而不受到查办，就会使为恶的人肆意逞凶，这就意味着，即使把利斧放在面前也不能使人恐惧，将官爵排在面前也不能惩劝人心。这么做，怎么是仅仅伤害政事，造成混乱，恐怕还要丧身亡国，怎么可以不特别慎重！"奏章呈递上去，桓帝没有省悟。

八月乙未（十八日），桓帝册封梁太后的妹妹亦即梁冀的妹妹为皇后。梁冀打算用厚礼迎亲，而杜乔根据旧有的规章制度，不予同意。其后，梁冀嘱托杜乔举荐氾宫担任尚书，杜乔因为氾宫犯过贪污罪，不肯任用。从此，梁冀对杜乔越来越反感。

九月丁卯（二十一日），首都雒阳发生地震，杜乔因为对这次灾异负有责任，被桓帝用策书免职。

冬季十月，任命司徒赵戒担任太尉，任命司空袁汤担任司徒，任命前太尉胡广担任司空。

宦官唐衡、左悺等，一同在桓帝面前诬陷杜乔："陛下在即位之前，杜乔和李固表示反对，认为您没有能力祀奉汉朝皇家祭庙。"桓帝因此也怨恨杜乔和李固。

十一月，清河国人刘文和南郡的妖贼刘鲔互相勾结，胡说什么清河王刘蒜应当统御全国，打算一同拥立刘蒜来做皇帝。此事被人发觉以后，刘文等人便劫持清河国相谢暠，对他说道："应当立清河王刘蒜做皇帝，任命你做公卿。"谢暠破口大骂，刘文刺杀了谢暠。于是，朝廷逮捕了刘文、刘鲔，将他俩诛杀了。有关官员向朝廷弹劾刘蒜，刘蒜获罪，被贬为尉氏侯，流放到桂阳，刘蒜自杀。

梁冀于是诬陷李固和杜乔，说他俩"跟刘文、刘鲔相互勾结，建议逮捕治罪"。梁太后一向了解杜乔忠诚，不同意法办他。梁冀将李固逮捕下狱。李固的门生、渤海人王调身戴刑具向朝廷上书，证明李固冤枉，河内人赵承等几十人腰上系着斩刑刑具一同到宫门口申诉，梁太后下诏赦免李固。李固出狱之时，首都雒阳的街市里巷都欢呼万岁。梁冀听到这一消息大为惊恐，惧怕

固名德终为己害,乃更据奏前事。大将军长史吴祐伤固之枉,与冀争之。冀怒,不从。从事中郎马融主为冀作章表,融时在坐,祐谓融曰:"李公之罪,成于卿手,李公若诛,卿何面目视天下人!"冀怒起入室,祐亦径去,固遂死于狱中。临命,与胡广、赵戒书曰:"固受国厚恩,是以竭其股肱,不顾死亡,志欲扶持王室,比隆文、宣。何图一朝梁氏迷谬,公等曲从,以吉为凶,成事为败乎!汉家衰微,从此始矣。公等受主厚禄,颠而不扶。倾覆大事,后之良史,岂有所私?固身已矣,于义得矣,夫复何言!"广、戒得书悲惭,皆长叹流涕而已。

冀使人胁杜乔曰:"早从宜,妻子可得全。"乔不肯。明日,冀遣骑至其门,不闻哭者,遂白太后收系之,亦死狱中。

冀暴固、乔尸于城北四衢,令:有敢临者加其罪。固弟子汝南郭亮尚未冠,左提章钺,右秉铁锧,诣阙上书,乞收固尸,不报。与南阳董班俱往临哭,守丧不去。夏门亭长呵之曰:"卿曹何等腐生,公犯诏书,欲干试有司乎?"亮曰:"义之所动,岂知性命,何为以死相惧邪?"太后闻之,皆赦不诛。杜乔故掾陈留杨匡,号泣星行到雒阳,著故赤帻,托为夏门亭吏,守护尸丧,积十二日。都官从事执之以闻,太

李固的名声和德行最终会成为自己的祸害,于是再次根据前事举发李固。大将军长史吴祐对李固的冤案十分伤感,与梁冀争辩。梁冀大怒,不肯接受。从事中郎马融负责给梁冀起草诬陷李固的章表,当时也在座,吴祐对马融说:"李固的罪状,是你一手罗织出来的,李固如果被杀,你有什么脸面去见天下人!"梁冀怒气冲冲地起身进入内室,吴祐也迅速离去,李固于是死在狱中。临死之前,李固写信给胡广和赵戒,说:"我因蒙受国家厚恩,所以才竭力辅佐,不顾死亡,目的是想支持帮助朝廷,使它在功业上可以跟文帝、宣帝时代比美。万万想不到满朝梁姓设迷使谬,而你们两位曲意顺从,使吉祥化作凶恶,使已成之事反转为失败!汉朝衰弱,从此开始。你们两位接受皇上丰厚的俸禄,眼看社稷就要倒塌却不去扶持。对于倾覆朝廷的大事,后世优秀的史官,怎么会偏私阿曲?我的生命虽然完结,但仁义已经得到,还有什么可说!"胡广、赵戒看到李固的书信,既悲痛又惭愧,都长叹流泪。

梁冀派人威胁杜乔说:"你应该早点自杀,那样,你的妻子儿女还可以活命。"杜乔不肯自杀。第二天,梁冀派人骑马来到杜乔门口,没有听到哭丧声,于是报告梁太后,将杜乔逮捕下狱,杜乔也死在狱中。

梁冀在雒阳城北的十字路口暴露李固、杜乔的尸骸,下令:有敢来吊丧的治罪。李固的学生、汝南人郭亮还不到二十岁,左手拿着奏章和斧子,右手拿着铁砧,到宫门口上书,请求为李固收殓尸体,没有得到答复。郭亮又跟南阳人董班一同到暴尸现场哭吊,守着不走。夏门亭长呵斥他们说:"你们是何等迂腐的书呆子,公然冒犯皇帝的圣旨,打算试试官府的厉害?"郭亮说:"我们深为李固、杜乔的仁义所感动,哪里知道顾惜性命,为什么要用死来吓唬我们?"梁太后听说这一情况,赦免郭亮、董班二人不杀。杜乔的旧属、陈留人杨匡悲号哭泣,日夜赶路来到雒阳,他戴上原先做部属时戴的红色头巾,冒充夏门亭的差役,守护尸体达十二天之久。都官从事把杨匡逮捕起来,并报告朝廷,梁太

后赦之，匡因诣阙上书，并乞李、杜二公骸骨，使得归葬，太后许之。匡送乔丧还家，葬讫，行服，遂与郭亮、董班皆隐匿，终身不仕。梁冀出吴祐为河间相，祐自免归，卒于家。

冀以刘鲔之乱，思朱穆之言，于是请种暠为从事中郎，荐栾巴为议郎，举穆高第，为侍御史。

二年春三月戊辰，帝从皇太后幸大将军冀府。

和平元年春正月乙丑，太后诏归政于帝，始罢称制。二月甲寅，太后梁氏崩。

三月甲午，葬顺烈皇后。增封大将军冀万户，并前合三万户。封冀妻孙寿为襄城君，兼食阳翟租，岁入五千万，加赐赤绂，比长公主。寿善为妖态以蛊惑冀，冀甚宠惮之。冀爱监奴秦宫，官至太仓令，得出入寿所，威权大震，刺史、二千石皆谒辞之。冀与寿对街为宅，殚极土木，互相夸竞，金玉珍怪，充积藏室。又广开园圃，采土筑山，十里九坂，深林绝涧，有若自然，奇禽驯兽飞走其间。冀、寿共乘辇车，游观第内，多从倡伎，酣讴竞路，或连日继夜以骋娱恣。客到门不得通，皆请谢门者，门者累千金。又多拓林苑，周遍近县，起兔苑于河南城西，经亘数十里，移檄所在调发生

后也将他赦免了。杨匡于是到宫门口上书，乞求得到李、杜二人的尸骸，使其归葬故乡，梁太后批准。杨匡护送杜乔灵柩回乡，等到安葬完毕，又为他服丧，后来，他与郭亮、董班一同藏匿起来，终身不担任官职。梁冀让吴祐出任河间国相，吴祐自己辞职回乡，后来在家中去世。

梁冀因刘鲔谋反，想起以往朱穆的建议，于是建议任命种暠担任从事中郎，举荐栾巴担任议郎，推举朱穆在考绩时得第一，擢升为侍御史。

二年（148）春季三月戊辰（二十四日），桓帝随梁太后到大将军梁冀的宅第。

和平元年（150）春季正月乙丑（初二），梁太后下诏，把执政大权归还给桓帝，梁太后不再代行皇帝的职权。二月甲寅（二十二日），梁太后逝世。

三月甲午那天，安葬梁太后，谥号顺烈。桓帝增封大将军梁冀食邑一万户，连同以前所封的食邑，合计三万户。封梁冀的妻子孙寿为襄城君，兼收取阳翟的田赋租税，每年收入五千万钱，加赐系官印的红色丝带，与长公主相同。孙寿善于做出各种妖媚的姿态来迷惑梁冀，梁冀对她十分宠爱，又非常畏怯。梁冀宠爱的总管家务的奴仆头子秦宫，官到太仓令，可以进出孙寿的住所，权威震撼全国，刺史和二千石官员在赴任之前都要谒见秦宫，向他辞行。梁冀和孙寿在街道两旁相对兴建住宅，土木工程穷极奢华，互相竞争，互相夸耀，金银财宝、奇珍异物堆满府库。又拓宽园林，采集怪石兴建假山，十里大道，九里山坡，林木深远，山涧流水，宛如天然生成，珍奇的禽鸟在园林中飞翔，驯养的走兽也在园林中奔跑。梁冀和孙寿同乘一辆轻车游览园林，后面跟着许多男女艺人，一路欢唱，有时还夜以继日地纵情娱乐。客人到门下求见，梁冀和孙寿不许通报，客人全都向看门人行贿，看门人因此积累起来的家产竟有千金之多。梁冀又在首都雒阳四周的郊县开了多处园林，在雒阳城西建立了一处兔苑，占地纵横几十里，梁冀向兔苑所在地官府发出文书命令，向民众征调活

兔，刻其毛以为识，人有犯者，罪至死刑。

尝有西域贾胡不知禁忌，误杀一兔，转相告言，坐死者十馀人。又起别第于城西，以纳奸亡。或取良人悉为奴婢，至数千口，名曰"自卖人"。冀用寿言，多斥夺诸梁在位者，外以示谦让，而实崇孙氏。孙氏宗、亲，冒名为侍中、卿、校、郡守、长吏者十馀人，皆贪饕凶淫，各使私客籍属县富人，被以他罪，闭狱掠拷，使出钱自赎，赀物少者至于死徙。扶风人士孙奋，居富而性吝，冀以马乘遗之，从贷钱五千万，奋以三千万与之。冀大怒，乃告郡县，认奋母为其守藏婢，云盗白珠十斛，紫金千斤以叛，遂收考奋，兄弟死于狱中，悉没赀财亿七千馀万。冀又遣客周流四方，远至塞外，广求异物，而使人复乘势横暴，妻略妇女，殴击吏卒，所在怨毒。

侍御史朱穆自以冀故吏，奏记谏曰："明将军地有申伯之尊，位为群公之首，一日行善，天下归仁；终朝为恶，四海倾覆。顷者官民俱匮，加以水虫为害，京师诸官，费用增多，诏书发调，或至十倍，各言官无见财，皆当出民，搒掠割剥，强令充足。公赋既重，私敛又深，牧守长吏，多非德选，

兔,每只兔子都剃掉一撮兔毛,作为苑兔的标志,如果有人敢猎取苑兔,甚至要判处死刑。

曾有一位西域的胡商,不知道这一禁令,误杀一只苑兔,人们相互胡乱指控,获罪致死的竟有十多人。梁冀又在首都雒阳城西兴建一座别墅,专门收容邪恶的逃犯。有时还劫夺平民,把他们全都当作奴婢,以至奴婢多达几千人,梁冀称他们为"自卖人"。梁冀还采纳孙寿的建议,罢免了很多梁氏家族成员的官职,表面上显示梁冀谦让,实际上是抬高孙氏家族的地位。孙氏的同宗亲属,假冒他人姓名而担任侍中、卿、校、郡守、长吏的,有十多人,全都贪得无厌、穷凶极恶,他们各自派出私人门客,调查登记所辖各县的富人,随便罗织一个罪名,逮捕关押,严刑拷打,让他们出钱赎罪,家财少而不足以赎罪的,甚至被打死或者流放。扶风人士孙奋,有钱而吝啬,梁冀先送给士孙奋一乘马车,紧接着就向士孙奋借贷五千万钱,士孙奋只给了三千万钱。梁冀大怒,便派人到士孙奋所在的郡县控告,硬说士孙奋的母亲原是梁冀家里看管库府的婢女,说她偷盗了十斛白珍珠、一千斤紫金以后叛逃,于是官府逮捕了士孙奋兄弟,将他们打死在狱中,没收士孙奋的全部家产,计一亿七千多万钱。梁冀又派遣门客周游四方,甚至远到边塞之外,广泛寻求珍奇的物品,而这些被派遣的门客,又倚仗梁冀的权势,横征暴敛,奸污霸占平民的妻子女儿,殴打地方官员和士卒,他们每到一个地方,都激起人们的怨恨。

侍御史朱穆自以为是梁冀旧部,向梁冀上书进谏,说:"贤明将军的地位和中国国君一样尊贵,居于三公之上,只要一天行善,天下便归附仁政;只要一天作恶,四海便立即沸腾。近来官府和民间都已十分贫困,加上水灾和虫灾的危害,中央各官府的费用增多,皇帝下诏征调的款项有时甚至达到平时的十倍,而各官府都说库府没有现钱,应当由民众出钱,于是用棍棒拷打,明抢暗夺,强迫凑足数目。国家征收的赋税已经很重,官吏私人的聚敛更加厉害,州郡的地方长官大多不是根据德行选出的人才,

贪聚无厌，遇民如虏，或绝命于棰楚之下，或自贼于迫切之求。又掠夺百姓，皆托之尊府，遂令将军结怨天下，吏民酸毒，道路叹嗟。昔永和之末，纲纪少弛，颇失人望，四五岁耳，而财空户散，下有离心。马勉之徒，乘敝而起，荆、扬之间，几成大患。幸赖顺烈皇后初政清静，内外同力，仅乃讨定。

"百姓戚戚，困于永和，内非仁爱之心可得容忍，外非守国之计所宜久安也。夫将相大臣，均体元首，共舆而驰，同舟而济，舆倾舟覆，患实共之。岂可以去明即昧，履危自安，主孤时困，而莫之恤乎？宜时易宰守非其人者，减省第宅园池之费，拒绝郡国诸所奉送，内以自明，外解人惑，使挟奸之吏无所依托，司察之臣得尽耳目。宪度既张，远迩清一，则将军身尊事显，德耀无穷矣。"冀不纳。冀虽专朝纵横，而犹交结左右宦官，任其子弟、宾客以为州郡要职，欲以自固恩宠。穆又奏记极谏，冀终不悟，报书云："如此，仆亦无一可邪？"然素重穆，亦不甚罪也。

冀遣书诣乐安太守陈蕃，有所请托，不得通。使者诈称他客求谒蕃，蕃怒，笞杀之，坐左转修武令。时皇子有疾，下郡县市珍药，而冀遣客赍书诣京兆，并货牛黄，京兆尹南阳延笃发书收客，曰："大将军椒房外家，而皇子有疾，

所以贪婪聚敛，不知满足，对待民众就像对待盗贼，老百姓有的在鞭击棒打之下丧命，有的在逼迫追索之下自杀。并且，这些掠夺百姓的行为，都托名于梁府，便使普天之下都与将军结下怨仇，官吏和百姓都十分痛恨，路上的行人长吁短叹。从前，顺帝永和末年，朝廷法度稍微松弛，就使百姓十分失望，只不过四五年时间，便弄得国库空虚，户口流散，百姓离心离德。于是，马勉之徒，趁国势衰败而起兵叛乱，在荆州、扬州之间，几乎酿成大祸。幸赖顺烈皇后开始主持朝政，为政清简，无为而治，朝廷内外齐心合力，勉强才讨平盗贼。

"如今，百姓的忧愁，比永和末年还要严重，对内没有能够宽容待人的仁爱之心，对外没有合宜长治久安的守国之计。将军、宰相等朝廷大臣，跟国君同为一体，同坐一辆车奔驰，共乘一条船渡河，车辆翻覆，船只沉没，祸患实际上也要由大家共担。怎么可以抛弃光明，投向黑暗？怎么可以走在危险的路上，却自以为平安？怎么可以在君主孤独、时局艰难之际，而无动于衷？应该及时撤换不称职的州郡长官，减省兴建宅第园林的费用，拒绝接受各郡、各封国所奉送的礼物，对内表明自己的心志，对外解除民众的怀疑，使心怀奸诈的官吏无所依靠，使负责监察的官吏能够尽到耳目的作用。法纪一旦得到伸张，远近上下将清平纯净，那样，将军的地位更加尊贵，功业更加显赫，恩德的光辉将永照千秋。"梁冀没有采纳。梁冀虽然垄断朝政，专横跋扈，然而，仍然交结皇帝身边的宦官，任命他们的子弟、门客，担任州府郡府的重要官职，目的在于稳固皇帝对自己的恩宠。朱穆又上书极力劝谏，梁冀始终不省悟，给朱穆回信说："照你这么说，我连一点对的地方也没有吗？"然而梁冀一向看重朱穆，所以也不很怪罪他。

梁冀写信给乐安太守陈蕃请托，但陈蕃不见使者。使者谎称是其他客人求见，陈蕃大怒，用竹板将他打死，因此被贬为修武令。当时皇子生病，桓帝派人到各郡县购买珍贵药材，梁冀派门客带书信到京兆要求同时购买牛黄，京兆尹、南阳人延笃开信一看，便下令逮捕门客，说："大将军是皇后的舅家，而皇子生病，

必应陈进医方,岂当使客千里求利乎?"遂杀之。冀惭而不得言。有司承旨求其事,笃以病免。

元嘉元年春正月朔,群臣朝会,大将军冀带剑入省。尚书蜀郡张陵呵叱令出,敕羽林、虎贲夺剑。冀跪谢,陵不应,即劾奏冀,请廷尉论罪。有诏"以一岁俸赎",百僚肃然。河南尹不疑尝举陵孝廉,乃谓陵曰:"昔举君,适所以自罚也。"陵曰:"明府不以陵不肖,误见擢序,今申公宪以报私恩。"不疑有愧色。

梁不疑好经书,喜待士,梁冀疾之,转不疑为光禄勋,以其子胤为河南尹。胤年十六,容貌甚陋,不胜冠带,道路见者莫不蚩笑。不疑自耻兄弟有隙,遂让位归第,与弟蒙闭门自守。冀不欲令与宾客交通,阴使人变服至门记往来者。南郡太守马融、江夏太守田明初除,过谒不疑。冀讽有司奏融在郡贪浊,及以他事陷明,皆髡笞徙朔方。融自刺不殊,明遂死于路。

夏四月己丑,上微行幸河南尹梁胤府舍。是日大风拔树,昼昏。尚书杨秉上疏曰:"臣闻天不言语,以灾异谴告王者。至尊出入有常,警跸而行,静室而止,自非郊庙之

必然应皇上之命进献医疗的处方,怎么会派门客到千里之外谋求小利?"于是,将门客杀死。梁冀心中惭愧,无话可说。有关官员迎合梁冀的旨意,找延笃的过错,最后用有病作为理由,将延笃免职。

元嘉元年(171)春季正月初一,群臣朝见桓帝,大将军梁冀佩带宝剑,进入宫中。尚书、蜀郡人张陵厉声斥责梁冀,让他退出宫廷,并命令羽林卫士、虎贲武士夺下梁冀的佩剑。梁冀下跪认罪,张陵不答应,立即弹劾梁冀,建议交廷尉治罪。桓帝下诏,罚梁冀用一年的俸禄赎罪,文武百官听了都神情肃穆。河南尹梁不疑曾经举荐张陵为孝廉,于是对张陵说:"过去举荐你,没想到今天正好用你来惩罚我们梁家。"张陵说:"您不认为我不成材、不正派,错误地提拔我,任用我,今天,我伸张国法,正是为了报答您当初举荐的私恩。"梁不疑听了,面有愧色。

梁不疑喜爱读儒家的经典,喜欢接待读书人,梁冀对此十分厌恶,调他担任光禄勋,而任命自己的儿子梁胤担任河南尹。梁胤才十六岁,相貌很难看,穿上官服以后更不堪入目,在路上望见他的人,没有一个不嘲笑的。梁不疑对于兄弟之间在感情上产生裂痕而自我羞愧,于是辞去官职,回到自己的私邸,和弟弟梁蒙闭门不出,自坚操守。梁冀不愿意梁不疑再与外面的宾客交往,于是暗地里派人换了衣服到梁不疑家门口守候,专门记录来往人员的名单。南郡太守马融、江夏太守田明,新官上任时,曾进见梁不疑辞行。梁冀便授意有关官员检举马融在南郡任内贪污,并用其他的事诬陷田明,马融和田明都受到剃光头发和鞭笞的刑罚,流放到朔方。马融自杀未死,田明就死在流放途中。

夏季四月己丑(初三),桓帝秘密出游,一路来到河南尹梁胤家中。这一天,突然刮起了大风,大风拔起了大树,白天一片昏暗。尚书杨秉上书说道:"我听说,上天虽然不说话,但用灾异来谴责、告诫君王。您是最尊贵的人,出入皇宫都有一定之规,前面有人清道,驱散行人,左右有人侍卫,这样才能出行,到了目的地,还必须彻底清查住处,才能做停留,除非是祭祀天地和祖先一类的

事,则銮旗不驾。故诸侯入诸臣之家,《春秋》尚列其诫。况于以先王法服而私出槃游,降乱尊卑,等威无序,侍卫守空宫,玺绂委女妾,设有非常之变、任章之谋,上负先帝,下悔靡及。"帝不纳。秉,震之子也。

　　十一月辛巳,京师地震,诏百官举独行之士。涿郡举崔寔,诣公车,称病,不对策,退而论世事,名曰《政论》。其辞曰:"凡天下所以不治者,常由人主承平日久,俗渐敝而不悟,政寖衰而不改,习乱安危,怢不自睹。或荒耽耆欲,不恤万机,或耳蔽箴诲,厌伪忽真,或犹豫岐路,莫适所从,或见信之佐,括囊守禄,或疏远之臣,言以贱废,是以王纲纵弛于上,智士郁伊于下。悲夫!

　　"自汉兴以来,三百五十馀岁矣。政令垢玩,上下怠懈,百姓嚣然,咸复思中兴之救矣。且济时拯世之术,在于补筊决坏,枝拄邪倾,随形裁割,要措斯世于安宁之域而已。故圣人执权,遭时定制,步骤之差,各有云设,不强人以不能,背急切而慕所闻也。盖孔子对叶公以来远、哀公以临人,景公以节礼,非其不同,所急异务也。俗人拘文牵

事情,君王从不离开皇宫。所以,封国的国君到臣属之家,《春秋》尚且列为戒鉴,更何况是穿着先王规定的朝服,私自外出游荡?尊贵和卑贱混乱不分,威仪的等级失去秩序,侍卫守护着没有君王的皇宫,君王的玺印交给妇女保管,万一发生不同寻常的变故,出现任章一类的谋反事件,上则辜负先帝的期望,下则后悔莫及。"桓帝不予采纳。杨秉,是杨震的儿子。

十一月辛巳(二十八日),首都雒阳发生地震,桓帝下诏,命文武百官举荐节操高尚、不随俗沉浮的人士。涿郡太守举荐崔寔,崔寔抵达负责征召事宜的公车署,声称有病,不参加考试,回乡以后,撰文评论当代政事,题目叫《政论》。文章说:"国家之所以无法治理,通常是由于国君继承到手的太平盛世历时太久,风俗习惯已逐渐败坏,还不省悟,政策法令已逐渐衰弱,还不改进。对动乱已习以为常,对危急已安之若素,对一切坏事都视而不见。有的荒淫奢侈,不理朝政;有的听不进规劝,爱听假话,不重视真话;有的在歧路上犹豫不决,不知所从,于是亲近的大臣缄口不言,只求保住自己的禄位;疏远的臣下所提的意见,由于地位卑微,而被废弃不用,结果国家的法度在上面遭到破坏,使才智之士在下面感到忧郁。真是可悲啊!

"自汉朝建立到如今,已经有三百五十多年了。政令又混乱又不被人重视,上下松懈怠惰,百姓怨声载道,都希望国家再次获得中兴,挽救目前的危机。而且,拯救时世的方法,在于把裂缝补好,把倾斜支住,根据实际情况斟酌处置,关键是要使世间达到安宁的境地而已。所以,圣人一旦执掌朝政大权,就会根据当时的情况,确定相应的制度,虽然事情进行的程序会有些差异,设置的机构也各不相同,但都不会强迫人们去做不可能做到的事情,也不会避开急需处理的事情而去美慕所听说的理想境界。孔子回答叶高说,治理国家在于使近处的人悦服,远处的人慕化而来;孔子回答鲁哀公说,治理国家在于选拔人才;孔子回答齐景公说,治理国家在于节约开支,并不是孔子他没有一定的主张,而是当务之急各不一样。一般的人只会拘泥于成法和

古，不达权制，奇伟所闻，简忽所见，乌可与论国家之大事哉？故言事者虽合圣听，辄见掎夺。何者？其顽士暗于时权，安习所见，不知乐成，况可虑始？苟云率由旧章而已。其达者或矜名妒能，耻策非己，舞笔奋辞以破其义，寡不胜众，遂见摈弃，虽稷、契复存，犹将困焉，斯贤智之论所以常愤郁而不伸者也。

"凡为天下者，自非上德，严之则治，宽之则乱。何以明其然也？近孝宣皇帝明于君人之道，审于为政之理，故严刑峻法，破奸轨之胆，海内清肃，天下密如，算计见效，优于孝文。及元帝即位，多行宽政，卒以堕损，威权始夺，遂为汉室基祸之主。政道得失，于斯可鉴。昔孔子作《春秋》，褒齐桓，懿晋文，叹管仲之功。夫岂不美文、武之道哉？诚达权救敝之理也。故圣人能与世推移，而俗士苦不知变，以为结绳之约，可复治乱秦之绪，干戚之舞，足以解平城之围。夫熊经鸟伸，虽延历之术，非伤寒之理。呼吸吐纳，虽度纪之道，非续骨之膏。

"为国之法，有似治身，平则致养，疾则攻焉。夫刑罚

旧制,不懂得根据实际情况,临时制订措施,夸大听来的古人古事,轻视疏忽眼前的现实,怎么可以和这种人讨论国家大事?所以,臣属上书奏事,即使君王接受,也还是被指摘摒弃。为什么会这样呢?有些顽劣之辈,不懂得审时度势,只是安于自己所熟悉所闻听的故事,不知成功之乐,哪会考虑开创新章?只是苟且地说按老办法去办而已。有的人,虽然见识通达,但居名自负,嫉贤妒能,因为计策不是由自己提出的而感到羞耻,于是,舞文弄墨,慷慨陈词,去诋毁别人提出的计策,即使是最好的计策,因为寡不敌众,也终于遭到摒弃,纵使后稷和契复活,也仍将束手无策,这就是贤明智慧的言论经常化作悲愤,不能得到实施的原因。

"凡是治理天下的国君,假如不是拥有最好的品德,那么采用严厉的手段,就使天下得到治理,采用宽纵的手段,就使国家混乱。用什么来证明这么说是对的呢?近代孝宣皇帝,明白统治人民的道理,认识治理国家的真谛,所以,采取严厉的刑法,使为非作歹的人,心胆俱裂,结果是全国清平,天下安定,总结他的政绩,高于孝文皇帝。等到元帝即位,在很多方面为政宽大,于是造成朝政败坏损害,皇帝的权威开始丧失,终于成了为西汉王朝埋下祸根的君主。为政之道的得和失,由此可以明鉴。过去,孔子写作《春秋》,褒奖齐桓公,赞美晋文公,感叹管仲的功劳。孔子怎么不赞美周文王、周武王的为政之道?实在是为了纠正眼前的弊端,而通晓权宜,随机应变。所以圣人能够随着时代的变化而变化,而一般的人却为不知道变化所苦,认为上古结绳记事的简约,可以治理纷乱如麻的秦王朝,认为古代乐舞中的干戚之舞,完全能够解除使汉高祖受困的平城之围。像熊那样攀援树木,像鸟那样伸展手足,虽然是延年益寿的方法,却不是治疗伤寒病的道理。吸进清气,吐出浊气,虽然是延长生命的道理,却不是连接断骨的膏药。

"治理国家的方法,就和涵养身体的方法相类似,不仅平时要进行养护,到了生病的时候还要用药物进行治疗。至于刑罚,

者,治乱之药石也;德教者,兴平之粱肉也。夫以德教除残,是以粱肉治疾也;以刑罚治平,是以药石供养也。方今承百王之敝,值厄运之会,自数世以来,政多恩贷,驭委其辔,马骀其衔,四牡横奔,皇路险倾,方将拑勒鞬辀以救之,岂暇鸣和銮请节奏哉?昔文帝虽除肉刑,当斩右趾者弃市,笞者往往至死。是文帝以严致平,非以宽致平也。"寔,瑗之子也。山阳仲长统尝见其书,叹曰:"凡为人主,宜写一通,置之坐侧。"

臣光曰:汉家之法已严矣,而崔寔犹病其宽,何哉?盖衰世之君率多柔懦,凡愚之佐唯知姑息,是以权幸之臣有罪不坐,豪猾之民犯法不诛;仁恩所施,止于目前;奸宄得志,纪纲不立。故崔寔之论,以矫一时之枉,非百世之通义也。孔子曰:"政宽则民慢,慢则纠之以猛;猛则民残,残则施之以宽。宽以济猛,猛以济宽,政是以和。"斯不易之常道矣。

闰月,帝欲褒崇梁冀,使中朝二千石以上会议其礼。特进胡广、太常羊溥、司隶校尉祝恬、太中大夫边韶等咸称:"冀之勋德宜比周公,锡之山川、土田、附庸。"黄琼独

是治理乱世的药物；德教，是到了太平盛世的美食佳肴。用德教去铲除残暴，这好比是用美食佳肴去治疗疾病；用刑罚去治理太平盛世，这好比是用药物去供养身体。现在的时代，承继了历代帝王遗留下的弊端，又逢时局艰难之际，自最近几年以来，朝政大多施恩宽宥，如同驾驭马车而扔掉了缰绳，马匹脱掉了衔勒，四匹牡马横冲直撞，前面的道路又非常险峻，应该紧急地勒马刹车进行拯救，怎么还有闲暇的时间，拉响车上的铃铛，请马匹均匀而有规律地往前走呢？过去，汉文帝虽然废除了残害肉体的刑罚，但把应该砍掉右脚趾的改为砍首示众，受笞刑的人也往往被鞭打至死。所以说，汉文帝是用严刑峻法使天下太平，而不是用宽厚的德教使天下太平。"崔寔，是崔瑗的儿子。山阳人仲长统曾经看过这篇文章，感叹地说："凡是做君主的，都应该把它抄下来，作为座右铭。"

北宋史臣司马光评论说：汉王朝的刑法已经够严厉了，而崔寔仍担心它太宽大，这是为什么？因为衰败之世的君主大都软弱，平庸愚昧的辅佐大臣只知姑息；所以，有权势而得到君主宠爱的大臣，有罪而不予惩罚；豪强和不守法度的刁民，犯法而不加诛杀；施加仁爱恩惠，只限于眼前的人；奸诈不法分子一旦得逞，法度就无法建立。所以，崔寔的评论，只能用来纠正一时的错误，不能用作百代不移的法则。孔子说："为政太宽大，民众就不在乎，民众一旦不在乎，就要用刚猛的刑法来纠正；为政太严厉，民众就受到伤害，民众一旦受到伤害，就改用宽松的手段。用宽松来补充严厉，用严厉来补充宽松，政事因此而比较和谐。"这才是永世不变的法则。

闰月，桓帝打算褒奖、尊崇梁冀，于是就命令朝廷中二千石以上的所有官员，聚集起来讨论有关的礼节事宜。其中特进胡广、太常羊溥、司隶校尉祝恬、太中大夫边韶等人都声称："要说到梁冀的功德，应该认为甚至可以与周公相比拟，可以赏赐给他山川、土地和附属于诸侯的小封国。"唯独只有黄琼提出异议，

曰："冀前以亲迎之劳，增邑万三千户，又其子胤亦加封赏。今诸侯以户邑为制，不以里数为限。冀可比邓禹，合食四县。"朝廷从之。于是有司奏："冀入朝不趋，剑履上殿，谒赞不名，礼仪比萧何；悉以定陶、阳成馀户增封为四县，比邓禹；赏赐金钱、奴婢、彩帛、车马、衣服、甲第，比霍光：以殊元勋。每朝会，与三公绝席。十日一入，平尚书事。宣布天下，为万世法。"冀犹以所奏礼薄，意不悦。

永寿二年冬十二月，封梁不疑子马为颍阴侯，梁胤子桃为城父侯。

延熹元年夏五月甲戌晦，日有食之。太史令陈授因小黄门徐璜陈："日食之变咎在大将军冀。"冀闻之，讽雒阳收考授，死于狱。帝由是怒冀。

冬十二月，以京兆尹陈龟为度辽将军。大将军冀与陈龟素有隙，谮其沮毁国威，挑取功誉，不为胡虏所畏。坐征还，以种暠为度辽将军。龟遂乞骸骨，归田里，复征为尚书。冀暴虐日甚，龟上疏言其罪状，请诛之，帝不省。龟自知必为冀所害，不食七日而死。

二年六月，梁皇后恃姊、兄荫势，恣极奢靡，兼倍前世，专宠妒忌，六宫莫得进见。及太后崩，恩宠寝衰。后既无子，每宫人孕育，鲜得全者。帝虽迫畏梁冀，不敢谴怒，然

说："梁冀上一次因有亲自迎立皇上的功劳，已经加赐食邑一万三千多户，另外，他的儿子梁胤也给予封赏。如今，诸侯的封国，都是以食邑的户数、县数为标准，而不限定多少里。梁冀可以比照邓禹，同时受享四个县的食邑。"桓帝采纳。于是，有关官员又建议："梁冀入朝可以不急步而行，上殿可以不解剑、不脱履，在皇帝面前，谒者只称他官衔，不称名，礼仪比照萧何；把定陶县、阳成县尚未分封的全部户数，连同以前封的户数，增封为四个县，食邑比照邓禹；赏赐金钱、奴婢、绸缎、车马、衣服、住宅，赏赐比照霍光：用这些表示梁冀不同于其他的元勋。每次朝见皇帝，梁冀不与三公同席，为他另设一个专席。每隔十天入朝一次，处理尚书台的要事。把上述殊荣，向全国宣布，让万世效法。"可是梁冀还是认为有关官员所奏报的礼仪太轻，心里不太高兴。

永寿二年（156）冬季十二月，朝廷封梁不疑的儿子梁马为颍阴侯，封梁胤的儿子梁桃为城父侯。

延熹元年（158）夏季五月甲戌（二十九日），是这个月的最后一天，出现日食。太史令陈授通过小黄门徐璜奏称："出现日食灾异，责任在大将军梁冀。"梁冀听到这一情况，暗示雒阳令逮捕并拷打陈授，陈授死在狱中。桓帝从此开始恼怒梁冀。

冬季十二月，朝廷任命京兆尹陈龟担任度辽将军。大将军梁冀与陈龟，在感情上一向有裂痕，梁冀于是诬陷陈龟败坏国家的声威，独自牟取个人的功劳和名誉，不被匈奴人敬畏。陈龟获罪，被召回首都雒阳，种暠被任命为度辽将军。陈龟于是请求退休，返回故乡，后来朝廷又征召他担任尚书。梁冀一天更比一天暴虐，陈龟向桓帝上书，控告梁冀的罪状，建议诛杀梁冀，桓帝没有省悟。陈龟知道自己肯定要被梁冀害死，于是，绝食七日而亡。

二年（159）六月，梁皇后倚仗姐姐梁太后、哥哥梁冀的荫庇和权势，穷极奢华，超过前世数倍，还独占宠爱，嫉妒成性，六宫嫔妃没谁见得到桓帝。等到梁太后逝世，桓帝对她的宠爱逐渐衰退。梁皇后一直没生儿子，每当其他嫔妃怀有身孕，很少能躲过她的毒手而保全下来。桓帝虽然畏惧梁冀不敢责怪皇后，但

进御转希,后益忧恚。秋七月丙午,皇后梁氏崩。乙丑,葬懿献皇后于懿陵。

梁冀一门,前后七侯,三皇后,六贵人,二大将军,夫人、女食邑称君者七人,尚公主者三人,其馀卿、将、尹、校五十七人。冀专擅威柄,凶恣日积,宫卫近侍,并树所亲,禁省起居,纤微必知。其四方调发,岁时贡献,皆先输上第于冀,乘舆乃其次焉。吏民赍货求官、请罪者,道路相望。百官迁召,皆先到冀门,笺檄谢恩,然后敢诣尚书。下邳吴树为宛令,之官辞冀,冀宾客布在县界,以情托树。树曰:"小人奸蠹,比屋可诛。明将军处上将之位,宜崇贤善,以补朝阙。自侍坐以来,未闻称一长者,而多托非人,诚非敢闻。"冀嘿然不悦。树到县,遂诛杀冀客为人害者数十人。树后为荆州刺史,辞冀,冀鸩之,出,死车上。辽东太守侯猛初拜,不谒冀,冀托以他事腰斩之。

郎中汝南袁著,年十九,诣阙上书曰:"夫四时之运,功成则退;高爵厚宠,鲜不致灾。今大将军位极功成,可为至戒,宜遵县车之礼,高枕颐神。传曰:'木实繁者披枝害心。'

跟她交合的次数变得越来越少,而梁皇后也越来越忧愁愤恨。秋季七月丙午(初八),梁皇后逝世。乙丑(二十七日),把她安葬在懿陵,谥号为懿献。

梁冀一个家族,前后共有七个侯,三个皇后,六个贵人,两个大将军,夫人和女儿享受食邑而称为君的有七个人,娶公主为妻的有三个人,其他担任卿、将、尹、校等文武官职的有五十七个人。梁冀把持朝政,专断独行,凶暴恣肆,日甚一日。他在皇帝的侍卫和随从中培植亲信,因此,皇宫里的日常生活,哪怕最细微的事情,他都了如指掌。朝廷向各地征调的物品和各地一年四季向朝廷进献的贡品,都先把上等的送给梁冀,皇帝竟然还排在他后面。官吏和庶民带着财物到梁冀家去谋求官职或请求免罪的,在路上接连不断。文武百官升迁,尚书台召他们去谈话,他们都要先到梁冀门下,呈送书札,感谢梁冀给予恩惠,然后才敢到尚书台去接受指示。下邳人吴树被任命为宛县令,上任之前去向梁冀辞行,梁冀的门客遍布宛县境内,梁冀托吴树照顾他们。吴树说:"邪恶的小人,危害国家,行为不端,即使是邻居,也应该诛杀。贤明的将军高居上将的地位,应该推崇贤能善良之士,用来弥补朝廷的不足。可是,我从陪您坐下来以后,没听见您称赞一位长者,而一再为恶人托情,我实在不敢相信自己的耳朵。"梁冀听了,沉默不语,很不高兴。吴树到县里上任后,就把梁冀门客中被人们痛恨的几十个人,全都杀了。吴树后来被提升为荆州刺史,他向梁冀辞行,梁冀给他喝了毒酒,吴树告辞出门,死在车子上。辽东太守侯猛,才被授予官职,没有去谒进梁冀,梁冀假托其他的罪名将他腰斩。

郎中、汝南人袁著,年纪才十九岁,他到殿庭上书说:"春夏秋冬的运转,每个季节一达到极盛后,便开始消退;过高的官爵、过重的恩宠,很少不招来灾祸的。但是如今大将军的官位已经达到人臣的最高一级,大功已经告成,应该特别警戒,最好是遵循薛广德悬挂车辆的礼仪,高卧家中,颐养精神,不再去过问政事。古书说:'树木的果实如果太多,会折断树枝,伤害树根。'

若不抑损盛权,将无以全其身矣。"冀闻而密遣掩捕,著乃变易姓名,托病伪死,结蒲为人,市棺殡送。冀知其诈,求得,笞杀之。太原郝絜、胡武,好危言高论,与著友善。絜、武尝连名奏记三府,荐海内高士,而不诣冀。冀追怒之,敕中都官移檄禽捕,遂诛武家,死者六十馀人。絜初逃亡,知不得免,因舆榇奏书冀门,书入,仰药而死,家乃得全。

安帝嫡母耿贵人薨,冀从贵人从子林虑侯承求贵人珍玩,不能得,冀怒,并族其家十馀人。涿郡崔琦以文章为冀所善,琦作《外戚箴》《白鹄赋》以风,冀怒。琦曰:"昔管仲相齐,乐闻讥谏之言;萧何佐汉,乃设书过之吏。今将军累世台辅,任齐伊、周,而德政未闻,黎元涂炭,不能结纳贞良以救祸败,反欲钳塞士口,杜蔽主听,将使玄黄改色、鹿马易形乎?"冀无以对,因遣琦归。琦惧而亡匿,冀捕得,杀之。

冀秉政几二十年,威行内外,天子拱手,不得有所亲与。帝既不平之,及陈授死,帝愈怒。和熹皇后从兄子郎中邓香妻宣,生女猛,香卒,宣更适梁纪。纪,孙寿之舅也。寿以猛色美,引入掖庭为贵人,冀欲认猛为其女,易猛姓为梁。

冀恐猛姊婿议郎邴尊沮败宣意,遣客刺杀之。又欲杀

如果不抑制、不减损他所掌握的过盛的权力,恐怕不能保全他的性命。"梁冀听到这一消息,秘密地派人搜捕袁著,袁著于是改姓换名,假托因病身亡,用蒲草扎成一个死人,买了棺材,装入假尸,出殡送葬。梁冀看出这是个骗局,继续缉捕,终于抓住袁著,用鞭子打死。太原人郝絜、胡武,喜欢直话直说,高谈阔论,和袁著交情很深。郝絜、胡武曾经联名上书三府,推荐国内的隐士,而没有把推荐书送给梁冀。梁冀回忆起往事,勃然大怒,命中都官下令通缉,结果诛灭胡武全家,杀死六十多人。郝絜当初逃亡,后来知道无法逃脱,就带着棺材和奏章到梁冀门前,将奏章递送进去,便服毒而死,家属这才得以保全。

安帝的嫡母耿贵人逝世,梁冀向耿贵人的侄子、林虑侯耿承索要耿贵人的珍贵玩赏物,没能得手,梁冀大怒,杀死耿承全家,共十多人。涿郡人崔琦,因擅长写文章而得到梁冀的喜爱,崔琦写了《外戚箴》《白鹄赋》,用来劝谕梁冀,梁冀很生气。崔琦说:"过去管仲当齐国的宰相,最喜欢听到讥讽、规劝的话;萧何辅佐汉王朝,居然设置记录自己过失的官吏。如今,将军家两代担当辅政重任,责任与伊尹、周公相同,可是并没有听说您推行德政,却只听说民不聊生,将军非但不交结忠良,来拯救祸害,反倒打算让老百姓闭嘴,蒙蔽皇上的耳目,使天地变色、鹿马换形吗?"梁冀无言以对,便将崔琦遣送回乡。崔琦因恐惧而逃亡躲避,梁冀派人把他捕获,诛杀。

梁冀把持朝政将近二十年,威力通行于朝廷内外,皇帝只好拱拱手,不能亲自参与什么事情。对于这种现状,桓帝早已忿忿不平,等到陈授被杀,就越加愤怒。和熹皇后邓绥的侄子、郎中邓香的妻子宣,生下女儿邓猛,邓香去世后,宣改嫁梁纪。梁纪,是孙寿的舅舅。孙寿因为邓猛貌美,把她带进皇宫,做桓帝的贵人,梁冀想要把邓猛认作自己的女儿,将猛原先的姓邓改为姓梁。

梁冀非常恐怕邓猛的姐夫、议郎邴尊使得邓猛的母亲宣改变念头,于是就派了刺客前去暗杀了邴尊。梁冀又打算去暗杀

宣，宣家与中常侍袁赦相比，冀客登赦屋，欲入宣家，赦觉之，鸣鼓会众以告宣。宣驰入白帝，帝大怒，因如厕，独呼小黄门史唐衡，问："左右与外舍不相得者谁乎？"衡对："中常侍单超、小黄门史左悺与梁不疑有隙。中常侍徐璜、黄门令具瑗常私忿疾外舍放横，口不敢道。"于是帝呼超、悺入室，谓曰："梁将军兄弟专朝，迫胁外内，公卿以下，从其风旨。今欲诛之，于常侍意如何？"超等对曰："诚国奸贼，当诛日久。臣等弱劣，未知圣意如何耳。"帝曰："审然者，常侍密图之。"对曰："图之不难，但恐陛下腹中狐疑。"帝曰："奸臣胁国，当伏其罪，何疑乎！"于是更召璜、瑗等五人共定其议，帝啮超臂出血为盟。超等曰："陛下今计已决，勿复更言，恐为人所疑。"

冀心疑超等，八月丁丑，使中黄门张恽入省宿，以防其变。具瑗敕吏收恽，以："辄从外入，欲图不轨。"帝御前殿，召诸尚书入，发其事。使尚书令尹勋持节勒丞、郎以下皆操兵守省阁，敛诸符节送省中。使具瑗将左右厩驺、虎贲、羽林、都候剑戟士合千馀人，与司隶校尉张彪共围冀第。使光禄勋袁盱持节收冀大将军印绶，徙封比景都乡侯。冀及妻寿即日皆自杀。不疑、蒙先卒。悉收梁氏、孙氏中外宗、亲送诏狱，无长少皆弃市。他所连及公卿、列校，刺史、二千石死者数十人。太尉胡广、司徒韩缜、司空孙朗皆坐

宣，宣的家跟中常侍袁赦的家相邻，梁冀派遣的刺客已登上袁赦家屋顶，正想要进入宣的家，被袁赦发觉了，袁赦敲响锣鼓，召集众人，告知宣家。宣急忙奔入皇宫，报告桓帝，桓帝非常愤怒，趁上厕所的机会，单独喊来小黄门史唐衡，问道："我身边的侍卫，跟皇后娘家合不来的，还有谁？"唐衡回答："中常侍单超、小黄门史左悺，跟梁不疑有仇。中常侍徐璜、黄门令具瑗，心里经常痛恨皇后娘家放肆蛮横，但嘴里不敢说。"于是，桓帝把单超、左悺喊进密室，对他俩说："梁将军兄弟，独揽朝政，逼迫威胁朝廷内外，公卿以下的文武百官，都得按他们的旨意行事。现在，我想要杀了他们，你们二位的意思如何？"单超、左悺回答说："梁冀等人的确是国家的奸贼，早就该杀，只是我们的力量太弱，不知道陛下的意思如何？"桓帝说："确实是这样，请你们秘密筹划。"单超等回答说："筹划不难，只怕陛下心里犹豫不决。"桓帝说："奸臣威胁国家，应当定罪伏法，我怀疑什么！"于是，再召来徐璜、具瑗，桓帝跟宦官共五人，一同定计，桓帝在单超的手臂上咬出一点儿血，作为盟誓。单超等人说："陛下如今既然已经决定了大计，就不要再提这件事，恐怕被人猜疑。"

梁冀心里对单超等有怀疑，八月丁丑（初十），派中黄门张恽进宫住宿，以防备意外事故。具瑗命属吏逮捕张恽，罪名是："擅自从外入宫，想要图谋不轨。"桓帝亲临前殿，召集各位尚书进宫，向他们揭露了此事。派尚书令尹勋，持符节，统率丞、郎以下官吏，让他们全部拿起武器，守卫宫门，并把所有的符节收集起来，送入宫禁之中。派遣具瑗率领左右御厩的骑士、虎贲武士、羽林卫士和都候所属的剑戟士，共一千多人，跟司隶校尉张彪率领的部队，一同包围梁冀的府第。派遣光禄勋袁盱持符节，收缴梁冀的大将军印信，把他贬封为比景乡侯。梁冀和他的妻子孙寿，都在当天自杀。梁不疑、梁蒙，在此之前已经去世。把梁氏和孙氏在朝廷内外的宗族和亲戚，全部收捕入狱，无论年纪长幼，一律处死暴尸街头。其他受牵连的公卿、列校、刺史、二千石官员，被处死的有几十人。太尉胡广、司徒韩縯、司空孙朗，都因

阿附梁冀，不卫宫，止长寿亭，减死一等，免为庶人。故吏、宾客免黜者三百馀人。朝廷为空。是时事猝从中发，使者交驰，公卿失其度，官府市里鼎沸，数日乃定，百姓莫不称庆。收冀财货，县官斥卖，合三十馀万万，以充王府用，减天下税租之半。散其苑囿，以业穷民。

曲从梁冀，不守卫皇宫，却在长寿亭观望，而被指控有罪，判死刑减一等处罚，免职，贬为庶人。梁冀的旧部和门客，被免职罢黜的有三百多人。朝廷一空，几乎无人办公。当时，事变突然从宫中发动，使者来回奔驰，公卿失去常态，官府和里巷一片沸腾，几天之后才安定下来，老百姓无不拍手称快。桓帝下令没收梁冀的财产，由官府变卖，收入合计三十多亿，用来充当国家资财，当年减去全国的一半租税。将梁冀的园林，分散给贫民耕种。

卷第八

宦官亡汉 党锢之祸　董卓之乱

汉和帝永元四年，窦宪兄弟专权，帝以朝臣上下莫不附宪，独中常侍钩盾令郑众不事豪党，遂与定议诛宪。事见《窦氏专恣》。

郑众迁大长秋。帝策勋班赏，众每辞多受少，帝由是贤之，常与之议论政事，宦官用权自此始矣。

十四年，初封大长秋郑众为鄛乡侯。

安帝永初元年秋九月庚午，太尉徐防以灾异、寇贼策免。辛未，司空尹勤以水雨漂流策免。

仲长统《昌言》曰：光武皇帝愠数世之失权，忿强臣之窃命，矫枉过直，政不任下，虽置三公，事归台阁。自此以来，三公之职，备员而已，然政有不治，犹加谴责，而权移外戚之家，宠被近习之竖，亲其党类，用其私人，内充京师，外布列郡。颠倒贤愚，贸易选举，疲驽守境，贪残牧民，挠扰百姓，忿怒四夷，招致乖叛，乱离斯瘼，怨气并作，阴阳

宦官亡汉 党锢之祸 董卓之乱

汉和帝永元四年(92)，窦宪兄弟专执权柄，和帝觉得朝中大臣上上下下没有不依附窦宪的，唯独中常侍钩盾令郑众不事奉豪贵集团，便和郑众商定诛杀窦宪。事见《窦氏专恣》。

郑众升迁为大长秋。和帝下诏犒赏，郑众总是辞谢多而接受少，和帝因此认为他是位贤臣，经常同他商议政事，宦官当权的局面从此开始。

十四年(102)，首次敕封大长秋郑众为鄚乡侯。

安帝永初元年(107)秋季九月庚午(初一)，太尉徐防因为天灾、天象异常以及寇贼兴起而被安帝下诏罢免。辛未(初二)，司空尹勤因为洪水雨灾而被安帝下诏罢免。

仲长统《昌言》说道：光武皇帝愤恨于西汉数代皇帝失去权柄、强悍之臣窃取皇权，因而就矫枉过正，不肯把大政委托给臣子，虽然设置了三公，政事却由尚书台来掌管。从此以后，三公的职位，只是充数罢了，但一旦政事处理不够妥当时，却仍对三公加以责备，而实权就转移到外戚的手中，皇帝身边的宦官受到宠爱，这些人提携他们的同党，任用他们的亲戚朋友，在内充斥京城，在外遍布各州各郡。他们不分辨贤能和愚劣，利用举荐人才的机会大搞交易，使无能劣质的人守卫边疆，让贪婪凶残的人来统治百姓，他们搅扰黎民百姓，激怒周边邻国，招致百姓的背离、邻国的反叛，带来战乱和疾苦，使得怨愤之气一齐逆发，阴阳

失和，三光亏缺，怪异数至，虫螟食稼，水旱为灾。此皆戚宦之臣所致然也，反以策让三公，至于死、免，乃足为叫呼苍天、号咷泣血者矣。昔文帝之于邓通，可谓至爱，而犹展申徒嘉之志。夫见任如此，则何患于左右小臣哉？至如近世，外戚宦竖，请托不行，意气不满，立能陷人于不测之祸，恶可得弹正者哉？

大长秋郑众、中常侍蔡伦等皆乘势豫政。周章数进直言，太后不能用。

建光元年，帝以江京尝迎帝于邸，封为都乡侯，李闰为雍乡侯。闰、京与中常侍樊丰、黄门令刘安、钩盾令陈达等扇动内外，竞为侈虐。司徒杨震上疏，不省。

延光二年，中常侍樊丰等更相扇动，倾摇朝廷。杨震上疏，不听。

三年，樊丰等见杨震连谏不从，无所顾忌。震复上疏，丰等惶怖，遂共谮震，收震太尉印绶，遣归本郡，震饮鸩而卒。

秋八月，江京、樊丰等废太子保为济阴王。

四年春三月，北乡侯即位，有司奏樊丰等互作威福，皆下狱死。

冬十月，中常侍孙程等迎济阴王即皇帝位。五事并见《嬖倖废立》。

顺帝阳嘉二年夏六月丁丑，雒阳宣德亭地拆，长八十五丈。帝引公卿所举敦朴之士，使之对策及特问以当世之敝，为政所宜。李固对曰："诏书所以禁侍中、尚书、中臣子弟不得为吏、察孝廉者，以其秉威权容请托故也。而中常

失和，日、月、星三光亏缺，怪异之事屡屡降临，害虫吃掉了庄稼，水旱成灾。这种局面都是外戚、宦官专权所造成的，而朝廷反而下诏责备三公，甚至将他们处死或免职，这足以让人为此呼叫苍天、号啕泣血了。昔日文帝对待邓通，可说是宠爱之至了，最终还是让申屠嘉遂了心愿，将邓通加以责罚。那些被如此宠信的人尚且如此，那么对皇帝身边的小臣又有什么顾虑呢？至于像最近几朝的外戚和宦官，如有谁不应允他们的请托，则心有不满，立刻便会陷人于意外的灾祸之中，又怎能找到弹劾纠正他们的人呢？

大长秋郑众、中常侍蔡伦等人依靠权势干预朝政。周章屡次上书直言劝谏，都未被太后采纳。

建光元年（121），安帝因为江京曾经前往官邸迎接自己入宫，封他为都乡侯，又封李闰为雍乡侯。李闰、江京和中常侍樊丰、黄门令刘安、钩盾令陈达等人在朝廷内外活动，竞相显示奢侈和暴虐。司徒杨震上疏，安帝未能省悟。

延光二年（123），中常侍樊丰等人越发上蹿下跳，倾摇朝廷。杨震奏书呈上，安帝不听。

三年（124），樊丰等人见杨震连续进谏，安帝都未听从，更加无所顾忌。杨震再次上书，樊丰等人惊惶起来，便一起诋毁杨震，安帝收回杨震的太尉印信，将他遣送回原籍，杨震饮毒而死。

秋季八月，江京、樊丰等人将皇太子刘保废为济阴王。

四年（125）春季三月，北乡侯刘懿即皇帝位，官吏上奏樊丰等人互相勾结，作威作福，樊丰等人都被投入大狱而死。

冬季十月，中常侍孙程等迎接济阴王刘保即皇帝位。五事并见《嬖倖废立》。

顺帝阳嘉二年（133）夏季六月丁丑（初八），雒阳宣德亭发生地裂，长八十五丈。顺帝召集公卿举荐的敦厚朴质之士使他们当面对策，特别询问当朝弊病及宜于施行的新政。李固回答："诏书之所以严禁侍中、尚书及其他朝官的子弟担任官吏、举荐为孝廉，这是因为他们可以借着威势和权力互相请托。而中常

侍在日月之侧，声势振天下，子弟禄任，曾无限极。虽外托谦默，不干州郡，而谄伪之徒，望风进举。今可为设常禁，同之中臣。昔馆陶公主为子求郎，明帝不许，赐钱千万。所以轻厚赐、重薄位者，为官人失才，害及百姓也。窃闻长水司马武宣、开阳城门候羊迪等，无他功德，初拜便真，此虽小失，而渐坏旧章。先圣法度，所宜坚守，故政教一跌，百年不复。《诗》云：'上帝板板，下民卒瘅。'刺周王变祖法度，故使下民将尽病也。

"陛下之有尚书，犹天之有北斗也。斗为天喉舌，尚书亦为陛下喉舌。斗斟酌元气，运平四时；尚书出纳王命，赋政四海，权尊势重，责之所归，若不平心，灾眚必至，诚宜审择其人，以毗圣政。今与陛下共天下者，外则公卿、尚书，内则常侍、黄门，譬犹一门之内，一家之事，安则共其福庆，危则通其祸败。刺史、二千石外统职事，内受法则。夫表曲者景必邪，源清者流必洁，犹叩树本，百枝皆动也。由此言之，本朝号令，岂可蹉跌？天下之纪纲，当今之急务也。夫人君之有政，犹水之有堤防。堤防完全，虽遭雨水霖潦不能为变；政教一立，暂遭凶年不足为忧。诚令堤防穿漏，万夫同力不能复救；政教一坏，贤智驰骛不能复还。今堤防虽坚，渐有孔穴。

侍成天待在皇帝身边,声势可以震动天下,其子弟所能得到的俸禄和官职,一度没有限度。即使他们表面保持谦逊和沉默,不去干预州郡官府,但那些谄媚之徒,仍会迎合奉承,举荐他们的子弟。现在应该设下严令,中常侍的子弟应和朝中其他官员的子弟同样对待。昔日馆陶公主为儿子谋求郎的职位,明帝没有答应,而赏赐他一千万钱。明帝之所以不在乎赏赐重金,而在乎一个微职,是因为如果所任用的官吏不才,就要危害到百姓。我又听说长水司马武宣、开阳城门候羊迪等人,没有什么功劳,便直接任命官职,这虽然只是小失误,但渐渐地便会破坏先朝的规章。先代圣王所制订的法令制度,应该坚决遵守,所以,一旦政事或教化遭到破坏,一百年都难以恢复。《诗经》说:'君王反反复复,百姓尽受劳苦。'这是讽刺周厉王改变祖宗的法令制度而使百姓深受其害。

"今天陛下之有尚书,犹如上天之有北斗。北斗是上天的喉舌,尚书也就是陛下的喉舌。北斗掌握元气,使四时正常运行;尚书在外面接受天下奏章,传达君王的命令,向四海颁布政令,权势至尊至重,为职责之所归向,如果不能公平正直,必定招致灾难,的确应该审慎加以选择,以辅佐君王施行大政。而今与陛下共同治理天下的,在外有公卿、尚书,在内则有常侍、黄门,这犹如在一个家门之内,一家的事情,平安时则共享喜庆快乐,危急时则共同承担灾祸失败。刺史、二千石在朝廷外面统管职事,在朝内则受法令的约束。如果杆子立歪了,影子必定不正,水源清冽,下流必然洁净,犹如敲一下树根,所有枝叶就会摇动。这样说来,本朝的号令,岂可有一差错?天下的纲纪制度,是当今迫切的事务。做君王的政纲妥善,犹如河水之有堤岸。堤岸完整,即使遭到大雨洪涝也不会有危险;政事和教化一旦树立,即使暂时遇到凶荒之年也不必担忧。假使堤岸有了漏洞,即使是万众同心同力也无法挽救;政事和教化一旦遭到损坏,即使是贤人智者奔走努力也无法恢复了。现在,堤岸虽然坚固,但逐渐出现孔穴。

“譬之一人之身，本朝者，心腹也，州郡者，四支也，心腹痛则四支不举，故臣之所忧在腹心之疾，非四支之患也。苟坚堤防，务政教，先安心腹，整理本朝，虽有寇贼、水旱之变，不足介意也。诚令堤防坏漏，心腹有疾，虽无水旱之灾，天下固可以忧矣。又宜罢退宦官，去其权重，裁置常侍二人，方直有德者省事左右；小黄门五人，才智闲雅者给事殿中。如此，则论者厌塞，升平可致也。”上览众对，以李固为第一。诸常侍悉叩头谢罪，朝廷肃然。以固为议郎，宦者疾之，诈为飞章以陷其罪。事从中下，大司农南郡黄尚等请之于梁商，仆射黄琼复救明其事。久乃得释，出为洛令，固弃官归汉中。

四年春二月，初听中官得以养子袭爵。初，帝之复位，宦官之力也，由是有宠，参与政事。御史张纲上书曰：“窃寻文、明二帝，德化尤盛，中官常侍，不过两人，近幸赏赐，裁满数金，惜费重民，故家给人足。而顷者以来，无功小人，皆有官爵，非爱民重器，承天顺道者也。”书奏，不省。

永和元年十二月，以前司空王龚为太尉。龚疾宦官专权，上书极言其状。诸黄门使客诬奏龚罪，上命龚亟自实。李固奏记于梁商曰：“王公以坚贞之操，横为谗佞所构，众人闻知，莫不叹栗。夫三公尊重，无诣理诉冤之义，纤微感概，辄引分决，是以旧典不有大罪，不至重问。王公卒有他

"譬如一个人的身体，朝廷为心腹，州郡为四肢，若心腹产生病痛，则四肢不能举动，所以，臣下所忧虑的，在于心腹之疾病，而不是四肢的疾病。如果加强堤岸，整顿政事和教化，先安定心腹，整顿治理朝廷纲纪，即使发生寇贼或水灾旱灾，也不足以放在心上。假使堤岸坏了漏了，心腹有病，即使没有水灾旱灾，国家的前景也就令人担忧了。此外，还应罢去宦官，免掉他们的权力，削减为二名常侍，让品行方正的人在左右听候驱使；小黄门设置五人，让才智俱全、性情闲雅的人在宫中供职。如能这样，则议论自然消除，天下太平之日可以达到了。"顺帝读了各篇策文，把李固的排在第一名。各位常侍叩头谢罪，朝廷上静穆无声。顺帝任命李固为议郎，宦官们很痛恨他，于是伪造匿名信诬陷李固。顺帝下令查办李固，诏书未经尚书台而直接下达，大司农、南郡人黄尚等请求梁商出面营救，仆射黄琼也上奏申辩此事。过了很久，李固才得到释放，被调离朝廷，出任洛县县令，李固便辞去官职回到汉中。

四年（135）春季二月，首次准许宦官的养子继承爵位。当初，顺帝的复位，靠的是宦官的力量，因此宦官才得到宠信而参与政事。御史张纲上书说："据我所考察，文帝和明帝德行教化尤其繁盛，当时常侍不过二人，赏赐亲近宠信的人，不过数斤黄金，他们珍惜钱财，体恤百姓，所以百姓家家户户都很富足。但近年以来，那些无功之人，都得到官爵，这不是爱护百姓、重视国家、顺应天道的所作所为。"奏章送上去，顺帝没有省悟。

永和元年（136）十二月，任命前任司空王龚担任太尉。王龚因为痛恨宦官专权，便上书极力陈述他们的罪状。黄门宦官们向朝廷诬告王龚犯罪，顺帝命令王龚马上讲明真相。李固向梁商上书说："王龚先生因为操守坚贞而无端遭到谗言佞臣的陷害，众人听说了这个消息，无不叹息恐惧。以三公的尊严和地位，没有亲自到司法部门替自己申辩的道理，如果他对朝廷稍有感叹不满之辞，也就是让他自杀罢了，所以，按照旧典，除非犯有大逆不道的罪行，是不去审问三公的。万一王龚先生发生突然

变,则朝廷获害贤之名,群臣无救护之节矣。语曰:'善人在患,饥不及餐。'斯其时也。"商即言之于帝,事乃得释。

二年冬十月丁卯,京师地震。太尉王龚以中常侍张昉等专弄国权,欲奏诛之。宗亲有以杨震行事谏之者,龚乃止。

三年,梁商以曹节等用事,遣子冀、不疑与交友。

桓帝建和元年秋七月,诏封中常侍刘广等皆为列侯。杜乔谏之,书奏,不省。

宦者唐衡、左悺等共谮杜乔与李固,以帝不堪奉汉祀,帝怨之。后梁冀诬李固、杜乔与妖贼刘文等交通,皆收系死狱中。三事并见《梁氏之变》。

永兴元年秋七月,郡国三十二蝗,河水溢。百姓饥穷流冗者数十万户,冀州尤甚。诏以侍御史朱穆为冀州刺史。冀部令长闻穆济河,解印绶去者四十馀人。及到,奏劾诸郡贪污者,有至自杀,或死狱中。宦者赵忠丧父,归葬安平,僭为玉匣。穆下郡案验,吏畏其严,遂发墓剖棺,陈尸出之。帝闻,大怒,征穆诣廷尉,输作左校。

太学书生颍川刘陶等数千人诣阙上书讼穆曰:"伏见弛刑徒朱穆,处公忧国,拜州之日,志清奸恶。诚以常侍贵宠,父子兄弟布在州郡,竞为虎狼,噬食小民,故穆张理天纲,补缀漏目,罗取残祸,以塞天意。由是内官咸共患疾,

的意外，那朝廷就要蒙受迫害贤良的恶名，众臣也将被认为没有救护忠良的气节了。俗语说：'好人在患难中，我们再饿，也顾不上吃饭。'此时正是这种时候。"梁商随即向顺帝进言，事情才平息下来。

二年（137）冬季十月丁卯这天，京师雒阳地震。太尉王龚因为中常侍张昉等专权，想要奏请顺帝诛杀他们。由于宗族和亲戚中有人以杨震的遭遇劝阻他，王龚便停止上奏。

三年（138），梁商因为曹节等人在宫中当权，派遣儿子梁冀、梁不疑和曹节等结交。

桓帝建和元年（147）秋季七月，下诏封中常侍刘广等都为列侯。杜乔为此上奏劝谏，桓帝不理。

宦官唐衡、左悺等一起诋毁杜乔和李固，说他们认为皇帝不能胜任侍奉汉朝的庙祭，桓帝心中怨恨杜乔和李固。后来梁冀诬陷李固、杜乔与妖贼刘文等互相勾结，李固、杜乔被投入狱中而死。三事并见《梁氏之变》。

永兴元年（153）秋季七月，三十二个郡和封国发生蝗灾，黄河泛滥。百姓为饥饿和贫穷所迫而逃荒的达数十万户，冀州的灾情尤其严重。桓帝下诏任命侍御史朱穆为冀州刺史。冀州所属各县首脑听说朱穆渡河北上，解下印信而离职的达四十多人。朱穆到任后，上奏朝廷弹劾各郡贪官污吏，使他们有的自杀，有的死在狱中。宦官赵忠的父亲去世，归葬于安平，僭用玉匣装殓。朱穆责成郡守调查核实，当地官吏畏惧于他的严厉，便掘墓开棺，把尸首抬出来检查。桓帝得知，大怒，征召朱穆到廷尉问罪，被送到左校营罚做苦役。

太学生颍川人刘陶等数千人来到宫门上书，为朱穆进行申辩，他们说："我等见散押刑徒朱穆，他秉公处事，尽忠为国，自从被任命为刺史之日，便立志铲除奸佞邪恶。实在是因为常侍位居尊贵，受到宠信，父亲、兄弟和子弟们遍布州郡，竞相像虎狼一样吞食百姓，所以，朱穆伸张国法，修补已经破漏的纲常，惩处残暴为恶的坏人，以顺应天意。因此，宦官们对他都很是愤恨，

谤讟烦兴，谗隙仍作，极其刑谪，输作左校。天下有识，皆以穆同勤禹、稷而被共、鲧之戾，若死者有知，则唐帝怒于崇山，重华忿于苍墓矣。当今中官近习，窃持国柄，手握王爵，口含天宪，运赏则使饿隶富于季孙，呼噏则令伊、颜化为桀、跖。而穆独亢然不顾身害，非恶荣而好辱，恶生而好死也，徒感王纲之不摄，惧天纲之久失，故竭心怀忧，为上深计。臣愿黥首系趾，代穆输作。"帝览其奏，乃赦之。

　　永寿元年春二月，司隶、冀州饥，人相食。太学生刘陶上疏陈事曰："夫天之与帝、帝之与民，犹头之与足，相须而行也。陛下目不视鸣条之事，耳不闻檀车之声，天灾不有痛于肌肤，震食不即损于圣体，故蔑三光之谬，轻上天之怒。伏念高祖之起，始自布衣，合散扶伤，克成帝业，勤亦至矣，流福遗祚，至于陛下。陛下既不能增明烈考之轨，而忽高祖之勤，妄假利器，委授国柄，使群丑刑隶，芟刈小民，虎豹窟于麀场，豺狼乳于春囿；货殖者为穷冤之魂，贫馁者作饥寒之鬼；死者悲于窀穸，生者戚于朝野，是愚臣所为咨嗟长怀叹息者也。且秦之将亡，正谏者诛，谀进者赏；嘉言结于忠舌，国命出于谗口；擅阎乐于咸阳，授赵高以车府，权去己而不知，威离身而不顾。古今一揆，成败同势，愿陛下远览强秦之倾，近察哀、平之变，得失昭然，祸福可见。

谗言谤语接踵而来，终于使他遭受冤枉，被送到左校营罚做苦役。天下的有识者，都认为朱穆勤于国事有如夏禹和周稷，却遭受和共工、鲧一样的命运，如果死者有知，则唐尧会在崇山动怒，虞舜也会在苍梧坟墓中怨懑的。当今，宦官和皇帝左右的亲信，窃取朝廷权柄，手中掌握封王封爵的权力，口中所说的就像是圣旨，行赏起来则可以让饥饿的奴隶变得比季孙氏富有，动动嘴唇便可以使伊尹、颜渊变为夏桀和盗跖。尽管如此，朱穆还是奋然挺身而出，这并不是他厌恶荣耀而喜爱耻辱，厌恶生命而喜爱死亡，只是他感到朝廷纲纪不振，担心国家大纲长久地丧失，因而竭尽忠心，怀着忧虑，为皇上作深远的打算。臣等愿意接受黥刑，脚系铁镣，代替朱穆去左校营服苦役。"桓帝读了奏章，才赦免了朱穆。

永寿元年(155)春季二月，司隶、冀州发生大饥荒，出现了人吃人的现象。太学生刘陶上书议论此事说道："上天与皇帝、皇帝与百姓的关系，犹如头颅与双足，必须配合行事。陛下眼睛不去看鸣条战争的情况，耳朵不去听战车厮杀的声音，天灾并不会使陛下的肌肤产生疼痛，地震和日食也无损于陛下的身体，所以陛下轻视日月星辰的异错，以及上天的发怒。想当初高祖起事的时候，本是一介平民，集结流散之徒，扶助伤病，得以创下帝业，艰苦到了极致，福禄和帝位代代相传，直到陛下。陛下既不能为列祖列先创立的法制增添光彩，反而辜负了高祖的艰辛，随意地将刑赏、兵权和朝廷大权委付于他人，致使一群丑陋的刑馀奴隶任意宰割百姓，犹如虎豹作窟于鹿场，豺狼哺乳在春天的林苑；商人成为冤魂，穷苦人成为饥鬼；已死的人在墓穴中悲鸣，活着的人在朝廷内外愁苦，这就是下臣长叹感慨的原因。况且，秦朝将亡之时，正言进谏者遭到杀害，阿谀奉承者受到赏赐；良言郁结在忠臣之口，国运系于谗人之口；纵容阎乐在咸阳专权，任命赵高为中车府令，权柄离身而不自知，威势丧失而不醒悟。成功与失败的情势，古今都是一样的，希望陛下往古看看强秦的倾倒，往近察察哀帝、平帝时期的动乱，那么祸福得失，一目了然。

臣又闻危非仁不扶,乱非智不救。窃见故冀州刺史南阳朱穆、前乌桓校尉臣同郡李膺,皆履正清平,贞高绝俗,斯实中兴之良佐、国家之柱臣也,宜还本朝,夹辅王室。臣敢吐不时之义于讳言之朝,犹冰霜见日,必至消灭。臣始悲天下之可悲,今天下亦悲臣之愚惑也。"书奏,不省。

延熹二年秋七月,帝召小黄门史唐衡、中常侍单超、小黄门史左悺、中常侍徐璜、黄门令具瑗等五人共定议诛梁冀。事见《梁氏之变》。

八月,诏赏诛梁冀之功,封单超、徐璜、具瑗、左悺、唐衡皆为县侯,超食二万户,璜等各万馀户,世谓之五侯。仍以悺、衡为中常侍。又封尚书令尹勋等七人皆为亭侯。

帝既诛梁冀,故旧恩私,多受封爵。追赠皇后父邓香为车骑将军,封安阳侯。更封后母宣为昆阳君,兄子康、秉皆为列侯,宗族皆列校、郎将,赏赐以巨万计。中常侍侯览上缣五千匹,帝赐爵关内侯,又托以与议诛冀,进封高乡侯。又封小黄门刘普、赵忠等八人为乡侯。自是权势专归宦官矣。五侯尤贪纵,倾动内外。

时灾异数见,白马令甘陵李云露布上书,移副三府曰:"梁冀虽持权专擅,虐流天下,今以罪行诛,犹召家臣扼杀之耳,而猥封谋臣万户以上,高祖闻之,得无见非?西北列将,得无解体?孔子曰:'帝者,谛也。'今官位错乱,小人谄进,财货公行,政化日损,尺一拜用,不经御省,是帝欲不

臣下又听说危难之际非有仁人智者扶持拯救不可。我私下认为原冀州刺史南阳人朱穆、前任乌桓校尉、我的同郡人李膺，都遵循正道，清廉公平，操守高尚，与众不同，他们是真正的中兴王朝的良佐、国家的栋梁之臣，应该将他们召回朝廷，共同辅佐陛下。臣下胆敢在忌讳良言的朝廷上倾吐不合时宜的言论，犹如冰霜见到太阳，必定招致杀身之祸。臣下当初感叹天下的可悲，今天，天下人也要为我的愚惑而悲伤了。"奏章呈了上去，桓帝未加理睬。

延熹二年(159)秋季七月，桓帝召集小黄门唐衡、中常侍单超、小黄门史左悺、中常侍徐璜、黄门令具瑗等五人共同计议诛杀梁冀。事见《梁氏之变》。

八月，桓帝下诏赏赐诛梁有功之臣，封单超、徐璜、具瑗、左悺、唐衡都为县侯，单超食邑两万户，徐璜等人各一万多户，当世称为五侯。仍旧任命左悺、唐衡为中常侍。又封尚书令尹勋等七人为亭侯。

桓帝既已诛灭梁冀，身边的故旧和亲信恩宠，大多受到封爵。追赠皇后的父亲邓香为车骑将军，封安阳侯。改封皇后的母亲宣为昆阳君，侄儿邓康、邓秉都封为列侯，邓氏宗族都任命为校或郎将，赏赐的数目以亿计。中常侍侯览进献五千匹缣帛，桓帝赐他关内侯的爵位，又托称侯览曾参与诛杀梁冀的密谋，加封为高乡侯。又封小黄门刘普、赵忠等八人为乡侯。从此，朝中权柄全都落到宦官手中。其中，尤以五侯为贪婪放纵，朝野震惊。

当时多次出现灾异的现象，白马县县令、甘陵人李云，用不封缄的文书上奏桓帝，并移抄副本给太尉、司徒、司空三府，说："梁冀虽然仗权专行，为害天下，如今因罪处死，对陛下来说，这就犹如主人吩咐将一个家奴杀死一样，但却滥封谋臣万户以上的食邑，如果高祖在天之灵知道，能不被他责怪吗？西北边疆的守将，能不灰心瓦解吗？孔子说：'帝字的意思是明悉事物。'而现在官爵职位错乱不堪，小人依靠诡言得到升迁，贿赂公开进行，政令和教化日益败坏，连诏书封拜也不过目，陛下这是不想

谛乎?"帝得奏,震怒,下有司逮云,诏尚书都护剑戟送黄门
北寺狱,使中常侍管霸与御史廷尉杂考之。时弘农五官掾
杜众伤云以忠谏获罪,上书愿与云同日死。帝愈怒,遂并
下廷尉。大鸿胪陈蕃上疏曰:"李云所言,虽不识禁忌,干
上逆旨,其意归于忠国而已。昔高祖忍周昌不讳之谏,成
帝赦朱云腰领之诛。今日杀云,臣恐剖心之讥,复议于世
矣。"太常杨秉、雒阳市长沐茂、郎中上官资并上疏请云。
帝恚甚,有司奏以为大不敬,诏切责蕃、秉,免归田里,茂、
资贬秩二等。

　　时帝在濯龙池,管霸奏云等事,霸跪言曰:"李云野泽
愚儒,杜众郡中小吏,出于狂戆,不足加罪。"帝谓霸曰:
"'帝欲不谛',是何等语!而常侍欲原之邪!"顾使小黄门
可其奏,云、众皆死狱中。于是嬖宠益横。太尉琼自度力不
能制,乃称疾不起,上疏曰:"陛下即位以来,未有胜政,诸
梁秉权,竖宦充朝,李固、杜乔既以忠言横见残灭,而李云、
杜众复以直道继踵受诛,海内伤惧,益以怨结,朝野之人,
以忠为讳。尚书周永,素事梁冀,假其威势,见冀将衰,乃
阳毁示忠,遂因奸计,亦取封侯。又黄门挟邪,群辈相党,
自冀兴盛,腹背相亲,朝夕图谋,共构奸轨。临冀当诛,无
可设巧,复记其恶,以要爵赏。陛下不加清征,审别真伪,
复与忠臣并时显封,使朱紫共色,粉墨杂糅,所谓抵金玉于

详察倾听吗?"桓帝得到启奏,大为震怒,下令官吏逮捕李云,诏令尚书都护率剑戟兵将他押到黄门北寺狱,让中常侍管霸和御史廷尉一同拷问。当时弘农郡五官掾杜众为李云忠言进谏遭到治罪而感到痛心,上奏说愿与李云同日受刑而死。桓帝更加震怒,便将杜众也逮捕下狱,由廷尉处理。大鸿胪陈蕃上书说:"李云所说的话虽然不知忌讳,冒犯陛下,忤逆圣旨,但他的本意是属于效忠国家而已。过去,高祖容忍了周昌毫无避讳的谏言,成帝赦免了朱云腰斩的处罚。今天,如果将李云诛杀,臣下担忧比干剖心的讥讽,又要在世上流行起来了。"太常杨秉、雒阳市长官沐茂、郎中上官资也同时上疏请求赦免李云。桓帝十分愤怒,有关官吏弹劾陈蕃等人犯了"大不敬"之罪,桓帝便下诏严厉责备陈蕃、杨秉,加以罢免,逐回故乡,沐茂、上官资降秩二等。

当时桓帝在濯龙池,管霸启奏李云等人的事,管霸跪下说:"李云不过是个荒野草泽里的愚儒,杜众不过是郡府中的小官,他们的言行只是出于狂妄无知,根本不值得加以治罪。"桓帝对管霸说:"'当皇帝却不想详察明辨',这是什么话! 而常侍你还想替他说话!"掉头就吩咐小黄门批准奏章,李云、杜众都死在了狱中。从此,桓帝身边的宠幸和亲近更加骄狂。太尉黄琼自忖无力控制他们,便推托有病,卧床不起,上奏说:"陛下即位以来,未曾有过善政,梁姓家族弄权,宦官充满了朝廷,李固、杜乔已经因为忠言而无端遭到诛灭,李云、杜众再次因直言进谏而受到杀害,四海之内的人为之痛心恐惧,更加把怨气积在胸中,朝廷内外,对尽忠报国多所顾忌。尚书周永,素来侍奉梁冀,倚仗他的威势,但是看到梁冀将要垮台了,便公开抨击他以示效忠陛下,正因为采取这样的奸计,便也得到了封侯。另外,宫内的黄门宦官,仗势结成党羽,自从梁冀势力兴盛以后,便又暗中勾结起来,腹背般相亲相靠,朝朝夕夕图谋不轨,狼狈为奸。等到梁冀被诛杀,他们无计可施,又翻脸揭发梁冀的罪恶,以此来邀功领赏。陛下对这些不加以澄清,审慎辨别真伪,便又将他们与忠臣同时加以封赏,使红色、紫色混杂,粉墨不清,这就像将金玉抛到

沙砾,碎珪璧于泥涂,四方闻之,莫不愤叹。臣世荷国恩,身轻位重,敢以垂绝之日,陈不讳之言。"书奏,不纳。

冬十月,中常侍单超疾病。壬寅,以超为车骑将军。

是时,封赏逾制,内宠猥盛。陈蕃上疏曰:"夫诸侯上象四七,藩屏上国,高祖之约,非功臣不侯。而闻追录河南尹邓万世父遵之微功,更爵尚书令黄隽先人之绝封,近习以非义授邑,左右以无功传赏,至乃一门之内,侯者数人,故纬象失度,阴阳谬序。臣知封事已行,言之无及,诚欲陛下从是而止。又采女数千,食肉衣绮,脂油粉黛,不可赀计。鄙谚言'盗不过五女门',以女贫家也,今后宫之女,岂不贫国乎?"帝颇采其言,为出宫女五百馀人,但赐隽爵关内侯,而封万世南乡侯。

帝从容问侍中陈留爰延:"朕何如主也?"对曰:"陛下为汉中主。"帝曰:"何以言之?"对曰:"尚书令陈蕃任事则治,中常侍黄门与政则乱,是以知陛下可与为善,可与为非。"帝曰:"昔朱云廷折栏槛,今侍中面称朕违,敬闻阙矣。"拜五官中郎将。

三年春正月丙午,新丰侯单超卒,赐东园秘器,棺中玉具。及葬,发五营骑士、将作大匠起冢茔。其后四侯转横,天下为之语曰:"左回天,具独坐,徐卧虎,唐雨堕。"皆竞起

沙砾中，将玉璧敲碎扔入泥泞的路途，四面八方听到，无不愤恨叹息。臣下世代蒙受国恩，身体微贱职位却重要，所以胆敢在临死之日陈述无所隐讳的言论。"奏章呈上，桓帝不加采纳。

冬季十月，中常侍单超患病。十一月壬寅（初六），任命单超为车骑将军。

此时，封赏的规模超过了旧制，宫内受宠的人更加恣意胡为。陈蕃上书说："诸侯封侯，好比天上的二十八宿，屏蔽拱卫着圣朝，高祖曾经约定，不是有功之臣，不加封侯。听说陛下追录河南尹邓万世的父亲邓遵的微小功劳而赐封，又恢复尚书令黄雋祖先已断绝的爵位，亲近的人不按制度授给食邑，侍卫左右的人也无功而受赏赐，甚至一个家族之内，被封侯的有好几个，所以说天象失去了法度，阴阳秩序混乱。臣下知道封赏已成事实，谈论已来不及，只是希望陛下从此停止这种行为。另外，宫中的女子，数以千计，她们吃的是肉，穿的是罗绮，用的是胭脂黛粉，费用不可计数。民间谚语说'盗贼不进家有五女的门'，因为女儿一多，家业就艰苦，如今后宫的女子，岂不是要使国家贫穷？"桓帝对陈蕃的话颇加采纳，因此而放出宫女五百多名，只赏赐黄雋关内侯的爵位，而封邓万世为南乡侯。

桓帝曾语气轻缓地询问侍中陈留人爰延："朕是个什么样的君主？"回答说："陛下属于中等。"桓帝问："为什么这样说？"爰延说："尚书令陈蕃管理政事时，国家治理很好；中常侍黄门参与朝政时，国家治理不好，因此而知可以辅佐陛下为善，也可以辅佐陛下为恶。"桓帝说："过去朱云曾当朝折断栏杆强谏成帝，今天侍中你又当面指出朕的过失，朕知道自己的缺点了。"于是任命爰延为五官中郎将。

三年（160）春季正月丙午（十一日），新丰侯单超去世了，桓帝赐给他东园中的秘器和棺木内用的玉具等。等到了埋葬的时候，又调发了五营骑士、将作大匠帮助兴筑坟墓。此后，四侯更加骄横，天下百姓因此作了一首歌谣说："左悺有回天之力，具瑗唯我独尊，徐璜像只卧虎，唐衡势如倾盆雨。"这些人便竞相兴建

第宅，以华侈相尚，其仆从皆乘牛车而从列骑，兄弟姻戚，宰州临郡，辜较百姓，与盗无异。虐遍天下，民不堪命，故多为盗贼焉。

中常侍侯览，小黄门段珪，皆有田业近济北界，仆从宾客，劫掠行旅。济北相滕延一切收捕，杀数十人，陈尸路衢，览、珪以事诉帝，延坐征诣廷尉，免。

左悺兄胜为河东太守，皮氏长京兆赵岐耻之，即日弃官西归。唐衡兄玹为京兆尹，素与岐有隙，收岐家属宗亲，陷以重法，尽杀之。岐逃难四方，靡所不历，自匿姓名，卖饼北海市中。安丘孙嵩见而异之，载与俱归，藏于复壁中。及诸唐死，遇赦，乃敢出。

六年十二月，以卫尉周景为司空。景，荣之孙也。时宦官方炽，景与太尉杨秉上言：“内外吏职，多非其人。旧典，中臣子弟，不得居位秉势。而今枝叶宾客，布列职署，或年少庸人，典据守宰，上下忿患，四方愁毒。可遵用旧章，退贪残，塞灾谤。请下司隶校尉、中二千石、城门五营校尉、北军中候：各实核所部，应当斥罢，自以状言三府，廉察有遗漏，续上。”帝从之。于是秉条奏牧守青州刺史羊亮等五十馀人，或死或免，天下莫不肃然。

尚书朱穆疾宦官恣横，上疏曰：“按汉故事，中常侍参选士人，建武以后乃悉用宦者。自延平以来，浸益贵盛，假貂珰之饰，处常伯之任，天朝政事一更其手；权倾海内，

宅第,比附奢华,他们的仆从也都乘坐牛车、骑士拥从,他们的兄弟姻亲,成为州郡执宰,搜刮掠夺百姓,同盗贼无异。他们的暴虐遍及天下,民不聊生,所以很多人做了盗贼。

中常侍侯览、小黄门段珪,在济北国的边界都有田产,他们的仆从和门客,公然抢劫过往旅客。济北国相滕延将他们尽皆逮捕,杀死数十人,将尸首放在交通要道示众,侯览、段珪为此事向桓帝告状,滕延被征解到廷尉治罪,免去官职。

左悺的哥哥左胜担任河东郡太守,皮氏县长京兆人赵岐耻于为其下属,当日便弃官西归。唐衡的哥哥唐玹担任京兆尹,素来对赵岐有怨结,便逮捕赵岐的全家和宗亲,加以大罪,全部杀死。赵岐逃难四方,历经苦难,隐姓埋名,在北海国的街市上卖饼为生。安丘县人孙嵩发现他不同寻常,让他乘上自己的车一同回家,将他藏匿在夹墙之中。等到唐氏兄弟尽死,遇到赦令,才敢出来。

六年(163)十二月,桓帝任命卫尉周景为司空。周景,是周荣的孙子。此时,宦官的势力正盛,周景和太尉杨秉启奏说:"朝廷及地方官吏中有许多人不堪其任。按过去的典章制度,宦官子弟不得任职及掌握权力。可是如今他们的亲信和门客,遍布各级官府,有些年轻而无能的人,也担任太守和县令,朝野上下怨愤四起,四方为之愁惨。应该遵守旧的典章制度,斥退贪残的人,以杜绝天象灾异和谤言。请求陛下传令司隶校尉、中二千石官员、城门五营校尉、北军中候:全部清查部属下员,应当斥退罢黜的,主动将情况上报给三府,三府廉察其有所遗漏,继续往上报。"桓帝采纳这项建议。于是,杨秉上书逐条弹劾州郡长官青州刺史羊亮等五十多人,这些人后来有的处死,有的免官,全国上下,无不肃然。

尚书朱穆痛恨宦官恣意胡为,上书:"根据汉朝传统制度,中常侍可参选士人担任,光武帝建武年间以后才都任用宦官。自殇帝延平年间以来,宦官权位日渐尊贵,帽上饰以'金珰右貂',身居侍中的大任,朝廷政事都要经过他们的手;他们权倾海内,

宠贵无极，子弟亲戚，并荷荣任，放滥骄溢，莫能禁御，穷破天下，空竭小民。愚臣以为可悉罢省，遵复往初，更选海内清淳之士明达国体者，以补其处，即兆庶黎萌，蒙被圣化矣。"帝不纳。后穆因进见，复口陈曰："臣闻汉家旧典，置侍中、中常侍各一人，省尚书事，黄门侍郎一人，传发书奏，皆用姓族。自和熹太后以女主称制，不接公卿，乃以阉人为常侍，小黄门通命两宫。自此以来，权倾人主，穷困天下。宜皆罢遣，博选耆儒宿德与参政事。"帝怒，不应。穆伏不肯起，左右传出，良久，乃趋而去。自此中官数因事称诏诋毁之。穆素刚，不得意，居无几，愤懑发疽卒。

七年十二月，中常侍汝阳侯唐衡、武原侯徐璜皆卒。

八年春，中常侍侯览弟参为益州刺史，残暴贪婪，累赃亿计。太尉杨秉奏槛车征参，参于道自杀。阅其车重三百馀两，皆金银锦帛。秉因奏曰："臣案旧典，宦者本在给使省闼，司昏守夜，而今猥受过宠，执政操权。附会者因公褒举，违忤者求事中伤居法王公。富拟国家，饮食极肴膳，仆妾盈纨素。中常侍侯览弟参，贪残元恶，自取祸灭。览顾知衅重，必有自疑之意，臣愚以为不宜复见亲近。昔懿公刑邴郫之父，夺阎职之妻，而使二人参乘，卒有竹中之难。

得到无比的宠幸和尊贵,其子弟和亲戚,全都担任荣耀的职务,恣肆骄横,无人能加束缚禁止,致使国家穷困,百姓枯竭。微臣认为可以将他们全部罢黜裁减,恢复先朝制度,重新选录国内高洁淳朴而又通晓国家制度的人士,以补任缺下的职位,这样,万民就能蒙受圣明的教化。"桓帝未加采纳。后来,朱穆趁着晋见的机会,又口头陈述说:"臣下听说,汉王朝的传统典章制度,是设置侍中、中常侍各一名,负责省察尚书呈报的奏章,另设置黄门侍郎一名,传达圣旨,收受奏章,全部任命有声望的士族担任。自从和熹太后以女主的身份发布命令,不便于接待公卿,而任用宦官担任常侍,小黄门在皇帝宫和太后宫之间奔走联络。自此以后,宦官的权力几乎压倒了主上,天下贫穷困苦。应该将他们尽数罢黜遣退,广泛选用年老博学有德的儒者参与政事。"桓帝大怒,不予答应。朱穆伏地不肯起来,桓帝左右侍从斥他退下,过了许久,朱穆才躬身快步退出。自此以后,宦官屡次假借皇帝的名义诋毁朱穆。朱穆的性格一向刚直,因心中不如意,过了不久,便愤恨郁闷,生毒疮而死。

七年(164)十二月,中常侍汝阳侯唐衡、武原侯徐璜都去世了。

八年(165)春季,中常侍侯览的弟弟侯参任益州刺史,残暴贪婪,私财累至上亿。太尉杨秉上奏弹劾,侯参被囚车押解回京,半途中自杀。检查他所携带的三百多辆车,装满金银财帛。杨秉趁此上书说:"臣下考查先朝的典章制度,宦官本是在宫内听候差遣,负责看门守夜,如今他们得到过分宠幸,把持着朝廷权柄。依附他们的人,就能在朝廷征用人才时得到举荐;违逆他们的人,便被随便找借口诽谤中伤。他们的居处竟效仿王公,财富连朝廷也要逊色,他们的饮食极尽佳肴珍馐,奴仆侍妾全都穿着精致的绢衣。中常侍侯览的弟弟侯参,是贪婪残暴的首恶,自取灭亡。侯览自知罪恶深重,必定会恐惧不安,臣下愚昧地认为他不宜再被宠幸亲近。过去,齐懿公给邴歜的父亲加刑,又夺取阎职的妻子,却让他们两人陪同乘车,终于导致竹林中的大祸。

览宜急屏斥,投畀有虎,若斯之人,非恩所宥,请免官送归本郡。"书奏,尚书召对秉掾属,诘之曰:"设官分职,各有司存,三公统外,御史察内。今越奏近官,经典、汉制,何所依据?其开公具对。"秉使对曰:"《春秋传》曰:'除君之恶,唯力是视。'邓通懈慢,申屠嘉召通诘责,文帝从而请之。汉世故事,三公之职,无所不统。"尚书不能诘,帝不得已,竟免览官。司隶校尉韩缜因奏左悺罪恶,及其兄太仆南乡侯称请托州郡,聚敛为奸,宾客放纵,侵犯吏民。悺、称皆自杀。缜又奏中常侍具瑗兄沛相恭赃罪,征诣廷尉。瑗诣狱谢,上还东武侯印绶,诏贬为都乡侯,超及璜、衡袭封者并降为乡侯,子弟分封者悉夺爵土,刘普等贬为关内侯,尹勋等亦皆夺爵。

三月,宛陵大姓羊元群罢北海郡,赃污狼藉。郡舍溷轩有奇巧,亦载之以归。河南尹李膺表按其罪,元群行赂宦官,膺竟反坐。单超弟迁为山阳太守,以罪系狱,廷尉冯绲考致其死,中官相党,共飞章诬绲以罪。中常侍苏康、管霸,固天下良田美业,州郡不敢诘,大司农刘祐移书所在,依科品没入之。帝大怒,与膺、绲俱输作左校。

夏五月丙戌,太尉杨秉薨。秉为人清白寡欲,尝称"我有三不惑,酒、色、财也"。秉既没,所举贤良广陵刘瑜乃至京师上书言:"中官不当比肩裂土,竞立胤嗣,继体传爵。

侯览应该立即斥退,投入虎群之中,像这样的人,不能施恩恕罪,请求免去他的官职,遣送回乡。"奏章呈报后,尚书召来杨秉的属员,责问说:"朝廷设立官职,各有其职责范围,三公负责处理朝廷政务,御史负责监察官吏。现在,三公超越职限弹劾内宫官员,无论是经书典籍还是汉王朝制度,依靠的是什么根据?请公开做出详细的答复。"杨秉遣人回答说:"《春秋左传》说:'为君王铲除奸恶,要使出全身力量。'邓通松懈怠慢,申屠嘉召来邓通进行责问,文帝替他说情。汉王朝的传统制度是,三公的职责范围,无所不包。"尚书无法反驳。桓帝迫不得已,终于免去侯览的官职。司隶校尉韩缤趁机上奏指控左悺的罪恶,以及他的哥哥太仆南乡侯左称与州郡私相勾结,敛财为恶,门客仗势胡为,侵犯官吏和百姓。左悺、左称都自杀而死。韩缤又上奏弹劾中常侍具瑷的哥哥沛国相具恭贪赃枉法,桓帝下令将具恭召回京师,送到廷尉问罪。具瑷也到廷尉认罪,交还东武侯的印信,桓帝下诏将具瑷贬封为都乡侯,单超、徐璜、唐衡的爵位继承者也一并贬为乡侯,他们的子弟受到封爵的,全部取消爵位和食邑,刘普等被贬为关内侯,尹勋等也被取消了封爵。

三月,宛陵县世家大姓羊元群被免去北海郡太守职务,因贪赃枉法而声名狼藉。郡府的厕所修得十分精巧,当他免官归家时,连厕所都用车载运回家。河南尹李膺上奏请求审问他的罪行,羊元群贿赂宦官,李膺遭到诬告,被定"反坐"之罪。单超的弟弟单迁担任山阳郡太守,因犯法被囚于监狱,被廷尉冯绲严刑拷打致死,宦官互相结党,共同起草匿名信诬告冯绲。中常侍苏康、管霸,强买天下良田美宅,州郡官府不敢责问,大司农刘祐移寄文书给所在地方官府,依据法令一律没收。桓帝大怒,下诏将刘祐和李膺、冯绲一道送往左校营罚做苦役。

夏季五月丙戌(二十二日),太尉杨秉去世了。杨秉为人清白,毫无私欲,他曾经自称"我有三条不受迷惑:酒、色、财"。杨秉去世以后,他举荐的贤良、广陵人刘瑜,便到京师上书说道:"宦官不应当裂土分封,他们竞相选立养子,以继承爵位体面。

又,嬖女充积,冗食空宫,伤生费国。又第舍增多,穷极奇巧,掘山攻石,促以严刑。州郡官府,各自考事,奸情赇赂,皆为吏饵。民愁郁结,起入贼党,官辄兴兵,诛讨其罪,贫困之民,或有卖其首级以要酬赏,父兄相代残身,妻孥相视分裂。又陛下好微行近习之家,私幸宦者之舍,宾客市买,熏灼道路,因此暴纵,无所不容。惟陛下开广谏道,博观前古,远佞邪之人,放郑、卫之声,则政致和平,德感祥风矣。"诏特召瑜问灾咎之征,执政者欲令瑜依违其辞,乃更策以他事,瑜复悉心对八千馀言,有切于前。拜为议郎。

十一月,太尉陈蕃数言李膺、冯绲、刘祐之枉,请加原宥,升之爵任,言及反覆,诚辞恳切,以至流涕,帝不听。应奉上疏曰:"夫忠贤武将,国之心膂。窃见左校弛刑徒冯绲、刘祐、李膺等,诛举邪臣,肆之以法,陛下既不听察,而猥受谮诉,遂令忠臣同愆元恶,自春迄冬,不蒙降恕,遐迩观听,为之叹息。夫立政之要,记功忘失,是以武帝舍安国于徒中,宣帝征张敞于亡命。绲前讨蛮荆,均吉甫之功;祐数临督司,有不吐茹之节;膺著威幽、并,遗爱度辽。今三垂蠢动,王旅未振,乞原膺等,以备不虞。"书奏,乃悉免其刑。久之,李膺复拜司隶校尉。时小黄门张让弟朔为野王

此外，宫中美人充斥，坐吃山空，损害民生，耗费国库。同时，住宅房舍不断增多，讲求样式奇异灵巧，以严刑逼迫百姓为他们挖山取石。州郡官府，各管各事，为非作歹的人贿赂官吏，便都能逍遥法外。人民愁苦忧闷，群起投奔贼寇，官府便征调军队，讨伐他们的罪行，贫困的百姓，有的出卖自己的人头以向官府领取悬赏，父亲和兄弟互相代替伤残身体，妻子和儿女眼巴巴地看着亲人死去。此外，陛下喜欢微服出行，到左右亲近的人家里，私自驾幸宦官的宅第，宦官的门客到处兜售威权，把道路熏得乌烟瘴气，以此气焰骄纵，坏事干尽。希望陛下广开言路，多多考察古代的经验教训，疏远奸佞邪恶的人，禁绝郑国、卫国的靡靡之音，那么，朝政将达到和平，优良的德行，连吉祥的和风也要受到感动了。"桓帝下诏，特别征召刘瑜询问天象异常的迹象和预兆，执掌朝政的大臣想指使刘瑜回答得含糊其辞，便变更话题，问些别的事情，刘瑜又悉心回奏八千多字，而且言辞比头次更加率直。桓帝任命他为议郎。

十一月，太尉陈蕃好几次向桓帝申诉李膺、冯绲、刘祐他们的冤屈，请求桓帝宽宥他们，并恢复其官职，陈蕃反复陈述，言辞恳切，以至于涕泪交流，桓帝执拗不听。应奉上书说道："忠臣勇将，是国家的心腹和脊梁。臣下认为左校营散押刑徒冯绲、刘祐、李膺等人，声讨和检举奸臣，绳之以朝廷法度，陛下既不听取他们陈述，察明事情真相，又轻信谮言和诬告，便使得忠臣像元凶那样遭罪，由春到冬，仍然不能得到宽赦，远近的人们看到听到以后，为之叹息。治理国事的关键，在于记住臣下的功劳而不计较臣下的过失，所以武帝从囚徒中选拔出韩安国，宣帝在逃亡犯中征召张敞。冯绲从前征讨荆州叛蛮，有与尹吉甫同等的功劳；刘祐数次执法，有不惧强暴不欺弱者的气节；李膺的声威震动幽州、并州，留下久远的善名。如今三面边陲不够稳定，朝廷军队还没有振兴，请求陛下宽宥李膺等人，准备应付意外的局势。"奏章呈上后，桓帝下令全部免去他们的刑罚。很久以后，李膺又被任命为司隶校尉。当时小黄门张让的弟弟张朔担任野王

令，贪残无道，畏膺威严，逃还京师，匿于兄家合柱中。膺知其状，率吏卒破柱取朔，付雒阳狱，受辞毕，即杀之。让诉冤于帝，帝召膺诘以不先请便加诛之意。对曰："昔仲尼为鲁司寇，七日而诛少正卯。今臣到官已积一旬，私惧以稽留为愆，不意获速疾之罪。诚自知衅责，死不旋踵，特乞留五日，克殄元恶，退就鼎镬，始生之愿也。"帝无复言，顾谓让曰："此汝弟之罪，司隶何愆？"乃遣出。自此，诸黄门常侍皆鞠躬屏气，休沐不敢出宫省。帝怪问其故，并叩头泣曰："畏李校尉。"时朝廷日乱，纲纪颓弛，而膺独持风裁，以声名自高，士有被其容接者，名为"登龙门"云。

九年。初，帝为蠡吾侯，受学于甘陵周福，及即位，擢福为尚书。时同郡河南尹房植有名当朝，乡人为之谣曰："天下规矩房伯武，因师获印周仲进。"二家宾客，互相讥揣，遂各树朋徒，渐成尤隙。由是甘陵有南北部，党人之议自此始矣。

汝南太守宗资以范滂为功曹，南阳太守成瑨以岑晊为功曹，皆委心听任，使之褒善纠违，肃清朝府。滂尤刚劲，疾恶如仇。滂甥李颂素无行，中常侍唐衡以属资，资用为吏，滂寝而不召。资迁怒，捶书佐朱零，零仰曰："范滂清裁，今日宁受笞而死，滂不可违。"资乃止。郡中中人以下，莫不怨之。于是二郡为谣曰："汝南太守范孟博，南阳宗资

县令,贪污残暴,毫无德政,因畏惧李膺的严厉,逃回京师,躲藏在他哥哥家的合柱之中。李膺得知这事,率领吏士破开合柱,逮捕张朔,交付给雒阳监狱,审问完毕便立即处死。张让向桓帝喊冤,桓帝召来李膺,责问他为何不奏先斩。李膺回答说:"过去孔丘担任鲁国的大司寇,刚满七天便处死了少正卯。如今我到任已有十天,深怕时间太长没有作为而遭到责备,不料却因行动太快而获罪。臣下知道自己罪责严重,死在眼前,特此请求陛下准许我再留职五天,拿获元凶之后,然后甘受烹刑,我一生的愿望也就满足了。"桓帝不再言语,回过头对张让说:"这是你弟弟的罪过,司隶校尉有什么过失?"于是命令李膺退出。从此以后,各位黄门、常侍都恭敬谨慎,屏着气息,休假的日子也不敢走出宫门。桓帝惊奇地问是为何,他们一齐叩头哭道:"害怕李校尉。"当时,朝廷政治日益混乱,纲纪法度崩坏,只有李膺在维护朝纲,秉公执法,因此声望日高,读书的士人,能够被他容纳或接待的,称为"登龙门"。

九年(166)。当初,当桓帝还是蠡吾侯时,曾拜甘陵国人周福为师,当上皇帝后,擢升周福担任尚书。当时,周福同郡的河南郡长官房植在朝廷很有威望,乡里的人为他编了歌谣说:"天下为人正派,有房植;因为当帝师而获官,有周福。"两家的门客,互相讥笑攻击,于是各自培植党徒,逐渐结成怨仇。因此,甘陵国的士人,分成南北两派,有关党人的议论自此开始。

汝南郡太守宗资任命范滂担任功曹,南阳郡太守成瑨任命岑晊担任功曹,都是出自内心地信任他们,旨在让他们奖励善行,惩罚恶行,整顿肃清太守府的吏治。其中范滂尤其刚正不阿,疾恶如仇。范滂的外甥李颂一向没有德行,中常侍唐衡将他托付给汝南太守宗资,宗资任用李颂为吏,范滂却不肯召见李颂。宗资迁怒捶打书佐朱零,朱零扬着头说:"这是范滂不可变更的决断,今天我宁愿受笞打而死,也不会违背范滂的决定。"宗资方才作罢。郡中中等品行以下的人,没有不怨恨范滂的。于是,两郡传出歌谣说:"汝南郡的太守其实是范滂,南阳郡人宗资

主画诺。南阳太守岑公孝,弘农成瑨但坐啸。"

太学诸生三万馀人,郭泰及颍川贾彪为其冠,与李膺、陈蕃、王畅更相褒重。学中语曰:"天下模楷李元礼,不畏强御陈仲举,天下俊秀王叔茂。"于是中外承风,竞以臧否相尚,自公卿以下,莫不畏其贬议,屣履到门。

宛有富贾张汜者,与后宫有亲,又善雕镂玩好之物,颇以赂遗中官,以此得显位,用势纵横。岑晊与贼曹史张牧劝成瑨收捕汜等,既而遇赦,瑨竟诛之,并收其宗族、宾客,杀二百馀人,后乃奏闻。小黄门晋阳赵津贪暴放恣,为一县巨患。太原太守平原刘瓆使郡吏王允讨捕,亦于赦后杀之。于是中常侍侯览使张汜妻上书讼冤,宦者因缘谮诉瑨、瓆。帝大怒,征瑨、瓆,皆下狱。有司承旨,奏瑨、瓆罪当弃市。

山阳太守翟超以郡人张俭为东部督邮。侯览家在防东,残暴百姓。览丧母还家,大起茔冢。俭举奏览罪,而览伺候遮截,章竟不上。俭遂破览冢、宅,藉没资财,具奏其状,复不得御。徐璜兄子宣为下邳令,暴虐尤甚。尝求故汝南太守李暠女不能得,遂将吏卒至暠家,载其女归,戏射杀之。东海相汝南黄浮闻之,收宣家属,无少长悉考之。掾史以下固争,浮曰:"徐宣国贼,今日杀之,明日坐死,足以瞑目矣!"即案宣罪弃市,暴其尸。于是宦官诉冤于帝,帝大怒,超、浮并坐髡钳,输作左校。

只不过在文书上签字。南阳郡的太守其实是岑旺,弘农郡人成瑨只是闲坐吟咏。"

太学生共有三万多人,郭泰和颍川郡人贾彪为其中的佼佼者,这两人与李膺、陈蕃、王畅彼此赞扬倚重。太学中这样流传说:"天下的楷模是李膺,不畏强暴是陈蕃,天下俊才是王畅。"于是,朝廷内外承接这样的风气,竞相以品评善恶为时尚,自公卿以下的官员,无不害怕受到这种舆论的谴责和贬低,争先恐后地登门结交。

宛县有位富商名叫张汜,和后宫有点亲戚关系,又善于雕刻供人玩赏的物品,常常送给宦官当作礼物,因此而显贵起来,依仗权势,横行霸道。岑旺与贼曹史张牧劝说成瑨将张汜等逮捕,不久遇到朝廷大赦令颁布,成瑨竟然将张汜诛杀,并且收捕他的宗族和门客,处死了两百多人,事后才奏报朝廷。小黄门晋阳人赵津贪婪骄横,恣意放纵,是这个县的大祸害。太原郡太守平原郡人刘瓆派遣郡吏王允将赵津逮捕,也在大赦之后将他杀死。于是中常侍侯览指使张汜的妻子上书申辩冤屈,宦官趁机诬陷成瑨、刘瓆。桓帝大怒,将成瑨、刘瓆召回朝廷,投入监狱。有关官吏秉承宦官旨意,上奏说成瑨、刘瓆罪当斩首示众。

山阳郡太守翟超任命该郡人张俭为东部督邮。侯览家在防东县,残暴百姓。侯览在母亲去世时回家兴建巨大的坟墓。张俭上奏弹劾侯览的罪行,奏书被侯览在半途拦下,奏章无法呈递到朝廷。于是张俭摧毁侯览的墓冢和宅第,没收所有财产,详细奏报了情况,奏章仍然不能上达朝廷。徐璜的侄儿徐宣担任下邳县令,尤其残暴肆虐。他曾求娶汝南郡前任太守李暠的女儿为妻,目的没有达到,便率领吏卒到李暠家中,将他女儿载回家,作射箭游戏将她射杀。东海国相、汝南人黄浮得知此事,逮捕徐宣及其家室,无论老少一律加以拷打。掾史以下的属吏竭力劝阻,黄浮说:"徐宣是国家奸贼,今天杀掉他,明天坐罪抵命,死也可以瞑目了!"立即判处将徐宣斩首示众。于是宦官向桓帝鸣冤,桓帝大怒,翟超、黄浮均被判处髡刑,送到左校营罚做苦役。

太尉陈蕃、司空刘茂共谏，请瑨、瓆、超、浮等罪，帝不悦。有司劾奏之，茂不敢复言。蕃乃独上疏曰："今寇贼在外，四支之疾；内政不理，心腹之患。臣寝不能寐，食不能饱，实忧左右日亲，忠言日疏，内患渐积，外难方深。陛下超从列侯，继承天位，小家畜产百万之资，子孙尚耻愧失其先业，况乃产兼天下，受之先帝，而欲懈怠以自轻忽乎！诚不爱己，不当念先帝得之勤苦邪？前梁氏五侯，毒遍海内，天启圣意，收而戮之。天下之议，冀当小平。明鉴未远，覆车如昨，而近习之权复相扇结。小黄门赵津、大猾张汎等，肆行贪虐，奸媚左右。

"太原太守刘瓆、南阳太守成瑨纠而戮之，虽言赦后不当诛杀，原其诚心，在乎去恶，至于陛下，有何悁悁？而小人道长，营惑圣听，遂使天威为之发怒，必加刑谪，已为过甚，况乃重罚，令伏欧刀乎？又前山阳太守翟超、东海相黄浮，奉公不挠，疾恶如仇，超没侯览财物，浮诛徐宣之罪，并蒙刑坐，不逢赦恕。览之从横，没财已幸；宣犯衅过，死有馀辜。昔丞相申屠嘉召责邓通，雒阳令董宣折辱公主，而文帝从而请之，光武加以重赏，未闻二臣有专命之诛。而今左右群竖，恶伤党类，妄相交构，致此刑谴，闻臣是言，当复啼诉。陛下深宜割塞近习与政之源，引纳尚书朝省之士，简练清高，斥黜佞邪，如是天和于上，地洽于下，休祯符瑞，

太尉陈蕃、司空刘茂联名上谏,请求赦免成瑨、刘瓆、翟超、黄浮等人的罪,桓帝很不高兴。有关官吏对陈蕃和刘茂进行弹劾,刘茂不敢再说话。于是陈蕃单独上书说:"现在,外面的寇贼,不过是四肢的毛病;内部的事务不能治理,才是心腹大患。臣下寝食不安,实在是忧虑陛下的左右亲信受到更多的宠幸,忠言日见减少;内忧外患日见积累加重。陛下从列侯中超拔出来,继承帝位,即便是小民之家积蓄到百万家产,做子孙的尚且深以败坏祖先的产业为羞耻,何况陛下祖先的产业,兼有整个天下,承接着先帝的重托,却打算松懈怠惰,自己把它轻视呢!即令陛下果真不爱惜自己,难道不应当顾念先帝得到天下时的艰辛劳苦吗?从前,梁氏和五侯,毒害海内,上天启发陛下做出决断,将他们捕杀。天下百姓议论说,希望能过上一段太平的日子。前鉴不远,覆车如在昨天,但陛下身边亲信重新勾结成一股势力。小黄门赵津、大奸商张汜等人,恣意横行,贪婪暴虐,逢迎陛下左右亲信。

"前太原郡太守刘瓆、南阳郡太守成瑨将他们逮捕诛灭,虽说大赦之后不应杀戮,但追究他们的心意是在除恶,对陛下来说又何必如此忿怒?但奸佞小人的办法很多,他们迷惑陛下的视听,便使天威震怒,一定要处罚刘瓆等人,这就已经过分了,何况是重罚,让他们受刀斧之诛?另外,前任山阳郡太守翟超、东海国相黄浮秉公执法,不畏权贵,疾恶如仇。翟超籍没侯览家财,黄浮诛杀徐宣,都获罪受刑,不能得到赦免宽恕。侯览恣意胡为,只没收财产已是宽大,徐宣所犯之罪死有余辜。过去丞相申屠嘉召见邓通加以责骂,雒阳县令董宣屈辱公主,然而对前者文帝向之求情,对后者光武帝加以重赏,未曾听说两位臣子因擅权而处死。而今陛下左右的宦官群小,怨恨其党羽受到剪除,妄加陷害忠良,以致他们遭到如此处罚,他们听到臣下这些言论,必会再向陛下哭诉。陛下着实应切断、堵塞宦官参与朝政的本源,征引纳用尚书台和三省大臣,挑选节操坚贞的人士,斥退、废黜奸佞邪恶的人,如能这样,顺应上苍和大地,吉利祥瑞的征兆,

岂远乎哉?"帝不纳。宦官由此疾蕃弥甚,选举奏议辄以中诏谴却。长史已下多至抵罪,犹以蕃名臣,不敢加害。

平原襄楷诣阙上疏曰:"臣闻皇天不言,以文象设教。臣窃见太微,天廷五帝之坐,而金、火罚星扬光其中,于占天子凶,又俱入房、心,法无继嗣。前年冬大寒,杀鸟兽,害鱼鳖,城傍竹柏之叶有伤枯者。臣闻于师曰:'柏伤竹枯,不出二年,天子当之。'今自春夏以来,连有霜雹及大雨、雷电,臣作威作福,刑罚急刻之所感也。太原太守刘瓆,南阳太守成瑨,志除奸邪,其所诛剪,皆合人望。而陛下受阉竖之谮,乃远加考逮,三公上书乞哀瓆等,不见采察而严被谴让,忧国之臣,将遂杜口矣。

"臣闻杀无罪,诛贤者,祸及三世。自陛下即位以来,频行诛罚,梁、寇、孙、邓,并见族灭,其从坐者又非其数。李云上书明主所不当讳,杜众乞死谅以感悟圣朝,曾无赦宥,而并被残戮,天下之人咸知其冤。汉兴以来,未有拒谏诛贤,用刑太深如今者也。昔文王一妻,诞致十子;今宫女数千,未闻庆育,宜修德省刑,以广《螽斯》之祚。案春秋以来,及古帝王,未有河清。臣以为河者诸侯位也。清者属阳,浊者属阴,河当浊而反清者,阴欲为阳,诸侯欲为帝也。

难道需要很久才出现吗？"桓帝不加采纳。宦官从此十分痛恨陈蕃，凡是遇到他呈奏的选举贤能的奏章，就假称桓帝的圣旨严加谴责，并给退回。长史以下的官吏，很多被判处罪刑，只是由于陈蕃是声名卓著的大臣，未敢加以陷害。

平原郡人襄楷到宫门上书说："臣下听说，上天不会说话，而以天象变异显示它的旨意。臣下观察太微星，见天廷五方帝王的星座上，有金、火这样的罚星在其中闪烁，根据占卜，这是天子的凶象，并且金、火二罚星又串入房宿、心宿之中，占法说这是天子没有继承者。前年冬天，气候异常寒冷，鸟兽、鱼鳖都受冻而死，城边的竹林、柏树，有些枝叶枯萎而死。臣下从老师那儿听说：'柏树受伤，竹叶枯萎，不出两年，后果就在天子身上显示。'而今，自春夏以来，连续出现霜雹、大雨和雷电，这是臣子作威作福、刑罚严峻苛刻的反应。太原郡太守刘瓆、南阳郡太守成瑨，立志铲除奸佞邪恶，他们所诛杀剪灭的，都符合众人的愿望。但陛下受宦官的谄言迷惑，便将他们加以逮捕和拷打，三公上书苦苦请求宽赦刘瓆等人，不但没有被采纳，反而受到严厉的谴责，这样，担忧国事的人士，势必缄口无言。

"臣下听说，诛杀无辜和贤能的人，祸患将延及三世。自从陛下即位以来，频繁地进行诛杀惩罚，梁冀、寇荣、孙寿、邓万世等，都先后被全族处死，因牵连而坐罪的人，则不可计数。李云上书，圣明的君王不应加以忌讳，杜众请求和李云一同受死，只是希望以此感悟朝廷，结果，他们不仅没能得到赦免宽宥，反而一起遭到杀戮，天下的人都知道他们的冤枉。自从汉朝建立以来，从未有拒绝劝谏、诛杀贤能、用刑苛重像今天这样的。过去，文王只有一个妻子，就生了十个儿子；如今，宫中美女数千，却未曾听到庆祝生育的事，陛下应该修养德行，减少刑罚，使后嗣像螽斯一样的繁衍。考察春秋以后的时代，包括远古的帝王，黄河河水未曾清澈过。臣下认为，黄河象征诸侯的王位。河水清澄，属于阳刚；河水浑浊，属于阴柔，黄河的河水本当浑浊，却反而变得清澄，显示出阴柔将要变成阳刚，诸侯王国将要篡夺王位。

京房《易传》曰:'河水清,天下平。'今天垂异,地吐妖,人疠疫,三者并时,而有河清,犹春秋麟不当见而见,孔子书之以为异也。愿赐清闲,极尽所言。"书奏,不省。

十馀日,复上书曰:"臣闻殷纣好色,妲己是出,叶公好龙,真龙游廷。今黄门、常侍,天刑之人,陛下爱待,兼倍常宠,系嗣未兆,岂不为此?"书上,即召入,诏尚书问状。楷言:"古者本无宦臣,武帝末数游后宫,始置之耳。"尚书承旨,奏:"楷不正辞理,而违背经艺,假借星宿,造合私意,诬上罔事,请下司隶正楷罪法,收送雒阳狱。"帝以楷言虽激切,然皆天文恒象之数,故不诛,犹司寇论刑。

符节令汝南蔡衍、议郎刘瑜表救成瑨、刘瓆,言甚切厉,亦坐免官。瑨、瓆竟死狱中。瑨、瓆素刚直,有经术,知名当时,故天下惜之。岑晊、张牧逃窜获免。晊之亡也,亲友竞匿之,贾彪独闭门不纳,时人望之。彪曰:"传言:'相时而动,无累后人。'公孝以要君致衅,自遗其咎,吾已不能奋戈相待,反可容隐之乎?"于是咸服其裁正。

河内张成善风角,推占当赦,教子杀人。司隶李膺督促收捕,既而逢宥获免。膺愈怀愤疾,竟案杀之。成素以方伎交通宦官,帝亦颇讯其占。宦官教成弟子牢脩上书,告"膺等养太学游士,交结诸郡生徒,更相驱驰,共为部党,

京房《易传》说：'河水清澄，天下太平。'而今，天象出现异常，大地吐出妖怪，人间发生瘟疫，三者同时发生，而河水出现清澄的现象，这犹如春秋时代麒麟不该出现而出现，孔子将它记录下来，认为是怪异的事。如果承蒙陛下空闲时召见臣下，臣下将详尽地进行陈述。"奏书呈上，桓帝没有理会。

过了十多天，襄楷再次上书说："臣下听说，殷纣王喜好女色，于是出现妲己，叶公喜欢龙，于是真龙在庭院中游走。如今，黄门、常侍，都是上天惩罚和阉割的人，陛下宠爱善待他们，超过普通的宠爱数倍，没有出现子嗣的征兆，岂不是因为这个原因？"奏书呈上，襄楷立即被桓帝召入宫中，诏令由尚书向襄楷询问情状。襄楷说："古代本没有宦官，武帝末年多次宴游后宫，才开始设置。"尚书秉承宦官旨意，向桓帝启奏："襄楷的言辞道理不正确，违背经书典籍，假借上天星宿，附合个人想法，诬蔑皇上，蒙蔽事实，请求将襄楷交付司隶校尉定罪，收捕押送雒阳监狱。"桓帝认为襄楷的言论虽然激烈尖锐，但都是天文星象的演变，所以不杀襄楷，只判了两年徒刑。

符节令汝南郡人蔡衍、议郎刘瑜，上书营救成瑨、刘质，言辞十分尖锐严厉，也获罪免去官职。成瑨、刘质竟然死在狱中。成瑨、刘质一向性格刚直，通晓经术，在当时十分知名，所以，天下的人惋惜他们。岑晊、张牧逃亡在外，幸免于难。岑晊逃亡时，亲友们竞相藏匿他，唯独贾彪关起门不肯接纳，当时的人们怨怪他。贾彪说："《左传》说：'等待时机到来再行动，不要连累他人。'岑晊胁迫长官而招致灾祸，是自己遗害自己，我固然不能挥动兵器来对待他，岂可反倒包容隐匿他呢？"于是，人们都佩服他决裁公正。

河内人张成精通占候之术，算出将要大赦，指使儿子杀人。司隶校尉李膺督促属吏逮捕他们，不久果逢大赦免罪。李膺更气愤，竟将他们处斩。张成一向凭占候术与宦官结交，桓帝也偶尔向他询问占候。宦官指使张成弟子牢脩上书，诬告"李膺等人蓄养太学的游士，结交各郡学生和门徒，互相标榜，结成朋党，

诽讪朝廷，疑乱风俗"。于是天子震怒，班下郡国，逮捕党人，布告天下，使同忿疾。案经三府，太尉陈蕃却之曰："今所案者，皆海内人誉，忧国忠公之臣，此等犹将十世宥也，岂有罪名不章而致收掠者乎？"不肯平署。帝愈怒，遂下膺等于黄门北寺狱，其辞所连及，太仆颍川杜密、御史中丞陈翔及陈寔、范滂之徒二百馀人。或逃遁不获，皆悬金购募，使者四出相望。陈寔曰："吾不就狱，众无所恃。"乃自往请囚。范滂至狱，狱吏谓曰："凡坐系者，皆祭皋陶。"滂曰："皋陶古之直臣，知滂无罪，将理之于帝，如其有罪，祭之何益？"众人由此亦止。陈蕃复上书极谏，帝讳其言切，托以蕃辟召非其人，策免之。

　　时党人狱所染逮者，皆天下名贤。度辽将军皇甫规自以西州豪桀，耻不得与，乃自上言："臣前荐故大司农张奂，是附党也。又臣昔论输左校时，太学生张凤等上书讼臣，是为党人所附也。臣宜坐之。"朝廷知而不问。张凤等上书事见《诸羌叛服》。

　　永康元年五月，陈蕃既免，朝臣震栗，莫敢复为党人言者。贾彪曰："吾不西行，大祸不解。"乃入雒阳说城门校尉窦武、尚书魏郡霍谞等，使讼之。武上疏曰："陛下即位以来，未闻善政。常侍、黄门，竞行谲诈，妄爵非人。伏寻西京，佞臣执政，终丧天下。今不虑前事之失，复循覆车之轨，臣恐二世之难必将复及，赵高之变不朝则夕。近者奸

诽谤讥讽朝廷，迷惑和扰乱风俗"。因此桓帝大为震怒，诏令各郡和封国，逮捕党人，向天下颁布公告，使大家共同忿恨党人。公文经过三府，太尉陈蕃将诏书退回，说："这次所搜捕的，都是海内享有盛名、忧国忠诚的大臣，这些人都是应该赦免十次的人，岂能连罪名都不清楚便加以逮捕拷问？"不肯签署。桓帝更加发怒，便将李膺等人投入黄门北寺狱中。李膺等人的供词牵连到太仆、颍川人杜密，御史中丞陈翔，以及陈寔、范滂的门徒两百多人。有的人事先逃走，未能抓获，朝廷便悬赏缉拿，为此而派出的使者到处可见。陈寔说："我不去监狱，众人就无所依托。"便亲自前往监狱请求囚禁。范滂到监狱时，狱卒对他说："凡获罪入狱的囚犯，都要祭拜皋陶。"范滂说："皋陶是古代的正直大臣，如果知道我无罪，将会代我向天帝申诉；如果我犯了罪，祭拜他又有什么用处？"众人因此也停止祭祀。陈蕃再次上书极力规劝桓帝，桓帝忌讳他言辞尖锐，假托因为陈蕃推荐征召的人不称职，下诏免除陈蕃的官职。

当时因党人案而牵连入狱的人，都是天下知名的贤才。度辽将军皇甫规认为自己是西州的豪杰，耻于自己没有被牵连进去，就上书说："臣下先前举荐了前任司农张奂，这是依附党人。另外，臣下过去被送到左校营罚做苦役时，太学生张凤等人上书为臣下申诉，这是被党人所依附。臣下应该坐罪。"朝廷知道后，也不过问。张凤等上书事见《诸羌叛服》。

永康元年（167）五月，陈蕃已经被罢免，朝中大臣都为此震惊恐惧，没有人敢再为党人说话了。贾彪说："我如果不西入都城雒阳，大祸就不能免除。"于是来到雒阳，说服城门校尉窦武、尚书魏郡人霍谞等人，使他们出面营救。窦武上书说道："陛下即位以来，还没听说施行过什么善政。常侍、黄门，竞相要弄奸计，随意把爵位赐给不合适的人。回忆西京长安时代，奸臣执掌朝政，终于失去了天下。如今陛下不但不考虑到惨遭失败的前事，反而又踏上使车辆翻覆的轨道，臣下我很担心秦二世覆亡的灾难必定要再次出现，赵高一类的变乱早晚将要发生。最近，奸

臣牢脩造设党议,遂收前司隶校尉李膺等逮考,连及数百人,旷年拘录,事无效验。臣惟膺等建忠抗节,志经王室,此诚陛下稷、契、伊、吕之佐,而虚为奸臣贼子之所诬枉,天下寒心,海内失望。惟陛下留神澄省,时见理出,以厌人鬼喁喁之心。今台阁近臣尚书朱寓、荀绲、刘祐、魏朗、刘矩、尹勋等,皆国之贞士,朝之良佐;尚书郎张陵、妫皓、苑康、杨乔、边韶、戴恢等,文质彬彬,明达国典,内外之职,群才并列。而陛下委任近习,专树饕餮,外典州郡,内斡心膂,宜以次贬黜,案罪纠罚;信任忠良,平决臧否,使邪正毁誉,各得其所,宝爱天官,唯善是授,如此,咎征可消,天应可待。间者有嘉禾、芝草、黄龙之见。夫瑞生必于嘉士,福至实由善人,在德为瑞,无德为灾。陛下所行,不合天意,不宜称庆。”

书奏,因以病上还城门校尉、槐里侯印绶。霍谞亦为表请。帝意稍解,使中常侍王甫就狱讯党人范滂等,皆三木囊头,暴于阶下。甫以次辨诘曰:“卿等更相拔举,迭为唇齿,其意如何?”滂曰:“仲尼之言‘见善如不及,见恶如探汤’,滂欲使善善同其清,恶恶同其污,谓王政之所愿闻,不悟更以为党。古之修善,自求多福;今之修善,身陷大戮。身死之日,愿埋滂于首阳山侧,上不负皇天,下不愧夷、齐。”

臣牢脩捏造朋党的说法，便逮捕了前任司隶校尉李膺等人入狱，并加拷打，牵连达数百人，经过一年的拘禁审查，此事并没有确切的证据。臣下认为李膺等人忠心耿耿，操节高守，他们真正是陛下的后稷、商契、伊尹、吕尚一类的辅臣，却被罗织罪名，为奸臣贼子所诬陷冤枉，天下的人为之心寒，四海之内大失所望。唯有请陛下留心考察澄清，立即予以释放，以压服天地人鬼议论的心情。而今，尚书台的亲近大臣朱寓、荀绲、刘祐、魏朗、刘矩、尹勋等人，都是国家的忠贞之士，朝廷的辅佐大臣；尚书郎张陵、妫皓、苑康、杨乔、边韶、戴恢等人，举止文雅，性情质朴，通晓国家的典章制度，朝廷内外的文武官员，英才济济。然而，陛下偏偏信任左右的亲信，培植贪婪小人，在外主持州郡事务，在内作为心腹周旋，陛下应该将宦官陆续贬谪和罢黜，调查和审问他们的罪状，加以惩罚；其次，信任忠良的臣子，公平地断决善恶是非，使正直和邪恶、赞誉和毁谤归于各自的位置，珍惜和爱护职位，将其授予善人，果真这样的话，天象变异的征兆可以消除，上天的祥瑞征兆指日可待。近来，间或也有嘉禾、灵芝草、黄龙出现，但是，祥瑞的产生必定在于贤明人士，福祐的实在必然依赖善良的人，有德行便是祥瑞，无德行便是灾祸。陛下的行为，不符合天意，不应该庆贺。"

奏章呈上，窦武称病辞职，交还城门校尉、槐里侯的印信。霍谞也上书为党人申诉。桓帝的怒意稍缓解，派中常侍王甫前往监狱审讯党人范滂等，范滂等人都戴着木制颈枷、手枷和脚枷，头上套着布袋，在台阶下暴晒。王甫挨次诘问他们说："你们各位互相选拔推举，像嘴唇和牙齿一样相勾结，用意是什么？"范滂回答："孔子说'看见善，学习都来不及；看见恶，就好像伸手到沸水中'，我希望通过奖励善良而使行善之人一样清洁，通过惩治丑恶而使行恶之人同样污浊，本以为朝廷是鼓励这样做的，不料却说这是结党。古代人修炼善行，希望为自己带来更多的福祉；当代人修炼善行，却使自己陷入死罪。我死后，希望将我的尸首埋在首阳山脚，以求上不辜负皇天，下不愧对伯夷、叔齐。"

甫憫然，为之改容，乃得并解桎梏。李膺等又多引宦官子弟，宦官惧，请帝以天时宜赦。六月庚申，赦天下，改元。党人二百馀人皆归田里，书名三府，禁锢终身。

范滂往候霍谞而不谢。或让之，滂曰："昔叔向不见祁奚，吾何谢焉？"滂南归汝南，南阳士大夫迎之者车数千两，乡人殷陶、黄穆侍卫于旁，应对宾客。滂谓陶等曰："今子相随，是重吾祸也！"遂遁还乡里。

初，诏书下举钩党，郡国所奏相连及者，多至百数，唯平原相史弼独无所上。诏书前后迫切，州郡髡笞掾史。从事坐传舍责曰："诏书疾恶党人，旨意恳恻。青州六郡，其五有党，平原何治，而得独无？"弼曰："先王疆理天下，画界分境，水土异齐，风俗不同。他郡自有，平原自无，胡可相比？若承望上司，诬陷良善，淫刑滥罚，以逞非理，则平原之人户可为党。相有死而已，所不能也。"从事大怒，即收郡僚职送狱，遂举奏弼。会党禁中解，弼以俸赎罪，所脱者甚众。

窦武所荐，朱寓沛人，苑康勃海人，杨乔会稽人，边韶陈留人。乔容仪伟丽，数上言政事，帝爱其才貌，欲妻以公主，乔固辞不听，遂闭口不食，七日而死。

十二月丁丑，帝崩于德阳前殿。城门校尉窦武议立嗣，

王甫深为感动，面色为之改变，范滂等人便得以全部解开枷锁。李膺等人在口供中又故意牵连许多宦官的子弟，宦官们感到恐惧，奏请桓帝，以顺应天时，进行大赦。六月庚申（初八），桓帝下诏大赦天下，并更改年号。党人约两百多人全部遣送回乡，将他们的姓名呈报三府，终身不准录用为官。

范滂前往问候霍谞，却没有谢他上书搭救之恩。有的人指责他，范滂说："过去，叔向没去见祁奚感谢他替自己向范宣子申诉的恩德，我又何必道谢呢？"范滂南归汝南郡，当地士大夫乘车迎接他的达数千辆，他的同乡殷陶、黄穆在身边充当侍卫，并应接客人。范滂对殷陶等人说："今天你们跟随我，是加重我的灾祸！"于是，他悄悄地归还乡里。

当初，桓帝下诏检举和搜捕党人，各郡及封国奏报检举所牵连的人，多达数百，只有平原国相史弼什么也没有奏报。诏书多次下达，急迫催促，有些州郡的掾史，甚至受到髡刑和鞭刑。青州从事坐在平原国的传舍，质问史弼说："诏书中痛恨党人，皇帝的旨意诚恳痛切。青州共有六个郡，其中五郡都有党人，平原国是如何治理的，能够一个党人也没有？"史弼回答说："先王治理天下，划出界限，水土和风俗各不相同。别的郡有的，平原郡恰恰没有，怎可相互比较？ 如果仰承顺从上司，诬陷忠良无辜的人，滥用刑罚，以达到无理的目的，那么，平原郡的人家，户户都有党人。身为国相，不过一死而已，但这种事是不做的。"青州从事大怒，立即逮捕郡府的所有属吏，押送监狱，然后上书弹劾史弼。正值桓帝下诏解除党禁，史弼用俸禄赎罪，他所解救的人很多。

窦武所推荐的人有：朱㝢，沛国人；苑康，勃海郡人；杨乔，会稽郡人；边韶，陈留郡人。杨乔容貌俊秀，身材魁伟，屡次上书议论政事，桓帝喜爱他的才貌，想把公主嫁给他，杨乔坚决推辞，桓帝不允许，于是杨乔绝食，七日后死去。

十二月丁丑（二十八日），汉桓帝刘志在德阳前殿里面驾崩。城门校尉窦武等人聚集大臣们来商议确定皇位继承人，

召侍御史河间刘儵问以国中宗室之贤者，儵称解渎亭侯宏。宏者，河间孝王之曾孙也，祖淑、父苌，世封解渎亭侯。武乃入白太后，定策禁中，以儵守光禄大夫，与中常侍曹节并持节将中黄门、虎贲、羽林千人奉迎宏，时年十二。

灵帝建宁元年春正月壬午，以城门校尉窦武为大将军。前太尉陈蕃为太傅，与武及司徒胡广参录尚书事。

时新遭大丧，国嗣未立，诸尚书畏惧，多托病不朝。陈蕃移书责之曰："古人立节，事亡如存。今帝祚未立，政事日蹙，诸君奈何委荼蓼之苦，息偃在床，于义安乎？"诸尚书惶怖，皆起视事。

己亥，解渎亭侯至夏门亭，使窦武持节以王青盖车迎入殿中。庚子，即皇帝位。

六月癸巳，录定策功，封窦武为闻喜侯，武子机为渭阳侯，兄子绍为鄠侯，靖为西乡侯，中常侍曹节为长安乡侯，侯者凡十一人。

涿郡卢植上书说武曰："足下之于汉朝，犹旦、奭之在周室。建立圣主，四海有系，论者以为吾子之功，于斯为重。今同宗相后，披图案牒，以次建之，何勋之有？岂可横叨天功以为己力乎？宜辞大赏，以全身名。"武不能用。植身长八尺二寸，音声如钟，性刚毅，有大节。少事马融，融性豪侈，多列女倡歌舞于前，植侍讲积年，未尝转眄，融以是敬之。

太后以陈蕃旧德，特封高阳乡侯。蕃上疏让曰："臣闻

召请侍御史、河间人刘儵,询问刘姓皇族中的贤才,刘儵举荐解渎亭侯刘宏。刘宏,是河间孝王的曾孙,祖父刘淑、父亲刘苌,世代都封为解渎亭侯。于是窦武进宫禀告太后,在禁宫中决策,任命刘儵为光禄大夫,和中常侍曹节一起掌管符节,率中黄门、虎贲士、羽林军共一千人前往迎接刘宏,当时刘宏年仅十二岁。

灵帝建宁元年(168)春季正月壬午(初三),任命城门校尉窦武为大将军。任命前任太尉陈蕃为太傅,和窦武以及司徒胡广统领尚书台事宜。

当时,正逢桓帝的大丧,皇位继承人还未确立,尚书们心中恐惧,大多假托生病不上朝。陈蕃写信责备他们说:"古人树立名节,在君王死时,仍如活着时一样事奉他。如今,新帝还未即位,朝廷政事更加紧迫,各位怎能离开这种艰苦的处境,而躺在床上休息呢?从道义上来讲,你们心安吗?"尚书们惊惶恐惧,都起来入朝处理政事。

己亥(二十日),解渎亭侯抵达夏门亭,太后命窦武手持符节,用青盖车将刘宏迎入宫中。庚子(二十一日),刘宏登上皇帝位。

六月癸巳(十七日),灵帝论定策之功,赐封窦武为闻喜侯,窦武的儿子窦机为渭阳侯,侄子窦绍为鄠侯,窦靖为西乡侯,中常侍曹节为长安乡侯,得到侯爵的共有十一人。

涿郡人卢植上书劝窦武说:"阁下在汉朝的地位,犹如姬旦、姬奭在周王朝的地位。拥戴圣明的君王,全国有了维系,论政者认为您的功劳,于此为大。同一个宗室,前后继承,您所做的,只是按照谱牒的顺序确立皇帝的人选,这又有什么功劳呢?岂可无端地贪天之功,以为是自己的力量?建议您推辞掉朝廷加给你的重赏,以保全身份和名誉。"窦武不能采纳。卢植身高八尺二寸,声音大如洪钟,性情刚正坚毅,有大气节。他少年时追随马融,马融性格豪放不拘,常常让成队的伎女在跟前唱歌跳舞,卢植在座下听讲多年,未曾斜视顾盼,马融因此敬重他。

窦太后因为陈蕃曾经对她有拥立登位的旧时恩情,便特别赐封陈蕃为高阳乡侯。陈蕃不肯接受,上书辞谢说:"臣下听说

割地之封，功德是为。臣虽无素洁之行，窃慕君子'不以其道得之，不居也'。若受爵不让，掩面就之，使皇天振怒，灾流下民，于臣之身，亦何所寄？"太后不许，蕃固让，章前后十上，竟不受封。

初，窦太后之立也，陈蕃有力焉。及临朝，政无大小，皆委于蕃。蕃与窦武同心戮力，以奖王室，征天下名贤李膺、杜密、尹勋、刘瑜等，皆列于朝廷，与共参政事。于是天下之士，莫不延颈想望太平。而帝乳母赵娆及诸女尚书，旦夕在太后侧，中常侍曹节、王甫等共相朋结，谄事太后，太后信之，数出诏命，有所封拜。蕃、武疾之，尝共会朝堂，蕃私谓武曰："曹节、王甫等，自先帝时操弄国权，浊乱海内，今不诛之，后必难图。"武深然之。蕃大喜，以手椎席而起。武于是引同志尚书令尹勋等共定计策。

会有日食之变，蕃谓武曰："昔萧望之困一石显，况今石显数十辈乎？蕃以八十之年，欲为将军除害，今可因日食斥罢宦官，以塞天变。"武乃白太后曰："故事，黄门、常侍但当给事省内门户，主近署财物耳。今乃使与政事，任重权，子弟布列，专为贪暴。天下匈匈，正以此故，宜悉诛废以清朝廷。"太后曰："汉元以来，故事世有宦官，但当诛其有罪者，岂可尽废邪？"时中常侍管霸颇有才略，专制省内，武先白收霸及中常侍苏康等皆坐死。武复数白诛曹节等，

大凡割地相封，应以功劳德行为标准。臣下虽然没有清白廉洁的品行，但私下倾慕正直君子'不是凭正当方法得到的东西，不能接受'的教诲。如果臣下接受封爵而不辞让，捂着面孔坐上这个位置，将使皇天震怒，降下灾祸于黎民百姓，这对于我的身体，又有何处可以安托？"太后不允，陈蕃坚决辞让，前后共上了十次奏章，最终还是不肯接受封爵。

当初，窦太后册封为皇后，陈蕃出过大力。到她临朝主事时，不论大小政事，全部交给陈蕃处理。陈蕃和窦武同心合力，辅佐王室，征召天下闻名的贤才李膺、杜密、尹勋、刘瑜等人，让他们进入朝廷，共同商讨政事。于是，天下的士人，无不伸长脖子盼望太平盛世的到来。然而，灵帝的乳母赵娆和各位女尚书，朝夕围在太后身边，中常侍曹节、王甫等人和她们互相勾结，结为朋党，奉承窦太后，得到窦太后的信任，屡次颁布诏书，封官拜爵。陈蕃、窦武对此十分痛恨，有一次在朝廷上共商政事时，陈蕃悄悄对窦武说："曹节、王甫等人，从先帝时起就操纵国家大权，扰乱天下，今天如果不铲除他们，他日必定更难下手。"窦武十分赞同他的意见。陈蕃大喜，双手拍席而起。于是，窦武联合志同道合的尚书令尹勋等人，共同商定计策。

这时，正逢发生日食的灾变，陈蕃对窦武说："过去，萧望之困在一个石显手里，何况今天有数十个石显？我今年以八十岁的年龄，想帮助将军铲除祸害，如今正可以借用日食的灾变，斥退和废黜宦官，以消除天象的变异。"于是窦武禀告窦太后说："根据传统制度，黄门、常侍只应在宫内负责管理门户，保管宫中财物。如今却让他们参与政事，委以大权，家人子弟遍布天下，专事贪污残暴。天下议论纷纷，正是因为这个缘故，应该将他们全部诛杀或废黜，以肃清朝廷。"窦太后说："汉朝建立以来，依照传统的典章制度，代代都有宦官，只是应当诛杀其中有罪的人，怎么可以全部都消灭呢？"当时，中常侍管霸很有才略，在禁宫中独断专行，窦武先奏请太后逮捕管霸和中常侍苏康等人，得到准许，这些人都坐罪处死。窦武又很多次奉请太后诛杀曹节等人，

太后尤豫未忍，故事久不发。蕃上疏曰："今京师嚣嚣，道路喧哗，言侯览、曹节、公乘昕、王甫、郑飒等，与赵夫人、诸尚书并乱天下，附从者升进，忤逆者中伤，一朝群臣如河中木耳，泛泛东西，耽禄畏害。陛下今不急诛此曹，必生变乱，倾危社稷，其祸难量。愿出臣章，宣示左右，并令天下诸奸知臣疾之。"太后不纳。

是月，太白犯房之上将，入太微。侍中刘瑜素善天官，恶之，上书皇太后曰："案占书，宫门当闭，将相不利，奸人在主傍。愿急防之。"又与武、蕃书，以"星辰错缪，不利大臣，宜速断大计"。于是武、蕃以朱寓为司隶校尉，刘祐为河南尹，虞祁为雒阳令。武奏免黄门令魏彪，以所亲小黄门山冰代之，使冰奏收长乐尚书郑飒送北寺狱。蕃谓武曰："此曹子便当收杀，何复考为。"武不从，令冰与尹勋、侍御史祝瑨杂考。飒辞连及曹节、王甫，勋、冰即奏收节等，使刘瑜内奏。

九月辛亥，武出宿归府。典中书者先以告长乐五官史朱瑀，盗发武奏，骂曰："中官放纵者自可诛耳，我曹何罪，而当尽见族灭？"因大呼曰："陈蕃、窦武奏白太后废帝，为大逆！"乃夜召素所亲壮健者长乐从官史共普、张亮等十七人，歃血共盟，谋诛武等。曹节白帝曰："外间切切，请出御德阳前殿。"令帝拔剑踊跃，使乳母赵娆等拥卫左右，取棨信，

太后犹豫不决，不忍批准，所以拖了许久没有采取行动。陈蕃上书说："如今，京师人心不安，道路上行人喧哗，传言侯览、曹节、公乘昕、王甫、郑飒等人，与赵夫人和许多女尚书共同扰乱天下，依附追随的人得到升官进爵，反抗不从的人受到中伤诬陷，满朝文武官员，犹如河水里的木头，一会儿漂到东，一会儿漂到西，只贪图俸禄，担心受到迫害。陛下现在如果不立即诛灭此辈，日后必生变乱，危害国家，那时，灾祸就难以计量了。希望把臣下的奏章宣读昭示给左右，并且让天下的奸佞们知道我对他们深恶痛绝。"太后不予采纳。

同月，金星侵犯房宿的上将星，并深入太微星座。侍中刘瑜一向精通天文星象，对此感到厌恶，向皇太后上书说："根据占卜的书，天上出现这种星象，宫门应当关闭，对朝中文武大臣不利，奸人出现在君王身旁。希望立即加强防备。"同时，写信给窦武、陈蕃，指出"星辰错乱，对大臣不利，应该迅速确定大计"。于是，窦武、陈蕃任命朱寓担任司隶校尉，刘祐担任河南尹，虞祁担任雒阳县令。窦武上奏免去黄门令魏彪的官职，让所亲信的小黄门山冰接替他的官职，然后由山冰上奏请求逮捕长乐尚书郑飒，送北寺监狱囚禁。陈蕃对窦武说："这些家伙既已抓住，便应立即诛杀，怎么还要再拷问？"窦武没有听从，命令山冰和尹勋、侍御史祝瑨共同审问郑飒。郑飒的供词中，牵连到曹节、王甫，尹勋、山冰立即上奏请求逮捕曹节等人，奏章交由刘瑜呈递。

九月辛亥(初七)，窦武将朝中的事情处理完毕之后，回府去休息。负责管理奏章的宦官将这个消息告诉长乐五官史朱瑀，朱瑀秘密拆阅窦武的奏章，骂道："宦官中恣意胡为的人，自然应该诛杀，我们有什么罪行，而应当全部遭到灭族之祸呢？"于是大声呼喊说："陈蕃、窦武奏请皇太后废掉皇帝，真是大逆不道！"于是连夜召集平时关系亲密而身体健壮的长乐从官史共普、张亮等共十七人，歃血盟誓，谋划诛杀窦武等人。曹节报告灵帝说："外面情况危急，请陛下去德阳前殿。"并叫灵帝拔出佩剑，做出激越奋起的样子，让乳母赵娆等拥绕在灵帝左右，并且取出符信，

闭诸禁门，召尚书官属，胁以白刃，使作诏板，拜王甫为黄门令，持节至北寺狱，收尹勋、山冰。冰疑，不受诏，甫格杀之，并杀勋，出郑飒，还兵劫太后，夺玺绶。令中谒者守南宫，闭门绝复道。使郑飒等持节及侍御史谒者捕收武等。武不受诏，驰入步兵营，与其兄子步兵校尉绍共射杀使者，召会北军五校士数千人屯都亭，下令军士曰："黄门、常侍反，尽力者封侯重赏。"陈蕃闻难，将官属诸生八十馀人，并拔刃突入承明门，到尚书门，攘臂呼曰："大将军忠以卫国，黄门反逆，何云窦氏不道邪？"

王甫时出与蕃相遇，适闻其言而让蕃曰："先帝新弃天下，山陵未成，武有何功，兄弟父子并封三侯？又设乐饮宴，多取掖廷宫人。旬日之间，赀财巨万。大臣若此，为是道邪？公为宰辅，苟相阿党，复何求贼？"使剑士收蕃，蕃披剑叱甫，辞色逾厉，遂执蕃送北寺狱。黄门从官驺蹋跞蕃曰："死老魅，复能损我曹员数、夺我曹禀假不？"即日杀之。时护匈奴中郎将张奂征还京师，曹节等以奂新至，不知本谋，矫制以少府周靖行车骑将军、加节，与奂率五营士讨武。夜漏尽，王甫将虎贲、羽林等合千馀人出屯朱雀掖门，与奂等合，已而悉军阙下，与武对陈。甫兵渐盛，使其士大呼武军曰："窦武反，汝皆禁兵，当宿卫宫省，何故随反者乎？先降有赏。"营府素畏服中官，于是武军稍稍归甫，自旦至食时，兵降略尽。武、绍走，诸军追围之，皆自杀，枭首

关闭各个宫门，召来尚书台属官，以利刃相威胁，让他们撰写诏书，任命王甫为黄门令，带符信到北寺监狱逮捕尹勋、山冰。山冰心中怀疑，拒不受诏，王甫将他击杀，又杀死尹勋，放郑飒出狱，随后率兵回宫，劫持皇太后，夺取镇国玺印。又命中谒者守卫南宫，紧闭宫门，切断复道。派郑飒等人带上符节，率领侍御史、谒者，前去逮捕窦武等。窦武不肯接受诏书，骑马进入步兵营，与侄子步兵校尉窦绍一起射杀了使者，然后，召集会合北军五校将士数千人驻扎在都亭，对士兵下令说："黄门、常侍谋反，全力作战者加以封侯和重赏。"陈蕃听说发生事变，率领属官和门生八十多人，一起拔出刀剑，闯入承明门，到达尚书台大门，挥臂高呼："大将军忠心为国，宦官反叛，怎能说窦家大逆不道呢？"

王甫这时正好出来遇见，恰好听到他的话，因而斥责陈蕃说："先帝刚刚去世，陵墓还没修好，窦武有什么功劳，父子兄弟中三人同时封侯？窦武家中，设置乐队，大摆宴席，挑选许多宫中美女陪伴。十日之间，就积聚起巨万家财。作为朝廷大臣，这种行为，不是无道吗？你是宰辅大臣，苟且互相结党，还去哪里捉拿奸贼？"命令武士逮捕陈蕃，陈蕃拔剑斥责王甫，言辞和声色无比严厉，但武士们终于把陈蕃逮捕起来，送往北寺监狱囚禁。黄门从官踢着陈蕃，得意扬扬地说："死老怪，还能不能裁减我们的人数，克扣我们的俸禄和借贷？"当日便杀死了陈蕃。这时，护匈奴中郎将张奂被召回京师，曹节等人因为张奂刚刚来到，不了解政变的内幕，于是假传圣旨，任命少府周靖为车骑将军，加符节，和张奂率领五营将士征讨窦武。天已微明，王甫率领虎贲士、羽林军共约数千人进驻朱雀掖门，同张奂汇合，不久全部抵达宫廷正门，和窦武对阵。这时，王甫的兵力渐多，他命令士兵对窦武的军队大声呼喊说："窦武反叛朝廷，你们都是禁军，应当保卫皇宫，为何追随谋反的人？先投降的有赏！"北军五营校尉府的官兵素来畏惧和归服宦官，于是窦武军中有些人投奔王甫，从拂晓到早饭的工夫，几乎全部归降。窦武、窦绍被迫逃走，各路兵马纷纷追击和围堵他们，两人都自杀身亡，人头被砍下挂在

雒阳都亭。收捕宗亲、宾客、姻属悉诛之，及侍中刘瑜、屯骑校尉冯述皆夷其族。宦官又谮虎贲中郎将河间刘淑、故尚书会稽魏朗，云与武等通谋，皆自杀。迁皇太后于南宫，徙武家属于日南。自公卿以下，尝为蕃、武所举者，及门生、故吏，皆免官禁锢。议郎勃海巴肃始与武等同谋，曹节等不知，但坐禁锢，后乃知而收之。肃自载诣县，县令见肃，入阁，解印绶，欲与俱去。肃曰："为人臣者，有谋不敢隐，有罪不逃刑。既不隐其谋矣，又敢逃其刑乎？"遂被诛。

曹节迁长乐卫尉，封育阳侯。王甫迁中常侍，黄门令如故。朱瑀、共普、张亮等六人皆为列侯，十一人为关内侯。于是群小得志，士大夫皆丧气。

蕃友人陈留朱震收葬蕃尸，匿其子逸，事觉，系狱，合门桎梏。震受考掠，誓死不言，逸由是得免。武府掾桂阳胡腾殡敛武尸，行丧，坐以禁锢。武孙辅年二岁，腾诈以为己子，与令史南阳张敞共匿之于零陵界中，亦得免。

张奂迁大司农，以功封侯。奂深病为曹节等所卖，固辞不受。

二年夏四月壬辰，有青蛇见于御坐上。癸巳，大风，雨雹，霹雳，拔大木百馀。诏公卿以下各上封事。大司农张奂上疏曰："昔周公葬不如礼，天乃动威。今窦武、陈蕃忠贞，未被明宥，妖眚之来，皆为此也。宜急为收葬，徙还家属，

雒阳都亭示众。随后，大肆搜捕窦武的宗族、门客、姻亲，全部加以杀害，侍中刘瑜、屯骑校尉冯述都遭受灭族之灾。宦官又指控虎贲中郎将河间人刘淑、原尚书会稽郡人魏朗，说他们和窦武等人串通谋反，这两人也都自杀而死。王甫等人将窦太后迁到南宫，把窦武的家属放逐到日南郡。从三公、九卿以下，曾受过陈蕃、窦武举荐过的人，以及他们的门生和旧属，全部免去官职，终身不再录用。议郎勃海郡人巴肃，开始时参与窦武的密谋，曹节等人未曾发现，因此巴肃只是坐罪遭受禁锢，后来才发现，于是下令逮捕巴肃。巴肃自己乘车来到县衙，县令见到他，迎入后阁，解下印信，打算和巴肃一起逃走。巴肃说："做臣下的，有图谋就不敢隐匿，有罪恶就不敢逃避刑罚；既然没有隐藏图谋，又怎敢逃避刑罚呢？"于是被诛杀。

曹节升任长乐卫尉，封为育阳侯。王甫升任中常侍，依旧兼任黄门令。朱瑀、共普、张亮等六人都封为列侯，另外还有十一人封为关内侯。于是，一群小人得志，士大夫们都丧失了元气。

陈蕃的朋友陈留郡人朱震，收殓埋葬了陈蕃的尸首，把他的儿子陈逸秘密藏起来，事情败露，朱震被捕，全家都被戴上刑具。朱震虽然受到严刑拷打，誓死不肯吐露真情，陈逸因此得以免除一死。窦武府中的掾吏桂阳郡人胡腾收殓埋葬窦武的尸体，为窦武办丧，受到禁锢，终身不许做官。窦武的孙子窦辅年仅二岁，胡腾假称是自己的儿子，同窦府的令史南阳郡人张敞一起把窦辅藏在零陵郡境内，窦辅因此得以免除一死。

张奂升任大司农，因功劳而被封为侯。但他深深懊悔被曹节等人所出卖，坚决推辞，不肯接受爵位。

二年（169）夏四月壬辰（二十一日），有青蛇出现在御座。癸巳（二十二日），刮起大风，降下冰雹，雷霆霹雳，拔起大树一百多棵。灵帝下诏命公卿以下每人呈上密封奏章。大司农张奂上书："过去周公旦埋葬时，不按礼制而行，上天便动怒发威。而今窦武、陈蕃一片忠心，未得到朝廷公开的宽宥，上天显示怪异的现象，都是为此。应该立即为他们收殓安葬，召回他们的家属，

其从坐禁锢一切蠲除。又皇太后虽居南宫，而恩礼不接，朝臣莫言，远近失望。宜思大义顾复之报。"上深嘉奂言，以问诸常侍，左右皆恶之，帝不得自从。奂又与尚书刘猛等共荐王畅、李膺可参三公之选，曹节等弥疾其言，遂下诏切责之。奂等皆自囚廷尉，数日乃得出，并以三月俸赎罪。

郎中东郡谢弼上封事曰："臣闻'惟虺惟蛇，女子之祥'。伏惟皇太后定策宫闼，援立圣明，《书》云'父子兄弟，罪不相及'，窦氏之诛，岂宜咎延太后？幽隔空宫，愁感天心，如有雾露之疾，陛下当何面目以见天下？孝和皇帝不绝窦氏之恩，前世以为美谈。礼，为人后者为之子。今以桓帝为父，岂得不以太后为母哉？愿陛下仰慕有虞蒸蒸之化，《凯风》慰母之念。臣又闻'开国承家，小人勿用'。今功臣久外，未蒙爵秩，阿母宠私，乃享大封，大风、雨雹，亦由于兹。又故太傅陈蕃，勤身王室，而见陷群邪，一旦诛灭，其为酷滥，骇动天下，而门生、故吏并离徙锢。蕃身已往，人百何赎？宜还其家属，解除禁网。夫台宰重器，国命所系，今之四公，唯司空刘宠断断守善，馀皆素餐致寇之人，必有折足覆𫗧之凶。可因灾异，并加罢黜，征故司空王畅、长乐少府李膺并居政事，庶灾变可消，国祚惟永。"左右恶其言，

受他们牵连而遭到的禁锢，全部撤除。另外，皇太后虽然居住南宫，可是待遇和礼数都不周到，朝臣没人敢说话，远近的人都感到失望。应该顾及大义，回报养育之恩。"灵帝深为赞许张奂的言论，询问各位中常侍的意见，宦官们对这个做法十分反感，灵帝自己也做不了主。张奂又同尚书刘猛等人共同举荐王畅、李膺，认为他们是担任三公的合适人选，曹节等对此更加痛恨，于是让灵帝下诏责备他们。张奂等都主动来到廷尉狱请求囚禁，数日之后才释放出来，同时被罚扣三个月的俸禄以赎罪。

郎中、东郡人谢弼密呈奏章说："臣下听说'蟒蛇毒蛇，女子征兆'。臣下认为当初是皇太后在宫闱之中做出决定，迎立陛下，《尚书》说'父子兄弟，罪行不相牵连'，窦氏家族的诛灭，岂能把过错延伸到皇太后身上？如今太后被幽禁隔离在冷宫之中，忧愁之情感动了上天的心，如果发生什么意外的疾病，陛下还有什么面目再见天下的人？和帝不断绝窦太后的养育之恩，前世传为美谈。按照礼制，做了谁的后嗣，就成了谁的儿子。如今陛下以桓帝为父亲，岂能不认皇太后为母？希望陛下能往上看看虞舜孝顺的教化，往下想想《诗经·凯风》歌颂的思念母亲的恩情。臣下又听说，'开创和继承国家，不能任用小人'。如今有功之臣久在朝廷外面，没有得到封爵，也未增加薪俸，而陛下的乳母却私下得到宠爱，竟享受很高的爵位，大风、大雨和冰雹，也是因此而降临。另外，原任太傅陈蕃，兢兢业业效力王室，却被一群邪恶小人所陷害，一朝被杀，刑罚的残酷滥用，震骇天下，甚至连门生、旧属都遭到贬谪放逐，终身不能录用。陈蕃的身体已经成为往昔，即使一百条生命也不能赎他生还。应该召回他的家属，解除禁锢的命令。尚书令和三公是国家的社稷大臣，国家命运之所在，如今的四公只有司空刘宠能决断疑难、推行善政，其余三位都是无德而食禄并招来寇贼的人，必然发生鼎足折断、食物倾覆的灾难。正可趁着发生天灾和怪异的现象，将他们全部罢免废黜，征召前司空王畅、长乐少府李膺等参与政事，也许可以消除灾变，国运永保。"灵帝左右亲信对谢弼的议论十分痛恨，

出为广陵府丞,去官归家。曹节从子绍为东郡太守,以他罪收弼,掠死于狱。

帝以蛇妖,问光禄勋杨赐,赐上封事曰:"夫善不妄来,灾不空发。王者心有所想,虽未形颜色,而五星以之推移,阴阳为其变度。夫皇极不建,则有龙蛇之孽。《诗》云:'惟虺惟蛇,女子之祥。'惟陛下思乾刚之道,别内外之宜,抑皇甫之权,割艳妻之爱,则蛇变可消,祯祥立应。"赐,秉之子也。

初,李膺等虽废锢,天下士大夫皆高尚其道,而污秽朝廷,希之者唯恐不及,更共相标榜,为之称号。以窦武、陈蕃、刘淑为三君,君者,言一世之所宗也。李膺、荀翌、杜密、王畅、刘祐、魏朗、赵典、朱寓为八俊,俊者,言人之英也。郭泰、范滂、尹勋、巴肃及南阳宗慈、陈留夏馥、汝南蔡衍、泰山羊陟为八顾,顾者,言能以德行引人者也。张俭、翟超、岑晊、苑康及山阳刘表、汝南陈翔、鲁国孔昱、山阳檀敷为八及,及者,言其能导人追宗者也。度尚及东平张邈、王孝、东郡刘儒、泰山胡母班、陈留秦周、鲁国蕃向、东莱王章为八厨,厨者,言能以财救人者也。及陈、窦用事,复举拔膺等,陈、窦诛,膺等复废。

宦官疾恶膺等,每下诏书,辄申党人之禁。侯览怨张俭尤甚,览乡人朱并素佞邪,为俭所弃,承览意指,上书告:"俭与同乡二十四人别相署号,共为部党,图危社稷,而俭为之魁。"诏刊章捕俭等。冬十月,大长秋曹节因此讽有司奏:"诸钩党者故司空虞放及李膺、杜密、朱寓、荀翌、翟

将他贬谪为广陵郡太守府的府丞,谢弼辞去官职,回归故里。曹节的侄子曹绍当时担任东郡太守,以别的罪名逮捕谢弼,在监狱里将他拷打至死。

灵帝向光禄勋杨赐询问关于蛇妖的事情,杨赐密奏说:"善兆不会无端降临,灾异不会无故发生。君王心中有所考虑,即使没有表现在脸色上,但金木水火土五星却已因此而推移,阴阳也随之改变。君王的无上权威没有建立,则会产生龙蛇的灾孽。《诗经》说:'蟒蛇毒蛇,女子征兆。'只有请求陛下考察阳刚的轨道,区分出内与外的界限,抑制权奸的权势,割舍对娇艳妻妾的宠爱,那么蛇的灾变可以消除,瑞兆立即出现。"杨赐,是杨秉的儿子。

当初,李膺等人虽然遭到免职和禁锢,天下的士大夫都认为他们道行高尚,而朝廷的政治污秽浑浊,盼望与他们结交,唯恐不被接纳,他们彼此互相称颂赞誉,为他们取美号,称窦武、陈蕃、刘淑为三君,君,指当代的宗师。李膺、荀翌、杜密、王畅、刘祐、魏朗、赵典、朱寓为八俊,俊,指人中的英杰。郭泰、范滂、尹勋、巴肃,以及南阳郡人宗慈、陈留郡人夏馥、汝南郡人蔡衍、泰山郡人羊陟为八顾,顾,指能够用德行吸引人。张俭、翟超、岑晊、苑康,以及山阳郡人刘表、汝南郡人陈翔、鲁国人孔昱、山阳郡人檀敷为八及,及,说的是他们能够引导人追随。度尚,以及东平国人张邈、王孝,东郡人刘儒,泰山郡人胡母班,陈留郡人秦周,鲁国人蕃向,东莱郡人王章为八厨,厨,指他们能散财救人。等到陈蕃、窦武执掌朝政时,又举荐提拔李膺等人,陈蕃、窦武被杀后,李膺等人再次被罢官。

宦官仇恨李膺等,每次颁布诏书,都重申对党人的禁令。侯览尤其怨恨张俭,侯览同乡朱并一向奸佞邪恶,被张俭厌弃,便秉承侯览旨意,上书诬告说:"张俭和同乡二十四人互起称号,结成朋党,图谋危害国家,而张俭是他们的首脑。"灵帝下诏公布奏章,逮捕张俭等。冬季十月,大长秋曹节暗示有关官吏奏报:"那些勾结为朋党的,有原司空虞放和李膺、杜密、朱寓、荀翌、翟

超、刘儒、范滂等，请下州郡考治。"是时上年十四，问节等曰："何以为钩党？"对曰："钩党者，即党人也。"上曰："党人何用为恶，而欲诛之邪？"对曰："皆相举群辈，欲为不轨。"上曰："不轨欲如何？"对曰："欲图社稷。"上乃可其奏。

或谓李膺曰："可去矣！"对曰："事不辞难，罪不逃刑，臣之节也。吾年已六十，死生有命，去将安之？"乃诣诏狱，考死。门生、故吏并被禁锢。侍御史蜀郡景毅子顾为膺门徒，未有录牒，不及于谴，毅慨然曰："本谓膺贤，遣子师之，岂可以漏脱名籍，苟安而已？"遂自表免归。

汝南督邮吴导受诏捕范滂，至征羌，抱诏书闭传舍，伏床而泣，一县不知所为。滂闻之曰："必为我也。"即自诣狱。县令郭揖大惊，出解印绶，引与俱亡，曰："天下大矣，子何为在此？"滂曰："滂死则祸塞，何敢以罪累君，又令老母流离乎？"其母就与之诀，滂白母曰："仲博孝敬，足以供养。滂从龙舒君归黄泉，存亡各得其所。惟大人割不可忍之恩，勿增感戚。"仲博者，滂弟也。龙舒君者，滂父龙舒侯相显也。母曰："汝今得与李、杜齐名，死亦何恨？既有令名，复求寿考，可兼得乎？"滂跪受教，再拜而辞。顾其子曰："吾欲使汝为恶，恶不可为；使汝为善，则我不为恶。"行路闻之，莫不流涕。凡党人死者百馀人，妻子皆徙边。天下豪桀及儒学有行义者，宦官一切指为党人。有怨隙者，

超、刘儒、范滂等人,请求交付州郡官府拷问。"当时,灵帝年仅十四岁,询问曹节等人:"什么叫钩党?"回答说:"钩党,就是党人。"灵帝说:"党人有什么罪,而要诛杀他们呢?"回答说:"他们都互相举荐同党,图谋不轨。"灵帝说:"图谋不轨,想干的是什么?"回答说:"图谋推翻朝廷。"于是灵帝批准了他们的奏章。

有人对李膺说:"你应该逃走了。"李膺回答说:"侍奉君王不辞艰难,犯罪不逃避刑罚,这是作为臣子的节操。我年已六十,生死自有上天安排,逃走的话,又逃往何处?"便主动到监狱自首,被拷打而死。他的门生和旧属都遭到禁锢,终生不许为官。侍御史、蜀郡人景毅的儿子景顾是李膺的门徒,没有被记录在文牒中,未曾受到处罚,景毅感慨地说:"我本就认为李膺是位贤才,才让儿子拜他为师,怎么可以因为文牒上漏写了姓名籍贯,就苟且偷安呢?"于是,自己上表检举自己,免职回家。

汝南郡督邮吴导接到逮捕范滂的诏书,到达征羌县,将驿站旅舍的房门关上,抱着诏书伏在床上掉泪,全县的人不知道这是为什么。范滂听说后,说道:"一定是为我的缘故。"便主动到监狱自首。县令郭揖十分吃惊,解下印信,要与范滂一起逃亡,说道:"天下大得很,你为什么偏偏要到这里来?"范滂说道:"我一死,灾祸也就停止了,怎么敢因为我的罪而连累你,还让我年老的母亲流离失所呢?"他的母亲来与他诀别,范滂告诉母亲说:"仲博孝顺恭敬,完全可以供养您老人家。我则跟随龙舒君归于黄泉,生者和死者都各得其所。只求您割舍不可忍受的恩情,不要增添悲伤。"仲博,是范滂的弟弟。龙舒君,是范滂的父亲,即龙舒侯国相范显。范滂的母亲说:"你今天能和李膺、杜密齐名,死有何恨?既已享有善名,又盼望长寿,两者岂能一同得到呢?"范滂跪着聆听教诲,再拜而别。临行时,范滂回头对儿子说:"我想教你做坏事,但坏事是不能做的;教你行善,则是我不做坏事。"过路行人听到这话,无不感动得流泪。党人一共死了一百多人,他们的妻子儿女一律流放到边郡。天下的英雄豪杰以及有德行道义的儒者,都被宦官指控为党人。怀有私怨的人,

因相陷害，睚眦之忿，滥入党中。州郡承旨，或有未尝交关，亦离祸毒，其死、徙、废、禁者又六七百人。

郭泰闻党人之死，私为之恸曰："《诗》云：'人之云亡，邦国殄瘁。'汉室灭矣，但未知'瞻乌爰止，于谁之屋'耳。"泰虽好臧否人伦，而不为危言核论，故能处浊世而怨祸不及焉。

张俭亡命困迫，望门投止，莫不重其名行，破家相容。后流转东莱，止李笃家。外黄令毛钦操兵到门，笃引钦就席曰："张俭负罪亡命，笃岂得藏之？若审在此，此人名士，明廷宁宜执之乎？"钦因起抚笃曰："蘧伯玉耻独为君子，足下如何专取仁义？"笃曰："今欲分之，明廷载半去矣。"钦叹息而去。笃导俭经北海戏子然家，遂入渔阳出塞。其所经历，伏重诛者以十数，连引收考者布遍天下，宗亲并皆殄灭，郡县为之残破。俭与鲁国孔褒有旧，亡抵褒，不遇，褒弟融年十六，匿之。后事泄，俭得亡走，国相收褒、融送狱，未知所坐。融曰："保纳舍藏者，融也，当坐。"褒曰："彼来求我，非弟之过。"吏问其母，母曰："家事任长，妾当其辜。"一门争死，郡县疑不能决，乃上谳之，诏书竟坐褒。及党禁解，俭乃还乡里，后为卫尉，卒，年八十四。夏馥闻张俭亡命，叹曰："孽自己作，空污良善，一人逃死，祸及万家，何以

趁机互相陷害，甚至连瞪眼这样的小积怨，也将对方划入党人的行列。州郡官府秉承上司旨意，有的人从未和党人有什么瓜葛和牵连，也遭到灾祸，这样被处死、放逐、废黜、禁锢的人，又有六七百之多。

郭泰听到党人惨死的消息，暗中悲恸地说："《诗经》说：'人才丧失，国家危亡。'汉朝将要灭亡了，不知道'乌鸦飞翔，停在谁家'？"郭泰虽然喜欢评论人物的善恶是非，却不危言耸听和苛刻地评论，所以，能身处浊世而不遭受怨恨和灾祸。

张俭逃亡穷困窘迫，看见有人家便投奔歇脚，主人无不敬重他的名节和德行，冒着家破人亡的危险收容他。后来，张俭辗转流落到东莱郡，住在李笃家里。外黄县县令毛钦执兵器来到李笃家，李笃领毛钦坐在席上，说："张俭犯罪逃亡，李笃岂会窝藏他？如果他真的在这里，这人是位名士，你难道就会捉拿他吗？"于是，毛钦从席上起来拍抚着李笃说："蘧伯玉以独自做君子为耻辱，你为何一个人去获得仁义的名声？"李笃说："现在就想和你分享，府君你已得到一半。"毛钦叹息着离开。李笃引导张俭途经北海郡戏子然家，然后拐入渔阳郡逃出塞外。张俭逃亡所经过的人家，因窝藏罪而被诛杀的有数十人之多，被牵连而遭到逮捕的几乎遍及天下，这些人的宗族亲属都全被灭绝，许多郡县因此而残破。张俭同鲁国人孔褒有旧交情，他逃亡到孔褒家时，孔褒恰巧不在，孔褒的弟弟孔融当时年仅十六，将张俭藏在家中。后来消息泄露出去，张俭虽得以逃走，但鲁国相逮捕孔褒、孔融，投入狱中，不知要判他们什么罪行。孔融说："接纳张俭并把他藏匿在家的，是我孔融，应当由我来承担罪责。"孔褒说："张俭是来寻求我帮忙，不是我弟弟的过错。"官吏审问他们的母亲，她说："家庭的事情，由家长负责，应当由我负起罪责。"一家人争相赴死。郡县长官犹豫着无法裁决，于是上奏朝廷。诏书下达，竟然指定由孔褒坐罪。等到党禁解除，张俭便归还乡里，后来担任卫尉，死时八十四岁。夏馥听说张俭逃亡，叹道："罪孽是自己造成的，却无端牵连善良的人，一人逃命，使万家遭到祸患，何必

生为？"乃自翦须变形，入林虑山中，隐姓名，为冶家佣，亲突烟炭，形貌毁瘁，积二三年，人无知者。馥弟静载缣帛追求饷之，馥不受曰："弟奈何载祸相饷乎？"党禁未解而卒。

初，中常侍张让父死，归葬颍川，虽一郡毕至，而名士无往者，让甚耻之，陈寔独吊焉。及诛党人，让以寔故，多所全宥。南阳何颙素与陈蕃、李膺善，亦被收捕，乃变名姓匿汝南间，与袁绍为奔走之交，常私入雒阳从绍计议，为诸名士罹党事者求救援，设权计，使得逃隐，所全免甚众。

初，太尉袁汤三子：成、逢、隗，成生绍，逢生术。逢、隗皆有名称，少历显官。时中常侍袁赦以逢、隗宰相家，与之同姓，推崇以为外援，故袁氏贵宠于世，富奢甚，不与他公族同。绍壮健有威容，爱士养名，宾客辐凑归之，辎軿、柴毂，填接街陌。术亦以侠气闻。逢从兄子闳，少有操行，以耕学为业，逢、隗数馈之，无所受。闳见时方险乱，而家门富盛，常对兄弟叹曰："吾先公福祚，后世不能以德守之，而竞为骄奢，与乱世争权，此即晋之三郤矣。"及党事起，闳欲投迹深林，以母老，不宜远遁，乃筑土室四周于庭，不为户，自牖纳饮食。母思闳时，往就视，母去，便自掩闭，兄弟妻子莫得见也。潜身十八年，卒于土室。

活下去呢?"于是自己剃去胡须,改装容貌,逃到林虑山中,隐姓埋名,在一家铁铺当佣工,亲自清扫烟囱,外形和面貌难看而憔悴,这样过了两三年,无人知晓。夏馥的弟弟夏静载着缣帛,追来恳求他收下,夏馥坚决不收,说:"弟弟为什么要载来灾祸送给我呢?"党禁还未解除,夏馥就去世了。

当初,中常侍张让的父亲去世,归葬于颍川郡,虽然几乎全郡的人都参加葬礼,但没有一位名士前往,张让感到十分耻辱,只有陈寔单独前来吊丧。等到大肆诛杀党人时,张让因为陈寔的缘故,宽宥了不少人。南阳郡人何颙一向和陈蕃、李膺友好,也遭到拘捕,于是改名换姓藏匿在汝南郡内,又同袁绍在为党人奔波的过程中结为至交,常常暗中潜入雒阳,和袁绍商讨计策,为许多牵连在党人事件中的名士寻求帮助,为他们设法和谋划,使他们得以逃亡或隐藏起来,许多人因此得以保全,免于刑罚。

当初,太尉袁汤有三个儿子:袁成、袁逢、袁隗,袁成生袁绍,袁逢生袁术。袁逢、袁隗都有名望,年轻时便担任显要官职。当时中常侍袁赦因为袁逢、袁隗出身宰相之家,又和自己同姓,便推举和结纳他们作为外援,所以袁氏家族在当时十分尊贵得宠,豪富奢侈,和其他三公家族不相同。袁绍身体健壮,容貌威武,喜欢结交和收容名士,四面八方都有宾客前来依附,华贵的辎车和简陋的小车,挤满了街巷。袁术也因侠义而闻名。袁逢的堂侄袁闳,少年时代便具有操守和德行,以耕种和读书为业,袁逢、袁隗经常馈赠他,袁闳全部都不接受。袁闳看到时局险恶混乱,而袁氏一族富贵之极,常常叹息着对兄弟们说:"我们先祖的福禄,后人不能够凭借自己的德行来继承,反而争相骄纵奢侈,在乱世中争夺权势,这就好比晋国的三郤大夫了。"等到党人案发生,袁闳打算逃入深山老林之中,但因为母亲年老,不适宜远逃,于是在庭院里搭起一间土屋,不做屋门,饮食物品就从窗口递进去。母亲思念袁闳时,就到窗口看望他,母亲离开后,袁闳便又把窗户关上,连兄弟和妻子儿女都不见面。一直隐居了十八年,最后在土屋中去世。

初,范滂等非讦朝政,自公卿以下皆折节下之,太学生争慕其风,以为文学将兴,处士复用。申屠蟠独叹曰:"昔战国之世,处士横议,列国之王至为拥篲先驱,卒有坑儒、烧书之祸,今之谓矣。"乃绝迹于梁、砀之间,因树为屋,自同佣人。居二年,滂等果罹党锢之祸,唯蟠超然免于评论。

　　臣光曰:天下有道,君子扬于王庭以正小人之罪,而莫敢不服。天下无道,君子囊括不言以避小人之祸,而犹或不免。党人生昏乱之世,不在其位,四海横流,而欲以口舌救之,臧否人物,激浊扬清,撩虺蛇之头,践虎狼之尾,以至身被淫刑,祸及朋友,士类歼灭而国随以亡,不亦悲乎? 夫唯郭泰既明且哲,以保其身,申屠蟠见几而作,不俟终日,卓乎其不可及已。

　　十一月,长乐太仆曹节病困,诏拜车骑将军。有顷,疾瘳,上印绶,复为中常侍,位特进,秩中二千石。

　　四年春正月甲子,帝加元服,赦天下,唯党人不赦。

　　帝以窦太后有援立之功,冬十月戊子朔,率群臣朝太后于南宫,亲馈上寿。黄门令董萌因此数为太后诉冤,帝深纳之,供养资奉,有加于前。曹节、王甫疾之,诬萌以谤讪永乐宫,下狱死。

当初,范滂等人非议和抨击朝廷政事,自三公九卿以下官员都降低身份,对范滂恭敬备至,太学生们争先恐后地仰慕和模仿他的风度,认为文献经典之学将要兴盛起来,隐居的士人将重新启用。唯独申屠蟠叹息说:"过去,在战国时代,隐居的士人可以任意议论国事,甚至列国的君王都亲自为他们执帚和引路,最终导致焚书坑儒的灾祸,如今的情形也是如此。"于是,在梁国和砀县之间销声匿迹,靠着树干搭了一间草庐,把自己打扮成佣工。过了两年,范滂等人果真遭到党锢的灾祸,唯独申屠蟠超脱于世事,免于遭到抨击。

北宋史臣司马光评论说:天下政治清明,那么,正人君子在朝廷上就能扬眉吐气,对邪恶小人的罪行进行惩治,没有人胆敢不服从;天下政治腐败,那么,正人君子只好缄口不言,以避免邪恶小人的陷害,即使如此,有时也难以免除灾祸。党人生于政治昏暗混乱的年代,不在朝廷扮演主导角色,天下四海,民心鼎沸,而希望凭借一张口舌去拯救百姓,品评人物,扬善惩恶,撩拨虺蛇的脑袋,踩踏老虎豺狼的尾巴,导致自身遭到刑罚,牵连朋友,士人大批遭到杀害,国家随之覆亡,岂不可悲? 唯独郭泰明智,因而保全了自己;申屠蟠看到形势不妙,不待后果来临,引身自退,如此远见卓识,普通人大概是难以企及了。

十一月,长乐太仆曹节病重,灵帝下诏,任命他为车骑将军。不久病愈,交回印信,仍任中常侍,官位为特进,官秩为中二千石。

四年(171)春季正月甲子(初三),灵帝举行成年加冠礼,大赦天下,唯独党人不在赦免之列。

灵帝因为窦太后有援立自己继承皇位的功劳,于是,在冬季十月戊子初一这天,率领群臣前往南宫朝见窦太后,并亲自向窦太后奉食和祝寿。黄门令董萌趁此时机屡次为窦太后申诉冤情,灵帝深为采纳,因此,供给窦太后的食俸,都比原先丰富。曹节、王甫对此不满,诬告董萌诽谤灵帝生母永乐宫董太后,董萌被投入监狱而死。

熹平元年五月,长乐太仆侯览坐专权骄奢,策收印绶,自杀。

六月,窦太后母卒于比景,太后忧思感疾,癸巳,崩于云台。宦者积怨窦氏,以衣车载太后尸置城南市舍。数日,曹节、王甫欲用贵人礼殡。帝曰:"太后亲立朕躬,统承大业,岂宜以贵人终乎?"于是发丧成礼。

节等欲别葬太后,而以冯贵人配祔。诏公卿大会朝堂,令中常侍赵忠监议。太尉李咸时病,扶舆而起,捣椒自随,谓妻子曰:"若皇太后不得配食桓帝,吾不生还矣。"既议,坐者数百人,各瞻望良久,莫肯先言。赵忠曰:"议当时定。"廷尉陈球曰:"皇太后以盛德良家,母临天下,宜配先帝,是无所疑。"忠笑而言曰:"陈廷尉宜便操笔。"球即下议曰:"皇太后自在椒房,有聪明母仪之德。遭时不造,援立圣明承继宗庙,功烈至重。先帝晏驾,因遇大狱,迁居空宫,不幸早世,家虽获罪,事非太后,今若别葬,诚失天下之望。且冯贵人冢尝被发掘,骸骨暴露,与贼并尸,魂灵污染,且无功于国,何宜上配至尊?"忠省球议,作色俯仰,蚩球曰:"陈廷尉建此议甚健!"

球曰:"陈、窦既冤,皇太后无故幽闭,臣常痛心,天下愤叹。今日言之,退而受罪,宿昔之愿也。"李咸曰:"臣本谓宜尔,诚与意合。"于是公卿以下皆从球议。曹节、王甫

熹平元年(172)五月,长乐太仆侯览,因骄横跋扈、专擅职权而获罪,灵帝下令没收他的印信,侯览自杀。

六月,窦太后的母亲在比景去世,太后因忧伤思念,引起疾病,癸巳(初十)这天在云台去世。宦官对窦氏家族积怨很深,用运送衣服的车子把窦太后的尸体运送到城南的市舍。几天以后,曹节、王甫打算按贵人的礼仪来安葬窦太后。灵帝说:"太后亲自拥立朕为皇帝,继承王朝大业,岂能按贵人的礼仪为她送终?"于是依太后的礼仪发丧。

曹节等人打算把窦太后葬在别处,而让冯贵人的尸体配葬桓帝。灵帝诏令公卿百官到朝廷汇集商讨此事,命令中常侍赵忠监督集议。太尉李咸此时正卧病在床,但仍扶着床栏起来,随身携带毒药,对妻子儿女说:"如果皇太后不能和桓帝配葬,我决不活着回来。"会议开始后,在座的数百人,都互相观望,很久无人发言。赵忠说:"此议应当迅速决定。"廷尉陈球说:"皇太后德行高尚,出身清白,以天下之母的身份仪容治理天下,应该与桓帝合葬,这是毫无疑问的。"赵忠笑着说:"那就请陈廷尉赶快执笔,起草议案。"陈球立即写道:"皇太后身处深宫,禀赋聪明,兼有天下之母的仪容和品德。遭逢艰危时世,援立陛下继承皇室宗庙,功勋卓著。先帝驾崩后,因为遭到党人大狱,被迁往冷宫居住,不幸过早离开人世,窦家虽然犯有罪行,事情并不是太后指使发动,而今倘若将太后改葬别处,定然使天下人大失所望。况且,冯贵人的坟墓曾遭受过盗掘,骸骨都已暴露出来,和寇贼的尸骨互相混杂,灵魂遭到污染,而且冯贵人对国家没有任何功劳,怎能有资格配享至尊先帝?"赵忠读完陈球的草案,气得色变,身体也哆嗦起来,嘲笑陈球说:"陈廷尉起草的这个议案真好!"

陈球答:"陈蕃、窦武既已受冤,皇太后又无故遭幽禁,臣下感到痛心,天下人也愤慨叹息。今天我说这些,事后也许遭处罚,但这正是我的夙愿。"李咸说:"我同意,陈廷尉的想法和我的不谋而合。"于是公卿以下官员都同意陈球的草案。曹节、王甫

犹争，以为："梁后家犯恶逆，别葬懿陵；武帝黜废卫后而以李夫人配食。今窦氏罪深，岂得合葬先帝？"李咸复上疏曰："臣伏惟章德窦后虐害恭怀，安思阎后家犯恶逆，而和帝无异葬之议，顺朝无贬降之文。至于卫后，孝武皇帝身所废弃，不可以为比。今长乐太后尊号在身，亲尝称制，且援立圣明，光隆皇祚。太后以陛下为子，陛下岂得不以太后为母？子无黜母，臣无贬君，宜合葬宣陵，一如旧制。"帝省奏，从之。秋七月甲寅，葬桓思皇后于宣陵。

有人书朱雀阙，言："天下大乱，曹节、王甫幽杀太后，公卿皆尸禄，无忠言者。"诏司隶校尉刘猛逐捕，十日一会。猛以诽书言直，不肯急捕。月余，主名不立，猛坐左转谏议大夫，以御史中丞段颎代之。颎乃四出逐捕，及太学游生系者千馀人。节等又使颎以他事奏猛，论输左校。

初，司隶校尉王寓依倚宦官，求荐于太常张奂，奂拒之，寓遂陷奂以党罪禁锢。

勃海王悝之贬瘿陶也，因中常侍王甫求复国，许谢钱五千万。既而桓帝遗诏复悝国，悝知非甫功，不肯还谢钱。中常侍郑飒、中黄门董腾数与悝交通，甫密司察以告段颎。冬十月，收飒送北寺狱，使尚书令廉忠诬奏飒等谋迎立悝，大逆不道，遂诏冀州刺史收悝考实，迫责悝，令自杀，妃妾

还在灵帝面前争辩，他们认为："梁皇后家犯下叛逆大罪，另外葬在懿陵；武帝废黜卫皇后而让李夫人配享。如今窦家罪恶深重，岂能和先帝合葬？"李咸再次上书说："臣下认为，章帝窦皇后陷害梁贵人，安帝阎皇后一家犯下叛逆大罪，但和帝并没有提出将嫡母窦皇后改葬别处，顺帝也没有下诏贬谪嫡母阎皇后。至于卫皇后，那是武帝亲自废黜的，不可以相比。如今，长乐窦太后享有皇太后的尊号，又曾亲身临朝执政，而且援立陛下继承皇位，使皇室光大兴隆。太后把陛下看成儿子，陛下岂能不把太后看成母亲？儿子没有废黜母亲的，臣下没有贬谪君王的，应该按照旧的制度，将窦太后与先帝合葬宣陵。"灵帝读了奏章，采纳了李咸的意见。秋季七月甲寅(初二)，将窦太后安葬在宣陵，谥号为桓思皇后。

有人在朱雀门上写道："天下将要大乱，曹节、王甫幽禁谋杀太后，公卿百官空受俸禄而不治事，没有敢说忠言的人。"灵帝诏令司隶校尉刘猛缉捕，每十天汇报一次。刘猛认为谤书说得有理，不愿加紧搜捕。过了一个多月，谤主的姓名还没有查出，刘猛因此坐罪，贬为谏议大夫，司隶校尉一职由御史中丞段颎取代。于是，段颎四处搜捕，拘捕了包括在太学游学的学生在内共一千多人。曹节等人又指使段颎利用别的事情来弹劾刘猛，处以到左校营服苦役的处罚。

当初，司隶校尉王寓依靠宦官的势力，请求太常张奂举荐他，张奂拒绝，于是王寓诬陷张奂是党人，张奂获罪受到禁锢。

勃海王刘悝当初被贬为瘿陶王时，曾经托请中常侍王甫向桓帝请求恢复自己原来的封国，愿送王甫五千万钱作为谢礼。不久，桓帝去世，留下诏令，恢复刘悝的封国，刘悝知道这不是王甫的功劳，于是不肯把这笔谢礼送给王甫。中常侍郑飒、中黄门董腾经常和刘悝来往，王甫秘密派人侦察，把情况告诉段颎。冬季十月，段颎逮捕郑飒，押送北寺监狱，王甫又指使尚书令廉忠上奏诬告郑飒等人密谋迎立刘悝当皇帝，大逆不道，于是灵帝诏令冀州刺史逮捕刘悝，就地审问核实，责令他自杀，刘悝的妃妾

十一人、子女七十人、伎女二十四人皆死狱中,傅、相以下悉伏诛。甫等十二人皆以功封列侯。

五年闰五月,永昌太守曹鸾上书曰:"夫党人者,或耆年渊德,或衣冠英贤,皆宜股肱王室、左右大猷者也,而久被禁锢,辱在涂泥。谋反大逆尚蒙赦宥,党人何罪,独不开恕乎?所以灾异屡见,水旱荐臻,皆由于斯。宜加沛然,以副天心。"帝省奏,大怒,即诏司隶、益州槛车收鸾,送槐里狱,掠杀之。于是诏州郡更考党人,门生、故吏、父子、兄弟在位者,悉免官禁锢,爰及五属。

光和元年六月丁丑,有黑气堕帝所御温德殿东庭中,长十馀丈,似龙。

秋七月壬子,青虹见玉堂后殿庭中。诏召光禄大夫杨赐等诣金商门,问以灾异及消复之术。赐对曰:"《春秋谶》曰:'天投蜺,天下怨,海内乱。'加四百之期,亦复垂及。今妾媵、阉尹之徒共专国朝,欺罔日月,幸赖皇天垂象谴告。《周书》曰:'天子见怪则修德,诸侯见怪则修政,卿大夫见怪则修职,士庶人见怪则修身。'唯陛下斥远佞巧之臣,速征鹤鸣之士,断绝尺一,抑止槃游,冀上天还威,众变可弭。"

议郎蔡邕对曰:"臣伏思诸异,皆亡国之怪也。天于大汉,殷勤不已,故屡出祆变以当谴责,欲令人君感悟,改危即安。

十一人、子女七十人、歌舞伎女二十四人都死在监狱里,太傅、相以下官吏全部诛杀。王甫等十二人都因功封为列侯。

五年(176)闰五月,永昌郡太守曹鸾上书说:"所谓党人,有的是老年高德,有的是士大夫中的英杰贤才,都是应该让他们辅佐朝廷、跟随陛下参与决策的人,然而他们竟被长久地禁锢,不许做官,甚至被流放到荒蛮之地,备受羞辱。谋反大逆这样的重罪,尚且承蒙陛下的宽赦宥免,党人又有什么罪过,独独不能得到开释宽恕呢?之所以屡次出现灾异现象,水旱灾害不断,都是因为这个缘故。陛下应该广赐恩典,以应合上天的旨意。"灵帝读了奏章,大怒,立即下诏,命令司隶校尉和益州官府逮捕曹鸾,押送槐里监狱,严刑拷打而死。于是,下诏各个州郡重新调查党人,凡党人的门生旧属、父子兄弟,在官府供职的,一律免职,禁锢终身,责罚的范围,扩大到五服以内的亲属。

光和元年(178)六月丁丑(二十九日),一道黑气坠落在灵帝所到达的温德殿东侧庭院中,长十多丈,形状像一条龙。

秋季七月壬子这天,南宫玉堂后殿庭院中出现青色彩虹。灵帝下诏,召集光禄大夫杨赐等人到金商门,向他们询问有关灾异的情况,以及清除灾异的办法。杨赐回答说:"《春秋谶》说:'上天投下彩虹,天下怨恨,海内大乱。'再加以四百年的周期,动乱将要来临。如今,嫔妃、宦官辈共执朝廷大权,欺骗蒙蔽陛下,有幸仰赖皇天降下灾异,谴责并警告陛下。《周书》说:'天子遇见怪异,则应该修行德治;诸侯遇见怪异,则应该修行政治;卿大夫遇见怪异,则应该修行职守;士和庶民遇见怪异,则应该修行言论和行为。'希望陛下斥退远离奸佞机巧的臣属,迅速征召品行优良的人士,断绝假传一尺一寸圣旨的渠道,停止无休止的娱乐游戏,这样才能希望上天平息愤怒,消除各种灾异和变化。"

议郎蔡邕也回答说道:"臣下俯伏思考各种灾异现象,觉得它们都是汉王朝将要覆亡的征兆。上天对于汉王朝,殷切勤勉不已,所以才屡次显示妖孽和灾异以作为警告和谴责,希望做君主的能够感动悔悟,扭转国家的危亡之势,重新获得太平安康。

今霓堕、鸡化，皆妇人干政之所致也。前者乳母赵娆，贵重天下，谗谀骄溢，续以永乐门史霍玉，依阻城社，又为奸邪。今道路纷纷，复云有程大人者，察其风声，将为国患。宜高为堤防，明设禁令，深惟赵、霍，以为至戒。今太尉张颢，为玉所进，光禄勋伟璋有名贪浊，又长水校尉赵玹，屯骑校尉盖升，并叨时幸，荣富优足。宜念小人在位之咎，退思引身避贤之福。伏见廷尉郭禧纯厚老成，光禄大夫桥玄聪达方直，故太尉刘宠忠实守正，并宜为谋主，数见访问。夫宰相大臣，君之四体，委任责成，优劣已分，不宜听纳小吏，雕琢大臣也。

"又尚方工技之作，鸿都篇赋之文，可且消息，以示惟忧。宰府孝廉，士之高选，近者以辟召不慎切责三公，而今并以小文超取选举，开请托之门，违明王之典，众心不厌，莫之敢言。臣愿陛下忍而绝之，思惟万机，以答天望。圣朝既自约厉，左右近臣亦宜从化，人自抑损，以塞咎戒，则天道亏满，鬼神福谦矣。夫君臣不密，上有漏言之戒，下有失身之祸，愿寝臣表，无使尽忠之吏受怨奸仇。"章奏，帝览而叹息。因起更衣，曹节于后窃视之，悉宣语左右，事遂漏露。其为邕所裁黜者，侧目思报。

如今，青虹下坠，母鸡变性，都是妇人干预政治所造成的结果。从前，陛下乳母赵娆位尊权重，阿谀陛下，谗言骄横，后来，永乐门史霍玉依仗主上，作奸犯科。如今，道路上流言纷纷，又说出了个程大人，观察他的作风声势，将会成为国家的祸患。应该高筑堤防，公开设置禁令，以赵娆、霍玉作为深刻的鉴戒。如今，太尉张颢是霍玉荐举的，光禄勋伟璋是出名的贪官，另外，长水校尉赵玹、屯骑校尉盖升都同时得宠，极尽荣华富贵。陛下应该记住小人得宠时的灾祸，退而考虑到抽身让贤的福祉。臣下认为廷尉郭禧纯良笃厚，年高望盛；光禄大夫桥玄聪明通达，方正平直；原任太尉刘宠忠诚老实，笃守正道，他们都应该成为陛下的主谋，陛下应该多向他们征询意见。宰相和大臣，就像君王的四肢，应该委以重任，责令他们成功；优劣既已分明，陛下不应该再听信小人，使大臣遭受灾祸。

"此外，宫廷中百工技艺的制作，鸿都门学校的辞赋文章，可以暂时停止，以表示陛下专心考虑国家的忧患。出任刺史和太守的孝廉，原是士大夫中的优秀人才，近来因征召推荐过程中没有下诏严厉督促三公，以至于今天不少人只因为写了一篇短文章便得到越级选拔推举，打开了请求委托举荐的大门，违背了圣明君主的典章制度，大家心中不服，却没人敢于说出来。臣下希望陛下忍痛杜绝这种现象，并专心治理国家，以报答上天的厚望。陛下既然亲自做到约束自己，谨慎从事，左右亲近的臣属也就应该跟随效法，大家都谦卑自抑，以堵塞灾祸的罚戒，那么上天将把灾祸用来惩罚骄傲自满的人，鬼神将把福祉赐给谦恭的人。君王和臣属之间如果说话不注意保密，则君王会受到泄露秘密的指责，臣属会有杀身之祸，希望陛下不要泄露臣下的奏章，以免尽忠的官员遭受奸佞邪恶之人的怨恨和报复。"奏章呈上，灵帝一边读一边叹息。因灵帝起身更换衣服，曹节在后面偷偷观看，把内容全部透露给左右的人，于是奏章的内容便泄露出去。那些被蔡邕提出要加以制裁废黜的人，对蔡邕恨之入骨，图谋报复。

　　初，邕与大鸿胪刘郃素不相平，叔父卫尉质又与将作大匠阳球有隙。球即中常侍程璜女夫也，璜遂使人飞章言："邕、质数以私事请托于郃，郃不听，邕含隐切，志欲相中。"于是诏下尚书召邕诘状。邕上书曰："臣实愚戆，不顾后害，陛下不念忠臣直言，宜加掩蔽，诽谤卒至，便用疑怪。臣年四十有六，孤特一身，得托名忠臣，死有馀荣，恐陛下于此不复闻至言矣。"于是下邕、质于雒阳狱，劾以"仇怨奉公，议害大臣，大不敬，弃市"。事奏，中常侍河南吕彊愍邕无罪，力为伸请，帝亦更思其章，有诏："减死一等，与家属髡钳徙朔方，不得以赦令除。"阳球使客追路刺邕，客感其义，皆莫为用。球又赂其部主使加毒害，所赂者反以其情戒邕，由是得免。

　　宋皇后无宠，后宫幸姬众共谮毁。渤海王悝妃宋氏，即后之姑也，中常侍王甫恐后怨之，因谮后挟左道祝诅。帝信之，遂策收玺绶。后自致暴室，以忧死。父不其乡侯酆及兄弟并被诛。

　　丙子晦，日有食之。尚书卢植上言："凡诸党锢，多非其罪，可加赦恕，申宥回枉。又宋后家属，并以无辜，委骸横尸，不得敛葬，宜敕收拾，以安游魂。"帝不省。

当初，蔡邕和大鸿胪刘郃一向不和睦，蔡邕的叔父、卫尉蔡质又和将作大匠阳球有嫌隙。阳球是中常侍程璜的女婿，于是程璜指使人写匿名信诬告说："蔡邕、蔡质屡次因私事请求和托付刘郃帮忙，刘郃没有同意，蔡邕心中怀恨，蓄意图谋中伤刘郃。"于是，灵帝下诏责成尚书召见蔡邕质问情况。蔡邕上书说："微臣实在愚蠢而又憨直，没有顾及日后的祸害。陛下不垂怜忠臣直言的苦心，本应加以掩蔽和保护，可是诽谤的言论一出现，便对微臣产生怀疑和责怪。微臣年已四十六岁，孑然一身，倘若得以记上忠臣的名称，即便死去也有身后的荣名，但恐怕陛下从此再也听不到诚挚真实的言论了。"结果，逮捕蔡邕、蔡质，关押在雒阳监狱，有关官吏弹劾他们说"公报私仇，谋害大臣，犯了'大不敬'的罪，应绑赴街市斩首示众"。奏报上去之后，中常侍、河南郡人吕彊怜惜蔡邕的冤情，竭力为他申辩，灵帝也重新回想蔡邕的秘密奏章，下诏说："减死罪一等，连同家属全都剃去头发，戴上颈枷，放逐到朔方郡，不得因为大赦令而免罪。"阳球派出刺客一路追杀蔡邕，刺客都被蔡邕的大义所感动，全都不肯替阳球效力。阳球又贿赂并州刺史和朔方郡太守，让他们下毒手杀死蔡邕，结果，他们反而把实情告诉蔡邕，让他有所戒备，这样蔡邕才得以死里逃生。

宋皇后得不到灵帝的宠爱，后宫里受宠的嫔妃便共同诬陷和诋毁她。渤海王刘悝的正妃宋氏，是宋皇后的姑母，中常侍王甫担心宋皇后怨恨他，于是诬告宋皇后用巫蛊方术等邪门左道诅咒灵帝。灵帝听信了王甫，便下令收缴宋皇后的印信。宋皇后自行投往暴室监狱，忧郁而死。她的父亲不其乡侯宋酆和兄弟都被诛杀。

丙子是月末三十日，这天发生日食。尚书卢植上书说："凡是遭受禁锢的党人，大多没有犯罪，应该加以赦免宽宥，使他们的冤情得到昭雪。宋皇后的家属都无辜受罪，尸骨横抛，得不到收殓安葬，陛下应该下令将他们的尸骨收拾起来掩埋，以使游魂得到安宁。"灵帝不理。

二年，王甫、曹节等奸虐弄权，扇动内外，太尉段颎阿附之。节、甫父兄子弟为卿、校、牧、守、令、长者布满天下，所在贪暴。甫养子吉为沛相，尤残酷，凡杀人皆磔尸车上，随其罪目，宣示属县。夏月腐烂，则以绳连其骨，周遍一郡乃止，见者骇惧。视事五年，凡杀万馀人。尚书令阳球常拊髀发愤曰："若阳球作司隶，此曹子安得容乎！"既而球果迁司隶。

甫使门生于京兆界辜榷官财物七千馀万，京兆尹杨彪发其奸，言之司隶。彪，赐之子也。时甫休沐里舍，颎方以日食自劾。球诣阙谢恩，因奏甫、颎及中常侍淳于登、袁赦、封𬸚等罪恶。辛巳，悉收甫、颎等送雒阳狱，及甫子永乐少府萌、沛相吉。球自临考，甫等五毒备极。萌先尝为司隶，乃谓球曰："父子既当伏诛，亦以先后之义，少以楚毒假借老父。"球曰："尔罪恶无状，死不灭责，乃欲论先后求假借邪？"萌乃骂曰："尔前奉事吾父子如奴，奴敢反汝主乎？今日临厄相挤，行自及也。"球使以土窒萌口，棰扑交至，父子悉死于杖下。颎亦自杀。乃僵磔甫尸于夏城门，大署榜曰"贼臣王甫"。尽没入其财产，妻子皆徙比景。

球既诛甫，欲以次表曹节等，乃敕中都官从事曰："且先去权贵大猾，乃议其馀耳。公卿豪右若袁氏，儿辈从事自办之，何须校尉邪？"权门闻之，莫不屏气，曹节等皆不敢

二年(179)，王甫、曹节等人奸邪肆虐，玩弄权势，插手朝廷内外的政事，太尉段颎迎合依附他们。曹节、王甫的父兄子弟中担任九卿、校尉、州牧、郡守、县令和县长的人遍布天下，所在之处，贪婪残暴。王甫的养子王吉担任沛国相，尤其残暴严酷，每次杀人都把尸体剖分为几块放到车上，并贴上罪状，拉到所属各县示众。遇到夏季，尸体腐烂，则用绳子串起骨骼，游遍一郡方才罢休，目击者无不感到恐惧。王吉在任五年，一共杀了一万多人。尚书令阳球经常拍着大腿发愤地说："倘若阳球我当了司隶校尉，这些家伙怎能容他们横行！"不久，阳球果真调任司隶校尉。

王甫指使门生在京兆的地界内私吞公家财物七千多万钱，京兆尹杨彪揭发了这种行径，把这件事呈报给司隶校尉。杨彪，是杨赐的儿子。当时，王甫正在家中休息沐浴，段颎也正好因发生日食而弹劾自己。阳球入宫谢恩，趁这个时机当面向灵帝奏报王甫、段颎以及中常侍淳于登、袁赦、封萓等人的罪行。辛巳(初八)，阳球将王甫、段颎等人全部逮捕，押送雒阳监狱，同时被捕的有王甫的养子永乐少府王萌和沛国相王吉。阳球亲自前往监狱拷问，王甫等人挨受了全部五种酷刑。王萌先前曾任司隶校尉，于是对阳球说："我们父子固然应当诛杀，但求你念在我们先后同任此官的份上，让我年老的父亲少受点毒刑。"阳球说："你的罪恶举不胜举，就是死也消灭不了罪责，还说什么念在先后同官，请求宽恕你的老父？"于是王萌骂道："你从前侍奉我们父子，就像奴才一样，奴才竟敢反叛主子吗？你今天落井下石，自己也将得到同样的报应。"阳球命人用泥土堵住王萌的嘴，乱棒齐下，父子俩都死于杖下。段颎也自杀身死。于是，阳球把王甫的尸体卸为数块，堆放在夏城门示众，并且张贴上"贼臣王甫"的标语。王甫的家产全部没收，妻子儿女都流放到比景。

阳球诛杀王甫后，想接着弹劾曹节等，于是告诉中都官从事说："暂且先把权贵和大奸臣除掉，再除掉其他奸佞。至于公卿中像袁氏这样的豪强大族，小孩子由你去办理就行，何须我这校尉动手？"权贵豪门听到这个，无不吓得屏住气息，曹节等都不敢

出沐。会顺帝虞贵人葬，百官会丧还，曹节见磔甫尸道次，慨然抆泪曰："我曹可自相食，何宜使犬舐其汁乎？"语诸常侍："今且俱入，勿过里舍也。"节直入省，白帝曰："阳球故酷暴吏，前三府奏当免官，以九江微功，复见擢用。怨过之人，好为妄作，不宜使在司隶以骋毒虐。"帝乃徙球为卫尉。时球出谒陵，节敕尚书令召拜，不得稽留尺一。球被召急，因求见帝，叩头曰："臣无清高之行，横蒙鹰犬之任，前虽诛王甫、段颎，盖狐狸小丑，未足宣示天下。愿假臣一月，必令豺狼鸱枭各服其辜。"叩头流血。殿上呵叱曰："卫尉扞诏邪！"至于再三，乃受拜。

于是曹节、朱瑀等权势复盛，节领尚书令。郎中梁人审忠上书曰："陛下即位之初，未能万机，皇太后念在抚育，权时摄政，故中常侍苏康、管霸应时诛殄，太傅陈蕃、大将军窦武考其党与，志清朝政。华容侯朱瑀知事觉露，祸及其身，遂兴造逆谋，作乱王室，撞蹋省闼，势夺玺绶，迫胁陛下，聚会群臣，离间骨肉母子之恩，遂诛蕃、武及尹勋等。因共割裂城社，自相封赏，父子兄弟，被蒙尊荣，素所亲厚，布在州郡，或登九列，或据三司。不惟禄重位尊之责，而苟营私门，多蓄财货，缮修第舍，连里竟巷，盗取御水，以作渔钓，车马服玩，拟于天家。群公卿士，杜口吞声，莫敢有言；

休假日走出宫门一步。这时,恰巧碰上为顺帝的嫔妃虞贵人举行葬礼,文武百官送完葬回城,曹节看见被肢解的王甫尸体抛在路旁,擦着眼泪悲愤地说:"我们可以自相残杀,怎能让狗来舐我们的血?"于是对众常侍说:"今天我们暂且一起进宫,不要回家。"曹节径直走入后宫,禀告灵帝说:"阳球本是个残暴严酷的官吏,先前的司徒、司空、太尉三府曾启奏说应当免去他的官职,只因他在九江担任长官时的微小功劳,才再被提拔。犯过罪的人喜欢胡作非为,不应该让他担任司隶校尉,以放任他施行毒刑和暴虐。"于是,灵帝调任阳球担任卫尉。当时,阳球正外出拜谒皇陵,曹节命令尚书令召见阳球并宣布这项任命,不得拖延。阳球看到紧急被召见,于是请求谒见灵帝,叩头说:"微臣没有清廉高尚的德行,承蒙担当犹如飞鹰和走狗一样的重任;先前虽然诛杀了王甫、段颎,但不过是几个狐狸小丑,不足以宣明警示天下。希望陛下给我一个月的任职期限,一定让那些豺狼、乌鸦个个低头认罪。"又叩头不止,以致流血。殿上宦官呵斥他说:"卫尉,你打算违抗圣旨呀!"一连呵斥两三遍,阳球才接受任命。

于是,曹节、朱瑀等人权势又重新兴盛起来,曹节兼领尚书令。郎中梁国人审忠上书说道:"陛下即位的开头几年,不能亲自处理朝廷大事,皇太后顾念到对陛下的抚养和培育,暂且代理朝政,前任中常侍苏康、管霸及时得到诛灭,太傅陈蕃、太将军窦武拷问他们的馀党,目的在于肃清朝政。华容侯朱瑀得知事情被发觉和暴露,灾祸将要延及自身,于是兴起反叛大谋,扰乱王室,冲撞内宫大门,强夺皇朝大玺,逼迫和威胁陛下,聚集会合群臣,挑拨离间骨肉母子的恩情,甚至诛杀陈蕃、窦武以及尹勋等人。结果,他们共同割裂国土,互相封爵赏赐;父子兄弟,蒙受尊贵荣宠;原先亲密和交厚的朋友,遍布州郡,有的登上九卿的行列,有的甚至占据了三公的高位。他们不考虑丰厚的俸禄和尊贵的职位所应担负的责任,而是苟且钻营私人门路,多方积聚财物,修造宅第,连街接巷;盗取皇宫御水,用来垂钓;车马、衣服及赏玩物品,可同君王相比。公卿大臣,闭口吞声,不敢发表言论;

州牧郡守，承顺风旨，辟召选举，释贤取愚。故虫蝗为之生，夷寇为之起。天意愤盈，积十馀年，故频岁日食于上，地震于下，所以谴戒人主，欲令觉悟，诛锄无状。昔高宗以雊雉之变，故获中兴之功。

"近者神祇启悟陛下，发赫斯之怒，故王甫父子应时辜截，路人士女莫不称善，若除父母之仇。诚怪陛下复忍孽臣之类，不悉殄灭。昔秦信赵高以危其国，吴使刑人身遭其祸；今以不忍之恩，赦夷族之罪，奸谋一成，悔亦何及！臣为郎十五年，皆耳目闻见，瑀之所为，诚皇天所不复赦。愿陛下留漏刻之听，裁省臣表，归灭丑类，以答天怒。与瑀考验，有不如言，愿受汤镬之诛，妻子并徙，以绝妄言之路。"章寝不报。

中常侍吕强清忠奉公，帝以众例封为都乡侯，强固辞不受，因上疏陈事曰："臣闻高祖重约，非功臣不侯，所以重天爵明劝戒也。中常侍曹节等，宦官祐薄，品卑人贱，谗谄媚主，佞邪徼宠，有赵高之祸，未被轘裂之诛。陛下不悟，妄授茅土，开国承家，小人是用，又并及家人，重金兼紫，交结邪党，下比群佞。阴阳乖刺，稼穑荒芜，人用不康，罔不由兹。臣诚知封事已行，言之无逮，所以冒死干触陈愚忠者，实愿陛下损改既谬，从此一止。

"臣又闻后宫采女数千馀人，衣食之费，日数百金。比

州郡长官,也都顺承逢迎,征引举荐人才时,摒弃贤才,荐取愚人。所以,蝗灾因此发生,外族因此而兴起叛乱。上天的满腔愤怒,积郁了十多年,所以连连发生日食和地震,用以谴责和告诫君王,希望君王觉察醒悟,诛杀罪恶滔天的人。过去,商高宗因为发生野鸡啼叫的变异而修德,获得中兴商朝的功绩。

"最近,神明为了使陛下醒悟,大发雷霆之怒,所以王甫父子及时得到诛杀,路上的行人和成年男女无不称快,就好像除去了父母的仇人一样。奇怪的只是陛下又容忍了残馀的奸臣之流,不将他们一网打尽。过去,秦国信任赵高而危害了国家,吴王馀祭重用受宫刑的人而遇刺身亡;如今,陛下以不忍诛杀的恩德,赦免他们的灭族之罪,一旦他们的奸谋成功,悔恨也就来不及了!微臣担任郎中的职务已达十五年,所有的事都亲眼看见和亲耳听到,朱瑀的所做所为的确连皇天都不会再给以赦免。希望陛下抽出片刻时间垂听我的陈述,裁决审察微臣的奏章,诛灭丑恶之徒,以回答上天的震怒。微臣愿意和朱瑀当面对质,如有不真实的言论,甘愿受烹杀、妻子儿女放逐的刑罚,以杜绝胡言乱语的通路。"奏章被搁置不报。

中常侍吕彊清廉正直,奉公守法,灵帝按照众人的惯例封他为都乡侯,吕彊坚决辞谢,不肯受封,上书陈述政事说:"微臣听说,高祖曾郑重规定,不是功臣不可封侯,这是对国家的封爵表示郑重,以及表明对后人的劝勉和告诫。中常侍曹节等人,身为宦官,福命菲薄,出身下贱,品格低微,依靠谗言媚语取悦陛下,使用奸邪的手段邀取恩宠,他们会带来像赵高那样的祸害,却没有受到车裂的刑罚。陛下不加醒悟,无端地赐给食邑,封给土地,专门任用小人,连他们的家人也都得到重用,印绶重叠,互相结为奸党,又勾结下属的奸佞小人。阴阳混乱,农田荒芜,百姓缺吃少穿,无不是因此而产生。臣下当然知道封爵的事已成定局,说也无用,之所以冒着死罪触犯陛下而表达一片愚忠,实在只是盼望陛下减少和改正过失,从此停止过失。

"臣下又听说后宫选宫女数千名,衣食每天几百金。近来,

谷虽贱而户有饥色，案法当贵而今更贱者，由赋发繁数，以解县官，寒不敢衣，饥不敢食，民有斯厄而莫之恤。宫女无用，填积后庭，天下虽复尽力耕桑，犹不能供。又前召议郎蔡邕对问于金商门，邕不敢怀道迷国，而切言极对，毁刺贵臣，讥呵宦官，陛下不密其言，至令宣露，群邪项领，膏唇拭舌，竞欲咀嚼，造作飞条。陛下回受诽谤，致邕刑罪，室家徙放，老幼流离，岂不负忠臣哉？今群臣皆以邕为戒，上畏不测之难，下惧剑客之害，臣知朝廷不复得闻忠言矣。故太尉段颎，武勇冠世，习于边事，垂发服戎，功成皓首，历事二主，勋烈独昭。陛下既已式序，位登台司，而为司隶校尉阳球所见诬胁，一身既毙，而妻子远播，天下惆怅，功臣失望。宜征邕更加授任，反颎家属，则忠贞路开，众怨以弭矣。"帝知其忠而不能用。

上禄长和海上言："礼，从祖兄弟别居异财，恩义已轻，服属疏末。而今党人锢及五族，既乖典训之文，有谬经常之法。"帝览之而悟，于是党锢自从祖以下皆得解释。

初，司徒刘郃兄侍中儵与窦武同谋，俱死。永乐少府陈球说郃曰："公出自宗室，位登台鼎，天下瞻望，社稷镇卫，岂得雷同，容容无违而已。今曹节等放纵为害，而久在左右，又公兄侍中受害节等，今可表徙卫尉阳球为司隶校尉，以次收节等诛之。政出圣主，天下太平可翘足而待

谷价虽有降低,但家家户户面带饥色,按理说谷价是应该上涨的,如今却反而下跌,这是由于赋税繁多,百姓为筹钱解除赋税征发而将谷物低价卖出,他们省吃俭用,天冷时不敢添置衣服,饥饿时不敢吃饱,百姓如此困苦,却无人怜悯。宫女毫无用处,充塞在后宫之中,即使天下百姓再怎么尽力耕田养桑,也无法供养她们。另外,前次陛下召令议郎蔡邕到金商门回答问题,蔡邕不敢隐瞒真情,迷惑朝廷,而是极力直言对答,抨击权贵,讥讽呵斥宦官,陛下不替他的议论保密,以至泄漏,那群邪佞便张牙舞爪,竟然想把蔡邕咬碎嚼烂,又制造匿名信进行陷害。陛下反而听信诽谤,将蔡邕治以刑罚,家属遭到流放,一家人流离失所,这岂不是辜负了忠臣吗?如今群臣都以蔡邕作为劝诫,对上畏惧不可预测的灾难,对下担心遭到刺客的杀害,臣下知道在朝廷上再也听不到忠言了。原来的太尉段颎,勇武盖世,熟悉边防事务,少年时便投身军旅,老年白头时完成功业,共侍奉过两位君主,功勋卓著,陛下既已按次第叙录功劳,让段颎位列三公,却遭到司隶校尉阳球的诬陷和胁迫,在身死之后,妻子儿女还被放逐远方,天下的人伤心,功臣大失所望。陛下应该召回蔡邕,重新委任官职,并迁回段颎的家属,这样,忠贞的道路敞开,众人的怨恨可以平息了。"灵帝知道吕彊忠诚,但没有采纳他的建议。

上禄县长和海上书说:"根据礼制,同曾祖的兄弟分开居住,家中财物各有所属,恩德和情义已经淡漠,从丧服上说是疏远的亲族。如今,对党人的禁锢却包括到五族以内,既不符合经书上的记载,也不符合通行的法令规章。"灵帝看到奏章以后醒悟过来,于是,对党人的禁锢从叔伯祖父以下都得到解除。

当初,司徒刘郃的哥哥侍中刘儵和窦武同谋一同被杀。永乐少府陈球劝刘郃说:"你出自皇室亲族,位居三公,天下人仰望您守卫国家,岂能在人后随声附和,唯唯诺诺?如今曹节等为所欲为造成危害,且长期跟在皇帝左右,您哥哥侍中又遭到曹节杀害,您可上书推荐将卫尉阳球调任司隶校尉,将曹节等逐个逮捕诛杀。朝政如果由皇帝亲自把持,天下太平的日子就指日可待

也。"邰曰："凶竖多耳目，恐事未会，先受其祸。"尚书刘纳曰："为国栋梁，倾危不持，焉用彼相邪？"邰许诺，亦与阳球结谋。球小妻，程璜之女，由是节等颇得闻知，乃重赂璜，且胁之。璜惧迫，以球谋告节，节因共白帝曰："邰与刘纳、陈球、阳球交通书疏，谋议不轨。"帝大怒，冬十月甲申，刘邰、陈球、刘纳、阳球皆下狱，死。

四年，大长秋华容侯曹节卒，中常侍赵忠代领大长秋。

六年春三月，钜鹿张角反，以中常侍封谞、徐奉等为内应。事见《黄巾之乱》。

中平元年，张角之乱，帝召群臣会议。北地太守皇甫嵩以为宜解党禁，益出中藏钱、西园厩马以班军士。嵩，规之兄子也。上问计于中常侍吕彊，对曰："党锢久积，人情怨愤，若不赦宥，轻与张角合谋，为变滋大，悔之无救。今请先诛左右贪浊者，大赦党人，料简刺史、二千石能否，则盗无不平矣。"帝惧而从之。壬子，赦天下党人，还诸徙者，唯张角不赦。

是时，中常侍赵忠、张让、夏恽、郭胜、段珪、宋典等皆封侯贵宠，上常言："张常侍是我公，赵常侍是我母。"由是宦官无所惮畏，并起第宅，拟则宫室。上尝欲登永安候台，宦官恐望见其居处，乃使中大人尚但谏曰："天子不当登高，登高则百姓虚散。"上自是不敢复升台榭。及封谞、徐奉事发，上诘责诸常侍曰："汝曹常言党人欲为不轨，皆令禁锢，或有伏诛者。今党人更为国用，汝曹反与张角通，为

了。"刘郃说："那些凶恶的家伙耳目众多，只恐怕事情还没办妥，就事先遭到灾祸。"尚书刘纳说："作为栋梁大臣，国家行将倾覆而不扶持，还要您这种辅佐干什么？"刘郃终于允诺，去找阳球密谋。阳球的妾是程璜的女儿，因此曹节等人逐渐得到风声，使用重金贿赂程璜，并且对他进行威胁。程璜因恐惧和被逼，把阳球的密谋告诉曹节，曹节等人共同禀告灵帝说："刘郃和刘纳、陈球、阳球互通书信，图谋不轨。"灵帝大怒，冬季十月甲申（十四日），刘郃、陈球、刘纳、阳球都被逮捕，死于狱中。

四年（181），大长秋华容侯曹节去世，中常侍赵忠代理大长秋。

六年（183）春季三月，钜鹿人张角造反，以中常侍封谞、徐奉等人作为内应。事见《黄巾之乱》。

中平元年（184），灵帝召集朝廷大臣商讨关于张角反叛的问题。北地郡太守皇甫嵩认为应该解除对党人的禁锢，并拿出中藏府的钱财和西园厩中的马匹，赏赐出征的将士。皇甫嵩是皇甫规的侄子。灵帝向中常侍吕彊询问计策，吕彊回答说："对党人的禁锢已有很长时间了，人们对此很是怨恨，倘若不对党人加以赦免，将会迫使他们轻举妄动，与张角联合起来，叛乱的势头就会发展起来，那时后悔也来不及了。如今，请求陛下首先诛杀身旁那些贪婪污浊的人，对党人进行大赦，并考察各地刺史和郡守是否有能力，这样叛乱肯定可以平息。"灵帝出于对叛乱的恐惧而接受了吕彊的建议。壬子（初七），大赦天下党人，迁还被流放的党人和党人家属，唯有张角不在赦免范围之内。

此时，中常侍赵忠、张让、夏恽、郭胜、段珪、宋典等都封侯，很得灵帝宠爱，灵帝常说："张常侍是我父亲，赵常侍是我母亲。"因此宦官肆无忌惮，大兴土木，修建宅第，甚至仿皇宫样式。灵帝曾想登上永安宫的瞭望台，宦官害怕灵帝看见他们的宅第，便派中大人尚但劝灵帝："天子不应登高，登高会使百姓流散。"灵帝从此不敢登上高处的楼台亭榭。等封谞、徐奉的事情败露，灵帝斥责宦官说："你们常说党人图谋不轨，朕下令全部禁锢，还杀了一些人。如今党人重新为国效力，你们反而同张角串通，难道

可斩未?"皆叩头曰:"此王甫、侯览所为也。"于是诸常侍人人求退,各自征还宗亲子弟在州郡者。

赵忠、夏恽等遂共谮吕彊,云与党人共议朝廷,数读《霍光传》,彊兄弟所在并皆贪秽。帝使中黄门持兵召彊、彊闻帝召,怒曰:"吾死,乱起矣。丈夫欲尽忠国家,岂能对狱吏乎!"遂自杀。忠、恽复谮曰:"彊见召,未知所问而就外自屏,有奸明审。"遂收捕其宗亲,没入财产。

侍中河内向栩上便宜,讥刺左右。张让诬栩与张角同心,欲为内应,收送黄门北寺狱,杀之。

郎中中山张钧上书曰:"窃惟张角所以能兴兵作乱,万民所以乐附之者,其源皆由十常侍多放父兄、子弟、婚亲、宾客典据州郡,辜榷财利,侵掠百姓,百姓之冤无所告诉,故谋议不轨,聚为盗贼。宜斩十常侍,县头南郊,以谢百姓,遣使者布告天下,可不须师旅而大寇自消。"帝以钧章示诸常侍,皆免冠徒跣顿首,乞自致雒阳诏狱,并出家财以助军费。有诏,皆冠履视事如故。帝怒钧曰:"此真狂子也。十常侍固当有一人善者不?"御史承旨,遂诬奏钧学黄巾道,收掠,死狱中。

朱儁之击黄巾也,其护军司马北地傅燮上疏曰:"臣闻天下之祸不由于外,皆兴于内。是故虞舜先除四凶,然后用

不该处死吗?"宦官们叩头说:"这是王甫、侯览所干的事。"于是,各位常侍的气焰大为收敛,纷纷将担任外职的宗亲和子弟召回京师。

于是,赵忠、夏恽等人共同陷害吕强,说他与党人一起议论朝廷,经常阅读《霍光传》,他那些担任官职的兄弟全都贪赃枉法。灵帝派遣中黄门手执兵器召吕强入宫,吕强听说灵帝召见他,怒道:"我死之后,动乱就开始了。大丈夫应该竭尽忠心报效国家,岂能向狱吏去申辩!"于是自杀而死。赵忠、夏恽再次诬陷说:"吕强听到陛下召见他,还不知道陛下要向他询问什么事,就自杀了,这说明他肯定有罪。"于是,灵帝下诏,逮捕他的亲戚,全部财产没收充公。

侍中、河内人向栩向灵帝上书,抨击宦官的不法行为。张让诬告向栩和张角是同伙,打算做张角的宫中内应,于是向栩被捕,押送黄门北寺监狱处死。

郎中、中山人张钧上书说:"臣下认为,张角之所以能够起兵作乱,万民之所以乐于追随张角,其根源都是因为十位常侍将他们的父兄、子弟、亲戚、门客安插在州郡担任长官,这些人搜刮财富,掠夺百姓,百姓的冤仇无处申诉,所以才图谋叛乱,聚集起来成为盗贼。应该处死这十位常侍,将他们的脑袋悬挂在城南示众,以此向百姓谢罪,同时派遣使者将此事宣告全国,这样无需出动军队,强大的寇贼自然解散。"灵帝把张钧的奏章交给诸位常侍传看,他们都摘下帽子,除去鞋袜,下跪叩头,乞求灵帝允许他们主动到雒阳诏狱投案自首,并且献出家中财产以资助军队的费用。灵帝下诏,命令他们重新穿戴完整,继续担任原职。灵帝对张钧十分气愤,说:"这人真是个狂妄的家伙。难道十个常侍中连一个好人也没有?"于是,御史秉承灵帝的旨意,上奏诬告张钧信奉黄巾道,将他逮捕入狱而死。

在朱儁进攻黄巾军的时候,他的护军司马、北地人傅燮上书说道:"微臣我听说过,天下的灾祸不是来源于外部的,而全都是起因于内部。因为这个缘故,虞舜便首先铲除四凶,然后才任用

十六相，明恶人不去，则善人无由进也。今张角起于赵、魏，黄巾乱于六州，此皆衅发萧墙而祸延四海者也。臣受戎任，奉辞伐罪，始到颍川，战无不克，黄巾虽盛，不足为庙堂忧也。臣之所惧，在于治水不自其源，末流弥增其广耳。陛下仁德宽容，多所不忍，故阉竖弄权，忠臣不进，诚使张角枭夷，黄巾变服，臣之所忧，甫益深耳。何者？夫邪正之人不宜共国，亦犹冰炭不可同器。彼知正人之功显而危亡之兆见，皆将巧辞饰说，共长虚伪。夫孝子疑于屡至，市虎成于三夫，若不详察真伪，忠臣将复有杜邮之戮矣。陛下宜思虞舜四罪之举，速行逸侯之诛，则善人思进，奸凶自息。"赵忠见其疏而恶之。燮击黄巾，功多当封，忠谮诉之。帝识燮书，得不加罪，竟亦不封。

二年春二月己酉，南宫云台灾。庚戌，乐城门灾。中常侍张让、赵忠说帝敛天下田，亩十钱，以修宫室，铸铜人。乐安太守陆康上疏谏曰："昔鲁宣税亩而蝝灾自生，哀公增赋而孔子非之。岂有聚夺民物，以营无用之铜人，捐舍圣戒，自蹈亡王之法哉？"内幸谮康援引亡国以譬圣明，大不敬，槛车征诣廷尉。侍御史刘岱表陈解释，得免归田里。康，续之孙也。

又诏发州郡材木、文石，部送京师。黄门常侍辄令谴

十六位贤人辅佐自己治理天下，这表明，不将恶人除掉，则善人就无从晋升。如今，张角在赵、魏等地起兵反叛，黄巾军在六州作乱，这都是因内部的祸患而导致四海的叛乱。微臣受命率领军队讨伐叛乱，一开始在颍川，战无不胜，黄巾军势力虽大，并不足以构成朝廷的威胁。微臣所忧惧的在于，如果治理洪水不从源头治起，下游势必更加泛滥成灾。陛下仁爱宽容，对许多事怀有不忍之心，所以导致宦官专权，忠臣得不到重用。即使能将张角剿灭，平息黄巾军的叛乱，微臣的担忧，反而更深。什么缘故？邪恶和正直的人不能在朝廷共同相处，犹如冰和炭火不能同时放在一个器皿中。邪恶的人知道，当正直的人功劳显示之时，就是他们危机和灭亡的征兆出现之时，他们必定要弄花言巧语，弄虚作假。传播的谣言多了，像曾参这样的孝子也难免遭到怀疑；街市上本无老虎，因为三个人说有，别人也就相信了，倘若不对真伪详加审察，忠贞的臣子将又遭到像白起那样的冤死之事。陛下应该借鉴虞舜处理四凶的行动，迅速将奸臣诛杀，这样，善人就会愿意为朝廷效力，叛乱也会自然平息。"赵忠看到傅燮的奏章，因而怨恨他。傅燮征讨黄巾军，屡立战功，本应得到封爵，赵忠却诋毁他。多亏灵帝记得傅燮的言论，傅燮才得以免除罪罚，但也没有得到封爵。

二年（185）春季二月己酉（初十），南宫的云台发生火灾。庚戌（十一日），乐城门发生火灾。中常侍张让、赵忠劝说灵帝对全国的耕地加收田税，每亩加收十钱，用来修缮皇宫，铸造铜人。乐安郡太守陆康上书劝阻，说："过去，鲁宣公按亩征收田税，因此蝗虫的幼虫大量孵出，造成大灾；鲁哀公增加百姓的赋税，因而孔子加以反对。岂能聚敛搜刮百姓的财物用以铸造毫无用处的铜人，将圣人的告诫弃置不顾，而仿效亡国之君的方法呢？"宦官陷害陆康援引亡国之君的例子来比喻灵帝，犯了"大不敬"的罪，于是用囚车将陆康押送到廷尉监狱。侍御史刘岱上书为他辩解，被免去官职，遣回家乡。陆康是陆续的孙子。

又下诏征调各州郡木材及美纹石料送到京师。宦官们动辄

呵不中者,因强折贱买,仅得本贾十分之一;因复货之,宦官复不为即受,材木遂至腐积,宫室连年不成。刺史、太守复增私调,百姓呼嗟。又令西园驺分道督趣,恐动州郡,多受赇赂。刺史、二千石及茂才、孝廉迁除,皆责助军、修宫钱,大郡至二三千万,馀各有差。当之官者,皆先至西园谐价,然后得去;其守清者乞不之官,皆迫遣之。时钜鹿太守河内司马直新除,以有清名,减责三百万。直被诏,怅然曰:"为民父母,而反割剥百姓以称时求,吾不忍也。"辞疾,不听。行至孟津,上书极陈当世之失,即吞药自杀。书奏,帝为暂绝修宫钱。

六月,以讨张角功,封中常侍张让等十二人为列侯。

秋七月,皇甫嵩之讨张角也,过邺,见中常侍赵忠舍宅逾制,奏没入之。又中常侍张让私求钱五千万,嵩不与。二人由是奏嵩"连战无功,所费者多",征嵩还,收左车骑将军印绶,削户六千。

冬十月,谏议大夫刘陶上言:"天下前遇张角之乱,后遭边章之寇,今西羌逆类已攻河东,恐遂转盛,豕突上京。民有百走退死之心,而无一前斗生之计,西寇浸前,车骑孤危,假令失利,其败不救。臣自知言数见厌,而言不自裁者,以为国安则臣蒙其庆,国危则臣亦先亡也。谨复陈当

挑剔，认为不合格的，便强迫贱卖，价格仅为原价的十分之一；当这些材料被再度买进上缴时，宦官们又不及时接收。结果，木材腐烂了，皇宫一连数年未能修好。刺史、太守又私下增加百姓赋税，致使百姓叫苦连天，怨声不绝。灵帝又下令西园的皇家卫士分别到各州各郡监督催促，这些人恐吓州郡官府，到处收受贿赂。刺史、太守以及茂才、孝廉在升迁和赴任时，都要交纳助军钱和修宫钱，大郡竟然要交二三千万钱，其馀的依等级而有差别。凡是新委派的官员，都要先到西园议定钱数，然后才能赴任；那些清廉的人士，请求不去赴任，也都被迫交钱、上任。当时，钜鹿太守河内人司马直刚刚被任命，因他享有清廉的名声，将他应交的数额减少三百万。司马直见到诏书，长叹道："身为百姓的父母官，反而剥削百姓以迎合当前的弊政，我于心不忍。"于是，借口有疾病而辞职，未获批准。赴任途中，他走到孟津，上书详细陈述当时的弊端，尔后服毒自杀。奏章呈报上去，灵帝因此而暂时停止征收修宫钱。

六月，因为征讨张角有功，灵帝敕封中常侍张让等十二人为列侯。

秋季七月，皇甫嵩讨伐张角时，途经邺城，看到中常侍赵忠的宅第超过了规格，上奏朝廷，请求将他的宅第予以没收。中常侍张让曾经私下向皇甫嵩勒索五千万钱，皇甫嵩拒绝了。两人因此上奏诬告皇甫嵩连战不胜，反而浪费了大批军用物资，于是，灵帝下诏召回皇甫嵩，收回他左车骑将军的印信，并把他的封户削减六千户。

冬季十月，谏议大夫刘陶上书："国家先前遭张角叛乱，后来又遭边章进犯，如今西羌叛军已在攻打河东郡，恐怕会越来越盛，往京城攻来。百姓只有逃跑退却、走向死路的念头，没有一点奋勇作战求生的打算，西面的故军日渐逼近，车骑将军张温孤军无援，如果失利，失败的局面就难以挽回。臣下自知这种言论屡被陛下厌烦，仍然不想克制，是因为臣下认为，国家安泰则臣下蒙受益处，国家危险则臣下先行赴死。现在臣再次陈述当

今要急八事。”大较言天下大乱，皆由宦官。宦官共谮陶曰：“前张角事发，诏书示以威恩，自此以来，各各改悔。今者四方安静，而陶疾害圣政，专言妖孽。州郡不上，陶何缘知？疑陶与贼通情。”于是收陶下黄门北寺狱，掠按日急。陶谓使者曰：“臣恨不与伊、吕同畴，而以三仁为辈。今上杀忠謇之臣，下有憔悴之民，亦在不久，后悔何及。”遂闭气而死。前司徒陈耽为人忠正，宦官怨之，亦诬陷，死狱中。

是岁，帝造万金堂于西园，引司农金钱、缯帛牣积堂中，复藏寄小黄门、常侍家钱各数千万，又于河间买田宅，起第观。

三年春二月，以中常侍赵忠为车骑将军。帝使忠论讨黄巾之功，执金吾甄举谓忠曰：“傅南容前在东军，有功不侯，天下失望。今将军亲当重任，宜进贤理屈，以副众心。”忠纳其言，遣弟城门校尉延致殷勤于傅燮。延谓燮曰：“南容少答我常侍，万户侯不足得也。”燮正色拒之曰：“有功不论，命也。傅燮岂求私赏哉？”忠愈怀恨，然惮其名，不敢害，出为汉阳太守。

五年夏五月，故太傅陈蕃子逸与术士襄楷会于冀州刺史王芬坐，楷曰：“天文不利宦者，黄门、常侍真族灭矣。”逸喜。芬曰：“若然者，芬愿驱除。”因与豪桀转相招合，上书

今急待处理的八件事情。"大意是说,天下大乱,都是因宦官引起。宦官共同诬陷刘陶说:"先前,张角反叛以后,陛下下诏,对天下的人恩威并施,从此以后,各种人都已改悔。如今,天下太平安静,但刘陶对圣明的政治不满,专门谈论妖孽。再说,州郡并没有上报,刘陶是怎么知道那些事情的?我们怀疑刘陶和寇贼有关系。"于是,灵帝下诏逮捕刘陶,关押在黄门北寺监狱,严刑拷打,日益急迫。刘陶对使者说:"我悔恨自己不能像伊尹、吕尚那样为明主出力,却和商朝的比干等三位仁士遭受同样的命运。如今在朝廷上忠良正直的大臣遭到杀害,下面百姓憔悴不堪,国家不可能支持很久,将来后悔也来不及了。"于是,闭住气息,自杀而死。前任司徒陈耽为人忠诚正直,宦官怨恨他,也对他进行诬陷,陈耽死在狱中。

这一年,灵帝在西园修筑万金堂,把大司农掌管的国库金银、铜钱和绸帛堆满万金堂,灵帝还把钱隐藏寄放在小黄门、中常侍家中,每家都有数千万,并且在河间郡购买田地宅院,修建大型殿堂。

三年(186)春季二月,任命中常侍赵忠担任车骑将军。灵帝派赵忠检查评定征讨黄巾军的功劳,执金吾甄举对赵忠说:"傅燮先前在征讨东方的军队中,立有大功,却没有得到封侯,天下人都失望。如今将军亲自担负这项重任,应该推举人才,审理冤屈,以满足众人的心愿。"赵忠采纳他的建议,派遣弟弟城门校尉赵延去向傅燮致意。赵延对傅燮说:"只要你稍稍答谢我哥哥常侍,封个万户侯不在话下。"傅燮正颜厉色地拒绝说:"有功而得不到封赏,这是命运。傅燮我岂能乞求别人的恩惠?"赵忠越加怀恨傅燮,然而忌惮他的名声,不敢陷害他,便把他贬谪出朝廷,担任汉阳郡太守。

五年(188)夏五月,已故太傅陈蕃的儿子陈逸和术士襄楷在冀州刺史王芬家中会面,襄楷说:"从天象看不利宦官,那些黄门和常侍真要遭族灭了。"陈逸大喜。王芬说:"若真是这样,我愿带头驱除他们。"于是,与各地的豪杰辗转取得联络,呈上奏章,

言黑山贼攻劫郡县,欲因以起兵。会帝欲北巡河间旧宅,芬等谋以兵徼劫,诛诸常侍、黄门,因废帝,立合肥侯。以其谋告议郎曹操,操曰:"夫废立之事,天下之至不祥也。古人有权成败、计轻重而行之者,伊、霍是也。伊、霍皆怀至忠之诚,据宰辅之势,因秉政之重,同众人之欲,故能计从事立。今诸君徒见曩者之易,未睹当今之难,而造作非常,欲望必克,不以危乎?"芬又呼平原华歆、陶丘洪共定计。洪欲行,歆止之曰:"夫废立大事,伊、霍之所难。芬性疏而不武,此必无成。"洪乃止。会北方夜半有赤气,东西竟天,太史上言:"北方有阴谋,不宜北行。"帝乃止。敕芬罢兵,俄而征之,芬惧,解印绶亡走,至平原,自杀。

八月,初置西园八校尉,以小黄门蹇硕为上军校尉,虎贲中郎将袁绍为中军校尉,屯骑校尉鲍鸿为下军校尉,议郎曹操为典军校尉,赵融为助军左校尉,冯芳为助军右校尉,谏议大夫夏牟为左校尉,淳于琼为右校尉,皆统于蹇硕。帝自黄巾之起,留心戎事,硕壮健有武略,帝亲任之,虽大将军亦领属焉。

冬十月,望气者以为京师当有大兵,两宫流血。帝欲厌之,乃大发四方兵,讲武于平乐观下,起大坛,上建十二重华盖,高十丈;坛东北为小坛,复建九重华盖,高九丈。列步骑数万人,结营为陈。甲子,帝亲出临军,驻大华盖

说黑山地区的寇贼攻打抢劫所属州县,想借此起兵。适逢灵帝打算到北方巡视河间的旧居,王芬等人计划用武力劫持灵帝,杀死那些宦官,然后宣布废黜灵帝,另外拥立合肥侯为皇帝。王芬等人把这个密谋告诉议郎曹操,曹操说:"废立皇帝,是国家最不吉利的大事。古代有人经过慎重权衡轻重考虑成败之后才采取行动,如伊尹和霍光。伊尹、霍光都是满腔忠诚,处于宰相的地位,手握重权,心中怀有和众人相同的愿望,因此才能顺利成事。如今,各位只是看到当初他们轻易取得成功,而没有充分估计到今日的种种困难,便想采取这种非同寻常的举动,希望一举成功,这不是很危险吗?"王芬又邀请平原人华歆、陶丘洪共商大计。陶丘洪准备动身,华歆阻止他说:"废立皇帝的大事,连伊尹、霍光这样的人都感到困难。王芬性情疏阔,缺乏威武的气概,这样的举动必定不会取得成功。"陶丘洪便没有前往。当时,北方天空在半夜有一道赤气,从东到西横贯天际,太史上书说:"北方地区正在酝酿阴谋,陛下不宜去北方。"灵帝这才打消了北行的念头。灵帝又敕令王芬解散军队,不久,又征召王芬到京师去,王芬心中恐惧,解下印信逃亡,逃到平原郡,自杀而死。

八月,灵帝开始设置西园八校尉,任命小黄门蹇硕担任上军校尉,虎贲中郎将袁绍担任中军校尉,屯骑校尉鲍鸿担任下军校尉,议郎曹操担任典军校尉,赵融担任助军左校尉,冯芳担任助军右校尉,谏议大夫夏牟担任左校尉,淳于琼担任右校尉,都由蹇硕统一指挥。灵帝在黄巾军起事以后,开始留心军事方面的事务。蹇硕身体健壮,通晓军事谋略,很得灵帝的亲近和信任,即便是大将军也要听从他的指挥。

冬季十月,观察云气的术士认为京城将会有兵灾,南北两宫将发生流血事件。灵帝打算化解灾祸,于是大批征调四方兵马,在平乐观前练武阅兵,修筑起高大的坛台,上面立起十二层的五彩伞盖,高达十丈;又在主坛的东北修建一座小坛台,上面立起九层的五彩伞盖,高达九丈。大坛台的下面,排列数万人的步兵和骑兵,设营布阵。甲子(十六日),灵帝亲自阅兵,站在大伞盖

下，大将军进驻小华盖下。帝躬擐甲介马，称"无上将军"，行陈三匝而还，以兵授进。帝问讨虏校尉盖勋曰："吾讲武如是，何如？"对曰："臣闻'先王曜德不观兵'。今寇在远而设近陈，不足昭果毅，只黩武耳。"帝曰："善，恨见君晚，群臣初无是言也。"勋谓袁绍曰："上甚聪明，但蔽于左右耳。"与绍谋共诛嬖幸。蹇硕惧，出勋为京兆尹。

六年夏四月，蹇硕忌大将军进，典诸常侍共说帝，遣进西击韩遂，帝从之。进阴知其谋，奏遣袁绍收徐、兖二州兵，须绍还而西，以稽行期。

初，帝数失皇子，何皇后生子辩，养于道人史子眇家，号曰史侯；王美人生子协，董太后自养之，号曰董侯。群臣请立太子，帝以辩轻佻无威仪，欲立协，犹豫未决。会疾笃，属协于蹇硕。丙辰，帝崩于嘉德殿。硕时在内，欲先诛何进而立协，使人迎进，欲与计事。进即驾往，硕司马潘隐与进早旧，迎而目之。进惊，驰从儳道归营，引兵入屯百郡邸，因称疾不入。

戊午，皇子辩即皇帝位，年十四。尊皇后曰皇太后，太后临朝。赦天下，改元为光熹。封皇弟协为渤海王，协年九岁。以后将军袁隗为太傅，与大将军何进参录尚书事。

进既秉朝政，忿蹇硕图己，阴规诛之。袁绍因进亲客张津，劝进悉诛诸宦官。进以袁氏累世贵宠，而绍与

下面,大将军何进则站在小伞盖下面。灵帝披戴甲胄,骑着披甲的战马,自称"无上将军",环绕军列三圈,然后将武器授予何进。灵帝询问讨虏校尉盖勋说:"我像这样检阅大军,你觉得如何?"盖勋回答说:"臣下听说,从前圣明的君王只显示恩德,而不炫耀武力。如今,寇贼都在远方,陛下却在京城阅兵,不足以显示坚决消灭敌人的决心,只能说是滥用军队罢了。"灵帝说:"你讲得对,只可惜太晚见到你,群臣从来没有讲过这样的话。"盖勋对袁绍说:"皇上十分聪明,只是被左右的人蒙蔽住了。"便和袁绍谋划诛杀宦官。蹇硕害怕,派盖勋去长安担任京兆尹。

六年(189)夏季四月,蹇硕忌恨大将军何进,和宦官一起劝说灵帝,派遣何进西征韩遂,灵帝同意。何进暗中知道他们的阴谋,奏请派遣袁绍到徐州和兖州调集军队,等到袁绍回来后再进行西征,以拖延行期。

当初,灵帝生了好几个儿子都没有活下来,何皇后生下儿子刘辩,寄养在道士史子眇的家里,被称为史侯;王美人生下儿子刘协,董太后亲自加以抚养,被称为董侯。朝廷大臣请求灵帝确定太子人选,灵帝觉得刘辩为人轻佻,缺少威仪,打算立刘协为太子,但心中犹豫不决。正在这时,灵帝病重,便把刘协托付给蹇硕。丙辰(十一日),灵帝在嘉德殿驾崩。蹇硕当时在宫中,打算先诛杀何进,然后拥立刘协为皇帝,于是派人去迎接何进,说是要和他商议大事。何进即刻前往宫中,蹇硕的司马潘隐过去和何进有过交情,在迎接他时用眼神示意了何进。何进大惊,立即抄近路折回军营,率军驻扎在百郡邸,然后称说有病,不再进入皇宫。

戊午(十三日),皇子刘辩继承皇位,年仅十四岁。尊称皇后为皇太后,由太后主持朝政。下诏大赦天下,改年号为光熹。赐封弟弟刘协为勃海王,当时刘协年仅九岁。又任命后将军袁隗担任太傅,和大将军何进共同主持尚书事务。

何进掌权后恨蹇硕谋害自己,暗中计划杀他。袁绍通过何进门客张津劝何进诛杀宦官。何进因袁氏历代尊贵荣宠,且袁绍与

从弟虎贲中郎将术皆为豪桀所归,信而用之。复博征智谋之士何颙、荀攸及河南郑泰等二十馀人,以颙为北军中候,攸为黄门侍郎,泰为尚书,与同腹心。攸,爽之从孙也。

蹇硕疑不自安,与中常侍赵忠、宋典等书曰:"大将军兄弟秉国专朝,今与天下党人谋诛先帝左右,扫灭我曹,但以硕典禁兵,故且沈吟。今宜共闭上阁,急捕诛之。"中常侍郭胜,进同郡人也,太后及进之贵幸,胜有力焉,故亲信何氏。与赵忠等议,不从硕计,而以其书示进。庚午,进使黄门令收硕,诛之,因悉领其屯兵。

票骑将军董重,与何进权势相害,中官挟重以为党助。董太后每欲参干政事,何太后辄相禁塞,董后忿恚,尝曰:"汝今辀张,怙汝兄耶?吾敕票骑断何进头,如反手耳!"何太后闻之,以告进。五月,进与三公共奏:"孝仁皇后使故中常侍夏恽等交通州郡,辜较财利,悉入西省。故事,蕃后不得留京师,请迁宫本国。"奏可。辛巳,进举兵围票骑府,收董重,免官,自杀。六月辛亥,董后忧怖暴崩,民间由是不附何氏。

秋七月,袁绍复说何进曰:"前窦武欲诛内宠而反为所害者,但坐言语漏泄,五营兵士皆畏服中人,而窦氏反用之,自取祸灭。今将军兄弟并领劲兵,部曲、将吏皆英俊名士,乐尽力命,事在掌握,此天赞之时也。将军宜一为天下除患,以垂名后世,不可失也。"进乃白太后,请尽罢中常侍

堂弟虎贲中郎将袁术都被天下豪杰归附,因此相信并采纳了他们的意见。何进又广泛征聘有智有谋的人才何颙、荀攸以及河南郡人郑泰等二十多人,任命何颙为北军中候,荀攸为黄门侍郎,郑泰为尚书,把他们当作心腹。荀攸,是荀爽的侄孙。

蹇硕心中疑惧不安,写信给中常侍赵忠、宋典等人说:"大将军何进兄弟执掌朝廷大权,如今和天下的党人密谋诛杀先帝的左右侍从,扫除消灭我们,只是因为我掌握着禁军,所以他们还不敢轻举妄动。现在,我们应该联合起来,关闭宫门,迅速将何进逮捕处死。"中常侍郭胜是何进的同郡人,太后和何进能有今日的尊贵地位,郭胜帮了大忙,因此他与何进互相亲近信任。郭胜和赵忠等人商计,不采纳蹇硕的计策,而把蹇硕的书信交给何进。庚午(二十五日),何进派遣黄门令逮捕蹇硕并将他诛杀,于是,把禁军也都置于自己的掌握之下。

票骑将军董重,和何进互相争权夺势,宦官依靠董重来加强势力。董太后每次打算干预政事,何太后就加以制止,董太后十分生气,怒骂说:"你现在如此气焰嚣张,不过是仗着你的哥哥何进罢了。我要下令票骑将军砍下何进的头来,易如反掌!"何太后听到这话,把它告诉何进。五月,何进联同三公一起上奏:"董太后派前任中常侍夏恽等人和州郡官府勾结,大肆搜刮钱财,全都收放在永乐宫。根据传统的典章制度,蕃国的王后不得留住京师,请求将她迁回本国。"何太后批准。辛巳(初六),何进率兵包围票骑将军府,逮捕董重,免去官职,董重自杀。六月辛亥(初七),董太后又惊又怕,突然去世,因为这件事情,何氏一家失去了民心。

秋季七月,袁绍又劝何进:"从前窦武打算诛杀宫内宠臣却遭杀害,只是因走漏了消息,加上五营兵士都畏服宦官,但窦武反而要利用这些兵士,所以自取灭亡。如今大将军兄弟共同统率禁军,部下将帅都是英豪之士,乐于为您尽忠效力,事情全都在掌握之中,这是天赐良机。大将军应该断然为国除害,以垂名后世,千万不可错失良机。"于是,何进晋见太后,请求将中常侍

以下，以三署郎补其处。太后不听，曰："中官统领禁省，自古及今，汉家故事，不可废也。且先帝新弃天下，我奈何楚楚与士人共对事乎？"进难违太后意，且欲诛其放纵者。绍以为中官亲近至尊，出纳号令，今不悉废，后必为患。而太后母舞阳君及何苗数受诸宦官赂遗，知进欲诛之，数白太后为其障蔽。又言："大将军专杀左右，擅权以弱社稷。"太后疑以为然。进新贵，素敬惮中官，虽外慕大名，而内不能断，故事久不决。

绍等又为画策，多召四方猛将及诸豪杰，使并引兵向京城以胁太后。进然之。主簿广陵陈琳谏曰："谚称'掩目捕雀'，夫微物尚不可欺以得志，况国之大事，其可以诈立乎？今将军总皇威，握兵要，龙骧虎步，高下在心，此犹鼓洪炉燎毛发耳，但当速发雷霆，行权立断，则夫天人顺之，而反委释利器，更征外助。大兵聚会，强者为雄，所谓倒持干戈，授人以柄，功必不成，只为乱阶耳。"进不听。典军校尉曹操闻而笑曰："宦者之官，古今宜有，但世主不当假之权宠，使至于此。既治其罪，当诛元恶，一狱吏足矣，何至纷纷召外兵乎？欲尽诛之，事必宣露，吾见其败也。"

初，灵帝征董卓为少府，卓上书言："所将湟中义从及秦、胡兵皆诣臣言：'牢直不毕，禀赐断绝，妻子饥冻。'牵

以下的宦官全部罢黜，而委派三署的郎官代替他们的职务。太后不愿采纳，说："根据汉朝的传统，自古到今，都是由宦官管理皇宫内部的事务，这是不可变更的。况且，先帝刚刚去世，我怎能衣冠整齐地与士人相对共事呢？"何进难以违逆太后的意见，打算暂且诛杀那些尤其放肆的宦官。袁绍认为宦官最为接近皇帝，百官的奏章和皇帝的诏令都是由他们传递，如果今日不将他们全部除去，日后必定成为灾祸。但是何太后的母亲舞阳君和弟弟何苗屡次接受宦官们的贿赂，知道何进打算诛杀宦官之后，经常向何太后进言，请太后保护宦官，并且说："大将军擅自杀害左右近臣，目的是削弱国家。"何太后心中疑虑，认为他们说得对。何进刚掌握大权不久，一向忌惮宦官，虽然仰慕得到除去宦官的美名，但又未能当机立断，所以事情久久未能决断。

袁绍等人又为何进出谋划策，让他多多征召各地的猛将和豪杰人士，率兵进发京师，以此来胁迫太后。何进同意这个计划。主簿、广陵人陈琳劝阻说："谚语说'掩着眼睛捉麻雀'，微小的东西，尚且不可以通过欺诈的手段来达到目的，何况国家大事，难道可以凭借欺诈而成功吗？如今，将军一身集中了皇室的威望，执掌兵权，龙行虎步，想干什么，就干什么，对付宦官就好像鼓动大炉火燎烧毛发，只需要您以雷霆之势迅速行动，当机立断，则上应天意，下顺民心，如今却打算放弃锋利的武器，另外调集外援。等到大军聚集起来，谁强大谁就能称雄，这就像是倒拿着武器，把刀柄递给别人，这样必定不能成功，只会酿成大乱。"何进不听从。典军校尉曹操听说这事，笑着说："宦官这种官职，古代和现代都应该设置，只是君王不应当过于宠信他们，授予大权，以至于造成今天的局面。既然惩治他们的罪恶，就应当诛杀首恶，一个狱吏就足够了，何至于纷纷攘攘地征召各地的军队呢？倘若打算把他们全部杀死，事情必然泄露，我敢说一定会失败。"

当初，灵帝征召董卓担任少府的时候，董卓上书说道："微臣所统率的湟中地区志愿归属的士兵及羌兵、胡兵都前来说道：'军队的粮饷发得不够，我们的妻子儿子都饥寒交迫。'他们拉住

挽臣车,使不得行。羌胡憨肠狗态,臣不能禁止,辄将顺安慰,增异复上。"朝廷不能制。及帝寝疾,玺书拜卓并州牧,令以兵属皇甫嵩。卓复上书言:"臣误蒙天恩,掌戎十年,士卒大小,相狎弥久,恋臣畜养之恩,为臣奋一旦之命,乞将之北州,效力边垂。"嵩从子郦说嵩曰:"天下兵柄,在大人与董卓耳。今怨隙已结,势不俱存。卓被诏委兵,而上书自请,此逆命也。彼度京师政乱,故敢踌躇不进,此怀奸也。二者,刑所不赦。且其凶戾无亲,将士不附,大人今为元帅,杖国威以讨之,上显忠义,下除凶害,无不济也。"嵩曰:"违命虽罪,专诛亦有责也。不如显奏其事,使朝廷裁之。"乃上书以闻。帝以让卓,卓亦不奉诏,驻兵河东,以观时变。

何进召卓,使将兵诣京师。侍御史郑泰谏曰:"董卓强忍寡义,志欲无厌,若借之朝政,授以大事,将恣凶欲,必危朝廷。明公以亲德之重,据阿衡之权,秉意独断,诛除有罪,诚不宜假卓以为资援也。且事留变生,殷鉴不远,宜在速决。"尚书卢植亦言不宜召卓,进皆不从。泰乃弃官去,谓荀攸曰:"何公未易辅也。"

进府掾王匡、骑都尉鲍信皆泰山人,进使还乡里募兵,并召东郡太守桥瑁屯成皋,使武猛都尉丁原将数千人寇河内,烧孟津,火照城中,皆以诛宦官为言。

董卓闻召,即时就道,并上书曰:"中常侍张让等窃幸承宠,

臣下的车子，使我无法动身。羌人、胡人心肠险恶，态度恶劣，臣下不能加以禁止，只好先留下来安抚他们，如有新的情况，再随时奏报。"朝廷对他无可奈何。灵帝病重时，下诏任命董卓为并州刺史，命令他把军队交给皇甫嵩指挥。董卓又上书说："臣下承蒙陛下信任，指挥军队已达十年，大小官兵，相处日久，十分亲密，他们眷恋臣下对他们的恩德，愿为臣效死力，请求陛下准许我把他们带往并州，为国家守卫边疆。"皇甫嵩的侄子皇甫郦劝皇甫嵩道："国家的兵权，操纵在您和董卓的手中。如今您和董卓之间怨仇已经结下，势必不能共存。董卓被诏令交出军队，却上书请求带走军队，这是违抗皇帝的诏令。他估计到京师的政治混乱，所以才敢按兵不动，等待时局的变化，这是心怀不轨。这两项都是不可赦免的大罪。况且，董卓凶狠暴戾，不受将士拥戴，如今您身为大元帅，依靠朝廷的威势，前往征讨，对上表示效忠，对下铲除祸害，无往不利。"皇甫嵩说："违抗朝廷的命令虽然有罪，但擅自讨伐也同样负有罪责。不如公开奏报此事，由朝廷裁决。"于是上书奏明此事。灵帝下诏责备董卓，董卓仍不肯服从诏令，将军队驻扎河东郡，以观察时局的变化。

何进命令董卓率兵前往京师。侍御史郑泰劝告说："董卓强悍残忍，不讲信义，贪得无厌，如果把他召来朝廷，授予重任，他势必更加为所欲为，威胁朝廷的安全。您作为皇亲国戚，德高望重，掌握国家大权，本可按照心愿独自处理朝政，诛灭有罪的人，实在不应该借助董卓来作为外援。而且事情一旦拖延，变化就会产生，先前的教训并不久远，应该早下决断。"尚书卢植也认为不应该召来董卓，何进都没有依从。郭泰于是弃官逃走，对荀攸说："何进是个难以辅佐的人。"

何进府中的掾史王匡和骑都尉鲍信都是泰山人，何进派遣他们回乡征集兵士，同时命令东郡太守桥瑁把军队屯驻在成皋，派遣武猛都尉丁原率领数千人进军河内郡，焚烧孟津，火光一直照到雒阳城中，何进的这些行动，都以消灭宦官作为借口。

董卓接诏书立即上路，并上书："中常侍张让等窃取陛下宠幸，

浊乱海内。臣闻扬汤止沸，莫若去薪，溃痈虽痛，胜于内食。昔赵鞅兴晋阳之甲以逐君侧之恶，今臣辄鸣钟鼓如雒阳，请收让等以清奸秽。"太后犹不从。何苗谓进曰："始共从南阳来，俱以贫贱依省内以致富贵，国家之事，亦何容易。覆水不收，宜深思之，且与省内和也。"卓至渑池，而进更狐疑，使谏议大夫种劭宣诏止之。卓不受诏，遂前至河南，劭迎劳之，因譬令还军。卓疑有变，使其军士以兵胁劭，劭怒，称诏叱之，军士皆披，遂前质责卓，卓辞屈，乃还军夕阳亭。劭，暠之孙也。

袁绍惧进变计，因胁之曰："交构已成，形势已露，将军复欲何待，而不早决之乎？事久变生，复为窦氏矣。"进于是以绍为司隶校尉，假节，专命击断；从事中郎王允为河南尹。绍使雒阳方略武吏司察宦者，而促董卓等使驰驿上奏，欲进兵平乐观。太后乃恐，悉罢中常侍、小黄门，使还里舍，唯留进素所私人以守省中。诸常侍、小黄门皆诣进谢罪，唯所措置。进谓曰："天下匈匈，正患诸君耳。今董卓垂至，诸君何不早各就国？"袁绍劝进便于此决之，至于再三，进不许。绍又为书告诸州郡，诈宣进意，使捕案中官亲属。

进谋积日，颇泄，中官惧而思变。张让子妇，太后之妹也，让向子妇叩头曰："老臣得罪，当与新妇俱归私门。唯

扰乱天下。臣下听说，要让开水停止沸腾，最好的办法是抽去炉中的柴火，疮痈虽然疼痛，但要胜于内脏的侵蚀。过去，赵鞅统率晋阳的部队以驱除君王身边的恶人；如今，臣下也率军大张旗鼓地来到京师雒阳，请求逮捕张让等人，以肃清朝廷的奸人。"何太后仍然不予同意。何苗对何进说："原先我们一同从南阳来到京师，出身贫贱，都是依靠宦官的扶持，才有今天的富贵，朝廷大事，又谈何容易。而且，倾覆的水不能收回，应该谨慎加以考虑，依我之见还是和宦官讲和吧。"董卓的军队开到渑池时，何进更加犹豫不决，派遣谏议大夫种邵拿着朝廷的诏书阻止董卓。董卓拒不受诏，径直进军河南，种邵迎接慰劳他的军队，于是劝令他退兵。董卓疑心雒阳政局有所变化，命部下用武器威胁种邵，种邵大怒，以皇帝的名义叱责他们，士兵都散逃而去，于是种邵上前质问董卓，董卓理屈词穷，只好把军队撤回到夕阳亭。种邵，是种暠的孙子。

袁绍害怕何进改变主意，于是威胁何进说："矛盾已经形成，形势也很明朗，将军还犹豫什么，不早做决断？事情一旦拖延就要发生变化，您也就重蹈窦武的覆辙了。"于是，何进任命袁绍担任司隶校尉，佩带符节，享有先斩后奏的权力；任命从事中郎王允担任河南郡太守。袁绍派遣属官侦察宦官的动向，另外催促董卓等人派遣使者上奏章，扬言要进兵平乐观。何太后于是有些害怕起来，将中常侍、小黄门全都罢免，遣回乡里，只是留下何进的亲信宦官守在宫中。宦官们都去向何进请罪，一切听从处置。何进对他们说："国家动荡不安，正是起因于你们。如今，董卓大军很快就要到了，你们各位为什么还不早日回到自己的封国去？"袁绍劝何进趁此机会将宦官一网打尽，再三申明理由，何进执意不许。袁绍又撰写公文通知各州郡，假借何进的旨意，命令他们逮捕宦官的亲属。

何进的计划因为时间拖得太长了，逐渐泄露出去，宦官们恐惧起来，开始筹划对策。张让儿媳是何太后的妹妹，张让向儿媳叩头说："我现在犯下罪责，应当和全家都回到家乡。只是我们

受恩累世，今当远离宫殿，情怀恋恋。愿复一人直，得暂奉望太后陛下颜色，然后退就沟壑，死不恨矣。"子妇言于舞阳君，入白太后，乃诏诸常侍皆复入直。

八月戊辰，进入长乐宫，白太后，请尽诛诸常侍。中常侍张让、段珪相谓曰："大将军称疾，不临丧，不送葬，今歘入省，此意何为？窦氏事竟复起邪？"使潜听，具闻其语。乃率其党数十人持兵窃自侧闼入，伏省户下，进出，因诈以太后诏召进，入坐省阁。让等诘进曰："天下愦愦，亦非独我曹罪也。先帝尝与太后不快，几至成败，我曹涕泣救解，各出家财千万为礼，和悦上意，但欲托卿门户耳。今乃欲灭我曹种族，不亦大甚乎？"于是尚方监渠穆拔剑斩进于嘉德殿前。让、珪等为诏，以故太尉樊陵为司隶校尉，少府许相为河南尹。尚书得诏板，疑之，曰："请大将军出共议。"中黄门以进头掷与尚书曰："何进谋反，已伏诛矣。"

进部曲将吴匡、张璋在外闻进被害，欲引兵入宫，宫门闭。虎贲中郎将袁术与匡共斫攻之，中黄门持兵守阁。会日暮，术因烧南宫青琐门，欲以胁出让等。让等入白太后，言大将军兵反，烧宫，攻尚书闼，因将太后、少帝及陈留王劫省内官属，从复道走北宫。尚书卢植执戈于阁道窗下，仰数段珪，珪惧，乃释太后，太后投阁，乃免。袁绍与叔父

蒙受皇室几代的恩德,如今要远离宫廷,恋恋不舍。希望让我再入宫侍候一次,只要能再见到太后和皇帝陛下一面,然后就算死在荒谷里,心中也没有遗憾了。"张让的儿媳把这话传给皇太后的母亲舞阳君,舞阳君又入宫禀告太后,于是,太后下诏,让宦官们重新入宫服侍。

八月戊辰(二十五日),何进前往长乐宫,面奏太后,请求将宦官全部诛杀。中常侍张让、段珪等人商议说:"大将军自称有病,不参加先帝的丧礼,也不参加送葬,如今突然进宫,这是什么用意?窦武的事件竟然又要发生吗?"派人窃听太后和何进的谈话,获知全部的谈话内容。于是,张让等人率领数十名党羽,手持兵器,从侧门偷偷进去,埋伏在殿门外,等何进出来,便假传太后的旨意召他,何进又进入殿中。张让等诘问何进说:"天下大乱,也并非全是我们这些人的罪过。先帝曾和太后闹过不愉快,几乎导致太后的废黜,我等流着泪叩头为太后求情,每人献出千万家财作为礼物送给先帝,使先帝和颜悦色,我们这样做的用意,只是希望能依托在你的门下。如今,你却打算将我们灭族,这不也太过分了吗?"于是,尚方监渠穆拔出剑来,在嘉德殿前将何进杀死。张让、段珪等人写下诏书,任命原太尉樊陵担任司隶校尉,少府许相担任河南郡太守。尚书看到诏书,觉得怀疑,说:"请大将军何进出来共同商议。"中黄门将何进的人头掷给尚书,说:"何进密谋反叛朝廷,已被处死了。"

何进部下的军官吴匡、张璋在皇宫外听说何进被杀,打算带士兵冲入皇宫,宫门却关闭起来。虎贲中郎将袁术和吴匡一起用刀劈砍宫门,发动进攻,宦官们则手持兵器在门内防守。这时已经是黄昏,于是袁术放火焚烧南宫的青琐门,想借此胁迫张让等人出来。张让等人进入后宫禀告太后,说大将军的部下正在谋反,纵火焚烧皇宫,进攻尚书台大门,于是,将何太后、小皇帝和陈留王刘协以及宫内其他官员裹胁,从复道逃往北宫。尚书卢植手执长戈站在阁道的窗下,仰着脑袋斥责段珪,段珪很害怕,于是放开何太后,太后从窗口跳下,得以幸免。袁绍和叔父

隗矫诏召樊陵、许相，斩之。绍及何苗引兵屯朱雀阙下，捕得赵忠等，斩之。吴匡等素怨苗不与进同心，而又疑其与宦官通谋，乃令军中曰："杀大将军者即车骑也，吏士能为报仇乎？"皆流涕曰："愿致死。"匡遂引兵与董卓弟奉车都尉旻攻杀苗，弃其尸于苑中。绍遂闭北宫门，勒兵捕诸宦者，无少长皆杀之，凡二千余人，或有无须而误死者。绍因进兵排宫，或上端门屋以攻省内。

庚午，张让、段珪等困迫，遂将帝与陈留王数十人步出谷门，夜至小平津，六玺不自随，公卿无得从者，唯尚书卢植、河南中部掾闵贡夜至河上。贡厉声质责让等，且曰："今不速死，吾将杀汝！"因手剑斩数人。让等惶怖，叉手再拜，叩头向帝辞曰："臣等死，陛下自爱。"遂投河而死。

贡扶帝与陈留王夜步逐萤光南行，欲还宫。行数里，得民家露车，共乘之，至雒舍止。辛未，帝独乘一马，陈留王与贡共乘一马，从雒舍南行，公卿稍有至者。董卓至显阳苑，远见火起，知有变，引兵急进；未明，到城西，闻帝在北，因与公卿往奉迎于北芒阪下。帝见卓将兵卒至，恐怖涕泣。群公谓卓曰："有诏却兵。"卓曰："公诸人为国大臣，不能匡正王室，至使国家播荡，何却兵之有？"卓与帝语，语不可了，乃更与陈留王语，问祸乱由起，王答，自初至终，无所遗失。卓大喜，以王为贤，且为董太后所养，卓自以与太后同族，遂有废立之意。

袁隗假传圣旨，召见樊陵、许相，杀死他们。袁绍和何苗率领兵士驻扎在朱雀门下，捉到赵忠等人，立即处决。吴匡等人一向怨恨何苗与何进不同心，并且还怀疑他和宦官勾结，于是号令军中说："杀害大将军的人，就是车骑将军何苗，士兵们能为大将军报仇吗？"将士们流着泪说："愿拼死为大将军报仇。"于是，吴匡率领兵士和董卓的弟弟奉车都尉董旻一同攻杀何苗，把他的尸体扔在宫苑里。然后，袁绍关闭北宫门，派兵搜捕所有的宦官，无论老少全部杀死，共两千多人，有些没长胡须的人也被误杀。袁绍乘势进攻，有的兵士爬上端门，向内宫冲击。

庚午（二十七日），张让、段珪等人被围困，于是带着少帝和陈留王刘协等数十人走出谷门，趁夜来到小平津，六颗御玺也没有随身携带，没有公卿跟随，只有尚书卢植、河南中部掾闵贡夜里追到黄河边。闵贡厉声斥责张让等人，并且说："你们如今还不快快去死，我就把你们砍了！"于是，挥剑斩杀数名宦官。张让等人惊惶害怕，拱手行礼，叩头向少帝辞别说："臣下们就要死了，陛下保重！"于是投河而死。

闵贡扶着少帝和陈留王刘协，借着萤火虫的微光深夜向南行走，想返回皇宫。走了几里，在百姓家得到一辆板车，一起挤在车上，到雒舍歇息。辛未（二十八日），少帝独自乘坐一匹马，陈留王刘协和闵贡共乘一匹马，从雒舍南行，这时逐渐有些公卿大臣赶来护驾。董卓到达显阳苑，远远看见火光冲天，知道皇宫发生变乱，率兵急速前进；天还未亮，到达雒阳城西，听说皇帝在北面，于是和公卿大臣一道前往迎接，在北芒阪迎到皇帝。少帝看见董卓率兵猝然而来，吓得直哭。大臣们对董卓说："皇帝下诏，要军队后撤。"董卓说："你们这群人身为国家大臣，不能辅佐王室，致使国家动荡不安，竟然还敢叫军队后撤！"董卓和少帝讲话，少帝却因惊吓而语无伦次，于是转同陈留王说话，询问祸乱兴起的缘由，陈留王回答了他的询问，从始至终毫无遗漏。董卓大喜，认为陈留王聪明，并且又是由董太后抚养。董卓自认和太后是同姓家族，于是心头萌生废少帝而立陈留王刘协的念头。

是日,帝还宫,赦天下,改光熹为昭宁。失传国玺,馀玺皆得之。以丁原为执金吾。骑都尉鲍信自泰山募兵适至,说袁绍曰:"董卓拥强兵,将有异志,今不早图,必为所制。及其新至疲劳,袭之可禽也。"绍畏卓,不敢发,信乃引兵还泰山。

董卓之入也,步骑不过三千,自嫌兵少,恐不为远近所服,率四五日辄夜潜出军近营,明旦乃大陈旌鼓而还,以为西兵复至,雒中无知者。俄而进及弟苗部曲皆归于卓,卓又阴使丁原部曲司马五原吕布杀原而并其众,卓兵于是大盛。乃讽朝廷,以久雨,策免司空刘弘而代之。

初,蔡邕徙朔方,会赦得还。五原太守王智,甫之弟也,奏邕谤讪朝廷,邕遂亡命江海,积十二年。董卓闻其名而辟之,称疾不就。卓怒,骂曰:"我能族人!"邕惧而应命。到署祭酒,甚见敬重,举高第,三日之间,周历三台,迁为侍中。

董卓谓袁绍曰:"天下之主,宜得贤明。每念灵帝,令人愤毒。董侯似可,今欲立之,为能胜史侯否?人有小智大痴,亦知复何如为当?且尔,刘氏种不足复遗。"绍曰:"汉家君天下四百许年,恩泽深渥,兆民戴之。今上富于春秋,未有不善宣于天下,公欲废嫡立庶,恐众不从公议也。"卓按剑叱绍曰:"竖子敢然! 天下之事,岂不在我? 我欲为

这天，少帝返回皇宫，大赦天下，改年号光熹为昭宁。检查宫中物品，传国玉玺丢失了，其他的玺印都在。任命丁原为执金吾。骑都尉鲍信从泰山郡征募兵士，这时正赶到雒阳，劝袁绍说："董卓拥有强大的军队，恐怕会有不轨的企图，如果今日不早做打算，必定会被他控制。应该趁他刚到，兵马疲惫，发动袭击，可以生擒董卓。"袁绍畏惧董卓，不敢采取行动，于是，鲍信率兵返回泰山郡。

　　董卓刚到雒阳时，步兵、骑兵不过三千人，自知兵力单薄，恐怕不能让远近的人畏服，于是，每隔四五天就派军队在夜里悄悄离开雒阳，到城外扎营，次日早晨又重整军容，大张旗鼓地开进雒阳，使人误以为是凉州的援兵到来，城中无人知道此事。不久何进弟弟何苗的部下全都投靠董卓，董卓又暗中指使丁原的部下五原人吕布杀死丁原，并乘机吞并了他的部众，于是董卓的兵力大增。董卓借口久雨不停暗示朝廷，下诏罢免司空刘弘，而由自己接任。

　　当初，蔡邕被放逐到朔方郡，恰逢大赦，得以返回家乡。五原郡太守王智，是王甫的弟弟，上书诬陷蔡邕诽谤朝廷，于是蔡邕逃亡江湖，达十二年之久。董卓听说他的名声而征召他，蔡邕借口身体有病，不肯应召。董卓大怒，骂道："我能杀人全家！"蔡邕因恐惧而接受了他的命令。蔡邕到雒阳后，被任命为祭酒，很受董卓的敬重，以考绩优秀为由而举荐他，使他在三天之内，连升三级，最后升为侍中。

　　董卓对袁绍说："天下的君主，应该十分贤明才对。每次想起灵帝，使人不禁愤怒。董侯刘协好像不错，我想立他为皇帝，不知他是否胜过史侯？有人小事聪明大事糊涂，谁又知道他会怎样？如果他不行，刘氏的后代就不能再传下去了。"袁绍说："汉朝统治天下已有四百多年，恩德深厚，受到万民拥戴。如今皇上年纪还小，也没有什么过失。您打算废黜嫡子而拥立庶子，恐怕众人不会赞同您的意见。"董卓手按剑柄，叱责袁绍说："小子，你竟敢如此放肆！国家大事，都由我来决定。我要是想这样

之,谁敢不从？尔谓董卓刀为不利乎？"绍勃然曰:"天下健者,岂惟董公!"引佩刀,横揖,径出。卓以新至,见绍大家,故不敢害。绍县节于上东门,逃奔冀州。

九月癸酉,卓大会百寮,奋首而言曰:"皇帝暗弱,不可以奉宗庙,为天下主。今欲依伊尹、霍光故事,更立陈留王,何如？"公卿以下皆惶恐,莫敢对。卓又抗言曰:"昔霍光定策,延年按剑。有敢沮大议,皆以军法从事。"坐者震动。尚书卢植独曰:"昔太甲既立不明,昌邑罪过千馀,故有废立之事。今上富于春秋,行无失德,非前事之比也。"卓大怒,罢坐。将杀植,蔡邕为之请,议郎彭伯亦谏卓曰:"卢尚书海内大儒,人之望也。今先害之,天下震怖。"卓乃止,但免植官,植遂逃隐于上谷。卓以废立议示太傅袁隗,隗报如议。

甲戌,卓复会群僚于崇德前殿,遂胁太后策废少帝,曰:"皇帝在丧,无人子之心,威仪不类人君。今废为弘农王,立陈留王协为帝。"袁隗解帝玺绶以奉陈留王,扶弘农王下殿,北面称臣。太后鲠涕,群臣含悲,莫敢言者。

卓又议:"太后踧迫永乐宫,至令忧死,逆妇姑之礼。"乃迁太后于永安宫。赦天下,改昭宁为永汉。丙子,卓鸩杀何太后,公卿以下不布服,会葬,素衣而已。卓又发何苗

做，谁敢不从？难道你认为董卓的刀子不够锋利吗？"袁绍也勃然大怒，说："天下的英雄豪杰，难道只有你董卓一个！"袁绍抽出佩刀一横，作了一个揖，径直走出。由于董卓刚到雒阳，袁氏又是显贵的大族，所以不敢立即杀他。袁绍把司隶校尉的符节悬挂在上东门，逃往冀州。

九月癸酉这天，董卓召集文武百官，蛮横地说："皇帝没有能力，不可以继承汉家祖先的基业，成为天下的君王。今天，我打算依照伊尹、霍光的例子，改立陈留王为皇帝，你们觉得如何？"公卿大臣都诚惶诚恐，无人敢于回答。董卓又高声说："过去，霍光定下废立大计，田延年手按剑柄，准备诛杀反对者。如有谁敢于反对这项大计，都按军法论处。"在座者无不震动骇怕。唯独尚书卢植说："过去，太甲继位后昏庸无能，昌邑王的罪超过千条，所以才有废立的事情。如今，皇上年纪尚小，没有什么过错和失德之处，不可和前代的事情相比。"董卓大怒，离座而去。董卓打算杀卢植，蔡邕为他求情，议郎彭伯也劝告董卓说："卢尚书是四海之内的大儒者，人人尊敬。如今要是把他杀死，天下的人就会震惊恐惧。"董卓于是罢手，只免去了卢植的官职，卢植只好逃亡到上谷郡隐居起来。董卓把废立的计划送给太傅袁隗看，袁隗表示同意这个计划。

甲戌（初一），董卓又召集朝廷大臣到崇德前殿，胁迫何太后下诏废黜少帝，说："皇帝在为先帝守丧期间，没有尽到做儿子的孝心，而且仪表缺乏君王的威严。现在，将他废黜为弘农王，而改立陈留王刘协为皇帝。"袁隗解下少帝身上的玺印绶带，进奉给陈留王刘协，然后扶着弘农王刘辩走下大殿，向坐在北面的新帝称臣。何太后哽咽流泪，群臣也含着悲泪，但没有一个人站出来说话。

董卓又提出："何太后逼董太皇太后，致使她忧愤而死，违背了儿媳孝顺婆母的礼制。"于是把何太后迁到永安宫。随后大赦天下，改年号昭宁为永汉。丙子（初三），董卓毒死何太后，不许公卿百官穿丧服，参加送葬仪式只许穿白衣。董卓又掘起何苗

棺，出其尸，支解节断，弃于道边。杀苗母舞阳君，弃尸于苑枳落中。

诏除公卿以下子弟为郎，以补宦官之职，侍于殿上。

董卓自为太尉，领前将军事，加节传、斧钺、虎贲，更封郿侯。

董卓率诸公上书追理陈蕃、窦武及诸党人，悉复其爵位，遣使吊祠，擢用其子孙。

十一月，以董卓为相国，赞拜不名，入朝不趋，剑履上殿。

十二月戊戌，以司徒黄琬为太尉，司空杨彪为司徒，光禄勋荀爽为司空。

初，尚书武威周毖，城门校尉汝南伍琼说董卓矫桓、灵之政，擢用天下名士以收众望。卓从之，命毖、琼与尚书郑泰、长史何颙等沙汰秽恶，显拔幽滞。于是征处士荀爽、陈纪、韩融、申屠蟠。复就拜爽平原相，行至宛陵，迁光禄勋，视事三日，进拜司空。自被征命及登台司，凡九十三日。又以纪为五官中郎将，融为大鸿胪。纪，寔之子；融，韶之子也。爽等皆畏卓之暴，无敢不至，独申屠蟠得征书，人劝之行，蟠笑而不答。卓终不能屈，年七十馀，以寿终。卓又以尚书韩馥为冀州牧，侍中刘岱为兖州刺史，陈留孔伷为豫州刺史，东平张邈为陈留太守，颍川张咨为南阳太守。卓所亲爱，并不处显职，但将校而已。

董卓性残忍，一旦专政，据有国家甲兵珍宝，威震天

的坟墓,将尸体拖出,肢解为几截,抛在路旁。又杀死何苗的母亲舞阳君,把尸体扔在御花园的枳林中。

皇帝下诏,任命公卿大臣的子弟为郎官,在殿上侍候皇帝,以填补宦官的职位。

董卓自己担任太尉,兼任前将军,并加赐代表皇帝权力的符节,以及作为仪仗的斧钺和虎贲卫士,进封为郿侯。

董卓率领三公大臣上书,请求重新审理陈蕃、窦武和党人事件,一律恢复他们的爵位,派遣使者祭吊他们的坟墓,并提拔和任用他们的子弟。

十一月,皇帝下诏,任命董卓担任相国,特许他参拜皇帝时不唱名,上朝不用趋行,并可佩剑穿鞋上殿。

十二月戊戌这天,任命司徒黄琬担任太尉,司空杨彪担任司徒,光禄勋荀爽担任司空。

当初,尚书武威郡人周毖、城门校尉汝南郡人伍琼劝说董卓矫正桓帝、灵帝时期的弊政,选拔任用天下的名士,以争取民心。董卓听从他们的建议,命令周毖、伍琼和尚书郑泰、长史何颙等人汰除贪赃枉法和不称职的官员,选拔被弹压抑制的人才。于是,征召未曾任过官职的人士荀爽、陈纪、韩融、申屠蟠。又任命荀爽担任平原国相,荀爽刚走到宛陵,又被升迁为光禄勋,刚到职三天,升为司空。荀爽从被征召到就任三公,相距九十三天。又任命陈纪担任五官中郎将,韩融担任大鸿胪。陈纪,是陈寔的儿子;韩融,是韩韶的儿子。荀爽等人都畏惧董卓的残暴,无人敢于不应召,唯独申屠蟠在接到征召的命令后,别人劝他动身,他只是笑着不答应。董卓最终也没能使他屈服,申屠蟠在七十多岁时,在家寿终正寝。董卓又任命尚书韩馥担任冀州刺史,侍中刘岱担任兖州刺史,陈留人孔伷担任豫州刺史,东平人张邈担任陈留郡太守,颍川人张咨担任南阳郡太守。董卓所亲近宠爱的人,并没有担任显贵的职务,只是中郎将、校尉等职务。

董卓的性情是非常残忍的,一旦被他控制了朝廷的大权,拥有、控制了国家的军事权力和无数的珍宝,他的威名震动天

下，所愿无极。语宾客曰："我相，贵无上也。"侍御史扰龙宗诣卓白事，不解剑，立挝杀之。是时，雒中贵戚，室第相望，金帛财产，家家充积，卓纵放兵士，突其庐舍，剽虏资物，妻略妇女，不避贵贱，人情崩恐，不保朝夕。

卓购求袁绍急，周毖、伍琼说卓曰："夫废立大事，非常人所及。袁绍不达大体，恐惧出奔，非有他志。今急购之，势必为变。袁氏树恩四世，门生故吏遍于天下，若收豪杰以聚徒众，英雄因之而起，则山东非公之有也。不如赦之，拜一郡守，绍喜于免罪，必无患矣。"卓以为然，乃即拜绍勃海太守，封邟乡侯。又以袁术为后将军，曹操为骁骑校尉。术畏卓，出奔南阳。

是时，豪杰多欲起兵讨卓者。袁绍在勃海，冀州牧韩馥遣数部从事守之，不得动摇。东郡太守桥瑁诈作京师三公移书与州郡，陈卓罪恶，云："见逼迫，无以自救，企望义兵，解国患难。"馥得移，请诸从事问曰："今当助袁氏邪？助董氏邪？"治中从事刘子惠曰："今兴兵为国，何谓袁、董？"馥有惭色。子惠复言："兵者凶事，不可为首。今宜往视他州，有发动者，然后和之。冀州于他州不为弱也，他人功未有在冀州之右者也。"馥然之。馥乃作书与绍，道卓之恶，听其举兵。

献帝初平元年春正月，关东州郡皆起兵以讨董卓，众各数万。事见《曹操篡汉》。

癸酉，董卓使郎中令李儒鸩杀弘农王辩。

下,欲望变得没有极限。他对门客说:"我的相貌,是天下最尊贵的。"侍御史扰龙宗晋见董卓禀告事情,没有解下佩剑,立即被当场打死。当时,雒阳城中皇亲国戚很多,宅第比比皆是,家家堆满金银财宝,董卓放任他的士兵,随意进入他们的宅第,掠夺财物,奸淫妇女,不论贵贱,致使民心恐惧,朝不保夕。

董卓悬赏捉拿袁绍,催促急迫,周毖、伍琼劝董卓说:"废立皇帝的人事,不是普通人所能明白的。袁绍不识大体,因害怕您而逃亡,并没有别的意图。如今急迫地悬赏捉拿他,势必使他公开反叛。袁氏一家连续四世出任高官,门生和旧属遍布天下,如果袁绍纠集豪杰人士起兵造反,别的英杰也就趁机而起,那么,崤山以东的地区,就不属于您所占有了。倒不如赦免他,让他担任郡太守之类的职务,袁绍因被免罪而感到高兴,必定不会再有祸患了。"董卓认为很对,于是,便任命袁绍担任勃海郡太守,赐封邟乡侯。又任命袁术担任后将军,曹操担任骁骑校尉。袁术畏惧董卓,逃离雒阳,流亡到南阳郡。

这时,天下豪杰大多准备起兵征讨董卓。袁绍在勃海郡,冀州刺史韩馥派遣了几个从事监视他,使他无法有所举动。东郡太守桥瑁假造了一个京师三公传达给州郡官府的文书,陈述董卓的罪恶,说:"我们现在被逼迫无奈,无法解救自己,盼望各地兴起义军,解救国家危难。"韩馥接到文书,请来各位从事问道:"如今,是应当帮助袁绍呢,还是应当帮助董卓?"治中从事刘子惠说:"如今我们是起兵救国,怎么说是为袁绍或是董卓?"韩馥脸上露出惭愧的神色。刘子惠又说:"起兵是很凶险的事情,不能抢先发动。现在,应该派人到别的州去观察一下动静;如果有人先起兵,我们就起兵响应他们。冀州和别的州相比,一点也不弱,因此,将来别人的功劳也不可能在您之上。"韩馥认为有理。韩馥于是写信给袁绍,讲述董卓的罪恶,表示听任袁绍起兵。

献帝初平元年(190)春季正月,崤关以东的州郡都起兵征讨董卓,各有数万之众。事见《曹操篡汉》。

癸酉这天,董卓派遣郎中令李儒毒死弘农王刘辩。

卓议大发兵以讨山东，尚书郑泰曰："夫政在德，不在众也。"卓不悦，曰："如卿此言，兵为无用邪？"泰曰："非谓其然也，以为山东不足加大兵耳。明公出自西州，少为将帅，闲习军事。袁本初公卿子弟，生处京师。张孟卓东平长者，坐不窥堂。孔公绪清谈高论，嘘枯吹生。并无军旅之才，临锋决敌，非公之俦也。况王爵不加，尊卑无序，若恃众怙力，将各棋峙以观成败，不肯同心共胆，与齐进退也。且山东承平日久，民不习战。关西顷遭羌寇，妇女皆能挟弓而斗，天下所畏者无若并、凉之人与羌胡义从，而明公拥之以为爪牙，譬犹驱虎兕以赴犬羊，鼓烈风以扫枯叶，谁敢御之？无事征兵以惊天下，使患役之民相聚为非，弃德恃众，自亏威重也。"卓乃悦。

董卓以山东兵盛，欲迁都以避之，公卿皆不欲，而莫敢言。卓表河南尹朱俊为太仆，以为己副，使者召拜，俊辞，不肯受，因曰："国家西迁，必孤天下之望，以成山东之衅，臣不知其可也。"使者曰："召君受拜而君拒之，不问徙事而君陈之。何也？"俊曰："副相国，非臣所堪也；迁都非计，事所急也。辞所不堪，言其所急，臣之宜也。"由是止不为副。

卓大会公卿议曰："高祖都关中，十有一世；光武宫雒阳，于今亦十一世矣。案《石包谶》，宜徙都长安，以应天人之意。"

董卓准备大规模征发百姓当兵,以讨伐崤山以东地区,尚书郑泰说:"成败是由德行决定的,而不是由兵众的数量决定的。"董卓不高兴地说:"照你这么讲,军队就没有用了吗?"郑泰说:"我不是这个意思,只是认为崤山以东的地区不值得出动大军讨伐。您是从西州出来的,年轻时就担任将帅,通晓军事谋略。袁绍则是个贵族子弟,生长在京师。张邈是东平郡的忠厚长者,坐下时目不斜视。孔伷只会高谈阔论,褒贬是非。他们并没有军事才能,临阵交锋,不是您的对手。况且,他们的行动未受王命,无尊卑秩序,倘若两军对垒,他们必将各自保存实力,观看成败,不肯同心合力,共进共退。而且崤山以东地区长久以来局势太平,百姓不熟悉作战。函谷关以西的地区,不久前遭受过羌人的进犯,连妇女也都能持弓战斗,天下人所畏惧的,就是并州、凉州的军队和羌人、胡人的义众,而您又正是以这些军队作为爪牙的,作起战来,犹如猛虎入羊群,狂风扫落叶,谁能抵御?因此没有什么事情就征发百姓当兵,惊扰天下百姓,动摇民心,致使不愿服兵役的人聚众闹事,放弃德政,动用军队,就会损害自己的威望。"于是,董卓大为高兴。

　　董卓认为崤山以东地区兵力强盛,打算迁都以避开锋芒,公卿百官都不愿意,却无人敢说。董卓上书推荐河南郡太守朱儁担任太仆,作为自己的副手,派遣使者命令朱儁接受委任,朱儁拒不接受,对使者说:"国家西迁,必然会使天下人失望,反而成为崤山以东联军的借口,我认为不该这样做。"使者说:"朝廷令您接受任命,而您加以拒绝;没有询问您迁都的事情,您却说了许多。这是为什么?"朱儁说:"作为相国的副手,不是我所能承担的;迁都的决定,是错误的,却很急迫。拒绝无力承担的责任,说出当务之急的事情,正是作为臣子的本分。"因此,董卓打消了任命朱儁为副手的念头。

　　董卓召集三公九卿百官一起商议说道:"高祖定都关中,到如今一共经历了十一世;光武帝定都雒阳,到如今也是十一世。根据《石包谶》所说,应该迁都到长安,以上应天意,下顺民心。"

百官皆默然,司徒杨彪曰:"移都改制,天下大事,故盘庚迁亳,殷民胥怨。昔关中遭王莽残破,故光武更都雒邑,历年已久,百姓安乐。今无故捐宗庙,弃园陵,恐百姓惊动,必有糜沸之乱。《石包谶》妖邪之书,岂可信用?"卓曰:"关中肥饶,故秦得并吞六国。且陇右材木自出,杜陵有武帝陶灶,并功营之,可使一朝而办。百姓何足与议,若有前却,我以大兵驱之,可令诣沧海!"

彪曰:"天下动之至易,安之甚难,惟明公虑焉。"卓作色曰:"公欲沮国计邪!"太尉黄琬曰:"此国之大事,杨公之言,得无可思。"卓不答。司空荀爽见卓意壮,恐害彪等,因从容言曰:"相国岂乐此邪?山东兵起,非一日可禁,故当迁以图之,此秦、汉之势也。"卓意小解。琬退,又为驳议。二月乙亥,卓以灾异奏免琬、彪等,以光禄勋赵谦为太尉,太仆王允为司徒。城门校尉伍琼、督军校尉周珌固谏迁都,卓大怒曰:"卓初入朝,二君劝用善士,故卓相从,而诸君到官,举兵相图。此二君卖卓,卓何用相负?"庚辰,收琼、珌斩之。杨彪、黄琬恐惧,诣卓谢,卓亦悔杀琼、珌,乃复表彪、琬为光禄大夫。

卓征京兆尹盖勋为议郎。时左将军皇甫嵩将兵三万屯扶风,勋密与嵩谋讨卓。会卓亦征嵩为城门校尉,嵩长史梁衍说嵩曰:"董卓寇掠京邑,废立从意,今征将军,大则危祸,小则困辱。今及卓在雒阳,天子来西,以将军之众迎接

百官沉默，司徒杨彪说："迁都和修改制度是国家大事，因此盘庚把国都迁到亳地，就引起人民的怨恨。过去关中遭到王莽的破坏，所以光武迁都雒阳，历时长久，百姓安居乐业。如今，如果无缘无故抛弃汉家先祖的宗庙和陵园，恐怕会引起民心动荡，定将导致天下大乱。《石包谶》是一本妖邪的书，岂可加以信任引用？"董卓说："关中土地肥沃富饶，所以秦国才能得以吞并六国。而且陇右地区木材丰富，杜陵有武帝时代留下的窑灶，以加倍之力营造，一个早上也就安顿好了。再说跟百姓有什么好商议的，如有退却的，我派大军在后面驱赶，可以把他们赶到海里！"

杨彪说："让国家发生动荡，极其容易，而要安定一个国家，就很难办，请您三思。"董卓变脸道："你是想阻挠国家大计吗？"太尉黄琬说："这是国家的大事，杨公的话，还是值得好好考虑的。"董卓没有回答。司空荀爽看到董卓怒气渐起，于是语气和缓地说："难道相国是乐意这样做吗？崤山以东州郡起兵，不是一朝一夕可以平定的，所以应当迁都，再逐步消灭他们。这正与秦汉之间的形势相同。"董卓听到这话，怒意稍解。散朝后，黄琬又上书反对迁都。二月乙亥（初五），董卓以灾异为借口奏请免除了黄琬、杨彪等人的职务，而任命光禄勋赵谦担任太尉，太仆王允担任司徒。城门校尉伍琼、督军校尉周珌坚决反对迁都，董卓大怒，说："我刚进入朝廷时，你们二位劝告我任用善人，所以我听从了你们的意见；可是这些人到任后，都起兵反对我。这是你们两个人出卖了我，我又有什么对不起你们？"庚辰（初十），逮捕伍琼、周珌，处死他们。杨彪、黄琬恐惧起来，到董卓府上谢罪，董卓也后悔处死伍琼、周珌，于是，又上表推荐杨彪、黄琬担任光禄大夫。

董卓征京兆尹盖勋任议郎。此时左将军皇甫嵩率领三万人进驻扶风，盖勋秘密和皇甫嵩商议征讨董卓。恰巧董卓又征皇甫嵩担任城门校尉，皇甫嵩的长史梁衍建议："董卓在京城纵兵掠夺，按自己心意废立皇帝，如今征召将军，大则有性命之忧，小则遭受耻辱。如今趁董卓在雒阳，天子将西迁，将军可率军迎接

至尊,奉令讨逆,征兵群帅,袁氏逼其东,将军迫其西,此成禽也。"嵩不从,遂就征。勋以众弱不能独立,亦还京师。卓以勋为越骑校尉。河南尹朱儁为卓陈军事,卓折儁曰:"我百战百胜,决之于心,卿勿妄说,且污我刀。"盖勋曰:"昔武丁之明,犹求箴谏,况如卿者,而欲杜人之口乎?"卓乃谢之。

卓遣军至阳城,值民会于社下,悉就斩之,驾其车重,载其妇女,以头系车辕,歌呼还雒,云攻贼大获。卓焚烧其头,以妇女与甲兵为婢妾。

丁亥,车驾西迁,董卓收诸富室,以罪恶诛之,没入其财物,死者不可胜计。悉驱徙其馀民数百万口于长安,步骑驱蹙,更相蹈藉,饥饿寇掠,积尸盈路。卓自留屯毕圭苑中,悉烧宫庙、官府、居家,二百里内,室屋荡尽,无复鸡犬。又使吕布发诸帝陵及公卿以下冢墓,收其珍宝。卓获山东兵,以猪膏涂布十馀匹,用缠其身,然后烧之,先从足起。

三月乙巳,车驾入长安,居京兆府舍,后乃稍葺宫室而居之。时董卓未至,朝政大小皆委之王允。允外相弥缝,内谋王室,甚有大臣之度,自天子及朝中皆倚允。允屈意承卓,卓亦雅信焉。

州郡举兵讨董卓。长沙太守孙坚亦起兵,前至南阳,众已数万人。南阳太守张咨不肯给军粮,坚诱而斩之,郡中震栗,无求不获。前到鲁阳,与袁术合兵。术由是得据南阳,表坚行破虏将军,领豫州刺史。

天子,奉天子的命令征讨叛逆,并征发各地武装,让袁绍等人在东边逼近,将军则在西边夹击,这样一定可以生擒董卓。"皇甫嵩不采纳,于是接受了征召。盖勋因为势孤力单,不能独自起兵,也只好回到京师。董卓任命盖勋担任越骑校尉。河南郡太守朱儁对董卓分析军事形势,董卓折辱朱儁说:"我百战百胜,胸中自有决断,你不必胡说,免得用你的血来玷污了我的宝刀。"盖勋说:"过去,像武丁那样圣明的君王,还谋求别人提出建议规谏,何况像您这样的人,反而要堵住别人的嘴吗?"于是董卓便向朱儁道歉。

董卓调遣大军到达阳城,正赶上百姓聚集在社庙,于是将男人全都杀死,把妇女和财物载上车,将人头系在车辕上,歌呼大叫着返回雒阳,宣称是攻打叛贼,大获全胜。董卓将那些人头烧掉,把妇女送给士兵做婢妾。

丁亥(十七日),朝廷西迁长安,董卓逮捕城中富豪的家室,加以罪名处死,没收他们的财物,死者不计其数。尽数驱赶馀下的数百万人往长安迁徙,步兵骑兵在后面逼促,民众互相拥挤践踏,加上饥饿和士兵的掠夺,沿途堆满了尸体。董卓自己留驻在毕圭苑中,将宫庙、官府、民宅全部烧毁,两百里之内,房屋尽毁,鸡犬不留。又命令吕布挖掘历代皇帝的陵墓和公卿百官的墓地,搜罗珍宝。一次,董卓捉到山东俘虏,命人用十多匹涂上猪油的布裹在他们身上,然后从脚底点火,将他们烧死。

三月乙巳(初五),献帝到达长安,居住在京兆府官邸,然后将宫殿稍加修理,搬进宫中。当时董卓还没到达长安,朝廷政事不分大小,都由王允代理。王允在外弥合缝隙,在内卫护王室,很有大臣的风度,从天子到文武百官,都倚靠王允。王允对董卓曲意奉承,董卓也十分信任王允。

各州郡都起兵征讨董卓。长沙郡太守孙坚也起兵征讨,到南阳时,部众已几万人。南阳太守张咨不肯供给军粮,孙坚将他诱斩,全郡震惊害怕,有求必应。孙坚大军开到鲁阳,和袁术联合。袁术因此占据南阳,上奏孙坚任破虏将军,兼任豫州刺史。

六月，董卓遣大鸿胪韩融、少府阴脩、执金吾胡母班、将作大匠吴脩、越骑校尉王瓌安集关东，解譬袁绍等。胡母班、吴脩，王瓌至河内，袁绍使王匡悉收击杀之，袁术亦杀阴脩，惟韩融以名德免。

冬，王匡屯河阳津，董卓袭击，大破之。

二年春正月，关东诸将议立宗室刘虞为主。韩馥、袁绍以书与袁术曰："帝非孝灵子，欲依绛、灌诛废少主迎立代王故事，奉大司马虞为帝。"术阴有不臣之心，不利国家有长君，乃外托公义以拒之。绍复与术书曰："今西名有幼君，无血脉之属，公卿以下皆媚事卓，安可复信？但当使兵往屯关要，皆自麇死。东立圣君，太平可冀，如何有疑？又室家见戮，不念子胥，可复北面乎？"术答曰："圣主聪睿，有周成之质，贼卓因危乱之际，威服百寮，此乃汉家小厄之会，乃云今主'无血脉之属'，岂不诬乎？又曰'室家见戮，可复北面'，此卓所为，岂国家哉？偻偻赤心，志在灭卓，不识其他。"馥、绍竟遣故乐浪太守张岐等赍议上虞尊号。虞见岐等，厉色叱之曰："今天下崩乱，主上蒙尘，吾被重恩，未能清雪国耻，诸君各据州郡，宜共戮力，尽心王室，而反造逆谋以相垢污邪？"固拒之。馥等又请虞领尚书事，承制封拜，复不听，欲奔匈奴以自绝，绍等乃止。

二月丁丑，以董卓为太师，位在诸侯王上。

六月，董卓调遣大鸿胪韩融、少府阴脩、执金吾胡母班、将作大匠吴脩、越骑校尉王瑰，聚集在函谷关以东，抗击袁绍等人的大军。胡母班、吴脩、王瑰的军队开到河内郡，袁绍派王匡将他们击败，袁术也杀死阴脩，只有韩融因为享有名声和德行而免于一死。

冬季，王匡进驻河阳津，董卓施行突然袭击，大败王匡。

二年（191）春季正月，函谷关以东联军的诸位将领商议拥戴刘姓宗室后代刘虞当皇帝。韩馥、袁绍给袁术写信说："献帝不是灵帝的儿子，我们打算依照周勃和灌婴迎立代王的先例，尊奉大司马刘虞为皇帝。"袁术暗中怀有当皇帝的野心，认为国家有一个年长的君王对自己不利，于是假托大家的意见拒绝了韩、袁的建议。袁绍再次写信给袁术说："如今，西边在名义上有一位年幼的皇帝，而实际上并无皇室的血统，公卿大臣都阿奉董卓，怎能再相信他们？只要派兵驻守要塞，自然会将他们困死。我们在东边拥立新的皇帝，天下太平的日子就有希望，为什么迟疑不决？另外，我们全家被杀，你不想想伍子胥，难道可以再向这样的皇帝北面称臣吗？"袁术回信说："皇帝聪明睿智，有周成王那样的资质，贼臣董卓乘着国家危乱的机会，压服百官，这是汉朝的小小厄运，你竟然说皇帝'没有皇室血统'，岂不是诬蔑皇上吗？你又说'全家被杀，难道还可以再向这样的皇帝称臣吗？'这是董卓干的事，难道是皇帝的旨意吗？我忠心耿耿，志在消灭董卓，不理会别的事情。"韩馥、袁绍竟然派遣原乐浪郡太守张岐等人带上提议，向刘虞奉上皇帝的尊号。刘虞见到张岐等人，愤怒地叱责他们说："如今天下崩溃混乱，皇帝蒙受耻辱，我身受国家重恩，未能替国家洗去耻辱，你们各自据守州郡，本应共心协力，为国效劳，却反而策划叛逆的阴谋来玷污我吗？"刘虞坚决拒绝。韩馥等人又请求刘虞主持尚书事务，代表皇帝行使封官赐爵的权力，刘虞仍不接受，并打算逃往匈奴以将自己隔绝起来，袁绍等人这才作罢。

二月丁丑（十二日），皇帝下诏，任命董卓担任太师，地位在诸侯王之上。

孙坚移屯梁东，为卓将徐荣所败，复收散卒进屯阳人。卓遣东郡太守胡轸督步骑五千击之，以吕布为骑督。轸与布不相得，坚出击，大破之，枭其都督华雄。

或谓袁术曰："坚若得雒，不可复制，此为除狼而得虎也。"术疑之，不运军粮。坚夜驰见术，画地计校曰："所以出身不顾者，上为国家讨贼，下慰将军家门之私仇。坚与卓，非有骨肉之怨也，而将军受浸润之言，还相嫌疑，何也？"术踧踖，即调发军粮。

坚还屯，卓遣将军李傕说坚欲与和亲，令坚疏子弟任刺史、郡守者，许表用之。坚曰："卓逆天无道，今不夷汝三族，县示四海，则吾死不瞑目，岂将与乃和亲邪！"复进军大谷，距雒九十里。卓自出与坚战于诸陵间，卓败走，却屯渑池，聚兵于陕。坚进至雒阳，击吕布，复破走。坚乃扫除宗庙，祠以太牢，得传国玺于城南甄官井中。分兵出新安、渑池间以邀卓。卓使东中郎将董越屯渑池，中郎将段煨屯华阴，中郎将牛辅屯安邑，其馀诸将布在诸县，以御山东。辅，卓之婿也。卓引还长安，孙坚修塞诸陵，引军还鲁阳。

夏四月，董卓至长安，公卿皆迎拜车下。卓抵手谓御史中丞皇甫嵩曰："义真，怖未乎？"嵩曰："明公以德辅朝廷，大庆方至，何怖之有？若淫刑以逞，将天下皆惧，岂独嵩乎？"卓党欲尊卓比太公，称尚父，卓以问蔡邕。邕曰："明公威德诚为巍巍，然比之太公，愚意以为未可。宜须关

孙坚大军移驻梁县以东,被董卓的将领徐荣打败,便又收集残余人马进驻阳人县。董卓派遣东郡太守胡轸统率五千步兵和骑兵进攻孙坚,并任命吕布为骑督。胡轸和吕布关系不洽,孙坚出击,大败胡轸,斩杀他的都督华雄。

有人对袁术说:"如果让孙坚攻下雒阳,就无法再控制他,这可是除掉了狼而得到了虎。"袁术对孙坚起了疑心,不再提供军粮。孙坚在夜里驰马来见袁术,在地上画图为他分析说:"我之所以奋不顾身,是上为国家讨伐逆贼,下为将军报家仇。我和董卓,并无骨肉的恩仇,而将军受到挑拨,还对我产生疑忌,这是为什么?"袁术惭愧不安,立即下令调发军粮。

孙坚返回驻地,董卓派遣将军李傕劝说孙坚,表示愿意和他结成儿女亲家,并让孙坚把他子弟中想做刺史和太守的,列出名单来,由他上奏推荐。孙坚说:"董卓违背天意,毫无道行,今天,我不灭你三族,昭示天下,死也不能瞑目,岂能和你做亲家!"便又进军大谷,距雒阳九十里。董卓亲自率兵,和孙坚在各个皇陵之间大战起来,董卓战败逃走,退守渑池,集结重兵防守陕县。孙坚进入雒阳,攻打吕布,吕布败逃。于是,孙坚清扫皇室宗庙,用最隆厚的祭品祭祀汉朝列位先祖,并在城南甄官署的井中找到传国御玺。另外,分派兵马到新安、渑池迎击董卓。董卓派遣东中郎将董越驻扎渑池,中郎将段煨驻扎华阴,中郎将牛辅驻扎安邑,其余诸将驻守各县,以抵御山东联军。牛辅,是董卓的女婿。董卓自己则带兵退回长安,孙坚在修复历代皇家陵墓之后,率军退回鲁阳。

夏季四月,董卓到长安,公卿百官都到车前参拜迎接。董卓击掌对御史中丞皇甫嵩说:"皇甫义真,你害怕不害怕?"皇甫嵩回答:"您用德行辅佐朝廷,莫大的喜庆才刚来到,我为什么要害怕?倘若您滥施刑罚,将使天下的百姓都感到恐惧,岂止只有我害怕?"董卓的党羽打算把董卓比为姜太公,称作尚父,董卓以这件事来询问蔡邕。蔡邕回答说:"您的威望和德行的确是盛大无比,但是同太公相比,我觉得还是够不上。应该等待函谷关以

东平定,车驾还反旧京,然后议之。"卓乃止。

卓使司隶校尉刘嚣籍吏民有为子不孝、为臣不忠、为吏不清、为弟不顺者,皆身诛,财物没官。于是更相诬引,冤死者以千数。百姓嚣嚣,道路以目。

初,董卓入关,留朱儁守雒阳,而儁潜与山东诸将通谋,惧为卓所袭,出奔荆州。卓以弘农杨懿为河南尹,儁复引兵还雒,击懿,走之。儁以河南残破,无所资,乃东屯中牟,移书州郡,请师讨卓。徐州刺史陶谦上儁行车骑将军,遣精兵三千助之,馀州郡亦有所给。

三年春正月,董卓遣牛辅将兵屯陕,辅分遣校尉北地李傕、张掖郭汜、武威张济将步骑数万击破朱儁于中牟,因掠陈留、颍川诸县,所过杀虏无遗。

董卓以其弟旻为左将军,兄子璜为中军校尉,皆典兵事,宗族内外并列朝廷,卓侍妾怀抱中子皆封侯,弄以金紫。卓车服僭拟天子,召呼三台,尚书以下皆自诣卓府启事。又筑坞于郿,高厚皆七丈,积谷为三十年储,自云:"事成,雄据天下;不成,守此足以毕老。"

卓忍于诛杀,诸将言语有蹉跌者,便戮于前,人不聊生。司徒王允与司隶校尉黄琬、仆射士孙瑞、尚书杨瓒密谋诛卓。中郎将吕布,便弓马,膂力过人,卓自以遇人无礼,行止常以布自卫,甚爱信之,誓为父子。然卓性刚褊,

东的地区平定下来,皇帝的车驾返回雒阳旧都以后,再行商议。"
于是董卓便暂时打消了主意。

董卓命令司隶校尉刘嚣,在官员和百姓中如发现有儿女不
孝顺父母、臣属不忠于长官、官吏不清廉以及弟弟不尊敬兄长的
人,一律处死,财物由官府没收。于是,许多人彼此诬告,含冤而
死的人数以千计。人心惶惶,行人相遇时只敢用眼睛互相致意。

当初,董卓西入函谷关后,命朱儁留守雒阳,朱儁暗中和山
东诸位将领取得联系,但担心董卓发觉后出兵袭击,便逃到荆
州。董卓任命弘农郡人杨懿担任河南尹,朱儁又率兵攻回雒阳,
赶走杨懿。由于雒阳残破不堪,没有任何可以利用的东西,朱儁
于是将军队驻扎在中牟县,并写信联络各州郡,号召各地征讨董
卓。徐州刺史陶谦上表推荐朱儁代理车骑将军,并调遣三千精
兵增援朱儁,其馀州郡也都加以援助。

三年(192)春季正月,董卓派遣牛辅率兵驻扎陕县,牛辅分
别派遣校尉北地郡人李傕、张掖郡人郭汜、武威郡人张济率领步
兵、骑兵数万人在中牟县击溃朱儁,于是,抢掠洗劫了陈留、颍川
两郡所属各县,所过之处,滥杀掳掠一空。

董卓任命他的弟弟董旻担任左将军,侄子董璜担任中军校
尉,都主持兵权,他的宗族都在朝廷担任大臣,连侍妾刚生下的
儿子也被封为侯,把金印紫绶当作玩具。董卓的衣饰、车辆,都
僭越模拟皇帝,对尚书台、御史台、符节台发号施令,尚书以下的
官员都到董卓的太师府启奏政事。他又在郡县修筑堡垒,围墙
的高度和厚度均达七丈,里面屯积了足够食用三十年的粮食,董
卓自己说:"大事告成,就雄踞天下;大事不成,守在这里也足可
以终老此生了。"

董卓性情残忍,随意杀人,将领中有谁言语稍有差错,便被
当场处死,致使人人暂且偷生。司徒王允和司隶校尉黄琬、仆射
士孙瑞、尚书杨瓒秘密筹划诛杀董卓。中郎将吕布,习于弓马,
体力超人,董卓自觉待人寡恩无礼,无论去哪都带着吕布作为侍
从,对吕布十分宠爱信任,俩人誓同父子。然而,董卓性情刚愎,

尝小失卓意，卓拔手戟掷布，布拳捷，避之，而改容顾谢，卓意亦解。布由是阴怨于卓。卓又使布守中阁，而私于傅婢，益不自安。王允素善待布，布见允，自陈卓几见杀之状，允因以诛卓之谋告布，使为内应。布曰："如父子何？"曰："君自姓吕，本非骨肉。今忧死不暇，何谓父子？掷戟之时，岂有父子情邪？"布遂许之。

夏四月丁巳，帝有疾新愈，大会未央殿。卓朝服乘车而入，陈兵夹道，自营至宫，左步右骑，屯卫周匝，令吕布等扞卫前后。王允使士孙瑞自书诏以授布，布令同郡骑都尉李肃与勇士秦谊、陈卫等十馀人伪著卫士服，守北掖门内以待卓。卓入门，肃以戟刺之，卓衷甲不入，伤臂，堕车，顾大呼曰："吕布何在？"布曰："有诏讨贼臣！"卓大骂曰："庸狗，敢如是邪！"布应声持矛刺卓，趣兵斩之。主簿田仪及卓仓头前赴其尸，布又杀之，凡所杀三人。布即出怀中诏版以令吏士曰："诏讨卓耳，馀皆不问。"吏士皆正立不动，大称万岁。百姓歌舞于道，长安中士女卖其珠玉衣装市酒肉相庆者，填满街肆。弟旻、璜等及宗族老弱在郿，皆为其群下所斫射死。暴卓尸于市，天时始热，卓素充肥，脂流于地，守尸吏为大炷，置卓脐中然之，光明达曙，如是积日。诸袁门生聚董氏之尸，焚灰扬之于路。坞中有金二三万斤，银八九万斤，锦绮、奇玩积如丘山。以王允录尚书事，

一次，为了一件不合自己心意的小事，拔出短戟掷向吕布，吕布手脚敏捷，避开短戟，又和颜悦色地向董卓道歉，董卓才稍稍息怒。吕布因此暗中怨恨董卓。董卓又命吕布守卫中阁，吕布便和一位侍婢私通，心中越加不安。王允一向善待吕布，吕布去见王允，主动陈述几乎被董卓杀死的情形，于是王允把诛杀董卓的密谋告诉吕布，让吕布做内应。吕布说："我们有父子之情，怎么办呢？"王允说："你本是姓吕，和他毫无骨肉关系。如今，连考虑生死都来不及了，还谈什么父子？他朝你投掷短戟时，岂有父子的情义？"于是，吕布答应了王允。

夏季四月丁巳，献帝患病初愈，在未央宫会见朝廷百官。董卓身穿朝服，乘车入宫，从军营到皇宫，道路两侧兵士侍列，左边步兵，右边骑兵，戒备森严，命吕布等人在前后侍卫。王允让士孙瑞自己书写诏书交给吕布，吕布事先命令同郡人骑都尉李肃和勇士秦谊、陈卫等十几人穿上卫士服装，守候在北掖门内，等待董卓。董卓刚进北掖门，李肃持戟刺向董卓，董卓因穿有护甲，只是伤了胳膊，落下车，回头大喊："吕布在哪里？"吕布答道："奉皇帝诏令，讨伐贼臣！"董卓大骂："狗东西，竟敢如此！"吕布没等董卓说完，便举起铁矛刺死董卓，叫士兵去斩下董卓的脑袋。主簿田仪和董卓的仓头扑到董卓尸体前，也被吕布杀死，吕布一共杀死三人。然后，吕布取出怀里的诏书，命士卒说："皇帝下诏，只讨杀董卓，其他人概不问罪。"士卒都立定不动，高呼万岁。百姓在街道上载歌载舞，长安城内，士人、妇女卖掉珠宝首饰，用来买酒买肉，互相庆贺，街道、酒肆拥挤不通。董卓的弟弟董旻、董璜以及全族老弱，都在郡县被部下砍杀或射死。董卓的尸体被拖到街头示众，这时天气已炎热起来，董卓一向身体肥胖，油脂流到地上，看守尸体的士卒便作了一个大灯捻，放在董卓尸体的肚脐上点燃，从晚上烧到天亮，就这样一连烧了几天。袁氏家族的门生们把董卓的尸体收拢起来，焚烧成灰，扬撒在路上。董卓的城堡中，藏了两三万斤的金子、八九万斤的银子，绫罗绸缎、奇珍异宝堆积如山。献帝下诏让王允兼任尚书的职务，

吕布为奋威将军、假节,仪比三司,封温侯,共秉朝政。

卓之死也,左中郎将高阳侯蔡邕在王允坐,闻之惊叹。允勃然叱之曰:"董卓国之大贼,几亡汉室,君为王臣,所宜同疾,而怀其私遇,反相伤痛,岂不共为逆哉?"即收付廷尉。邕谢曰:"身虽不忠,古今大义,耳所厌闻,口所常玩,岂当背国而向卓也?愿黥首刖足,继成汉史。"士大夫多矜救之,不能得。

太尉马日碑谓允曰:"伯喈旷世逸才,多识汉事,当续成后史,为一代大典。而所坐至微,诛之无乃失人望乎?"允曰:"昔武帝不杀司马迁,使作谤书,流于后世。方今国祚中衰,戎马在郊,不可令佞臣执笔在幼主左右,既无益圣德,复使吾党蒙其讪议。"日碑退而告人曰:"王公其无后乎!善人国之纪也,制作国之典也,灭纪废典,其能久乎?"邕遂死狱中。

初,吕布劝王允尽杀董卓部曲,允曰:"此辈无罪,不可。"布欲以卓财物班赐公卿、将校,允又不从。允素以剑客遇布,布负其功劳,多自夸伐,既失意望,渐不相平。允性刚棱疾恶,初惧董卓,故折节下之。卓既歼灭,自谓无复患难,颇自骄傲,以是群下不甚附之。

允始与士孙瑞议,特下诏赦卓部曲,既而疑曰:"部曲从其主耳,今若名之恶逆而赦之,恐适使深自疑,非所以安

吕布担任奋威将军,加授符节,享受和三公平等的礼仪待遇,并封为温侯,和王允共同执掌朝政。

董卓被杀时,左中郎将高阳侯蔡邕正在王允府中做客,听到这个消息,十分震惊和感叹。王允勃然大怒,叱责他说:"董卓是国家的大奸贼,几乎使汉朝的天下遭到灭亡,你身为皇帝的大臣,本应仇恨董卓,而你却怀念他的私恩,为他悲痛,这岂不是和他共同为逆吗?"立即将蔡邕交给廷尉处理。蔡邕承认自己有罪,说:"我虽说处于不忠的地位,但对古往今来君臣的大义,耳中常听,口中常说,岂会背叛国家而袒护董卓呢?我情愿受罚,在脸上刺字,并砍去我的脚,但请求让我继续写完汉史。"许多士大夫同情蔡邕,设法解救,但都不成功。

太尉马日磾对王允说:"蔡邕是位旷世奇才,对汉朝的历史十分熟悉,应当允许他继续写汉史,这部书,将是一代宝书。而且,他犯的罪微不足道,如果杀了他,不是要使众人失望吗?"王允说:"过去,武帝不杀司马迁,而使他得以写成诽谤朝廷的史书,在后世流传。如今,国家衰弱,兵马就在城外,不能让奸臣在幼主身边撰写史书,这既无益于皇帝的德行,又会使我们受到讥讽。"马日磾退出来,对人说:"王允大概要断绝子嗣了!善人是国家的楷模,史书是国家的经典,消灭楷模,废除经典,难道他还会长久吗?"于是,蔡邕死在狱中。

当初,吕布劝王允将董卓的党羽消灭干净,王允说:"这些人没有罪,不能将他们处死。"吕布想把董卓的财物赏赐给公卿、将校,王允又不同意。王允一向认为吕布只是一员武将,而吕布又自认为有功,到处夸耀自己,经过几次失望后,心中逐渐不高兴起来。王允性情刚正方直,疾恶如仇,当初因为惧怕董卓,所以才委曲求全。自从诛杀董卓以后,王允觉得不会再有什么祸患,同时,也颇为居功自傲,因此部属们并不十分拥护他。

王允曾与士孙瑞商议,打算特别下诏赦免董卓部属,不久又犹疑说:"部属服从主人的命令罢了,如果今天把他们作为恶人叛逆而赦免他们,恐怕恰巧让他们更怀疑,这不是令他们安心的

之也。”乃止。又议悉罢其军，或说允曰：“凉州人素惮袁氏而畏关东，今若一旦解兵开关，必人人自危。可以皇甫义真为将军，就领其众，因使留陕以安抚之。”允曰：“不然。关东举义兵者，皆吾徒也。今若距险屯陕，虽安凉州，而疑关东之心，不可也。”

　　时百姓讹言当悉诛凉州人，卓故将校遂转相恐动，皆拥兵自守。更相谓曰：“蔡伯喈但以董公亲厚尚从坐，今既不赦我曹，而欲使解兵。今日解兵，明日当复为鱼肉矣。”吕布使李肃至陕，以诏命诛牛辅。辅等逆与肃战，肃败走弘农，布诛杀之。辅恇怯失守，会营中无故自惊，辅欲走，为左右所杀。李傕等还，辅已死，傕等无所依，遣使诣长安求赦。王允曰：“一岁不可再赦。”不许。傕等益惧，不知所为，欲各解散，间行归乡里。讨虏校尉武威贾诩曰：“诸君若弃军单行，则一亭长能束君矣。不如相率而西以攻长安，为董公报仇。事济，奉国家以正天下；若其不合，走未后也。”傕等然之，乃相与结盟，率军数千，晨夜西行。王允以胡文才、杨整脩皆凉州大人，召使东，解释之，不假借以温颜，谓曰：“关东鼠子欲何为邪？ 卿往呼之。”于是二人往，实召兵而还。

　　傕随道收兵，比至长安，已十馀万，与卓故部曲樊稠、李蒙等合围长安城。城峻，不可攻，守之八日，吕布军有

办法。"于是没有赦免他们。后来又商议解散他们的军队，有人劝王允说："凉州人一直忌惮袁绍和关东的军队，如今一旦解散军队，敞开函谷关，必定人人自危。可以任命皇甫嵩担任将军，前去率领董卓旧部，让他们留驻陕县，加以安抚。"王允说："不对，关东兴起义军的将领，都是我们这样的人。如今，如果再将大军留驻陕县扼守要塞，虽然安抚了西凉人，却使关东将领的心中起疑，不能这样做。"

当时，百姓当中传说王允要杀死所有的凉州人，于是，董卓的部将惊恐不安，都控制住军队，以求自保。他们还互相传言："蔡邕只因为受过董卓的信任和厚待，尚且被牵连处死，现在朝廷既没有赦免我们，又要解散我们的军队。军队今天解散，我们明天就成为任凭宰杀的鱼肉了。"吕布派李肃到陕县，宣布皇帝诏令，诛杀牛辅。牛辅等人迎击李肃，李肃败逃弘农，被吕布处死。牛辅六神不定，恰巧军营里无故发生夜惊，牛辅打算逃走，被左右侍卫杀死。李傕等人回到大营时，牛辅已死，李傕等人走投无路，便派使者到长安请求赦免。王允说："一年之内，不能发布两道赦令。"没有同意。李傕等人越加惊恐，手足无措，想各自解散，从小路逃回故乡。这时，讨虏校尉武威郡人贾诩说："各位如果撇下军队单独逃命，那么一个亭长就能捉住你们。不如大家齐心协力，往西攻打长安，为董卓报仇。如果大功告成，就可以拥戴皇帝以号令天下；如果失败，再逃走也不晚。"李傕等人同意他的主意，于是他们互相结成盟誓，率领数千人马，昼夜兼程，向长安进发。王允因为胡文才、杨整修都是凉州有威望的人物，召见他们，让他们往东会见李傕等人，解释误会。可是王允在会见他们时并没有和颜悦色，而是说："潼关东面的这些鼠辈，打算干什么？你们去叫他们回来！"于是，两人往东而去，实际上是把大军召回长安。

李傕沿途收集残兵游勇，等他们全都到达长安时，部众已经有十多万人了，他们和董卓的旧部樊稠、李蒙等会合起来，包围了长安城。长城城墙高大，无法进攻，守到第八天，吕布手下的

叟兵内反。六月戊午，引傕众入城，放兵虏掠。布与战城中，不胜，将数百骑以卓头系马鞍出走，驻马青琐门外，招王允同去。允曰："若蒙社稷之灵，上安国家，吾之愿也；如其不获，则奉身以死之。朝廷幼少，恃我而已，临难苟免，吾不忍也。努力谢关东诸公，勤以国家为念。"太常种拂曰："为国大臣，不能禁暴御侮，使白刃向宫，去将安之？"遂战而死。

傕、汜屯南宫掖门，杀太仆鲁馗、大鸿胪周奂、城门校尉崔烈、越骑校尉王颀，吏民死者万馀人，狼籍满道。王允扶帝上宣平门避兵，傕等于城门下伏地叩头，帝谓傕等曰："卿等放兵纵横，欲何为乎？"傕等曰："董卓忠于陛下，而无故为吕布所杀，臣等为卓报仇，非敢为逆也。请事毕诣廷尉受罪。"傕等围门楼，共表请司徒王允出，问："太师何罪？"允穷蹙，乃下见之。己未，赦天下，以李傕为扬武将军，郭汜为扬烈将军，樊稠等皆为中郎将。傕等收司隶校尉黄琬，杀之。

初，王允以同郡宋翼为左冯翊，王宏为右扶风。傕等欲杀允，恐二郡为患，乃先征翼、宏。宏遣使谓翼曰："郭汜、李傕以我二人在外，故未危王公。今日就征，明日俱族，计将安出？"翼曰："虽祸福难量，然王命所不得避也。"宏曰："关东义兵鼎沸，欲诛董卓，今卓已死，其党与易制耳。若举兵共讨傕等，与山东相应，此转祸为福之计也。"翼不从，宏不能独立，遂俱就征。甲子，傕收允及翼、宏并

蜀郡士兵叛变。六月戊午(初一),叛军引李傕军队入城,李傕等纵容士兵大肆抢掠。吕布在城中和李傕等人交战打败,便率领数百名骑兵,将董卓头颅挂在马鞍上,突围逃走,在青琐门外,停住马招呼王允一起逃走。王允回答说:"如果承蒙国家的神灵保佑,而安定国家,这是我最大的心愿;如果做不到,那么我将为国家奉献出我的生命。朝廷中的年幼皇帝,只能以我为倚靠,遇到危险而自顾逃命,我不忍心这样做。请勉励关东诸将,将国家大事放在心头。"太常种拂说:"作为国家的大臣,不能阻止暴力,抵御凌辱,致使刀枪指向皇宫,逃走了又往何方?"于是奋战而死。

李傕、郭汜驻扎在南宫掖门,杀死太仆鲁馗、大鸿胪周奂、城门校尉崔烈、越骑校尉王颀,官吏和百姓被杀一万多人,尸体布满道路。王允扶着献帝逃上宣平门,躲避乱兵,李傕等人在城下伏地叩头,献帝对李傕等人说:"你们纵兵胡为,想要干什么?"李傕等人说:"董卓忠于陛下,却无故被吕布杀害,我们是为董卓报仇,并不敢做叛逆之事。等报仇完毕,我们愿意上廷尉领受罪责。"李傕等人包围宣平门楼,共同上奏,要求司徒王允出面,并问道:"太师董卓有什么罪?"王允被逼无奈,只好下楼和他们会面。己未(初二),朝廷下诏,大赦天下,任命李傕担任扬武将军,郭汜担任扬烈将军,樊稠等人都担任中郎将。李傕等人把司隶校尉黄琬逮捕下狱,将他处死。

当初,王允任命同郡人宋翼担任左冯翊,王宏担任右扶风。李傕等人想杀死王允,担心这两个人起兵反抗,于是事先让献帝下诏命令宋翼、王宏回朝。王宏派人对宋翼说:"郭汜、李傕因为我们两人在京师外面,所以不敢杀王允。如果今日应召入朝,明日就要被灭族,你有什么办法吗?"宋翼回答说:"虽然祸福难以预料,但皇帝的命令是不能违抗的。"王宏说:"关东地区义军好像开水一样沸腾,想要诛杀董卓,如今董卓已死,他的党羽容易制服。如果起兵一同征讨李傕等人,和关东义军互相呼应,正是转祸为福的办法。"宋翼不同意。王宏无法独立起事,只好双双接受诏命入朝。甲子(初七),李傕逮捕王允和宋翼、王宏,全都

杀之，允妻子皆死。宏临命诟曰："宋翼竖儒，不足议大计！"傕尸王允于市，莫敢收者，故吏平陵令京兆赵戬弃官收而葬之。始允自专讨卓之劳，士孙瑞归功不侯，故得免于难。

九月，以李傕为车骑将军，领司隶校尉，假节，郭汜为后将军，樊稠为右将军，张济为骠骑将军，皆封侯。傕、汜、稠管朝政，济出屯弘农。

初，董卓入关，说韩遂、马腾与共图山东，遂、腾率众诣长安。会卓死，李傕等以遂为镇西将军，遣还金城。腾为征西将军，遣屯郿。

兴平元年春正月甲子，帝加元服。

二月，马腾私有求于李傕，不获而怒，欲举兵相攻。帝遣使者和解之，不从。韩遂率众来和腾、傕，既而复与腾合。谏议大夫种邵、侍中马宇、左中郎将刘范谋使腾袭长安，己为内应，以诛傕等。壬申，腾遂勒兵屯长平观。邵等谋泄，出奔槐里。傕使樊稠、郭汜及兄子利击之，腾遂败走，还凉州。又攻槐里，邵等皆死。庚申，诏赦腾等。夏四月，以腾为安狄将军，遂为安降将军。

五月，以扬武将军郭汜为后将军，安集将军樊稠为右将军，并开府如三公，合为六府。

二年，董卓初死，三辅民尚数十万户。李傕等放兵劫略，加以饥馑，二年间，民相食略尽。李傕、郭汜、樊稠各相与矜功争权，欲斗者数矣，贾诩每以大体责之，虽内不能善，外相含容。

杀死，王允的妻子儿女也都被处死。王宏临死时辱骂道："宋翼这个腐儒，真不值得商议大事！"李傕把王允的尸体放置在街市上，无人敢上前收尸，王允旧属平陵县令京兆人赵戬放弃官职，将王允的尸体收葬。当初，王允将征讨董卓的功劳都归在自己名下，而士孙瑞把功劳归给王允，没有得到封侯，所以这次能够幸免于难。

九月，献帝下诏，任命李傕担任车骑将军，兼司隶校尉的职务，授以符节，郭汜担任后将军，樊稠担任右将军，张济担任骠骑将军，他们都被赐封为侯。李傕、郭汜、樊稠主持朝廷政事，张济则统率大军，驻扎在弘农郡。

当初，董卓入关后，劝说韩遂、马腾和他一起对抗山东联军，韩遂、马腾便率领军队前往长安。恰逢董卓被杀，李傕等人任命韩遂担任镇西将军，派他返回金城。又任命马腾担任征西将军，命他驻扎郿地。

兴平元年（194）春季正月甲子（十六日），献帝举行加冠礼。

二月，马腾因私事请求李傕帮忙，因没有得到满足而大怒，打算调集军队进攻李傕。献帝派使者前往调解，马腾不肯听从。韩遂率兵前来调解马、李的矛盾，结果又和马腾联合起来。谏议大夫种邵、侍中马宇、左中郎将刘范密谋让马腾袭击长安，而由他们策应，以诛杀李傕等人。三月壬申（二十五日），马腾、韩遂率军驻扎在长平观。种邵等人的密谋泄露，出逃槐里。李傕派樊稠、郭汜和侄子李利进攻，马腾、韩遂败逃，返回凉州。樊稠等人又进攻槐里，种邵等人都被杀死。庚申这天，献帝下诏，赦免马腾等人。夏季四月，任命马腾担任安狄将军，韩遂担任安降将军。

五月，献帝下诏，任命扬武将军郭汜担任后将军，安集将军樊稠担任右将军，都和三公一样开设府邸，设置僚属，合称为六府。

二年（195），董卓刚死时，三辅百姓还有数十万户。李傕等纵兵劫掠，加上饥荒，两年间，百姓吃人充饥几乎死尽。李傕、郭汜、樊稠各夸功劳争权夺利，几次差点动干戈，贾诩每次都责令以大局为重，因此他们暗地里勾心斗角，表面仍显得团结一致。

樊稠之击马腾、韩遂也，李利战不甚力，稠叱之曰："人欲截汝父头，何敢如此，我不能斩卿邪?"及腾、遂败走，稠追至陈仓，遂语稠曰："本所争者非私怨，王家事耳。与足下州里人，欲相与善语而别。"乃俱却骑，前接马，交臂相加，共语良久而别。军还，李利告傕："韩、樊交马语，不知所道，意爱甚密。"傕亦以稠勇而得众，忌之。稠欲将兵东出关，从傕索益兵。二月，傕请稠会议，便于坐杀稠。由是诸将转相疑贰。

傕数设酒请郭汜，或留汜止宿。汜妻恐汜爱傕婢妾，思有以间之。会傕送馈，妻以豉为药，擿以示汜曰："一栖不两雄，我固疑将军信李公也。"他日傕复请汜，饮大醉，汜疑其有毒，绞粪汁饮之。于是各治兵相攻矣。

帝使侍中尚书和傕、汜，傕、汜不从。汜谋迎帝幸其营，夜有亡者告傕。

三月丙寅，傕使兄子暹将数千兵围宫，以车三乘迎帝。太尉杨彪曰："自古帝王无在人家者，诸君举事，奈何如是?"暹曰："将军计定矣。"于是群臣步从乘舆以出，兵即入殿中，掠宫人、御物。帝至傕营，傕又徙御府金帛置其营，遂放火烧宫殿、官府、民居悉尽。帝复使公卿和傕、汜，汜留杨彪及司空张喜、尚书王隆、光禄勋刘渊、卫尉士孙瑞、

樊稠进攻马腾、韩遂时，李利作战不够卖力，樊稠叱责他说：“敌人打算斩下你叔父的人头，你还胆敢如此松懈，难道我不能杀你吗？”马腾、韩遂败逃之后，樊稠追击到陈仓，韩遂对樊稠说：“我们本来并不是为了个人怨仇而相斗，不过是为皇帝罢了。我和你是同州人，想和你说几句知心话再告别。”于是，他们各自命令军士后退，然后骑马上前，互相握手，交谈许久，这才互相告别。大军返回后，李利告诉李傕说：“韩遂、樊稠两人马头相交地密谈，不知谈些什么，只看到他们十分亲密。”李傕也因为樊稠武勇而又得到部属拥戴，对他有所疑忌。樊稠打算率领军队东出函谷关，向李傕要求增派士兵。二月，李傕召请樊稠一起商议事情，趁机将樊稠当场杀死。因为这件事情，各位将领彼此之间更是互相猜忌。

李傕经常设酒宴款待郭汜，有时还挽留郭汜住宿。郭汜的妻子担心郭汜会喜欢上李傕家的侍妾，想用计策阻止郭汜。恰巧碰上李傕送来食物，郭汜的妻子把豆豉说成是毒药，挑出来给郭汜看，并且说：“一窝鸡里容不下两只公鸡，我实在不明白将军为什么这样信任李傕。”另一天，李傕又宴请郭汜，郭汜喝得大醉，怀疑酒中有毒，就喝下粪水来使自己呕吐。于是，他们各自部署军队，相互攻击。

献帝派侍中、尚书调解李傕、郭汜之间的冲突，但李、郭都不听从。郭汜密谋劫持献帝到他的兵营里，当夜便有人逃到李傕营中，将郭汜的阴谋告诉李傕。

三月丙寅（二十五日），李傕派侄子李暹率数千兵士包围皇宫，用三辆车将献帝迎接到自己兵营。太尉杨彪说：“自古以来，帝王没有住臣民家的，你们做事怎能这样呢？”李暹说：“将军计划已定。”于是，群臣徒步跟随在献帝的车后出宫，李傕的军队立即进入皇宫，掠夺宫女和御用器物。献帝来到李傕兵营，李傕又将御府所保存的金银财帛搬运到自己营中，然后放火将皇宫、官府和民宅全部烧光。献帝又派遣公卿调解李傕和郭汜的矛盾，郭汜把杨彪和司空张喜、尚书王隆、光禄勋刘渊、卫尉士孙瑞、

太仆韩融、廷尉宣璠、大鸿胪荣郃、大司农朱儁、将作大匠梁邵、屯骑校尉姜宣等于其营以为质。朱儁愤懑，发病死。

夏四月，郭汜飨公卿，议攻李傕。杨彪曰："群臣共斗，一人劫天子，一人质公卿，可行乎？"汜怒，欲手刃之。彪曰："卿尚不奉国家，吾岂求生邪？"中郎将杨密固谏，汜乃止。傕召羌胡数千人，先以御物、缯彩与之，许以宫人、妇女，欲令攻郭汜。汜阴与傕党中郎将张苞等谋攻傕。丙申，汜将兵夜攻傕门，矢及帝帘帷中，又贯傕左耳。苞等烧屋，火不然。杨奉于外拒汜，汜兵退，苞等因将所领兵归汜。

是日，傕复移乘舆幸北坞，使校尉监坞门，内外隔绝，侍臣皆有饥色。帝求米五斗、牛骨五具以赐左右。傕曰："朝晡上饭，何用米为？"乃以臭牛骨与之。帝大怒，欲诘责之。侍中杨琦谏曰："傕自知所犯悖逆，欲转车驾幸池阳黄白城，臣愿陛下忍之。"帝乃止。司徒赵温与傕书曰："公前屠陷王城，杀戮大臣，今争睚眦之隙，以成千钧之仇，朝廷欲令和解，诏命不行，而复欲转乘舆于黄白城，此诚老夫所不解也。于《易》，一为过，再为涉，三而弗改，灭其顶凶。不如早共和解。"傕大怒，欲杀温，其弟应谏之，数日乃止。

傕信巫觋厌胜之术，常以三牲祠董卓于省门外。每对帝或言"明陛下"，或言"明帝"，为帝说郭汜无状，帝亦随其

太仆韩融、廷尉宣璠、大鸿胪荣郃、大司农朱儁、将作大匠梁邵、屯骑校尉姜宣等人扣留在军营中作为人质。朱儁十分气愤,发病而死。

夏季四月,郭汜设宴款待公卿大臣,商议攻打李傕。杨彪说:"你们互相争斗,一人劫持皇帝,一人扣留公卿大臣做人质,这怎么行呢?"郭汜大怒,想亲手杀死杨彪。杨彪又说:"你连皇帝都不尊奉,我难道怕死吗?"中郎将杨密竭力劝阻,郭汜才作罢。李傕征召数千名羌人和胡人,事先把宫中物品和绢绸送给他们,并许诺还要赏赐宫女和民间妇女给他们,想诱使他们攻打郭汜。而郭汜暗中和李傕的党羽中郎将张苞等人密谋攻打李傕。丙申(二十五日),郭汜率兵乘黑夜攻打李傕的军营,飞箭射到献帝的帷帐中,还射穿了李傕的左耳。张苞等人放火烧房,却没有烧起来。杨奉在军营外面抵抗郭汜,郭汜撤退,于是张苞等人率领部下投奔郭汜。

同日,李傕又让献帝移住北坞,命令校尉把守坞门,断绝内外通道,献帝身旁的侍臣都面带饥色。献帝请求供应五斗米和五具牛骨,准备赐给左右大臣。李傕说:"早晚两次送饭,要米干什么?"于是,把已经发臭的牛骨送去。献帝大怒,打算诘问斥责李傕。侍中杨琦劝告说:"李傕知道自己所犯下的是叛逆大罪,不久将把陛下转移到池阳的黄白城,我希望陛下再忍耐忍耐。"献帝这才没有发作。司徒赵温写信给李傕说:"你先前攻陷京城,任意杀害大臣,如今又为一些小恩小怨,而铸成大仇,皇帝想使你们和解,诏书却无人理睬,而你又打算把皇帝转移到黄白城,这实在让我不明白。根据《易经》,走一步是过分,走两步就陷入水中,第三步还不改正就要遭到淹没,大凶。倒不如早些和郭汜和解。"李傕大怒,想杀死赵温,他的弟弟李应劝阻他,几天后李傕的怒意才平息下来。

李傕相信巫师解除灾祸的法术,于是经常在宫门外用猪、牛、羊三牲来祭奠董卓。李傕每次面见献帝时,或者称"明陛下",或者称"明帝",向献帝陈述郭汜的种种罪行,献帝也顺着他的

意应答之。傕喜,自谓良得天子欢心也。

闰月己卯,帝使谒者仆射皇甫郦和傕、汜。郦先诣汜,汜从命。又诣傕,傕不肯曰:"郭多,盗马虏耳,何敢欲与吾等邪?必诛之。君观吾方略士众,足办郭多否?郭多又劫质公卿,所为如是,而君苟欲左右之邪?"郦曰:"近者董公之强,将军所知也,吕布受恩而反图之,斯须之间,身首异处,此有勇而无谋也。今将军身为上将,荷国宠荣,汜质公卿,而将军胁主,谁轻重乎?张济与汜有谋,杨奉,白波贼帅耳,犹知将军所为非是,将军虽宠之,犹不为用也。"傕呵之令出。郦出,诣省门,白:"傕不肯奉诏,辞语不顺。"帝恐傕闻之,亟令郦去。傕遣虎贲王昌呼,欲杀之。昌知郦忠直,纵令去,还答傕,言:"追之不及。"辛巳,以车骑将军李傕为大司马,在三公之右。

李傕、郭汜相攻连月,死者以万数。六月,傕将杨奉谋杀傕,事泄,遂将兵叛傕,傕众稍衰。庚午,镇东将军张济自陕至,欲和傕、汜,迁乘舆权幸弘农。帝亦思旧京,遣使宣谕,十反,汜、傕许和,欲质其爱子。傕妻爱其男,和计未定,而羌胡数来窥省门,曰:"天子在此中耶?李将军许我宫人,今皆何在?"帝患之,使侍中刘艾谓宣义将军贾诩曰:"卿前奉职公忠,故仍升荣宠。今羌胡满路,宜思方略。"

意思应答。李傕很高兴，自以为已经得到天子的欢心了。

闰五月己卯(初九)，献帝派谒者仆射皇甫郦调解李傕、郭汜的不和。皇甫郦先到郭汜处，郭汜表示愿意和解。然后到李傕处，李傕不肯，说："郭汜不过是个盗马贼，怎么竟然想和我平起平坐？我一定要杀他。你看以我的谋略和兵力，是否已经足够消灭郭汜？郭汜还劫持公卿大臣作为人质，他的行为如此恶劣，而你还想帮助他吗？"皇甫郦说："不久以前，董卓势力的强大，将军也是知道的，然而吕布接受了他的恩德，却反而杀害他，眨眼之间，董卓便身首异处，这是因为董卓有勇无谋。如今，将军身为上将，蒙受国家的宠爱和荣耀，郭汜挟持公卿大臣作为人质，而将军却劫持天子，这罪过是谁轻谁重？张济和郭汜联合在一起，杨奉不过是个白波军的首领，他们尚且知道将军所做的事情不对，将军虽然宠信他，他也不会听将军支使。"李傕呵斥皇甫郦滚出去。皇甫郦出来，到献帝住处汇报说："李傕不肯服从诏令，而且言辞不恭顺。"献帝恐怕李傕听到，赶快命令皇甫郦离去。李傕果然派虎贲武士王昌来叫皇甫郦，准备杀死他。王昌知道皇甫郦忠诚正直，放他逃走，回去报告李傕说："皇甫郦已经逃走，追赶不上。"辛巳(十一日)，献帝下诏，任命车骑将军李傕担任大司马，位在三公之上。

李傕、郭汜互相攻打，长达数月之久，死者数以万计。六月，李傕部将杨奉密谋杀死李傕，事情败露，便率兵反叛李傕，致使李傕的兵力逐渐减弱。七月庚午(初一)，镇东将军张济从陕县赶来，想为李傕、郭汜调解，并迎接献帝前往弘农郡。献帝也想念故都，派使者到李傕、郭汜营中传达圣旨，使者反复跑了十趟，郭汜和李傕终于答应讲和，但要互相交换爱子作为人质。李傕的妻子疼爱儿子，以致和议没有谈成。而李傕属下的羌人、胡人不断到献帝住处的大门窥探，说："皇帝住在这里面吗？李将军答允我们的宫女，如今都在哪里？"献帝十分不安，派遣侍中刘艾对宣义将军贾诩说："你以前对朝廷忠心耿耿，所以得到提升，享受荣耀。如今羌人、胡人挤满了道路，你应该考虑一下对策的。"

诩乃召羌胡大帅饮食之，许以封赏，羌胡皆引去，傕由此单弱。于是复有言和解之计者，傕乃从之，各以女为质。

秋七月甲子，车驾出宣平门，当度桥，汜兵数百人遮桥曰："此天子非也？"车不得前。傕兵数百人，皆持大戟在乘舆车前，兵欲交，侍中刘艾大呼曰："是天子也！"使侍中杨琦高举车帷，帝曰："诸君何敢迫近至尊耶！"汜兵乃却。既度桥，士众皆称万岁。夜到霸陵，从者皆饥，张济赋给各有差。傕出屯池阳。

丙寅，以张济为票骑将军，开府如三公；郭汜为车骑将军，杨定为后将军，杨奉为兴义将军，皆封列侯。又以故牛辅部曲董承为安集将军。

郭汜欲令车驾幸高陵，公卿及济以为宜幸弘农，大会议之，不决，帝遣使谕汜曰："弘农近郊庙，勿有疑也。"汜不从。帝遂终日不食。汜闻之曰："可且幸近县。"八月甲辰，车驾幸新丰。丙子，郭汜复谋胁帝还都郿，侍中种辑知之，密告杨定、董承、杨奉，令会新丰。郭汜自知谋泄，乃弃军入南山。

冬十月戊戌，郭汜党夏育、高硕等谋胁乘舆西行。侍中刘艾见火起不止，请帝出幸一营以避火。杨定、董承将兵迎天子幸杨奉营，夏育等勒兵欲止乘舆，杨定、杨奉力战，破之，乃得出。

壬寅，行幸华阴。宁辑将军段煨具服御及公卿已下

于是，贾诩设宴款待羌人、胡人的首领，许诺封赏他们，羌人、胡人的首领都领兵退走，李傕从此势单力孤。于是，又有人提出和解的建议，李傕便同意和解，交换女儿作为人质。

秋季八月甲子（二十六日），献帝的车马驶出宣平门，正要过护城河桥，郭汜部下的数百名士兵挡在桥上说："这是不是天子？"车马无法前进。李傕的兵士数百人，都手执长戟护卫在献帝车旁，两军就要交手，侍中刘艾大声喊道："真的是天子！"让侍中杨琦把车帘高高掀起，献帝说："你们怎么竟敢这样迫近至尊！"郭汜的士兵这才退去。献帝的车马过桥后，士兵们高呼万岁。夜里，到达霸陵，侍从们都腹中饥饿，张济根据各人的官职，分别供给饮食。李傕也离开长安，驻扎在池阳。

丙寅（二十八日），献帝下诏，任命张济担任骠骑将军，允许开府设置幕僚，享受和三公相同的待遇；任命郭汜担任车骑将军，杨定担任后将军，杨奉担任兴义将军，全都封为列侯。又任命原牛辅部将董承担任安集将军。

郭汜打算强迫皇帝驾幸高陵，公卿大臣和张济认为应该驾幸弘农，于是召集大会商讨，没有达成决议，献帝派遣使者去告诉郭汜说："弘农离祭祀天地之庙宇和祖先宗庙较近，请将军不必多疑。"郭汜不同意。于是，献帝绝食一天。郭汜得知，只好说："那么就暂且先到最近的县城去，再作商议吧。"八月甲辰（初六），皇帝的车驾到达新丰县。丙子（初八），郭汜又阴谋胁迫献帝西还，定都郿县，侍中种辑知道这事，暗中告诉杨定、董承、杨奉，命令他们来新丰会合。郭汜知道自己的阴谋泄露，于是扔下军队，逃入终南山。

冬季十月戊戌（初一），郭汜的党羽夏育、高硕等人阴谋胁迫皇帝车驾西行。侍中刘艾看见大火燃烧不停，请求献帝到其他营中躲避大火。杨定、董承率兵迎接天子前往杨奉的军营，夏育等人出兵企图阻拦献帝，杨定、杨奉奋力作战，击败夏育等人，献帝才得以逃出。

壬寅（初五），献帝到华阴。宁辑将军段煨备好御用品及公卿百官

资储，欲上幸其营。煨与杨定有隙，定党种辑、左灵言煨欲反，太尉杨彪、司徒赵温、侍中刘艾、尚书梁绍皆曰："段煨不反，臣等敢以死保。"董承、杨定胁弘农督邮令言郭汜来在煨营，帝疑之，乃露次于道南。

丁未，杨奉、董承、杨定将攻煨，使种辑、左灵请帝为诏。帝曰："煨罪未著，奉等攻之，而欲令朕有诏耶？"辑固请，至夜半，犹弗听。奉等乃辄攻煨营，十馀日不下。煨供给御膳，禀赡百官，无有二意。诏使侍中尚书告谕定等，令与煨和解，定等奉诏还营。

李傕、郭汜悔令车驾东，闻定攻煨，相招共救之，因欲劫帝而西。杨定闻傕、汜至，欲还蓝田，为汜所遮，单骑亡走荆州。张济与杨奉、董承不相平，乃复与傕、汜合。十二月，帝幸弘农，张济、李傕、郭汜共追乘舆，大战于弘农东涧，承、奉军败，百官、士卒死者不可胜数，弃御物、符策、典籍，略无所遗。射声校尉沮儁被创坠马，傕谓左右曰："尚可活否？"儁骂之曰："汝等凶逆，逼劫天子，使公卿被害，宫人流离，乱臣贼子未有如此也！"傕乃杀之。

壬申，帝露次曹阳。承、奉乃谲傕等与连和，而密遣间使至河东，招故白波帅李乐、韩暹、胡才及南匈奴右贤王去卑，并率其众数千骑来，与承、奉共击傕等，大破之，斩首数千级。于是董承等以新破傕等，可复东引。庚申，车驾发东，董承、李乐卫乘舆，胡才、杨奉、韩暹、匈奴右贤王于后

的物资器具，想要献帝住进他的大营。段煨和杨定有旧怨，杨定的同党种辑、左灵声称段煨打算谋反，太尉杨彪、司徒赵温、侍中刘艾、尚书梁绍都说："段煨不会反叛，臣下们敢用性命来担保。"董承、杨定威胁弘农郡督邮，让他向献帝报告说："郭汜已来到段煨营中。"献帝心中疑虑，于是在路的南侧露宿。

丁未（初十），杨奉、董承、杨定准备攻打段煨，派种辑、左灵请求皇帝下诏。献帝说："段煨罪行还没显露出来，杨奉等人进攻他，还要命令朕下诏吗？"种辑一再坚持，到了半夜，献帝仍然拒绝下诏。于是，杨奉等人进攻段煨大营，一连十多天都未能攻破。段煨供给献帝御膳及百官饮食，没有异心。献帝下诏派侍中、尚书告诉杨定等人，让他们与段煨和解，杨定等人接受诏书后，撤回本营。

李傕、郭汜后悔让皇帝车驾东行，听说杨定攻打段煨，就相互召唤，共同率兵援救，想趁机劫持献帝去西边。杨定听说李傕、郭汜到来，想撤回蓝田，被郭汜阻住去路，只好单骑一人逃往荆州。张济和杨奉、董承发生冲突，于是又和李傕、郭汜联合起来。十二月，献帝到达弘农郡，张济、李傕、郭汜共同追赶献帝一行人，在弘农郡的东涧展开一场恶战，董承、杨奉的军队战败，被杀死的百官、士兵不可计数，御用物品、符信典册，经典书籍等，几乎全部丢失。射声校尉沮儁受伤落马，李傕对左右亲信说："这人还能活吗？"沮儁骂道："你们这些凶恶的叛贼，逼迫劫持天子，使公卿百官遭到杀害，宫女流散，乱臣贼子也没有你们这样的罪恶！"于是，李傕把他杀死。

壬申（初五），献帝到达曹阳，露宿过夜。董承、杨奉等人假装和李傕等人议和，却暗中派遣使者到河东郡召集过去白波军的首领李乐、韩暹、胡才以及南匈奴的右贤王去卑，一同率领他们的几千骑兵到来，同董承、杨奉联合进攻李傕等人的军队，李傕等人大败，被斩杀数千人。于是，董承等人认为刚刚打败李傕，可以继续东行。十一月庚申（十三日），皇帝车驾继续东行，董承、李乐护卫车驾，胡才、杨奉、韩暹、匈奴右贤王等充当后卫

为拒。傕等复来战，奉等大败，死者甚于东涧。光禄勋邓渊、廷尉宣璠、少府田芬、大司农张义皆死。司徒赵温、太常王绛、卫尉周忠、司隶校尉管郃为傕所遮，欲杀之，贾诩曰："此皆大臣，卿奈何害之？"乃止。李乐曰："事急矣，陛下宜御马。"上曰："不可舍百官而去，此何辜哉？"兵相连缀四十里，方得至陕，乃结营自守。

时残破之馀，虎贲、羽林不满百人，傕、汜兵绕营叫呼，吏士失色，各有分散之意。李乐惧，欲令车驾御船过砥柱，出孟津。杨彪以为河道险难，非万乘所宜乘，乃使李乐夜渡，潜具船，举火为应。上与公卿步出营，皇后兄伏德扶后，一手挟绢十匹。董承使符节令孙徽从人间斫之，杀旁侍者，血溅后衣。

河岸高十馀丈，不得下，乃以绢为辇，使人居前负帝，馀皆匍匐而下，或从上自投，冠帻皆坏。既至河边，士卒争赴舟，董承、李乐以戈击之，手指于舟中可掬。帝乃御船，同济者皇后及杨彪以下才数十人，其宫女及吏民不得渡者，皆为兵所掠夺，衣服俱尽，发亦被截，冻死者不可胜计。卫尉士孙瑞为傕所杀。

傕见河北有火，遣骑候之，适见上渡河，呼曰："汝等将天子去邪？"董承惧射之，以被为幔。既到大阳，幸李乐营。河内太守张杨使数千人负米来贡饷。乙亥，帝御牛车幸安邑，河东太守王邑奉献绵帛，悉赋公卿以下。封邑为列侯，拜胡才为征东将军，张杨为安国将军，皆假节开府。其垒壁群帅竞求拜职，刻印不给，至乃以锥画之。

进行掩护。李傕等人又来进攻，杨奉等人大败，死亡人数比东涧那次还多。光禄勋邓渊、廷尉宣璠、少府田芬、大司农张义都被杀死。司徒赵温、太常王绛、卫尉周忠、司隶校尉管郃被李傕俘房，李傕想杀死他们，贾诩说："他们都是大臣，你为何要杀他们？"李傕这才停止。李乐说："情况危急了，请陛下上马。"献帝说："朕不能丢下百官独自逃走，他们有什么罪？"军队头尾相隔四十里，不久到达陕县，于是筑起营寨固守。

当时，在战败之后，护驾的虎贲、羽林武士剩下不到一百人，李傕、郭汜的兵士绕着大营呼叫，官兵们惊惶失色，都有各自逃命的打算。李乐恐惧起来，想让献帝乘船沿黄河而下，绕过砥柱，从孟津上岸。杨彪认为河道艰险，不该让皇帝冒如此大的危险，于是派李乐乘夜渡过黄河，秘密准备船只，以火把作为信号。献帝和公卿大臣徒步走出大营，皇后的哥哥伏德一手扶着皇后，一手挟带十匹绢。人群拥挤，董承派符节令孙徽从人群中杀出一条血路，杀死皇后身边的侍者，鲜血溅到皇后的衣服上。

黄河堤岸高出水面十多丈，无法下去，就用绢布结成座椅，让人在前面背着献帝，其馀的人都爬着下去，有的人从岸上往下跳，把宫帽都摔坏了。到达河边，士卒争先恐后地跳上渡船，董承、李乐用长戈阻拦，断在船中的手指多得可以捧起来。献帝这才上船，一同渡过黄河的，只有皇后和杨彪以下数十人，那些没有渡过河的宫女和官吏、百姓，都遭到乱兵的抢掠，衣服全被脱光，头发被割掉，冻死的人不计其数。卫尉士孙瑞被李傕杀死。

李傕见黄河北岸有火光，派骑兵前去侦察，正好见献帝在渡河，大喊："你们把天子弄到哪里去了？"董承害怕他们射箭，就把被子张开作为遮挡。到达大阳后，进入李乐军营。河内郡太守张杨派数千人背米前来进贡。乙亥（二十日），献帝乘坐牛车抵达安邑，河东郡太守王邑前来奉送绵帛，献帝将它们全部赏赐给随行官员。献帝赐封王邑为列侯，任胡才为征东将军，张杨为安国将军，都佩挂符节，享有开府设置僚属的权利。那些部下将领竟相向献帝乞请官职，因为来不及刻印，以至于用铁椎来划印。

　　乘舆居棘篱中，门户无关闭。天子与群臣会，兵士伏篱上观，互相镇压以为笑。

　　帝又遣太仆韩融至弘农，与傕、汜等连和，傕乃放遣公卿百官，颇归所掠宫人及乘舆器服。已而粮谷尽，宫人皆食菜果。

　　乙卯，张杨自野王来朝，谋以乘舆还雒阳，诸将不听，杨复还野王。

　　是时长安城空四十馀日，强者四散，赢者相食。二三年间，关中无复人迹。

　　沮授说袁绍曰："将军累叶台辅，世济忠义。今朝廷播越，宗庙残毁，观诸州郡虽外托义兵，内实相图，未有忧存社稷恤民之意。今州域粗定，兵强士附，西迎大驾，即宫邺都，挟天子而令诸侯，畜士马以讨不庭，谁能御之？"颍川郭图、淳于琼曰："汉室陵迟，为日久矣，今欲兴之，不亦难乎？且英雄并起，各据州郡，连徒聚众，动有万计，所谓秦失其鹿，先得者王。今迎天子自近，动辄表闻，从之则权轻，违之则拒命，非计之善者也。"授曰："今迎朝廷，于义为得，于时为宜。若不早定，必有先之者矣。"绍不从。

　　建安元年春正月，董承、张杨欲以天子还雒阳，杨奉、李乐不欲，由是诸将更相疑贰。二月，韩暹攻董承，承奔野王。韩暹屯闻喜，胡才、杨奉之坞乡。胡才欲攻韩暹，上使人谕止之。

　　张杨使董承先缮修雒阳宫。太仆赵岐为承说刘表，使遣兵

献帝住在以荆棘为篱笆的房中，门窗无法关闭。献帝和群臣朝会时，兵士们趴在篱笆上观看，互相推压挤迫，以此为乐。

献帝又派遣太仆韩融前往弘农郡，同李傕、郭汜等人互通和好，于是，李傕把公卿百官遣送回来，归还了不少宫女和车驾等御用物品。不久，粮食吃完，宫女们全都以野菜、野果充饥。

十二月乙卯（十九日），河内郡太守张杨从野王县前来晋见献帝，计划护送献帝返回雒阳，但是各位将领不同意，张杨又返回野王县。

这时，长安城中无人管理，达四十天，身体强壮的人都四散逃命，老弱者只能互相残杀，靠吃人肉为生。两三年间，关中地区看不到人迹。

沮授劝袁绍说：“将军的祖先数代都是朝廷大臣，世代流传大忠大义。如今，天子流离失所，汉家宗庙残破毁坏，我看各州各郡虽然表面上都声称是勤王义军，实际上却互相图谋，丝毫没有忧国忧民的心思。如今，将军已使冀州境内初步获得安定，兵力强盛，士人依附，如能西迎天子，在邺都修筑宫室让献帝居住，挟持天子号令天下，积蓄兵马征讨朝廷叛逆，天下谁能和您对抗？”颍川郡人郭图、淳于琼说：“汉王朝的没落，为时已久，如今想使它复兴，不也太难了吗？况且，英雄豪杰纷纷兴起，占据州郡，召集聚合党徒部众，动辄数万人马，这正是秦朝失去了鹿，先得到者称王。现在，要是把天子迎接到身边，一举一动都要上表奏请，服从天子则权力减轻，违抗天子则蒙受罪名，这不是上策。”沮授说：“现在迎接天子，既符合君臣大义，又是最有利的时机。如果不早日决定，必定有人抢先下手。”袁绍没有采纳沮授的建议。

建安元年（196）春季正月，董承、张杨打算护送天子返回雒阳，杨奉、李乐不愿意，因此诸位将领更加彼此猜疑。二月，韩暹攻打董承，董承逃往野王县。韩暹驻扎在闻喜县，胡才、杨奉率兵前往坞乡。胡才准备进攻韩暹，献帝派人传旨，阻止了他的行动。

张杨于是派遣董承，前去先行修缮雒阳的皇宫以做准备。太仆赵岐则替董承前去对刘表进行游说，使刘表派遣一些士兵

诣雒阳助修宫室,军资委输,前后不绝。夏五月丙寅,帝遣使至杨奉、李乐、韩暹营,求送至雒阳,奉等从诏。六月乙未,车驾幸闻喜。

庚子,杨奉、韩暹奉帝东还,张杨以粮迎道路。秋七月甲子,车驾至雒阳,幸故中常侍赵忠宅。丁丑,大赦。八月辛丑,幸南宫杨安殿。张杨以为己功,故名其殿曰杨安。杨谓诸将曰:“天子当与天下共之,朝廷自有公卿大臣,杨当出扦外难。”遂还野王。杨奉亦出屯梁。韩暹、董承并留宿卫。癸卯,以安国将军张杨为大司马,杨奉为车骑将军,韩暹为大将军、领司隶校尉,皆假节钺。

是时宫室烧尽,百官披荆棘,依墙壁间。州郡各拥强兵,委输不至。群僚饥乏,尚书郎以下自出采稆,或饥死墙壁间,或为兵士所杀。

八月,曹操迎车驾都许。事见《曹操篡汉》。

十九年,帝自都许以来,守位而已,左右侍卫莫非曹氏之人者。议郎赵彦尝为帝陈言时策,魏公操恶而杀之。操后以事入见殿中,帝不任其惧,因曰:“君若能相辅,则厚;不尔,幸垂恩相舍。”操失色,俯仰求出。旧议,三公领兵,朝见,令虎贲执刃挟之。操出,顾左右,汗流浃背,自后不复朝请。

董承女为贵人,操诛承,求贵人杀之。帝以贵人有妊,累为请,不能得。伏皇后由是怀惧,乃与父完书,言曹操残

到雒阳帮助修理皇宫，并源源不断地送去军用物资和粮草。夏季五月丙寅（初二），献帝派使者前往杨奉、李乐、韩暹兵营，请求护驾前往雒阳，杨奉等人应诏。六月乙未（初一），献帝到闻喜。

庚子（初六），杨奉、韩暹护卫献帝东还雒阳，张杨载着粮食到路上迎接。秋季七月甲子（初一），献帝抵达雒阳，暂住在原中常侍赵忠家中。丁丑（十四日），下诏大赦天下。八月辛丑（初八），献帝进入南宫杨安殿。张杨认为献帝返回旧都是自己的功劳，所以把这座殿命名为杨安殿。张杨对诸位将领说："天子是天下百姓的天子，朝廷自然有公卿大臣来辅佐，我应当出京城抵御外敌。"于是返回野王县。杨奉也率兵驻扎在梁县。韩暹、董承一起留下担任侍卫。癸卯（初十），献帝任命安国将军张杨为大司马，杨奉为车骑将军，韩暹为大将军兼司隶校尉。全都授以符节。

当时，宫殿都已烧毁，百官们劈开荆棘，倚靠在空屋的墙壁之间休息。各州各郡都拥有强大的军队，却不肯进贡朝廷。群臣又饥又累，从尚书郎职位以下的官，全都自己出去采摘野菜，有的官员在空屋中饿死，有的被兵士杀死。

八月，曹操迎接献帝到许县定都。事见《曹操篡汉》。

十九年（214），献帝自从定都许县以来，仅仅是保住了皇位而已，左右随从没有一个不是曹操的人。议郎赵彦曾经为献帝分析形势，提出对策，魏公曹操憎恶并杀死他。后来，曹操有事进殿会见献帝，献帝十分恐惧，于是对曹操说："你如果要辅佐我，就宽厚一些；否则，就请开恩把我舍弃。"曹操大惊失色，急忙俯身告退。根据前朝的仪礼，领兵的三公朝见皇帝，要由持刀的虎贲士在两边挟持。曹操走出宫殿，仍不住张望，冷汗湿透了衣背，从此以后，不再朝见皇帝。

董承的女儿正好是献帝的贵人，曹操杀死了董承以后，又前去要求献帝交出董贵人加以处死。献帝因为董贵人已怀有身孕，屡次向曹操求情，曹操都不答应。伏皇后因此而心中感到恐惧，便给父亲伏完偷偷写了一封书信，信中详细讲述了曹操残酷

逼之状，令密图之，完不敢发。至是，事乃泄，操大怒，十一月，使御史大夫郗虑持节策收皇后玺绶，以尚书令华歆为副，勒兵入宫，收后。后闭户，藏壁中。歆坏户，发壁，就牵后出。时帝在外殿，引虑于坐，后被发徒跣行泣，过诀曰："不能复相活邪？"帝曰："我亦不知命在何时。"顾谓虑曰："郗公，天下宁有是邪？"遂将后下暴室，以幽死，所生二皇子，皆鸩杀之，兄弟及宗族死者百馀人。

　　魏文帝黄初元年春正月庚子，魏王操薨，太子即王位。冬十月乙卯，汉帝禅位于魏王。

逼迫的情状,命他秘密图谋对策,伏完不敢采取行动。到这时,事情败露,曹操大怒,十一月,派御史大夫郗虑手持符节和策书,收缴了皇后的玺印绶带,并派遣尚书令华歆为副手,领兵入宫,逮捕伏皇后。皇后关起门,躲藏在夹墙里。华歆破门而入,毁坏墙壁,把皇后拖出来。当时献帝正在外面请郗虑入座,皇后披头散发,光着双脚,边走边哭,皇后经过献帝面前时,诀别道:"不能救救我吗?"献帝说:"我也不知道能活到什么时候。"回头对郗虑说:"郗公,天底下竟有这样的事吗?"就这样,皇后被关押在宫中的监狱里,幽禁而死,皇后所生的两位皇子,也都被毒死,皇后的兄弟和宗族一百多人也被杀死。

魏文帝黄初元年(220)春季正月庚子(二十三日),魏王曹操去世,太子曹丕继承王位。冬季十月乙卯(十三日),汉献帝把皇位禅让给魏王曹丕。

黄巾之乱

汉灵帝光和六年。初，钜鹿张角奉事黄、老，以妖术教授，号太平道。咒符水以疗病，令病者跪拜首过，或时病愈，众共神而信之。角分遣弟子周行四方，转相诳诱，十馀年间，徒众数十万，自青、徐、幽、冀、荆、扬、兖、豫八州之人，莫不毕应。或弃卖财产，流移奔赴，填塞道路，未至病死者亦以万数。郡县不解其意，反言角以善道教化，为民所归。

太尉杨赐时为司徒，上书言：“角诳耀百姓，遭赦不悔，稍益滋蔓。今若下州郡捕讨，恐更骚扰，速成其患。宜切敕刺史、二千石，简别流民，各护归本郡，以孤弱其党，然后诛其渠帅，可不劳而定。”会赐去位，事遂留中。司徒掾刘陶复上疏申赐前议，言：“角等阴谋益甚，四方私言，云角等窃入京师，觇视朝政。鸟声兽心，私共鸣呼。州郡忌讳，不欲闻之，但更相告语，莫肯公文。宜下明诏，重募角等，

黄巾之乱

汉灵帝光和六年（183）。当初，钜鹿人张角信奉黄帝、老子的学说，以妖术传授门徒，称为太平道。他用念过咒语的符水来治病，让患病者跪下陈述自己的过错，然后喝下符水，有的病人竟立即痊愈，于是人们将他奉若神明。张角分别派遣门下子弟周游四方，诱使大家信奉太平道，十多年之间，信徒多达数十万人，青州、徐州、幽州、冀州、荆州、扬州、兖州、豫州等八州百姓，无不响应。有的信徒变卖家产，前往投奔张角，道路因此而堵塞，病死在半路上的竟达万人以上。郡县官府不了解张角的真正意图，反而称赞张角用善良之道来教化人们，而为大家所拥戴。

当时杨赐任司徒，上书说："张角欺骗百姓，虽然受到朝廷的赦免，却仍不改悔，反而进一步蛊惑百姓，蔓延扩张。如今，如果下诏命令州郡官府逮捕镇压，恐怕会使局势更混乱，加速形成祸患。应该严厉下令刺史、太守查清流民籍贯，将他们遣送回乡，借以削弱乱党的势力，然后再诛杀领头人物，这样不必劳师动众，事态也就平定下来。"恰巧这时杨赐被免职，他的奏章也就被搁置宫中。后来，司徒掾史刘陶再次上书陈述杨赐的上述建议，说："张角等正加紧策划阴谋，到处都在传说张角等暗中潜进京师窥探朝廷动静。各地的乱党门徒，也都互相呼应。州郡官府担心受到朝廷处分，也都不敢如实奏报情况，只是私下里通信，不肯用公文通报。陛下应该公开发布诏书，悬重赏捉拿张角等，

赏以国土,有敢回避,与之同罪。"帝殊不为意,方诏陶次第《春秋》条例。

角遂置三十六方,方,犹将军也。大方万馀人,小方六七千,各立渠帅。讹言"苍天已死,黄天当立,岁在甲子,天下大吉",以白土书京城寺门及州郡官府,皆作"甲子"字。大方马元义等先收荆、扬数万人,期会发于邺。元义数往来京师,以中常侍封谞、徐奉等为内应,约以三月五日内外俱起。

中平元年春,角弟子济南唐周上书告之。于是收马元义,车裂于雒阳。诏三公、司隶案验宫省直卫及百姓有事角道者,诛杀千馀人,下冀州逐捕角等。角等知事已露,晨夜驰敕诸方,一时俱起,皆著黄巾以为标帜,故时人谓之黄巾贼。二月,角自称天公将军,角弟宝称地公将军,宝弟梁称人公将军,所在燔烧官府,劫略聚邑,州郡失据,长吏多逃亡,旬月之间,天下响应,京师震动。安平、甘陵人各执其王应贼。三月戊申,以河南尹何进为大将军,封慎侯,率左、右羽林五营营士屯都亭,修理器械,以镇京师。置函谷、太谷、广成、伊阙、轘辕、旋门、孟津、小平津八关都尉。发天下精兵,遣北中郎将卢植讨张角,左中郎将皇甫嵩、右中郎将朱儁讨颍川黄巾。

庚子,南阳黄巾张曼成攻杀太守褚贡。

帝问太尉杨赐以黄巾事,赐所对切直,帝不悦。夏四月,

如谁捉住张角,赏赐封侯,若有回避不前者,与张角等人同罪论处。"灵帝对此并不重视,反而下诏让刘陶整理《春秋》的条例。

张角设置三十六方,方,犹如将军。大方一万多人,小方六七千人,各方都设立统帅。张角宣称"苍天已死,黄天当立,岁在甲子,天下大吉",并用白土在京城市门和外地州郡官署的大门上书写"甲子"二字。张角等人计划,由大方马元义召集荆州、扬州的数万名门徒定期到邺城汇合起事。马元义多次来到京师雒阳,让中常侍封谞、徐奉等人作为宫廷内应,约定于次年三月五日,京城内外同时举事。

中平元年(184)春季,张角的门徒济南人唐周向朝廷上书告密。于是,朝廷逮捕马元义,在雒阳将他处以车裂的刑罚。下诏三公和司隶校尉审查宫廷及朝廷官员、禁军将士和普通百姓,凡信奉太平教的,一律逮捕,共处死一千多人,下诏命令冀州官府捉拿张角等人。张角等人知道事情败露,派遣使者昼夜兼程赶往各地,通知各方首领立即起事,一时间各方纷纷起兵,都戴着黄色头巾作为标志,所以当时的人都叫他们黄巾贼。二月,张角自称天公将军,他的弟弟张宝称为地公将军,张宝的弟弟张梁称为人公将军,他们率众冲击烧毁当地官府,劫掠城镇,州郡官员无法抵抗,大多弃官逃亡,不过一个月的时间,全国各地纷纷响应,朝廷为之震动。安平国和甘陵国的百姓生擒他们的国王,以响应黄巾军。三月戊申(初三),灵帝下诏,任命河南郡太守何进为大将军,封为慎侯,统率左、右羽林军和屯骑、步兵、越骑、长水、射声五营将士驻扎在都亭,整备军械,守卫雒阳。另外,又设置函谷关、太谷关、广成关、伊阙关、辕辕关、旋门关、孟津关、小平津关等八关都尉。同时征发全国各地的精锐兵马,派北中郎将卢植率兵征讨张角,左中郎将皇甫嵩、右中郎将朱儁征讨颍川郡内的黄巾贼。

四月庚子(二十六日),南阳郡内的黄巾军首领张曼成攻下郡府,杀死太守褚贡。

灵帝向杨赐问黄巾军事,杨赐直言,灵帝很不高兴。夏四月,

赐坐寇贼免，以太仆弘农邓盛为太尉。已而帝阅录故事，得赐与刘陶所上张角奏，乃封赐为临晋侯，陶为中陵乡侯。

皇甫嵩、朱儁合将四万馀人共讨颍川，嵩、儁各统一军。儁与贼波才战，败；嵩进保长社。

汝南黄巾败太守赵谦于邵陵，广阳黄巾杀幽州刺史郭勋及太守刘卫。

波才围皇甫嵩于长社。嵩兵少，军中皆恐。贼依草结营，会大风，嵩约敕军士皆束苣乘城，使锐士间出围外，纵火大呼，城上举燎应之，嵩从城中鼓噪而出，奔击贼陈，贼惊，乱奔走。会骑都尉沛国曹操将兵适至。五月，嵩、操与朱儁合军，更与贼战，大破之，斩首数万级。封嵩都乡侯。

张曼成屯宛下百馀日。六月，南阳太守秦颉击曼成，斩之。

皇甫嵩、朱儁乘胜进讨汝南、陈国黄巾，追波才于阳翟，击彭脱于西华，并破之，馀贼降散，三郡悉平。嵩乃上言其状，以功归儁，于是进封儁西乡侯，迁镇贼中郎将。诏嵩讨东郡，儁讨南阳。北中郎将卢植连战破张角，斩获万馀人，角等走保广宗。植筑围凿堑，造作云梯，垂当拔之。帝遣小黄门左丰视军，或劝植以赂送丰，植不肯。丰还言于帝曰："广宗贼易破耳，卢中郎固垒息军，以待天诛。"帝怒，槛车征植，减死一等，遣东中郎将陇西董卓代之。

杨赐因未能平息黄巾叛乱而获罪，免去官职，任命弘农郡人邓盛为太尉。不久，灵帝翻阅先前的文书档案，看到杨赐和刘陶先前的奏章，于是赐封杨赐为临晋侯、刘陶为中陵乡侯。

皇甫嵩、朱儁共同率领四万多人征讨颍川黄巾，皇甫嵩、朱儁各自统率一支军队。朱儁迎战黄巾军首领波才，被击败；皇甫嵩进军长社县，保卫县城。

汝南郡的黄巾军在邵陵击败太守赵谦的军队，广阳郡的黄巾军杀死幽州刺史郭勋和太守刘卫。

波才在长社包围皇甫嵩的军队。皇甫嵩的兵马较少，军中将士都很恐惧。黄巾军的兵营扎在荒草之中，适逢刮起大风，皇甫嵩命令士兵手持草把登上城楼，又派一批勇士偷偷越过包围圈，纵火烧草并大声呐喊，这时城上的士兵也举起火把，和他们呼应。皇甫嵩率军从城中擂鼓出击，袭击敌营，黄巾军惊惧不已，纷纷逃散。恰巧骑都尉沛国人曹操率领军队赶来增援。五月，皇甫嵩、曹操和朱儁三军会合，再次出战，大获全胜，杀死黄巾军数万。灵帝敕封皇甫嵩为都乡侯。

张曼成在宛城外驻扎，共一百多天。六月，南阳郡太守秦颉进攻张曼成的黄巾军，将张曼成斩杀。

皇甫嵩、朱儁乘胜征讨汝南郡和陈国黄巾军，在阳翟追击波才统率的黄巾军，在西华进攻彭脱并击败他们，其馀黄巾军有的投降有的逃散，三郡叛乱都已平定。于是，皇甫嵩上书禀报战况，将功劳归于朱儁，朝廷下诏封朱儁为西乡侯，并提升为镇贼中郎将。灵帝下诏，命皇甫嵩征讨东郡黄巾军、朱儁征讨南阳郡黄巾军。北中郎将卢植连续战败张角，斩杀俘获黄巾军一万多人，迫使张角败退，固守于广宗县城。卢植率军包围县城，挖地道造云梯准备攻城，势在必下。灵帝派小黄门左丰视察军队，有人劝卢植送贿赂给左丰，卢植不肯。左丰返回朝廷，对灵帝说："广宗县城里的敌贼易破，但卢植却加固堡垒修整军队，好像是在等上天惩罚张角。"灵帝愤怒，派人用囚车将卢植押回朝廷，判处比死罪轻一等的刑罚，另外派东中郎将陇西人董卓替代卢植。

秋八月，皇甫嵩与黄巾战于苍亭，获其帅卜巳。董卓攻张角无功，抵罪。乙巳，诏嵩讨角。

冬十月，皇甫嵩与张角弟梁战于广宗，梁众精勇，嵩不能克。明日，乃闭营休士以观其变，知贼意稍懈，乃潜夜勒兵，鸡鸣驰赴其陈，战至晡时，大破之，斩梁，获首三万级，赴河死者五万许人。角先已病死，剖棺戮尸，传首京师。十一月，嵩复攻角弟宝于下曲阳，斩之，斩获十馀万人。即拜嵩为左车骑将军，领冀州牧，封槐里侯。嵩能温恤士卒，每军行顿止，须营幔修立，然后就舍，军士皆食，尔乃尝饭，故所向有功。

张曼成馀党更以赵弘为帅，众复盛，至十馀万，据宛城。朱儁与荆州刺史徐璆等合兵围之，自六月至八月不拔，有司奏征儁。司空张温上疏曰："昔秦用白起，燕任乐毅，皆旷年历载，乃能克敌。儁讨颍川，已有功效，引师南指，方略已设。临军易将，兵家所忌，宜假日月，责其成功。"帝乃止。儁击弘，斩之。

贼帅韩忠复据宛拒儁，儁鸣鼓攻其西南，贼悉众赴之。儁自将精卒掩其东北，乘城而入，忠乃退保小城，惶惧乞降。诸将皆欲听之，儁曰："兵固有形同而势异者。昔秦、项之际，民无定主，故赏附以劝来耳。今海内一统，唯黄巾造逆，纳降无以劝善，讨之足以惩恶。今若受之，更开逆

秋季八月，皇甫嵩和黄巾军在苍亭大战，俘获敌帅卜巳。董卓进攻张角，没有战功，受到处分。乙巳（初三），灵帝下诏，命令皇甫嵩率军征讨张角。

　　冬季十月，皇甫嵩和张角的弟弟张梁在广宗县大战，张梁的军队顽强英勇，皇甫嵩未能取胜。次日，皇甫嵩关闭大营，让士兵稍事休息，静观敌军的变化，当黄巾军稍有些松懈时，便在夜里部署军队，清晨鸡鸣之时率军冲入敌阵，激战至傍晚，大获全胜，斩杀张梁，获首级三万颗，另有五万人落入河中淹死。张角在此前已经病死，皇甫嵩便把他的棺材掘开，乱刀碎尸，并将头颅送到京师雒阳。十一月，皇甫嵩又在下曲阳进攻张角的弟弟张宝，将他斩杀，并杀死和俘获十多万人。灵帝立即下诏，任命皇甫嵩为左车骑将军，兼任冀州刺史，封为槐里侯。皇甫嵩能够体恤士兵，每次行军休息，总是等到全部营帐立好之后，才入帐休息，士兵全都吃完，他才就餐，所以皇甫嵩才能所向披靡。

　　张曼成的残部另外拥立赵弘为主帅，势力再次扩大，达十多万人，占据宛城。朱儁和荆州刺史徐璆等人会合人马将宛城包围，从六月攻到八月，一直未能攻破，有关官吏上奏请求召回朱儁予以处罚。司空张温上书说："过去，秦国任用白起，燕国任用乐毅，他们都是经过长年的作战，才将敌人攻克。朱儁讨伐颍川郡的黄巾军时已立有功劳，如今他挥师南下，作战策略已经确定。临阵变更将领，是兵家的禁忌，应该再给他时间，责令他取胜。"于是，灵帝作罢。不久，朱儁发动进攻，斩杀赵弘。

　　黄巾军将领韩忠再次据守宛城抵抗朱儁，朱儁命击鼓佯攻宛城西南，黄巾军纷纷增援，朱儁亲率精兵袭击宛城东北，攻入城中，于是赵忠退守内城，惊惶失措要求投降。各位将领都想要接受，朱儁说："战争有很多形式相同而实质不同的情形。过去秦朝、项羽的时候，百姓没有稳定的君王，因此君王要奖赏归附者吸引更多人归附。如今天下统一，只有黄巾军造反叛乱，如果接受他们投降，就无法劝勉守法的百姓；相反，坚决征讨，就可惩戒罪恶。今天如果接受他们的投降，就更加助长了他们的叛逆

意,贼利则进战,钝则乞降,纵敌长寇,非良计也。"因急攻,连战不克。儁登土山望之,顾谓司马张超曰:"吾知之矣。贼今外围周固,内营逼急,乞降不受,欲出不得,所以死战也。万人一心,犹不可当,况十万乎? 不如彻围,并兵入城,忠见围解,势必自出,自出则意散,易破之道也。"既而解围,忠果出战,儁因击,大破之,斩首万馀级。

南阳太守秦颉杀忠,馀众复奉孙夏为帅,还屯宛。儁急攻之,司马孙坚率众先登,癸巳,拔宛城。孙夏走,儁追至西鄂精山,复破之,斩万馀级。于是黄巾破散,其馀州郡所诛,一郡数千人。

二年,自张角之乱,所在盗贼并起,博陵张牛角、常山褚飞燕及黄龙、左校、于氐根、张白骑、刘石、左髭丈八、平汉大计、司隶缘城、雷公、浮云、白雀、杨凤、于毒、五鹿、李大目、白绕、眭固、苦蝤之徒,不可胜数,大者二三万,小者六七千人。张牛角、褚飞燕合军攻廮陶,牛角中流矢,且死,命其众奉飞燕为帅,改姓张。飞燕名燕,轻勇趫捷,故军中号曰飞燕。山谷寇贼多附之,部众寖广,殆至百万,号黑山贼,河北诸郡县并被其害,朝廷不能讨。燕乃遣使至京师,奏书乞降,遂拜燕平难中郎将,使领河北诸山谷事。

五年二月,黄巾馀贼郭大等起于河西白波谷,寇太原、河东。

冬十月,青、徐黄巾复起,寇郡县。

六年冬十月,白波贼寇河东,董卓遣其将牛辅击之。

之势,使他们在形势有利时起兵进攻,形势不利时乞求投降,这样放纵敌人,不是上计。"于是连续发动猛攻,却都未能奏效。朱儁登上土山观察敌情,回头对司马张超说:"我知道了。如今贼兵被紧紧包围,形势危急,求降没被接受,想突围又不行,因此拼死固守。如果万众一心,便势不可当,何况是十万兵众? 不如撤除包围,集中兵力攻城,韩忠看到包围解除,势必冲出城来,叛军们一定各逃生路,斗志全消,这是破敌的好办法。"于是下令解除包围,赵忠果然出来迎战,朱儁乘势攻敌,大败赵忠,斩下首级一万多颗。

南阳郡太守秦颉杀死赵忠,赵忠残部又在孙夏的统率下,重新占据宛城。朱儁连连发动攻击,司马孙坚率众首先登上城楼,癸巳(二十二日),攻下宛城。孙夏逃走,朱儁追击到西鄂县的精山,再次击溃孙夏,斩下首级一万多颗。于是,黄巾军纷纷逃散,其馀的州郡,每个郡都诛杀了数千黄巾军。

二年(185),自从张角叛乱以来,所到之处,盗贼纷纷兴起,如博陵人张牛角、常山人褚飞燕,以及黄龙、左校、于氐根、张白骑、刘石、左髭丈八、平汉大计、司隶缘城、雷公、浮云、白雀、杨凤、于毒、五鹿、李大目、白绕、眭固、苦蝤等人,不可胜数,大的两三万人,小的六七千人。张牛角、褚飞燕率军联合起来攻打廮陶,张牛角身中飞箭,临死前,命令他的部众尊奉褚飞燕为统帅,同时,让褚飞燕改姓张。褚飞燕原名褚燕,因身手矫捷,骁勇善战,被士卒称之为飞燕。山区的草寇小贼纷纷归附他,兵马渐多,几乎达到一百万人,被官府称为黑山贼。黄河以北的许多郡县都遭到他们的破坏,朝廷也无力征讨。褚飞燕派遣使者来到京师,上书奏请投降朝廷,于是朝廷任命褚飞燕为平难中郎将,让他管理黄河以北山区的行政和治安事务。

五年(188)二月,黄巾军的馀党郭大等人在西河郡白波谷举兵,进攻太原郡、河东郡。

冬季十月,青州、徐州的黄巾军重新兴起,进攻郡县。

六年(189)冬十月,白波叛军攻河东郡,董卓派牛辅讨伐。

南单于於扶罗与白波贼合兵寇郡县。

献帝初平元年,青州刺史焦和起兵讨董卓,务及诸将西行,不为民人保障,兵始济河,黄巾已入其境。青州素殷实,甲兵甚盛,和每望寇奔北,未尝接风尘,交旗鼓。

二年冬十月,青州黄巾寇勃海,众三十万,欲与黑山合。公孙瓒率步骑二万人逆击于东光南,大破之,斩首三万馀级。贼弃其辎重,奔走度河,瓒因其半济薄之,贼复大破,死者数万,流血丹水,收得生口七万馀人,车甲财物不可胜算,威名大震。

初,陶谦,丹阳人,朝廷以黄巾寇乱徐州,用谦为刺史。谦至,击黄巾,大破走之,州境晏然。

三年春正月,曹操军顿丘,于毒等攻东武阳。操引兵西入山,攻毒等本屯。诸将皆请救武阳,操曰:“使贼闻我西而还,武阳自解也;不还,我能败其本屯,虏不能拔武阳必矣。”遂行。毒闻之,弃武阳还。操遂击睦固及匈奴於扶罗于内黄,皆大破之。

四月,青州黄巾寇兖州,刘岱欲击之,济北相鲍信谏曰:“今贼众百万,百姓皆震恐,士卒无斗志,不可敌也。然贼军无辎重,唯以钞略为资,今不若畜士众之力,先为固守,彼欲战不得,攻又不能,其势必离散。然后选精锐,据要害击之,可破也。”岱不从,遂与战,果为所杀。

十二月,曹操追黄巾至济北,悉降之,得戎卒三十馀

南单于於扶罗和白波叛军联合,率军攻打郡县。

献帝初平元年(190),青州刺史焦和兴兵征讨董卓,只想和各路将领一道西征,不替本州岛人民的安全提供保障,他所率的军队刚开始渡黄河,黄巾军就攻入青州境内。青州素来富庶,军事方面也很强大,但焦和每次和黄巾军作战都望风而逃,从未正面交锋过。

二年(191)冬季十月,青州的黄巾军进犯勃海,部众达三十万人,准备和黑山军会合。公孙瓒率领两万步兵、骑兵在东光县以南迎击,大破黄巾军,斩下首级三万多颗。黄巾军丢弃辎重,渡黄河逃命,于是公孙瓒等待黄巾军渡到一半时,发动猛攻,再次大败黄巾军,死者达数万人,河水被血染为红色,并且俘虏七万多人,车辆、甲胄和财物不计其数,公孙瓒的威名大震。

当初,丹阳人陶谦,在黄巾军进攻破坏徐州之际,被朝廷任命为徐州刺史。陶谦就任后,进攻黄巾军,大获全胜,迫使黄巾军逃出州境,徐州境内十分安定。

三年(192)春季正月,曹操驻扎顿丘,于毒等人进攻东武阳。曹操命令军队西行入山,攻打于毒的大本营。部下将领都请求前往援救武阳,曹操说:"如果叛军知道我们西行而回兵,武阳的包围自然解除;如果他们坚持不回兵,我们就能攻破他们的大本营,叛军也就不能攻下武阳了。"于是,率军西行。于毒知道后,放弃武阳,赶回援救大本营。于是,曹操进军内黄,向眭固和匈奴单于於扶罗发动进攻,将他们都打得大败。

四月,青州的黄巾军进犯兖州,刘岱准备攻打他们,济北国相鲍信劝告他说:"如今黄巾军拥有百万人马,百姓都十分恐惧,士卒也缺乏斗志,所以暂时还不能进攻敌人。但是,黄巾军没有辎重,只能依靠抢劫来供应需要,不如保存兵力,首先固守城池,使黄巾军求战不得,又攻不下城池,势必涣散离去。然后,我们挑选精锐士兵,占据要害,发动进攻,可以将黄巾军打败。"刘岱没有听从,率军出战,果然被黄巾军斩杀。

十二月,曹操追黄巾军到济北,全投降,曹操得士卒三十多

万,男女百馀万口。

四年春正月,袁术屯封丘,黑山别部及匈奴於扶罗皆附之。曹操击破术军。

三月,袁绍在薄落津。魏郡兵反,与黑山贼于毒数万人共覆邺城,杀其太守。

六月,袁绍出军入朝歌鹿肠山,北行,击诸贼左髭丈八等,皆斩之。又击刘石、青牛角、黄龙、左校、郭大贤、李大目、于氐根等,复斩数万级,皆屠其屯壁,遂与黑山贼张燕及四营屠各、雁门乌桓战于常山。燕精兵数万,骑数千匹。绍与吕布共击燕,连战十馀日,燕兵死伤虽多,绍军亦疲,遂俱退。

建安元年春二月,汝南、颍川黄巾何仪等拥众附袁术,曹操击破之。

三年,袁绍攻公孙瓒,瓒遣子续请救于黑山诸帅。

四年,黑山帅张燕率兵救之。事见《袁绍讨公孙瓒》。

五年秋七月,汝南黄巾刘辟等叛曹操应袁绍,绍遣刘备将兵助辟,郡县多应之。

十年夏四月,黑山贼帅张燕率其众十馀万降,封安国亭侯。

万人,男女一百多万口。

四年(193)春季正月,袁术驻军封丘,黑山军的一支人马和匈奴单于於扶罗都归附袁术。曹操击败袁术的军队。

三月,袁绍驻军薄落津。魏郡的军队叛变袁绍,和黑山军将领于毒等数万人联合,攻占邺城,杀死魏郡太守。

六月,袁绍率军进入朝歌境内的鹿肠山,往北前进,进攻贼寇左髭丈八等,将他们全部杀死。又进攻刘石、青牛角、黄龙、左校、郭大贤、李大目、于氐根等贼寇,斩得首级数万颗,并摧毁了他们的营寨,然后和黑山军张燕以及四营的匈奴屠各部落和雁门的乌桓部落在常山交战。张燕拥有精兵数万人,战马数千匹。袁绍联合吕布进攻张燕,一连打了十几天,张燕的军队虽然死伤惨重,袁绍的军队也十分疲惫,于是各自退兵。

建安元年(196)春季二月,汝南郡、颍川郡的黄巾军首领何仪等人带领部众投奔袁术,曹操将他们击败。

三年(198),袁绍进攻公孙瓒,公孙瓒派儿子公孙续向黑山军各位将领请求援助。

四年(199),黑山军统帅张燕率领军队援救公孙瓒。事见《袁绍讨公孙瓒》。

五年(200)秋季七月,汝南郡的黄巾军首领刘辟等人叛离曹操响应袁绍,袁绍派遣刘备率兵援助刘辟,各郡县大多响应刘备。

十年(205)夏季四月,黑山军统帅张燕率领他的部众十几万人投降朝廷,被朝廷封为安国亭侯。

韩马之叛

汉灵帝中平元年冬十一月,北地先零羌及枹罕、河关群盗反,共立湟中义从胡北宫伯玉、李文侯为将军,杀护羌校尉泠徵。金城人边章、韩遂素著名西州,群盗诱而劫之,使专任军政,杀金城太守陈懿,攻烧州郡。

二年春三月,北宫伯玉等寇三辅,诏左车骑将军皇甫嵩镇长安以讨之。

秋八月,以司空张温为车骑将军,执金吾袁滂为副,以讨北宫伯玉。拜中郎将董卓为破虏将军,与荡寇将军周慎并统于温。

九月,张温将诸郡兵步骑十馀万屯美阳,边章、韩遂亦进兵美阳。温与战,辄不利。十一月,董卓与右扶风鲍鸿等并兵攻章、遂,大破之,章、遂走榆中。

温遣周慎将三万人追之。参军事孙坚说慎曰:"贼城中无谷,当外转粮食,坚愿得万人断其运道,将军以大兵继后,贼必困乏而不敢战,走入羌中,并力讨之,则凉州可定也。"慎不从,引军围榆中城,而章、遂分屯葵园峡,反断慎运道,慎惧,弃车重而退。

韩马之叛

汉灵帝中平元年(184)冬季十一月，北地郡羌族的先零部落以及枹罕、河关两地许多盗贼反叛朝廷，共同拥立湟中的胡人首领北宫伯玉、李文侯为将军，杀死护羌校尉泠徵。金城郡人边章、韩遂一向在西州很有名望，众盗将其诱骗，胁迫他们主持军政事务，杀死金城郡太守陈懿，攻打焚烧州郡官府。

二年(185)春季三月，北宫伯玉等人进犯三辅地区。灵帝诏令左车骑将军皇甫嵩镇守长安并讨伐他们。

秋季八月，灵帝下诏，任命司空张温为车骑将军，执金吾袁滂为其副手，讨伐北宫伯玉。又任命中郎将董卓为破虏将军，和荡寇将军周慎都听从张温的统帅。

九月，张温率领各郡的步兵、骑兵共十万人驻扎美阳，边章、韩遂也进军美阳。张温和他们交战，失利。十一月，董卓和右扶风鲍鸿等人合兵攻打边章、韩遂，击败他们，于是边章、韩遂逃走榆中。

张温派遣周慎率领三万人追击。参军事孙坚劝告周慎说："叛军城中缺粮，必须从外面运入，我愿意率领一万人，截断他们的粮道，将军在后面接应，叛军必定饥饿疲惫，不敢应战，逃回羌地，我们合力讨伐他们，则凉州可以平定下来。"周慎不听从，率军包围榆中城，而边章、韩遂则分兵驻守葵园峡，反而切断了周慎的运粮道路，周慎害怕起来，连忙丢弃辎重退兵。

　　温又使董卓将兵三万讨先零羌,羌胡围卓于望垣北。粮食乏绝,乃于所度水中伪立堰以捕鱼,而潜从堰下过军。比贼追之,决水已深,不得度,遂还屯扶风。张温以诏书召卓,卓良久乃诣温。温责让卓,卓应对不顺。孙坚前耳语谓温曰:“卓不怖罪,而鸱张大语,宜以召不时至,陈军法斩之。”温曰:“卓素著威名于河陇之间,今日杀之,西行无依。”坚曰:“明公亲率王师,威震天下,何赖于卓? 观卓所言,不假明公,轻上无礼,一罪也。章、遂跋扈经年,当以时进讨,而卓云未可,沮军疑众,二罪也。卓受任无功,应召稽留,而轩昂自高,三罪也。古之名将,仗钺临众,未有不断斩以成功者也。今明公垂意于卓,不即加诛,亏损威刑,于是在矣。”温不忍发,乃曰:“君且还,卓将疑人。”坚遂出。

　　四年春三月,韩遂杀边章及北宫伯玉、李文侯,拥兵十馀万,进围陇西,太守李相如叛,与遂连和。凉州刺史耿鄙率六郡兵讨遂。鄙任治中程球,球通奸利,士民怨之。汉阳太守傅燮谓鄙曰:“使君统政日浅,民未知教。贼闻大军将至,必万人一心。边兵多勇,其锋难当,而新合之众,上下未和,万一内变,虽悔无及。不若息军养德,明赏必罚。贼得宽挺,必谓我怯,群恶争势,其离可必。然后率已教之民,讨成离之贼,其功可坐而待也。”鄙不从。夏四月,鄙行

张温又派董卓率兵三万征讨羌人的先零部落,羌人和胡人把董卓包围在望垣以北。董卓的军队粮食断绝,于是,便在所要渡的水中修筑堤坝,假装用来打渔,实际上却让军队悄悄地从堤坝下渡过河去。等到叛军发觉追赶,董卓已下令将堤坝决开,河水暴涨,无法渡过,于是董卓率兵撤回扶风驻扎。张温以皇帝诏书的名义征召董卓,董卓拖了许久,才前往晋见张温。张温责备董卓,董卓的态度不够恭顺。孙坚上前对张温耳语道:"董卓对自己的罪责毫不在意,反而气焰嚣张,应该按应召未及时到达的罪,将他处斩。"张温说:"董卓一向在黄河和陇山之间享有威望,今天杀他,会影响西征。"孙坚说:"您亲自统率朝廷大军,声威震动天下,怎么要依靠董卓? 我观察董卓的言语,对您毫不尊重,轻视上级,举止无礼,这是一条罪状。边章、韩遂一年多来飞扬跋扈,应当及时征讨,而董卓却不同意,动摇军心,这是第二条罪状。董卓接受任务,无功而返,应召迟误,态度倨傲,这是第三条罪状。古代的名将,受命统率军队,没有不靠决断和斩杀而功成名就的。如今您对董卓加以垂怜,如不立即将他诛杀,便要损害统帅的威严和军队刑罚。"张温不忍心立即处斩董卓,于是说:"你暂且回去,否则董卓将产生疑虑。"孙坚只好告退。

　　四年(187)春季三月,韩遂杀死了边章和北宫伯玉、李文侯,拥有人马十多万,又进军包围陇西郡,太守李相如叛变了,和韩遂联合在一起。凉州刺史耿鄙率领属下共六郡的兵马讨伐韩遂。耿鄙信任治中程球,但程球却假公济私,这样引起了士人和百姓的怨恨。汉阳太守傅燮对耿鄙说道:"您到职的时间不长,百姓还没有很好地接受您的教化。叛军听说大军将要来到,必然齐心合力。边关兵士大多骁勇,锐气难以抵挡,而我军却是刚刚组合在一起的,上下之间还不够和睦,万一发生了内乱,后悔也来不及了。不如暂且修整军队,培养统帅的权威,赏罚分明。叛军看到形势和缓,必定觉得我军胆怯,各个首领之间便会争权夺势,离心离德。这时,您率领训练有素的军队,讨伐离心离德的叛军,便可大功告成。"耿鄙不听从。夏季四月,耿鄙率军行进

至狄道，州别驾反应贼，先杀程球，次害鄙，贼遂进围汉阳。城中兵少粮尽，燮犹固守。

时北地胡骑数千随贼攻郡，皆夙怀燮恩，共于城外叩头，求送燮归乡里。燮子干，年十三，言于燮曰："国家昏乱，遂令大人不容于朝。今兵不足以自守，宜听羌胡之请，还乡里，徐俟有道而辅之。"言未终，燮慨然叹曰："汝知吾必死邪？圣达节，次守节。殷纣暴虐，伯夷不食周粟而死。吾遭世乱，不能养浩然之志，食禄，又欲避其难乎？吾行何之？必死于此。汝有才智，勉之！勉之！主簿杨会，吾之程婴也。"

狄道人王国使故酒泉太守黄衍说燮曰："天下已非复汉有，府君宁有意为吾属帅乎？"燮按剑叱衍曰："若剖符之臣，反为贼说邪？"遂麾左右进兵，临陈战殁。耿鄙司马扶风马腾亦拥兵反，与韩遂合，共推王国为主，寇掠三辅。

五年冬十一月，王国围陈仓，诏复拜皇甫嵩为左将军，督前将军董卓，合兵四万人以拒之。董卓谓皇甫嵩曰："陈仓危急，请速救之。"嵩曰："不然。百战百胜，不如不战而屈人兵。陈仓虽小，城守固备，未易可拔。王国虽强，攻陈仓不下，其众必疲，疲而击之，全胜之道也，将何救焉？"国攻陈仓八十馀日，不拔。

六年春二月，国众疲敝，解围去。皇甫嵩进兵击之。董卓曰："不可。兵法，穷寇勿迫，归众勿追。"嵩曰："不然。

到狄道，凉州别驾叛变，响应叛军，首先杀死程球，尔后杀害耿鄙，于是叛军进兵包围汉阳。城中兵力不足，粮草将尽，但傅燮仍然固守。

这时，北地郡有几千胡人骑兵跟随叛军攻打汉阳郡，他们都一直感于傅燮的恩德，一齐在城外朝傅燮叩头，请求傅燮放弃城池，他们愿意护送他回归乡里。傅燮的儿子傅幹，当时十三岁，对父亲说："国家昏愦混乱，致使您无法在朝廷容身。如今，靠这些兵马无法守住城池，应该听从羌人、胡人的请求，返回家乡，慢慢等待有道的皇帝，再去辅佐他。"话还没说完，傅燮便感慨地说："你知道我必须去死吗？圣人通达权变，其次是坚守节操。殷纣暴虐，因此伯夷不吃周朝的粟米而死。我遭逢乱世，不能静心修养浩然之气，既然接受了朝廷的俸禄，又怎能逃避灾难呢？我又能去到哪里？必定是死在这里。你有才干和智慧，好好努力吧！主簿杨会，就是我的程婴，他会尽力照顾你的。"

狄道人王国派前酒泉郡太守黄衍劝告傅燮说："天下已经不再是汉朝的了，您是否愿意做我们的统帅？"傅燮按着剑柄，叱骂黄衍说："你身为朝廷的太守，怎么反而为叛军做说客？"于是，傅燮率领左右冲向叛军，临阵战死。耿鄙属下的司马扶风人马腾也拥兵反叛，和韩遂会合，共同推举王国为统帅，进犯并劫掠三辅地区。

五年(188)冬季十一月，王国率军围困陈仓，灵帝下诏重新任命皇甫嵩为左将军，统率前将军董卓，汇集四万人马抗击王国。董卓对皇甫嵩说："陈仓危险，请迅速前往援救。"皇甫嵩说："不对。百战百胜，比不上不战而胜。陈仓虽小，守备稳固齐全，难以攻破。王国虽然强悍，久攻陈仓不下，他的部众必然疲惫；我们趁他们疲惫时攻击他们，是获胜的办法，又何必直接援救呢？"王国攻打陈仓，前后八十多天果然未能攻下。

六年(189)春季二月，王国的部众十分疲惫，于是他就解除包围，撤兵而去。皇甫嵩趁着这个机会发动了进攻。董卓说："不行。兵法说，穷寇勿迫，归众勿追。"皇甫嵩说："不是这样的。

前吾不击,避其锐也;今而击之,待其衰也。所击疲师,非归众也。国众且走,莫有斗志,以整击乱,非穷寇也。"遂独进击之,使卓为后拒。连战,大破之,斩首万馀级。卓大惭恨,由是与嵩有隙。

韩遂等共废王国,而劫故信都令汉阳阎忠使督统诸部。忠病死,遂等稍争权利,更相杀害,由是寖衰。

献帝初平三年,韩遂、马腾率众诣长安,以遂为镇西将军,腾为征西将军。马腾攻李傕不克,走还凉州。事并见《宦官亡汉》。

建安十三年。初,前将军马腾与镇西将军韩遂结为异姓兄弟,后以部曲相侵,更为仇敌。朝廷使司隶校尉锺繇、凉州刺史韦端和解之,征腾入屯槐里。曹操将征荆州,使张既说腾,令释部曲还朝,腾许之,已而更犹豫。既恐其为变,乃移诸县促储偫,二千石郊迎,腾不得已,发东。操表腾为卫尉,以其子超为偏将军,统其众,悉徙其家属诣邺。

十六年春三月,曹操遣司隶校尉锺繇讨张鲁,使征西护军夏侯渊等将兵出河东,与繇会。仓曹属高柔谏曰:"大兵西出,韩遂、马超疑为袭己,必相扇动。宜先招集三辅,三辅苟平,汉中可传檄而定也。"操不从。

关中诸将果疑之,马超、韩遂、侯选、程银、杨秋、李堪、张横、梁兴、成宜、马玩等十部皆反,其众十万,屯据潼关。操遣安西将军曹仁督诸将拒之,敕令坚壁勿与战。命五官将丕留守邺,以奋武将军程昱参丕军事,门下督广陵徐宣

先前我没有发动进攻，是避其锐气；如今发动进攻，是利用他们士气低落。我们攻击的是疲惫之师，不是归众。王国的部下正要退走，没有斗志，不是穷寇。"于是，率领所属军队进攻追击王国，而让董卓在后面接应。皇甫嵩连接进攻，大获全胜，斩下首级一万多颗。董卓十分惭愧和愤恨，因此而和皇甫嵩结下仇恨。

于是，韩遂等人共同废黜王国，而劫持原信都县县令汉阳人阎忠担任首领，统率各路人马。不久，阎忠病死，韩遂等人逐渐开始争夺权利，互相攻杀，于是势力逐渐削弱。

献帝初平三年(192)，韩遂、马腾率领部众来到长安，献帝赐封韩遂为镇西将军、马腾为征西将军。马腾进攻李傕失利，逃回凉州。事并见《宦官亡汉》。

建安十三年(208)。当初，前将军马腾和镇西将军韩遂结为异姓兄弟，后来，因为所属部众之间互相摩擦，转变成仇敌。朝廷派遣司隶校尉锺繇、凉州刺史韦端为他们调解纠纷，并征召马腾到槐里驻扎。曹操准备远征荆州，派遣张既劝说马腾，建议他放弃兵权，到朝廷担任官职，马腾表示同意，不久又犹豫起来。张既担心马腾改变主意，便下令沿途各县预备粮草物资，又命令各郡太守到郊外欢迎，马腾迫不得已，只好起身东行。曹操上奏推荐马腾为卫尉，任命他的儿子马超为偏将军，继续统领马腾的队伍，又把马腾的家属全部迁到邺城。

十六年(211)春季三月，曹操派遣司隶校尉锺繇讨伐张鲁，派遣征西护军夏侯渊等人率兵从河东出发，和锺繇会合。丞相府中的仓曹属高柔劝告曹操说："大军西行，韩遂、马腾会怀疑是袭击他们，必定互相煽动。应该先安定三辅地区，如果三辅地区平定，只要传几道檄文，汉中也就安定了。"曹操没有听从。

关中诸将领果然怀疑大军西行用意，马超、韩遂、侯选、程银、杨秋、李堪、张横、梁兴、成宜、马玩等十路人马全反叛，共有十万人马，据守在潼关要塞。曹操派安西将军曹仁率诸将抵挡，但下令他们坚守营寨，不要出战。又命令五官将曹丕留守邺城，委任奋武将军程昱协助曹丕处理军务，任命门下督广陵人徐宣

为左护军，留统诸军，乐安国渊为居府长史，统留事。秋七月，操自将击超等。议者多言："关西兵习长矛，非精选前锋，不可当也。"操曰："战在我，非在贼也。贼虽习长矛，将使不得以刺，诸君但观之。"

八月，操至潼关，与超等夹关而军。操急持之，而潜遣徐晃、朱灵以步骑四千人渡蒲阪津，据河西为营。闰月，操自潼关北渡河，兵众先渡，操独与虎士百馀人留南岸断后。马超将步骑万馀人攻之，矢下如雨，操犹据胡床不动。许褚扶操上船，船工中流矢死，褚左手举马鞍以蔽操，右手刺船。校尉丁斐放牛马以饵贼，贼乱取牛马，操乃得渡，遂自蒲阪渡西河，循河为甬道而南。超等退拒渭口，操乃多设疑兵，潜以舟载兵入渭，为浮桥。夜，分兵结营于渭南。超等夜攻营，伏兵击破之，超等屯渭南，遣使求割河以西请和，操不许。九月，操进军，悉渡渭。超等数挑战，又不许。固请割地，求送任子，贾诩以为可伪许之，操复问计策，诩曰："离之而已。"操曰："解。"

韩遂请与操相见，操与遂有旧，于是交马语移时，不及军事，但说京都旧故，拊手欢笑。时秦、胡观者前后重沓，操笑谓之曰："尔欲观曹公邪？亦犹人也，非有四目两口，但多智耳。"既罢，超等问遂："公何言？"遂曰："无所言也。"

为左护军，留在邺城统率留守部队，任命乐安人国渊为居府长史，负责留守事务。秋季七月，曹操亲自统率大军，征讨马超等人。曹操的谋士大多说："关西兵善于使用长矛，不挑选精锐士卒充当前锋，恐难抵挡。"曹操说："战争的主动权在我手中，而不在贼将手中。贼兵虽然善使长矛，我却将使他们的长矛无法施展，各位且等着看好了。"

八月，曹操到达潼关，和马超等人隔着潼关驻扎下来。曹操表面上急着施加压力，暗中却派遣徐晃、朱灵率四千步兵和骑兵渡过蒲阪津，占据河西，扎下营寨。闰八月，曹操从潼关北面渡过黄河，大军首先渡过，曹操亲自率一百多名虎贲武士留在南岸断后。马超率步兵、骑兵一万多人进攻，箭如雨下，但曹操仍坐在折凳上不动。许褚忙扶曹操上船，船伏身中乱箭而死，许褚左手举着马鞍替曹操遮挡，右手撑船。校尉丁斐放出牛群马群以引诱敌兵，马超的士卒纷纷抢夺牛马，于是曹操得以渡过黄河，这样，曹操的大军从蒲阪渡过西河，并沿着河道向南推进。马超等率兵退守渭口，曹操又设了很多疑兵之计，暗中用船载兵士到渭河中，修建浮桥。到了夜里，分兵经过浮桥，在渭水南岸安下营寨。马超等人乘夜攻营，被曹操的伏兵击败，马超等人驻扎在渭水南岸，派遣使者表示愿意割让黄河以西的土地，请求和解，曹操不同意。九月，曹操挥师前进，全军渡过渭水。马超等人几次前来挑战，但曹军并不应战。马超一再请求割地求和，并愿意送儿子去作为人质，贾诩认为可以假装同意，曹操问他下一步的计策，贾诩说："这不过是离间他们的联盟而已。"曹操说："我明白了。"

韩遂请求与曹操见面，曹操韩遂有旧交，于是俩人来到阵前，马头相交谈了很久，话题不涉军事，只是谈当年在雒阳时的往事，高兴时拊手大笑。此时关中人、胡人上前围观，重重叠叠，曹操笑着对他们说："你们是想看看我曹操吗？我也是人嘛！并没有四只眼睛、两只嘴巴，只是多了些智谋而已。"会谈完毕，马超等人问韩遂说："曹操说了些什么呢？"韩遂说："没有说什么。"

超等疑之。他日,操又与遂书,多所点窜,如遂改定者,超等愈疑遂。操乃与克日会战,先以轻兵挑之,战良久,乃纵虎骑夹击,大破之,斩成宜、李堪等。遂、超奔凉州。

十七年秋七月,马超等馀众屯蓝田,夏侯渊击平之。

十八年。初,魏公操追马超至安定,闻田银、苏伯反,引军还。参凉州军事杨阜言于操曰:"超有信、布之勇,甚得羌胡心。若大军还,不设备,陇上诸郡非国家之有也。"操还,超果率羌胡击陇上诸郡县,郡县皆应之,惟冀城奉州郡以固守。

超尽兼陇右之众,张鲁复遣大将杨昂助之,凡万馀人,攻冀城,自正月至八月,救兵不至。刺史韦康遣别驾阎温出,告急于夏侯渊,外围数重,温夜从水中潜出。明日,超兵见其迹,遣追获之,超载温诣城下,使告城中,云"东方无救"。温向城大呼曰:"大军不过三日至,勉之!"城中皆泣称"万岁!"超虽怒,犹以攻城久不下,徐徐更诱温,冀其改意。温曰:"事君有死无二,而卿乃欲令长者出不义之言乎?"超遂杀之。

已而外救不至,韦康及太守欲降。杨阜号哭谏曰:"阜等率父兄子弟以义相励,有死无二,以为使君守此城。今奈何弃垂成之功,陷不义之名乎?"刺史、太守不听,开城门

于是马超等人对韩遂起了疑心。过了几天,曹操又给韩遂写了一封信,信中圈改涂抹之处不少,好像是韩遂所改的样子,马超等人更加疑心。于是,曹操和马超约定日期决战,到时曹操先派轻装人马进行挑战,大战多时,才派遣精锐骑兵进行合击,大败马超等人,斩杀成宜、李堪等人。韩遂、马超逃往凉州。

十七年(212)秋季七月,马超等率领残馀人马驻扎蓝田,夏侯渊率军讨伐,全部平定。

十八年(213)。当初,曹操追击马超到安定,听说田银、苏伯反叛,率军返回。负责凉州军务的官员杨阜对曹操说道:"马超兼有韩信、英布的勇猛,很受羌人和胡人的信服。如果大军返回,又不设置防务,陇山以西的各郡恐怕就不能再属于朝廷所有了。"曹操撤回后,马超果然率领羌人和胡人袭击陇上的各个郡县,这些郡县都起来响应马超,只有作为冀州州府和郡府的冀城坚守不降。

马超兼并陇西的所有兵马,张鲁又派遣大将杨昂援助马超,共一万多人,进攻冀城,从正月到八月,援兵一直没有到来。冀州刺史韦康派遣别驾阎温出城,向驻在长安的夏侯渊求救,由于冀城外被马超的军队包围了好几层,阎温只好乘夜从水道中潜游出城。第二天,马超的士卒看到足迹,派人追赶,将阎温抓获,马超载着阎温来到城下,命令他告诉城中守军说"东方没有救兵"。阎温却向城中大喊:"援救的大军在三天内就能赶到,你们坚持住!"城中守军都哭着喊"万岁!"马超虽然大怒,但因为冀城久攻不下,仍慢慢地进一步引诱阎温,指望他改变主意。阎温说:"侍奉天子,只有一死,没有二心,而你竟要长者说出违背道义的话来吗?"于是,马超把他杀死。

又过了一段时间以后,援兵还是没有到来,韦康和太守商量打算向马超投降。杨阜大哭着劝告他们说道:"我们率领父兄子弟,以道义互相激励,誓死都没有二心,而是为你们坚守此城。如今,你们怎么能抛弃即将到来的成功,反过来使得大家背上不忠于朝廷的恶名声呢?"刺史、太守不愿听从,还是打开了城门,

迎超。超入，遂杀刺史、太守，自称征西将军，领并州牧，督凉州军事。

魏公操使夏侯渊救冀，未到而冀败。渊去冀二百馀里，超来逆战，渊军不利。氐王千万反应超，屯兴国，渊引军还。

会杨阜丧妻，就超求假以葬之。阜外兄天水姜叙为抚夷将军，拥兵屯历城。阜见叙及其母，歔欷悲甚。叙曰："何为乃尔？"阜曰："守城不能完，君亡不能死，亦何面目以视息于天下？马超背父叛君，虐杀州将，岂独阜之忧责，一州士大夫皆蒙其耻。君拥兵专制而无讨贼心，此赵盾所以书弑君也。超强而无义，多衅，易图耳。"叙母慨然曰："咄！伯奕，韦使君遇难，亦汝之负，岂独义山哉？人谁不死，死于忠义，得其所也。但当速发，勿复顾我，我自为汝当之，不以馀年累汝也。"叙乃与同郡赵昂、尹奉、武都李俊等合谋讨超，又使人至冀，结安定梁宽、南安赵衢使为内应。超取赵昂子月为质，昂谓妻异曰："吾谋如是，事必万全，当奈月何？"异厉声应曰："雪君父之大耻，丧元不足为重，况一子哉！"

九月，阜与叙进兵，入卤城，昂、奉据祁山，以讨超。超闻之，大怒，赵衢因谲说超，使自出击之。超出，衢与梁宽闭冀城门，尽杀超妻子。超进退失据，乃袭历城，得叙母。叙母骂之曰："汝背父之逆子，杀君之桀贼，天地岂久容汝？

向马超投降。马超入城后，便把刺史和太守杀死，马超自封为征西将军，兼并州刺史，掌管凉州的军事。

魏公曹操派遣夏侯渊率大军解救冀城，还未赶到，冀城便已陷落。夏侯渊在离冀城两百里处驻扎下来，马超出兵迎战，夏侯渊的大军失利。氐人首领千万起兵响应马超，驻军兴国，夏侯渊率领大军撤回。

当时正赶上杨阜的妻子去世，杨阜向马超请假回家为妻子办理丧事。杨阜的表兄、天水人姜叙担任抚夷将军，拥兵驻扎在历城。杨阜见到姜叙和姜叙的母亲，抽泣不止，十分悲伤。姜叙说："你为何这样悲伤？"杨阜说："冀城没能守住，长官被杀又不能同死，我还有什么脸面活在世上？马超抛弃父亲，反叛朝廷，残杀州郡将领，岂止是我为之忧愤，连全州的士大夫也蒙受耻辱。你拥有重兵，受命负责这一地区，却没有讨伐叛贼的心愿，从前的赵盾也是因此而被史书说是弑君行为。马超强悍而无信义，有很多缺陷，是十分容易对付的。"姜叙的母亲愤慨地说："好了，姜叙，韦刺史为国殉难，也是你的责任，岂止杨阜一个人的责任吗？谁能不死，尽忠效义而死，就是死得其所。你应该迅速发兵，不要再顾念我，我自己会照顾好自己的，不会以我的馀年来连累你。"于是，姜叙和同郡人赵昂、尹奉、武都人李俊等共同商议讨伐马超，又派人到冀城，联络安定人梁宽、南安人赵衢作为内应。马超索取赵昂的儿子赵月作为人质，赵昂对妻子士异说："我们已经这样商议妥当，事情一定能成功，只是赵月怎么办？"士异厉声回答说："雪洗君王和父亲的奇耻大辱，就是掉脑袋也不足为重，何况一个儿子！"

九月，杨阜和姜叙进兵，进入卤城，赵昂、尹奉占据了祁山，讨伐马超。马超得知消息，大怒，赵衢借机编造理由说服马超亲自出城攻打他们。马超出城以后，赵衢和梁宽关闭了冀城城门，将马超的妻子儿女全部都杀死。马超进退两难，于是攻袭历城，抓获了姜叙的母亲。姜叙的母亲大骂马超说道："你这个背叛父亲的不孝之子，残杀长官的奸贼，天地岂能长久地容忍你活着？

而不早死，敢以面目视人乎？"超杀之，又杀赵昂之子月。杨阜与超战，身被五创。超兵败，遂南奔张鲁。鲁以超为都讲祭酒，欲妻之以女。或谓鲁曰："有人若此，不爱其亲，焉能爱人？"鲁乃止。操封讨超之功侯者十一人，赐杨阜爵关内侯。

十九年春，马超从张鲁求兵北取凉州，鲁遣超还围祁山。姜叙等告急于夏侯渊，诸将议欲须魏公操节度。渊曰："公在邺，反覆四千里，比报，叙等必败，非救急也。"遂行，使张郃督步骑五千为前军。超败走。

韩遂在显亲，渊欲袭取之，遂走。渊追至略阳城，去遂三十馀里，诸将欲攻之。或言当攻兴国氐，渊以为："遂兵精，兴国城固，攻不可卒拔。不如击长离诸羌，长离诸羌多在遂军，必归救其家。若舍羌独守则孤，救长离则官兵得与野战，必可虏也。"渊乃留督将守辎重，自将轻兵到长离，攻烧羌屯。遂果救长离，诸将见遂兵众，欲结营作堑乃与战。渊曰："我转斗千里，今复作营堑，则士众罢敝，不可复用。贼虽众，易与耳。"乃鼓之，大破遂军，进围兴国，氐王千万奔马超，馀众悉降。转击高平、屠各，皆破之。

夏四月，刘备围成都。马超知张鲁不足与计事，又鲁将杨昂等数害其能，超内怀于邑。备使建宁督邮李恢往说

你还不快快去死,竟然还敢见人?"马超杀死她,又将赵昂的儿子赵月杀死。杨阜和马超交战,身上受了五处伤。马超的人马被打败,于是往南投奔张鲁。张鲁任命马超为都讲祭酒,准备把女儿嫁给他。有人对张鲁说:"像这样的人,连自己的父母都不爱,又怎能爱别人?"于是张鲁打消了念头。曹操封了十一名讨伐马超有功的人为侯,杨阜被封为关内侯。

十九年(214)春,马超向张鲁请兵攻打北面的凉州,张鲁便派马超回军围攻祁山。姜叙等人向夏侯渊告急,夏侯渊手下的将领建议将军情报告魏公曹操,由曹操决策。夏侯渊说:"魏公在邺城,往返四千里,等报告送到邺城,姜叙他们必定早已被打败了,这不能解救危机。"于是立即出兵,由张郃率步兵和骑兵五千人担任前锋。马超败逃。

韩遂驻扎在显亲,夏侯渊打算偷袭韩遂,韩遂退走。夏侯渊追击到略阳县城,距韩遂三十多里,诸位将领准备向韩遂发动进攻,有人建议应当进攻兴国的氐人,夏侯渊认为:"韩遂的兵马精锐,兴国则有坚固的城墙,攻打的话难以速胜。不如攻打长离的羌人部落,他们有很多人在韩遂的军队里,必定回去援救自己的部落。韩遂如果舍弃羌人而独自固守,则势单力孤;如果援救长离羌人,则我们的大军就可以和他在野外进行战斗,必定可以生擒韩遂。"于是,夏侯渊留下督将看守辎重,自己率领轻装人马前往长离,攻打并烧毁羌人部落。韩遂果然率兵解救长离,诸位将领看到韩遂的人马众多,打算扎下营寨、挖好堑壕再作战。夏侯渊说:"我们转战千里,如今再结营寨,挖堑壕,势必使士兵疲惫不堪,无法继续作战。贼兵虽然众多,并不难对付。"于是,下令击鼓进军,大败韩遂的军队,并乘胜包围兴国,氐人首领千万投奔马超,手下人马全部向夏侯渊投降。然后,夏侯渊转而进攻高平、屠各两个部落,将他们全部击溃。

夏季四月,刘备围困了成都。马超知道张鲁是个不值得共商大计的人,又加上张鲁的部将杨昂等人屡次诋毁张鲁的才能,因此马超心中早就很不痛快。刘备派遣建宁督邮李恢前去游说

之，超遂从武都逃入氐中，密书请降于备。备使人止超，而潜以兵资之。超到，令引军屯城北，城中震怖。刘璋出降，备领益州牧，以偏将军马超为平西将军。军议校尉。

二十年春三月，魏公操自将击张鲁，将自武都入氐，氐人塞道，遣张郃、朱灵等攻破之。夏四月，操自陈仓出散关，至河池，氐王窦茂众万馀人，恃险不服，五月，攻屠之。西平、金城诸将麹演、蒋石等共斩送韩遂首。

马超,于是,马超从武都逃到氐人部落,秘密写信给刘备请求归降。刘备派人制止了马超,却在暗中给他派去兵马。马超来到成都,下令大军驻扎在城北,城中守军十分震惊恐惧。刘璋出城投降,由刘备代理益州刺史的职务,刘备便任命偏将军马超为平西将军。

建安二十年(215)春季三月,魏公曹操亲自率领大军进攻张鲁,计划从武都进入氐人聚居地区,氐人在途中拦截,曹操派张郃、朱灵等人击败氐人。夏季四月,曹操从陈仓出散关,到达河池,氐人首领窦茂拥有一万多人马,仗着地势险要,不肯服顺,五月,曹军打败氐人,并进行屠杀。西平、金城的将领麹演、蒋石等人共同杀死韩遂,将他的头颅献给曹操。

袁绍讨公孙瓒

汉灵帝中平四年。初,张温发幽州乌桓突骑三千以讨凉州,故中山相渔阳张纯请将之,温不听,而使涿令辽西公孙瓒将之。军到蓟中,乌桓以牢禀逋县,多叛还本国。张纯忿不得将,乃与同郡故泰山太守张举及乌桓大人丘力居等连盟,劫略蓟中,杀护乌桓校尉公綦稠、右北平太守刘政、辽东太守阳终等,众至十馀万,屯肥如。举称天子,纯称弥天将军、安定王,移书州郡,云举当代汉,告天子避位,敕公卿奉迎。

五年春三月,太常江夏刘焉建议,以为:"四方兵寇,由刺史威轻,既不能禁,且用非其人,以致离叛。宜改置牧伯,选清名重臣以居其任。"朝廷从焉议,以宗正刘虞为幽州牧。虞,东海恭王之五世孙也。

诏发南匈奴兵配刘虞讨张纯。

冬十一月,张纯与丘力居钞略青、徐、幽、冀四州。诏骑都尉公孙瓒讨之。瓒与战于属国石门,纯等大败,弃妻子,逾塞走;悉得所略男女。瓒深入无继,反为丘力居等所

袁绍讨公孙瓒

汉灵帝中平四年（187）。当初，张温调发幽州乌桓族的三千名骑兵前往讨伐凉州，原中山国相、渔阳人张纯请求担任这支军队的统帅，张温没有同意，而任命了涿县县令、辽西人公孙瓒担任他们的统帅。军队到达蓟县，乌桓人因为粮饷被拖欠不发，大多逃回乌桓部落。张纯忿愤于没有担任统帅，于是和同郡人、原泰山郡太守张举，以及乌桓部落酋长丘力居等人联盟，抢劫蓟县，杀死护乌桓都尉公綦稠、右北平郡太守刘政、辽东郡太守阳终等人，部众多达十几万人，驻扎在肥如县。张举自称为天子，张纯称为弥天将军、安定王，并发布公文给州郡官府，宣称张举将取代汉朝，要求灵帝退位，命令朝廷百官前来迎接新皇帝。

五年（188）春季三月，太常、江夏人刘焉向朝廷提出建议，认为："各地兴起叛乱，是由于刺史位轻权小，既无法遏制叛乱，又用人不当，导致百姓背叛朝廷。应该另外设置牧伯，挑选清廉的重臣担任这个职务。"朝廷采纳了刘焉的建议，任命宗正刘虞为幽州牧。刘虞，是东海恭王刘强的五世孙。

灵帝下诏，征发南匈奴的士兵，协助刘虞讨伐张纯。

冬十一月，张纯和丘力居抢掠青州、徐州、幽州、冀州。灵帝下诏命骑都尉公孙瓒讨伐。公孙瓒和张纯等在辽东属国的石门山大战，张纯等大败，丢弃妻儿，逃出塞外，抢掠的男女百姓全被公孙瓒夺回。公孙瓒乘胜追击，但因粮草不继，反被丘力居等人

围于辽西管子城,二百馀日,粮尽众溃,士卒死者什五六。

六年春二月,幽州牧刘虞到部,遣使至鲜卑中,告以利害,责使送张举、张纯首,厚加购赏。丘力居等闻虞至,喜,各遣译自归。举、纯走出塞,馀皆降散。虞上罢诸屯兵,但留降虏校尉公孙瓒将步骑万人屯右北平。三月,张纯客王政杀纯,送首诣虞。公孙瓒志欲扫灭乌桓,而虞欲以恩信招降,由是与瓒有隙。

献帝初平元年二月丁亥,车驾西迁。

二年冬十月,刘虞子和为侍中,帝思东归,使和伪逃董卓,潜出武关诣虞,令将兵来迎。和至南阳,袁术利虞为援,留和不遣,许兵至俱西,令和为书与虞。虞得书,遣数千骑诣和。公孙瓒知术有异志,止之,虞不听。瓒恐术闻而怨之,亦遣其从弟越将千骑诣术,而阴教术执和,夺其兵,由是虞、瓒有隙。和逃术来北,复为袁绍所留。

是时关东州郡务相兼并以自强大,袁绍、袁术亦自相离贰。术遣孙坚击董卓未返,绍以会稽周昂为豫州刺史,袭夺坚阳城。坚叹曰:“同举义兵,将救社稷,逆贼垂破,而各若此,吾当谁与戮力乎?”引兵击昂,走之。袁术遣公孙越助坚攻昂,越为流矢所中死。公孙瓒怒曰:“余弟死祸起于绍。”遂出军屯磐河,上疏,数绍罪恶,进兵攻绍。冀州诸城

围困在辽西郡管子城,共两百多天,因粮草断绝而全军崩溃,士卒死了一半以上。

六年(189)春季二月,幽州牧刘虞到任后,派遣使者前往鲜卑部落,向他们剖析利害关系,悬以重赏,责成他们斩送张举、张纯的首级。丘力居等人听说刘虞来到幽州,十分高兴,派遣译员向刘虞晋见,各自回到自己的部落。张举、张纯逃出塞外,馀下部众或降或散。刘虞上奏,遣散各处驻军,只留下降虏校尉公孙瓒率领一万步兵、骑兵驻扎在右北平郡。三月,张纯的门客王政杀死张纯,把首级献给刘虞。公孙瓒立志要扫清乌桓,但刘虞打算用恩德和信义招降他们,因此两个人之间产生矛盾。

献帝初平元年(190)二月丁亥(十七日),献帝的车驾西行,前往长安。

二年(191)冬季十月,刘虞的儿子刘和担任侍中,献帝想东归雒阳,派遣刘和假装逃避董卓,潜逃出武关,面见刘虞,传达圣旨,要刘虞率兵前去迎接献帝。刘和到达南阳,袁术打算利用刘虞作为外援,把刘和扣留下来,答应在刘虞兵到之后一起往西,让刘和写信给刘虞。刘虞收到刘和的书信后,派遣数千骑兵去见刘和。公孙瓒知道袁术有野心,于是劝阻刘虞,刘虞不听。公孙瓒害怕袁术知道这件事后怨恨自己,于是也派遣他的堂弟公孙越率领一千名骑兵前去会见袁术,暗中唆使袁术扣留刘和,吞并刘虞派去的人马,因此刘虞和公孙瓒之间的怨仇加深。刘和从袁术那儿逃出,往北而上,又被袁绍扣留。

这时,关东州郡只顾互相兼并扩充势力,袁绍和袁术之间也离心离德。袁术派孙坚攻打董卓未回,于是袁绍任命会稽人周昂为豫州刺史,袭取了孙坚的根据地阳城。孙坚叹息道:"大家共同起兵拯救朝廷,现在逆贼董卓就要被打败了,我们却自相残杀,我还能和谁合力作战呢?"于是率军攻打周昂,夺回阳城。袁术派遣公孙越协助孙坚攻打周昂,公孙越被飞箭射死。公孙瓒大怒,说:"我弟弟的死,祸首是袁绍。"于是出兵进驻磐河,上书朝廷,历数袁绍的罪行,并调军攻打袁绍。冀州所属的许多城池

多畔绍从瓒，绍惧，以所佩勃海太守印绶授瓒从弟范，遣之郡，而范遂背绍，领勃海兵以助瓒。瓒乃自署其将帅，严纲为冀州刺史，田楷为青州刺史，单经为兖州刺史，又悉改置郡县守令。

三年春正月，袁绍自出拒公孙瓒，与瓒战于界桥南二十里。瓒兵三万，其锋甚锐。绍令麹义领精兵八百先登，强弩千张夹承之。瓒轻其兵少，纵骑腾之。义兵伏楯下不动，未至十数步，一时同发，欢呼动地，瓒军大败。斩其所置冀州刺史严纲，获甲首千馀级，追至界桥，瓒敛兵还战，义复破之，遂到瓒营，拔其牙门，馀众皆走。

初，兖州刺史刘岱与绍、瓒连和，绍令妻子居岱所，瓒亦遣从事范方将骑助岱。及瓒击破绍军，语岱令遣绍妻子，别敕范方：“若岱不遣绍家，将骑还。吾定绍，将加兵于岱。”岱与官属议，连日不决，闻东郡程昱有智谋，召而问之。昱曰：“若弃绍近援而求瓒远助，此假人于越以救溺子之说也。夫公孙瓒非袁绍之敌也，今虽坏绍军，然终为绍所禽。”岱从之。范方将其骑归，未至而瓒败。

十二月，公孙瓒复遣兵击袁绍，至龙凑，绍击破之。瓒遂还幽州，不敢复出。

四年春正月，袁绍与公孙瓒所置青州刺史田楷连战二年，士卒疲困，粮食并尽，互掠百姓，野无青草。绍以其子

反叛袁绍而响应公孙瓒，袁绍恐惧，将随身佩戴的勃海郡太守的印信交给公孙瓒的堂弟公孙范，派他出任太守，以讨好公孙瓒，但是，公孙范随即背叛袁绍，率领勃海郡的兵马帮助公孙瓒。于是，公孙瓒自行任命他的将领，其中严纲为冀州刺史，田楷为青州刺史，单经为兖州刺史，郡县长官全部更换。

三年(192)春季正月，袁绍亲自率军抵抗公孙瓒，在界桥南二十里处大战。公孙瓒兵马共三万人，锐不可当。袁绍命麹义率八百名精兵为先锋，并在左右布置了一千张劲弩。公孙瓒轻视麹义兵力太少，命令骑兵冲阵。这时，麹义的士卒用盾牌挡住身体并不移动，等双方相距只有十几步时，两侧弓弩齐发，士兵们也跃起冲锋，喊声震天动地，公孙瓒的军队大败。袁军斩杀了公孙瓒所任命的冀州刺史严纲，并斩获一千多颗首级，袁军追击到界桥，公孙瓒集结士兵，回头再战，又被麹义打败，于是麹义攻入公孙瓒的大营，拔掉了营门大旗，公孙瓒的残军全部逃走。

当初，兖州刺史刘岱和袁绍、公孙瓒都很交好，袁绍让自己的妻子儿女住在刘岱的家中，公孙瓒也曾派从事范方率领骑兵帮助过刘岱。公孙瓒击败了袁绍大军后，告诉刘岱，让他把袁绍的妻子儿女交出来，同时又命令范方说："如果刘岱不交出袁绍一家，你就率领骑兵回来。等我平定了袁绍之后，再对刘岱用兵。"刘岱和属官商议了几日，未能做出决定，听说东郡人程昱富于智谋，于是召程昱前来，向他请教。程昱说："如果放弃袁绍的近援，而谋求公孙瓒的远助，这就好比到越地去请人来救这里已快淹死的人一样。公孙瓒不是袁绍的对手，虽然一时打败了袁绍，但他最终将被袁绍擒获。"刘岱听从了他的意见。范方率领骑兵回去，还未到达大营，公孙瓒便已经溃败。

十二月，公孙瓒再次派兵进攻袁绍，大军到达龙凑，被袁绍击溃。于是，公孙瓒返回幽州，不敢再出来。

四年(193)春季正月，袁绍和公孙瓒所任命的青州刺史田楷进行了连续两年的战争，两方都士卒疲惫困乏，粮食吃尽，互相抢掠当地百姓，以致田间连青草都找不到。袁绍任自己的儿子

谭为青州刺史，楷与战，不胜。会赵岐来和解关东，瓒乃与绍和亲，各引兵去。

冬十月，刘虞与公孙瓒积不相能，瓒数与袁绍相攻，虞禁之，不可，而稍节其禀假。瓒怒，屡违节度，又复侵犯百姓。虞不能制，乃遣驿使奉章陈其暴掠之罪，瓒亦上虞禀粮不周。二奏交驰，互相非毁，朝廷依违而已。瓒乃筑小城于蓟城东南以居之，虞数请会，瓒辄称病不应。虞恐其终为乱，乃率所部兵合十万人以讨之。时瓒部曲放散在外，仓卒掘东城欲走。虞兵无部伍，不习战，又爱民庐舍，敕不听焚烧，戒军士曰："无伤馀人，杀一伯珪而已。"攻围不下。瓒乃简募锐士数百人，因风纵火，直冲突之，虞众大溃。虞与官属北奔居庸，瓒追攻之，三日，城陷，执虞并妻子还蓟，犹使领州文书。会诏遣使者段训增虞封邑，督六州事，拜瓒前将军，封易侯。瓒乃诬虞前与袁绍等谋称尊号，胁训斩虞及妻子于蓟市。故常山相孙瑾、掾张逸、张瓒等相与就虞，骂瓒极口，然后同死。瓒传虞首于京师，故吏尾敦于路劫虞首，归葬之。虞以恩厚得众心，北州百姓流旧莫不痛惜。

兴平二年，公孙瓒既杀刘虞，尽有幽州之地，志气益盛，恃其才力，不恤百姓，记过忘善，睚眦必报。衣冠善士，

袁谭为青州刺史，田楷进攻他，没有获胜。这时，恰巧朝廷派遣赵岐前来关东和解各州郡的矛盾，公孙瓒便和袁绍结为儿女亲家，各自率兵退回。

　　冬季十月，刘虞和公孙瓒的矛盾日益加深，公孙瓒和袁绍之间发动数次战争，刘虞阻止无效，便逐渐减少对公孙瓒的粮草供应。公孙瓒大怒，不断违背刘虞的命令，且经常侵掠百姓。刘虞无力控制，于是派遣使者带上奏章向朝廷陈述公孙瓒残暴抢掠百姓的罪行，公孙瓒则上书指责刘虞克扣军饷。两人不断上奏，互相攻击，朝廷也只能应付而已。于是，公孙瓒在蓟城东南面修筑小城，率军屯住在那里，刘虞数次请他会面，公孙瓒都称病不去。刘虞担心公孙瓒终将叛乱，于是率领所属十万兵马讨伐公孙瓒。当时，公孙瓒的部属大都分散在各处，仓猝间只好掘开东城打算逃走。刘虞的士卒缺乏配合，不惯打仗，而刘虞又因爱惜百姓的草庐而下令不许放火，他告诫士兵说："不许伤害其他人，只杀公孙瓒一人。"因此，虽然围困了小城，却无法攻克。公孙瓒挑选了数百名勇士，趁着风势放火，发起冲击，突围而出，刘虞的军队溃不成军。刘虞和属官一同往北逃到居庸关，公孙瓒追赶而来，包围了居庸关，三天后攻下，把刘虞和他的妻子儿女一同带回蓟城，仍让刘虞签署州府的文书。这时，正好朝廷派遣使者段训宣布献帝诏书，增加刘虞的封邑，并让他统管六州事务；任命公孙瓒为前将军，封为易侯。公孙瓒趁机诬告刘虞先前曾和袁绍等人密谋登上皇帝宝座，胁迫段训将刘虞和妻子儿女在蓟城街市上处斩。原常山国相孙瑾、掾史张逸、张瓒等人都聚集在刘虞身边，破口大骂公孙瓒，和刘虞一同被处死。公孙瓒把刘虞的首级送往京师，刘虞的旧属尾敦在半路上将刘虞的首级劫持，送回安葬。刘虞为人宽厚，广施恩德，因此深得民心，幽州的百姓，无论是当地土著，还是流徙来的外乡人，无不痛惜他的惨死。

　　兴平二年（195），公孙瓒害死刘虞后，占据整个幽州地盘，更加趾高气扬，仗恃才力和武力，毫不体恤百姓，他为人心胸狭窄，只记别人的过失，连瞪眼之类的小事也必定报复。凡士大夫

名在其右者,必以法害之;有材秀者,必抑困使在穷苦之地。或问其故,瓒曰:"衣冠皆自以职分当贵,不谢人惠。"故所宠爱,类多商贩、庸儿,与为兄弟,或结婚姻,所在侵暴,百姓怨之。刘虞从事渔阳鲜于辅等,合率州兵欲共报仇,以燕国阎柔素有恩信,推为乌桓司马。柔招诱胡、汉数万人,与瓒所置渔阳太守邹丹战于潞北,斩丹等四千馀级。乌桓峭王亦率种人及鲜卑七千馀骑,随辅南迎虞子和与袁绍将麹义合兵十万共攻瓒,破瓒于鲍丘,斩首二万馀级。于是代郡、广阳、上谷、右北平各杀瓒所置长吏,复与鲜于辅、刘和兵合,瓒军屡败。

先是,有童谣曰:"燕南垂,赵北际,中央不合大如砺,唯有此中可避世。"瓒自谓易地当之,遂徙镇易,为围堑十重,于堑里筑京,皆高五六丈,为楼其上。中堑为京,特高十丈,自居焉。以铁为门,斥去左右,男人七岁以上不得入门,专与姬妾居。其文簿、书记皆汲而上之。令妇人习为大声,使闻数百步,以传宣教令。疏远宾客,无所亲信,谋臣猛将,稍稍乖散。自此之后,希复攻战。或问其故,瓒曰:"我昔驱畔胡于塞表,扫黄巾于孟津,当此之时,谓天下指麾可定。至于今日,兵革方始,观此非我所决,不如休兵力耕,以救凶年。兵法,百楼不攻。今吾诸营楼橹数十重,积谷三百万斛,食尽此谷,足以待天下之事矣。"

有名望比他高的，必定被他借助朝廷的法律加以陷害；凡才能优秀的人，必定被他抑制，使之处于穷困之地。有人问公孙瓒这是什么缘故，他说："士大夫都自认为应当富贵，不懂得感谢帮助和提携他们的人。"所以公孙瓒所宠信的，大多是商贩、庸徒之流，与这些人结为兄弟，或者互相联姻，这些人则到处仗势欺人，百姓十分怨恨。刘虞的从事、渔阳郡人鲜于辅等人，联合率领州府官兵为刘虞报仇，燕国人阎柔一向享有较高的威信，被推举为乌桓司马。阎柔召集数万名胡人和汉人，和公孙瓒所任命的渔阳太守邹丹在潞县以北大战，斩获邹丹等人的首级共四千多颗。乌桓峭王也率领本族人和鲜卑人共七千多名骑兵，跟随鲜于辅等人迎接刘虞的儿子刘和，并与袁绍的将领麴义会合，共十万兵马，进攻公孙瓒，在鲍丘大败公孙瓒，斩获首级两万多颗。于是，代郡、广阳、上谷、右北平各郡纷纷起兵，杀死公孙瓒委任的官员，又与鲜于辅、刘和的队伍合并，致使公孙瓒屡战屡败。

在此之前，有童谣说："燕国南疆，赵国北界，中央不合，大如砺石，只有此中，可以避世。"公孙瓒自认为童谣所说的避世之地是在易县，于是他把大本营迁到易县，周围挖掘十道堑壕，中央堆筑许多土丘，都高达五六丈，在上面筑起高楼。众多土丘的中央，修有一个最高的大土丘，高达十丈，供公孙瓒自己使用，铁制大门，左右侍卫全被隔在门外，七岁以上的男子不得入内，只与姬妾同住。那些文书档案等全用绳子吊上去。又命令妇女练习放大嗓门，使声音能传到数百步以外，以便向其他城楼传达命令。并且，公孙瓒疏远门客，也失去了亲信，所属的谋士和猛将也逐渐离散。从此以后，公孙瓒也很少再率军出战。有人问起缘由，他说："过去，我在塞外驱逐胡人部落，又在孟津扫荡黄巾叛贼，在那个时候，我认为可以凭借一己之力，平定天下。但在今天看来，战乱不过刚刚开始，看起来大局并非能够由我决定，倒不如放下兵刃，努力耕作，以度过荒年。兵法说，百楼不攻。如今我的军队分别驻守在数十重的塔楼里，粮食也储备了三百万斛，等到吃完这些粮食，天下的局势也就发生变化了。"

建安三年冬十二月,袁绍连年攻公孙瓒不能克,以书谕之,欲相与释憾连和。瓒不答,而增修守备,谓长史太原关靖曰:"当今四方虎争,无有能坐吾城下相守经年者明矣,袁本初其若我何?"绍于是大兴兵以攻瓒。先是,瓒别将有为敌所围者,瓒不救,曰:"救一人,使后将恃救,不肯力战。"及绍来攻,瓒南界别营,自度守则不能自固,又知必不见救,或降或溃。绍军径至其门,瓒遣子续请救于黑山诸帅,而欲自将突骑出傍西山,拥黑山之众侵掠冀州,横断绍后。关靖谏曰:"今将军将士莫不怀瓦解之心,所以犹能相守者,顾恋其居处老小,而恃将军为主故耳。坚守旷日,或可使绍自退;若舍之而出,后无镇重,易京之危,可立待也。"瓒乃止。绍渐相攻逼,瓒众日蹙。

四年春三月,黑山帅张燕与公孙续率兵十万三道救之,未至,瓒密使行人赍书告续,使引五千铁骑于北隰之中,起火为应,瓒欲自内出战。绍候得其书,如期举火。瓒以为救至,遂出战,绍设伏击之,瓒大败,复还自守。绍为地道,穿其楼下,施木柱之,度足达半,便烧之,楼辄倾倒,稍至京中。瓒自计必无全,乃悉缢其姊妹、妻子,然后引火自焚。绍趣兵登台,斩之。田楷战死。关靖叹曰:"前若不止将军

建安三年(199)冬季十二月,袁绍因为连续数年进攻公孙瓒都不能攻克,于是写信给公孙瓒,想和他尽释前嫌,互相联合。公孙瓒不予理睬,只是加强了防备,他对长史、太原人关靖说:"如今全国各地龙争虎斗,显然不会有人在我的城下待上好几年,袁绍能对我怎么样?"袁绍于是又大举发兵,进攻公孙瓒。在此之前,公孙瓒据守各处的将领中有人被敌军围困,公孙瓒却不前往营救,说:"如果救了这一个,以后其他的将领就会依赖于救援,而不肯奋力作战了。"等到袁绍前来进攻时,在城南营寨防守的将领,自知坚守不住,又知必定不会有援兵相救,于是,有的投降,有的溃散。袁绍大军长驱直入,到达易京城门,公孙瓒派遣儿子公孙续前往求援于黑山军的诸位统帅,打算亲自率领精锐骑兵出城往西,带领黑山军反攻冀州,切断袁绍的后路。关靖劝告公孙瓒说:"如今,将军的部下无不怀着各自逃生的念头,之所以还能坚守,不过是顾念留在这里的全家老少,并且依赖将军在这里主持大局罢了。如果能继续坚守,拖延时日,或许可以使袁绍知难而退;一旦将军舍弃他们,率兵出城,后面无人主持,则易京的陷落,就不会很远了。"于是公孙瓒打消了这个主意。袁绍逐渐加强攻势,公孙瓒的部众日益窘迫。

四年(199)春季三月,黑山军统帅张燕和公孙续率领十万兵马,分成三路援救公孙瓒。援军还未到来,公孙瓒秘密派遣使者送信给公孙续,让他率领五千精锐骑兵埋伏在城北低地中,点火作信号,然后公孙瓒亲自率兵出城,夹击袁绍军队。袁绍的巡逻兵截获这封信,于是,袁绍将计就计,在约定的时刻,点火为信号。公孙瓒认为救兵已到,就率兵出城迎战,这时袁绍预先设下伏兵发动袭击,公孙瓒大败,又退回城内。袁绍命令挖掘地道,地道通到城楼下面,然后用木柱支撑,估计已挖到城楼的一半,便纵火烧毁木柱,城楼因此倾塌,就这样逐渐攻到易京的中部。公孙瓒自知必死无疑,于是,将他的姐妹、妻子、儿女全部缢死,然后点火自焚。袁绍催促士卒登上楼台,将公孙瓒所斩杀。田楷战死。关靖叹息着说:"先前,如果我没有阻止将军亲自

自行，未必不济。吾闻君子陷人危，必同其难，岂可以独生乎？"策马赴绍军而死。续为屠各所杀。

出城，未必就会失败。我听说，君子使别人陷入危难时，必定同赴危难，我怎么可以独自活着呢?"于是，策马驰入袁绍的军队中而死。公孙续被匈奴屠各部落杀死。